Niedersächsische Ordenshäuser und Stifte

Forschungen zur niedersächsischen Ordensgeschichte

Herausgegeben von Nicolaus Heutger

Band 7

Nicolaus Heutger

Niedersächsische Ordenshäuser und Stifte

Geschichte und Gegenwart

Vorträge und Forschungen

Herausgegeben von Viola Heutger

Lukas Verlag

Abbildung auf dem Umschlag:
Hessisch-Oldendorf/Fischbeck, Stiftskirche, Ansicht von Osten (Aufnahme 1906),
mit freundlicher Genehmigung des Niedersächsischen Landesamtes für Denkmalpflege,
Fotothek der Bau- und Kunstdenkmalpflege

© by Lukas Verlag
Erstausgabe, 1. Auflage 2009
Alle Rechte vorbehalten

Lukas Verlag für Kunst- und Geistesgeschichte
Kollwitzstraße 57
D–10405 Berlin
www.lukasverlag.com

Satz: Susanne Werner
Reprographie und Umschlag: Lukas Verlag
Druck: Elbe Druckerei Wittenberg

Printed in Germany
ISBN 978–3–86732–038–2

Inhalt

Vorwort *Viola Heutger*	7
Einleitung	9
Nicolaus Heutger – Leben und Werk *Viola Heutger*	11
Das Kloster Loccum in Geschichte und Gegenwart	15
Kloster Amelungsborn – einst und jetzt	45
Zisterziensische Spuren in Niedersachsen	68
800 Jahre Kloster Mariensee	73
Das Kloster Medingen in der Lüneburger Heide	87
Die Zisterze Ihlow in Geschichte und Kunst	91
Das Stift Möllenbeck in Rinteln im Lichte neuer Forschungen	97
Das Stift Fischbeck in Geschichte und Kunst	116
Das Kloster Wittenburg bei Elze	194
Das Kloster Riechenberg bei Goslar in Geschichte und Gegenwart	208
Windesheim und Niedersachsen	221
Die einzigartigen evangelischen Frauenklöster und Frauenstifte in Niedersachsen als Sonderfall der Kirchen- und Kulturgeschichte	227
Zwanzig Jahre Seminartage im Stift Bassum	236
Das Kloster Wülfinghausen in Geschichte und Gegenwart	239
Das Kloster Barsinghausen in Geschichte und Gegenwart	246
Kloster Heiligenrode 1282–1965	254
Das Kloster Wennigsen	258
Das Stift Steterburg in Geschichte und Kunst	263
Marienau – das einzige niedersächsische Karmeliterkloster	270
Kloster Bursfelde und die Bursfelder Union	276
Die Dominikaner in Niedersachsen	282
Anhang	
Quellen und Literatur	309
Bibliographie Nicolaus Heutger (1955–2009)	328

In Erinnerung an

Prof. Dr. Dr. theol. Nicolaus Heutger

Vorwort

Nicolaus Heutger hatte dieses Buch fest geplant. Alles war inhaltlich ausgearbeitet, und immer wieder hatte er begeistert von diesem Buchprojekt erzählt. Die Vorarbeiten daran waren der Inhalt seiner letzten Lebensjahre. Sein großer Wunsch war es, dass dieses Buch zu seinem Goldenen Doktor- und Ordinations-Jubiläum im Jahre 2009 erscheinen solle. Oft sprach er im Familienkreis davon, wie er dieses biographische Fest begehen wolle. Unbedingt wollte er dafür noch einmal in seine Universitätsstadt Münster reisen.

Sogar am Tag vor seinem Tod am 20. Januar 2008 auf der Insel Curaçao berichtete er glücklich von seinem bevorstehenden Doktorjubiläum. Leider konnte er es nicht mehr erleben.

Noch vor seiner Beerdigung in Hannover ging ich daher auf die Suche nach dem Manuskript und fand dieses auf seinem Computer. Das Manuskript dieses Buches stellt somit sein kirchengeschichtliches Vermächtnis und auch einen Streifzug durch sein Leben dar. Viele Stationen seines Lebens sind in diesem Buch beschrieben. Das Kloster Möllenbeck besuchte Nicolaus Heutger schon als Kind, die Dominikaner beeinflussten seine Entscheidung, Theologe zu werden, und die Stiftstage in Bassum waren Teil seines Lebens geworden. Dieses Buch zu lesen bedeutet also auch teilzuhaben am Leben von Nicolaus Heutger. Einige der Beiträge sind anderenorts bereits in einer früheren Version erschienen, andere Beiträge sind rezenten Datums. Alle Beiträge wurden in den letzten Jahren ständig angefüllt mit neuen Erkenntnissen und Literaturangaben.

Behutsam habe ich das Manuskript zusammen mit meinem Mann Bastiaan van der Velden bearbeitet und vollendet. Dabei wurden wir intensiv unterstützt von Prof. Hucker von der Hochschule Vechta und seiner Mitarbeiterin Rita Becker. Das Manuskript wurde liebevoll erstellt von Beate Halbig und Ursula Heutger. Susanne Werner vom Lukas Verlag erstellte den zeitintensiven Satz.

Die Drucklegung wurde gefördert vom Landschaftsverband Weser-Hunte e.V. und von Achim Sahin, Schatzmeister des Deutschen Tempelherrenordens OMCT Hannover. Allen, die es möglich machten, dass dieses Buch erscheinen konnte, möchte ich herzlich danken.

Viola Heutger, Curaçao 2009

Einleitung

Die niedersächsischen Klöster sind ein wesentlicher Teil unseres kulturellen Erbes, gleich, ob es sich um die bestehenden Klöster unter der Patronanz der berühmten Klosterkammer Hannover handelt, oder um längst untergegangene, von denen Bauwerke und Handschriften überkommen sind. Diesem kulturellen Erbe hat sich der Unterzeichnete seit einem halben Jahrhundert gewidmet.

Im Laufe dieser langen Zeit hat sich bei mir eine Anzahl von Vorträgen und Forschungen zur großen Geschichte und lebendigen Gegenwart der niedersächsischen Stifte und Klöster angesammelt, die nun zu meiner Freude der Deutsche Tempelherrenorden zu meinem Goldenen Doktor- und Ordinationsjubiläum veröffentlichen will. Viele Aufsätze bringen Neues über meine entsprechenden früheren Arbeiten hinaus, wie z.B. die Essays zu Loccum, Amelungsborn und Möllenbeck. Die Erstveröffentlichung etlicher Aufsätze ist meistens nicht angegeben, weil der Text seither völlig verändert worden ist. Doch ist die Mehrheit von Bernd Jaspert bei »Mönchtum und Protestantismus« Bd 3, St. Ottilien 2007, S. 729–736 erfasst.

Über die Gegenwart der behandelten Stifte und Klöster wird stets informiert.

Nicolaus Heutger

Nicolaus Heutger, 1932–2008

Nicolaus Heutger – Leben und Werk

Nicolaus Heutger wurde am 7.1.1932 in Rinteln/Weser als Sohn des Bankdirektors Fritz Heutger und seiner Frau Laura geb. Spanuth geboren. Sein Großvater Albert Spanuth (1867–1939), Superintendent der Grafschaft Schaumburg, hat ihn tief beeindruckt. In der alten Universitäts- und Festungsstadt Rinteln an der Weser besuchte Nicolaus Heutger das Gymnasium Ernestinum. 1943 wurde sein Vater ein Opfer des Krieges, einer von 3000, die an jedem Tage ihr Leben hingeben mussten. Sein einziges Kriegsziel war gewesen, wieder lebend in Rinteln anzukommen. Für seine auf der Krim erlittene Kopfverwundung brauchte er in dem provisorischen Lazarettzug inmitten von stöhnenden Verwundeten des Kuban-Brückenkopfes dringend einen neuen Verband, aber ein schneidiger Stabsarzt dekretierte: »Ihren Verband kann ja noch ein General tragen«. So schaffte es der Obergefreite Fritz Heutger nur noch bis Leipzig, konnte berichten und verstarb. Sein Sohn war damit für die NS-Ideologie verloren.

In dem heimatvertriebenen Schlesier Gerhard Klein (1894–1966), den seine Mutter 1947 heiratete, erwuchs Nicolaus Heutger ein zweiter, liebevoller Vater, der rührend für ihn sorgte. Das Versorgungsamt gab jeden Monat zehn Mark zu.

Schon als Schüler war er ein begeisterter Sammler. Seine Beschäftigung mit Münzen sollte später zu weltweiten Beziehungen führen. Nicolaus Heutger brachte ungezählte Besucher zu den Bauten Rintelns, in die uralte Taufkirche im nahen Exten und zum Weserrenaissance-Schloss Varenholz. Noch vor kurzem meldete sich bei ihm nach einer Führung durch Rinteln ein alter Herr und sagte: »Vor genau sechzig Jahren haben Sie mich als jungen Studienassessor schon mal hier geführt.« »So, das war doch wohl ein großer Unterschied zu heute?« »Nein, überhaupt keiner.«

Tiefen Eindruck machte auf den Schüler das gewaltige, hervorragend erhaltene Kloster Möllenbeck, besonders, als 1950 hier Ausgrabungen stattfanden, die er täglich intensiv miterlebte. In den Schulferien suchte der junge Nicolaus mit dem Fahrrad noch bestehende deutsche Klöster auf. Beinahe wäre er Dominikaner-Laienbruder geworden, als ihn 1950 das Dogma von der Leiblichen Aufnahme Mariens in den Himmel plötzlich in eine andere Richtung führte, in die seiner Vorfahren.

Nicolaus Heutger studierte von 1952 bis 1957 in Bethel, Heidelberg und Göttingen zügig Evangelische Theologie und Altertumswissenschaften. 1959/60 promovierte er mit einer magna cum laude bewerteten Dissertation über die einzigartigen evangelischen Stifte und Klöster in Niedersachsen in Münster zum Doktor der Theologie. Von 1959 bis 1992 war er Pastor in der Hannoverschen Landeskirche. Sein arbeitsreicher Hauptberuf hatte absoluten Vorrang.

Im Jahre 1964 heiratete er die Hannoversche Fabrikantentochter Ursula Reinhard, die ihm von nun an unermüdlich und tatkräftig zur Seite stand. Immer wieder betonte Nicolaus Heutger dankbar, dass er zu seinem Glück die richtige Frau gefunden habe, die in Freud und Leid für ihn da ist.

Aus dieser von gegenseitiger Ergänzung bestimmten Ehe gingen sein Sohn Nicolaus und seine Tochter Viola hervor. Die gesamte Familie unterstützte ihren Vater mit Freude bei seiner Gemeindearbeit. So war sein Pfarramt Tag und Nacht dienstbereit. In seinen lebensnahen, theologisch verantworteten Predigten hielt er sich an Luthers Mahnung: »Tritt frisch auf, tu's Maul auf, hör' bald auf.« Auch wandte er sich mäßig, aber regelmäßig kirchengeschichtlicher und religionshistorischer Forschung und Lehre zu.

Seit 1959 trug Nicolaus Heutger tapfer an der Bechterewschen Krankheit, die er sich als Hilfsgeistlicher in einem feuchten Notquartier zugezogen hatte. Ab siebzig merkte man das Fortschreiten des unheilbaren Leidens, aber er selbst ließ sich nichts merken.

Der Tierfreund nahm immer wieder verlassene Hunde auf, die ihm mit rührender Anhänglichkeit danken.

Schon 1968 verlieh ihm die Evangelisch Theologische Fakultät Montpellier ihren Docteur en Théologie, »um die deutsche Wissenschaft zu ehren«, wie es in der Laudatio hieß. Dem interreligiösen Gespräch widmete sich Nicolaus Heutger mit voller Überzeugung: Der Austausch zwischen den Religionen lag ihm besonders am Herzen. In Thailand gelang der Gedankenaustausch mit der Präsidentin des Buddhistischen Weltbundes, einer thailändischen Königstochter, mit der zusammen er das erste Werk über den nötigen Dialog der großen Religionen herausbrachte, der heute in aller Munde ist.

Sein für alle offenes Pfarrhaus lud oft zum ergiebigen Gespräch ein. In seinem gastfreien Haus in Nienburg (1961–82), Hildesheim (1982–92) oder Hannover (1992ff.) gingen Besucher aus vielen Ländern ein und aus, besonders Studierende. Seit 1972 ist N. Heutger Kanonikus h.c. des ältesten niedersächsischen Stiftes, Bassum, gegründet 858. In seinen alljährlichen Seminartagen in der Abtei war stets jeder Platz besetzt.

Von 1969 bis zu seinem Tod war er über die führende Zeitschrift *money trend* weltweit als Münzpublizist tätig. Die Bundesregierung zog ihn als numismatischen Fachpreisrichter heran.

Von 1972 bis 1989 war er Lehrbeauftragter für Religionskunde an der Universität Hildesheim. Nicolaus Heutger trat stets für den christlich-jüdischen Dialog ein und erforschte die jüdischen Spuren in Niedersachsen. 1973 war er auch Stipendiat des Deutschen Evangelischen Instituts für Altertumswissenschaft des Heiligen Landes in Jerusalem, wo er sich besonders mit den Spuren der Kreuzzüge beschäftigte. 1980 arbeitete er an der Aachener Zisterzienserausstellung mit, die weltweites Interesse fand. Von 1983 bis 1995 sprach er jedes Jahr in der Zisterzienser-Sektion des Mittelalter-Weltkongresses in Kalamazoo/USA über die wichtigsten niedersächsischen Zisterzienserklöster, denen er zahlreiche Publikationen widmete, wie z.B. über Loccum, Walkenried und Wienhausen. 1991/92 war er Lehrbeauftragter für Geschichte der deutschen Juden an der Hochschule Vechta. Er erforschte auch die Segensgeschichte des evangelischen Pfarrhauses in Niedersachsen, wobei er auch Überlieferungen seiner Familie nutzte. Nicht ohne Grund heißt die Hauptstraße in Deckbergen nach seinem Großvater. Ein anderes Werk widmete er Herders Bückeburger Zeit. Als Mitglied der Luthergesellschaft hielt er mit seiner Frau immer wieder Einkehr in Wittenberg. 2006 half er bei der Rettung des Bugenhagen-Hauses und würdigte den bischöflichen Lehrer als dritten Reformator.

Nach seiner Emeritierung 1992 war Nicolaus Heutger Professor für europäische Kultur- und Kunstgeschichte an der Universität von Illinois. Von 1993 bis 2005 lehrte und forschte er dann am Seminar für Jüdische Studien der Carl von Ossietzky-Universität Oldenburg. Begeistert erzählt er: »Das waren die glücklichsten Jahre meines Lebens.« Den Studierenden war er ein väterlicher Freund und Berater. Seine äußerst lebendigen, stets gut besuchten, Lehrveranstaltungen waren weithin von eigener Forschung gespeist. Zum siebzigsten Geburtstag widmete ihm das Seminar die Festschrift »Die Fülle an Weisheit und Erkenntnis«, die im Oldenburger Universitätsverlag erschien.

1996 war er in den Semesterferien Gastprofesor für Kirchen- und Konfessionskunde an der 1632 gegründeten Universität Tartu/Dorpat, Estland. Seit 1996 ist er Ordenspropst der deutschen Tempelherren und bemüht sich um die religiöse Begleitung der Mitglieder dieses Ordens, dessen Geschichte er intensiv erforscht. 1998 wurde er Kapitulare des 1130 gegründeten Klosters Amelungsborn, dem er im Jahre 2000 prompt eine Monographie widmete, die das Wirken seines väterlichen Freundes Christhard Mahrenholz besonders beachtet.

Eine ausführliche Würdigung seines klostergeschichtlichen Lebenswerkes ist an dieser Stelle nicht möglich. Diese ist dem führenden Ordenshistoriker Bernd Jaspert zu verdanken: Bernd Jaspert, Mönchtum und Protestantismus. Probleme und Wege der Forschung seit 1877 Bd 3 = Regula Benedicti Supplementa 19, St. Ottilien 2007 S. 272–336.

Die Freude seines Alters sind seine Enkel. Der kleine Jakob begeistert sich für die gleichen Münzen und Versteinerungen wie Großvater und Urururgroßvater. Und die kleine Paula erfreut sein Herz durch ihr anschmiegsames, munteres Wesen.

Als seine Tochter Viola 2006 Professorin für Zivil- und Handelsrecht in Curaçao geworden war, flog er jedes Jahr mit seiner Frau in die Karibik und verbrachte bei dreißig Grad Wärme märchenhafte Tage. Gleichzeitig gab er dem dortigen Numismatischen Museum neue Impulse. Besonders glücklich war er auch über das kirchliche Engagement seiner Tochter. Seine Tochter Viola war Prädikantin und daher hatte er ihr ein Heft mit Texten für Taufen und Beerdigungen selbst zusammengestellt, welches sie im Rahmen ihrer Tätigkeit als Prädikantin einsetzen sollte. Darin fand sich auch, handschriftlich von ihm eingetragen, ein Vers des Gedichtes von Johann Christian Günther:

> Endlich blüht die Aloe;
> Endlich trägt der Palm-Baum Früchte,
> Endlich schwindet Furcht und Weh,
> Endlich wird der Schmerz zunichte,
> Endlich sieht man Freuden-Thal,
> Endlich, endlich kommt einmal.

Bei seinem dritten Besuch auf Curacao verstarb Nicolaus Heutger am 20.1.2008. Zur Blütezeit der Aloe auf Curacao sprach der Herr das große Amen über das Leben von Nicolaus Heutger.

Viola Heutger, Curaçao, im Advent 2008

Das Kloster Loccum in Geschichte und Gegenwart

Loccum im Mittelalter

An die wirtschaftliche Tätigkeit der mittelalterlichen Zisterze Loccum[1], gegründet 1163, erinnert die gewaltige Walkenmühle mit der Steinfigur eines Schafes auf dem Dach. Hier wurde die Wolle der Klosterschafe weiterverarbeitet. In Hamelspringe ist die Kapelle der Loccumer Grangie, eines klösterlichen Großwirtschaftshofes erhalten, der bis heute dem Kloster gehört. Den Laienbrüdern, also den Brüdermönchen, kam braune Kleidung zu[2], während die Konventualen weiße Gewänder mit einem schwarzen Skapulier trugen, das sich aus einer Arbeitsschürze entwickelt hatte. Die Priesterweihe empfing nur eine Minderheit der Mönche. Es ist also nicht sachgerecht, sich die Loccumer Klostergemeinschaft als eine Gruppierung von Priestermönchen und Laienbrüdern vorzustellen. Es ging vielmehr um Konventualen, also Chormönche, und Konversen, also Brüdermönche. Dazu kamen Familiaren, also Mitglieder eines Freundeskreises, der in unseren Tagen wiederbegründet wurde. Das Kloster war fest in den Gesamtorganismus[3] des ersten eigentlichen Ordens der Kirchengeschichte, der Zisterzienser, eingebunden. Die Kontrollpraxis[4] des Ordens suchte spirituelles Ideal und klösterlichen Alltag zu einer rechten vita religiosa zusammenzubringen. Die Bibliothek des Klosters enthält viele Kostbarkeiten.[5]

Als sich Erzbischof Hartwig II. von Bremen am 3. Juli 1194 mit seinem Domkapitel nach allerlei, weitgehend vom Erzbischof verschuldeten Irrungen und Wirrungen einigte, erschien Abt Udelric von Loccum als erster in der langen Reihe der Zeugen. Das beweist ein hohes Ansehen schon des noch jungen Klosters.[6]

Im schleswig-holsteinischen Reinfeld entstand Loccums einziges Tochterkloster. Hier sind von einst sechzig zisterziensischen Karpfenteichen noch sechs erhalten und die Stadt nennt sich auf dieser Grundlage stolz »Karpfenstadt«. Die Zisterzienser durften ja gar kein Fleisch essen, aber Fisch.

Das Kloster Loccum gewann erhebliche Bedeutung für die Missionierung des Baltikums. Abt Berthold fiel als Bischof von Livland am 25. Juli 1198 im Kampf gegen noch heidnische Liven. Viel weniger bekannt ist der Loccumer Mönch Theoderich von Treiden, der 1187 nach Livland kam.[7] Vor 1200 war er in Rom beim Papst,

---

1 Heutger 1999.
2 Roth/Grossmann 1990, S. 105.
3 Hoffman Berman 2000.
4 Oberste 1996.
5 Vergleich z.B. Dieter Pötschke: Die Glosse zum Sachsenspiegel im Zisterzienserkloster Loccum und Probleme einer computergestützten kritischen Edition, in: Schmidt/Frenzel/Pötschke 1998, S. 253–287.
6 Bohmbach 1981, Nr. 19.
7 Staats 2001, S. 62–72.

den er um Unterstützung der Mission im Baltikum bat. Um 1204 war Theoderich maßgeblich an der Gründung des Schwertbrüderordens beteiligt, der sowohl vom Zisterziensertum als auch vom Templerorden beeinflusst war. 1205 errichtete Dietrich an der Mündung der Düna eine Zisterze. 1211 wurde er Bischof einer fast noch gar nicht existierende Kirche in Estland.[8] 1219 begann er zusammen mit dem dänischen König Waldemar einen Kreuzzug in Nordestland. Am 15. Juni 1219 wurde er im königlichen Zelt vom Schwert eines heidnischen Esten getötet, der eigentlich den König treffen wollte.

Loccum kümmerte sich auch um Nonnenklöster. So z.B. nahm der Abt 1267 die Inkorporation des Nonnenklosters St. Jakob und St. Burchhard in Halberstadt in den Orden vor.[9]

Eine gewisse Aufgeschlossenheit für die Kultur der Zeit verrät das in der Loccumer Klosterbibliothek (Ms 20) befindliche mittelniederdeutsche Fragment des Artus-Epos[10], das Hartmut Beckers ausführlich gewürdigt hat.

Die ältesten Bauteile der Klausur, z.B. der Kapitelsaal, stammen aus der ersten Hälfte des 13. Jahrhunderts. Vorher war alles aus Holz. Hohe Bedeutung hat der fast 4 m lange und 1,50 m hohe, kirchenartige Loccumer Altaraufsatz aus dem 13. Jahrhundert, der der Thesaurierung und Demonstration von Reliquien diente.[11]

Die bewundernswerte Wasserwirtschaft der Loccumer Zisterzienser wurde unter Leitung von Hans-Werner Holz eingehend erforscht[12], wobei vergleichende Recherchen zu den Verhältnissen in anderen Zisterzen (bes. Clairvaux, Pontigny, Morimond und Fontenay) erhellend wirkten.

Das Kloster wurde sehr von den Grafen von Wunstorf[13] gefördert. Das Kloster wurde Grablege mehrerer Adelsgeschlechter. So sagt Börries Freiherr von Münchhausen in seinem Gedicht »Loccumer Gruft«[14]:

Ihre müden Glieder
Ruhn in der Loccumer Gruft,
Becher – und Schwerter – Lieder
Liegen dort in der Luft.
Wunden von Stich und Hiebe
Trägt ihr verschlissen Gewand,
Locken der ersten Liebe
Tragen sie in der Hand.

---

8   STAATS 2001, S. 68.
9   CANIVEZ 1935, S. 57.
10 Hartmut BECKERS: Ein vergessenes mittelniederdeutsches Artuseposfragment, in: Niederdeutsches Wort 14, 1974, S. 23–52.
11 Esther WIPFLER: »Corpus Christi« in Liturgie und Kunst der Zisterzienser im Mittelalter, in: MELVILLE 2003, S. 95–99.
12 Arbeitskreis Wasserwirtschaft der Zisterzienser 2006.
13 LEYSER 2000.
14 MÜNCHHAUSEN 1917, S. 213.

Interesse für die Offenbarungen der Birgitta von Schweden zeigt die um 1530 entstandene Figur dieser bedeutenden Frau in der Mitte des alten Teils des Marienaltars in der Klosterkirche.

Ein Reformator Niedersachsens ist aus dem Kloster Loccum hervorgegangen: Antonius Corvinus (1501–53) aus Warburg. Er tat 1519 in Loccum Profess, studierte dann wie andere Zisterzienser in Leipzig, kam dann ins Riddagshausen, aus dem er 1523 wegen seiner lutherischen Glaubensgedanken verjagt wurde.[15] Er verfasste später die erste Calenberger Kirchenordnung, beriet die Herzogin-Witwe Elisabeth, führte in ihrem Gebiet die Reformation ein und wurde dann von Herzog Erich II. drei Jahre inhaftiert. Der Konfessor starb kurz nach seiner Freilassung an den Folgen der Haft.

Kaiser Karl V. verlieh Loccum 1530 wegen seiner scharfen Gegnerschaft der Reformation gegenüber die Reichsunmittelbarkeit. Karl fühlte sich als Schirmherr der katholischen Kirche und wollte mit derartigen Maßnahmen gegen die lutherische Ketzerei angehen.[16] So zeigte das Kloster reichsrechtlich fortan eine halbsouveräne Mittelstellung zwischen Reichsstand und Landstand, wie es sie im Alten Reich auch sonst manchmal gegeben hat.[17]

Loccum in früher nachreformatorischer Zeit

Nach dem lautlosen Übergang zur Reformation um 1591 entfernten die Loccumer auf den Altären zu stark vom Marienkult bestimmte Szenen. So z.B. bekam der heutige Hochaltar, der frühere Altar der Laienbrüder, einige neue, christologisch zentrierte Bilder, ähnlich wie z.B. der Hauptaltar der St. Marienkirche in Stendal, wobei in beiden Fällen die künstlerische Qualität stark abfiel.

Der Loccumer Abt Theodor Stracke (eigentlich Strake) (1600–25/29, † 1629) hinterließ eine gewaltige, 1608 begonnene, zweiteilige Chronik und ein kleines Büchlein mit Aufzeichnungen ganz verschiedener Art, z.B. mit einem Brief (1597) an die Nonnen von Lilienthal, in dem das Wort Gottes als Norm der Religion und Christus als die ursprüngliche Wahrheit bezeichnet wird, einem Rezept für Quittenverarbeitung und Ratschlägen gegen die Pest. Seine Stellungnahme zur Reformation ist ambivalent: Einmal preist er Luther, den Herold der Gnade Gottes, die Christus den Menschen zugebracht hat. Dann aber schimpft er über die Abschaffung der glanzvollen, genau beschriebenen Fronleichnamsprozession, über das Verschwinden einer mit Perlen bestickten Marienfahne und über den Fortfall der Lesung aus einem Bernhard-Florilegium, das »hinter die Bank geworfen« sei. Abt Stracke gehörte offenbar zu den erstaunlich wenigen Theologen des Reformationsjahrhunderts, die eine konfessionelle Mittelstellung einzunehmen suchten.

---

15 UHLHORN 1892, S. 3 u.32. – ZSCHOCH 1999, S. 472. – TSCHACKERT 1900. –STUPPERICH 1959, S. 21f. – STUPPERICH 1981, S. 216.
16 LUDOLPHY 1965.
17 Vergleich z.B. KUCZYNSKI 1981, S. 179.

Es sind zahlreiche Sachüberreste aus Strackes Amtszeit erhalten, z.B. die von ihm 1621 beschaffte Kanzel mit Christus und den vier Evangelisten, die jetzt in Münchehagen ist, der 1601 angefertigte Taufstein mit dem hochdeutschen Taufbefehl Jesu (seit 1152 war den Zisterziensern das Taufen verboten), Strackes lebensgroßes Bild, das Mittelstück eines einst im Chorraum hängenden Epitaphs, dessen aufwendiger Zierrat noch im frühen 20. Jahrhundert erhalten war, und die Horaglocke von 1621, deren Inschrift den verehrungswürdigen Dom Stracke preist, den Abt des reichsunmittelbaren Klosters, der die durch einen Fall gesprungene Glocke neu zum Klingen gebracht habe. Stracke war auch ein tüchtiger Haushalter, der in seinem ersten Jahr alle Dächer im Klosterbezirk neu decken ließ, verpfändete Ländereien einlöste und die Klostermauern ausbessern ließ. Zügig zahlte er die Schulden seines Vorgängers zurück. Als ein Loccumer Mädchen ein Kind von dem Zölibatär bekam, sorgt er für diesen kleinen Diedrich, indem er dem Vater des Mädchens ein Haus baute und diesem dann, 1604, das Brau- und Schankrecht verlieh. Der Hof, heute Rodes Hotel, bekam auch jedes Jahr eine große Buche aus dem Klosterforst und hatte nur ein einziges Fass Bier abzuliefern. 1625 starb Strackes »Adoptivsohn« Diedrich Stracke in Hannover, wo er auch begraben wurde. Die Loccumer Klosterüberlieferung, dass Stracke ein außergewöhnlich großer Mann war, beruht nicht nur auf besagtem Bild – da ist er 1,90 m – sondern auch auf einem im Chor einmal ausgegrabenen, besonders großen Skelett.

Abt Molanus

In Loccum erinnert man sich stets an die Bemühungen des Abtes Molanus (1677–1722) um die Wiedervereinigung der Konfessionen[18], um die sich auch Leibniz bemühte, in dessen Nachlass viele entsprechende Briefe des Loccumer Abtes und »Kirchendirektors« des Herzogtums Calenberg befinden. Leider ist der Nachlass des großen Abtes nicht überliefert. Molans[19] Reunionsvorschläge konnten sich nicht durchsetzen, aber sie haben doch noch Bedeutung für den heutigen und für den künftigen Dialog der Großkirchen.[20]

Das wichtige Thema »Evangelisches Mönchtum« bei dem Loccumer Abt Molanus ist immer wieder behandelt worden.[21]

Molans immense Autographensammlung ist in der Niedersächsischen Landesbibliothek Hannover erhalten geblieben.[22] Darin befinden sich z.B. Melanchthon-Autographen. Melanchthon war dem Loccumer Befürworter der Toleranz besonders sympathisch.

Molan war auch ein Vorkämpfer des jüdisch-christlichen Dialogs. Schon in seiner Jugend, als Rintelner Professor, unterhielt er sich lange in seinem Rintelner Haus

---

18 OTTE/SCHENK 1999.
19 EISENKOPF 1975, Register Molan.
20 MASER 2002, bes. S. 201–234.
21 HOLZE 1995, S. 167–186.
22 Signatur MS XLII, 1991 b.

mit dem jungen Stadthagener Rabbi Joseph über Glaubensfragen. »Dann entließ er mich ehrenvoll und begleitete mich mehr als vierzig Stufen die Treppe hinab«, schrieb der Rabbi später begeistert. vierzig Jahre danach nahm Molan an der berühmten Disputation mit dem gleichen Rabbi vor der Fürstenfamilie im Leineschloss in Hannover teil.

Molan war sein Leben lang ein eifriger Sammler von jüdischen Schriften. So z.B. kam aus der Bibliothek Molans die jiddische Frauenbibel des Ja' aqob Ben Jishaq aus Janova, das Werk Chamisha Chumsche Tora bi-leschon Aschkenas. Zene u Rene Benot Zion = Fünf Fünftel der Tora. Kommt und seht, Ihr Töchter Zions, Frankfurt am Main 1693 in die Niedersächsische Landesbibliothek. Dieses einst äußerst populäre Buch, eine Bibelparaphrase mit einbezogenem Kommentar, war die wichtigste Erziehungs- und Bildungsgrundlage der jüdischen Frau. Auch Jakob Ben Aschers Arba'a Turim = Vier Reihen, 4 Bände, Frankfurt, Johann Kölner, 1714 ist aus Molans Bücherei in Hannover erhalten. Aus Molans Besitz stammt weiter das Werk Moshe Isserles, Sefer Darchei Mosche mi – Tur Jore Dea, also sein »Buch der Wege Mosches aus der Reihe Lehrer der Erkenntnis«, Sulzbach 1692, das nach einem Hinweis auf dem Titelblatt gedruckt wurde »unter der Regierung seiner Hoheit unseres Herrn Herzog Christian August, Pfalzgraf; der Herr möge seine Pracht erhöhen und seine Herrschaft vergrößern und seine Tage verlängern.« Der Bücherfreund [23] hat hier und auch sonst auf das Vorderblatt geschrieben »Gerardus Molanus Abbas Luccensis.« Aus Molans Besitz kam das Fischbecker Kapiteloffiziumsbuch von 1509, das die Augustiner-Chorfrau Agnes von Klencke zusammengestellt hatte, in die Niedersächsische Landesbibliothek.[24] Diese Handschrift M S I 190 hatte schon Molans Vater, dem Hamelner Syndikus N. van der Muelen gehört. Sie enthält das Martyrologium des Usuardus, ein Evangelistar, die Auslegung der Augustinusregel von Hugo von St. Viktor und ein Fischbecker Necrologium. Molan begeisterte sich für Reliquien, wie z.B. sein Loccumer Reliquienverzeichnis von 1677 zeigt. Noch heute bewahrt das Kloster z.B. ein Gewandstück von der Heiligen Ursula, einer legendären britischen Königstochter, die Märtyrerin geworden sein soll.

Abt Ebell und die Brandversicherung

Der Loccumer Abt Georg Ebell schlug 1749 dem König Georg II., Herzog von Braunschweig und Lüneburg, vor, eine Brandversicherung einzurichten. Die Calenberger Landschaft, deren Präsident der Abt war, sollte die neue Versicherung entgeltlich verwalten. Der Herrscher meinte, so etwas sei »Ein unsern Landen und Leuten ersprießlich und gedeyhlich Werk.« So unterschrieb er am 27. März 1750 die entsprechende Verordnung, die Gesetzeskraft erlangte. Bis dahin hatten »ausgebrannte Familien« einzig einen sog. Brandbrief erhalten, mit dem sie betteln gehen konnten. Aber jetzt wurden Stadt und Land über die neue »Brand-Assecurations-Societät« pflichtversichert. Die

---

23 DOHRN 2003.
24 HÄRTEL 1982, S. 68.

Arbeit der Calenberger Landschaft war dann so erfolgreich, dass andere Landschaften des Kurfürstentums das Modell kopierten, um sich 1850 schließlich zur Brandkasse Hannover zusammenzuschließen. Aus dem Zusammenschluss der Brandkasse mit der Provinzial Lebensversicherung ging 1957 die Versicherungsgruppe Hannover (VGH) hervor, die einzig in Niedersachsen wirkt. Über die »VGH-Stiftung« engagiert sich der größte niedersächsische Regionalversicherer für Kultur, Sport und soziale Projekte.

Der Loccumer Prior Tiling

Das reiche Klosterarchiv in Loccum enthält recht viel Menschliches, ja Allzumenschliches, z.B. Material zur Rekonstruktion der unglücklichen Geschichte des Priors Christian Georg Philipp Tiling.[25] Er ist 1730 in Syke als Sohn des dortigen Amtmannes geboren. Er studierte Theologie. 1756 wurde er Hospes im Kloster Loccum. Damals waren Pfarrstellen knapp. 1767 stieg Tiling zum Konventual des Klosters auf. In der Bitte des Konvents um die landesherrliche Bestätigung hieß es, Tiling sei »wegen seiner uns bekannten Gottes Furcht, Gelehrsamkeit, auch vernünftigen und sittsahmen Lebenswandels« gewählt worden. Tiling versprach, »so lange ich ein Gliedmas des Klosters bin, mich nicht zu verheyraten, sondern in casto coelibatu auch ansonsten nüchtern und mäßig zu leben.« 1778 wurde er Prior und übernahm weitgehend die Vermögensverwaltung des Klosters. 1781 meldete ein gewisser Baumgarten aus Rehburg dem der Prior einen Geldbetrag schuldete, dem Abt, dass Tiling seit acht Jahren her »schwere Irrungen mit einem Mädgen Nahmens Annen Margarethen Roden zu Münchehagen gehabt«. Der Prior habe dem Mädchen Geld gezahlt. Aber Baumgarten, der 1780 in dieser Richtung einen Vergleich zustande gebracht habe, habe den ihm zugesagten Betrag nicht erhalten. Der Vergleich sei geplatzt, »weil der Herr Prior sie nachmalen wiederum hier auf dem Kloster Korn Boden gehabt und sich daselbst von neuem mit ihr abgegeben habe.« Bei der Untersuchung stellte sich heraus, dass Tiling sich auch mit Marie Krüger in Münchehagen »fleischlich vermischt habe«. Der Prior gab alles zu. Zu seiner Entschuldigung konnte er nur anführen, seine Beschäftigung mit Anna Margarethe Rode sei »in trunkenem Muthe geschehen«. Der Abt ersuchte den Prior das Kloster schnellstens zu verlassen und bot ihm eine kleine Pension an. Der Prior aber wies auf seinen langjährigen Einsatz für das Kloster und auf seinen schlechten Gesundheitszustand hin. Er bat um Gnade und Verzeihung. Als der Abt fest blieb, machte der unglückliche Mann den Eindruck eines vom Donner gerührten und so betäubten Menschen: »Er war so gänzlich ohne Fassung, dass er sich zu nichts entschließen konnte«. Er flehte seinen Mitkonventualen und Nachfolger Tecnopater kniend an, beim Abt »für ihn um Gnade zu bitten«. Tecnopater suchte wenigstens einen Aufschub für Tiling zu erbitten, dessen »Geschäftigkeit und Diensteifer in Sachen des Stifts nicht zu leugnen« seien. Auch seine Brüder setzten sich für ihn ein. Der Abt entließ ihn und setzte ihm eine Pension von zweihundert Talern im Jahr aus. Am 5. Juli 1789 ist der unglückliche Prior auf dem Ansgarii – Friedhof in Bremen begraben.

---

25 Vgl. Tiling 1983.

Loccums Wirken im früheren 19. Jahrhundert

In der für Deutschlands Klöster schweren Zeit nach dem Reichsdeputationshauptschluss, 1803, blieb das Kloster Loccum unangefochten. Es hatte ja mit der Pastorenausbildung neue Aufgaben übernommen.

Die künftigen Pastoren im Hospiz des Klosters haben immer fleißig gemeinschaftlich gearbeitet. So z.B. haben sich im August 1837[26] alle Klosterherren intensiv mit sämtlichen Aspekten der »Taufzeugenschaft«, also des Patenamtes, beschäftigt. Die Paten müssen das Apostolische Glaubensbekenntnis bekennen. So können auch Katholiken evangelische Paten werden. Aber: »Priester, auch Mönche und Nonnen, sind abzuweisen, weil sie nicht ohne Leichtsinn das Patenamt bei uns verwalten könnten«. Die Paten haben zu bezeugen, dass der Täufling recht getauft ist. Sie bekennen den Glauben der Kirche und geloben, »christliche Liebe diesem Kinde zu beweisen«. Nirgendwo findet sich in den Kirchenordnungen eine Verpflichtung des Paten, »für des Täuflings Erziehung und christlichen Unterricht Sorge zu tragen«. Die Paten müssen konfirmiert sein. »Notorisch lasterhafte Personen« erscheinen nicht geeignet. Als ideale Anzahl der Paten gelten zwei oder drei. Ins Kirchenbuch dürfen jedenfalls nur drei aufgenommen werden und nur »von diesen dürfen Gebühren verlangt werden«. Die »überzähligen« Taufzeugen sollen »sich hinter den eigentlichen in die zweite Reihe stellen«. Ist aber nur ein einziger greifbar, soll der Pastor in einem solchen Notfall der zweite sein.

Bei der Einrichtung der Kirchenkreise im 19. Jahrhundert protestierten Abt und Konvent in aller Form dagegen, dass der Stiftsbezirk Loccum nicht ein eigener Kirchenkreis wurde. Aber dann hieß wenigstens der nächste Kirchenkreis Loccum-Stolzenau.

Bei der Gestaltung der PC = Pro Censura-Predigten ging es stets darum, dass der Skopus, der Kern, des vorgegebenen biblischen Textes zur Geltung kam, was Anfängern erstaunlich schwer fällt. Die künftigen Prediger rangen auch stets mit der äußerst schwierigen Akustik der Klosterkirche, die eine Singe- und keine Predigt-Akustik hat. Man muss hier langsam reden und doch normal sprechen. Will die Stimme Bedeutsamkeit zeigen, entsteht schnell eine Hörhemmung. Bei der Loccumer Predigtschulung beachtete man meistens das echte Lutherwort: »Tritt frisch auf, tus Maul auf, hör bald auf.«

Gerhard Uhlhorn – Abt zu Loccum

Abt Gerhard Uhlhorn (* 17.2.1826, Abt 1878–1901, † 15.12.1901) hat ab 1870 faktisch bischöfliche Aufgaben wahrgenommen. Er baute in Hannover um die Altstadt herum einen Kranz neuer Kirchen. Jeder lutherische Christ sollte in einer überschaubaren Kirchengemeinde leben. Uhlhorns großartiges Kirchenbauprogramm in Hannover wurde Vorbild für die Reichshauptstadt. Die soziale Frage war ihm äußerst wichtig.

---

26 Brandis/Rupstein 1838, 2. Stück, S. 80–93 und 3. Stück, S. 101–121.

Er diskutierte mit den Klosterherren über den Sozialismus und mühte sich um eine faire Darstellung der sozialistischen Lehre. So wechselte er Briefe mit Bebel. Er sah die Gefahr, dass durch den Sozialismus die Freiheit des Einzelnen leiden wird. Aber auch am Kapitalismus fand er gefährliche Seiten. So suchte er nach einem Mittelweg. In der Auseinandersetzung um die Theologie Albrecht Ritschls verteidigte der ehemalige Göttinger Dozent die Wissenschaftsfreiheit. Der Abt[27] kämpfte auch um die Heiligung des Sonntags. Er wusste: Ohne Sonntag gibt es nur noch Werktage. Seine Predigten waren meistens von der Freude des Reiches Gottes bestimmt. So z.B. schloss er seine Predigten auf den Jahresfesten des ihm seit 1860 besonders nahestehenden Henriettenstiftes oft mit der Mahnung: »Nun fröhlich ans Werk!« Beim 145. Jahresfest 2005 schilderte sein Nachfolger Abt Dr. Hirschler, der mit seiner Frau und dem Hund Lupus erschienen war, wie sehr Uhlhorn für die damals neue Diakonissensache eingetreten sei, der viel Widerspruch von wegen »Nonnen« begegnete. Als 1866 nach der Schlacht von Langensalza 20 000 Verwundete beider Staaten das Schlachtfeld bedeckten, seien die ersten »Henrietten«, von der Liebe Christi getrieben, herbei geeilt. Dieser Einsatz habe das Ansehen der Henriettenstiftung entscheidend gehoben.

Die preußische Okkupation des Königreichs Hannover, 1866, stürzte Uhlhorn in tiefen Kummer. Aber er tröstete sich damit, dass er dem höchsten König zu dienen habe. Damit trat die Frage des irdischen Herrschers zurück.

Uhlhorn trat für eine kirchliche soziale Fürsorge ein. Er betonte, die Nächstenliebe dränge die Kirche zum Einsatz. Der Abt führte die Landeskirche behutsam zu einer Einheit zusammen, wobei auch das erste einheitliche Gesangbuch für die ganze Landeskirche wichtig wurde. 1873–901 dauerte die behutsame Einführung einer einheitlichen Agende. Uhlhorn prägte die kirchlichen Strukturen der Stadt Hannover.

Der frühere Hospes Kittel, der Bräutigam auf dem Loccumer Fresko der Hochzeit zu Kana, meinte 1937, der Abt habe seine Würde nicht zur Schau gestellt. Er sei ein kleiner, schwacher Mann mit trippelndem Gang gewesen, der gediegene wissenschaftliche Vorbildung als Voraussetzung für die Übernahme eines Pfarramtes ansah. Nur durch eigene geistige Arbeit entgehe der Kandidat dem Schicksal, ein salbungsvoller Worteschmied zu werden. Abt Gerhard führte ein streng geregeltes Leben, stand früh auf und ging rechtzeitig zu Bett, vermeldete Kittel. Seine sehr bescheidenen Zigarren hätten entsprechend gerochen. Ein Foto im Loccumer Zimmer »Uhlhorn« zeigt den Abt, wie er seiner Frau das Wollknäuel für ihre Strickarbeit hält.

Folgende tiefsinnige Anekdote wird im Kloster überliefert. Jemand rief vom Dachboden »Uhlhorn!« Der Abt hörte nichts. Zum zweiten Mal: »Uhlhorn!« Beim dritten Ruf aber dachte der Abt an die Bibel und antwortete laut: »Rede, Herr, dein Knecht hört!«

Im Dezember 2001 gedachte das Kloster Loccum mit einem Festgottesdienst und einem Festvortrag von Dr. Otte »Kirche, Diakonie, Sozialethik« dankbar seines großen Abtes. Am 25.2.2002 wurde in der Marktkirche Hannover eine umfassende

---

27 Das Landeskirchliche Archiv in Hannover besitzt Uhlhorns Nachlass. Doch gibt es noch keine angemessene Biographie.

Ausstellung über »Gerhard Uhlhorn und die evangelische Kirche heute« eröffnet. Dabei sah man zahlreiche Nachkommen des großen Abtes. Kultusministerin Renate Jürgens-Pieper betonte, der Gründungsvater der Hannoverschen Landeskirche habe das Gespräch mit Menschen aller politischen Richtungen gesucht. Er habe auch sonst auf andere Überzeugungen eingehen können, ohne seine eigenen aufzugeben. Landesbischöfin Dr. Käßmann erklärte, Uhlhorn habe die höchste Bestimmung des Menschen darin gesehen, »Bürger im Reich Gottes« zu werden. Die Not der Arbeiterfamilien habe er zu lindern versucht. Ihm sei das Berufsbild der Gemeindeschwester zu verdanken. Der Marburger Professor Jochen-Christoph Kaiser würdigte den vermittelnden Mann des theologischen Ausgleiches: Der gut lutherische Theologe sei offen für erweckliche Frömmigkeit gewesen. Kaiser betonte den hohen wissenschaftlichen Wert von Uhlhorns klassischem Werk über die christliche Liebestätigkeit, also über die soziale Arbeit der Christenheit. Eine Neubearbeitung dieses Werkes unter Einschluss der nur in der Urausgabe vorhandenen, wertvollen Belege ist in Vorbereitung. Der Präsident des Landeskirchenamtes, Dr. von Vietinghoff, kündigte an, die Ausstellung solle durch die Hannoversche Landeskirche gehen, um der weitverbreiteten »Geschichtsvergessenheit« entgegenzuwirken.

Lange Jahrzehnte war Uhlhorns Hannoversche Kirchengeschichte unentbehrlich. Auch seine zweibändige Schilderung der Kämpfe und Siege des Christentums ist immer noch eindrucksvoll. Seine profunde »Christliche Liebesthätigkeit« (^{2}1895) gab Inge Mager neu heraus (Hannover 2006).

Erhebliche Bedeutung für die Entwicklung des Klosters zu Abt Uhlhorns Zeit gewann der von Preußen eingesetzte Kurator, der am 24. April 1831 in Hannover-Misburg geborene Friedrich Wilhelm Barkhausen, der im Hauptamt Präsident des Preußischen Oberkirchenrates war. 1878 rettete er durch eine Denkschrift über den Hannoverschen Klosterfonds dieses wichtige Element der niedersächsischen Kulturlandschaft vor preußischen Vereinnahmungsgelüsten. Barkhausen kümmerte sich in Loccum um die Verbesserung der Ausbildung der »Klosterherren«, also der Kandidaten, was das Kloster zunächst als eine Art Bevormundung missverstand. Entscheidend blieb Abt Uhlhorns Engagement für die Theologenausbildung, zu deren Verbesserung er auf der Erichsburg ein zweites Predigerseminar gründete.

1881 gründete das Kloster im Blick auf das Gymnasium Hameln ein Alumnat als Heimstatt für die Söhne von Pastoren (Deisterstr. 4), die durch ihren entlegenen Wirkensort Schwierigkeiten hatten, ihre Söhne auf eine weiterbildende Schule zu schicken. Das Kloster erhoffte sich durch diese Gründung auch eine Verstärkung des Pastorennachwuchses. Der Inspektor gab wöchentlich zwölf Unterrichtsstunden am Gymnasium. Der Pensionspreis betrug 450.– Mark jährlich, konnte aber durch das damals noch wohlhabende Kloster ermäßigt oder ganz erlassen werden. Die Auswahl der Alumnen traf der Konvent des Klosters. 1883 lebten im Alumnat bereits 24 Schüler. Dieses Alumnat bestand bis 1901.[28] Barkhausen starb am 31. August

---

28 Der Werdegang des Schiller-Gymnasiums Hameln. Festschrift zur 100 Jahr-Feier des Gymnasiums 1967, S. 43.

1903 in Breslau während des Begräbnisses des Generalsuperintendenten Nehmitz. Barkhausens Grab und das seiner Gattin ist auf dem Klosterteil des Loccumer Friedhofes erhalten.

In Uhlhorns Amtszeit entstand der bekannteste Kunstbesitz des Klosters, die Fresken des Pastorensohnes Eduard von Gebhardt (1838–1925), die der aus Estland stammende deutschbaltische Maler 1884–91 schuf.[29] Die Monographie von Thomson stellt die Loccumer Fresken in das Ganze seines monumentalen Lebenswerkes[30], das die biblische Geschichte kraftvoll in die deutsche Gegenwart seiner Zeit übertrug.

Ein Enkel Uhlhorns, der langjährige Präsident der 1818 gegründeten Klosterkammer Hannover, Dr. h.c. Albrecht Stalmann[31], gewann große Bedeutung für die Erhaltung der niedersächsischen evangelischen Frauen-Stifte und -Klöster gerade auch im Dritten Reich.

Die Loccumer Klosterkirche im Licht der Forschung

Neue Forschungen brachten Licht in die Baugeschichte der Loccumer Klosterkirche.[32] Der Grundriss folgt dem im Umkreis des Heiligen Bernhard entwickelten Typus eines zisterziensischen Planes, wie er z.B. im burgundischen Fontenay 1139–47 verwirklicht worden war. Bezeichnend sind hier die einfache Kreuzform der Hochschiffe, die nur begleitenden, schmalen Seitenschiffe im Langhaus und die Nebenkapellen am Querhaus. Diese Nebenkapellen schließen in Loccum freilich in flachen, außen rechteckig ummantelten Apsiden – wie in Altenberg und Heisterbach. Dieser Gesamtaufriss wurde in Loccum mit einer einheimischen Tradition der Einwölbung verbunden, mit dem sogenannten Gebundenen System, ähnlich wie in Marienfeld (geweiht 1222), Riddagshausen (Abschluss 1275) und Walkenried. Die Zweiergruppen der Fenster beginnen im Altarhaus und im Querschiff noch romanisch-rundbogig, während die im Kirchenschiff bereits eine leichte Anspitzung aufweisen. Die Dreifenstergruppe im Westgiebel besteht aus Spitzbogen Lanzetten, wobei oben in die Zwickel Oculi, also runde Fensterchen, eingesetzt sind. Ähnliche Formen findet man in Burgund, also im Mutterland der Weißen Mönche, und im Obergeschoss von St. Gereon in Köln (vor 1227). In der Blendrose im Giebel der Westfassade kreisen zwölf kleine Spitzbogenarkaden um einen Sechspass als Nabe. Vergleichbar sind die Radfenster im Nordquerhaus des Straßburger Münsters, die in die Jahre 1210–20 datiert werden. Das Loccumer Langhaus hat Beziehungen zum Langhaus des Domes in Münster (1225–45).

Die obigen Befunde erfuhren eine glänzende Bestätigung durch die 1995 von dem damaligen Bezirkskonservator Claus Bieger angeregte und vom Arbeitsbereich

---

29 THOMSON 1991, bes. S. 31–37, 148–151.
30 THOMSON 1991, S. 101–104.
31 Ansprachen zum 50-jährigen Dienstjubiläum, Hildesheim 1954.
32 BOECK/GOMOLKA 2000, S. 55–60.

Bauforschung des Niedersächsischen Landesamtes für Denkmalpflege durchgeführte Untersuchung des Loccumer Dachstuhls. Diese Analyse begleitete die Dachwerkssanierung im Jahre 1996. Hier ließen sich durchgehend die Holzteile aus der Entstehungszeit der Kirche durch ihre deutliche Abwitterung, eine hellere Farbe und die urtümliche Art der Holzverbindung von den Holzteilen des 19. Jahrhunderts unterscheiden, in welcher Zeit die Loccumer zum Teil sogar nur Nadelholz verbaut haben. Die dendrochronologische Untersuchung von 58 Proben im DELAG, im Dendrolabor Göttingen, erbrachte einzig Hölzer aus der Bauzeit mit den Fälljahren 1223 und 1240 und dann wieder Hölzer aus den Fälljahren 1842–44. Die ältesten Dachwerkteile blieben über dem Altarhaus erhalten, Fälljahr 1223. Wenn das ursprüngliche Dachwerk über dem Altarhaus aus Holz vom Fälljahr 1223 besteht, ist das Dachwerk etwa 1225 erstellt worden. Und das Mauerwerk darunter ist dann natürlich noch älter. Also ist der Altarraum spätestens 1223 aufgeführt worden.

Über dem südlichen Querhaus ist das Dachwerk aus der Bauzeit fast vollständig überkommen. Fälljahr 1240. Demnach ist das Querhaus-Mauerwerk um 1240 errichtet worden. Dazu passt eine für den 28.10.1244 überlieferte Altarweihe im Nordquerhaus. Zu den obigen Ergebnissen passt dann die für 1249 überlieferte Weihe des gesamten Gotteshauses vorzüglich. Wie die meisten anderen Kirchen, ist nach alledem die Loccumer Klosterkirche von Ost nach West gebaut worden. Alle oben nicht erwähnten Dachwerke der Stiftskirche sind 1843–45 vollständig erneuert worden.

Die romano-gotische Klosterkirche ist auch ein Monument der Baudenkmalpflege. 1841 leitete der zuständige Landbauinspektor Georg Ludwig Comperl die Instandsetzung des Außenmauerwerks. Dann baten Abt, Prior und Konvent den Pastorensohn Georg Ludwig Friedrich Laves um Vorschläge zur zeitgemäßen inneren Einrichtung. Daraufhin schloss Conrad Wilhelm Hase bis 1854 die Restaurierung ab. Die mittelalterliche Ausstattung wurde weitgehend zur Seite gerückt, aber sie blieb im konservativen Loccum im Gegensatz zu den meisten Restaurierungen jener Tage weitgehend erhalten.[33]

Loccum und Luthers Grabplatte

Das Grab des Reformators Martin Luther liegt unter einem Sandsteinpodest mit schlichter Namentafel zu Füßen der Kanzel in der Wittenberger Schlosskirche. Seitlich daneben ist an der Wand eine Bronzeplatte mit der lebensgroßen Relieffigur des Reformators aufgerichtet. Unter der Platte ist lateinisch vermerkt, dass die Grabplatte eine Stiftung von Abt und Konvent des Klosters Loccum ist. Die Grabplatte ist ein Nachguss einer alten, 1548 vom Rotgießer Heinrich Ziegler in Erfurt gegossenen Platte, deren Lieferung nach Wittenberg wegen politischer Veränderungen nicht zustande kam und die sich seit 1571 in Jena befindet. In den 1890er Jahren ließ Kaiser Wilhelm II. die Schlosskirche als Gedenkstätte der Reformation neu ausgestalten. Dabei erinnerte man sich an die alte Grabplatte und beschloss, da sie nicht im Original

---

33 SCHÄTLER-SAUB 2000, S. 115–130.

zurückzubekommen war, einen Abguss am Grabe des Propheten der Deutschen aufzustellen. Das war eine Chance für das lutherische Kloster Loccum: Im Januar 1892 richtete Abt Gerhard Uhlhorn nach Abstimmung mit seinem Konvent folgendes Schreiben an Kaiser Wilhelm II.:

> Allerdurchlauchtigster, Großmächtigster Kaiser und König! Allergnädigster König und Herr! Ew. Kaiserliche und Königliche Majestät wollen geruhen, eine allerunterthänigste Bitte seitens des Abts und Convents des Klosters Loccum huldreichst entgegenzunehmen. Die ursprünglich auf dem Grabe Dr. Martin Luthers zu Wittenberg befindliche erzene Grabplatte ist im 30jährigen Kriege von dort weggeschafft und nach Jena gebracht, wo sie noch heute in der Stadtkirche vorhanden ist.
>
> Wir würden es nun als eine uns erwiesene, besondere Gnade betrachten, wenn es uns gestattet werden könnte, diese Grabplatte genau der ursprünglichen entsprechend in Erz nachzubilden und auf dem Grabe des großen Reformators wieder anbringen zu lassen. Wir möchten dadurch unsere Dankbarkeit für die Segnungen der Reformation, die auch unserem Kloster in reichstem Maße zugeflossen sind, bezeugen und zugleich kund thun, mit welcher Theilname wir das von Ew. Majestät unternommene bedeutsame Werk der Restauration der Kirche, von welcher die gesegnete Reformation ausgegangen ist, begleiten. Ew. Majestät wagen wir daher die allerunterthänigste Bitte vorzutragen, dazu die allerhöchste Genehmigung allergnädigst ertheilen und zugleich huldreich gestatten zu wollen, dass auf der erneuerten Grabplatte etwa folgende Inschrift angebracht werden dürfte: Hanc D. Martini Lutheri tabulam sepulcralem ad instar archetypi accuratissime expressam Abbas et conventus coenobii Luccensis pietatis causa dedicaverunt.
>
> Sollten Ew. Majestät geruhen, diese unsere allunterthänigste Bitte allergnädigst zu gewähren, so würden wir darin ein neues Zeichen der Allerhöchsten Huld Ew. Majestät gegen unser Kloster in tiefster Dankbarkeit zu verehren haben, die wir verharren als Ew. Kaiserlichen und Königlichen Majestät allerunterthänigste, treugehorsamste Abt und Convent des Klosters Loccum. Gerhard, Abt zu Loccum.

Diesem formal vom Byzantinismus der Zeit bestimmten Antrag wurde sofort entsprochen. Das Kloster erteilte den Auftrag, der noch im Jahre 1892 ausgeführt wurde. Dass die originale Form, eine reliefierte Holzplatte (heute St. Andreas Erfurt) noch existierte, merkte man nicht. So wurde für den herzustellenden Abguss eine neue, aus mehreren Einzelteilen bestehende Form hergestellt. Die Arbeit besorgten die Vereinigten vormals Gräflich Einsiedel'schen Werke in Lauchhammer. Die Kosten betrugen 1750 Goldmark. Dazu kamen 256,10 Mark für die steinerne Sockelplatte mit der Stiftungsinschrift.[34] Ein Gipsabdruck kam in die Christlich-Archäologische Sammlung der Universität Halle und ist jetzt in den Räumen der Theologischen Fakultät Halle ausgestellt.[35]

---

34 Für genaue Informationen über die Grabplatte bin ich meinem Verwandten, Sup. Christoph Schomerus, zu besonderem Dank verpflichtet.
35 Martin-Luther-Universität Halle-Wittenberg, Jubiläumskalender April 2002 – Dezember 2002, S. 38f.

Loccum im 20. Jahrhundert

An den Besuch Kaiser Wilhelms II im Loccumer 750. Jubiläumsjahr 1913 erinnert das getäfelte »Dreikaiserzimmer« im Westflügel. Wochen vor dem allerhöchsten Besuch hatte der Hofmarschall des Kaisers mit Abt Georg Hartwig (reg. 1901–27) die Einzelheiten des Kaiserbesuches abgestimmt. Dem kaisertreuen Abt wurde eröffnet: »Seine Majestät werden am Festgottesdienst teilnehmen. Aber Seine Majestät erwarten, dass Euer Hochwürden die Predigt nicht über zwanzig Minuten ausdehnen werden.« Abt Georg erwiderte: »Exzellenz, ich bin der Abt zu Loccum, und wie lange ich predige, das entscheide ich allein.« So empfing er den Kaiser in strammer Haltung, die rechte Hand an der Talarnaht, und predigte dann – vierzig Minuten. Am Abend ging ihm dennoch »der Stern zum Kronenorden Zweiter Klasse« auf.

Der Loccumer Abt August Marahrens (1928–50), der 1939 meinte, es gebe für ihn »keinen schärferen Gegensatz« als den zur »jüdischen Religion«, ist durch sein Glückwunschtelegramm an Hitler zu dessen Überleben des Attentats vom 20. Juli 1944 ins Gerede gekommen, obwohl sogar auch dezidierte Hitlergegner wie der gefangene Admiral Canaris solche Telegramme sandten. Aber in Wirklichkeit stammt das in Abwesenheit des Abtes ausgegangene Telegramm offenbar von einem hochrangigen Landeskirchenamts-Beamten. Das sagte jedenfalls der Abt 1950, kurz vor seinem Tode, zu Jürgen Chr. Mahrenholz. Der Abt hatte anscheinend die Sache auf sich genommen. Der Abt meinte abschließend: »Das Jüngste Gericht wird alles klären.« Am 50. Todestag des Abtes im Mai 2000 veranstaltete die Klostergemeinschaft eine Gedenkfeier.

1943 wurde im Bombenkrieg der Loccumer Hof in Hannover, die Residenz der Äbte, zerstört. Doch in dem Hotel »Loccumer Hof« in der Kurt-Schumacher-Straße lebt der alte Name fort. Das Hotel, steht noch über den Landesverein für Innere Mission bzw. die Hospiz-Betriebe GmbH mit dem Kloster in Verbindung.[36]

Das Kloster Loccum hielt eisern an hergebrachten, mehr oder weniger alten Traditionen fest. So z.B. war es noch zur Mitte des 20. Jahrhundert unüblich, bei Trauungen die Glocken zu läuten. Prior Fleisch betonte: »Wir sind ein Männerkloster«: Erst als der tüchtige Stiftsprediger Walter Haaren damit drohte, in Zukunft alle Trauungen in der Kapelle in Münchehagen vorzunehmen, wurde das Läuten erlaubt.[37]

Von 1950 bis 1977 war Landesbischof Hanns Lilje, Abt zu Loccum. Ihm gilt die äußerst materialreiche (639 Seiten) Dissertation des zisterziensisch bestimmten Johannes Jürgen Siegmund, dem der Nachlass des großen Abtes zugänglich gemacht wurde. Bei Siegmund überstrahlt Liljes ökumenische Tätigkeit oft seine großen Verdienste um die Landeskirche, wenn Siegmund auch Liljes Loccumer Abts-Wirksamkeit zu Erfassen sucht. Liljes Schriften zeigen eine virtuose Sprachbeherrschung und profunde Bildung,

---

36 Der Liebestätigkeit Raum geben. Festschrift zum 125. Jahrestag des Landesvereins für Innere Mission, 1990, S. 9.
37 Hinweis: Jügen Mahrenholz, 28.10.2001.

die auch seiner luziden Predigt zugutekam. Da der Bischof nie der Gemeindepastor gewesen war, hatte er manchmal verklärte Vorstellungen vom kirchlichen Alltag. Seine Öffentlichkeitswirkung war in heute nicht mehr vorstellbarer Weise umfassend, wie Nicolaus Heutger als Pressevikar immer wieder feststellen konnte.

1950 führte der 63. Abt den »Loccumer Empfang« ein, der heute immer am Dreikönigstag, am 6. Januar, der leitende Persönlichkeiten des Landes nach Loccum führt.

Abt Johannes XI. Lilje[38] wollte als Landesbischof die Evangelische Akademie von Hermannsburg (gegr. 1946) nach Loccum holen – in die Nähe des Klosters, das für ihn eine Verkörperung der geistlichen Geschichte Niedersachsens war. Die evangelische Akademie sollte das Forum sein, auf dem sich Kirche und Welt im Diskurs begegnen. Aber der Loccumer Prior D. Fleisch war dagegen. Schließlich konnte sich der Abt durchsetzen. Der Preis für die Einwilligung des Priors war, dass die riesige, nicht eben denkmalwerte Klosterscheune vor der Akademie stehenbleiben durfte. Sie machte jahrzehntelang einen fragilen Eindruck, ist aber Ende der Neunziger Jahre restauriert worden. Bei der Grundsteinlegung der evangelischen Akademie 1952 auf der »Kälberkoppel« (Kataster) sprach Abt Johannes XI. nach seinem Grundsatz »Der Kasus wählt den Text, aber gepredigt wird über den Text« über Maleachi 3, 20 und zeichnete ein Bild unbändiger Freiheit: Die Mastkälber saßen sonst in engen Boxen, aber nachdem sie auf die Koppel geführt waren, sprangen sie herum voll Freude über die endlich gewonnene Freiheit. Der Abt[39] betonte, die Akademie solle »aus der Enge in die Weite führen«.[40]

Aus dem Jahre 1951 sind Richtlinien für die Hora überkommen[41], die die Wichtigkeit dieses Relikts der Frühzeit im Rahmen der evangelischen Klostergemeinschaft bezeugen. Bei den Gesängen soll das Wochenlied besonders beachtet werden. »Vor der Lesung soll ein kurzes Wort (Praefamen) als Wegweisung in den Text gesagt werden«. Die Lesung soll eine Beziehung zum »Wochenspruch« haben. »Zur Vorbereitung ist die Lesung im Zimmer ein oder mehrere Mal laut zu lesen«. »Bei der feierlichen Hora am Vorabend eines Sonn- und Festtages ist der Predigttext des folgenden Tages zu verlesen«. Das Gebet soll im ersten Teil »von der Lesung her bestimmt sein«. Der zweite Teil soll folgenden »Gebetsanliegen« gewidmet sein: Sonnabend: für die Verkündigung des folgenden Sonntags. Montag: Äußere und Innere Mission. Dienstag: Kloster, Gemeinde, Schule. Mittwoch: Familie, Patenkind, Freunde, Notleidende. Donnerstag: Vaterland, Obrigkeit, Kriegsgefangene. Freitag: Gedächtnis des Todes Christi; das Kreuz als Same der Kirche. An den Sonnabenden in der Fastenzeit und in der Freudenzeit soll an die Stelle des Gebets die Litanei bzw. das Te Deum treten. »Die Hora ist schriftlich so vorzubereiten, dass sie als Ganzes vorgelesen werden kann und jede freie Formulierung während der Hora entfällt«.

---

38 OELKE 1999.
39 UDEN 1998.
40 Hinweis Jürgen Chr. Mahrenholz, 12.8.1999.
41 Den Text machte mir der damalige Hospes Jürgen Chr. Mahrenholz zugänglich.

Die Mehrheit der Loccumer Hospites fühlte sich in der elitären Umgebung ausgesprochen wohl. Nur selten erhob sich eine Gegenstimme, so die von Dr. Martin Ruhfus[42], der 1960 ins Hospiz einberufen wurde. Zwei Hospites im Gehrock holten ihn mit einem Handwagen am Bahnhof ab. Die dreitägigen Initiationsriten empfand er als ausgesprochen putzig. In den zwei Jahren »vertaner Zeit« in der Loccumer »Männergesellschaft« spürte er immer wieder die »Tyrannei der Intimität«. Ruhfus rieb sich auch an den hergebrachten Ordnungen des Klosters. Er wunderte sich, wenn der gestandene Konventual-Studiendirektor Andersen nervös wurde, wenn der gewaltige Abt Johannes XI. Lilje sich näherte. »Dieses auszuhalten war nicht einfach«. Als aber das 2. Examen herankam, half Andersen im letzten Moment noch bei der Examenspredigt. Als erfüllte Zeit empfand Ruhfus einzig die Hora um 18 Uhr.

Günstiger sah das Hospiz-Geschehen Hans-Joachim Rauer.[43] Der ordo war das Grundgerüst für alles. Sämtliche Arbeiten der Hospites wurden als Vorlesungen vorgetragen, die jederzeit durch Zwischenfragen unterbrochen werden konnten. Gefürchtet waren die pro-censura-Predigten. Die Abwesenheit von Kritik bedeutete hier Lob. Einmal im Semester durfte die mit Ring angelobte Braut Besuch machen. Die Klosterherren trugen schwarz mit Barett (»Loccumer Bewusstsein«).

Beim Klosterjubiläum 1963 wurde mit großem Erfolg das Musical Hallelujah-Billy von Ernst Lange aufgeführt – mit dem hospes luccensis Hildebrand Henatsch in der Hauptrolle, zusammen mit Ilse Rohrßen, der Verlobten des Hospes Ludolf Ulrich, des späteren Konventuals, unter der Regie von Konventual-Studiendirektor Dieter Andersen, des späteren Loccumer Priors und Bischofs.[44]

Als 1964 Liljes 40. Ordinationsjubiläum anstand, wollte ihn das Hospiz des Klosters einladen und zu festlichem Vortrag manches von dem zusammenstellen, was der Abt in jungen Jahren, auch im Dritten Reich, publiziert hatte. Heftige Ablehnung. »Sie wollen also, dass ich eine Stunde lang zuhöre. Eigentlich müsste ich da doch selbst aus meinen Erfahrungen berichten.« Als der Abt einmal den Hospes Helbig in seiner Klause besuchte, fiel ihm eine chinesische Bildrolle auf. Er fragte: »Woher haben Sie die?« Antwort: »Die habe ich in Moskau gekauft.« »Da ist ja auch eine chinesische Inschrift. Können Sie die übersetzen?« Der Klosterherr rezitierte irgendein lauschiges Poem. Der Abt war beeindruckt.[45] Später wurde der schlagfertige Helbig Liljes persönlicher Referent.

Jeder Abt hatte sich verpflichten müssen, jedes Jahr sechs Wochen ununterbrochen im Kloster Residenz zu halten. Das war dem weltweit tätigen Lilje natürlich nicht möglich. Eines Tages erinnerte der in höchstem Maße traditionsfreudige Prior Fleisch im Refektorium den Abt an das gegebene Versprechen. Seine Hochwürden reagierten verärgert. Er meinte, die Loccumer Tradition sei ja bei dem im Kloster residierenden Prior gut aufgehoben. Dieser habe den Abt zu entlasten. Die anwesenden Hospites und die Konventualen, darunter Ködderitz und Laasch, erstarrten ob der freimütigen

---

42 Vortrag in Loccum am 9.6.2001.
43 Hans-Joachim Rauer: Hospes im Predigerseminar des Klosters Loccum, in: Jahrbuch der Gesellschaft für Niedersächsische Kirchengeschichte, Bd. 102, 2004, S. 345–360.
44 Hinweis Konventual Ludolf Ulrich, 1999.
45 Hinweis P. Helbig am 20.8.1999 in Loccum.

Äußerung des Priors coram publico. D. Fleisch konnte eine Lippe riskieren, weil er ein Drittel Jahrhundert früher Konventual-Studiendirektor war, als Lilje noch ein kleiner Hospes war. Abt Johannes XI. lebte also nie acht Wochen ununterbrochen im Kloster. Und wenn er dann doch kurz nach Loccum kam[46], erreichte das Kloster eine Stunde vorher ein entsprechender Anruf. Und dann hatten alle Klosterherren im schwarzen Anzug Spalier zu stehen und der Konventual-Studiendirektor riss den Wagenschlag auf. Aber um 1968 fragten progressive junge Theologen: »Warum sollen wir uns dazu umziehen?« Schließlich stand eines Tages Konventual-Studiendirektor Dr. Kruse allein zum Empfang da. Der Abt fragte: »Wo sind denn die Herren?« Kruse: »Sie haben noch in der Bibliothek zu tun«. Der Abt verstand sofort. Einmal schleppten frustrierte Klosterherren sogar einen Volkswagen vor den Altar. Solche vorübergehenden Brüche in der Loccumer Tradition hatte der Konventual-Studiendirektor Dr. Kruse (1964–70), der spätere Berliner Bischof, auszuhalten. »Der Abt war von der Loccumer Tradition zutiefst überzeugt und wollte nicht, dass da etwas preisgegeben würde«, erzählte Bischof Kruse auf der 100-Jahrfeier Liljes am 20.8.1999 in Loccum.

Konventual-Studiendirektor Hirschler, der spätere Landesbischof und dann Abt zu Loccum, erlebte schließlich den altersweisen Abt, bei dem der geistliche Mensch reiner herauskam, weil er nichts mehr durchsetzen musste. In den stets gern gewährten persönlichen Gesprächen mit den Hospites fiel alles Hierarchische von dem großen Abt ab. 1967 fiel die Forderung des Zölibats für die Hospites für ihre Loccumer Zeit.

In den Jahren nach der Studentenrevolte (1968) verzichtete Abt Johannes XI. auf Mitra und Krummstab. Er klagte zwar, in England gebe es nicht, dass aus bierernsten Gründen so etwas Althergebrachtes abgeschafft werde.[47] Nur noch einmal ließ er sich in vollem Ornat photographieren. Aber bei seiner Beerdigung waren Krummstab und Mitra wieder da. Und bei seinen Amtsnachfolgern traten die Abts-Insignien mäßig, aber regelmäßig wieder in Erscheinung. 1967 fiel das hergebrachte Zölibat der Hospites. 1969 wohnten dann erstmals verheiratete Hospites mit ihren Ehefrauen im Kloster. 1972 zog Dörte Schlolaut als erste Kandidatin im Kloster ein.

Das Kloster Loccum öffnete sich als Expo-Kloster im Jahre 2000 Besuchern aus aller Welt in besonderer Weise. Die durch luzide Schrifttafeln unterstützten Führungen durch das Kloster wurden durch einen neuen, durch den Klosterforst führenden Informationspfad (1,5 km) ergänzt, der auf die zisterziensische Landschaftsgestaltung hinweist. Vor allem geht es da um die typischen Fischteiche, die von den Mönchen angelegt wurden, die kein Fleisch essen durften.

Im März 2000 erweiterten Abt und Konvent des Klosters im Blick auf die Hannoversche Landesbischöfin Dr. Margot Käßmann die Verfassung des Klosters um folgende Bestimmung: »Wer das bischöfliche Amt der Landeskirche innehat, gehört als Mitglied eigenen Rechts dem Konvent an.« Auf diese Weise wurde die Landesbischöfin stimmberechtigtes Mitglied des bis dahin aus dreizehn Männern bestehenden Konvents des evangelischen Männerklosters.

---

46 Hinweis Bischof Dr. Kruses am 20.8.1999 in Loccum.
47 Hinweis Abt Hirschler in Pullach am 12.2.2001.

Das Loccumer Klosterarchiv

Die erste hauptamtliche Archivarin und Bibliothekarin wurde zu Beginn des Jahres 1963 mit Ursula Haupt, Diplombibliothekarin, angestellt. Sie hat unverzüglich die Regale in der Benediktskapelle anschaffen lassen und das Archiv dort wohlgeordnet eingerichtet. Aus gesundheitlichen Gründen mußte sie ab 1972 die Arbeit in der Bibliothek aufgeben und konnte nur noch bis 1974 im Archiv arbeiten.

Ihr folgte Dr. Ernst Berneburg, der ab 1972 die Bibliothek betreute und ab 1974 das Archiv übernahm. Der langjährige Loccumer Klosterarchivar ordnete das Klosterarchiv in dem vom »Klosterbaumeister« Prendel entworfenen und vom Konvent 1980 erbauten südöstlichen Anbau vorbildlich neu. Der im Anbau entstandene Archivraum wurde dann auch »Berneburg Archiv« genannt. Als der Verfasser nach Berneburgs Tod an seinem Loccum-Buch arbeitete, frug er die Nachfolgerin Berneburgs: »Hat Dr. Berneburg ein Findbuch oder Ähnliches hinterlassen?« Antwort:»Nein, er hatte jede Urkunde im Kopf und der liegt nun auf dem Friedhof.« Aber dass der begeisterte und hilfreiche Archivar gar keine Aufzeichnungen hinterlassen haben könnte, konnte ich mir einfach nicht vorstellen. So wurde schließlich der Sohn des späteren Abtes D. Hirschler befragt und der erinnerte sich an eine Kiste mit Aufzeichnungen. Schließlich fand sich der größte Karton, den ich je gesehen hatte, voll von Berneburg-Autographen, meistens auf kleinen, engbeschriebenen Zetteln, nicht recht heftbar. Bei eisiger Kälte suchte ich das »Sondergut«, gewissermaßen die Goldkörner, heraus und verwendete sie mit entsprechender Zitierung für mein Buch.[48]

Im Jahre 2005 begann im Archiv der Landeskirche Hannover ein gewaltiges, auf fünf Jahre angelegtes, mit 133 000 Euro aus dem niedersächsischen Vorab der VW-Stiftung finanziertes Forschungsprojekt, in dessen Rahmen Dr. Ursula Dittrich die etwa 2000 Urkunden des Klosters vollständig für ein neues Loccumer Urkundenbuch erfassen soll, das sogar deutsche Zusammenfassungen der kostbaren Pergamente enthalten soll. Das alte Urkundenbuch von Wilhelm von Hodenberg aus dem Jahre 1858 enthält ja nur Teile des riesigen Bestandes. Nützlich sind bei dieser Neu-Edition die beiden Loccumer Kopiare, alte Abschriften der Original-Urkunden.

Die Loccumer Abts-Investitur 2000

Am 4. Juni 2000 fand im Kloster Loccum unter stärkster Beteiligung der Umwohnenden in hergebrachten Formen die Investitur eines neuen Abtes statt: Auf Abt Landesbischof i.R. Prof. D. Eduard Lohse folgte der bisherige Prior, Landesbischof i.R. D. Horst Hirschler.

Um 9.30 Uhr erfolgte in dem romanischen Laienrefektorium im Kreise des Konventes die Bestätigung der Wahl des neuen Abtes, nachdem der Kirchensenat zugestimmt hatte, und der künftige Abt unterschrieb die Verpflichtungsurkunde. Dann folgte eine Prozession durch den Kreuzgang und der feierliche Einzug in die

---
48 HEUTGER 1999.

romanogotische Stiftskirche, wobei man nach zisterziensischer Sitte einzeln hintereinander herging. Abt (mit Mitra und Abtsstab von 1682), Prior und Konvent folgten die Mitarbeiter der Loccumer Institute, zwei Amelungsborner Äbte, Prof. D. Perlitt, Abt von Bursfelde und etliche niedersächsische Äbtissinnen in ihrer malerischen Tracht. Der Posaunenchor blies eine Intrade in F von Michael Praetorius, der mit den evangelischen Klöstern in Niedersachsen verbunden war.

In seinen Begrüßungsworten erklärte Abt Lohse, Landessuperintendent Johannesdotter sei neuer Prior und Landesbischöfin Dr. Käßmann sei durch einen Beschluss des Konventes, dem der Kirchensenat einhellig zugestimmt habe, dem Kloster zugeordnet worden. Es werde so zum Ausdruck gebracht, »dass wir alle eins sind in Christus und alle gerufen sind zum Zeugnis von der Barmherzigkeit Gottes«. Der Abt übermittelte Grüße des Generalabtes, dem die Loccumer Abtswahl »schicklich angezeigt« worden sei, und der in einem »warmherzigen« Brief dem Kloster seine Fürbitte zugesagt habe.

Der Abt begrüßte auch Frater Leo O. Cist. aus Zwettl, dem 1137 von Hadmar I. von Kuenring gegründeten, bis heute bestehenden Zisterzienserkloster im österreichischen Waldviertel[49], dem Tochterkloster von Heiligenkreuz im Wienerwald. Später schrieb dieser dem Verfasser[50]: »Es waren für mich außerordentlich beeindruckende Tage. Die Gastfreundschaft, die mir überall entgegengebracht wurde. Der Festgottesdienst in der so schlicht zisterziensisch gebliebenen Klosterkirche, und dann die Geselligkeit mit aufgeschlossenen Menschen bei prächtigem Wetter in dem wundervollen Garten.«

Nach dem Lied »Nun bitten wir den Heiligen Geist« proklamierte Prof. Lohse, der Konvent habe am 4. Dezember 1999 Landesbischof i.R. D. Horst Hirschler zum künftigen Abt gewählt und der Gewählte habe durch seine Unterschrift seine Bereitschaft zur Übernahme des Amtes bezeugt. So werde er nun zum Abt berufen.

In seiner Ansprache führte der bisherige Abt auf Grund von Kol. 1,23 aus, das Motiv des Bleibens komme immer wieder in der christlichen Überlieferung vor, z.B. in dem Lied »Ach bleib mit Deiner Gnade« (der Dichter, Josua Stegmann, war im Dreißigjährigen Krieg oft in Loccum gewesen) und das Loccumer Gotteshaus stelle vor Augen, was »bleiben« heißt. »Er will bei uns bleiben! Sein Wort gilt!« Der neue Abt werde das weiterführen, was »in der langen Kette seiner Vorgänger ununterbrochen bezeugt sei: Bleiben, nicht weichen«. Solche Aufforderung zum Bleiben bedeute allerdings nicht, »dass alles so bleiben muss, wie es schon immer war«. Das Kloster könne voll »Zuversicht« auch neue Wege gehen.

Nachdem für den neuen Abt Gottes Geist erbeten war, auf »dass das Kloster ein Quellort geistlichen Lebens bleibt«, gelobte D. Hirschler, dass er »mit treuem Eifer« »das Beste für das Kloster« suchen werde. Horst Hirschler übernahm dann die altehrwürdigen Insignien, besonders das Brustkreuz aus dem 18. Jahrhundert. Bei der Mitra hieß es (Epheser 4, 15): »Lasset uns wachsen an dem, der das Haupt ist.« Bei

---

49 Buberl 1940.
50 Brief vom 13.12.2001.

dem silbernen Abtsstab lautete das Votum: »und ob ich schon wanderte im finstern Tal, so fürchte ich kein Unglück, Dein Stecken und Stab trösten mich« (Psalm 23). Als »ordnungsgemäß gewählter und betätigter Abt« übernahm dann D. Hirschler das Amt. »Gottes Güte behüte unser Kloster«. Es folgte dann nach alter Weise das Te Deum.

In seiner Predigt über Hebräer 13, 7–9a zeigte der neue Abt, dass zu den großen Lehrern auch die Zisterzienser zu rechnen seien. »Sie haben uns eine Stätte hinterlassen, die uns glauben lehren kann«. Heute denke der Orden darüber nach, wie man den »evangelischen Erben der alten Zisterzienser einen Status geben« könnte, in dem sie »geordnet und locker dazugehören«. Die ersten Zisterzienser seien überzeugt gewesen: »Wir sind hier mit unseren Gebeten nötiger als zu Hause«. Die jungen Männer hätten versucht, eine »Familia Die, eine Gottesfamilie zu bilden, in der Christus in der Mitte steht«. Sie versuchten, »ein Stück Himmel auf die Erde zu holen, anders miteinander umzugehen, als sonst üblich«. Die Zwölf, die 1163 aus Volkenroda nach Loccum gekommen sind, »waren erfüllt von dem Gedanken, Kirche und Welt ein Gegenmodell entgegenzusetzen«. Auch heute gehe es um eine »entschlossene Weise der Lebensgestaltung«. Christus, wie er auf dem Triumphkreuz des Klosters gemalt sei, helfe in einer »Angebotsgesellschaft« zur »Lebensgestaltung als Mitwirkende Gottes«. Auf den Kreuzen der Zisterzienser erscheine Christus nicht, wie in der romanischen Kunst als König, sondern als der Leidende. Dieses Bildnis rufe »Du bist nicht allein, auch wenn es Dir noch so dreckig geht«. Gern hätten die Zisterzienser St. Bernhard gemalt, wie ihn Christus umarmte. Sie seien gewiss gewesen: »Im Ernstfall umarmt Christus Dich«! Es gehe um »Gleichzeitigkeit« mit ihm, so wie im Loccumer romanischen Gewölbe »400 Porträts von Loccumern« in die Geschichte Jesu hineingestellt sind. »Wenn wir auf das Kreuz blicken, wird das Herz fest« ... »Wer Angst hat, kreist nur um sich selbst. Wer aber seine Schuld bei Christus ablädt, bekommt Kopf und Hände frei« ... »Unsere Zeit braucht furchtlose Menschen«. Ein evangelisches Kloster sei »ein ›Kloster auf Zeit‹, ein Ort der Besinnung«. Man spürte in der begeisternden Predigt Hirschlers »Lust, hier zu sein«.

Landesbischöfin Dr. Käßmann erklärte, Abt Lohse habe 23 Jahre dieses Amt mit »Ruhe, Zurückhaltung und Würde« geführt. Sie wünschte ihm für die Zukunft »Freude an Forschung und Lehre«. Der neue Abt werde sein Amt »in seiner ganz eigenen Art« wahrnehmen. Er sei ja »bereits von ganzem Herzen mit Loccum verbunden«. Die Gemeinde sei froh, dass der neue Abt ständig in Loccum wohnt. Die Landesbischöfin überreichte ein Stück Marmor vom Christus-Pavillon der Expo, der in seiner Festigkeit die »feste Gründung im Glauben« symbolisiere. »Das Kloster spiegelt in unserer Landeskirche die Kontinuität über die Jahrhunderte hinweg«. »Nur wer die eigenen Wurzeln kennt«, könne Zukunft wagen.

Der Alt-Abt von Amelungsborn, Ernst Henze, dankte dem Loccumer Alt-Abt, dass er sein Amt »mit geistlicher Sorgfalt« geführt habe. Bei der Übergabe vor 23 Jahren habe man Abt Eduard »schmucklos« mitgeteilt, »später werde er dann auf dem Loccumer Friedhof beerdigt«. Und doch liege darin eine tiefe Weisheit: »Es ist nur eine kurze Strecke, die uns zur Verfügung steht«. Das bewirke »Immunisierung gegenüber der öffentlichen Meinung«. Die vom Heiligen Benedikt geforderte Discretio, das ständige »Unterscheiden von Wichtigem und Unwichtigem«, habe der Alt-Abt vollendet beherrscht. »Bleiben Sie weiter mit allen Klöstern verbunden!« Dem neuen Abt wünschte der Alt-Abt von Amelungsborn »geistige Unabhängigkeit und Geduld, Hören auf die Offenbarung und auf die Stimme der Väter«. »Die Christusliebe ist der Ruhm der Kirche und ihrer Diener«.

Die Kollekte diente der Umsetzung des Expo-Christuspavillons in das Kloster Volkenroda. Nach Segen und Auszug wurde im Kapitelsaal nach altem Brauch ein Abdruck des Siegels des bisherigen Abtes zerbrochen. Das bisherige Abtssiegel hatte den Adler im Kreuzgang mit der Jungenprobe gezeigt. Dann überreichte der Konventual-Vermögensverwalter dem neuen Abt ein neues Siegel, das den Gekreuzigten vom Triumphkreuz zeigt, und die Urkunde. Der Konventual-Studiendirektor übergab D. Hirschler den Schlüssel des Klosters. Es folgte eine ausgedehnte Begegnung von allen im Herrenrefektorium und in Priors Garten, den Gottes Freundlichkeit mit strahlendem Sonnenschein erfüllte. Der vorzüglichen Freud- und Leid-Suppe und dem leckeren Loccumer Gebäck wurde ausgiebig zugesprochen. Der Tag der Investitur entwickelte sich, wie Abt Hirschler erhofft hatte, zu einem fröhlichen Tag und zu einem Tag der Anrede Gottes.

Loccum heute

Im Juli 2000 wurde am Hanns-Lilje-Weg, der Kloster- und Religionspädagogisches Institut miteinander verbindet, ein Denkmal in Form eines Halbkreises errichtet, das an die Gründung Loccums von Volkenroda aus erinnert. Der andere Teil der Halbkreises erhebt sich in Volkenroda, mit dem Loccum heute ein Pilgerweg verbindet. Vier Prinzipien prägen diesen besonders von Jugendlichen begangenen Jodocus-Pilgerweg: Einfaches Leben, umweltschonendes Fortbewegen (Wandern, Fahrrad, Bahn oder Paddelboot), Gemeinschaft mit anderen und Offenheit für neue Erfahrungen verschiedenster Art.

Im September 2000 nahm Abt Hirschler als ein »Zisterzienser-Erbe« am Generalkapitel der Zisterzienser in Rom teil. Den 120 katholischen Äbten und Äbtissinnen imponierte sehr, dass der Abt zusammen mit dem Amelungsborner Abt Dr. Drömann zum evangelischen Gottesdienst ging, statt bei der Seligsprechung von zwei Päpsten anwesend zu sein.

Auf dem Loccumer Neujahrsempfang 2001 äußerte sich Landesbischöfin Dr. Margot Käßmann, Mitglied des Konventes des Klosters, zu der Frage, ob Bildung in einer Zeit der Orientierungslosigkeit Orientierung leisten könne. Sie stimmte bei der Erörterung dieses Mega-Themas der These des Pädagogen Harmut von Hentig zu: »Die Antwort auf unsere behauptete oder tatsächliche Orientierungslosigkeit ist Bildung«.[51] Die Landesbischöfin betonte, es sei nötig, ethische Grundüberzeugungen des christlichen Glaubens in die Bildungs- und Orientierungsdebatte einzubringen

---

51 HENTIG 1996, S. 15.

bzw. Bildungseinrichtungen wie die Schule daran zu erinnern, dass Religion bzw. christlicher Glaube definitiv ein Element im Bildungsauftrag der Schule ist.[52] Das christliche Bildungsverständnis nehme den ganzen Menschen in den Blick. Deshalb müsse der schulische Religionsunterricht gestärkt werden, auch im Bewusstsein von Schülerinnen und Schülern, Eltern, Lehrkräften und Kirchengemeinden. Der Religionsunterricht habe eine breite gesellschaftliche Akzeptanz.

Am 28.1.2001 gedachte man in dem spätgotischen Refektorium des 100. Geburtstages des Loccumer Konventuals D. Johannes Schulze, der im Dritten Reich Landesobmann der Hannoverschen Bekenntnisgemeinschaft gewesen war. Die Erinnerungen an die NS-Zeit trieben ihn noch im Alter um. »Wir gingen wie im Nebel und waren oft mit Blindheit geschlagen.« »Immer wieder habe ich dem Landesbischof Marahrens ins Gewissen geredet, aber nicht genug«, sind seine verlässlich überlieferten Worte. Schulze verlas 1943 in Ostfriesland die berühmten Galen-Briefe gegen den Hitlerismus. »Schulzenvater« meinte: »Hinterher weiß man vieles besser und schämt sich.« Nach dem Krieg war D. Schulze ein diakonischer Organisator großen Stils und 1957ff. Landessuperintendent. Wenn der äußerst gewichtige Regionalbischof vor dem Kloster aus seinem Volkswagen stieg, atmete der arme »Käfer« spürbar auf. Der Konventual ging dann in sein Zimmer, setzte sein Barett mit dem »Loccumer Bewusstsein«, einem besonderen Knopf, auf und spazierte ins Klosterdorf. Sprach ihn jemand an, so hörte er sorgfältig hin.

Am 9. Juni 2001 fand im Kloster das gut besuchte 15. Treffen der »Freunde des Klosters Loccum« statt. Nach der herzlichen Begrüßung äußerte Abt D. Horst Hirschler Gedanken über seinen großen Vorgänger Gerhard Uhlhorn, der 1901 in die Ewigkeit abgerufen ist. Der frühere Rektor der Studienkollegs Pullach, Martin Voigt, sprach dann über das Thema »Du sollst den Feiertag heiligen«. Der wöchentliche Ruhetag sei Gottes Schöpfungsgeschenk. In langsamer Trennung vom jüdischen Sabbath hätten die ersten Christen den Sonntag als Auferstehungstag, als Herrentag, begangen, während die heidnische Umwelt noch lange einen anderen offiziellen Ruhetag wahrgenommen habe. Erst Kaiser Konstantin legte 321 den Ruhetag für das ganze Reich auf den ersten Tag der Woche, auf den christlichen Sonntag. Die Reformatoren setzten dann den Sonntag als Ruhetag voraus. Entscheidend war für die Reformatoren die Gelegenheit, da Gottes Wort zu hören. Im 19. Jahrhundert habe man im Zeichen der industriellen Entwicklung weithin am Sonntag arbeiten müssen. Erst die Weimarer Republik habe dem Sonntag Verfassungsrang verliehen. Heute müsse der Sonntag verteidigt werden. Er sei ein kommunikativer Freiraum für die ganze Gesellschaft. Dieser humanitäre Aspekt sei entscheidend, wie zur Zeit des Ersten Testamentes. Ohne Sonntage aber gebe es nur noch Werktage.

Konventual Hube führte dann durch das Kloster, dessen einzelne Räume die Namen verdienter Männer wie Molan, Uhlhorn, Prendel und Ruppel tragen. Der neu auf alter Grundmauer errichtete Mehrzweckbau fand besonderes Interesse. Heute hat nicht mehr jeder Konventual ein eigenes Zimmer, in dem er nur selten Einkehr

---

52 Niedersächsisches Schulgesetz, S. 2.

hält, sondern alle Räume sind in den Organismus des Klosters einbezogen, was auch wirtschaftliche Bedeutung hat.

Ein gemeinsames Mittagessen im spätgotischen Herrenrefektorium gab Gelegenheit zu informellen Kontakten. Dann referierte Barbara Kruhöffer über Abt Stracke (1600–25), der offenbar eine Zwischenstellung zwischen Katholizismus und Protestantismus eingenommen hat. Nach dem Kaffee sprach Dr. Martin Ruhfus über »Mein Umgang mit der Zeit«. Er unterschied vertane Zeit von erfüllter Zeit. In der folgenden Diskussion wurde betont: »Die meisten Menschen erwarten mit Recht von einem Pastor, dass er für sie Zeit hat.«

Nach dem Niederlegen von drei gelben Rosen auf dem Grabstein des Stifters Wilbrand von Hallermund im Kapitelsaal zogen alle zur hergebrachten Hora in die Klosterkirche. Den Freunden des Klosters wurde nahegelegt, sich auch zu Hause täglich um 18 Uhr dem impulsgebenden Gebet des Klosters anzuschließen.

Im Jahre 1163 hatte das thüringische Kloster Volkenroda das 350 km westlich liegende Kloster Loccum gegründet. 1525 hatten die Aufständischen des Mordpropheten Thomas Müntzer das Kloster zerstört. Im Jahre 2000 setzte das Kloster Locccum unter Abt D. Hirschler alles daran, den gewaltigen Christuspavillon von der Expo Hannover nach Volkenroda zu übertragen. Als es Ende 2000 um die erheblichen Kosten für die Umsetzung des Christuspavillons nach Volkenroda ging, schlug jemand als Patentlösung den Verkauf des Pavillons an die Preussag-AG vor, der ohnehin ein Zugriffsrecht auf das entsprechende Expo-Grundstück verbrieft war. Doch Abt D. Hirschler bezeichnete diesen Gedanken als »gottlos« und trug sogleich schwer an diesem heftigen Wort. Aber die Sache lief dann fast wie von selbst. Im Winter 2000/01 wurden die einzelnen Elemente des Christuspavillons auf Schwertransportern 300 km weit von Hannover in das thüringische 186-Seelen-Dorf Volkenroda, einem Ortsteil von Körner, gebracht. Für Abbau und Transport wurden acht Millionen DM aufgewandt. Ohne Beschädigung kam der Pavillon in die Senke zwischen die Zisterzienserkirche und die überkommenen Klostergebäude. Die Hannoversche Landeskirche und die Evangelische Kirche in Deutschland schenkten der Jesus-Bruderschaft (in Volkenroda: fünf Familien und drei zölibatär lebende Männer) den Christuspavillon. Aus einem Trümmerhaufen wurde ein Juwel: Harmonisch wurde die restaurierte Zisterzienserkirche mit dem hochmodernen Pavillon verbunden. Am 18. August 2001 wurde das neue Gotteshaus in Anwesenheit von fünftausend Christen durch die Hannoversche Landesbischöfin Dr. Käßmann, den Loccumer Abt Hirschler und den thüringischen Landesbischof Roland Hoffmann als Zeichen für die Kraft des Glaubens eingeweiht. Dr. Eckarth von Vietinghoff, Präsident des Landeskirchenamtes Hannover, erklärte: »Dies ist der schönste Tag in meinem beruflichen Leben. Dass alles so wird, konnte man sich am Anfang nicht vorstellen.« Landesbischöfin Dr. Käßmann, froh über die »Spuren vom Reich Gottes«, sagte über Abt Hirschler: »Ohne seine träumende Kraft wäre dies nicht entstanden«.

Das neue geistliche Zentrum (Gesamtkosten vierzig Millionen DM) soll in das »thüringische Sibirien«, in die kulturell verödete und religiös vereiste Region ausstrahlen. Volkenroda möchte ein Brückenkopf zwischen der europäisch-christlichen Tradition und einer nach Orientierung Ausschau haltenden Moderne werden.

Das 16. Treffen der »Freunde des Klosters Loccum« am 25. Mai 2002 stand unter dem äußerst aktuellen Thema Sterbehilfe. Konventual Hube begrüßte die zahlreich erschienen Freunde des Klosters in dem spätgotischen Refektorium auf das Herzlichste und moderierte den Seminartag. Abt D. Hirschler betonte in seinen einführenden Worten, dass einst im Kloster Loccum die Kranken und Sterbenden besonders liebevoll behandelt worden seien. Er wies dann auf Luthers Schrift von 1527 »Ob man vor dem Sterben fliehen dürfe« hin, auf die erste medizinethische Schrift des Protestantismus. Es war für Luther kein Zeichen von Unglauben, dass Menschen aus der pestverseuchten Stadt flohen. Er selbst aber blieb im Schwarzen Kloster, das sich zu einem Hospital entwickelte. Aber die in Wittenberg blieben, sollten sich nicht als die besseren Christen fühlen.

Dann referierte Pastor Udo Schlaudraff, Zentrum für Gesundheitsethik Göttingen, über das Thema »Was ist das Christliche an der Christlichen Patientenverfügung?« Passive Sterbehilfe ja, aktive nein, war der Grundtenor seines Vortrags. Auch wenn keine Heilungsaussichten mehr bestehen, sei noch viel zu tun. Die heute überall ausliegende Christliche Patientenverfügung sei eine ökumenisch abgestimmte, seelsorgerlich geprägte Orientierungshilfe. Es gehe darum, lebensverlängernde Maßnahmen im unmittelbaren Sterbeprozess und bei nicht behebbarem Ausfall lebenswichtiger Funktionen zu unterlassen. Es gebe Fälle, in denen eine solche Therapiebegrenzung geboten sei.

Der Celler Nuklearmediziner Prof. Dr.med. Hans-Ulrich Pixberg äußerte sich dann zu der Frage: »Darf ich sterben, wann ich will?« Siebzig Prozent der Bevölkerung sprechen sich bei normalen Umfragen für einen selbstbestimmten Tod aus. Aber von der Schwerkranken verlangten nur noch etwa drei Prozent nach aktiver Sterbehilfe. Und wenn es den Ärzten im Rahmen der fortschreitenden Palliativmedizin gelingt, die Schmerzen durchgreifend zu lindern, gehe der Wunsch nach aktiver Sterbehilfe noch weiter zurück. Und in der Geborgenheit der neuen Hospize sei er dann nur noch »verschwindend gering«. Durch intensive Schmerztherapie sei der Todeswunsch weit hinauszuschieben. In Deutschland sei »Behandlungsverzicht erlaubt, um das Leiden nicht zu verlängern.« Gespräche seien zum »Abbau der Ängste« entscheidend wichtig. In Deutschland drücke die Last der Geschichte (NS-»Euthanasie«) auf die nötige Diskussion. Aber es gebe »Unlösbares«. In der Diskussion betonte Abt D. Hirschler, es gebe Situationen, in denen man »mutig Unrecht tun müsse, weil es das kleinere Übel ist.« Aber man dürfe »daraus keine Norm machen.«

Im Gruppengespräch am Nachmittag beschrieb P. Schlaudraff die langsame Änderung des Arzt-Patientenverhältnisses: Das Gefälle zwischen Ärzten und Betroffenen werde langsam ausgeglichen. Fast alle chronisch Kranken seien ja erstklassige Kenner ihrer eigenen Krankheit. In Frankreich gebe es bereits eine palliativmedizinische Versorgung auf hohen Niveau. Auch bei uns müsse die Versorgung am Lebensende, die Terminalpflege, einen hohen Stellenwert bekommen. Auch gute Hospizarbeit »minimiert das Suizidproblem.«

Dann sprach Pastor Martin Ostertag, Landeskirchlicher Beauftragter für Hospizarbeit und Palliativmedizin, lichtvoll über die Hospizbewegung.

Im Sommer 2002 beging die Evangelische Akademie Loccum ihr fünfzigstes Jubiläum. Die Akademie wurde von Landesbischof D. Dr. Hanns Lilje gegründet, der mit Liebe und Leidenschaft die Kirche in die Öffentlichkeit brachte, wobei der große Publizist die Vertreter der Medien als Multiplikatoren besonders luzide ansprach. Die Evangelische Akademie auf altem klösterlichen Grund sollte helfen, das geistige Vacuum, das nach dem Zusammenbruch des Nationalsozialismus entstanden war, durch Neuorientierung im christlichen Geist zu überwinden. Der Akademie-Gründer wollte einen geistigen Unterbau für eine neue Gesellschaft aus christlicher Überlieferung formen. Die Akademie diente so von Anfang an dem Aufbau einer christlichen Nachkriegskultur. So wurde die Evangelische Akademie mit (2002) drei Studienleitern und (2002) zweihundert Gästebetten ein Erfolgsmodell, das wesentliche Beiträge zur verantwortlichen Gestaltung zukünftiger Entwicklungen in der deutschen Gesellschaft leistete. Ungezählte Entscheidungsträger und Experten kamen nach Loccum: Ludwig Erhard, Willy Brandt, Walter Scheel, Helmut Schmidt, Generäle und Philosophen aus aller Welt erschienen in dem abgelegenen Klosterort, um über drängende Gegenwartsfragen zu diskutieren. Die Akademie nimmt in ihrem Ringen mit dem Zeitgeist also ein politisches Mandat im vorparlamentarischen Raum wahr: In Loccum ist man dem öffentlichen Diskurs meistens um eine Nasenlänge voraus.

Was wurde nicht alles in diesem Zentrum der Mediation diskutiert und in der diskursiven Atmosphäre – gern am knisternden Kamin – oft sogar vernünftig geregelt. Dafür Beispiele: Als vor der Haustür des Klosters in Münchehagen eine Giftmülldeponie entstanden war, gelang es, die heillos zerstrittenen Konfliktparteien als »Problemfamilie« in der Akademie zusammenzubringen und dann eine Lösung »herbeizumoderieren«. Und als es Probleme mit gewissen brasilianischen Sojaimporten gab, wurde eine Regelung zustande gebracht, die angesichts der allgewärtigen Lebensmittelskandale exemplarische Bedeutung hat. Manchmal versuchten wilde Gestalten die Akademie für ihre Ziele einzuspannen. Einmal musste sogar ein konservativer Politiker vor aggressiven Demonstranten im Keller versteckt werden. Die vervielfältigten Protokolle von Tagungen stellen oft den letzten Schrei einer Entwicklung dar. Die Akademie fördert auch moderne Kunst durch wechselnde Ausstellungen in ihren Räumen. Ein weiter Freundeskreis unterstützt das Anliegen der Akademie, das sich mit dem Begriff »Kirche als kultureller Faktor« umschreiben lässt.

Eine innere Kraftquelle der Akademiearbeit stellen die stets gut besuchten Morgenandachten in der schönen Akademiekapelle dar. Auf dem Altar sieht man einen Backstein aus dem Vernichtungslager Auschwitz. Das größte Verbrechen der deutschen Geschichte ist also in Loccum nicht vergessen. Der große Vortragssaal bietet einen wunderbaren Ausblick auf das Kloster, das immer wieder Gäste der Akademie besichtigen. Der Etat der Akademie wird zu fünfzig Prozent von der Ev. Landeskirche und zu zwanzig Prozent aus den Teilnehmerbeiträgen gedeckt. Die Honorare der Vortragenden sind seit eh und je ausgesprochen bescheiden. Und doch kommen die prominentesten Experten stets gern nach Loccum. Die Verpflegung der Tagungs-Teilnehmer ist in ihrer ökologischen, Niedersachsen verpflichteten Grundstruktur vorbildhaft.

Auf dem 17. Treffen der »Freunde des Klosters Loccum« am 4. Juni 2003 ging es um das Thema: »Welche Eltern/Familien braucht das Land? Welche Schulen braucht das Land?«

Der alte, eisenhaltige Jakobsbrunnen im Klosterwald wurde von fünfzehn ehrenamtlichen Helfern wieder in Ordnung gebracht. Einst holten die Loccumer aus diesem Brunnen am Ostermorgen das heilkräftige Osterwasser – ohne auf dem Rückweg ein Wort zu wechseln.

Am 4. September 2003 beging Abt D. Horst Hirschler unter besonderer Beteiligung des Konventes des Klosters Loccum seinen siebzigsten Geburtstag.

Das 18. Treffen der »Freunde des Klosters Loccum« am 5. Juni 2004 stand im Zeichen der Suche nach neuen Formen der evangelischen Spiritualität, also nach einer verinnerlichten Glaubenshaltung. Jens Gundlach referierte über den werdenden, ökumenischen Pilgerweg von Loccum nach Volkenroda.[53]

Im September 2004 bewegte die Loccumer Klostergemeinschaft das Wiederaufsetzen des renovierten Dachreiters auf die Klosterkirche. Der Dachreiter ist ja das typische zisterziensische Wahrzeichen des Klosters. Tagelang hatte ein Sturm getost. Auch für den vorgesehenen Tag hatte der Wetterbericht bis Windstärke 7 angekündigt. Der gewaltige Autokran konnte aber nur bis Windstärke 3 arbeiten. Ein Fernsehteam wollte unter diesen Umständen schon abfahren, aber Abt Hirschler überzeugte die Fernsehleute: »Das klappt schon.« Obwohl noch bis 11 Uhr der Sturm tobte, herrschte während der Arbeiten bis etwa 13.30 Uhr Flaute. »Beten hilft. Man darf es nur nicht überstrapazieren«, meinte der Abt dazu.

Im Oktober 2004 beging der Konvent des 1163 gegründeten Klosters Loccum gemeinsam mit dem Amelungsborner Konvent den 90. Geburtstag von Dr. theol. Henry Holze, Konventuale des Klosters Amelungsborn seit 1961, Konventual des Klosters Loccum seit 1971, eines Spurensuchers nach Gott in einer säkularen Welt. Der allverehrte, fast erblindete Henry Holze zitierte im Loccumer Refektorium Rose Ausländers Gedicht: »Noch eine Zeile, ein Wort, eine Silbe, ein Buchstabe, ein Punkt: Was soll ich noch sagen? Ich danke, dass ich heute leben kann.«

Der Handwerkersohn aus Hoya wurde 1935 als Student Mitglied der Bekennenden Kirche und wandte sich so gegen die verderbliche Umformung von Theologie und Kirche. Henry Holze verbrachte die letzte Kriegsweihnacht, 1944, als Soldat: »Ich war zu dieser Zeit als Reserveoffizier in Lübeck stationiert«, erzählt der Zeitzeuge, »Ich war 1942 im Kessel Demiansk schwer verwundet worden und lag bis August 1944 im Lazareth. Anschließend hatte ich Genesungsurlaub, und da konnte ich auch heiraten. Meine Frau wohnte dann mit mir in meinem Zimmer in der Lübecker Kaserne. Am Heiligen Abend morgens musste unser ganzes Bataillon auf dem Kasernenhof antreten. Der NS-Führungsoffizier hielt eine flammende Rede und versicherte uns, dass der Endsieg nahe sei. Es gab welche, die das glaubten, aber nicht alle. In meiner Truppe – sie bestand überwiegend aus siebzehn- bis achtzehnjährigen Rekruten – hatten die

---

53 Ein ausführlicher Bericht von N.H. über dieses Treffen in: Quatember, 68. Jahrgang, Heft 4, Hannover 2004, S. 223–225.

meisten Angst vor der Front. Die Stimmung war gedrückt. Früh am Abend gingen meine Frau und ich zu einem Gottesdienst in einen Gemeindesaal in der Innenstadt. Die Marienkirche war ja zerstört. Danach saßen wir noch mit unserem Freund Erwin Wilkens in meinem kleinen Kasernenzimmer zusammen. Die persönliche Stimmung von meiner Frau und mir war so: Wir waren jung und glücklich verheiratet, froh, dass wir lebten und hatten gleichzeitig Angst, wie es mit dem Krieg und der Naziherrschaft zu Ende gehen würde. Wir hofften einfach auf die Amerikaner und auf das Ende des Krieges.«

Nach dem Krieg stand ihm seine Frau Irmela, Pastorentochter aus Worpswede, unablässig liebevoll zur Seite – als Pastor in Verden und Hotteln, als Direktor des Predigerseminars Imbshausen (1955–63), als Superintendent in Celle (1963–67) und als Rektor des Pastoralkollegs in Loccum (1967–78), in dessen Rahmen er ungezählten Pastoren wertvolle Anregungen für ihr schweres Amt gab.

In seiner Liebe zum Gottesdienst suchte er immer wieder die klösterliche Bruderschaft in den beiden einzigartigen niedersächsischen Klöstern. Leidenschaftlich fragte er sein Leben lang: »Wie wird die Zeit, in der ich lebe, von der Literatur wahrgenommen?« So gelang ihm immer wieder der Brückenschlag von der zeitgenössischen Literatur und dem modernen Theater zu Theologie und Kirche. Unvergesslich blieb mir, wie er im lauschigen Park des Schlosses Imbshausen Bergengruens »Herberge für Scheintote« las. In vorbildhafter Weise konnte er in lebendiger Sprache biblische Texte aufschlüsseln. Als leidenschaftlicher Zuhörer wandte er sich jedem Menschen, der zu ihm kam, einfühlsam zu. Tochter Johanne und Sohn Heinrich erinnerten an die Lebensmelodie des Hauses Holze, wo alles in einer spannungsreichen Sinfonie zusammenklang. Im August 2004 hatte die Großfamilie die Diamantene Hochzeit des Ehepaares gefeiert. Mit den Worten: »Ich nenne es Glück, das ich jeden Tag neu pflücken kann«, dankte der charismatische Theologe den Äbten und anderen Gratulanten. Und alle erhoben sich und applaudierten. An den Dr.-Holze-Geburtstag erinnert die neue Tür in der gotischen Pforte, die in den Innenhof führt. Die in alter Form gearbeitete Tür ist durch eine entsprechende Sammlung unter den Gratulanten finanziert worden.

Das 13. Jahrestreffen der »Gemeinschaft Evangelischer Zisterzienser-Erben in Deutschland« fand vom 27.–30. April 2005 im Kloster statt. Den Generalprokurator des Zisterzienserordens Dr. Meinrad Tomann vertrat der führende Zisterzienser-Historiker P. Dr. Hermann-Josef Roth, O.Cist., der auch einen begeisterten Bericht über das Treffen von hundertachtzig Persönlichkeiten veröffentlichte.[54] Die Vorträge leitete Alt-Abt Landesbischof i.R. Prof. D. Eduard Lohse mit »biblischen Entdeckungen« ein, wobei es um Martin Luther und den Römerbrief ging. Prof. Dr. Volker Weymann, Rektor des Theologischen Studienseminars Pullach, löste mit der wieder aktuellen Frage nach dem Verhältnis von »Naturwissenschaft und Glaube« eine lebhafte Diskussion aus. Koventual-Studiendirektor Dr. Matthias Schlicht referierte brillant über »Das Kloster Loccum und sein evangelisches Predigerseminar«. Um die Wasser- und Holzwirtschaft des Klosters ging es bei einer Waldwanderung mit A. Sierk. Am »Abend

---

54 Cistercienserchronik, 112. Jahrgang, 2005, Heft 2, S. 303f.

der Begegnung« stellten die Abgesandten der Zisterzienserstätten in Kurzreferaten ihre Aktivitäten vor. Die drei liturgischen Tagzeiten gestaltete das Kloster Amelungsborn mit Alt-Abt Dr. Hans-Christian Drömann. Liturgischer Höhepunkt war ein Gemeindegottesdienst mit Landesbischöfin Dr. Margot Käßmann, die dem Konvent des Klosters angehört. Hermann-Josef Roth berichtete über die dichte Atmosphäre der Gottesdienste voll Konzentration auf die Heilige Schrift und schloss mit den Worten »Unwillkürlich fragt sich der historisch geschulte Beobachter, ob denn dieses nicht genau das war, was die ersten Zisterzienser angestrebt hatten«.

Das Treffen der »Freunde des Klosters Loccum« am 21. Mai 2005 stand unter dem Thema »Evangelische Spiritualität heute«. D. Horst Hirschler, Abt zu Loccum, begrüßte die zahlreich erschienenen Freunde des Klosters. Priorin Anna Maria a.d. Wiesche, seit 31 Jahren evangelische Ordensfrau, seit 11 Jahren Priorin der Christusbruderschaft Selbitz, gab dann einen Einblick in das innere Leben der ca. dreißig evangelischen Kommunitäten. Jede dieser geistlichen Gemeinschaften feiert das Stundengebet. Alle suchen dabei das Wort Gottes mit dem Herzen aufzunehmen. Alle Mitglieder verstehen ihre schließlich lebenslange Bindung als Entfaltung ihrer Taufe, des »Grundbundes«. Überall wird regelmäßig das Heilige Mahl gefeiert: »Die Kommunitäten leben von dem einen Brot, das Gott selbst uns reicht.« Die Beichte, bei Luther nur »ein halbes Sakrament«, werde als »etwas Befreiendes und Heilendes« empfunden. Während die Moderne einen hemmungslosen Individualismus fördert, werde »Glaube gemeinsam gelebt«. »Die Verschiedenheit der Einzelnen werde als Ergänzung entdeckt«, nicht als Bedrohung. Zu den Wesensmerkmalen der Kommunitäten gehöre »Gebet und Arbeit«. »Der Geist Gottes schenkt uns das rechte Beten«. Beten finde in den Kommunitäten auch mitten in der Arbeit statt.

Jeder Glaube kenne die Anfechtung, bekannte die Priorin. Die Anfechtung bringe den »Reifeprozess« voran. Jedes Ordensmitglied kenne auch die »innere Leere«, die man von Zeit zu Zeit aushalten müsse. Nur so entstehe »Verständnis für die Zweifel der fragenden Mitmenschen«. Jedes Kommunitätsmitglied wähle sich einen »geistlichen Begleiter«, bei dem auch die Privatbeichte möglich ist. Die Priorin berichtete, Entscheidungen würden in den Kommunitäten »gemeinsam getroffen«. Ausführlicher Diskussion folge gemeinsames Gebet und Stille. Schließlich sage jeder seine abschließende Meinung. Oft komme das Gleiche heraus. Konventual Ralf Tyra dankte und meinte, die Priorin habe die Loccumer »ein Stück weit in ihr Leben hineingelassen«.

Dann sprach Sigrid Maier-Knapp-Herbst, Präsidentin der Klosterkammer Hannover, über die »Zukunft der evangelischen Klöster in Niedersachsen«. Sie verstehe sich als »Beraterin und Unterstützerin« dieser einzigartigen »Lebensgemeinschaften christlicher Frauen«, die seit 1945 auch Witwen und seit ca 1975 auch Geschiedene und Mütter mit Kindern aufnehmen. Der Präsidentin gehe es ganz erheblich »um die Begegnung mit dem Glauben, der sich in den Kunstwerken der Klöster manifestiert«. Die Führungen müssten im Blick auf die religiöse Gesamtlage »religionspädagogisch« ausgerichtet werden. Es entstünden auch »neue Traditionen und Rituale«. Das könne man aber »nicht anordnen«. Sie wolle die Klöster »ermutigen, sich den Fragen der Zeit zu stellen«. Dabei eröffne »sich der Blick für Visionen«. Übrigens sei »die

Präsidentenstelle der Klosterkammer die einzige staatliche Stelle in Niedersachsen, die im Benehmen mit der Landeskirche besetzt« werde.

In der Mittagspause führte Konventual-Studiendirektor Dr. Matthias Schlicht in der Klosterkirche das Foucaultsche Pendel in eindrucksvoller Weise vor. Barbara Kruhöffer, unermüdlich in der Erforschung der verborgenen Schönheiten des Klosters, widmete sich einfühlsam den vielen Türen des Klosters, deren älteste, mit Eisenbändern verstärkte, bereits aus romanogotischer Zeit stammen. Manche Türen haben noch geheimnisvolle Schließmechanismen. Bis ca. 1920 wurde der ganze Klosterbezirk abends sorgsam verschlossen. Am Refektorium besahen die Gäste des Klosters die Arbeiten zur Verstärkung der Strebepfeiler und andere Sicherungsarbeiten, die das Ausbrechen des viel zu schweren Gewölbes nach außen verhindern sollen. Die Klosterfreunde erblickten begeistert den wieder aufgesetzten Dachreiter in neuer Schönheit.

D. Hans May, Akademiedirektor i.R., Loccum, sprach am Nachmittag von hoher Warte über »Das Loccumer Kloster: Sprachspiele des Glaubens – hinter jeder Tür ein neuer Horizont«. Die Ordensgemeinschaft der Zisterzienser sei das klassische Beispiel einer Subkultur. Architektur und Generalkapitelsbeschlüsse waren eindeutig. Beliebigkeiten waren ausgeschlossen. »Die Zisterzienser siedelten in einer lebensfeindlichen Umwelt«. Auf Flügeln des Gesanges stieg ihr gemeinsames Gebet zum Ewigen auf. Die Architektur der Zisterzienser war von unübertroffener Reinheit der Konstruktion. Standfestigkeit und Schönheit verbanden sich. Das reale Licht wurde als Abglanz des göttlichen Lichtes verstanden. Konventual Ludolf Ulrich fasste geschickt den reichen Inhalt dieses Vortrags zusammen. Ludolf Ulrich übte auch den Kirchentagskanon ein.

Das Treffen führte hin zum Niederlegen der Blumen am Grab des Klostergründers und zur Hora, dem Jahrhunderte alten klösterlichen Abendgebet. Die Klosterfreunde haben Spiritualität als christliches Unterwegssein verstanden.

Im Juni 2005 wurde im Kloster mit 350 Personen das 50. Jubiläum des Loccumer Vertrages von 1955 gefeiert, der in vorbildhafter Weise die Beziehungen zwischen den fünf niedersächsischen Kirchen und dem Land Niedersachsen regelt.

Im September 2005 nahm Abt D. Hirschler an dem alle fünf Jahre stattfindenden Generalkapitel der Zisterzienser zusammen mit Äbtissin Monika von Kleist, Medingen, und Pfarrer Paul Geißendörfer, dem Begründer der »Gemeinschaft Evangelischer Zisterzienser-Erben in Deutschland«, in Rom teil, zu dem 125 Äbte und Äbtissinnen aus der ganzen Welt zusammengekommen waren.

Am 13. März 2006 stellte der »Arbeitskreis Wasserwirtschaft der Zisterzienser« im Kloster das neue Buch, »Die Wasserbaukunst im Kloster Loccum«, Berlin 2006, vor. Das vorzügliche Gemeinschaftswerk von acht ehrenamtlich tätigen Forschern beruht auf Feldbeobachtungen, archäologischen Sondierungen innerhalb der Klausurmauern und im Klosterforst, Auswertung von historischen Karten, topographisch-morphologischen Vermessungen, wasserbau- und biologietechnischen Untersuchungen und vergleichenden Studien in französischen Zisterzen.

Abt D. Horst Hirschler begrüßte am 2. Juni 2007 siebzig »Freunde des Klosters Loccum« zu ihrem 21. Treffen unter dem Thema »Welches Gottesbild haben wir? Das Geheimnis der Drei« in dem spätgotischen Herrenrefektorium des Klosters.

Zur kirchlichen Gesamtlage erklärte er, 75 Prozent der Bevölkerung der DDR hätten vergessen, dass sie Gott vergessen haben. Auch im Westen gebe es viel Gottvergessenheit. Heute entwickle sich sogar ein Kreuzzug der Atheisten, die voll Wissenschaftsgläubigkeit propagierten: »Sei gut auch ohne Gott.«

Der Abt berichtete dann über die bauliche Stabilisierung des spätestgotischen Herrenrefektoriums und über die gelungene Restaurierung der historistischen Wandmalereien hier. Im Blick auf das Loccumer Predigerseminar laufe die entsprechende 300-jährige Segensgeschichte Loccums weiter: In Zukunft sei Loccum nach der Aufgabe Celles das einzige Predigerseminar der Landeskirche. So würden in Zukunft 40–60 Vikare in Loccum in einem Blocksystem ihre Ausbildung erhalten. »Die geistliche Kraft Loccums werde weiter ihre Wirkung haben.« Der neue Loccumer Studienfonds zugunsten von jungen Theologen sei im Wachsen. Allein vom Loccumer Alt-Abt Eduard Lohse seien 40 000 Euro eingegangen. Das Pilgerwesen blühe mit Loccum als wichtigem Stützpunkt und Dienstsitz der Pilgerpastorin Maike Selmayr.

Das von Abt D. Hirschler entworfene Pilgerkreuz, das »Loccumer Kreuz« werde gern getragen und der gedruckte »Wegbegleiter der Pilger« sei ein Erfolg. Auch und gerade »Randsiedler der Kirche« machten sich auf die spirituelle Wanderschaft.

Dann sprach der Göttinger Alttestamentler Prof. Dr. Dr. h.c. Hermann Spieckermann tiefschürfend über »das Gottesbild der christlichen Bibel«. Die ersten Christen lasen die heiligen Schriften des Judentums, deren inneren Sinn Jesus nicht nur den Emmaus-Jüngern erschlossen habe. Es sei völlig verfehlt, einen Gegensatz zwischen alttestamentlichen und neutestamentlichen Schriften aufzubauen. »Die jüdische Bibel ist aber nicht identisch mit dem christlichen Alten Testament«. Die jüdische Bibel sei auf die Torah ausgerichtet. »Jüdischer Glaube ist tiefe Liebe zum Gesetz im Verstehen und in der Praxis«. Die »sog. Apokryphen sind das Bindeglied zwischen AT und NT«. Das Judentum habe an der hebräischen Sprache festgehalten, während das Christentum durchweg die griechische Weltsprache benutzte, weil das Evangelium sich an die ganze Welt richtet. Der Gott des Alten Testamentes hat einen Eigennamen, den die Juden aus Respekt nicht mehr aussprechen, sondern mit Adonai, Herr, umschreiben. Die ersten Christen sagten Kyrios, Herr, aber dieser Titel sei schnell auch für Christus benutzt worden. In der Berufungsgeschichte des Mose (2. Mose 3,13–16) rief der Ewige aus dem brennenden Dornbusch: »Ich bin, der ich bin.« Das ist die einzige AT-Stelle, die den Namen »Jahwe« zu erklären sucht. Gemeint sei: Ich bin immer für Dich da. Der Gott der altbiblischen Schriften sei barmherzig, gnädig und langsam zum Zorn. Der Zorn Gottes sei also »umstellt von Gnade und Treue«. Der Ewige habe seinen Rechtswillen am Sinai offenbart. »Aber Gott verwandelt seine Gerechtigkeit in Gnade.« Zur Frage nach der »Verborgenheit Gottes« gebe es im Ersten Testament keine einheitliche Antwort: Stets aber habe Israel bekannt: »Du bist doch unser Vater.«

Die Organisation des Treffens lief unter den aufmerksamen Augen von Frau Erika Windheim und Konventual Ralf Tyra reibungslos. Nach dem frugalen Mittagessen widmeten sich Konventual Ludolf Ulrich und Dozent Sievers dem bis auf Ansätze verschwundenen gotischen Brunnenhaus: Gegenüber dem Herrenrefektorium gelegen, war es einst ein wichtiger Teil des Kreuzgangs. Die aus zehn Segmenten bestehende

Brunnenschale mit 2,5 m Durchmesser aus Münchehäger Sandstein ist in Priors Garten überkommen. Der 1467 von Meister Hinrik Settegehst in Warburg gegossene, bronzene Brunnenaufsatz ist jedoch verlorengegangen, anscheinend im Dreißigjährigen Krieg.

Dann sprach Prof. Axel Denecke in einem konfessorischen Feuerwerk über das Thema: »Brauchen wir Bilder von Gott?« Das Alte Testament verbot, ein figürliches Bild von Gott zu gestalten, denn kein Bild kann den Ewigen wirklich treffen: Jedes Bild von Gott bleibt menschliches Machwerk. Der Philosoph Feuerbach hat behauptet, alle Bilder von Gott seien nichts als Projektionen menschlicher Wünsche und Ideen. Und doch finden wir im Alten Testament eine Fülle von Bildern von Gott. Gott werde da als Gärtner (im Garten Eden), als Richter, als Glucke, als Mutter oder als die Weisheit angesprochen. Das Geheimnis Gottes könne man eben nur in derartigen Bildern ausdrücken. Es gebe auch eine Fülle von abstrakten Bildern von Ewigen, etwa Gott als das höchste Ziel des Lebens, als das moralische Gesetz in mir (Kant), als das Umgreifende, als das ewige Licht, als die Sonne der Gerechtigkeit oder als der Fels. Dabei sind oft Erfahrungen verarbeitet. Bedeutsam sei auch die Schau Gottes: Die Mystiker aller Zeiten schauen subjektive, innere Bilder von Gott, etwa Gott als das innere Licht, als der Seelengrund oder als das innere Fünklein.

Aber dann schlug der Vortrag um: Eigentlich brauchen wir gar keine Bilder von Gott, denn »Jesus ist das wahre Bild Gottes, das Gott selbst für uns gemalt hat.« »Jesus ist die Ikone Gottes, durch die hindurch wir im Glauben Gottes Herrlichkeit schauen.« »Wer Jesus ansieht, sieht Gott.« »Jesus ist das einzige Kind Gottes, das zu Recht Sohn Gottes genannt wird.«

Denecke ging dann auf das neue päpstliche Jesusbuch ein, das eigentlich drei Autoren habe: Erstens, den frommen Katholiken aus Bayern, zweitens den gelehrten Professor, der allerlei, besonders ältere, auch evangelische Forschungsergebnisse zusammengefügt habe, und drittens den Papst Benedikt XVI. Dem Niederlegen der Blumen am Grab des Klosterstifters (1163) folgte die hergebrachte Hora.

Am 10. November 2007 wurde als Abschlussveranstaltung des »Jahres der Geisteswissenschaften 2007 in Niedersachsen« in der Stiftskirche unter Leitung von Stiftskantor Christian Auhage Johann Sebastian Bachs »Messe in h-Moll« aufgeführt, nachdem Prof. Dr. Martin Staehelin über »Die Neue Bach-Ausgabe« referiert hatte.

Seit 2005 entwickelt sich das Kloster Loccum immer stärker zu einem Zentrum der altneuen Pilgerbewegung. Der Pilgerweg von Loccum zum Mutterkloster Volkenroda/Thüringen wurde eingerichtet. Es wurde in Loccum eine »KdP-Stelle auf Zeit« errichtet (Kandidat/Kandidatin des Predigtamtes), und mit der Pastorin Maike Selmayr besetzt, die einen kräftigen Aufschwung dieser Arbeit bewirkte. Mehr als 2000 offizielle Pilger wurden in Loccum betreut.

Am 17.11.2007 wurde der weitere Pilgerweg Loccum-Mariensee eröffnet, der signifikante Stätten einbindet, wie z.B. die reizende Fachwerk-Kapelle in Mardorf und die Klosterruine Esbeke. (Horst Hirschler u. Maike Selmayr, Loccumer Wegbegleiter, München 2007. Margot Käßmann, Mit Leib und Seele auf dem Weg – Handbuch des Pilgerns in der Hannoverschen Landeskirche, Hannover 2007).

Das Kloster Loccum ist das geistliche Herz der Hannoverschen Landeskirche.

Kloster Amelungsborn – einst und jetzt

Das Kloster Amelungsborn[1] auf dem Odfeld ist 1130 gegründet und 1135 von Kamp aus besiedelt worden. Amelungsborn[2] geht über Kamp[3], gegründet[4] 1123, auf die Primarabtei Morimond im Grenzgebiet zwischen Champagne und Lothringen zurück, die Mutterkloster von über zweihundert Ordenshäusern wurde. In Morimond[5] sind einzig Mauerreste der Kirche, einige Werkstücke, die kleine Torkapelle St. Ursula aus dem 15. Jahrhundert, das Bibliotheksgebäude und ein Pforthaus erhalten. Durch Ausgrabungen wurde 1954 festgestellt, dass die um 1160 erstellte Kirche einen quadratischen Chor mit rechtwinkligem Umgang – wie Amelungsborn seit dem 14. Jahrhundert – und 12 Chorkranzkapellen – ähnlich wie Amelungsborns Tochterkloster Riddagshausen – besaß. 1995 errichteten die französische und die deutsche Vereinigung der Freunde der Abtei Morimond vor der Kapelle eine Gedenkstele.

In Kamp (Kamp-Lintfort) findet man heute achtzig Meter über dem niederrheinischen Flachland die wohlerhaltene, barocke Klosteranlage, die jetzt von vier Karmeliten bewohnt wird. Die Klosterkirche ist noch gotisch. Auch mehrere Nebengebäude sind im Immunitätsbezirk der Abtei erhalten. Für elf Millionen DM wurde 1987–90 der prächtige, barocke Terrassengarten wiederhergestellt, in dem sich zwei Orangerien auf alter Grundlage erheben. Das Ordensmuseum zeigt das Kamper Antependium von 1360/70, vor Ort erhalten gebliebene Handschriften[6] und glanzvolle liturgische Gewänder, dazu eine reichverzierte Abtsmitra. In Uerdingen ist der prächtige Chormantel des letzten Abtes, Bernardus Wiegels, erhalten.

Die Amelungsborner Zisterzienser standen ihren Ordensbrüdern in anderen Klöstern bei, wo immer sie konnten. So z.B. half der Abt 1433 bei einer »freundlichen Einigung« zwischen dem Kloster Marienrode, Amelungsborns Enkelkloster, und dem Hildesheimer Rat über die Belehnung des Rates mit der Hildesheimer Bischofsmühle, die noch erhalten ist.[7] Und 1445 bestätigte Abt Sander von Horn zusammen mit den Äbten Nicolaus von Walkenried und Boldewin von Riddagshausen von Ordens wegen die Beilegung von Streitigkeiten zwischen dem Kloster Marienrode und der Stadt Hildesheim, die Herzog Wilhelm von Braunschweig-Lüneburg in kaiserlichem Auftrag zustande gebracht hatte.[8]

Aus Amelungsborn stammt eine fünfbändige gewaltige Vollbibel, die der Amelungsborner Prior Heinrich von Geldern (als Prior nachweisbar 1287–97) hat schreiben

---

1 HEUTGER 2000.
2 GÖHMANN 1982.
3 DUBOIS 1855.
4 WILLICKS 2002. –GEISBAUER 2002.
5 PFISTER 1996.
6 Kat. Buchmalerei der Zisterzienser 1998, S. 46ff.
7 DOEBNER 1890, Nr. 216.
8 DOEBNER 1890, Nr. 593.

lassen.⁹ Als Größe eigener Art, zur Lesung während der Hauptmahlzeit bestimmt, erscheint sie nicht im Bibliothekskatalog (s.u.). Heute sieht man im Kloster Farbfotos dieser monumentalen Handschrift.

Die 1372 in Amelungsborn entstandene Wigalois-Handschrift ist das einzige bekannte illuminierte Manuskript des Arthur-Kreises aus dem 14. Jahrhundert.[10] Die zahlreichen, im Kreuzgang aufbewahrten Spolien, also Architekturreste, weisen Beziehungen zu der Ornamentik des Braunschweiger Aegidienklosters, der Riechenberger Krypta und der »Domvorhalle« in Goslar.[11]

Einen tiefen Einblick in das innere Leben des Odfeld-Klosters erlaubt der heute im Niedersächsischen Staatsarchiv Wolfenbüttel[12] befindliche Bibliothekskatalog des Klosters von 1412, den Dr. Helmar Härtel, Leiter der Abteilung Handschriften, Inkunabeln und Sondersammlungen der Herzog August-Bibliothek Wolfenbüttel neu edierte.[13] Äußerst wichtig ist hier die Feststellung[14], dass unter den 440 Werken in 206 Bänden mindestens 97 bibelexegetische Werke in achtzig Bänden erscheinen. Die Interpretatio ebraicorum nominum des Zistersiensers Stephan Langton ist sogar dreimal vorhanden. Zusätzlich haben die Amelungsborner von Corvey eine zweibändige Bibel, mit Erläuterungen versehene Bibelteile sowie Kommentare zu exegetischen Schriften von Hieronymus, Augustinus, Hrabanus Maurus und Haimo[15] ausgeliehen.

Das Kloster verwandte in seinen besten Zeiten durch fleißige Arbeit und geringen Eigenverbrauch erzielte Überschüsse gern zum Erwerb von Zehntrechten. So z.B. kaufte das Kloster 1253 von Ludwig von Herichusen und seinem Sohn Heinrich für 24 Mark Silber (=240 Schillinge in schwerer Münze) einen Zehnten in »Haversford«. Das Kloster konnte auch Geld verleihen. So z.B. lieh Ludwig der Ältere, Graf von Everstein, 1254 vom Kloster 10 Höxtersche Mark.[16]

Die weithin ungedruckte »Braunschweig-Lüneburgische und Göttingische Chronik« des emsigen Sammlers Pastor Johannes Letzner aus Hardegsen (1531–1613)[17] enthält[18] in ihrem dritten Buch (S. 61–82) ein Kapitel »Von dem Closter Amelungsborn«, das von Besuchen des großen landesgeschichtlichen Sammlers in Amelungsborn zeugt. So z.B. staunt er über die zierlichen, verzierten Steine[19] neben den 24 Altären. Derartige liturgische Handwaschbecken, die zum Teil noch heute vorhanden sind, habe er in den etwa hundert Kirchen, die er besichtigt habe, sonst nie gesehen. Letzner hat bei diesen Besuchen in Amelungsborn manche Überlieferungen aufgenommen,

---

9 Herzog August-Bibliothek Wolfenbüttel Cod. Guelf 4–8 Helmst.
10 Ingeborg HENDERSON: Manuscript Illustrations as Generic Determinants in Wirnt von Gravenberg's Wigalois, in: HEINEN/HENDERSON 1986.
11 THÜMMLER/KREFT 1970, S. 253.
12 Signatur VII B 111.
13 HÄRTEL 1987/88, S. 76–96; die Edition des Amelungsborner Bibliothekskatalogs, S. 89–96.
14 HÄRTEL 1987/88, S. 82.
15 Lexikon für Theologie und Kirche IV, Freiburg i.Br. 1960, Sp. 1325f.
16 WEINGÄRTNER 1883, S. 31f.
17 HEUTGER 1990, S. 117f.
18 Landesbibliothek Hannover Ms XXIII, 227a.
19 HUMBURG/SCHWEEN 2000, S. 350–352.

die einen historischen Rand haben. So berichtet er (S. 66f), 1296 hätten sich zwei Laienbrüder beschimpft und geschlagen. Das habe zu Donner und Hagel geführt, die viel Korn des Klosters verdorben hätten. Der Abt habe die beiden vierzig Tage ins Klostergefängnis gesteckt, wo sie nur einmal täglich Wasser und Brot bekommen hätten. Danach mussten sie sich vor den Kircheneingang legen und die Klostergemeinschaft sei über sie hinweggeschritten. Darauf versöhnten sich die beiden und gingen wieder an ihre Arbeit. Noch legendenhafter ist die Kunde, bei Bauarbeiten (S. 67) hätten zwei Laienbrüder, der »lange Johann« und »Conrad Lambrecht« einen Münzschatz gefunden und beiseite gebracht. Sie wollten ihn unter sich teilen. Aber die ungetreuen Ordensleute konnten keine Nacht mehr Ruhe finden. Das wurde erst besser, als sie sich dem Abt anvertrauten. Das Kloster sei dann dankbar für die unverhoffte Hilfe bei den Bauarbeiten gewesen. Wertvoll ist Letzners Bemerkung (S. 77) über den reich illuminierten Pergamentband der Auslegung des Römer- und des Galaterbriefes von Abt Maske aus dem 14. Jahrhundert, welchen Band Letzner 1551 in Uslar bei dem ehemaligen Amelungsborner Mönch Johann Molitor gesehen hat. Maske, der nach Letzner aus dem kunstreichen Kloster Hehnarshausen gekommen ist, habe die Amelungsborner angehalten, mit Fleiß die Bibel zu studieren. Vieles in Letzners Kapitel ist freilich einfach falsch, z.B. die Gründung 1135 und der Einzug 1139 (S. 63).

Am 10. August 1568 nahm das Kloster das Augsburgische Bekenntnis an. Im Sinne Luthers legte das evangelisch fortbestehende Kloster eine Schule an. Manch ein Schüler entwickelte wissenschaftliche Interessen. So z.B. erforschte der Amelungsborner Klosterschüler Johann Christian Dünhaupt (* 1716) die Ruinen der nahen Homburg.[20] Er setzte später am Elm sein Wirken fort und wurde so einer der ersten Urgeschichtsforscher Niedersachsens.

Bis 1760 prägten die Horen, also die vier täglichen Gottesdienste, das Leben im Kloster. Dann wurde die Klosterschule nach Holzminden verlegt. Bis mindestens 1801 trafen sich Abt und Konvent wenigstens halbjährlich. Im Jahre 1837 kam die Abtswürde an hohe braunschweigische Geistliche. Die klösterliche Wirtschaft wurde weithin von pflichtigen Bauern getragen. So standen 1827 dem Kloster 776 Spann- und 5000 Hand-Diensttage zu, für die Ernte zusätzlich 217 Hand-Diensttage.[21] Das Kloster musste immer wieder Aufgaben allgemeiner Art übernehmen. Dafür Beispiele: 1850 wurde der österreichische Generalmajor Martini bei Oberamtmann Schröder in Amelungsborn einquartiert, wo der General sich dann beklagte, dass in seinem Zimmer nur vier Stearinkerzen brannten, ihm aber sechs Wachskerzen zuständen.[22] 1905 musste das Kloster auf Grund alter Verpflichtungen die Kosten für den neuen Kirchturm in Stadtoldendorf tragen.[23]

Am 7./8. April 1945 setzten sich dreißig Soldaten der Waffen-SS in den Amelungsborner Wirtschaftsgebäuden fest. Als sie ihre Munition verschossen hatten,

---

20 EGGELING 1936, S. 302.
21 EGGELING 1936, S. 304.
22 EGGELING 1936, S. 131.
23 EGGELING 1936, S. 140.

Kloster Amelungsborn – einst und jetzt

setzten sie sich ab. Der amerikanische Beobachter auf dem Holenberg aber führte durch Sprechfunk Flugzeuge heran, die am Mittag des 8. April den Klosterbezirk bombardierten.[24] Der Klosterbezirk erhielt 21 Bombentreffer: Die Kirche mit den herrlichen Fenstern und die Wirtschaftsgebäude wurden schwer beschädigt. Pferde und Kühe verendeten. Das Torhaus wurde schwer mitgenommen. Die zum Kloster gehörige Grundmühle ging zugrunde.

Ein Retter erwuchs dem schließlich in jeder Hinsicht desolaten Kloster in Christhard Mahrenholz. Er war ein ebenso souveräner wie geschickter Mensch. Als er mit 25 Jahren an die St. Marienkirche in Göttingen kam, stand da auf hohem Podest einer jener gipsernen Thorwaldsen-Jesusse. Mahrenholz sagte zu dem Küster: »Der Thorwaldsen-Jesus muss unbedingt entstaubt werden. Dafür bekommen Sie zwei Reichsmark extra. Wenn die Gipsfigur dabei aus Versehen herunterfällt, erhalten Sie fünf Reichsmark.« Das war das Ende jener künstlerisch und religiös wertlosen Figur.

Ende 1933 wurde Mahrenholz Reichsobmann des Verbandes evangelischer Kirchenchöre. Ihm stand ein »Führerrat« zur Seite. Er nutzte im Dritten Reich Aktions- und Überlebensspielräume unter Wahrung der Identität. Mahrenholz konnte genauso souverän auf der Klaviatur autoritärer wie (später) demokratischer Strukturen spielen. Selbst mit der »Reichsmusikkammer« kam der große Diplomat zurande. Der vielseitige Könner erkannte beizeiten, dass das Deutsche Einheitsgesangbuch von 1915 nicht reformfähig war und noch »allenfalls fürs Mädchenpensionat geeignet« war. So wurde er der Vater des neuen Gesangbuchs der Nachkriegszeit.[25]

In seiner Arbeit als geistlicher Dirigent des Landeskirchenamtes in Hannover ging es ihm stets um geistliche Entscheidungen. Als er 1965 feierlich verabschiedet worden war, sagte er im Hinausgehen aus dem Sitzungssaal: »Ich weiß genau, dass jetzt die Juristen im Landeskirchenamt den entscheidenden Ton angeben werden.«[26]

Ab 1960 entwickelte sich unter Abt Christhard Mahrenholz in Amelungsborn neues Leben auf altem Grund. Der Wiederaufbau des Klosters 1963ff. erforderte schwerste Anstrengungen.[27] Im Stein, dem Hauptgebäude, mit eingefallenem Dach, hauste vorn eine kinderreiche Gutsarbeiterfamilie deren Mitglieder sich um eine »Brennhexe« sammelten. Im hinteren Teil, also im Bereich des heutigen Konventssaales, war ein Brennholzlager und eine Wurstekammer. Die anschließende heutige Terrasse war Schweinestall. Als die Familie zufällig 1964 auszog, wurden sogleich die heutigen Räume gestaltet, wobei fünf Firmen zugleich arbeiteten. Die kommunale Baugenehmigung dazu hatte Kühl in Holzminden binnen zwei Stunden erlangt. Das Brauhaus war verwahrlost und zeigte Feuchtigkeitsschäden. Der gewölbte Keller darunter war nur noch ein Meter hoch, so sehr bedeckte der Dreck der Jahrhunderte den mittelalterlichen Fußboden.

---

24 Creydt 2007, S. 379f.
25 Kück 2003.
26 Brief von Jürgen Christian Mahrenholz an den Verfasser vom 14.5.2003.
27 Axel Kühl: Das Klosterpfarramt der Kirchengemeinde Negenborn-Amelungsborn-Hohlenberg 1963–1968, in: Ostermann/Schrader 2002, S. 59–116.

Zur ersten Christmette, 1963, in der eiskalten Kirche (Decken waren mitzubringen – Prior Sup. Apel hatte abgeraten) kamen zweihundert Menschen, die vor allem ihren schwer ringenden Pastor nicht alleinlassen wollten. P. Kühl war von 1963–66 zugleich Küster. Vom Kirchendachboden ließ er zweihundert Tonnen Steinschutt abfahren, der sich hier seit dem Dreißigjährigen Krieg angesammelt hatte. Die bescheidene Stromversorgung der Kirche war bis dahin über einen Zwischenzähler mit dem Stall des Klostergutes verbunden. P. Kühl ließ ein neues, eigenes Kabel legen. Abt Mahrenholz, der hervorragend delegieren konnte, ernannte am 8.8.1964 den erprobten Axel Kühl zum Baubeauftragten des Klosters. In der Christnacht 1964 kamen fünfhundert Menschen in die eisige Kirche, die von zweihundert Kerzen erhellt war. Die Andacht dauerte 31 Minuten. 1965 konnte Kühl im Blick auf die Gemeinde den Einbau einer Kirchenheizung durchsetzen, die dem jungen Konvent noch nicht zugebilligt worden wäre. Im Jahre 1965 fanden 18 000 Touristen den Weg zu dem Kloster auf dem Odfeld. Im Blick auf die nötige neue Orgel musste Kühl sich mit dem großen Orgelkenner Mahrenholz auseinandersetzen, was aber schließlich zu einem guten Ergebnis führte.

1965 betonte Konventual Prof. D. Georg Hoffmann zur Grundlage der klösterlichen Arbeit in Amelungsborn: »Dem Neuen Testament, wenn wir es recht verstehen, ist die Parole bedingungsloser Hingabe an die Welt fremd.« Hingabe der Christen an die Welt bedeute nicht »Preisgabe der christlichen Substanz.« Es gehe vielmehr um »Distanzierung in der Solidarität.« »Sammlung und Sendung gehören zusammen wie Ein- und Ausatmen.«

Mit Abts Christhards Hilfe erarbeitete der Verfasser eine Amelungsborn-Monographie. Am 11.8.1970 feierte Abt Christhard seinen siebzigsten Geburtstag. Auch Landesbischof D. Lilje, der Visitator Amelungsborns, war zugegen, der am gleichen Tag sein zwanzigstes Jubiläum als Abt zu Loccum beging. Der Verfasser überreichte Abt Christhard einen barocken Apostelstich, der bald darauf im Amelungsborner Gästehaus hing.

Auf Christhard Mahrenholz folgte als Abt Dr. Kurt Schmidt-Clausen, der als Generalsekretär des Lutherischen Weltbundes in Genf nachhaltig zu einem ökumenischen Vertrauensverhältnis beigetragen hatte. Im Kloster hat er die 850-Jahrfeier geleitet und die Trauerpredigt für seinen Vorgänger gehalten. Bis 1989, also achtzehn Jahre hindurch, war das Kloster seine geistliche Heimat. Nach seiner Abtszeit starb er 1993.

Um 1970 stand die Familiaritas noch unter Legitimationsdruck. Sie musste zeigen, dass sie keine esoterische Gemeinschaft von Hobby-Mönchen sei, sondern ein Kreis von Männern um das Kloster herum, die zwar unständig im Kloster, aber ständig miteinander verbunden sind – von Glaubensheiterkeit bestimmt. Anfang der Achtziger Jahre entstand im Rahmen der klösterlichen Familie ein Ökumenischer Frauenkreis, der sich bald achtmal im Jahr traf. Jedes Jahr wird eine Klosterreise durchgeführt, die heute den evangelischen Frauenkommunitäten gilt.

Am 10.6.1989 wurde der Hildesheimer Landessuperintendent Ernst Henze von Landesbischof D. Horst Hirschler, dem damaligen Prior des Klosters Loccum, in Anwesenheit der evangelischen Äbte Eduard Lohse, Loccum, und Lothar Perlitt, Bursfelde, als Abt des 1130 gegründeten und 1135 bezogenen Klosters Amelungsborn eingeführt. Die Ansprache des Landesbischofs stand unter dem Wort Hebräer 13, 7–9a. Der Landesbischof lobte besonders die Arbeit der Amelungsborner Familiaritas. »So etwas haben wir in Loccum nicht versucht«. Er erwähnte weiter, dass die Amelungsborner sich um enttäuschte junge Theologen bemüht haben, »für die es keine Stellen gibt«.

Abt Ernst Henze (1989–96) diente der Amelungsborner Gemeinschaft besonders mit seiner Gabe geistlicher Ermutigung.[28] In Abt Henzes Amtszeit wurde das Gebäude der ehemaligen Amelungsborner Klosterschule restauriert und der Arbeit des evangelischen Klosters nutzbar gemacht. Dabei entdeckte man an der Südwand des Gebäudes einen Schacht, der ein historisches Materialspektrum[29] lieferte. Eine Deckeldose aus Glas stammt aus dem 18. Jahrhundert. Das Fragment einer Rippenflasche ist der Glasregion Tirol zuzuschreiben. Eine kleine Plattflasche ist weitgehend vollständig erhalten. Mehrere Weinflaschen stammen aus dem 18. Jahrhundert. Sprudelflaschen lassen sich durch Glassiegel identifizieren. Stangengläser kommen aus den nahen Hils-Glashütten. Aus den zahlreichen Scherben von waldgläsernen Schalen lässt sich wenigstens ein Gefäß wieder zusammensetzen. Ein verirrtes, zwei Millimeter dickes Scheibenfragment mit Resten von dunkelbraun verfärbter Schwarzlotmalerei rührt von den grandiosen Glasmalereien des 14. Jahrhunderts in der Klosterkirche her. Gut drei Kilo Reste von Fensterscheiben aus grünlichem Waldglas sind Überreste der ersten Verglasung des Rektor- und Kantorhauses. Die bei kaum einer Grabung fehlenden Tonpfeifen-Bruchstücke stammen nach ihrer Inschrift aus der »Pfeifenbäckerei Mennike in Uslar«. Mehrere Porzellanobjekte zeigen das kennzeichnende F der Manufaktur Fürstenberg und lassen sich in die Zeit zwischen 1780 und 1810 datieren. Auch zwei Schlüssel wurden entdeckt.

Abt Ernst hielt auch Kontakt zu den niedersächsischen Frauenklöstern. So widmete er zisterziensisch bestimmten Bildern in Wienhausen tiefgründige Meditationen. Bei der 750-Jahrfeier des Heideklosters Isenhagen 1993 äußerte der Abt »Gedanken zur bleibenden Bedeutung der Klöster«. Es gehe da um Rückkehr zu den Quellen, also um »Hinwendung zu Christus, dem lebendigen Wasser, der Quelle des Lebens«. Von daher ergibt sich der Lebensrhythmus der klösterlichen Gemeinschaft fast von selbst. Er ist nicht geplant, ausgedacht, sondern vorgegeben:

1. Schweigen und hören, um Gott ausgiebig zu Wort kommen zu lassen, also Schriftlesung und Schriftstudium. Hier geschieht das, was der Dichter Pavel Florenski das nie endende Gespräch der Liebe genannt hat.
2. Dieses Gespräch setzt sich fort in den Stundengebeten, bei denen in Lobgesang, Anbetung und Fürbitte die Gemeinschaft dem Liebeswerben Gottes antwortet, und rundet sich

---

28 Vergleich z.B. Ernst HENZE: Begreift ihr denn nicht – Betrachtungen zur Passion, 1983; Tagesordnungspunkt Gebet, 1983; Der Bettler als Zeuge. Besinnungen zum Geistlichen Amt, Hannover 1993.
29 LEHMANN 1996, S. 177–191.

3. schließlich in der regelmäßigen Feier des Heiligen Abendmahls, bei dem sich der auferstandene Herr leibhaftig mit seiner Gemeinde verbindet. Dieses alles geschieht nicht aus frommer Selbstsucht oder gar, um sich von denen da draußen abzusetzen, sondern in Verantwortung für die Welt, an die wir durch den Missionsauftrag Jesu (Mt. 28,19) gewiesen sind. Es ist das Bemühen, der Kirche die Leucht- und Salzkraft zu erhalten oder wiederzugewinnen.

Abt Ernsts Abtsberichte hatten stets spirituellen Tiefgang. Der Abtsbericht 1995 endete mit den Worten: »Nach einer Sage hat an der Stelle, an der das Kloster Amelungsborn gegründet worden ist, einst der fromme Klausner Amelung nach Wasser gegraben und ist dabei auf eine ergiebige Stelle gestoßen, die er nach seinem Namen Amelungsborn genannt hat (Fons Amelungi). So dient auch heute das Kloster Amelungsborn nicht der Pflege religiöser Bedürfnisse, sondern der Dienst im Kloster soll dazu helfen, dass sich die trockenen Brunnen wieder mit Leben füllen, zum Lobe Gottes und zum Heil der Menschen«. Und 1996 meinte Abt Ernst im Abtsbericht: »Bei den Zielgruppentagungen, die wir einmal im Jahr im Kloster durchführen, haben sich die Stundengebete jedesmal als das Hilfreichste und Aussagefähigste erwiesen, weil sich in ihnen die christliche Existenz zu erkennen gibt.« Mit einem Buchtitel von Olaf Hansen, dem greisen, geistlichen Vater des evangelischen Klosters Riechenberg, betonte der Abt: »Das Schönste liegt noch vor uns.«

Die Amelungsborner Zisterzienser-Erben nahmen ihre mittelalterlichen Beziehungen zum Tochterkloster Doberan wieder auf. In enger Beziehung zum 1992 wiedergegründeten Konvent Doberan steht seit 1995 ein Freundeskreis, die »Münsterfamilie«, die sich besonders um Führungen bemüht, die das Kloster erlebbar machen. Die Kirchengemeinde Bad Doberan lädt junge Menschen ab achtzehn Jahren für zwei Wochen gemeinsamen Lebens in einer Führungsgruppe zu zehn Personen ein. Der intensiven Einführung in den zisterziensisch bestimmten Gebäudekomplex und den gemeinsamen Aktivitäten im Umland ist die tägliche Mette zugeordnet. Ein »Klosterverein« (2001: 54 Mitglieder) kämpft gegen den baulichen Verfall des zisterziensischen Ensembles Doberan an.[30] Dem Amelungsborner Kapitular Traugott Ohse in Doberan gelang eine wissenschaftliche Entdeckung: Bei der Durchsicht der neu herausgegebenen Predigten St. Bernhards merkte er, was noch keinem Forscher aufgefallen war, dass an etwa sechzig Stellen Bernhards Darlegungen in ein Gebet münden. So konnte Ohse sechzig Gebete des Heiligen wiedergewinnen. Auch hierzu meinte Abt Dr. Drömann: »Wir sind durch die Tochter reicher geworden.«

1998 nahm Abt Dr. Drömann[31] auf Einladung des Generalabtes zusammen mit seiner Frau Dorothea an den Feierlichkeiten zur 900-Jahrfeier des ersten eigentlichen Ordens der Kirchengeschichte in Citeaux teil. Der lutherische, verheiratete Abt erschien den achthundert versammelten Zisterzienserinnen und Zisterziensern als etwas ganz Besonderes. Abt Olivier Quernadel nahm sich des Abts-Ehepaares

---

30 ERDMANN 1995. –FRÜNDT/HELMS 1987.
31 DRÖMANN/WIESE 1992.

besonders an. In Citeaux leben heute fünfzig Trappisten, also Mitglieder der 1664 von den Zisterziensern allgemeiner Observanz abgespaltenen Ordensgruppe, die auf strikte Observanz dringt. Abt Drömann lud den Generalabt nach Arnelungsborn ein, und dieser sagte erfreut zu.

Familiar Drewes überbrachte 1998 beim ersten Symposium der neugegründeten Zisterzienserakademie in Langwaden die Grüße des Amelungsborner Abtes. Der Familiar betonte, in Amelungsborn gehe es um »Kloster auf Zeit«. Die klösterliche Familie hoffe auf einen neuen, geistlichen Aufbruch. Im 900. Jubiläumsjahr des Zisterzienserordens wurden in Amelungsborn besondere Veranstaltungen durchgeführt Am 13. Juni 1998 ging es um die Nachfolge Jesu mit Kreuzweg-Bildern von Erich Klahn, einem Freund von Abt Christhard Mahrenholz, und dem Orgelwerk »Kreuzweg« von Marcel Dupré. Alt-Abt Ernst Henze hielt eine Meditation. Am 22. Juli 1998 war ein Konzert des Jugendkammerchors der Pauluskirche Riga/Lettland.

Am 13.9.1998, dem Tag des offenen Denkmals, predigte Abt Dr. Drömann. Anschließend fanden Führungen durch den Abt und den Klosterküster statt. Am 24.9.1998 konnte man die Klosterkirche »kennenlernen und mit allen Sinnen wahrnehmen«. Einen ganzen Tag lang ging es um die Kirche als Ort der Anbetung, als historisches Zeugnis des Christentums und als Beispiel handwerklicher Meisterschaft, wobei die Gattin des Priors, Margarete Otten, und der geschichtskundige Familiar Herbert W. Göhmann beherzt tätig wurden. Abt Dr. Drömann sprach über das Thema »Bernhard von Clairvaux und sein Einfluss auf die Kirche der Reformation«. Kern Autor der Kirchengeschichte außer Augustin wird so oft von Luther zitiert wie der größte Zisterzienser. Und am 26. September 1998 wurde in einem Geistlichen Konzert der Goslarer Kantorei unter Leitung von Kirchenmusikdirektor Klaus-Dieter Kein u.a. Johann Sebastians Bach Motette »Jesu, meine Freude« zu Gehör gebracht.

Am 5. April 1999 begingen Abt Dr. Drömann und Pastor i.R. Hans-Jürgen Drewes, Familiare des Klosters Amelungsborn, in der Klosterkirche ihr vierzigjähriges Ordinationsjubiläum. Der Abt beschloss seine Predigt über Lukas 24, 36–45 mit folgenden Worten:

> Die Auslegung der Heiligen Schrift, zusammen mit dem Dienst der Darreichung der Sakramente, ist Bruder Hans-Jürgen Drewes, früher Pastor der Kirchengemeinde Golmbach, und mir vor vierzig Jahren anvertraut worden. Wie viele Gottesdienste und Amtshandlungen ich wahrgenommen habe, vermag ich nicht zu sagen. Aber ich weiß, dass der Dienst am Worte Gottes mir einen hohen Einsatz abverlangt hat. Ich kann auch sagen: Zucht, bei dem zu bleiben, was in der Bibel und in dem Bekenntnis der Kirche vorgegeben ist, und sich nicht anzupassen dem Zeitgeist oder vordergründigen Ideologien. Widerstand gegen eigenes Unvermögen oder Verzagtheit, Vertrauen darauf, dass Gottes Wort auch in unseren Tagen die Herzen der Menschen erreicht und ihnen hilft, ihr Leben als Gabe Gottes zu begreifen. Freude darüber, dass der Heilige Geist uns in Müdigkeit und Unsicherheit aufrichtet und uns erfüllt mit der Kraft aus der Höhe. »Die auf den Herren harren, kriegen neue Kraft«. Diese Verheißung aus dem Alten Testament hat sich mir

immer neu bestätigt. aus ihr habe ich frohe Zuversicht des Glaubens nehmen dürfen zur Auslegung der Schrift, als Anweisung zum Leben. Im 16. Psalm heißt es: »Du tust nur kund den Weg zum Leben. Vor dir ist Freude die Fülle und Wonne zu deiner Rechten ewiglich«. So einfach lässt sich von der Auferstehung Jesu Christi reden: »Du tust mir kund den Weg zum Leben«. Denn sie erschließt und schenkt uns das Leben, das den Tod überwunden hat. Wir selber stehen noch unter der Gewalt des Todes. Er hat die Welt und uns im Griff in einer Weise, die uns – schauen wir in diesen Tagen auf den Balkan – nur erschrecken lassen kann. Wer darüber hinwegsieht, ist dem Tode nicht entronnen. Wer dabei auf Christus schaut und ihn sieht an der Seite der Leidenden, sie zu trösten und ihnen aufzuhelfen, dem wird Zuversicht des Glaubens zuteil. Ihm tut sich kund der Weg zum Leben. Ostern will, liebe Gemeinde, gelebt werden. Wo der Glaube an Christus Angst und Zweifel überwindet, wo die Liebe sich stärker erweist als die Härte unserer Herzen, geht die Auferstehung weiter. Lassen wir uns noch einmal von Martin Luther sagen: »Christus ist nicht für sich selbst, sondern für dich und mich auferstanden.« Das verleiht unserem Glauben Zuversicht! So bewahre der Friede Gottes, welcher höher ist als alle Vernunft, unsere Herzen und Sinne in Christus Jesus, unserem Herrn! Amen.

Altabt Ernst Henze führte an diesem Tag des Dankes und der Freude aus:

Zum Ordinationsjubiläum möchten wir als klösterliche Familie den beiden Pastoren das ist heute der einzig angemessene Ausdruck – herzlich gratulieren. Ein Ordinationsjubiläum ist kein Dienstjubiläum im üblichen Sinn; denn wer zum Pastor ordiniert wird, hat sich dies Amt nicht genommen, sondern das Amt wurde ihm auferlegt. Christus nimmt ihn für den Dienst der Kirche in Beschlag. Darin liegt die Last, aber auch die Würde dieses Amtes. »Das Leben darf nicht Zeugnis geben gegen die Zunge«, heißt es in einer Predigt des Kirchenvaters Augustinus. Das spüren sogar die Menschen, die der Kirche fernstehen. »Und das will ein Pastor sein!« sagen sie, wenn bei einem Pastor sein Leben und sein Verhalten gegen die Botschaft sprechen, die er ausrichtet. Gleichwohl, oder gerade deshalb, ist das Amt des Pastors ein köstliches Amt, »von Berufs wegen«, wie wir sagen, also als von Christus Berufener die Aufgabe zu haben, das Evangelium zu bezeugen. Diener am Altar Gottes zu sein und beim Heiligen Abendmahl die Seelen der Gläubigen mit dem Brot des Lebens zu speisen, Menschen durch die Heilige Taufe der Kirche Jesu Christi einzugliedern, reuigen Menschen die Vergebung Gottes zuzusprechen, Trauernde zu trösten, die Freude zu gewichten, dass sie nicht in Leichtfertigkeit umschlage – wer das tun darf, der ist bevorzugt. Man hat es euch, dem Pastoren, angemerkt, dass ihr euren Auftrag gern wahrgenommen habt, und so ist dieser Tag in erster Linie ein Tag des Dankes zu Gott, der euch bis heute hat wirken lassen. Wir freuen uns und sind dankbar, dass wir diesen Tag, vor allem auch den Gottesdienst mit Euch erleben dürfen. Vierzig Jahre als Diener Christi wirken können – wem sollte da nicht das Lob Gottes aus dem Herzen kommen! Freilich! Rückblicke auf unser Leben lassen uns demütig werden. Unser Lebensweg ist keine Erfolgsstrecke! Wie oft haben wir die uns von Gott gewährte Zeit schlecht genutzt, unser Ansehen höher geachtet als die Ehre Gottes. Gerade ein Diener Christi ist ja durch die Notwendigkeit, häufig in der Öffentlichkeit zu wirken, gefährdet, die eigene Person vor die Person Christi zu stellen. Immer aber gilt das Wort Johannes des Täufers, des Vorläufers Jesu: »Er muss wachsen, ich aber muss abnehmen« (Joh. 3,30).

Im Grunde genommen ist kein Pastor seinem Auftrag gewachsen. Der Theologe Paul Schütz hat beim Rückblick auf sein langes Leben – er wurde über 90 Jahre alt – gesagt: »Ich habe mich von meiner Schwachheit überzeugen müssen. Denn ich habe lange genug dazu Zeit gehabt.« Aber es sind unsere Niederlagen, die uns reifen lassen. Wir erkennen an solch einem Tage rückblickend das Wunder des priesterlichen, pastoralen Dienstes: Gott macht Sünder, schwache Menschen, zu seinen Zeugen und lässt gerade auf diese Weise das Geheimnis der Kirche sichtbar werden: Sie lebt in all' ihren Gliedern allein von der Gnade des göttlichen Geistes. Bleibt zum Schluss ein Dank an die Ehefrauen unserer beiden Jubilare. Sie haben beide die Dienste ihrer Ehemänner mitgetragen.

Nachdem Abt Dr. Drömann und seine Bruderschaft im Schatten der Klosterkirche Amelungsborn im Rahmen eines arbeitsreichen »Franziskustages« ein großes Zelt aufgerichtet hatten, fand vom 25. bis 28. April 1999 im Kloster Amelungsborn das 7. Treffen der »Evangelischen Kirchengemeinden, Klöster, Konvente und Kommunitäten an Zisterzienserkirchen in Deutschland« statt. Zu Beginn des festlichen Gottesdienstes am Sonntag Jubilate entbot der Prior des evangelischen Klosters, Superintendent Otten, den zahlreich Erschienenen, darunter mehreren Äbtissinnen niedersächsischer Klöster, den alten, zisterziensischen Willkommensgruß Porta patet, cor magis: Das Tor ist offen, das Herz noch mehr. In seiner Predigt betonte Landesbischof D. Hirschler, Prior des Klosters Loccum, bis heute profitiere nicht nur das noch zu Lebzeiten St. Bernhards gegründete Kloster Amelungsborn vom »Gottes-Aufbruch« der ersten Zisterzienser. St. Bernhard habe sich bemüht, die »Christusliebe in die Herzen seiner Zisterzienser zu pflanzen«. Im Traum habe er sogar den Gekreuzigten umarmt. Aber ungezählte, an sich religiöse Menschen der Gegenwart glaubten nicht mehr an einen persönlichen Gott, geschweige denn an den christlichen Gott; die heutige Religiosität laufe nur zu oft auf eine »diffuse« Gottesvorstellung hinaus. Den ersten Zisterziensern und allen ernsten lutherischen Christen gehe es vielmehr um Jesus, den Gekreuzigten. Sie versenkten sich in das Leben Jesu, um mit ihm den Weg zu Kreuz und Auferstehung zu gehen. Für solche Menschen sei »die Welt, die uns furchtbar niederdrücken kann, nicht die letzte Macht«. Jede Zisterzienserkirche sei in ihrer Kreuzform ein Hinweis auf den Gekreuzigten. »Alles, was wir an Ausweglosigkeit haben, dürfen wir unter das Kreuz legen«.

Mit St. Bernhard übereinstimmend, habe Luther in seiner Theologia crucis verkündigt, je tiefer und fester der Mensch das Bild Christi als »der Gnade Bildnis« in sich aufnehme, desto mehr falle »das Todesbild der Angst« dahin, zumal da das Kreuz im Osterlicht stehe. Der Gottesdienst war von Abt Dr. Drömann in den Bahnen des unvergessenen Amelungsborner Abtes Christhard Mahrenholz mit Hilfe der Schola der nahen Kirchengemeinde Negenborn und der Kantorei Iserlohn liturgisch reich ausgestaltet.

Bei dem anschließenden Empfang der Hannoverschen Landeskirche ging Abt Dr. Drömann in seiner Begrüßung von den biblischen Erwähnungen eines Zeltes aus. Das Zelt sei »Symbol für das Unterwegssein der Christen auf dem Weg zu Gott«. Oberkreisdirektor Kempa betonte die Impulse, die das Kloster für das Leben der über 80 000 Einwohner des Landkreises Holzminden gegeben habe. Er zeigte sich besonders erfreut über die Besucher aus Amelungsborns kunstreicher Filia Doberan, die er persönlich kenne. Landesbischof Beste und Landessuperintendent Ohse nahmen an dem Treffen teil. Landesbischof D. Hirschler meinte, Amelungsborn sei ein »Goldstück« und wies auf Raabes »Odfeld« hin.

Für das Landeskirchenamt sprach Dr. Hauschildt. Der Konventuale des Klosters Amelungsborn erklärte, die in Niedersachsen erhalten gebliebenen Klöster seien als »Kristallisationspunkte für geistliches Leben« eine »Bereicherung für unsere Kirche«. »Geschichtliche Erfahrung und Zeitgenossenschaft« verbänden sich da. Superintendent Otten äußerte, der Kirchenkreis Holzminden-Bodenwerder wisse es sehr zu schätzen, dass sich die »evangelische Zisterzienserfamilie« auf dem Odfeld treffe. Ein Kloster wie Amelungsborn sei ein »Refugium, ein Ort des stellvertretenden Betens und Nachdenkens vor Gott«. Luther habe von »Deo vacare«, vom »Muße haben für Gott«, gesprochen. Pastor Wolfgang Bartram, Negenborn-Golmbach, hob die Verbundenheit der Kirchengemeinde mit der klösterlichen Arbeit hervor.

Oberkirchenrat Schrader betonte für die Familiaritas die guten Beziehungen zum Konvent und zur »Münsterfamilie Doberan«. Genau an diesem Tag vor 35 Jahren seien im hohen Chor in Amelungsborn die ersten Familiaren verpflichtet worden. Er gab seiner Freude Ausdruck, dass der damals mit amtierende Konventual Dr. Henry Holze anwesend sei. Die Familiaren bedenken jeden Tag ein Wort der Bibel, treffen sich bis zu elf mal im Jahr in Amelungsborn, wobei es besonders um das gesungene Gebet gehe, und engagieren sich in ihrer örtlichen Kirchengemeinde. Pfarrer Paul Geißendörfer, Heilsbronn, der »heimliche Generalabt der evangelischen Zisterzienser«, wie Abt Drömann den verdienten Organisator der alljährlichen Treffen nannte, dankte für die Gastfreundschaft und lud für das nächste Jahr nach Doberlug ein.

Abt Dr. Drömann präsentierte die von ihm bearbeitete Neuausgabe des Amelungsborner Breviers, in das 28 Texte von St. Bernhard und 42 von Luther neu aufgenommen seien. Die ersten sechs Exemplare gingen an Landesbischof Hirschler, Landessuperintendent Traugott Ohse, Bad Doberan, Familiare Berthold Ostermann, der sich intensiv um die Drucklegung gekümmert hatte, Alt-Abt Ernst Henze – für Ermutigung durch »glasklare Worte« –, Pfarrer Geißendörfer und Frau Ursula Mahrenholz, die Witwe des Erneuerers des Klosters, die viele Jahre jeden Sonntag von Hannover zum Gottesdienst in die Klosterkirche Amelungsborn gekommen ist, vor der der große Abt seine letzte Ruhe gefunden hat.

An den beiden folgenden Tagen sprach Abt Dr. Drömann über St. Bernhard und seinen Einfluss auf die Kirche der Reformation, wobei er auch auf kirchenmusikalische

Zusammenhänge einging. Durch Führungen wurden dann den aus ganz Deutschland aufs Odfeld gekommenen Zisterzienserfreunden Kirche und Kloster nahegebracht. Alt-Abt Ernst Henze würdigte das Amelungsborner Brevier als Anleitung zum geistlichen Leben und Familiare Berthold Ostermann referierte über »Amelungsborn – ein evangelisches Zisterzienserkloster«.

Der Abtsbericht des Jahres 1999 widmete sich der Frage: »Darf sich unsere klösterliche Familie zu Recht der weltweiten Gemeinschaft der Zisterzienser zurechnen?« Der erste Teil des Berichtes stellte dar, wie monastisches Leben bei Martin Luther und in den Bekenntnisschriften der Lutherischen Kirche zu stehen kommt. Fazit: »Luther und in seiner Folge die Bekenntnisschriften nehmen keine generell ablehnende Haltung gegenüber einem monastischen Leben ein«. Klöster sollen sein »Stätten des Gebets und der schulischen Bildung«. Der zweite Teil ging der Frage nach: »Hat unser Kloster in seiner reformatorischen Neuordnung und in seiner nachreformatorischen Zeit seine Prägung als Zisterzienserkloster bewahren und fortführen können?« Fazit: »Bei der Reformation des Klosters 1542 und 1568 wird bewusst eine Kontinuität zu den Zisterziensern wahrgenommen, die im Lauf der folgenden Jahrhunderte an Intensität abnimmt.«

Bei der Neuordnung des Klosters in den Sechziger Jahren dieses Jahrhunderts wurde festgelegt, bzw. festgestellt: »Amelungsborn ist als Zisterzienserkloster gegründet und in der Reformation durch die Braunschweigischen Kirchenordnungen von 1569 und 1655 dem Augsburger Bekenntnis verpflichtet. Von dieser Grundbestimmung her nimmt das Kloster Gemeinschaft mit anderen Zisterzienserklöstern wahr und weiß sich einbezogen in die weltweite Gemeinschaft des Ordens. Amelungsborn gehört zum Orden nicht im Sinne des Kirchenrechts der römisch-katholischen Kirche. Unser Selbstverständnis als Zisterzienserkloster empfangen wir aus der Bejahung unserer eigenen geistlichen Tradition. Diese ist neben der Bindung an Schrift und Bekenntnis der lutherischen Kirche durch die Zisterzienserbewegung geprägt. Wir erleben Einfluss und Geist der Zisterzienserbewegung:
- in unserer Klosterkirche, in der wir unsere Gottesdienste feiern
- in unserem Gebet am Sonnabendabend
- in der Christusfrömmigkeit
- in dem Umgang mit unserem Brevier, 28 Texte sind von Bernhard von Clairvaux
- in der bewussten Schlichtheit unseres Klosters
- in dem Besuch unseres Klosters durch den General-Abt –

Fazit: Amelungsborn darf sich als evangelisches Zisterzienserkloster verstehen – für uns eine geistliche Verpflichtung«:

Unter den verlesenen Grüßen auf dem Kapiteltag ragte der von Abtpräses Bernhard Tewes, Ossegg/Böhmen hervor. Der Abt gab das von ihm in Hamburg durch glücklichen Zufall erworbene, einst dem Kloster gehörige Exemplar der braunschweig-wolfenbütteler Klosterordnung von 1655 (Neudruck Lüneburg 1786) herum und der Verfasser überreichte aus der Frühzeit bzw. aus historischer Zeit stammende Glasfragmente, die er als Schüler vor fünfzig Jahren aus Amelungsborner Abraum gesammelt hatte.

Am 13. Juni 1999 wurde das so verborgen liegende evangelische Kloster durch einen vom Zweiten Deutschen Fernsehen übertragenen Gottesdienst unter dem Thema »Gemeinsam unter dem Wort« in ganz Deutschland bekannt. Bei der Begrüßung zitierte Prior Otten Wilhelm Raabe: »Eine Kirche, die aufwächst aus der Erde, aber nahe am Boden bleibt. Nahe am Wasser, an den Feldern, den Bäumen – mit viel Dach für die Seele des Menschen«. Pastor Bartram erklärte: »Auch die umliegenden Kirchengemeinden, die seit 1135 in Verbindung mit dem Kloster leben, sind geprägt von der lebendigen Tradition der Zisterzienser im Bereich der evangelischen Kirche und empfinden Amelungsborn als ihr Kloster. Die Gemeinden Negenborn und Golmbach bilden mit dem Kloster, dem Konvent und der Familiaritas eine geistliche Gemeinschaft«. Prior Otten äußerte dann die Hoffnung, »das sich die Christenheit auch in Zukunft des Dienstes von Klöstern und Bruderschaften neu erfreut«. So begann der Gottesdienst mit dem Gruß der Zisterzienser »Porta patet, cor magis, die Tür steht offen, das Herz weit mehr«.

In seiner Predigt über den »Heilandsruf Jesu« »Kommet her zu mir alle, die ihr mühselig und beladen seid« (Mt. 11,28) betonte Abt Dr. Drömann, die Amelungsborner Klosterfamilie sei »kein elitärer Club, der Schutz sucht hinter Klostermauern, vielmehr eine Gemeinschaft von Christen, die bewusst ihren Glauben in der Welt lebt. Gerade darum suchen wir die klösterliche Abgeschiedenheit. Hier kommen wir zu uns, haben Zeit, uns auf Wesentliches zu konzentrieren.« Er zitierte in diesem Sinne St. Bernhards Schrift an den überlasteten Papst Eugen III. mit der Mahnung, »sich allen Gedanken zu verschließen, die gegen unser Heil sind«. Jesu Ruf bedeute heute »Kommt her und findet Abstand von allem, was ihr euch selbst an Lasten und Beschwernissen auferlegt habt und was euch auferlegt ist an Unfrieden, Krankheit und Unglück… In Christus Geborgenheit finden. Das befreit uns nicht von den vielseitigen Strukturen der Vergeblichkeit, des Leidens und der Ohnmacht, die wir alle erleben, oft auf erschreckende Weise. Aber mitten in aller Unruhe der Welt kommen wir in Christus zur Ruhe, werden wir erquickt, fassen neuen Mut und Zuversicht des Glaubens.« Der Abt wies auf den Taufstein des Klosters hin, der 1592 »von einer Lüneburger Familie und von dem Abt des katholischen Benediktinerklosters Corvey« für das evangelische Kloster Amelungsborn gestiftet worden sei. So gewann die Predigt eine ökumenische Dimension. Die Einblendung einer passenden Seite aus der Amelungsborner Bibel bezeugte die innere Verbundenheit des evangelischen Klosters mit der zisterziensischen Tradition. Auf dringenden Wunsch des Abtes wurde auch der Anfang der Eucharistiefeier übertragen, weil »Wort und Sakrament unbedingt zusammengehören.«

Nach dem Gottesdienst wurde hinter der Kantorey der Öffentlichkeit der neu nach der reichen entsprechenden Überlieferung, besonders nach Strabo (Klosterinsel Reichenau) gestaltete Klostergarten[32] mit Erläuterungen von Familiar Göhmann vorgestellt. Für die Unterhaltung dieser Gemeinschaftsarbeit an geschichtlicher Stätte sorgt ein Freundeskreis, um Achtung und Ehrfurcht vor der Schöpfung und

---

32 BRÜHL 1971. – HECHT 1983. – STOFFLER 1978. – HENNEBO 1987.

dem Lebensrecht der Pflanzen zu fördern. Manche Heilpflanzen der Klostermedizin werden heute noch verwendet, z.B. Fingerhut (Digitalis purpurea), der die Pumpfunktion des Herzens anregt. Und aus der Mariendistel wird noch heute das wichtigste Lebermittel hergestellt. Der Echte Baldrian (Valeriana officinalis) schafft noch heute Zehntausenden guten Schlaf, ohne Nebenwirkungen. Ein Tropfen Salbei-Öl kann noch heute wundersame Wirkungen entfalten. Lavendel, gut duftend, hilft gegen Insektenstiche und Ekzeme. Arznei aus der frühen Zeit der Zisterzienser ist heute wieder aktuell.

Der Garten mit seinen zwölf Hochbeeten berücksichtigt auch die christlichen Symbolpflanzen: Akelei, Schwertlilie und Madonnenlilie waren Blumen der Heiligen Jungfrau. Die weiße Zeichnung der Blätter der aus dem Heiligen Land stammenden Mariendistel verstand man als herabgetropfte Milch der Muttergottes. Und die Blätter der Walderdbeere wurden auf die Heilige Dreieinigkeit bezogen. Auch Küchenpflanzen wie Dill, Schnittlauch und Petersilie, und Färbepflanzen sind in diesem Schaugarten vertreten.

Auf dem Evangelischen Kirchentag in Stuttgart (16. bis 20. Juni 1999) stellte die Amelungsborner Familiaritas das Odfeld-Kloster in den Kreis der evangelischen Kommunitäten. Am 12. September 1999 zog das Kloster am »Tag des Offenen Denkmals«[33] Menschen von nah und fern an, um die sich der Abt und der kenntnisreiche Küster kümmerten.

Im September 1999 besuchte der Generalabt des Zisterzienserordens, Mauro Esteva, für drei Tage das Kloster. Der Repräsentant der weltweiten zisterziensischen Gemeinschaft feierte die klösterlichen Gottesdienste mit und nahm am Klostergespräch und an der gemeinsamen Bibelarbeit teil. Der Generalabt, der zwanzig Jahre lang Abt eines katalanischen Klosters gewesen war, erkannte mit großer Hochachtung an, »dass in Amelungsborn Zisterzienserfrömmigkeit gelebt wird«. Er empfand die auf dem Odfeld »gelebte Frömmigkeit« als »beispielhaft«. Über diese reichen Tage sagte Abt Dr. Drömann: »Wir haben gegenseitig von den Gräben gesprochen zwischen uns. Aber auch darüber, was uns im Glauben mehr verbindet, als das, was uns trennt. Und Gräben sind dazu da, überwunden zu werden.« Abt, Prior, Konvent und Familiaritas des Klosters bekräftigten bei diesem hohen Besuch ihre Verbundenheit mit der weltweiten Gemeinschaft. Am 30. September 1999 schrieb der Generalabt aufgrund der Eindrücke, die er auf dem Odfeld gewonnen hatte, den Konfratres und Familiaren in Amelungsborn in lateinischer Sprache einen warmherzigen Brief, in dem er Amelungsborn als eine »zisterziensische Realität in der evangelischen Kirche« anerkannte, die er gern »unter den anderen klösterlichen Einrichtungen unseres Ordens, mit dem Ihr geistig vereint seid«, nennen möchte. Abt Dr. Drömann nahm diese Anerkennung dankbar zur Kenntnis.[34] Der Generalabt äußerte in seinem Schreiben den Wunsch, das Amelungsborner »monastische Leben auf Zeit« in »ein monastisches Leben in einem engeren Sinne« umzuwandeln. Leichter realisierbar ist

---

33 Deutsche Stiftung Denkmalschutz 1999, S. 39.
34 Brief des Abtes an die Glieder der Familie des Klosters Amelungsborn vom 13.12.1999.

seine Anregung, jedem Glied der klösterlichen Familie bei seiner Einführung ein kommentiertes Exemplar der Benediktsregel zu überreichen, was der Lebensweise der Amelungsborner besondere »Farbe verleihen könne«.

Das Kloster öffnete sich den Menschen der Region weit, damit auch sie geistliche Einkehr halten. Großen Anklang findet die Amelungsborner Kirchenpädagogik der Priorsgattin, Frau Otten: Schulkinder dürfen in diesem Rahmen das Kloster voll und ganz erleben – bis hin zu den Glocken. Als man eine Gruppe fragte: »Was war denn das Schönste?« sagten sie: »Dass wir schweigen durften.« Das spricht Bände angesichts des Lärms, dem junge Menschen von heute ausgesetzt sind. Die Kinder entdecken, was an der Klosterkirche Abbild des himmlischen Jerusalems ist. »Heute kommt man über die Kinder zu den Eltern, früher war das umgekehrt«, meinte Abt Dr. Drömann. Auf die Verwurzelung in der Region zielen auch das alljährliche Adventskonzert der Bundeswehr in der Klosterkirche und die Einladungen des Klosters an die Kirchenvorstände der klösterlichen Patronatsgemeinden Stadtoldendorf, Golmbach und Negenborn. So bringt das Kloster auch der Region seine Bedeutung als Stätte geistlichen Lebens nahe.

Abt Drömann förderte wie seine Vorgänger im Amt die Gemeinschaft mit den niedersächsischen Frauenklöstern. So besuchte er z.B. die Klöster Wennigsen und Barsinghausen. Der Abt und der Altabt hielten 1999 im Kloster Isenhagen einen Einkehrtag für die Konventualinnen, die für ihre Andachten das Amelungsborner Brevier von 1999 übernahmen. Und am 3.10.1999 erschien Abt Hans-Christian zur Wiedereinweihung der erneuerten Klosterkirche Wülfinghausen. Am 9.10.1999 hielt er in der Klosterkirche Mariensee einen vielbeachteten Vortrag über den Einfluss Bernhards von Clairvaux auf die Kirche der Reformation. Luther habe vom größten Zisterzienser gesagt: »Bernhard ist der frömmste Mönch, den ich vor allen anderen liebhabe«. Denn Bernhard habe sich an dem Gekreuzigten ausgerichtet. Der Abt führte aus:

- Bernhard und Luther sind Männer im Widerspruch: Bei Bernhard haben sich »gewinnende Güte und militante Unduldsamkeit« miteinander verbunden. Luther habe in zarter Weise seinem eigenen Christusglauben Ausdruck gegeben, aber »gegen seine Widersacher war er ein Grobian«.
- Beide sahen die äußere Erscheinung der Kirche kritisch an: Beide waren überzeugt, die Kirche müsse immer wieder erneuert werden.
- Bei beiden ist der Glaube an Christus Vergewisserung des Heils: Beide haben erfahren: In Christus ist nichts als lauter Leben: Christus ist der Gnade Bild.
- Beide wissen von der Wirksamkeit des göttlichen Wortes und drücken das in ihrer Sprache aus. »Bernhard und Luther, beide unmittelbar von Gott angerührt, haben das mit Leidenschaft und Gewissheit zum Ausdruck gebracht.«

Der Abt zeigte dann mit Musikbeispielen wie »Bernhards Kreuzestheologie, von Luther aufgenommen, von Johann Sebastian Bach in die Sprache der Musik« umgesetzt wurde. Alle drei waren sich in voller »Kongenialität« darin einig: »Krippe und Kreuz sind die eigentlichen Fundorte des verborgenen Gottes unter uns Menschen«.

Kloster Amelungsborn – einst und jetzt

Nicht zufällig fand man in Bachs Nachlass Schriften der Mystiker. Nachdem Bach in einer mystisch bestimmten Frömmigkeit gelebt hatte, ist er demütig »vor Gottes Thron« getreten. Der Abt legte allen ans Herz: »Auch wir dürfen in glaubensarmer Zeit aus dem Reichtum der Mütter und Väter leben« und uns Bachs Hoffnungsworte zu eigen machen »dass ich Dich schaue ewiglich, Amen, Amen, erhöre mich«.

Im Herbst 1999 lud das Kloster die Äbtissinnen der niedersächsischen Frauenklöster und -stifte auf das Odfeld ein. An dieser Tagung nahm auch die Präsidentin der Klosterkammer, Frau Prof. Martha Jansen, teil. Abt Dr. Drömann sprach über das Thema »Bernhard von Clairvaux und sein Einfluss auf die Kirche der Reformation«.

Der wichtigste Tag im Jahreslauf der klösterlichen Familie ist der Kapiteltag, zu dem sich Konvent, Familiaritas und Kapitularen in Amelungsborn versammeln. Der Kapiteltag will durch umfassende Information und freimütige Aussprache die Verbundenheit der klösterlichen Familie fördern und Anregungen zur Weiterentwicklung des Klosterlebens geben. Zu den Fixpunkten des Kapiteltages gehören die Beichte mit dem persönlichen Zuspruch der Vergebung am Vorabend, die Mette mit dem Herrenmahl, die biblische Besinnung, die der Abt hält, der Abtsbericht, der Bericht des Seniors der Familiaritas, das feierliche Mittagsgebet, das gern mit einer Prozession verbunden wird, bei der z.B. am 12.6.1999 das Lied »Geh' aus mein Herz und suche Freud« gesungen wurde, das gemeinsame, von Gebeten umrahmte Mahl, der vielfältige, brüderliche Austausch, die Vesper, die Lesung aus der Benediktsregel, das festliche Beisammensein und die Komplet. Vor jedem Stundengebet sammelt man sich in der Statio. Der Einzug in die Kirche beginnt stets mit den Worten »Procedamus in pace – In nomine Christi, Amen.« Am nächsten Morgen wird der Reisesegen gebetet, der an der Memorienplatte für die Klosterangehörigen aus früheren Jahrhunderten endet.

1999 wurden im sogenannten Eiskeller drei hier zweitverwendete Säulentrommeln entdeckt und ausgebaut, die offenbar aus dem Refektorium stammen, das einst hier im verschwundenen Südflügel lag.[35] Eine Spolie aus dem Eiskeller trägt eine kleine Fabelfigur, die in gleicher Weise an einer gotischen Konsole im Chor zu finden ist. Im Eiskeller wurden auch Reste von Biberschwänzen, also von Flachziegeln, ausgegraben. Die Zierrillen dieser Biberschwänze entsprechen denen auf der Kuppel des Kopfreliquiars des Heiligen Oswald im Hildesheimer Diözesanmuseum.

Der 11. August 2000, der 100. Geburtstag von Abt Christhard Mahrenholz, dem Erneuerer des Klosters, war ein großer Tag für das Kloster auf dem Odfeld. Um 9 Uhr begann der Festtag mit Mette und Herrenmahl. Nach der Begrüßung der die ganze Kirche füllenden Festgäste aus der Nähe und aus der Ferne bot Kirchenmusikdirektor Helmut Langenbruch, Hildesheim, Orgelmusik dar: Samuel Scheidt (1587–1654) Psalmus sub Communione »Jesus Christus, unser Heiland«, Johann Sebastian Bach (1685–1750) Präludium und Fuge c-Moll BWV 546 und Felix Mendelssohn-Bartholdy (1809–47) Sonate 1 f-moll op. 65, 1.

Dann würdigte Abt Dr. Drömann die »respektheischende Lebensleistung« des großen Abtes, dem das »Lob Gottes zur Vergewisserung des Glaubens« diente. Der

---

35 MARX 2000, S. 149–151.

große Forscher sei ein »fröhlicher Christenmensch gewesen, der sich auch unbeschwert freuen konnte.« Als ganz junger Mensch habe er in St. Marien in Göttingen durch seine vorbildhafte Orgelrenovierung »maßgeblichen Anteil an der Orgelbewegung« gewonnen. 1940/41 habe der große Diplomat durch geschicktes Verhandeln mit der Reichsregierung den Befehl zur Ablieferung aller Kirchenglocken dahin modifizieren können, dass jede Kirche jedenfalls eine Glocke behielt und die wirklich historischen Stücke zunächst auf Glockenfriedhöfen aufbewahrt wurden. Von da gelang ihm nach 1945 die Rückführung. Dabei half ihm ein Glockengießer, der später in Erinnerung an Abt Christhard dem Kloster auf dem Odfeld drei Glocken schenkte. Und als Antwort auf die deutschchristlichen Versuche zur Gleichschaltung der Kirchenchöre habe Christhard Mahrenholz ein besonderes Chor-Liederbuch geschaffen, das man als Vorstufe des berühmten Evangelischen Kirchengesangbuchs von 1951 ansehen dürfe. 1948ff. stand Mahrenholz hinter dem großen Agendenwerk, dessen Anstöße bis heute sichtbar seien. Sein Abtsamt wurde für Mahrenholz eine »kostbare Quelle, aus der er immer wieder Freude und neue Kräfte gewann.« »Das Mahrenholzsche Lebenswerk findet sein klares Ziel in dem Gotteslob der weltweiten Christenheit.«

Das Nachdenken über sein gesegnetes Leben ging im Sinne des großen Abtes über in das Mittagsgebet, in dem sich die Klosterkirche aufs Neue als Singekirche erwies. Dann wurden am Grab des Abtes vor der Klosterkirche zwei Kränze niedergelegt und das Lieblingslied des Abtes gesungen »In Dir ist Freude in allem Leide.«

Nach dem frugalen Mittagessen im Kloster sprach Dr. Hartmut Johnsen über »Christhard Mahrenholz als Vorsitzender der Neuen Bachgesellschaft 1949–75.« Der einstimmig gewählte Bachkenner habe gegenüber den DDR-Versuchen, zumindest den weltlichen Bach zu vereinnahmen, stets betont: »Bachs weltliches Tun ist einzig auf dem Hintergrund seiner gottesdienstlichen Arbeit zu verstehen.« Mahrenholz kämpfte für eine »grenzüberschreitende« Pflege der Bachschen Musik. Nach dem Mauerbau rang er darum, »soviel Einheit wie möglich zu bewahren und so wenig Trennung wie nötig zuzulassen.« Er hielt die »Gratwanderung zwischen Anpassung und Widerspruch« durch. Oft wirkten freundliche Worte des Abtes bei staatlichen Stellen entkrampfend. Er sah auf Parität zwischen Ost und West bei der Vergabe der Leitungsämter. Oft haben ihm seine »natürliche Autorität und seine markante äußere Erscheinung« geholfen.

Abt Dr. Drömann stellte dann die Festschrift des Klosters[36] vor, die viele persönliche Erinnerungen an Abt Christhard enthält. Prof. Dr. Bergsma überbrachte die Grüße des Bischofs von Hildesheim, der bei der Amelungsborner 850-Jahrfeier zum ersten Mal einen festlichen evangelischen Gottesdienst erlebt habe. Der selige Bischof Bernhard von Hildesheim habe die Amelungsborner Kirche geweiht. In Bezug auf die Familiaritas zitierte Bergsma zustimmend eine jugendliche Äußerung des Verfassers von 1968 und trug dann die Anregung vor, bei den Zusammenkünften der klösterlichen Familie das drängende Thema »Das Kirchliche Amt« zu erörtern. Konvent und Familiaritas seien »dazu voll geeignet.« Er bot dazu auch katholische

---

36 DRÖMANN 2000.

»Gebets- und Gesprächspartner« an und meinte, vielleicht könne sogar einmal ein Katholik Amelungsborner Familiar werden. So etwas müsse möglich sein, ähnlich, wie sich das Männerkloster Loccum die Landesbischöfin zugeordnet habe. Dann würdigte Achim Giering das von Mahrenholz geprägte Gesangbuch von 1951, das über vierzig Jahre seinen Dienst in der ganzen evangelischen Christenheit getan habe. Es sei die entscheidende Vorlage für das neueste Gesangbuch gewesen.

Der Verfasser erklärte dann: »Als Christhard Mahrenholz vor nunmehr vierzig Jahren Abt von Amelungsborn geworden war, schrieb er mir bald zustimmend zu meinem Buch über die evangelischen Klöster in Niedersachsen. So befasste ich mich bald speziell mit dem Kloster Amelungsborn und der große Abt gab mir dazu eine Fülle von Anregungen. 1968 erschien dann mein Amelungsborn-Buch, das bald vergriffen war. Im Einvernehmen mit Christhard Mahrenholz sammelte ich weiter Material über das Kloster auf dem Odfeld und entdeckte dabei z.B. das Stiftungsdatum, den 21.12.1130. Im Amelungsborner Jubiläumsjahr 1985 sprach ich dann auf Mittelalter-Weltkongress im nordamerikanischen Kalamazoo über Amelungsborn. Als ich 1997 zum Kapitularen berufen wurde, fügte ich sogleich das Sammelgut zu einem neuen Buch zusammen, das nun zum hundertsten Geburtstag des großen Forschers erschienen ist. Bei meiner Arbeit fiel eine Menge von Daten an, die ich zu einem Amelungsborner Anniversar formte. Beide Bücher möchte ich heute Abt, Prior, Konvent und Familiaritas mit herzlichen Segenswünschen für die Zukunft des Klosters überreichen.«

Kapitulare Jürgen Chr. Mahrenholz dankte anschließend im Namen der Familie für das diese so bewegende Gedenken und betonte, das 4. Gebot gehe über den Tod hinaus. Auch das treue Amelungsborner Gedenken an den Vater Abt trage die Verheißung in sich, dass es dem Kloster noch lange wohlergehe. Zur Freude aller konnte die hochbetagte Witwe und treue Helferin, gerade auch in Amelungsborn, des großen Abtes, Frau Ursula Mahrenholz, an dem Festtag ihres Mannes teilnehmen. Der Abt dankte für die Fülle der guten Wünsche. Das Kloster wolle alles, was die Ökumene fördert, im Sinne Jesu Christi unterstützen. Er dankte dem Verfasser, dass er »als Kapitulare unsere Arbeit begleitet.« Christhard Mahrenholz habe dem Kloster »nach seiner Neubelebung die richtige Fährte gegeben.« Er habe »die Grundsatzfragen gestellt und beantwortet. Wir dürfen in seinem Sinne fortfahren.«

Dann sprach der Senior der Familiaritas von 1974 bis 1998, Prof. Dr. med. Richard Toellner, aus persönlicher Erinnerung über »Abt Mahrenholz und Amelungsborn.« Mit einer festlichen Vesper mit drei von Mitgliedern der Kantorei an der St. Johanniskirche Lüneburg unter Leitung von Kirchenmusikdirektor Dietrich von Amsberg gesungenen Motetten von Bach und Altnikol klang der große Tag des Gedenkens aus.

Hatte Abt Christhard im Jahre 1969 auf einem Generalkapitel der Zisterzienser in Marienstatt noch in einem Nebensaal sein Votum abgeben müssen, wurden im Jahre 2000 die »Zisterzienser des Augsburgischen Bekenntnisses«, vertreten durch die Äbte Dr. Drömann, Amelungsborn, und D. Hirschler, Loccum, auf dem Generalkapitel in Rom offiziell anerkannt.

Am 23. Juni 2001 wurde im Rahmen des alljährlichen Kapiteltages die altneue Bibliothek im evangelischen Zisterzienserkloster Amelungsborn eingeweiht: Mit Hilfe der Stiftung Denkmalschutz, der Klosterkammer und vieler anderer Sponsoren wurde ein unter Denkmalschutz stehendes Steinhaus mit mittelalterlicher Bausubstanz in der Vorderseite einer neuen, höchst sinnvollen Nutzung zugeführt. Das Haus hatte im 19. Jahrhundert als Eiskeller gedient. Nun aber, restauriert, verleiht es der Gesamtanlage wieder einen besonderen Charme. Die Bücherei tut dem Kloster neue Möglichkeiten auf.

Abt Dr. Drömann stellte das altneue Haus, für das er heftig »Klinken geputzt« hatte, unter den Schutz und in den Dienst Gottes. Er gab der Hoffnung Ausdruck, dass es dem geistlichen Leben des Klosters dienen möge. »Gott segne alle, die hier aus und ein gehen und lasse alles Studieren zu seiner Ehre geschehen.«

Bläser des Campe-Gymnasiums, das in der Tradition der 1760 nach Holzminden verlegten Amelungsbomer Klosterschule steht, umrahmten die Feier. Oberstudiendirektor Kese betonte die alten Beziehungen, die in Form von Holzrechten und eines kleinen Stipendienfonds sogar noch bis 1948 bestanden hatten. Alte, einst Amelungsborner Bücher der Zeit vor 1760 seien zusammengesucht worden. Sie sollen wieder aufs Odfeld kommen. So entwickelt sich der bereits vorhandene Bücherbestand zu einer veritablen Bibliothek.

Der Präsident des Lionsclubs Holzminden, Wolfgang Ernesti, betonte die Verwandtschaft der Ziele der Lions und der Erben der Zisterzienser. Er überreichte einen Scheck für die Inneneinrichtung. Abt Dr. Drömann dankte für die Großzügigkeit. »Das ist nicht die erste Spende, die wir von dort bekommen haben. Er sei froh, dass er in der Region weit geöffnete Türen vorgefunden habe. Ihrem Club steht das Kloster weit offen«. Alle staunten, dass das bisher bescheiden und brüchig wirkende Gebäude groß und weit geworden ist.

Im gleichen Jahr 2001 kam die Brunnenschale des Klosters aus dem 12. Jahrhundert wieder an ihren alten Platz im einstigen Kreuzhof als symbolhaftes Gefäß des lebensspendenden Wassers. Die drei verschwundenen Kreuzgangflügel wurden nach Ausgrabung der letzten Reste im Gelände »nachgelegt« und laden nun zum Begehen im Gespräch mit den Brüdern oder zur eigenen Meditation ein.

Im Juni 2002 beging Abt Dr. Drömann seinen siebzigsten Geburtstag. Prior Christian Klatt brachte eine Festschrift »… auf dass mein Mund deinen Ruhm verkündige« heraus. 2002 umfasste die klösterliche Familie außer dem Abt und den Konventualen 34 Familiaren, zu denen sechs Novizen und sechs Hospitanten kommen. Weiter gehörten achtzehn Kapitularen zur klösterlichen Familie.

Am Zugang zum alten Claustrum-Bereich wurde ein eisernes Tor angebracht. Es hat Riegel, aber kein Schloss, getreu der Zisterzienser-Devise: »Das Tor ist offen, das Herz noch mehr.«

Nach der Amelungsborner Klosterordnung schied der Abt Dr. Hans-Christian Drömann mit der Vollendung des siebzigsten Lebensjahres aus seinem Amt aus. Nach Anhörung des Konventes, der sich einmütig für den Hildesheimer Landessuperintendenten Eckhard Gorka, Konventual seit 1998, aussprach, ernannte der Kirchensenat der ev. luth. Landeskirche Hannovers den Erwählten. Eckhard Gorka wurde so am 28. September 2002 feierlich in sein Amt eingeführt. Auch mehrere

Äbtissinnen der niedersächsischen Frauenklöster zogen in ihrer traditionsreichen Tracht in die Klosterkirche ein.

Landesbischof i.R. D. Horst Hirschler, Abt zu Loccum, Visitator des Kloster Amelungsborn (gegründet 1130/35) legte seiner Ansprache auf Wunsch des künftigen Abtes die bekannte Jesus-Geschichte von der Stillung des Sturmes zugrunde. Jesus liegt da mitten im Sturm auf einem Kissen und schläft. So empfinde manch ein Christ in den Stürmen des Lebens: »Der Herr schläft, er ist abwesend.« Aber dann zeige die Geschichte, dass »der Gott, den wir durch Christus kennen, der Herr auch über Sturm und Wellen ist.« »Irgendwann hilft Gott.« »Ich durchstehe das Leben anders, wenn ich den Glauben habe«, betonte der Abt zu Loccum. Wenn Luther viel Arbeit vorhatte, betete er zunächst ausgiebig, »weil es nötig ist.« Auch Musiker müssten ihre Instrumente bereits vor dem Konzert stimmen und nicht mittendrin. Ein Abt müsse achtgeben auf seine Lehre, meinte Abt Hirschler.

Nach der gesungenen Bitte um den Heiligen Geist und Bibelworten, die sich auf den Dienst eines Abtes beziehen lassen, fragte Abt D. Hirschler die klösterliche Familie, ob sie Eckhard Gorka als ihren Vater-Abt annehmen und mit ihm zusammenarbeiten wolle. »Ja, mit Gottes Hilfe.« Der Visitator verpflichtete dann den knienden Elekten. Der neue Klostervorsteher empfing das Abtskreuz als Zeichen dafür, »dass Christus für uns gelitten hat.« Weiter wurde ihm die Heilige Schrift überreicht, als »Wegweisung«.

In seiner Predigt über Epheser 5 führte Abt Gorka aus, Gott habe uns zu seinen »Gesprächspartnern« gemacht. »Es soll in unserem Leben keinen gottlosen Raum geben.« »Gottesliebe und Bruderliebe lassen sich nicht trennen.« Die Amelungsborner wollten »nicht Christen erster Klasse sein, kein geschlossener Zirkel«, sondern »Brückenbauer zwischen Kultus und Kultur«. Der Glaube vollziehe sich im Kloster »in einer gewissen Konzentration: Alles müsse sich fragen lassen, ob es zu dem Zentrum, zu Christus, führt.« Der neue Abt zeigte sich »fasziniert von der Geborgenheit, die das Kloster ausstrahlt.« »Dieser Ort und seine Tradition ist ein Geschenk.« Hier werde gebetet für die Mitmenschen, für die Christenheit »und für unsere zerrissene Welt«. Die Amelungsborner Stundengebete zeigten eine »Harmonie von Gestalt und Inhalt«. Die im »Kloster auf Zeit« »geschenkte Kraft müsse in Beruf und Familie übertragen werden«.

In seinem Grußwort begrüßte Prior Klatt den Generationswechsel. Das Kloster bekomme einen jungen Abt. Aber St. Bernhard sei schon mit 26 Jahren Abt geworden. »Wir freuen uns auf Deinen Dienst«. Familiar Dipl. Ing. Rolf Paaschen erklärte in seinem Glückwunsch: »Das Gebet ist die Grundlage unseres Zusammenseins«. Die Sprecherin des Amelungsborner ökumenischen Frauenkreises betonte, in einer »Zeit der geistlichen Dürre schöpfe man im Kloster neue Kraft«. Sie wies auf Wilhelm Raabe, den Dichter des »Odfelds«, hin, der Amelungsborn geliebt habe: »Dahin zog es mich oft.« Altabt Dr. Drömann, der das Kloster weithin geöffnet hatte, blickte auf die vergangenen sechs Jahre seiner Amtszeit zurück: »Dies war für mich eine erfüllte Zeit«. Seine Arbeit, z.B. die Wiedergewinnung des Bibliotheksgebäudes, habe nur gelingen können, weil alle mitgeholfen haben. »Wir wissen uns einig im Lob unseres Herrn Jesus Christus.«

Nach dem von der Amelungsborner Schola und der Kantorei St. Michael, Hildesheim, musikalisch ausgestalteten Festgottesdienst zog man in den »Stein«, in das Hauptgebäude des evangelischen Klosters. Prof. Dr. Ringleben, evangelischer Abt von Bursfelde, pries in seinem Grußwort die brüderliche Gemeinschaft, die sein Kloster mit dem nahen Amelungsborn verbinde. Auch der betagte Sohn des großen Abtes Mahrenholz, Jürgen Mahrenholz, nahm, begleitet von Sohn und Enkel, als Kapitulare des Klosters an dieser Begegnung teil.

Der Kapiteltag 2003 des Klosters Amelungsborn, des evangelischen Zisterzienserklosters auf Zeit, am 21. Juni 2003 begann mit Vesper, Beichte und Komplet am Vorabend. Im Rahmen des Kapiteltages wurde der dreiteilige Thomas-Altar von Erich Klahn in Gebrauch genommen. 1928–30 war dieser für den späteren Abt Christhard Mahrenholz geschaffen worden. Das sakrale Kunstwerk zeigt in der Mitte den von vier Jüngern umgebenen auferstandenen Christus, der sich dem bis dahin ungläubigen Thomas besonders zuwendet. Der linke Flügel zeigt die Taufe Jesu, mit der sich der Nazarener freiwillig seiner Sendung unterwirft. Auf dem rechten Flügel erscheint Martin von Tours als Sinnbild der christlichen Barmherzigkeit, die mit dem Bedürftigen teilt.

Im Abtsbericht Eckhard Gorkas ging es um die regen Beziehungen zu den anderen »Zisterziensererben«, die lange verschüttete Kontakte neu beleben, und um das innere Wachstum der Kommunität auf dem Odfeld. »Wir nähren uns von den Antworten der Bibel, der Tradition und der Geschwister.« Das Kloster kenne kein Nachwuchsproblem. Der Abt ging auch auf den »Amelungsborner Spagat zwischen Kloster und Tagungsstätte« ein. Der Abt dankte auch der fleißigen Klosterverwaltung in Hannover und den emsigen Mitarbeiterinnen und Mitarbeitern vor Ort. Negativ äußerte sich der Abt über das literarische Machwerk von Uwe Birnstein »Tödliches Abendmahl«, das Amelungsborn erwähnt, aber als Frauenkloster verarbeitet.

Familiaritas-Senior Schrader berichtete über die mit sieben Novizen gesegnete Familiaritas, deren fast monatliches Treffen unter dem Jahresthema »Lebensgestaltung um des Glaubens willen« stehe. Zweimal im Jahr aber wird »Residenz ohne Programm« durchgeführt. Das Amelungsborner Brevier bewährt sich als »Bindeglied der Familiaritas«. Ein Gästetag für Religionslehrer habe die besonders schwere Aufgabe dieser Pädagogen im Blick auf Kollegen, Eltern und Schüler deutlich werden lassen. Die Kontakte zu den Zisterziensern in Bochum-Stiepel haben sich bewährt, besonders auf dem Berliner Kirchentag.

Im Rahmen der Amelungsborner Kirchenpädagogik können Kinder, Kirche und Kloster mit allen Sinnen erfassen. Im Einbecker Keller sind oft kleine Künstler am Werk, die in der Nachfolge der mittelalterlichen Mönche beachtliche Kunstwerke herstellen. Viele Kinder sind in die Stille eingetaucht und haben die wunderbare Landschaft in sich aufgesogen. Klosterpfarrer Bartram berichtete über die Klostergemeinden Golmbach und Negenborn. Der liebevoll gepflegte Heilkräutergarten stellt im Rahmen der Öffnung des Klosters zur Öffentlichkeit einen besonderen Aktivposten dar.

Der Besuch des damaligen Geistlichen Vizepräsidenten des Landeskirchenamtes, Martin Schindehütte, des Stellvertreters der Landesbischöfin, gab dem Kapiteltag eine besondere Note. Er empfand das von ihm begeistert besichtigte Kloster als einen »unglaublichen Schatz« der Hannoverschen Landeskirche, als einen Ort geistlichen Lebens voll »spiritueller Gastfreundschaft«.

In der Vesper wurden Superintendent Dr. Detlef Klahr, Burgdorf, als Konventuale und Pastor Heiner Reinhard, Walkenried, als Kapitulare eingeführt. Das Odfeld-Kloster tritt so in Beziehung zu dem berühmten Klosterort Walkenried am Südharz.[37]

2005 beteiligte sich das Kloster wie seit 24 Jahren am Kirchentag in der Halle der Spiritualität die Koje war stets belagert. 108 Kirchentagsteilnehmer genossen sogar die Gastfreundschaft des Klosters auf dem Odfeld.

Wie in jedem Jahr, führte das herrlich gelegene, evangelische Kloster Amelungsborn auf dem Odfeld unter der zisterziensischen Devise »Porta patet, cor magis« – Das Tor ist offen, das Herz noch mehr, auch 2007 eine bunte Fülle von Veranstaltungen durch, von denen die folgenden Beispiele einen Eindruck vermitteln möchten, ganz abgesehen von den Gottesdiensten in der Klosterkirche und den regelmäßigen Treffen der Familiaritas. So gab es am 2. Mai in dem Kloster mit der stillen Ausstrahlung eine »Suche nach den Spuren der Zisterziensermönche«. Am 9. Juni war ein »Pilgertag« unter Anleitung von Alt-Prior Jürgen Otten.

Am 19. Juni zeigte Hannelore Harder, Bevern, wie Schönheit, Duft und Vergänglichkeit der Rose diese seit je her zum Symbol werden ließen. Der größte Zisterzienser, St. Bernhard, fühlte sich durch das Rot der Rosenblüte sogar an das Blut der Märtyrer erinnert. Viele Ideen und Rezepte rund um die Rose konnten kennengelernt und praktisch umgesetzt werden. Am 7. Juli zeigte die Apothekerin Doris Hesper, Himmelpforten, wie eine Vielzahl von Kräutern aus dem Klostergarten mit ihren Inhaltsstoffen die Basis für wirksame Rezepturen, besonders bei Erkältungskrankheiten bieten. Am 21. Juli ging es in einer naturkundlichen Wanderung besonders um die Buntsandsteine der Klosterkirche und um die durch Sandsteinabbau geprägte Kulturlandschaft im nahen Hooptal.

Zum 3. August lud Abt Eckhard Gorka zum alljährlichen Klostertag ein. Die Teilnehmer spürten: Das Kloster hat eine Seele! Amelungsborn ist vielen, die hier Einkehr halten, zum Inbegriff geistlicher Heimat geworden. Familiare Herbert W. Göhmann sprach über das von ihm neu erforschte Thema »Sagen um Kloster Amelungsborn«. Am 19. August brachte Elisabeth Bienert an der Orgel von J.S. Bach, Brahms, Reger und Johann Nepomuk David zu Gehör. Am 9. September wurde auch auf dem Odfeld der »Tag des Offenen Denkmals« begangen. Familiare Herbert W. Göhmann würdigte dabei »Fensterfragmente der Klosterkirche«. Einige wichtige Reste der 1945 zerstörten Hochchorfenster sind kürzlich wieder aufgetaucht. Die zahlreichen Teilnehmer des Tages der offenen Tür spürten: Klöster sind durchbetete Räume. Am 18. September behandelte Hannelore Harder, Bevern, auf dem Hintergrund des Amelungsborner Klostergartens »Die Hagebutte für Gaumen und Dekoration«.

Am 29. September fand in der Klosterkirche der gemeinsame Jahresempfang von Kloster Amelungsborn und Kirchenkreis Holzminden-Bodenwerder (Superintendent

---

37 HEUTGER 2007.

Ulrich Wöhler) statt. Abt Eckhard Gorka begrüßte die etwa 110 erschienenen Persönlichkeiten aus Kirche, Lokalpolitik, Schule und Klosterfamilie. Landtagspräsident Jürgen Gansäuer sprach volksnah über das Thema »Als Christ Verantwortung wahrnehmen«. Er betonte: »Der Olympiasieger ist nicht mehr wert als der Rollstuhlfahrer.« Aus persönlicher Erfahrung wisse er: »Not und Leid spielen sich immer im Stillen ab.« Der christliche Politiker erklärte: »Christen werden gebraucht.« Die wunderbare musikalische Umrahmung kam von den Kinder- und Jugendchören der Lutherkantorei Holzminden mit Sybille Groß und der Evangelischen Singschule Bodenwerder mit Kantorin Christiane Klein. Besonders erfreulich war, dass die dargebotenen liturgischen Texte genau zu verstehen waren.

Am 20. Oktober referierte Familiare Herbert W. Göhmann über den »Kürbis als Nahrung, Gefäß und Kultgerät«. Vom 29.–31. Oktober 2007 ging es unter Anleitung von Alt-Abt Dr. Hans-Christian Drömann um das Thema: »Glauben zur Sprache bringen – Singen und beten mit Paul Gerhardt«. Am 30. Oktober lud das Kloster zu einem Seminar rund um den Apfelbaum von Landschaftsarchitektin Sonja Bergmann ein. Sie behandelte Pflanzung, Schnitt, Pflege und vielfältige Verwendung der Früchte.

Im Dezember 2007 musste die Dachreiter-Haube der Klosterkirche zunächst abgenommen werden, da die sie tragenden Vierungspfeiler sich gefährlich gespreizt hatten.

Das landschaftlich so schön gelegene Kloster Amelungsborn mit seinen durchbeteten Räumen ist kein einsames Relikt des Mittelalters, sondern eine lebendige Stätte christlicher Begegnung.

Zisterziensische Spuren in Niedersachsen

An vielen Orten Niedersachsens stößt man auf zisterziensische Spuren, auf Spuren des ersten wirklichen Ordens der Kirchengeschichte, der ab 1098 tätig war. Im Folgenden geht es um eine Einführung in die zisterziensische Klosterlandschaft in Niedersachsen. So wird viel allgemein Bekanntes gebracht, aber auch manches Neue.

Die meisten niedersächsischen Zisterzen gaben ihrer Umgebung religiöse Impulse. Walkenried am Südharz hatte schließlich nicht weniger als zwanzig von dem Kloster abhängige Kirchen.[1] Die meisten niedersächsischen Zisterzen waren bedeutende Wirtschaftsorganismen. Besonders wichtig war die Grangienbildung, also die Anlage von klösterlichen Wirtschaftszentren ziemlich weit vom Ordenshaus entfernt.[2] Dass die Zisterzienser als Bauernmönche bewusst für die allgemeine Hebung der Landwirtschaft eingetreten sind, ist gelehrte Legende. Die entsprechende Ausstrahlung ergab sich vielmehr ganz von selbst, einzig durch das Vorbild.

Das älteste niedersächsische Zisterzienserkloster war Walkenried.[3] Die in und nach dem Bauernkrieg zerstörte Klosterkirche Walkenried wurde 2000/01 von zwei Instituten der Technischen Universität Braunschweig auf Grund der Reste, der alten Abbildungen und der Ordenstradition mit Bits und Bytes im Computer rekonstruiert. So kann man im Internet einen Rundgang durch die gar nicht mehr existierende Kirche machen, die einst die größte Niedersachsens war. Der 1972 auf baupolizeiliche Anordnung abgebrochene Hohe Chor wurde von 1986 bis 1989 in einer gewaltigen, zwölf Millionen Mark verschlingenden Ingenieurleistung wiederaufgebaut.

Aus der Bibliothek der von 1557 bis 1668 bestehenden Walkenrieder Klosterschule sind noch neunzehn gedruckte Bände in der Bibliothek des Predigerseminars Braunschweig erhalten. Darunter befinden sich eine prachtvoll illustrierte Vergil-Ausgabe von 1502, die Werke des griechischen Kirchenvaters Basilius d.Gr. von 1551 und ein Kommentar zu Plinius von 1573 mit Miniaturen der Verkündigung und Geburt Christi. Die Bände erweisen die humanistische Ausrichtung der Walkenrieder Klosterschule, deren Einrichtung Luthers Intentionen entsprach.

Eine Kapelle des Klosters Walkenried befindet sich in letzten Resten auf dem »Kapellenfleck« bei Braunlage. Der 1257 im Besitz des Klosters Walkenried bezeugte »Kapellenfleck« trug eine hochmittelalterliche, einschiffige Kirche mit Rechteckchor und quadratischem Vorbau. Nach der Freilegung der Fundamente im 19. Jhdt. war alles noch gut zu erkennen, aber dann zerfiel das Mauerwerk und wurde bis zur Unkenntlichkeit überwuchert. In der Nähe sind zwei Brunnen und Siedlungsniederschlag entdeckt worden.[4]

---

1 BAUMANN 1987, S. 117–137.
2 Vergleich z.B. RAABE 1995.
3 HEUTGER 2007.
4 SEGERS-GLOCKE 2002, S. 237.

Die malerischen Ruinen von Walkenried, hinter denen vor allem die für 1207 bezeugten zisterziensischen Bauleute Jordan und Berthold stehen[5], haben immer wieder romantisch gestimmte Künstler angezogen. Karl Georg Adolf Hasenpflug (*Berlin 1802, †Halberstadt 1858) schuf 1850 ein Walkenried-Gemälde[6], das den Westteil der Klosterkirche im Schnee zeigt. Heute ist Walkenried, bis 1990 trostlos an der Zonengrenze liegend, vorbildlich touristisch erschlossen und vermittelt den vielen, fachkundig geführten Besuchern ein lebendiges Bild einer mittelalterlichen Zisterze.

Von Walkenried wurde die Fackel des zisterziensischen Geistes zu vielen Klöster im Osten weitergetragen, besonders nach Schulpforta[7] an der Saale.

Das 1163 gegründete Kloster Loccum, Landkreis Nienburg[8], ist neben dem schwäbischen Maulbronn die am vollständigsten erhaltene Zisterzienseranlage in Deutschland. Beiden ist im Unterschied zu so vielen anderen nach der Reformation ein langes, ruinöses Leerstehen mit geduldetem Abbruch erspart geblieben. Das Kloster Loccum ist nicht, wie es in den schlauen Büchern steht, zu einem Predigerseminar umgewandelt worden, sondern der evangelisch fortbestehende Konvent hat ein Predigerseminar gegründet. Der bekannteste Abt des 20. Jahrhunderts war Landesbischof Hanns Lilje, im Kloster, Abt Johannes XI.

In Amelungsborn, Landkreis Holzminden, gegründet nach neuester Forschung 1130, bezogen 1135, beeindruckt[9] der Gegensatz des dunklen, flachgedeckten, basilikalen Langhauses des 12. Jahrhunderts zu dem erhöhten, gewölbten Querhaus und erst recht zu dem lichterfüllten Umgangschor des 14. Jahrhunderts. Das Südostfenster des Chorumgangs enthält das grandiose Glasfenster mit den Vorfahren Christi, den letzten Rest einer einst allumfassenden, im Laufe der Jahrhunderte bis 1945 untergegangenen Verglasung, wie sie in Deutschland sonst nirgends vorhanden war. Gleich zwei Figuren des Heiligen Bernhard erinnern an den größten Zisterzienser. Der heutige evangelische Konvent in Amelungsborn besteht aus Abt, Prior, Konventualen, Familiaren und Kapitularen. Der bedeutendste Abt des 20. Jahrhunderts war Christhard Mahrenholz, der Theologie und Musik zusammenbrachte. Die Bibliothek birgt (wieder) manche Kostbarkeiten. Der nach den bekannten, mittelalterlichen Vorgaben gestaltete Klostergarten findet viel Anerkennung.

Beim Kloster Riddagshausen vor den Toren Braunschweigs ist die 1275 geweihte Kirche wunderbar erhalten, aber die Klostergebäude wurden zwischen 1852 und 1859 fast völlig abgetragen, obwohl noch ein Titularabt vorhanden war. Südöstlich der Klosterkirche ist die zweijochige, 1305 gestiftete Siechenkapelle erhalten. Beim Pforthaus ist ein gut bestücktes Zisterziensermuseum eingerichtet. Die im Nordosten anschließende Frauen- bzw. Fremdenkapelle ist ein rechteckiger, zweijochiger Bau mit Kreuzrippengewölbe.

---

5 ADB 14, Neudruck 1969, S. 504.
6 Seit 1966 Leihgabe der Bundesrepublik Deutschland in der Niedersächsischen Landesgalerie Hannover.
7 Hubel 2003. –Schoenheinz 2006.
8 Heutger 1999.
9 Heutger 2000.

Der preußische Maler Adolph von Menzel (1815–1905) kam 1853 auf der Durchreise nach Riddagshausen, als gerade die mittelalterliche Klosteranlage abgerissen wurde. Die originale Bleistiftzeichnung befand sich 1943 in der Kunstsammlung Adolf Hitlers, der vor allem Kunstwerke des 19. Jahrhunderts zusammenbrachte. Der Verbleib dieser Bleistiftzeichnung ist unbekannt.

Kloster Mariental, Landkreis Helmstedt, 1146 gegründet, ist bis auf den 1835 abgebrochenen Kreuzgang vorzüglich erhalten. Die Räume entsprechen genau der zisterziensischen Ordnung: Alles liegt genau da, wo es nach der zisterziensischen Ordnung hingehört. Die Klostermauer stammt, jedenfalls in ihren unteren Steinschichten, noch aus dem Mittelalter. In Mariental liegen alle Gebäude zur täglichen Versorgung der Mönchsgemeinschaft innerhalb der Ringmauer – in völliger Autarkie und Abgeschiedenheit von der Welt.

In Hude, Landkreis Oldenburg, gegründet 1232, liegt in einer Art Landschaftspark die Ruine einer 58 m langen, 24 m breiten und über 20 m hohen Backsteinkirche, ein Meisterwerk norddeutscher Backsteinarchitektur, mit zahlreichen Masken- und Blattkonsolen aus gebranntem Ton. In den Achtziger Jahren erfolgte eine 3,8 Millionen Mark teure Totalsanierung. Die heutige Friedhofskapelle St. Elisabeth, eine frühgotische Saalkirche, war einst die Torhauskapelle. Sie enthält Konsolen mit Menschen- und Tierköpfen aus gebranntem Ton. Um Vergleichbares zu finden, muss man bis Dorpat (Tartu) in Estland fahren, zur Johanniskirche. Im Bereich der Klosterruine Hude fanden Ausgrabungen statt. 1986 gelang es Dr. Dieter Zoller Ziegelöfen aus der ersten Hälfte des 14. Jahrhunderts freizulegen, in denen die Backsteine, Dachziegel, Formsteine, Konsolen und Bodenfliesen für das Kloster gebrannt wurden. Die Fliesen zeigen oft pflanzliche Motive und Fabelwesen. In der Vierung der Ruine der Klosterkirche wurden Skelette gefunden, die der Stifterfamilie, den Grafen von Oldenburg, zuzuordnen sind.

Marienrode, Landkreis Hildesheim, ist das einzige niedersächsische Zisterzienserkloster, in dem noch eigentliches Klosterleben pulsiert: Seit 1988 wirken hier Benediktinerinnen, die das Erbe der Heiligen Hildegard von Bingen lieben.

In dem in der Mitte des 13. Jahrhunderts gegründeten Kloster Scharnebeck, Landkreis Lüneburg, wurden mit Buchstaben gezierte Fußbodenfliesen entdeckt. Nur ein Viertel der einst großen, dreischiffigen Hallenkirche ist als Gemeindekirche überkommen. Eine Madonnenstatue aus dem Anfang des 14. Jahrhunderts erinnert an die Patronin des Ordens. Eine große Granitschale diente dem Händewaschen vor dem Essen. Überkommene Teile eines hölzernen, gotischen Chorgestühls mit Levitenstuhl (1370/80) zeigen hervorragende Qualität.

Die niedersächsischen Zisterzen besorgten sich im Rahmen ihres Ordens bzw. der Exemtion, der Romunmittelbarkeit des Ordens, entsprechende päpstliche Privilegien. So stammt die Mehrheit der niedersächsischen Papsturkunden aus Zisterzen. Die schriftliche Überlieferung der niedersächsischen Zisterzen ist weithin wirtschaftlich bestimmt. Nur selten lassen sich Informationen über das Innere Leben gewinnen.

Neben den Konventualen, also den Chormönchen (weiße Tracht mit schwarzem Schulterkleid), die entgegen verbreiteter Vorstellung nicht alle die Priesterweihe empfangen hatten, standen die braungewandeten Brüdermönche, die Laienbrüder (Konversen), die ebenfalls die Mönchsgelübde abgelegt hatten: stabilitas loci = Verbot, das Kloster eigenmächtig zu verlassen, conversatio morum = Eigentumsverzicht und Keuschheit und oboedientia = Gehorsam. Den Laienbrüdern oblag in besonderer Weise die körperliche Arbeit zum Wohle des Klosters. Aber auch die Konventualen sollten im Sinne der Benediktsregel in geringerem Umfang körperliche Arbeiten zum Wohl der Klostergemeinschaft übernehmen. Zu den meisten Zisterzienserklöstern wie z.B. Amelungsborn[10] gehörten auch Familiarinnen und Familiaren. Diese Mitglieder des klösterlichen Freundeskreises durften sich in der Zisterzienserkutte begraben lassen, was für einen guten Übergang in die Ewigkeit günstig erschien.

Im Jahre 2001 grub Dr. Holger Schubert sechs Wochen beim St. Jakobs-Kloster in Rinteln, einem Zisterzienserinnenkloster, besonders im Bereich des untergegangenen Kreuzgangs, wo er noch eine Grabkammer entdeckte. Aber sonst war im ehemaligen Innenhof des Klosters beim Bau des Gymnasiums und des reformierten Pfarrhauses alles geradezu umgepflügt worden, sodass außer Keramik aus siebenhundert Jahren nichts wissenschaftlich Verwertbares ans Tageslicht kam.

Die Zisterzienserinnen waren selbsternannte Zisterzienserinnen, da Nonnenkonvente so gut wie nie in den Männerorden wirklich eingebunden, inkorporiert, wurden. Die Zisterzienserin Gisle von Kerssenbrock im Kloster Marienbrunn in Rulle schuf im späten 13. Jahrhundert den Codex Gisle in Osnabrück.[11] Auf der ersten Seite dieser glanzvollen Handschrift der Ruller Nonne steht: »Dieses bedeutende Buch hat die ehrwürdige und fromme Jungfrau Gysela de Kersenbrock illuminiert, mit Noten versehen, mit Seitenzählung versehen, mit Goldbuchstaben und schönen Bildern ausgeschmückt«. Und im Totenbuch des Klosters Rulle erscheint ihr Sterbetag, der 10.1.1300, und es wird mitgeteilt, dass sie das äußerst schöne Graduale für den Chorraum der Nonnen gestiftet habe. Ein Graduale enthält die Gesänge der Messe. Die 52 Bilder im Codex Gisle sind zutiefst von der französischen Miniaturmalerei jener Zeit beeinflusst: Am nächsten stehen ihnen die Miniaturen in einer Handschrift des Lebens des Heiligen Dionysius von Paris. Bei den beiden wichtigsten Miniaturen hat sich Gisle selbst dargestellt. Zu Weihnachten ist in das große P von Puer natus est nobis, ein Sohn ist uns geboren, wunderbar fein die Geburt Christi hineingemalt. Und daneben erscheint Gisle mit ihren Mitschwestern. Gisle hält ein Buch, dessen Inschrift lautet: Grates nunc omnes reddamus Domino deo: Lasst uns nun alle Dank sagen dem Herrn, (unserm) Gott. Und auf dem Osterbild blickt Gisle, auf einer Ranke sitzend, zu dem auferstehenden Christus, der den Tod überwindet. Die mit Namen bezeichnete Gisle trägt über Kinntuch und Schleier eine Art Bänderkrone: Ein weißes Band umschließt ringförmig das Haupt, zwei weitere Bänder liegen über dem Scheitel. Und zur Erinnerung an die fünf Wunden Christi sind auf die Überschneidungsstellen rote Kreuzchen gestickt. – Deutlich ist der Drang zur feiernden

---

10 Heutger 2000.
11 Dolfen 1926. –Habicht 1930, S. 252–255. –Kroos 1973, S. 117ff. –Lorenz-Flakem 1980, S. 19f.

Aneignung der großen Taten Gottes. Über die Hälfte der Miniaturen ist dem Osterfestkreis gewidmet.[12]

Der wichtigste Sachüberrest des Zisterzienserinnenklosters Osterode[13] ist ein Tafelgemälde der Zeit um 1420, das Christus in der Vorhölle darstellt.[14] Die Schriftbänder preisen Christus als dominus virtutum, als den Herrn der Tugenden, und als rex gloriae, als König der Ehren. Auf dem Turm über dem Höllentor leisten Teufelchen noch erbitterten Widerstand. Sie stoßen dabei germanisch klingende Kriegsrufe aus: oiye tho ioduthe. – Auf einer ebenfalls aus dem Kloster Osterode stammenden Tafel mit dem auffahrenden Christus erscheinen unten rechts auf dieser Himmelfahrtsdarstellung gleich drei Frauen. Die Nonnen ließen so das weibliche Element im Jüngerkreis Jesu betonen.

Aus dem zisterziensisch geprägten Heilig-Kreuz Kloster bei Braunschweig ist das »Konventstagebuch« einer Nonne überkommen, das die Zeit von 1484 bis 1507 umfasst und tiefe Einblicke in das alltägliche Klosterleben ermöglicht.[15]

Das von der altmonastischen Devise ora et labora, bete und arbeite, bestimmte Zisterziensertum hat in Niedersachsen eine Fülle von bedeutsamen Spuren hinterlassen, denen sich die neue Mittelalter-Archäologie widmet.

---

12 OLIVER 2007.
13 237 Urkunden dieses Klosters befinden sich im Niedersächsischen Hauptstaatsarchiv Hannover.
14 Stiftung des Förderkreises der Niedersächsischen Landesgalerie Hannover 1974.
15 SCHLOTHEUBER 2004.

800 Jahre Kloster Mariensee[1]

Die Frühzeit des Klosters Mariensee

Schon vor genau fünfzig Jahren habe ich als Pressevikar mit großer Freude die 750-Jahrfeier Mariensees miterlebt und darüber in der damaligen »Botschaft« geschrieben.

Die Gründungszahl »1207« entspricht nicht ganz dem historischen Material. Das Kloster ist vielmehr 1213/14 gegründet worden, zunächst in »Vorenhagen«. Klostergründer war Graf Bernhard II. von Wölpe. Das Kloster war Teil des Landesausbaus durch die Grafen von Wölpe. Es sollte auch als Grablege des Geschlechtes dienen. Der Marienname des Ortes ist bereits monastisch geprägt. Vorher hieß der See, an dem das Kloster angelegt wurde, Isensee.[2]

Den mittelalterlichen Nonnen genügten die obigen, auch für sie greifbaren, nüchternen historischen Daten nicht. Sie[3] meinten vielmehr, das Kloster sei bereits 1180 durch Graf Bernhard II von Wölpe gegründet und schon 1183 von Bischof Anno von Minden geweiht worden. Und Kaiser Friedrich I. habe es privilegiert. Und an die heutige Stelle sei das Kloster gekommen, als an dem benachbarten See ein Marienbild angetrieben sei. Aber die gleiche Legende begegnet uns auch in anderen Klöstern. Sie stellt nur eine Erklärung (Ätiologie) des Klosternamens dar. Parallel dazu mühte sich die Mindener Geschichtsschreibung um eine noch weitergehende Frühdatierung des Klosters: Es habe schon vor seiner Vorenhagener Zeit auf dem Wittekindsberg existiert.[4] Aber da wird unser Kloster mit einem Kanonissenstift zusammengeworfen, das 993 gegründet und im Jahre 1000 nach Minden verlegt worden ist.[5]

Wir kennen Mariensees Gründer auch aus anderen Quellen. Graf Bernhard II. war in seiner Jugend ein treuer Gefolgsmann des königgleichen Welfenherzogs Heinrich des Löwen und dann seines Sohnes, des Kaisers Otto IV. Bernhard II. arbeitete später eng mit Bischof Konrad I. von Minden zusammen. Sein Bruder, Bischof Iso von Verden, hatte Beziehungen zu den Stiftern Marienfelds. Und eine Tochter war Äbtissin von Bassum, wo aus ihrer Zeit westfälische Bauformen überkommen sind. Bernhard II. fand 1221 in der Marienseer Kirche seine letzte Ruhe. Damals war also mindestens der Chor schon fertig! 1255 bestätigte sein Enkel, Bischof Wedekind von Minden, die Ausstattung des Klosters durch seinen Großvater.[6] Noch 1344 lebte eine Urenkelin des Stifters, Willeberg, im Kloster.

---

1 Stark erweiterte Fassung des Festvortrags 2007.
2 CUB V, Nr. 11.
3 CUB V, S. 1.
4 Mindener Geschichtsquellen I, S. 173.
5 Heutger 1968, Register.
6 Boetticher/Fesche 2002, Nr. 98.

800 Jahre Kloster Mariensee

Die Klosterkirche Mariensee – das erste gotische Gotteshaus Niedersachsens

Die hochragende, einschiffige Klosterkirche in Mariensee, im Laufe des 13. Jahrhunderts erstellt, ist die erste frühgotische Backsteinkirche in Niedersachsen. An anderen Orten erstellte man zur gleichen Zeit noch sächsische Pfeilerbasiliken mit z.T. romano-gotischen Formen. Das Äußere wird durch Strebepfeiler und hohe Lanzettfenster bestimmt. Der oben außen umlaufende, aus der Romanik übernommene Kreuzbogenfries (vgl. Bassum und Mandelsloh) zeigt nach Westen zu schlankere, schon gotische Formsteine. Der Chorabschluss ist der erste polygonale östlich der Weser. Er ist aus fünf Seiten des Neunecks gebildet. Vergleichbare, äußerst seltene Abschlüsse gibt es in Deutschland nicht. Aber man findet sie an der Zisterzienserkirche Lilienfeld (Österreich), an den Brunnenkapellen der Zisterzen Maulbron und Heiligenkreuz und an der Kirche von Vasseny an der Aisne. In den Chorabschluss ist eine Dreifenstergruppe eingefügt, die an die Heilige Dreieinigkeit denken lässt.

Bezeichnend für Mariensee sind die hochkuppligen, zeltartigen Gewölbe, die in den Dachstuhl hineinragen. Der wulstförmige Scheitelring hat stets besondere Aufmerksamkeit gefunden. Die Kirche war einst noch stärker von Licht erfüllt, bis man 1729 einen der Klosterflügel frontal auf das Gotteshaus stoßen ließ. Damals wurden zwei hohe Fenster zugemauert. In vollem Licht erstrahlte vor dem Altarraum der noch vorhandene, große, frühgotische Kruzifix, das Triumphkreuz, dessen rezente Farbfassung verschwinden müsste. Der völlige Verzicht auf Schmuckelemente entspricht noch dem ursprünglichen, asketischen Zisterziensergeist.

An der Kirche lassen sich durch senkrechte Absätze im Mauerwerk drei Bauabschnitte unterscheiden. Zunächst wurde, wie überall, der Chor errichtet. Hier ist das Mauerwerk mit den orangefarbenen Ziegeln von höchster Qualität. Als wieder Geld da war, besonders durch entsprechende Ablasserteilung des Kölner Erzbischofs von 1260[7], wurde der nächste, der mittlere Abschnitt in Richtung Westen erstellt, wobei das Steinmaterial schon schlechter ist. Noch 1844 zeigte dieses Mitteljoch an der Nordseite zwei schmale Maßwerkfenster und darüber zwei Vierpassfenster.[8] In Sassens Rekonstruktion des mittelalterlichen Zustandes der Südwand erscheinen auf Grund alter Zeichnungen und erkennbarer Reste über dem einzigen Portal übereinander vier Lanzettfenster, zwei Vierpass-Okuli und eine Rosette.[9] Der dritte Bauabschnitt, also die Westpartie, entstand dann im späten 13. Jahrhundert oder kurz nach 1300. Zur Förderung des Klosterbaus hat dann am 7. Mai 1312 der aus einem deutschen Adelsgeschlecht stammende Bischof Heinrich von Breslau mit Zustimmung des zuständigen Bischofs von Minden einen Ablass erteilt.[10]

Vergleichbare einschiffige Saalkirchen von Zisterzienserinnen findet man z.B. in Börstel, Rinteln, Leeden und Heydau bei Altmorschen in Osthessen (gegr. 1235). Diese

---

7 CUB V, Nr. 70.
8 Sassen o.J., S. 19.
9 Sassen o.J., S. 23.
10 Engel/Goetting/Nadolny 1961, S. 120.

Bauten waren oder sind durch eine gewaltige Nonnenempore bestimmt. In Mariensee war diese heute verschwundene Nonnenempore achtzehn Meter lang und neun Meter breit. Die Nonnen gingen vom Obergeschoss des Klosters auf ihre Empore. Sie konnten das Geschehen unten am Hauptaltar miterleben, waren aber selbst den Gläubigen im Kirchenschiff unsichtbar, wofür eine Brüstung mit aufgesetztem Gitter sorgte. In Rinteln konnte der Verfasser den Untergrund einer solchen verschwundenen Nonnenempore im Westen der Kirche erforschen. Hoch oben über der Nonnenempore befand sich in der Mariensee an der gleichen Stelle wie der heutige der vorgeschriebene Dachreiter, der die Horenglocke trug. Eine wiederentdeckte, stark beschädigte, mittelalterliche Engelsfigur hier oben draußen sollte die irdischen Horen mit der himmlischen Liturgie der Engel verbinden und dem Konvent Schutz verleihen.

Die Kirche ist nach den vielen Ähnlichkeiten mit der einschiffigen westfälischen Zisterzienserkirche Marienfeld von Männern der Marienfelder Klosterbauhütte erstellt worden. Die Klosterkirche Marienfeld ist 1222 geweiht worden und bald darauf begann der Bau der Klosterkirche Mariensee. Die Marienfelder Bauhütte war da ganze 13. Jahrhundert an vielen Orten tätig, zunächst noch manchmal in romanischen Formen bauend. Die enge Beziehung zu Marienfeld verraten auch die Raumverhältnisse: Marienfeld ist siebzehn Meter hoch, Mariensee sechzehn Meter. Auch die Breite ist mit neun Metern bei beiden Kirchen gleich. Vielfach ist ja bezeugt, dass die Zisterzienser sich ihre Kirchen selbst bauten.

Aus der zweiten Hälfte des 18. Jahrhunderts stammt der schöne Taufengel der Klosterkirche. C.W. Hase führte 1868 Sicherungs- und Erneuerungsarbeiten durch. Besonders nahm er sich des Westriegels an und gestaltete hier den Dachreiter neu. Er ließ die steinerne Orgelempore mit aufwendigen Kapitellen errichten und baute eine Sakristei an. Die neugotischen Ausstattungsstücke im Chorraum sind inzwischen schon denkmalwert geworden.

Mittelalterliches Klosterleben in Mariensee

Maria war die Hauptpatronin. Sie grüßt uns in spätgotischer Gestalt auf der Damenempore. Noch heute zeigt das Siegel der Äbtissin die Muttergottes. Maria wurde ja im zisterziensischen Bereich besonders verehrt. Und Mariensee war ein Zisterzienserinnenkloster.[11] Das 13. Jahrhundert war ja das klassische Jahrhundert der Zisterzienserinnen. Damals wurden z.B. die Klöster Wienhausen und Börstel gegründet, die noch heute in Kontakt mit Mariensee stehen. Der Name Mariensee erscheint allerdings nicht in der speziellen Ordensüberlieferung: Mariensee war nämlich gar nicht dem Orden eingegliedert. Aber es befolgte, so gut es ging, die zisterziensischen Gewohnheiten. Die Marienseer Nonnen waren gewissermaßen selbsternannte Zisterzienserinnen. 1251 wurde Mariensee als Kloster des Grauen Ordens bezeichnet.[12] Waren die naturfarbenen, schafwollenen Gewänder mehrmals gewaschen, erschienen sie weiß.

---

11 CUB V, Nr. 25.
12 CUB V, Nr. 56.

Das Grundbuch auch dieses Klosters war so die Regel des Heiligen Benedikt, voll von weisem Maßhalten und spiritueller Ordnung, fern allem asketischem Überschwang. Aus der Beachtung der Benediktsregel in Mariensee erklärt sich die gelegentliche, verfehlte Bemerkung, das Kloster gehöre zum Benediktinerorden.[13] Die Zisterzienser waren ja gewissermaßen Reformbenediktiner.

Das Ordenshaus unterstand so der Aufsicht des Bischofs von Minden, nicht aber des Generalkapitels des Zisterzienserordens, den es gehörte ja nicht zu den wenigen, inkorporierten Frauenklöstern. Das Kloster hatte aber später Beziehungen zur Zisterze Loccum.[14] Noch 1512 leitete Abt Boldewin unter Beachtung der Bestimmungen des Basler Konzils in Mariensee die Wahl einer neuen Vorsteherin und führte dann die erwählte Äbtissin Ottilie in ihr Amt ein.

Grundlage des Klosterlebens war die feierliche Profess, in der die einzelne Gottesbraut auf ihre eigenen Pläne und Wünsche verzichtete und dem Ewigen ihr ganzes Sein zum Opfer brachte. Viel für das hehre Selbstverständnis der Nonnen ergibt sich aus ihrer Tracht, die sie auch nachts nicht ablegten. Sie trugen[15] nämlich auf ihrem Schleier eine Krone.[16] Erst einige Zeit nach der Profess fand eine geistliche Hochzeit statt, in der die Nonne vom Bischof Christus angetraut wurde: Sie trat so zu dem höchsten König als seine rechtmäßige Gemahlin.[17] Die Krone – sie könnte so ausgesehen haben wie die Krone der Madonna der Zeit um 1480 – galt als Zeichen der Reinheit und der empfangene Ring war das Zeichen der Vermählung mit Christus. Es hieß[18]: »Empfange diesen Schleier, den Du unbefleckt bis vor das Gericht des Herrn tragen sollst«. Nicht in Mariensee, aber im gleichgerichteten Medingen sind Bilder von Nonnen mit Nonnenkronen überkommen.[19]

Hauptaufgabe eines solchen Nonnenkonventes war das feierliche Gotteslob in den Horen. In der nächtlichen Stille und siebenmal des Tages erhoben auch die Nonnen von Mariensee ihre Herzen und Stimmen zu Gott. Die Kirche hat so eine reine Singeakustik. Sie ist also nicht für die Predigt, sondern für den Sprechgesang des Stundengebetes geschaffen. Die Nonnen auf ihrer Empore im Westen der Kirche konnten dabei den erhaltenen, kleinen Schreckkopf sehen, der vor den stets gegenwärtigen Versuchungen des bösen Feindes warnen sollte. Tröstlich dagegen war der Schlussstein mit dem Lamm Gottes und der Siegesfahne der Auferstehung, wie er z.B. auch in den Zisterzen Volkenroda und Amelungsborn vorhanden ist.

Aus dem Jahre 1522 ist eine prächtig mit Initialen versehene, lateinische Gebetssammlung erhalten. Die wundervollen, goldgeschmückten Initialen sind, der Scholle nah, mit Blumen und Gartenfrüchten verziert. Aus dieser Sammlung und anderen Überlieferungen ergibt sich, dass das monastische Leben in Mariensee noch bis tief

---

13 CUB V, Nr. 70.
14 HEUTGER 1999, Register Mariensee.
15 BRENNEKE 1929, S. 72.
16 SCHLOTHEUBER 2004, S. 162.
17 SCHLOTHEUBER 2004, S. 166ff.
18 SCHLOTHEUBER 2004, S. 172.
19 SCHLOTHEUBER 2004, Abb. 3 u. 4.

in die Reformationszeit hinein intakt war. Das Chorgebet sollte hinführen zur ganz persönlichen Meditation, in der sich die einzelne Nonne als Braut Christi empfinden durfte. Die rechte Zisterzienserin sah sich als Christusträgerin. Mit Christus, durch ihn und in ihm verrichtete sie ihre tägliche Arbeit, welche dadurch eine besondere Kraft und Weihe erhielt. Die Nonnen nahmen auch an der Konventsmesse teil und an den Vigilien für die verstorbenen und oft im Kloster begrabenen Wohltäter.[20] Von den Heiligenfesten wurden der Tag des Evangelisten Johannes, des für die klösterliche Brautmystik wichtigen Lieblingsjüngers Jesu, und das Allerheiligenfest besonders begangen. Von Prozessionen, feierlichen Umgängen, besonders durch die Kreuzgänge, rührt das kleine, spätgotische Kruzifix auf der Damenempore her, mit seinen 55 Zentimetern ein typisches Vortragekreuz. Ein um 1400 entstandenes Relief der Kreuzigung mit Maria und Johannes ist in die Weinkanne von 1660 eingelassen. Ein schöner, romanischer Kelch ist ins Germanische Museum in Nürnberg gelangt.

Die Nonnen lebten in Klausur, waren also von der Welt abgeschlossen. So durfte außer der Äbtissin nur die Kellermeisterin in Kontakt zur Außenwelt treten. Und doch wussten die Zisterzienserinnen bei all ihrer Abgeschlossenheit, dass ihr Kloster ein Kraftzentrum sein sollte, dessen Energien hinausströmen in die Welt.

Der Kreuzgang diente der Meditation. Ein kleiner Teil des mittelalterlichen, in Backstein aufgeführten Kreuzgangs mit einem schönen Spitzbogen ist wiederentdeckt worden.

Für die gröberen Arbeiten hatte das Kloster Laienschwestern, die nicht am Stundengebet teilzunehmen hatten. Die dienende Liebe dieser Laienschwestern widmete sich dem großen Klosterhaushalt. Und der Bewirtschaftung eines Teils der klösterlichen Grundstücke. Laienschwestern waren in den besten Zeiten auch in der Viehwirtschaft und in den klösterlichen Werkstätten an der Arbeit. So hören wir, dass das Kloster dem Mindener Bischof schwere Stiefel lieferte.[21]

Für schwierige Verhandlungen, zur Beratung der Äbtissin, für die Gottesdienste und für die Seelsorge hatte das Kloster einen Propst. 1223 wird als erster der Propst Bruno. Die in der Klosterkirche überkommene Grabplatte des Propstes Heinrich Busmann, der 1508 gestorben ist, zeigt diesen Berater der Äbtissin mit dem Kelch auf der Brust.

Die Wohltäter des Klosters

Das Kloster konnte nur gedeihen, weil viele Wohltäter es reich beschenkten. Dafür einige Beispiele. Zwischen 1224 und 1236 schenkte Graf Adolf von Holstein auf Bitten der Nonnen dem Kloster einen Hof in Bothmer.[22] Als zwischen 1225 und 1238 Graf Konrad von Limmer in der Burg Wölpe (am Stadtrand von Nienburg) den Priester Dietrich erschlagen hatte und deshalb im Kerker saß, kam er durch Vermittlung des

---

20 Vergleich z.B. CUB V, Nr. 9.
21 SCHRÖER 1967, S. 81.
22 BOETTICHER/FESCHE 2002, Nr. 45.

Bischof Konrad von Minden wieder los, in dem er für die Beisetzung des Toten im Kloster Mariensee sorgte, dort für ihn Gedächtnisfeiern stiftete und dem Kloster den Zehnten in Haddenhausen überließ.[23] Herzog Otto das Kind von Braunschweig und Lüneburg schenkte dem Kloster 1246 im Einvernehmen mit Graf Heinrich von Hoya seine Rechte an vier Häusern in Linsburg.[24] 1280 schenkten Edelherr Gottschalk von Plesse und sein Verwandter Ludolf dem Kloster den Hof Beddinghof.[25] Und 1281 übergab die Dechantin Adelheid von Ordenberg des Reichsfrauenstiftes Quedlinburg dem Kloster einen Hof in Stöckendrebber[26], den sie geerbt hatte. Dafür hatte das Kloster alljährlich in Vigilien und Seelenmessen der verstorbenen Verwandten der Dechantin und, wenn sie selbst aus dem Gefängnis des Körpers abberufen sein wird, ihrer selbst zu gedenken. 1282 schenkte Graf Johannes von Stotel zu seinem Seelenheil dem Kloster eine Hufe in Nöpke.[27] 1289 schenkte Herzog Otto der Strenge von Braunschweig und Lüneburg den Nonnen, die in Mariensee Tag und Nacht Gott dienen, eine halbe Salzpfanne in Lüneburg.[28] Salz war für Mensch und Tier lebenswichtig.

Die Reform im Herbst des Mittelalters

Im Spätmittelalter geriet auch das Kloster Mariensee in Verfall. So erfahren wir, dass das Klostervermögen in einzelne Pfründen aufgeteilt wurde, was der Mindener Bischof sogar genehmigte. Das Kloster näherte sich so einem freien Stift an. Aber 1455 erschienen der berühmte Klosterreformator Johannes Busch und der reformfreudige Herzog Wilhelm von Calenberg im Kloster und forderten die Unterwerfung unter die Klosterreform Windesheimer Prägung. Da riss eine der Nonnen ihren Schleier ab und rief, werde es ihr verboten, beim Alten zu bleiben – also bei der inzwischen als hergebracht geltenden inneren Ordnung – so wolle sie nicht mehr Nonne sein. Die übrigen Nonnen flüchteten, um Verhandlungen auszuweichen, über einen noch vorhandene, sehr schmale Treppe auf das Gewölbe der Klosterkirche und warfen von dort Steine und brennende Kerzen herab. Busch konnte nur noch eine Nonne erwischen und drohte ihr, wenn das Kloster nicht sofort nachgebe, werde der Herzog die Nonnen zum Calenberg in Gewahrsam schaffen und ihnen keine Rückkehr erlauben. Nun lenkten die Nonnen ein. Nur eine widerstand weiter. Da umfasste der Herzog diese Nonne, um sie zum Wagen zu schleppen. Das tapfere Mädchen wehrte sich. Beide fielen hin. Jetzt stürzten die anderen Nonnen, sich gegenseitig stoßend, über den Herzog, der sich nur mühsam und mit blutendem Arm befreien konnte. Der Herzog brüllte seine Mannen an, warum sie ihm nicht zu Hilfe gekommen seien. Sie erwiderten, an geistlichen Personen hätten sie sich nicht vergreifen wollen.

---

23 BOETTICHER/FESCHE 2002, Nr. 46.
24 BOETTICHER/FESCHE 2002, Nr. 84f.
25 BOETTICHER/FESCHE 2002, Nr. 132.
26 BOETTICHER/FESCHE 2002, Nr. 135.
27 BOETTICHER/FESCHE 2002, Nr. 137.
28 BOETTICHER/FESCHE 2002, Nr. 147.

Schließlich gaben die Nonnen nach. Die Reform wurde durchgeführt. Die Klosterfrauen verzichteten auf Eigenbesitz und das gemeinsame Leben in der Klosterfamilie wurde wiederhergestellt. Die Priorin von Derneburg wurde neue Äbtissin. Eine Frucht dieser Reform ist der um 1460 entstandene, nur zum Teil erhaltene Schnitzaltar auf der Damenempore, der eine besonders schöne »Anbetung der Könige« zeigt. Auf der Damenempore findet man auch eine prachtvolle, spätgotische Madonna. Maria war ja die Patronin des Zisterziensertums.

Die lutherische Reformation

Im konservativen Niedersachsen konnte auch dieses Kloster die Stürme der Reformation überstehen. 1543 wurde das Kloster als landeskirchlicher Akt visitiert. Das klösterliche Vermögen und der Bestand an Urkunden wurden inventarisiert. Das Kloster sollte das Predigtamt jährlich mit »zwanzig Gulden Müntz« und freier Kost und Wohnung vergüten.[29]

Die entscheidend wichtige Predigt des Evangeliums wurde dem amtierenden, auch wirtschaftlich geschickten Propst Dietrich Ritter übertragen[30], der das Vertrauen der lutherischen Visitatoren gewonnen hatte. Die Klosterkirche wurde nun Gemeindekirche. Zu den Nonnen sollten die Klosterdienstleute und die Bewohner zweier zum Kloster gehörender Meierhöfe und die Bewohner der Ortschaft Wulfelade treten, auf dass »das predigampt hie desto stadtlicher gehalten und die Zuhörer, so in kleiner anzal hie sein, desto mehr«. Deshalb ließ Propst Ritter 1545 den runden Taufstein aufstellen. Die Visitation verlangte in Mariensee das Ablegen des klösterlichen Schleiers nebst Krone.[31] Das Volk fragte: »Wozu braucht Christus so viele Bräute?« Die Horen, das Stundengebet, wurden verkürzt. Schwache Personen brauchten an dem nun langsam ins Deutsche übertragenen Chorgebet nicht ständig teilnehmen. Die hergebrachten Fasten durften zunächst weiter gehalten werden, wobei für Alte und Schwache christliche Freiheit gewährleistet wurde. Die Aufnahme neuer Klosterpersonen wurde nicht verboten. Dadurch konnte das Kloster fortbestehen.

Die nachreformatorische Zeit

Später übernahm ein vom Landesherrn bestellter Amtmann die Verwaltung des Klostergutes. Nun konnte das Klostervermögen der Landesherrschaft nutzbar gemacht werden, die freilich auch schon im Spätmittelalter in Mariensee wirtschaftliche Vorteile genossen hatte. Aber die herzoglichen Anleihen wurden nun zu einer Schraube ohne Ende. Mariensee musste weiter Kontributionen für fürstliche Jäger und Jagdhunde aufbringen. Das Kloster geriet unter diesen Umständen schnell in rote Zahlen. 1592 hatte es mehr als 10 000 Gulden Schulden. Erhebliche Kosten verursachte auch

---

29 KAYSER 1897, S. 374ff.
30 BRENNEKE 1929, S. 75.
31 BRENNEKE 1929, S. 72.

der Empfang hoher Herren, wie z.B. des Verdener evangelischen Bischofs Philipp Sigismund aus der Braunschweiger Welfenlinie, der in Rotenburg/Hann residierte. Bei Einführungen wurde zunächst der Abt des nahen Klosters Loccum tätig, so z.B. 1592 zusammen mit dem Abt von Riddagshausen.

Wirtschaftlich besonders scharf herangenommen wurde das Kloster in den Jahren vor dem Ausbruch des Dreißigjährigen Krieges. So musste es 1616 erhebliche Mengen Hafer abliefern, ohne dass von einer Bezahlung etwas zu hören war.[32] Vollends schlimm wurde es im Großen Krieg. 1619 wurden dringend 1000 Taler für »Kriegspräparationen« verlangt.[33] Durch die Kriegsstürme brachte das Kloster der tüchtige Verwalter Arndt, der rettete, was zu retten war. In der größten Not, als 1629 das Restitutionsedikt die Axt an die Wurzel der evangelischen »Klöster« legte, floh die Domina nach Hannover.[34] Das Kloster geriet[35] vorübergehend in katholische Hand. Nach dem großen Krieg lebten wieder evangelische Konventualinnen in Mariensee. 1663 wurde die erste Calenberger Klosterordnung erlassen, die auch für Mariensee verbindlich war.

1720 vernichtete ein Brand das mittelalterliche Klostergebäude, das schon im Dreißigjährigen Krieg schwer gelitten hatte. Das Nachleben der klösterlichen Überlieferung war noch so stark, dass Kloster 1726/29 im alten Quadrum mit einer Art Kreuzgang wiedererrichtet wurde, statt mit Einzelhäusern. Der nördliche Kreuzgangflügel ist an die Kirche gelehnt. Dem Zug zur Privatisierung des Lebens der evangelischen Konventualinnen folgend, sind damals innen an die Stelle der alten Gemeinschaftsräume dreizehn in sich abgeschlossene Einzelwohnungen getreten. War im Mittelalter die Zahl der Klosterpersonen nicht fest begrenzt, so wurde nun, wie in einem Stift, die apostolische Zwölfzahl der Klosterstellen festgelegt. Der Äbtissin oblag die fleißige Aufsicht über Action, Leben und Wandel der Konventualinnen, besonders über die Einhaltung der Keuschheitsverpflichtung.[36] Angebliche Verstöße beruhen offenbar nur auf Gerüchten. Die Konventualinnen konnten im 18. Jahrhundert mit ca 75 Reichstalern im Jahr rechnen. Dazu kamen Natural-Zuwendungen. Wer von Haus aus etwas Vermögen hatte, konnte so gut leben. Bei anderen war Schmalhans Küchenmeister. Die Marienseer Konventualin Alphine Reinbold suchte von ihren Klostereinkünften sogar noch ihre verarmte Familie zu unterstützen.[37] Im Sommer stand sie oft um vier Uhr auf, um ihr Stück Land zu bearbeiten, von dessen Ertrag sie und ihre bei ihr lebende Schwester weitgehend lebten. Die beiden stickten auch unablässig »Plettmützen«, wie sie die Bäuerinnen trugen.

Mariensee hatte sowohl adlige als auch bürgerliche Konventualinnen aus Familien, die sich um die Allgemeinheit verdient gemacht hatten. 1774 hatte das Kloster neben der Äbtissin von Breidenbach neun adlige und drei bürgerliche Konventualinnen.

---

32 BRENNEKE/BRAUCH 1956, S. 228.
33 BRENNEKE/BRAUCH 1956, S. 242.
34 BRENNEKE/BRAUCH 1956, S. 315.
35 BRENNEKE/BRAUCH 1956, S. 324.
36 EHRICH/SCHRÖDER 1999, S. 30.
37 EHRICH/SCHRÖDER 1999, S. 28.

1862 lebten im Kloster neben der Äbtissin von Hinüber nur noch zwei adlige und bereits neun bürgerliche Konventualinnen.

Die Bibliothek des Klosters lässt auf ein reges geistiges Interesse der Konventualinnen schließen. Die Gemälde des Konventssaales deuten auf Beziehungen zum Hof hin: Die Bilder stellen König Georg II., die Oberhofmeisterin der unglücklichen dänischen Königin Caroline Mathilde, Louise von Plessen, und den zweiundzwanzigjährigen Prinzen Frederik von Dänemark dar. Über die Verleihung einer der begehrten Klosterplätze entschied der Landesherr persönlich. In der Biedermeierzeit war im Kloster beim Tee das Kartenspiel »Boston« beliebt. Manchmal wurde auch im klösterlichen Kreis vorgelesen.[38]

Im deutschen Schicksalsjahr 1866 gab es in Mariensee Auseinandersetzungen zwischen preußisch gesinnten und welfisch eingestellten Damen.[39] Gegen Ende des 19. Jahrhunderts hatte Mariensee zwar dreizehn Stiftsstellen, aber nur noch zehn Wohnungen.[40]

Auf dem Stiftsorden, der die Konventualinnen im »Rang« über andere ledige Damen hinaushob, steht die Inschrift »Pietati et verecundiae = für Frömmigkeit und Tugend«. Das alte Stundengebet, zuletzt morgens und abends, verschwand in der Aufklärungszeit. Aber noch 1867 wurde die Stiftsdamenempore neu gestaltet, während die alte Nonnenempore die Orgel aufnahm. Heute wird besonders am Sonnabend die Vesper gebetet.

Der Allgemeine Hannoversche Klosterfonds, vertreten durch die Klosterkammer, hatte[41] bis 1878 wie seit Jahrhunderten in Mariensee automatisch alle kirchlichen Ausgaben, also besonders die Instandhaltung der Kirche und den laufenden Betrieb von Kirche und Schule inklusive Personalkosten übernommen, weil das frühere Vermögen des Klosters in dem Vermögen des Klosterfonds aufgegangen war. Die sich herausbildende Kirchengemeinde Mariensee hatte gar kein Vermögen mehr. Nun aber zahlte die Klosterkammer nicht mehr routinemäßig, sondern prüfte die Belege genau. Als Beiträge zur Bezirkssynode vorgelegt wurden, weigerte sich die Klosterkammer. Auch die beantragte Übernahme der pfarramtlichen Portokosten und die von der Landeskirche 1876 angeordnete Anhebung der Pastorenbesoldung von 1922 auf 2400 Mark jährlich verweigerte die Klosterkammer. Daraufhin verklagte der Kirchenvorstand Mariensee die Klosterkammer beim Obergericht Hannover. Die Klosterkammer behauptete, sie sei zwar verpflichtet, Beiträge zu den Lasten der Pfarre zu tragen, aber nicht die gesamten Lasten. Das Obergericht Hannover nahm an, es seien durch das Kirchengesetz von 1876 neue Lasten entstanden, die nicht mehr dem seit Menschengedenken bestehenden Zustand entsprächen, und wies die Klage ab. Mariensee ging in die Berufung beim Oberlandesgericht Celle mit der richtigen Begründung, dass die geforderte Pfarrbesoldung gar keine neue Last sei, sondern lediglich die zeitgemäße

---

38 EHRICH/SCHRÖDER 1999, S. 29.
39 EHRICH/SCHRÖDER 1999, S. 26.
40 EHRICH/SCHRÖDER 1999, S. 23.
41 GROTJAHN 2005, S. 173–229.

Veränderung einer bereits bestehenden, altbekannten Last, die die Klosterkammer wie seit eh und je zu tragen habe. Die Kirchengemeinde bot betagte Zeugen auf, die beteuerten, die Klosterkammer habe »immer alles bezahlt«. Und die Klosterkammer konnte nicht belegen, dass die Kirchengemeinde auch nur einen einzigen Posten der Lasten selbst bezahlt habe. Der Anwalt der Klosterkammer beeidete das Nichtwissen der Klosterkammer über eine rechtliche Verpflichtung zum Tragen aller Kirchenlasten. Daraufhin wies das Gericht die Klage der Kirchengemeinde ab. Aber Mariensee kämpfte weiter. 1898 hatte Kaiser Wilhelm II. als Summepiskopus ein Gesetz über eine erhebliche Verbesserung der Diensteinkommen der Geistlichen in der Provinz Hannover erlassen. Nun wurden endlich zahlreiche Archivalien herangezogen, die für die Sicht Mariensees sprachen. Aber die Klosterkammer verweigerte 1899 schlichtweg Leistungen zur Pfarrbesoldung. Nun klagten auch die Kirchengemeinden Barsinghausen und Marienwerder auf ganz ähnlicher Grundlage. Besonders ging es da um vermeintlich neue Leistungen. 1904 hatte Barsinghausen vollen Erfolg. Der dortige Pastor Rehm erhielt sogar eine Ehrengabe in der damals märchenhaften Höhe von 6000 Mark (Kaufkraft heute ca. 100 000 Euro). Die Klosterkammer kämpfte in Bezug auf Mariensee weiter. Sie ließ vortragen, das Rechtssubjekt »Kloster« sei mit der Säkularisierung erloschen und damit seien auch seine rechtlichen Verpflichtungen, die auf dem alten Klostervermögen lagen, erloschen. Die früheren Zahlungen an Mariensee seien nur widerrufliche Bedürfniszuschüsse gewesen. Die Klosterkammer habe überhaupt nur Verpflichtungen den zwölf Klosterdamen gegenüber, nicht aber in Bezug auf die (ca. 1200) Gemeindeglieder. Das Schlussurteil von 1910 entsprach auf Grund des Visitationsabschieds von 1543 in mancher Hinsicht den Forderungen der Kirchengemeinde, z.B. in Bezug auf die Unterhaltung der Gebäude, auf die Kirchenheizung und auf elektrisches Licht. Doch die Hauptforderung wurde abgelehnt, nämlich die Übernahme der Pfarrbesoldungslasten. Die Kirchengemeinde legte daraufhin 1911 Beschwerde beim Oberlandesgericht Celle ein. 1921 verzichtete Mariensee auf die Pfarrbesoldung und erhielt dafür die Zusage, dass die Klosterkammer die Unterhaltungs- und Neubaupflicht für den Bestand an kirchlichen Gebäuden in Mariensee sowie die Kultus- und Verwaltungskosten übernimmt. 1937 einigten sich beide Seiten, das Verfahren endgültig ruhen zu lassen. Mariensee hatte schlechter abgeschnitten als die anderen Calenberger Klöster mit ihrer gleichen Rechtslage.

Das Kloster war sich stets seiner Verpflichtung den Umwohnenden gegenüber bewusst. So gründete es bereits 1888 den Kindergarten, der so der älteste weit und breit ist. Und das Kloster eröffnete eine Handarbeitsschule und unterstützte Hilfsbedürftige im Dorf. Die jungen Mädchen, die durch Jahrhunderte hindurch bis tief ins 20. Jahrhundert hinein bei den Konventualinnen in Stellung waren, haben bei »ihrer« Stiftsdame viel kultivierte Lebensart gelernt und solche guten Anregungen mit in ihre Ehe genommen. Das innere Leben der Zeit von 1862 bis 1902 ist durch die im Klosterarchiv befindlichen »Erinnerungen aus meinem Leben« der Konventualin Amalie Ubbelohde gut bekannt.

Das 1726 bezeichnete Klostergut ist in der Bausubstanz gut erhalten. Es dient heute als »Bundesamt für Tierzucht und Tierverhalten«.

Mariensees Gegenwart

Im deutschen Schicksalsjahr 1945 öffnete sich das Kloster der Not des deutschen Volkes in besonderer Weise: Zeitweilig lebten zweihundert Menschen unter dem massiven Klosterdach. Mehrere Konventualinnen nahmen sich rührend der Flüchtlingskinder an. 1957 wurde in Gegenwart des Hannoverschen Prinzenpaares das 750. Jubiläum des Klosters gefeiert. Die Festpredigt hielt der gewichtige Superintendent Schulze. Am 1. September 1976 wurde mit einem Vortrag des Verfassers Höltys 200. Todestag festlich begangen. Ein damals vom Verfasser überreichter Hölty-Stich hängt heute, stark verkleinert, im Dienstzimmer der Äbtissin.

Der Konvent tritt regelmäßig in den mit viel Verständnis erneuerten Kapitelsaal der Empirezeit zu seinen Beratungen zusammen. Vom Leben geprägte Menschen finden zu einer Klosterfamilie zusammen. Einer steht für den anderen ein. Bei den Führungen vermitteln die Konventualinnen den Besuchern ein Stück erlebte Kirchengeschichte. Einige Konventualinnen befassten sich intensiv mit der Geschichte ihres Klosters. Die Äbtissin bestimmt zu einem erheblichen Teil die Atmosphäre des Klosters. Ihr obliegen mancherlei Verwaltungsarbeiten. Sie organisiert kulturelle Veranstaltungen, z.B. Konzerte im Kapitelsaal und Kunstausstellungen. Sie bemüht sich im Einvernehmen mit der Klosterkammer um die Erhaltung des Klostergebäudes, das ja Eigentum des Hannoverschen Klosterfonds ist. Viel Arbeit stecken der Konvent und Frauen aus dem Ort in den Klostergarten, der besonders Heilpflanzen enthält.

Äbtissin Barbara Bosse-Klahn (1980–90), Witwe des bedeutenden Künstlers Erich Klahn, öffnete das Kloster in besonderem Masse der Kunst, sowohl der Musik als auch der darstellenden Kunst. Der Kunsthandwerkslehrerin war die Textilkunst vertraut, wie man sie in den Lüneburger Klöstern bewundern kann. Sie stickte nach Entwürfen ihres Gatten zahlreiche Bildteppiche. Im Kloster richtete sie eine Stickstube ein, deren Werke in der Kirche zu bewundern sind. Ein Erich-Klahn-Museum zieht viele Kunstfreunde an. Äbtissin Insea Hohlt-Sahm (1990–97) nahm die altneue Kunsttradition auf. Das Glanzstück der Stickereien von ihrer Hand ist der gewaltige Teppich vom Jüngsten Gericht, den sie dem Kloster am 3. März 1997, an ihrem 70. Geburtstag, schenkte. Sie hatte 1994–95 zwei Jahre hindurch täglich vier Stunden an diesem Werk gestickt, der ein 1060–71 entstandenes, in Tempera auf Holz gemaltes Tafelbild aus dem Benediktinerinnenkloster Santa Maria in Campo Marzio in Rom wiedergibt. 1994/95 wurde die Klosterkirche einfühlsam restauriert.

Dieses Kloster ist nicht ein einsames Relikt aus dem Mittelalter, sondern es gehört in den Reigen der fünf Calenberger Klöster, also zu Barsinghausen, Wennigsen, Marienwerder und Wülfinghausen, die unserem vom Staatsvermögen völlig getrennten Klosterfonds gehören, und weiter in den Kreis der evangelischen »Klöster« Niedersachsens, die recht mannigfaltige Strukturen aufweisen. Allen gemeinsam ist die Befolgung des alten zisterziensischen Wortes: »Porta patet, cor magis – das Tor ist offen, das Herz noch mehr.«

800 Jahre Kloster Mariensee

Äbtissin-Einführung in Mariensee 2003

Noch nie hat die Einführung einer neuen Äbtissin in der niedersächsischen evangelischen Klosterlandschaft eine derartige öffentliche Resonanz gefunden, wie die Einführung von Bärbel Görcke am 16.2.2003 in dem ehemaligen Zisterzienserinnenkloster Mariensee bei Neustadt am Rübenberge. Nach entsprechenden Hinweisen in Fernsehen und in den anderen Medien war die Klosterkirche völlig überfüllt. Video-Übertragung wurde nötig.

Die 42. Äbtissin von Mariensee seit 1207, die jüngste Äbtissin Deutschlands, ist 1964 in Göttingen geboren, wo sie sich nach ihrer Konfirmation in verschiedenen Bereichen ihrer Kirchengemeinde engagierte. Nach dem Abitur absolvierte sie eine Krankenpflegeausbildung beim Evangelischen Diakonieverein und wirkte dann in der Aidspflege der Universitätskliniken in Göttingen. Die Suche nach einem Leben in geistlicher Gemeinschaft führte sie 1989 nach Unterfranken in die evangelische Kommunität Casteller Ring. Um die so gewonnene spirituelle Praxis theoretisch zu vertiefen, studierte sie 1994 bis 1996 Theologie in Göttingen und 1996 bis 2001 Theologie und Pädagogik in Leipzig. Ihre Magisterarbeit galt dem Thema »Gestaltete Zeit – Konzeptionelle Überlegungen und Projektstudie«. Sie wurde mit dem Sonderpreis des Evangelischen Bundes ausgezeichnet. Dann wurde Magistra Bärbel Görcke bei der traditionsreichen St. Thomaskirche in Leipzig tätig, wo sie besonders das Mittagsgebet zu einer freudig aufgenommenen Institution machte.

Nach Mariensee zog sie der Wunsch, »an einem Ort zu arbeiten, der Raum für unterschiedliche Menschen und Ideen bietet. Wir brauchen solche Stätten der Begegnung, die tief verwurzelt sind in der Geschichte unseres Landes und unserer evangelischen Kirche und zugleich offen sind für die je neuen Anforderungen der Zeit.«

Den ersten Teil des Festgottesdienstes stellte die »Einsetzung« der neuen Äbtissin dar: Klosterkammerdirektor Andreas Hesse verlas die Ernennungsurkunde des Niedersächsischen Ministers für Wissenschaft und Kultur und fragte Bärbel Görcke, ob sie sich im Rahmen der Klosterordnung für die »Erhaltung der Lebensgemeinschaft und der gemeinnützigen Aufgaben des Klosters« einzusetzen bereit sei. »Ja, mit Gottes Hilfe.« Als Zeichen ihres »Amtes und ihrer Verbundenheit mit dem Konvent und den anderen niedersächsischen Klöstern« empfing sie Siegel und Schlüssel des Klosters.

Es folgte in dem für die niedersächsischen Frauenklöster bezeichnenden Zusammenwirken von Staat und Kirche die »Einführung« in »die geistlichen Aufgaben« durch Landessuper-intendentin Dr. Ingrid Spieckermann. In ihrer Predigt über Johannes 21,15–17 erklärte die Regionalbischöfin, für Bärbel Görcke sei jetzt »ein Traum wahrgeworden«. Bärbel Görcke und der Konvent würden »einander anvertraut«. Jesu Ruf sei »Weide meine Schafe!« Das bedeute nicht Herrschaft über Menschen, sondern: »Achte sie, sei Helferin ihrer Freude.« Die Regionalbischöfin fragte dann die jüngste Äbtissin Deutschlands, ob sie bereit sei, ihr Amt auf der Grundlage von Gottes Wort in Verantwortung vor dem Ewigen und dem Konvent zu führen und sich für das innere Leben des Klosters und für eine gute Zusammenarbeit mit der Kirchengemeinde Mariensee einzusetzen. Sie fragte auch die Konventualinnen, ob sie bereit seien, Bärbel

Görcke als ihre Äbtissin anzunehmen. Der Zusage erfolgte ein Gebet um den Heiligen Geist: »Gib ihr Freude in ihrem Amt und bewahre sie vor Resignation.« Unter Handauflegung wurde die kniende Bärbel Görcke dann in ihren »geistlichen Dienst im Kloster Mariensee und in der Hannoverschen Landeskirche« eingeführt.

Die folgenden, gehaltvollen Grußworte wurden von Klosterkammerdirektor Hesse moderiert, der die überwältigende Teilnahme als Ermutigung der Arbeit der niedersächsischen evangelischen Klöster ansah. Martin Schindehütte, Vizepräsident des Landeskirchenamtes Hannover, betonte, es sei »ein großes Hoffnungszeichen«, dass im Raum der evangelischen Kirche die »Dimension des gemeinsamen geistlichen Lebens wiederentdeckt« werde. Die »uralte Tradition« sei »immer wieder neu anzueignen«. Propst Funke führte aus, 1455 sei in Mariensee mit Hilfe einer neuen Äbtissin die zisterziensische Frömmigkeit wiederbelebt worden. Die frühgotische Klosterkirche rufe Sursum corda! Empor die Herzen! Der Hildesheimer Bischof halte viel von Stätten, an denen Menschen versuchen, »ein Stück Himmel auf Erden zu leben«. Regionspräsident Dr. Michael Arndt zeigte sich vom ökumenischen Zug der Veranstaltung beeindruckt und lobte die kulturellen Impulse, die von Mariensee ausgehen, bis hin zu sokratischen Gesprächen und hochkarätigen Ausstellungen. Auch der Klostergarten erfreue die Herzen der Menschen der Region. Die Neustädter Bürgermeisterin Karin Kirchmann hoffte, dass die neue Äbtissin aus der vielfältigen Natur des Neustädter Landes immer wieder neue Kraft schöpfen werde. Ortsbürgermeister Heiner Ziesenß begrüßte Bärbel Görcke als neue Bürgerin von Mariensee und bot Erweiterung der Kontakte zur politischen Gemeinde an. Den Vogel bei den Grußworten schoss Superintendent Michael Hagen ab, der im Einklang mit Malwine Neumann, der Vorsitzenden des Kirchenvorstandes Mariensee, eine große Puppe in Äbtissinnentracht von einem sprechenden Raben mit Anregungen für die Amtsführung versehen ließ, in denen es vor allem um die Öffnung des Klosters nach außen ging.

In ihrem Dankeswort bekannte Magistra Görcke mit Martin Buber »Alles Leben ist Begegnung« und dankte allen, die das große Fest ermöglicht haben, bis hin zu Pfandfindern und Feuerwehr. »Das Fest in der Kirche endet – Das Fest im Kloster beginnt!« Hunderte, darunter Prinz Heinrich von Hannover und Prof. Dr. Axel Freiherr von Campenhausen, der frühere Präsident der Klosterkammer, folgten den niedersächsischen Äbtissinnen in ihrer malerischen Tracht in die weiten Klosterräume. Im Namen der Äbtissin des ältesten niedersächsischen Stiftes, des schon 858 gegründeten Stiftes Bassum, überreichte der Verfasser mit herzlichen Segenswünschen sein Buch »Die evangelischen Frauenstifte und -klöster in Niedersachsen«. Eine Fülle von Glückwünschen und Geschenken folgte. Dann labten sich die Freunde des Klosters an den guten Gaben des Neustadter Landes.

Die Einweihung des neuen Klostermuseums

Am 22. April 2007 wurde im Rahmen der 800-Jahrfeier des Klosters Mariensee bei Neustadt am Rübenberge das neue Klostermuseum eingeweiht. Nach der Begrüßung durch Äbtissin Magistra Bärbel Görcke in der bis auf den letzten Platz besetzten

Klosterkirche gab Klosterkammerdirektor Hesse seiner Freude über die Vollendung des neuen Klostermuseums Ausdruck. Es soll die Geschichte und Gegenwart der einzigartigen evangelischen Frauenklöster in Niedersachsen erlebbar machen, wobei sowohl der Verstand als auch die Gefühle der Besucher angesprochen werden sollen. Es gehe um Kontinuität und Wandel.

Der eindrucksvollen Darbietung von O Jesu nomen dulce nach dem Hymnus »Jesus dulcis memoria« von Bernhard von Clairvaux, dem größten Zisterzienser, folgte der Festvortrag des Verfassers »800 Jahre Kloster Mariensee«. Nach wunderbar vorgetragener Musik aus Heinrich Schütz' Kleinen Geistlichen Konzerten sprach Prof. Dr. Bernd Ulrich Hucker über Kaiser Otto IV., Graf Bernhard von Wölpe und die Stiftung des Zisterzienserinnenklosters Mariensee. Prof. Hucker stellte das Kloster in seine Entstehungszeit hinein. Es folgte in Kleingruppen ein Rundgang durch das neue Museum, das von Antje Henze museumsdidaktisch geschickt gestaltet worden ist. Die Klosterkammer hatte mehrere Räume großzügig für das neue Museum ausgebaut, das in seiner modernen Struktur den Festgästen tiefen Eindruck machte und in Zukunft dem Kloster neue Besucher bringen wird.

Um 18 Uhr fand das Abendgebet in der Klosterkirche statt, das mit Laudate Omnes Gentes begann und zu dem aus Kloster Medingen stammenden Lied »Wir wollen alle fröhlich sein in dieser österlichen Zeit« hinführte. Der festliche Tag stand unter dem Leitspruch des Klosters: »Aus der Quelle schöpfen – stets im Dialog mit den Auseinandersetzungen der Zeit«.

Das Kloster Medingen in der Lüneburger Heide

Eine Klostergründung wurde 1228ff. zuerst in Restorf am Höhbeck, dann in Plate bei Lüchow, und 1237 in Bohndorf versucht – ohne rechten Erfolg. Solche tastenden Versuche kamen auch sonst vor.[42] 1241 ordnete das Generalkapitel des Zisterzienserordens[43] die eingehende Besichtigung und Prüfung, *Inspectio*, der neuen Klosterstätte in Alt-Medingen an, nachdem es von Papst Gregor IX. in Person darum ersucht wurde. Diese *Inspectio* übernahmen die Äbte von Lehnin und Buch. 1242 wurden diese Äbte mit der Förderung der Nonnen von Medingen beauftragt.[44] Sie sollten nach Vereinbarung mit den Stiftern, den Herren von Meding, einen Konvent an der neugewählten Stelle einführen. Das Kloster sollte Tochterkloster von Sichem-Sittichenbach werden, es erscheint aber in der Folgezeit nie mehr in den Statuten des Zisterzienserordens, die der Trappist Canivez herausgegeben hat. Mit der zunächst entgegenkommenden Behandlung sollte einzig der päpstlichen Bitte Genüge getan werden. Von einer wirklichen Inkorporation hat der Orden, wie bei Nonnen fast immer, auch im Falle Medingen abgesehen. Aber die Medinger Nonnen nannten sich fortan Zisterzienserinnen. Beim Auftauchen des Namens Medingen in mittelalterlichen Texten muss man stets im Hinterkopf haben, dass es auch ein süddeutsches Medingen gegeben hat.

Zwanzig aus Medingen stammende Handschriften, von Walther Lipphardt wieder wissenschaftlich zusammengebracht, geben uns einen tiefen Einblick in die Frauen-Mystik von Medingen, also in das innerste Leben des Konvents zwischen 1310 und 1540.[45] Das Grundanliegen der vielen Texte aus Medingen ist die Brautmystik, also die mystische Hochzeit zwischen Christus und seiner Braut, also der einzelnen Nonne. Um biblische Deckung durch Stellen des Hohen Liedes war man bemüht. Hierher gehört auch die liebevolle Versenkung in das irdische Leben Jesu[46], des einzigen Erben der Glorie des Vaters. Es gab auch eine Herz-Jesu-Mystik.[47] Es lassen sich auch Rückschlüsse auf die Medinger Ausgestaltung der Feste des Kirchenjahres ziehen. So. z.B. sangen die Nonnen am Ostersonnabend beim Besuch des »Heiligen Grabes« »Help us dat heyliker graf, dar god sulue inne lach myt sinen wunden also her vorliken mote (we) waren to Jherusalem«.[48] Medingen war ein Zentrum niederdeutscher, geistlicher Reim-Dichtung, die der Sprache der großen deutschen Mystikerinnen Mechthild von Hackeborn, Gertrud von Helfta und Mechthild von Magdeburg sehr nahe kommt.[49] Im Vordergrund stand Lied-Neuschöpfung für die hohen Feste.

---

42 Literatur zum Teil bei STREICH 1986, S. 97. – Eine Fundgrube ist LENTHE 1963, S. 404–555.
43 CANIVEZ 1934, S. 234.
44 CANIVEZ 1934, S. 252.
45 LIPPHARDT 1972, S. 66–131 – LIPPHARDT 1970, S. 310–318
46 LIPPHARDT 1972, S. 82.
47 LIPPHARDT 1970, S. 313.
48 LIPPHARDT 1972, S. 78.
49 LIPPHARDT 1970, S. 315.

Es gab auch immer wieder eine Mischung von niederdeutscher und lateinischer Dichtung, die bezeichnend für die mystisch gefärbte Klosterdichtung wurde. Typisch ist z.B. der gemischtsprachige Gruß an die »himmlische Kaiserin« Maria: »Salve virgo regia, du hefst ghedraghen de blomen aller wunne«. Bei der weihnachtlichen Krippenverehrung sangen die Nonnen: »Rex Celorum iacet in presepio mit dekelin bewunden ...«. Noch heute wird, etwas modernisiert, gesungen: »In dulci Jubilo, singhet, weset vro, mines herten wunne lech in presepio, de luchtet so de sunne im matris gremio«.

Man hat nach dem Sinn solcher[50] Mischpoesie gefragt. Hoffmann von Fallersleben, der Dichter des Deutschlandliedes, hatte bei vergleichbaren Texten eine »lehrhaft glossierende Absicht« gehabt. Und nach Lipphardt geht es hier »um Glossolalie, um das Zungenreden, um das Stammeln in verschiedenen Sprachen.« In Wirklichkeit dienten diese Texte dem Gottesdienst, speziell dem Stundengebet, das im Kern lateinisch war, aber durch solche Mischpoesie bei den selbsternannten Zisterzienserinnen besondere Züge bekam, die zum meditativen Beten hinführten. An den Medinger Horen nahmen ja auch Freunde des Klosters teil, z.B. Lüneburger Bürgersfrauen, die von einem Besuch in dem Heidekloster religiöse Förderung erhofften – und sich sogar ein Andachtsbuch schreiben ließen.[51] Bei aristokratischer Grundhaltung der Dichtung wird stets die Verbindung mit dem Lied des Volkes, mit den Leisen, aufrechterhalten.

Mehrere Gesänge aus Medingen gelangten sogar in das Evangelische Gesangbuch von 1994. So auch der erste Vers von Lied 23: »Gelobet seist Du Jesu Christ, dass Du Mensch geboren bist von einer Jungfrau, das ist wahr; des freuet sich der Engel Schar.« (um 1380); oder die erste Strophe von Lied 100: »Wir wollen alle fröhlich sein in dieser österlichen Zeit, denn unser Heil hat Gott bereit. Halleluja, Halleluja, Halleluja – Gelobt sei Christus, Marien Sohn.« Kein geringerer als Marthin Luther griff die hier um 1460 entstandene Melodie auf und fügt weitere Strophen an. Um 1350 wurde hier das Lied 214,1 komponiert: »Gott sei gelobet und gebenedeiet, der uns selber hat gespeiset mit seinem Fleische und mit seinem Blute, das gib uns, Herr Gott, zugute, Kyrieleison. Herr, Du nahmest menschlichen Leib an, der von Deiner Mutter Maria kam. Durch Dein Fleisch und Dein Blut, hilf uns, Herr, aus aller Not. Kyrieleison.« Auch hier fügte Martin Luther eine zweite Strophe an.

Zwei Handschriften aus Medingen, das Speculum humanae salvationis des größten Zisterziensers, St. Bernhard, und ein Registrum historiarum Veteris Testamenti (14. Jahrhundert) befinden sich im Britischen Museum.[52] Die erste Handschrift belegt die Zuwendung Medingens zur Gedankenwelt des Hl. Bernhard, die andere bezeugt ein gewisses bibelwissenschaftliches Interesse im Kloster. Die Existenz einer gut ausgestatteten Schreibstube im Kloster ergibt sich aus dem Vergleich der überkommenen Handschriften, die oft reichen, farbigen Miniaturenschmuck aufweisen.[53] Auf mehreren Einbänden erscheint der gleiche Prägestempel.

---

50 LIPPHARDT 1972, S. 103.
51 LIPPHARDT 1970, S. 312.
52 M.S. Sloane 3429.
53 LIPPHARDT 1970, S. 313.

Erst 1336 kam das Kloster an die heutige Stelle, nach Zellensen, das fortan Neu-Medingen hieß. Am 24. August 1336 wurde die Klosterkirche geweiht. Nun übernahm der Propst des Klosters auch die Seelsorge der Umwohnenden. Das Kloster erwarb in der Folgezeit reiche Einkünfte in den Dörfern der Umgebung und Salinenanteile in Lüneburg. Seit 1450 verfügte das Kloster über den ganzen, nahen Ort Bevensen, zunächst als Pfand, seit 1489 sogar als Eigentum. 1479 wurden die strenge Klausur und das Gemeinsame Leben (wieder) eingeführt.

Am 4. Dezember 1494 erlangte die damalige Priorin Margareta Puffen, die aus Wienhausen gekommen war, das Recht, den Titel »Äbtissin« zu führen, auch für ihre Nachfolgerinnen. Aus diesem Anlass hat die Vorsteherin einen silbervergoldeten Äbtissinenstab anfertigen lassen. Seine Krümme umschließt die gekrönte Maria als Patronin des Zisterzienserordens. Auf der anderen Seite erscheint hier St. Mauritius, der spezielle Patron des Klosters. Das Meisterstück spätgotischer Goldschmiedekunst ist mit Blättern und Edelsteinen reich verziert. 1506 gab Äbtissin Puffen (1479–1513) bei Hermann Worm auch eine silberne Maruritiusfigur in Auftrag, die z.B. noch 1944 bei der Äbtissinneneinführung vorangetragen wurde. Der Grabstein der tüchtigen Äbtissin ist in der Rundhalle vor der Kirche aufgestellt.

1481 lebten in Medingen einundsiebzig Nonnen und vierzehn Lehrkinder. Und 1503 befanden sich insgesamt einhundertundneun Personen im Kloster. Gegen Ende des 15. Jahrhunderts wurde für das 1499 neu hergerichtete Haus der Äbtissin die völlig legendenhafte Gründungsgeschichte des Ordenshauses in fünfzehn Bildtafeln dargestellt, die 1772 auf Kupfertafeln gebracht wurden und so überliefert sind.

Der andringenden Reformation leistete das Kloster heftigen Widerstand. 1524 sandte Herzog Ernst der Bekenner der Äbtissin eine Lutherbibel. Aber die Vorsteherin verbrannte das heilige Buch im Brauhaus des Klosters. Zur Strafe für die Widerspenstigkeit der Medinger Nonnen zog der Herzog 1529 die Propstei ein. Und 1536ff. ließ der Herzog Teile des Klosterkomplexes abreißen, ähnlich wie in Wienhausen. 1541 ließ er das erhaltene Amtshaus errichten, das prächtige Renaissance-Reliefs aufweist. 1542 zog der Herzog alle Güter und Einkünfte des Klosters ein. So kann sich das Kloster heute nicht mehr selbst erhalten. Aber die Klosterkammer lässt das Kloster nicht verkommen. Die Äbtissin floh 1542 nach Hildesheim. Durch diese Flucht nach Hildesheim sind mehrere Handschriften des Klosters in die Bischofsstadt geraten. Eine kündet heute sogar in der neuen Welt von der zisterziensischen Frömmigkeit in Medingen. Der Bischof von Verden beschaffte ein Edikt Karls V. gegen Herzog Ernst. Karl V. suchte auch sonst bedrängte Klöster durch eindrucksvolle, aber meistens wenig wirksame Schreiben zu stützen. Erst 1554[54] wandten sich die Äbtissin und ein Teil des Konvents dem evangelischen Glauben zu. 1555 konnte der ganze Konvent erstmals das hl. Abendmahl unter beiderlei Gestalt feiern. Das Kloster suchte nun einen Weg in die Zukunft. Auflösung kam im konservativen Niedersachsen nicht in Frage, aber evangelische Neuordnung. 1605 wurde die weiße Zisterzienserinnentracht abgelegt. Aber der weiße Schleier blieb bis heute erhalten.

---

54 WREDE 1888, S. 111.

Das Kloster Medingen in der Lüneburger Heide

1640 wurde ein Siechenhaus neuerrichtet, um der Institution in schwerer Zeit mehr Sinn zu geben.

1698 wurde das gemeinsame Essen aufgegeben. Die Äbtissin hatte im frühen 18. Jahrhundert viel Mühe ihre Rechte, z.B. in Bezug auf ordentliches Deputatholz, gegenüber dem Oberamtmann durchzusetzen. Im Rahmen der staatlichen Aufsicht hatten sie die Klosterrechnungen von Zeit zu Zeit vorzulegen. Die Äbtissinnen erteilten Exspektanzen auf Klosterstellen, die sehr gesucht waren. Hauptaufgabe des evangelischen Klosters war der Chordienst. Deshalb wurde auf weitgehende Ortsanwesenheit auch der jüngeren Klosterdamen geachtet, was aber ausgedehnten Urlaub nicht ausschloss. Die Konventualinnen des evangelischen Klosters kamen zu zwei Dritteln aus Lüneburger Patrizierfamilien, zu einem Drittel aus Familien der Ritterschaft.

1781 brannten die mittelalterlichen Gebäude nieder. Die Chanoinesse Sophia Eleonora von Töbing rettete unter Einsatz ihres Lebens die wichtigsten Klosterurkunden, die Kasse und die Kostbarkeiten des Klosters. Einzig das Brauhaus blieb bis heute von dem mittelalterlichen Baubestand erhalten. Am 24. August 1788 wurde der heutige, von Landesbaumeister Chr. L. Ziegler errichtete Klosterneubau eingeweiht. Noch heute wird dieser Tag freudig gefeiert. Die Kirche steht im Mittelpunkt zwischen zwei langgestreckten Klostergebäuden mit abschließenden Querflügeln. Man ist hier also, im Gegensatz zu den nicht viel älteren Neubauten der Calenberger Klöster, von dem mittelalterlichen Quadrum-Schema abgegangen und hat Anleihen beim spätbarocken Schlossbau gemacht. Die Kirche ist ein Rundbau, der ein runder Vorbau angefügt ist. Auf dem Damenchor befindet sich der Thronsessel der Äbtissin, den ein Lüneburger Gobelin des 16. Jahrhunderts mit der Josephsgeschichte schmückt.

Das Kloster ist mit Äbtissin, Priorin und Konventualinnen noch heute eine lebensvolle Stätte christlicher Gemeinschaft, die sich auch den vielen Besuchern öffnet, getreu dem zisterziensischen Grundwort »Porta patet, cor magis« – Das Tor ist offen, das Herz noch mehr.[55]

---

55 Für die freundliche Erlaubnis zur Archivbenutzung (um 1992) danke ich herzlich.

Die Zisterze Ihlow in Geschichte und Kunst

Die Geschichte des Ordenshauses

Das Zisterzienserkloster St. Mariae et St. Nicolai in Ihlow, Scola Dei, »Gottesschule«, (Gods-Schole, Ijle, Ilavia bei Ludwigsdorf) wurde als erstes Zisterzienserkloster auf ostfriesischem Boden nach 1228 als Filia von Aduard im Groningerland und als Enkelkloster von Klaarskamp acht Kilometer südlich von Aurich in sumpfigem Gelände gegründet, aus dem die Zisterzienser dann etwas machten, wie auch anderswo, z.B. in Walkenried, Loccum und Riddagshausen. Als sich die Zisterzienser mit atemberaubender Geschwindigkeit ausbreiteten, war alles gute Land schon in festen Händen.

Der Klostergründer ist unbekannt. Doch lässt sich ein im Chorraum an herausragender Stelle ausgegrabenes Skelett, das 1,90 m maß, in dieser Richtung interpretieren. Der Ordensname des Klosters rührt daher, dass im benediktinisch-zisterziensischen Bereich jedes Kloster als schola dominici servitii, als Schule des Dienstes des Herrn, galt. Ihlow hatte die ideale zisterziensische Lage abseits von Straßen und Städten, die anderswo, z.B. in Amelungsborn, nicht zu realisieren war. Ein Wasserlauf verband das Kloster in südwestlicher Richtung über Oldersum mit der Ems.

Das Kloster stand von Anfang an in engen, auch rechtlichen Beziehungen zu dem Zisterzienserinnenkloster Meerhusen, um das sich die Ihlower Äbte kümmerten. 1228 bestätigte Erzbischof Gerhard von Bremen die Zisterze Ihlow. 1230 wurde der erste Abt von Ihlow eingeführt. Schon 1233 wurde der Abt von Papst Gregor IX. aufgefordert, den unter den Friesen des Östringer- und Harlinger-Landes herrschenden Streit zu schlichten. 1239 ging der Abt von Aduard dem Vorwurf gegen den Ihlower Abt nach, eine Frau ins Kloster aufgenommen zu haben. Die Sache entpuppte sich als gegenstandslos. 1244 sollte der Abt zusammen mit dem Vaterabt das Augustinerhaus Gerkesklooster im westfriesischen Achtkarspelen untersuchen, das in den Orden aufgenommen werden wollte. 1250 hatte der Ihlower Abt zusammen mit dem Loccumer die Stelle zu begutachten, an die der Abt von Hude sein Kloster verlegen wollte. 1254 musste der Abt von Ihlow gegen einen ehemaligen Abt von Aduard wegen übler Dinge vorgehen. 1255 ist mit Menko der erste Abtsname überliefert. 1260 hatte der Abt von Ihlow zusammen mit dem Vaterabt über die vom Nonnenkloster Marienkamp in Drenthe gewünschte Verlegung zu befinden. 1292 wurde Abt Albert von Ihlow zum Abt des Mutterklosters Aduard gewählt, doch starb er noch im gleichen Jahr. Im Augenblick seines Todes schaute ihn eine Meerhusener Nonne im Himmel, von Engeln umgeben. Von dem Klaarskamper Abt Dodo II. (1331–35) wurde eine Konfraternität, also eine Gebetsverbrüderung, mit Ihlow und Meerhusen geschlossen. 1337/38 musste der Abt im Auftrag von Papst Benedikt XII. über strittige Rechte an der Pfarrkirche in Kropswolde bei Groningen in einer Auseinandersetzung zwischen dem Kloster Rottum und dem Pfarrer von Groningen entscheiden. 1345 musste Papst Clemens VI. den Abt in der gleichen Sache noch einmal beauftragen.

Das Kloster wurde erheblich von hochgestellten, ostfriesischen Familien gefördert. Dafür nur ein Beispiel: 1378 gelobte Ritter Occo tom Brok am Altar der Klosterkirche, das Kloster gegen jedermann zu verteidigen und legte die in der Landessprache geschriebene Urkunde auf dem Altar nieder. Als Occos Witwe, die Quade Foelke, im Jahre 1409 zwei »Edle«, Aylt von Faldern und Aylt Allema, im Kerker zu Aurich hatte verhungern lassen, mutete sie dem Abt zu, die Leichen im Moor bei Ihlow verschwinden zu lassen. Der Abt aber bestattete sie in geweihter Erde und ließ eine Grabplatte aus blauem Marmor herstellen. Immerhin schenkte Foelke zusammen mit ihrem Sohn Keno dem Kloster verschiedene Ländereien für Seelenmessen. Ihr Enkel Occo bestätigte 1419 diese Schenkungen und setzte 1435 den Abt zu seinem Testamentsvollstrecker ein. Ein unbekannter Wohltäter des Ordenshauses war auch jener 35–40-jährige Mann, der im Spätmittelalter in der Klosterkirche an fast zentraler Stelle in einen nur ein Meter großen Fass beigesetzt und von M. Brüggler ausgegraben wurde. Der Mann war in der Ferne gestorben und war dann in einem gerade vorhandenen Fass, gewissermaßen eingelegt und gut verschlossen, in seine heimatliche Grablege gebracht worden. Derartige Überführungen sind auch sonst bezeugt. So wurde z.B. 1805 der vor Trafalgar gefallene Admiral Nelson in einem Rumfass nach London gebracht.

Die Zisterze hatte ihren festen Platz in der Volksfrömmigkeit. So z.B. gehörte 1412 ein Umgang um die Klosterkirche zur rechten Grablege beim Kloster, wo man auf die fortdauernde Fürbitte der Ordensleute für die Dahingegangenen zählen konnte.

In Ihlow wurde die Rechtshandschrift »Thera muneka bref« aufbewahrt, die wichtig für die Rechtsprechung war. Spuren der ausgedehnten Kolonisationsarbeit der Ihlower Mönche sind nachgewiesen. Die Äbte hatten eine Schlüsselposition im Deichbau und im Sielwesen. So fungierten sie 1517 als Deich- und Sielrichter. Das Kloster hatte in Emden einen Stadthof und unterhielt auch sonst rege Beziehungen zu dieser Stadt. So vererbte der Emdener Propst Johann Vredewolt 1481 dem Abt, Prior und Kellner von Ihlow vierhundert Gulden.

Im frühen 15. Jahrhundert wurde das Kloster innerlich so erfolgreich erneuert, dass 1424 ein Dutzend Ihlower Mönche für die Reform des Klosters Bloemkamp abgeordnet werden konnten. Im Jahre 1437 ersuchte Papst Eugen IV. den Abt, die Schenkungen der Cirksena an das Karmeliterkloster Appingen zu untersuchen und, wenn in Ordnung, im Namen des Papstes zu bestätigen. 1443 tadelten die Visitatoren des Ordens den Abt Dietrich von Rees wegen des eigenmächtigen Verkaufs der Münkewarf. 1450 beauftragte Papst Nicolaus V. den Abt, den vom Bischof von Münster angeordneten Anschluss des Benediktinerklosters Sielmönken an das Augustinerkloster Marienkamp zu untersuchen und, wenn angebracht, im Namen des Papstes zu bestätigen.

Im Zuge der Reformation verließ Abt Anton von Senden 1529 das Kloster und wurde evangelischer Pastor in Larrelt. Und der Mönch Arnold wirkte fortan als Organist in Engerhafe. Das Klosterarchiv ging zugrunde. Das Ordenshaus wurde nach 1534 abgebrochen. 1549 erteilte Petrus, Bischof von Fano, päpstlicher Legat, von Brüssel aus dem Abt von Werum Vollmacht, Ihlow mit allem Zubehör zugunsten des

Kloster Aduard an den Katholiken Jürgen von Münster in Erbpacht zu geben, um aus dem Zusammenbruch des Ordenshauses noch etwas zu retten. Dieser Häuptling jedoch verkaufte Kloster Ihlow mit der Behauptung, das Kloster sei ihm vom Papst zum Eigentum gegeben, noch im gleichen Jahr, an Gräfin Anna.

Die Klosterkirche im Lichte der Ausgrabungen

Die Ausgrabungen, 1973, 1977 und 1983–89, haben festgestellt, wie liebevoll die Zisterzienser das Bauareal vorbereitet haben: Sie schufen mit Wagenladungen Sand einen künstlichen Hügel. Die Baugruben für die Fundamente wurden mit feinem, gelben Sand eingeschlämmt. Dann wurden die Fundamente sehr sorgfältig gemauert. Die Ziegelsteine wurden an Ort und Stelle gebrannt. Die Formsteine wurden sorgsam mit dem Spanndraht geschnitten. Man brauchte die Formsteine für besondere Architekturglieder. Die Backsteinfundamente der Pfeiler wurden ausgegraben. Die so in ihren letzten Resten erforschte, dreischiffige Klosterkirche war ein Ziegelbau der Romanogotik, also des Übergangstils, ein Gotteshaus des 13. Jahrhunderts. Die Kirche war 68 Meter lang, im Querhaus 34 Meter breit und im Langhaus 24 Meter breit. Die Traufenhöhe des Kirchenschiffs betrug 22 Meter, die Firsthöhe 30 Meter. Zuerst wurde, wie üblich, der Chorraum errichtet, die Stätte des feierlichen Gotteslobs. Die Apsis war innen halbrund geschlossen. Außen war sie andeutungsweise polygonal. Die Kirche trug nach den Funden bereits Gewölbe. Das noch in romanischer Weise höhere Mittelschiff zeigte sechs Joche, die niedrigeren Seitenschiffe hatten acht kleinere Joche. Im Osten ist ein breites Querschiff festgestellt worden. An der Ostwand des Querhauses waren Kapellen. Die Nahtstelle zwischen der tief ins Langhaus hineinreichenden Mönchskirche und dem Konversen- bzw. Laien-Gotteshausteil im Langhaus zeichnete sich draußen im Mauerwerk ab. Typisch zisterziensisch gab es nur einen Dachreiter zum Aufhängen der Glocke. Die Kirche gehört zu den Bauten des sogenannten gebundenen Systems wie die in Klaarskamp, Aduard II., Lehnin, Dobrilugh und Hude. Der ausgegrabene Rest einer Altarplatte zeigt ein typisches Weihkreuz. Im nördlichen Querhaus fand sich ein Brunnen.

Gräber in Ihlow

Bei der Kirche wurden mehr als zweihundert Skelette ausgegraben, überwiegend von Menschen, die zur Fraternität, zum Freundeskreis des Klosters gehörten. Sechzehn Gürtelschnallen sind geborgen worden. Höchst erstaunlich ist ein sorgsam besonders bestatteter menschlicher Kopf. Eine besondere Grabkammer enthält zwei Skelette, offenbar die von Keno tom Brok und seinem Sohn Occo. Ein steinerner Sarkophag-Deckel aus der Frühzeit des Klosters weist volkstümliche Verzierungen und zwei besondere Stäbe auf. Erstaunlich ist eine Christophorus-Statuette, die in einem Grab gefunden wurde. Der mittelalterliche Volksglaube war überzeugt: Niemand stirbt an dem Tag, an dem er das Bildnis des Heiligen Christophorus gesehen hat. In einem Grab lag unter dem linken Hüftknochen ein silberner Longcross-Penny des englischen Königs Heinrich III. Diese Münze sprang zwischen 1251 und 1275 vom Stempel. In einem benachbarten Grab lagen dreizehn Silberpfennige, überwiegend Osnabrücker Prägungen des Bischofs Konrad II. von Rietberg (1270–97). Mehrere Personen, deren Skelette ausgegraben wurden, sind gewaltsam zu Tode gekommen. Ein etwa 30–40-jähriger Mann zeigt fünf Hiebspuren am Schädel und zwei Schädel tragen nicht verheilte Hiebspuren.

Die Umrisse der Kirche sind jetzt neben der Grabungsstätte im Boden mit Backsteinen angegeben. Die Ihlower Klosterkirche war nach Marienhafe die größte Kirche zwischen Groningen und Bremen.

Die Klosteranlage

Da, wo heute der Kräutergarten liegt, befand sich die Klosteranlage, von der nur kleine Teile ausgegraben sind. Da alle Zisterzienserklöster dem gleichen Grundschema folgten, lässt sich die einstige Gestalt der Klausur erahnen. Unter den ausgegrabenen Resten des Jagdschlosses wurden Überbleibsel eines älteren, also klösterlichen Gebäudes, entdeckt. Eine Art Schreibgerät mit einem feinen, bronzenen Köpfchen wurde ausgegraben. Es ist mit anderen Fundstücken im Obergeschoss des Forsthauses ausgestellt. Reste von Werkstätten sind ausgegraben worden. Sie standen im Dienst der Autarkiebestrebungen der Zisterze. Die klösterlichen Fischteiche sind überkommen. Die Mönche durften kein Fleisch essen, aber Fisch. Von der alten Ringmauer des Claustrums sind nur bescheidene Reste erhalten geblieben. Der trapezförmig gestaltete Klosterbezirk mit doppeltem Wall und Graben umfasste 350 zu 250 bzw. 300 Metern. Die Bodenuntersuchung, besonders die geomagnetische Prospektion, erbrachte Hinweise auf weitere Gebäude. Um das Ordenshaus hatte sich, wie z.B. in Walkenried, eine kleine Klosterstadt gruppiert. Die auf alten Karten erscheinende »Münte« im Klosterbereich hat mit den Zisterziensern bestimmt nichts zu tun. Offenbar war hier eine »Heckenmünze« der Kipper- und Wipper-Zeit, die man gern an entlegenen Stellen, vorzugsweise in untergegangenen Klöstern, anlegte. Das Klostervorwerk Timmel erinnert an den landwirtschaftlichen Einsatz der Bauernmönche. Da hier auch Reste einer Kapelle entdeckt worden sind, hat es sich hier um eine Grangie, eine klösterlichen Wirtschaftshof gehandelt.

Die Ihlower Fliesen

Die aufregendsten Funde der Ihlower Klostergrabungen stellen die vielen gefundenen Fußbodenfliesen dar. Im Bereich der Kirche lagen 188 Stück in der Vierung und im Chor. Im Langhaus fanden sich keine Fliesen. Fast alle ausgegrabenen Fliesen sind durch den Aufprall der herunterfallenden Gewölbe zerbrochen worden. Auch etwa sechzig Meter südlich der Kirche wurden in mehreren festgestellten Klosterräumen insgesamt 106 verzierte Fliesen entdeckt. Der ganze Fundbestand an Fliesen lässt sich nach der Herstellungstechnik in reliefierte und inkrustierte Fliesen einteilen. Die reliefierten Stücke sind die ältesten: Sie zeigen pflanzlich-ornamentale Motive, die noch der frühen Kunstauffassung des Ordens folgen, die figürliche Darstellungen verbot. Vergleichbare Fliesen sind in Ihlows Mutterkloster Aduard bei Groningen gefunden worden. Diese Gruppe ist mit Modeln hergestellt worden. Die inkrustierten Fliesen aber zeigen überwiegend vielfältige figürliche Darstellungen, vor allem Tiere. Eine relativ kleine Gruppe dieser Art hat ein kleineres Format.

Bei einer noch jüngeren Gruppe der inkrustierten Fliesen (Kantenlänge 20 cm, Stärke 3 cm) aus der Klosterkirche ist das Relief erhaben. Das Umfeld ist mit einer hellen Masse ausgefüllt. Die Tierbilder bieten viele Möglichkeiten der symbolischen Interpretation, wobei der sogenannte Physiologus wichtig wurde. Während die ältesten Stücke noch ins 13. Jahrhundert gehören, sind die jüngsten erst um 1500 entstanden.

Der Ihlower Altar

Der äußerst figurenreiche Ihlower Altar, von Graf Ulrich II. um 1630 der Lambertikirche in Aurich geschenkt, wurde ca. 1515 in Antwerpen von der Lucasgilde gefertigt, wie das Beschauzeichen verrät. Die glanzvolle Sonntagsseite, heute stets sichtbar, zeigt das Leben Jesu. Auffällig ist hier die Darstellung der sieben Sakramente auf Konsolen rechts und links von der zentralen Kreuzigungsgruppe. Auf der heutigen Rückseite, einst die Alltagsseite, sieht man auf Gemälden die Einsetzung des Heiligen Abendmahls mit Übernahme von Motiven aus dem Löwener Sakramentsaltar des Dirk Bouts und die Gregorsmesse, die um das Geheimnis der sakramentalen Wandlung kreist. Auf die Vorstellung der Wiederholung des Golgatha-Opfers Christi in der Messfeier weisen die Leidenswerkzeuge hin. Im Kloster war täglicher Eucharistie-Empfang üblich. 1984 wurde der glanzvolle Altar vorbildlich gereinigt, restauriert und konserviert.

Das Jagdschloss Ihlow

Graf Enno III. Cirksena ließ 1612 neben der ehemaligen Klausur ein Jagdschloss als Sommerresidenz errichten. Diese wurde 1756 abgerissen. 2004 wurden durch Grabung von Monika Brüggler M.A. die Ausmaße dieses Gebäudes ermittelt. Der Bau maß 13 m × 10 m und besaß ein halbkellerartiges Untergeschoss. Ausgegrabene, grünglasierte Ofenkacheln aus der 2. Hälfte des 16. Jahrhunderts weisen zum Teil biblische Motive auf. Bei den Grabungen wurden weiter Reste eines noch zisterziensischen Baues ermittelt, von dem eine umgestürzte Backsteinmauer und Reste der Fundamentierung erhalten waren. Die mit etwa drei Metern erstaunlich starke Breite der Fundamentgräben lässt auf ein stattliches Gebäude schließen. Vielleicht lag hier das Abtshaus.

Neues Leben auf altem Grund

In dem alten Forsthaus an der Klosterstätte ist ein vorbildlicher Museumsraum eingerichtet, dem Café zugeordnet ist. das Gebäude ist Teil der Jugendbildungsstätte Ihlow. Im restaurierten Backhaus beim Forsthaus wird von Zeit zu Zeit Brot gebacken. Der

Förderverein »Freunde der Klosterstätte Ihlow« trat in die Nachfolge des mittelalterlichen Freundeskreises der Abtei (Kontaktadresse: Bernhard Buttjer, Dornenstraße 12, 26529 Marienhafe). Ein Klostergarten wurde an der Stelle des ehemaligen Innenhofes des Kreuzgangs angelegt. Unter dem Motto »Stressabbau im Garten« treffen sich regelmäßig »Klosterschwestern« zur Pflege der Kräuter und Blumen, die durch einen speziellen Zaun vor den Tieren des Ihlower Waldes geschützt werden. Im März 2003 führte ein Kreuzweg aller umliegenden evangelischen Kirchengemeinden zur Klosterstätte Ihlow: am Karfreitag nahmen hundert Personen an der gemeinsamen Andacht teil. Im August 2003 wurde mit einer festlichen Hora in der Kirche von Ihlowerfehn und mit einem Vortrag des Verfassers des 850. Todestages des Heiligen Bernhard von Clairvaux, des größten Zisterzienscrs, gedacht, seines Geburtstages zum Ewigen Leben.

Im Juni 2004 stand Ihlow im Mittelpunkt eines von der Europäischen Union geförderten Internationalen Symposiums »Die Zisterzienser an Nord- und Ostsee«, in dem die Weißen Mönche als »Pioniere europäischer Zusammenarbeit und grenzüberschreitender Kooperation« gewürdigt wurden. Die »Freunde der Klosterstätte Ihlow« richteten diese hochkarätige Tagung zusammen mit der »Historischen Vereinigung Aduard« aus. Der Verfasser sprach über »Zisterziensische Spuren in Niedersachsen«. Auf der anschließenden Exkursion wurde auch das Gelände um den erhaltenen Krankensaal des Klosters Aduard, des Mutterklosters von Ihlow, besichtigt (dazu eine vorzügliche deutsch-niederländische Dokumentation – 137 Seiten!). 2005/06 ging es um eine Holz-Stahl-Rekonstruktion der Kirche mit einem Rundgang in Traufenhöhe 22 m). Von hier aus ist ein Rundblick über die gesamte Klosterstätte möglich.

Ihlow im Landkreis Aurich, einst das bedeutendste der dreißig Ordenshäuser Ostfrieslands, gehört zu den größten unüberbauten Klosterkomplexen in Niedersachsen.

Das Stift Möllenbeck in Rinteln im Lichte neuer Forschungen

Das Kanonissenstift

Im Jahre 896 gründete die Edle Hildburg im Einvernehmen mit ihrem Bruder, dem Priester Folkard und dem Bischof Drogo von Minden das Stift Möllenbeck.[1] Erste Äbtissin wurde nach dem Kanonissenbrauch Hildburgs Nichte Wendelburg. Erst wenn die Stifterfamilie niemand mehr präsentieren konnte, sollte die Äbtissinnenwahl dem Stiftskapitel[2] selbst zukommen. Die Vorstellung, Möllenbeck sei eine Tochtergründung des Reichsstiftes Herford, entsprang gelehrter Phantasie.[3] Dass es sich in Möllenbeck um ein Kanonissenstift, also eine freiere, adlige Frauengemeinschaft, nicht aber um ein Nonnenkloster handelte, bezeugen typische Bezeichnungen im Totenbuch, wie z.B. praeposita, also Pröpstin, des Heiligen Dionysius (29.9.), Decana, also Dekanin dieser Kirche (27.9.) und canonica (28.9.), also Stiftsdame. Auch die vorzügliche Verpflegung ist typisch für ein Kanonissenstift. So z.B. erhielt jede Kanonisse am 12.3., am Todestag einer Witwe Amelrat, auf Grund einer entsprechenden Stiftung zur Verbesserung ihrer Präbende drei Brote, drei Krüge Bier, einen gekochten Hahn und eine Portion Schweinefleisch, wie das Totenbuch verrät. Nachts schliefen alle im Dormitorium. Am Tag hatten sie eigene Wohnungen.

Der französische Kanonissenforscher Michel Parisse[4] hat auf Grund neuer Forschungen die Möllenbecker Befunde in die Gesamtstrukturen des Kanonissenwesens eingeordnet. Losgelöst von diesen Tatsachen übernimmt seit dem 18. Jahrhundert der eine Gelehrte vom anderen, Möllenbeck sei ursprünglich ein Benediktinerinnenkloster gewesen[5], was unzutreffend ist.

Von dem karolingischen Gründungsbau Möllenbecks sind unter der Krypta Fundamentreste einer kleinen, hufeisenförmigen Apsis ausgegraben worden, die im Kryptenfußboden gekennzeichnet sind.

Die Kanonissen hielten ihren täglichen Gottesdienst in dem bis auf den verschwundenen Mittelturm erhaltenen Westbau der 1950 durch Ausgrabungen erforschten Stiftskirche. Hinter ihren Sitzen hingen »Rückelaken«, Dorsalia, um die Mauerkälte von den adligen Damen so gut wie möglich abzuhalten. Die Besucher der Kirche konnten die singenden Kanonissen nicht sehen.

Der an sich äußerst zuverlässige Pastor August Heldmann bietet in seinem nach den Quellen gearbeiteten Gedenkblatt zur Tausendjahrfeier Möllenbecks[6] eine sehr

---

1   HEUTGER 1987.
2   TROMPETER 1996. – HUMBURG/SCHWEEN 2000, bes. S. 84f., 170, 228ff. – HEUTGER 1996, S. 9–25.
3   FÜRSTENBERG 1995.
4   Michel PARISSE: Les femmes au monastère dans le Nord de l'Allemagne du IXe au XIe siecle, in: AFFELDT 1990, S. 311–324, hier, S. 312f.
5   So noch SEEDORF/MEYER 1996, S. 774.
6   HELDMANN 1896, S. 14f.

eingehende Einführungsordnung für eine Äbtissin, die eine Fülle von örtlichen Gegebenheiten enthält. Aber diesen Text hat Heldmann selbst in Analogie zu den Ordines anderer Stifte geschaffen, denn nirgendwo sonst taucht in der echten Möllenbecker Überlieferung etwas Entsprechendes auf. Auch die spezifisch Möllenbeckschen Ingredienzien sind Einträge August Heldmanns.

Dem Stift wurden auch Kinder zur Erziehung anvertraut. Das zeigt z.B die Eintragung zum 9.9. im Totenbuch »Luidgerd infans s. dion.« »Luidgerd, Kind des Heiligen Dionysius«, also Kind des Möllenbecker Patrons. Überhaupt trug ein solches Kanonissen-Stift Züge einer Domschule. Auch in Möllenbeck gab es gebildete Kanonissen, auch wenn die entsprechenden Spuren verschwunden sind.[7]

Das umfassende Kanonissenwerk Irene Crusius (Hg.): Studien zum Kanonissenstift, Göttingen 2001 = Veröffentlichungen des Max Planck-Instituts für Geschichte 167 = Studien zur Germania Sacra 24, erwähnt mehrmals auf Grund der Forschungen des Verfassers das Kanonissenstift Möllenbeck.[8]

Das Stift Möllenbeck förderte das religiöse Leben seiner Umgebung. So z.B. gründete das Stift 1298 zusammen mit dem Kollegiatstift St. Johannis in Minden eine Kapelle in Othbergen, einem heute wüsten Ort zwischen Möllenbeck und Eisbergen.[9] Mechthild, »von Gottes Gnaden« Äbtissin zu Möllenbeck, nahm 1314[10] mit dem gesamten »Collegium Dominarum«, also mit dem Kapitel ihrer Stiftsdamen, die Benediktinerinnen im nahen Rinteln in die geistliche Gemeinschaft (Fraternitas) mit dem Stift Möllenbeck auf: Die Rintelner Nonnen sollten an allen Messen, Vigilien, Fasten, Psalmen und allen geistlichen Vorrechten der Möllenbecker Kanonissen Anteil bekommen. Der Möllenbecker Kanonikus Johannes von Rottorp war zugleich Propst des Rintelner Nonnenklosters. Seiner gedachten die Möllenbecker Kanonissen am 8. November.

Die Möllenbecker Damen lebten von den Abgaben der Bauern, an die der gewaltige Grundbesitz des Stiftes verpachtet war. Eigenbewirtschaftung kam ja bei einer Frauengemeinschaft nicht in Frage. Das Totenbuch enthält ungezählte Angaben, welcher Pächter zu welcher Zeit welche Realien abzuliefern hatte.

Die Möllenbecker Kanonissen ließen sich gern in ihrer Stiftskirche begraben. Bei den Ausgrabungen im Jahre 1950 wurden in der ältesten Schicht Überreste von frommen Frauen der Frühzeit entdeckt.

Das Möllenbecker Totenbuch

Das bis 1441 geführte Möllenbecker Totenbuch geht in seinem Namensbestand bis in die Zeit um 896 zurück und enthält zahlreiche Persönlichkeiten der ottonischen Reichskirche. So z.B. gedachten die Möllenbecker Kanonissen am 7.2. (Vigil =

---

7   Bodarwé 2004.
8   Vgl. z.B. S. 332, 335, 340 – die falsche Gründungszahl Möllenbecks auf S. 324 beruht freilich auf einem Druckfehler.
9   Hengst 1992, S. 627.
10 Jarck 1982, Nr. 81.

Vorabendgottesdienst) der am 8.2.999 verstorbenen Quedlinburger Fürstäbtissin Mathilde, Tochter Kaiser Ottos I. und Schwester Kaiser Ottos II. Dieser hochgebildeten Frau hat Widukind von Corvey bekanntlich seine Sachsengeschichte gewidmet. Die Reichsäbtissin war während des Romzugs ihres Neffen Otto III. 997/98 sogar Reichsverweserin, besonders für den sächsischen Raum, mit dem Titel Matricia.[11] Im Möllenbecker Totenbuch erscheinen auch die Gandersheimer Fürstäbtissin Hathumod (8.2.) und die Herforder Fürstäbtissinnen Adala (21.8.), Hadwig (26.4.) und Wichburga (29.12.).

Am 18.2. gedachten die Möllenbecker jedes Jahr der Toten der verheerenden Niederlage unter dem siebzehnjährigen König Ludwig »dem Kinde« (900–11) auf dem Lechfeld im Jahre 910 gegen die Ungarn. Der 893 geborene ostfränkische König Ludwig (IV.) »das Kind«[12] war der einzige aus vollgültiger Ehe stammende Sohn Kaiser Arnulfs, der 896 das Stift Möllenbeck in seinen Schutz genommen hatte. Auch am 31. August beteten die Möllenbecker Kanonissen für das Seelenheil ihrer »Brüder«, ihrer leiblichen und /oder geistlichen Brüder, die von den Ungarn getötet sind. Das Stift war demnach ganz erheblich für das Gedenken der während der verheerenden Ungarneinfälle getöteten sächsischen Männer, besonders des Reichsaufgebotes von 910, bestimmt.

Am 6. September gedachten die Möllenbecker Stiftsfrauen – genau wie die Essener – des schwäbischen Herzogs Ludolf, des Sohnes Kaiser Ottos I. aus erster Ehe, der am 6. September 957 in Italien gestorben war.

Und zum 19.5. heißt es im Totenbuch »Gero dux«. Das war das Vigil-Gedenken des am 20.5.965 verstorbenen, gewaltigen Markgrafen Gero, der mit allen Mitteln die Grenzen des Reiches weit nach Osten vorgeschoben hat, und der in der von ihm 961 gegründeten Stiftskirche Gernrode beigesetzt ist.[13] Am 25.Mai gedachten die Möllenbecker[14] des Hevellerfürsten Tugumir, der im Winter 928/29 von König Heinrich I. in Gewahrsam genommen war, der aber 940 in seine Brandenburg zurückkehren durfte. Er unterstellte sich Otto d.Gr. und stärkte so dessen Tributherrschaft über die slawischen Stämme bis zur Oder.[15] Ch. Lübke vermutet, dass seine Schwester in Möllenbeck Kanonisse war.

Des Papstes Paschalis II. (1099–1118) gedachten die Stiftsfrauen an seinem Todestag, am 21. Januar.

Im Totenbuch erscheinen auch die Billunger, die Möllenbecks Frühgeschichte so stark bestimmten. Des Herzogs Hermann Billung, † 973, wurde am 27. März gedacht. Auch Graf Lüder, der Sohn Hermann Billungs und jüngerer Bruder Herzog Bernhards I. von Sachsen, gestorben 1011, erscheint zum 26. Februar im Möllenbecker Totenbuch.

---

11 Bosl o.J., Sp. 1821f.
12 Bosl o.J., Sp. 1715.
13 Schlesinger 1964, S. 312–314.
14 Schrader 1832, S. 355.
15 Ch. Lübke in: Lexikon des Mittelalters VIII, München 1997, Sp. 1090.

Das Stift Möllenbeck in Rinteln im Lichte neuer Forschungen

Im Nekrolog des billungisch bestimmten Stiftes Borghorst in Westfalen finden sich zahlreiche Beziehungen zu Möllenbeck. Am 22.1. gedachten die Möllenbecker Kanonissen in ihrer Vigil einer Pröpstin Hildegund, die auch im Borghorster Nekrolog erscheint. Am 4.3. erinnerten die Möllenbecker an die Monialis Sancti Dionysii Swanhild, die am 2.3. mit einem Hinweis auf Möllenbeck im Borghorster Totenbuch auftaucht. Und am 3.6. beteten die Möllenbecker für die Seele der von einem Verwandten ermordeten Pröpstin Methilt, die mit dem gleichen Titel auch in Borghorst erwähnt wird. Am 29.9. erinnerten die Kanonissen des Weserklosters an die Möllenbecker Pröpstin Windemot, derer am 1.10. in Borghorst gedacht wurde. Zu der Inklusin Walswit in Möllenbeck am 24.9. tritt in Borghorst die Inklusin Walsuidis.[16]

Natürlich zeigt das Möllenbecker Totenbuch auch Beziehungen zum nahen Stift Fischbeck. So wurde am 20. Juni der Fischbecker »Priorissa« Hildegart gedacht. Am 22.12. beteten die Möllenbecker Stiftsfrauen für die Wunstorfer Äbtissin Ricwera. Am 17. April gedachten die Möllenbecker Stiftsdamen der Äbtissin Methilt von Bassum. Das Reichsfrauenstift Essen ist am 2. Februar mit Äbtissin Gerburg im Totenbuch vertreten. Das Totenbuch zeigt auch Beziehungen zu dem Mindener Benedikterkloster St. Mauritius. So erscheint am 27. April der an diesem Tag verstorbenen Abt Alberich – wie auch in Lüneburg St. Michael und in Marienmünster. Am 23. November gedachten Möllenbeck und Minden der gleichen »Magd Gottes und des Heiligen Dionysius« Wicburch.

Verbindungen zur nahen Abtei Corvey bezeugt das Gedenken des Corveyer Abtes Saracho († 9. Juni 1071), der sogar Confessor, Bekenner genannt wird. Auch des Hersfelder Abtes Ruthard († 9. Juni 1074) gedachten die Kanonissen.

Im Möllenbecker Totenbuch finden wir zahlreichen Repräsentanten des Reichsepiskopats. Zunächst ging es da natürlich um die Bischöfe von Minden. Am 2. Februar erinnerten sich die Stiftsfrauen an Bischof Dietrich I., der 880 in der Schlacht bei Ebstorf von den Normannen erschlagen worden war. Am 7. Februar gedachten die Stiftsdamen des 905 verstorbenen Bischofs Adelbert. Am 6. September beteten die Möllenbecker Stiftsdamen für die Seele von Bischof Bernhard, gestorben 914. Am 26. Juli ging es um das Gedenken des 927 verstorbenen Bischofs Luther.

Am 5. Juni beteten die Stiftsdamen für die Seele von Bischof Drogo († 902), des Mitgründers ihres Stiftes. Am 18. Oktober gedachten die Stiftsdamen des 950 verstorbenen Bischofs Bergisus, womit Ebergisus gemeint war. Am 27.9. beteten die Möllenbecker Kanonissen für Bischof Landwart von Minden († 970). Am 18. April erhielten die Stiftsdamen besondere Lebensmittel zur Erinnerung an den 996 gestorbenen Bischof Milo von Minden. In der Vigil seines Todestages betete das Kapitel für den am 2. Oktober 1002 gestorbenen Bischof Ramward von Minden. Am 10. Februar erinnerten die Stiftsdamen an Bischof Bruno, der 1055 gestorben ist. An Bischof Eilbert (Engelbert), gestorben 1080, dachten die Stiftsdamen am 1. Dezember; an diesem Tag gab es für die Damen kostbare Gewänder und ein ganzes Schwein.

---

16 ALTHOFF 1978, S. 258f.

Am 8. Dezember erinnerten sich die Kanonissen an Bischof Odolricus, der 1097 verschieden ist. Am 15. Dezember ging es um das Gedenken Bischofs Gottschalk, der 1112 gestorben ist. Am 28. Dezember gedachten die Stiftsdamen des Bischofs Withelo (Widigo), gest. 1120, von Minden.

Am 29. April beteten die Stiftsdamen für Bischof Siegward, † 1140, an den seine kunstreiche Grabkirche in Idensen erinnert. Am 10. November ging es um das Gedenken des 1170 heimgegangenen Bischofs Werner von Minden. Am 15. Februar beteten die Stiftsdamen für Bischof Anno, † 1185. Am 5. März gedachten die Stiftsdamen des 1206 verstorbenen Bischofs Thetmar.

Am 11. August erinnerten die Kanonissen an Erzbischof Walthard von Magdeburg, der 1012 nach nur wenigen Wochen Amtszeit abgerufen worden war. In der Vigil zum 11. Dezember gedachten die Kanonissen des am 10.12.990 verstorbenen Bischofs Folcmar = Poppo von Utrecht. Am 23.5. erinnerte das Stift an den 997 verstorbenen Erzbischof Adalbert von Prag.

Am 24. August erscheint der Bremer Erzbischof Luderich, † 849, im Möllenbecker Totenbuch. Am 11. Juni erinnerten die Möllenbecker Stiftsdamen an den Bremer Erzbischof Rembert, † am 11. Juni 888. Zum 9. Mai erscheint der Bremer Erzbischof Adalgar, der 910 gestorben ist. In der Vigil am 27. April gedachten die Möllenbecker Stiftsdamen des am 28.4.988 verstorbenen Erzbischofs Adeldag von Bremen. Am 25. August erscheint der Bremer Erzbischof Libentius II., † 1032, im Möllenbecker Totenbuch.

In der Vigil am 9. Juni gedachten die Möllenbecker Kanonissen des am 10. Juni 1051 verstorbenen Erzbischof Bardo von Mainz, der ursprünglich Abt von Fulda und dann von Hersfeld gewesen war. Am 29. Juni erinnerten sich die Möllenbecker an den Kölner Erzbischof Gero, der am 29. Juni 976 gestorben ist. Am 4. Dezember gedachten die Möllenbecker Stiftsdamen des Kölner Erzbischof Anno, der am 4.12.1077 heimgegangen ist. Des Hildesheimer Bischofs Hezilo, † 1079, gedachten die Stiftsdamen am 6. August. Für den Hildesheimer Bischof Berthold I., † 1130, beteten die Stiftsfrauen am 15. März. Zum 27. Oktober erscheint im Möllenbecker Totenbuch Bischof Adelwart von Passau, † 970 oder 971.

Viele Einträge beziehen sich auf Dynasten der Umgebung Möllenbecks. So gedachte man am 5. Juli des Grafen Adolf III. von Schaumburg, der am 6. Juli 1164 bei einem Ausfall aus dem belagerten Demmin von den »Heiden«, bzw. den Wenden erschlagen worden war.

Von dem 1943 im Luftkrieg in Hannover vernichteten Totenbuch ist außer dem mäßig gedruckten Gesamttext einzig die Seite 29 r mit Eintragungen vom 24.9. bis 30.9. photographisch überliefert.[17] Auf dieser Grundlage lässt sich die Anlage des Nekrologs datieren: Man kommt in die Mitte des 13. Jahrhunderts. Auf diesem einzigen, als Photo überkommenen Blatt lassen sich wegen der kleineren Schrift leicht die vielen, späteren Zusätze vom Kern der Aufzeichnung sondern, was im gedruckten Text oft nicht möglich ist.

---

17 ARNDT/TANGL 1898, 2. Heft, Tafel 61.

Die Möllenbecker Gründungslegende

Als die Möllenbecker Kanonissen im Hochmittelalter im Rahmen der aufkommenden Stifterverehrung über die Anfänge ihrer immer älter werdenden Institution nachdachten, kannten sie durch die Urkunde Kaiser Arnulfs von 896 die Stifterin Hildburg und in der Krypta ihr Grab. Zunächst »verheirateten« sie Hildburg mit einem in der Memorialüberlieferung an ganz unauffälliger Stelle vorkommenden Uffo, dessen Name an der Bremker Burg haftete. Diesen Ehemann der Hildburg ließen sie – es war Kreuzzugszeit – ins Heilige Land ziehen. Uffo blieb lange fort. Das war nichts Ungewöhnliches. Berühmt ist das plastische Doppelgrabmal des Grafen von Vandemont und seiner Gemahlin Anne von Lothringen, das letztere nach sechzehn Jahren der Verschollenheit ihres Gatten meißeln ließ. Er kam aber doch noch zurück. Als Uffo nach vielen Jahren wieder auftauchte, sprang ihm Hildburg entgegen und teilte ihm freudig mit, sei habe ihm in seiner Abwesenheit sieben Töchter geboren. Sie seien aber noch nicht ausgestattet. Als sich der gute Uffo von seinem Schreck erholt hatte, kümmerte er sich um die Ausstattung der sieben Kirchen, die Hildburg in seiner Abwesenheit gestiftet hatte. In der Liste dieser Kirchen haben die Kanonissen alle ihnen alt erscheinenden Gotteshäuser der Umgebung Möllenbecks zusammengestellt. Sie merkten sogar, dass Exten noch älter war als alle anderen. Etwa als obige Legende um Hildburgs Grab herum entstand, stiftete man ihr ein schönes Grabmal mit einer Krone, adligen Zöpfen, der Inschrift Molenbech und aufmontiertem Goldschmuck, der freilich längst entwendet worden ist. Ein Teil dieses Grabmals ist im Kircheneingang erhalten. Im 14. Jahrhundert wurde dann diese Gründungslegende zur Schrift. Und als 1479 die Möllenbecker Stiftskirche neu errichtet wurde, meißelte man die Hauptelemente der Stiftslegende über die Kirchentür. Als um 1480 die angebliche Hildburg-Kirche in Deckbergen einen neuen Altar bekam, wurde darauf Uffo als Pilger und Kirchen-Ausstatter zusammen mit Hildburg dargestellt. Und als um 1500 das Kloster von den Windesheimer Augustiner-Chorherren neu gestaltet wurde, konnte man durch ein zum Teil erhaltenes Treppchen aus der Kirche in die Krypta steigen, um Hildburgs Grab und die anderen Reliquien zu besuchen. Bei den großen Ausgrabungen in Möllenbeck 1950 wurde dann Hildburgs unberührtes Grab wiederentdeckt und im Fußboden der Unterkirche gekennzeichnet.

Es ist schon früher aufgefallen, dass die Gründungs-Geschichte bzw. -Legende des weit entfernten Stiftes St. Georgen am Längsee, des ersten Klosters in Kärnten[18] erhebliche Ähnlichkeiten mit der Möllenbecker Überlieferung zeigt. Auch dort ist der Ehemann der Stifterin auf langdauernden Pilgerreisen und stattet nach unerwarteter Rückkehr die Stiftung seiner Gemahlin aus. Auch hier wurden die Gründer Wichburg und Otwin als Stifter verehrt. Hier heißt die erste Äbtissin (1002–18), die Tochter der Stifterin, Hiltburg, wie die Stifterin Möllenbecks.

---

18 FAUST/KRASSNIG 2000, 1, S. 561–612, hier S. 563.

Der Möllenbecker Heiligenhimmel

Die mittelalterlichen Kanonissenstifte sammelten mit Hingabe mehr oder weniger echte Reliquien, wie z.B. das Stift Gandersheim, dessen umfängliche Reliquiensammlung in unseren Tagen in Dreck und Staub auf dem Dachboden der Stiftskirche wiederentdeckt wurde.[19] In mehreren Schüben kamen Partikeln von Heiligen oder wenigstens Stoffstücke, mit denen angebliche Reliquien berührt worden waren, auch ins Stift Möllenbeck. Manchmal schenkte auch ein Bischof, besonders der Mindener, Absplisse, in einer Art Klonverfahren gewonnen, von Reliquien seiner Domkirche. So waren mehrere Möllenbecker Heiltümer auch in Minden vorhanden. Es war Brauch, dass Bischöfe bei Weihehandlungen etwas vom Reliquienbestand ihrer Kathedrale mitbrachten.[20] An die Ankunft, an den Adventus, solcher heilsamer Objekte wurde alljährlich erinnert.[21]

Die Möllenbecker besaßen eine Hippolyt-Reliquie. Hippolyt[22] († 235/36) war Gegenpapst unter Kallist I., Urban I. und Pontianus. Hippolyt-Reliquien gab es auch in Gandersheim, Quedlinburg, Magdeburg und Halberstadt. Hippolyt wollte eine Kirche der Reinen, aber Kallist eine Weltkirche. Hippolyts Kirche wäre eine Winkelkirche geworden. Papst Pontian und Gegenpapst Hippolyt wanderten 235 in die Verbannung nach Sardinien, was einem Todesurteil gleichkam. Hier machte der gelehrte Hippolyt seinen Frieden mit der römischen Gemeinde. So wurde sein Leichnam nach Rom überführt und feierlich beigesetzt. Er erhielt nun den Ehrentitel eines Märtyrers. 1551 fand man in den Katakomben die Reste des ihm von der Gemeinde gesetzten Grabsteins, auf dessen Sockel die Titel seiner Werke aufgezählt sind. Von diesen seinen griechischen Schrifte sind Bruchstücke erhalten, z.B. von seiner »Widerlegung aller Häresien«, seinem Kommentar zum Buch Daniel, der ersten christlichen Bibelauslegung überhaupt, und seiner Kirchenordnung.

Das Stift erhielt auch etwas vom Papst Fabianus (236–50), dem der organisatorische Ausbau der römischen Kirche in der Friedenszeit vor der Verfolgung des Kaisers Decius gelang. Er starb als eines der ersten Opfer der Decischen Verfolgung. Er ruht in der Papstgruft der Kallistkatakombe. Sein Grab wurde 1915 wiederentdeckt.

Im Möllenbecker Reliquienschatz war auch Papst Gregorius d. Gr. (590–604) präsent, der als »Servus servorum Dei«, als Knecht der Knechte Gottes, dem Papsttum eine bis dahin unerreichte Führungsstellung verschafft hat. In seinem Liber pastoralis zeichnete er das Idealbild eines Seelenhirten. Er reformierte die Messfeier. Die Legende von der Gregorsmesse betonte die Realpräsenz Christi im Abendmahl. Seinen Grabstein schmücken die Worte: »Nimm hin, Erde, den Leib, der gebildet ist von deinem Leib, und gib zurück davon, was Gott auferwecken wird. Der Geist schwebt zu den Sternen und der Tod hat keine Gewalt über den, dem er nur als Pforte gilt zu ewigen Leben.«

---

19 Hoernes/Röckelein 2006, passim.
20 Hoernes/Röckelein 2006, S. 63.
21 Belege für das Folgende bei Heutger 1987, S. 57–60.
22 Aland 1953, S. 128–131.

Zum Möllenbecker Heiligenhimmel gehörte auch St. Laurentius, der Diakon der römischen Kirche, der am 6.8.258 angeblich auf einem glühenden Rost zu Tode gebracht wurde. So galten Stücke vom Rost des Heiligen Laurentius im Mittelalter als äußerst begehrenswerte Reliquien.

Zweimal haben die Kanonissen Relikte des aus Phrygien stammenden Heiligen Pankratius erlangt. Das Grab dieses jugendlichen Blutzeugen unter Kaiser Diocletian wurde an der Via Aurelia in Rom gezeigt. Papst Symmachus errichtete über seinem Grab eine Basilika. Berührungsreliquien von Pankratius verbreiteten sich über das ganze Abendland. Als Patron der Ritter war er den adligen Kanonissen besonders wichtig.

Januarius, der älteste Sohn der Heiligen Felicitas, hat 162 den Märtyrertod erlitten. 1857 fand man seine Grabkammer mit einer Weiheinschrift des Papstes Damasus.

Möllenbeck besaß auch Reliquien des völlig unhistorischen Ritterheiligen Georg, dessen Grab aber dennoch bis heute im Heiligen Land gezeigt wird. Auch Gandersheim hatte Partikeln dieser Symbolfigur.

Felicianus, der erste Bischof von Foligno in Umbrien, starb unter Kaiser Decius (249–51) als Blutzeuge. Reliquien dieses Märtyrers wurden 965 nach Minden gebracht. Von dort haben die Möllenbecker Kanonissen etwas erhalten. Zusammen mit Felicianus starb der römische Presbyter Primus am 15. Meilenstein der Via Nomentana, wo schon im 4. Jahrhundert eine Basilika zum Gedenken der beiden Märtyrer erbaut wurde.

Von der Märyterin Agathe aus Catania haben die Möllenbecker zweimal eine Reliquie erlangt. Von Agathe erzählt die Legende, dass die Christin von dem heidnischen Statthalter wegen ihrer Schönheit in ein öffentliches Haus gesteckt und dann grausam gemartert worden sei. Die Möllenbecker erfreuten sich auch einer Reliquie der Märyterin Caecilia, deren Grab in der Cecilia-Katakombe mit einer Statue von Maderna gezeigt wird. Sie erscheint bereits in der Prozession der Jungfrauen in S. Apollinare Nuovo in Ravenna. Ihre Legende, ein Epos zum Lob der Jungfräulichkeit, gehört zu den verbreitetsten im Abendland. Caecilia wurde im Spätmittelalter Patronin der Musik. Daria, römische Märtyrerin des 3. oder 4. Jahrhunderts, war an der Via Salaria Nuova zusammen mit dem Blutzeugen Chrysanthus bestattet. Der glühende Märtyrerverehrer Papst Damasus schmückte das Grab mit einem lobpreisenden Epigramm. In Ravenna findet man Daria im Zug der Jungfrauen in S. Apollinare Nuovo. Auch von Chrysanthus besaßen die Möllenbecker ein Relikt. Sebastian war nach der Legende ein Offizier der kaiserlichen Garde, der als Christ auf Befehl Kaiser Diokletians im Hypodrom mit Pfeilen zerschossen, aber in der Pflege der christlichen Witwe Irene sich wieder erholte, bis er wegen neuerlichen Bekennermutes mit Keulen erschlagen wurde. Seine Leiche kam in die Sebastianskatakombe.[23]

Partikeln des Märtyrers Dionysius (3. Jahrhundert), des ersten Bischofs von Paris, wurden sogar bei drei Gelegenheiten erworben. Das waren die Möllenbecker Kanonissen ihrem Stiftspatron schuldig. Und nach dem Brand von 1248 ließ das Stift die Dionysius-Reliquien als seine kostbarsten Heiltümer durch die ganze Diözese Minden tragen, um die Opferfreudigkeit der Gläubigkeit für den Neubau anzufachen.

---

23 MARUCCHI 1912, S. 67.

So übergaben die Gläubigen nach der Vorstellung der Zeit ihr Opfer dem Heiligen ganz persönlich. Noch die Möllenbecker Augustiner-Chorherren brachten um 1500 das Bild des heiligen Bischofs auf einen Schluss-Stein im Chor. Der Möllenbecker Subprior Hoier setzte den Klosterpatron später fälschlich mit dem mystischen Schriftsteller Dionysius Areopagita gleich. Die auch in Möllenbeck bekannte Legende berichtet, nach seiner Enthauptung auf dem mons martyrum, den Berg der Märtyrer (später franz: Montmartre) sei er aufgestanden und mit seinem Kopf in den Händen bis zu dem Ort gelaufen, wo er begraben werden wollte. Hier entstand das Kloster St. Denis, in dessen Kirche die französischen Könige begraben liegen.

Auch Relikte des Rusticus, eines Geistlichen beim Bischof Dionysius, und des Pariser Diakons Eleutherius waren in Möllenbeck vorhanden. Die Möllenbecker erlangten auch ein Relikt der Hl. Genoveva, der Patronin von Paris, die um 520 gestorben ist. Sie galt als Stifterin der Kirche St. Denis vor den Toren von Paris. Genoveva ist scharf von der legendären Heldin eines äußerst populären Volksbuches gleichen Namens zu unterscheiden.

Der Märtyrer Cyriacus war anscheinend ein Opfer Diocletianischen Verfolgung. Er gehört zu den viel verehrten Nothelfern. Cyriacus war der Hauptpatron des Möllenbeck so ähnlichen Stiftes Gernrode. Für Honoratus kommen gleich drei Heilige in Frage, ein Bischof von Amiens, einer von Arles und einer von Marseille. Von Honesta – der Name kommt von honestus, ehrbar – gab es auch in Magdeburg Reliquien. St. Margarethe war die Tochter eines heidnischen Priesters in Antiochia. Nach dem frühen Tod ihrer Mutter übernahm ihre Amme ihre Versorgung und erzog sie heimlich im christlichen Glauben. Als ihr Vater das merkte, verbannte er Margarethe auf ein abgelegenes Gut, wo sie die Schafe hütete. Als sie eines Tages ihre Herde heimführte, begegnete ihr der heidnische Präfekt Olybrius, der in Liebe zu ihr entbrannte. Er wollte sie so oder so gewinnen. Aber die Magd Christi widerstand allen Angeboten. So wandelte sich die Liebe des Präfekten in Hass. Allen Martern zum Trotz lehnte sie das heidnische Opfer ab. Um 300 wurde sie Märtyrerin. Auch Gandersheim besaß eine Margarethen-Reliquie.

Mit »St. Nicomedis« ist St. Nicomedes, ein römischer Märtyrer unter Kaiser Domitian, gemeint, dessen Tag der 15.9. ist. Die weitgehend unbekannte Hl. Speciosa, die Schwester des Bischofs Epiphanius von Pavia, eignete sich als Rollenmodell für Jungfrauen. Ihre Gebeine hatte der Hildesheimer Bischof Otwin (954–84) 962 aus Italien geraubt.[24] Großherzig gab er Partikeln ab, an Gandersheim, Minden und … Möllenbeck. Die aus Kleinasien stammenden Zwillingsbrüder Cosmas und Damian, die beiden Heiligen Ärzte, auch sonst in Niedersachsen verehrt, z.B. in Exten bei Rinteln und in Marienrode bei Hildesheim, haben nie Geld für ihre Bemühungen genommen. Sie sind die einzigen Heiligen der orientalischen Kirche, die in den abendländischen Messkanon aufgenommen wurden.

Die Benediktinerin Walburgis, † am 25.2.779 in Heidenheim, war von ihrem Verwandten S. Bonifatius aus England als Missionshelferin nach Germanien ge-

---

24 MGH SS IV, S. 248–251.

rufen worden. Schließlich war sie Äbtissin in Heidenheim. Sie galt als Patronin der Wöchnerinnen, der Bauern, der Haustiere und der Feldfrüchte. In der Walpurgisnacht, in der Nacht zum 1. Mai, wurden alle Zauberkräfte entfesselt. Bei Theodor gibt es viele Zuweisungsmöglichkeiten. Am Wahrscheinlichsten ist, dass es sich um Bischof Theodor von Minden (853–80) handelt, der 880 in der Schlacht bei Ebstorf gegen die heidnischen Normannen fiel und so als Märtyrer galt. Er war der Gründer des Kanonissenstiftes Wunstorf, zu dem Möllenbeck viele Beziehungen hatte. Von St. Godehard von Hildesheim, dem 14. Bischof (1022–38), erhielten die Kanonissen nicht lange nach seinem Tod Relikte. Nach Godehard heißt die Päpstliche Basilika St. Godehard in Hildesheim, für deren bauliche Unterhaltung die Klosterkammer aufkommt. Durch ihren Reliquienschatz fühlten sich die Möllenbecker Kanonissen heilsam mit den Segensgestalten der Kirchengeschichte verbunden.

Als nach dem Ende des Kanonissenstiftes, 1441, Windesheimer Chorherren nach Möllenbeck kamen, übernahmen sie auch die Reliquien, für die sie bei der gotisierenden Erneuerung der Krypta einen vollständig erhaltenen, tonnengewölbten Raum erstellten, die Confessio. Hier waren die Heiltümer auf Regalen in mehr oder weniger kostbaren Behältern aufgestellt, von denen aber nicht die geringste Spur überkommen ist. Als das Kloster 1558 evangelisch geworden war, war es vorbei mit den mehr oder weniger echten Relikten der Heiligen: Der sonst dem Möllenbecker Mittelalter begeistert zugeneigte Subprior Conrad Hoier widmete ihnen in seinem ausgedehnten Schrifttum kein einziges Wort mehr.

Die Windesheimer Kanonie

Ab 1441 wirkten in Möllenbeck Augustinerchorherren der Windesheimer Kongregation, zu der 1530 83 Männer- und 13 Frauenklöster gehörten, die 1803 aufgehoben und 1961[25] kanonisch wiedererrichtet wurde.[26] So erscheint Möllenbeck auf der Karte »Die Klöster des Kapitels von Windesheim« in H. Jedin; K.S. Latourette; J. Martin: Atlas zur Kirchengeschichte, Freiburg i.Br. 1970, Nr. 68a. Die Windesheimer Kongregation war der monastische Zweig der seit dem Ende des 14. Jahrhunderts von den Niederlanden ausstrahlenden Bewegung der Devotio moderna, der neuen Frömmigkeit, deren Reformanspruch sich gegen den innerkirchlichen Verfall richtete und die geistliche Erneuerung des klösterlichen Lebens zum Ziel hatte. Möllenbeck gehörte im Rahmen der Windesheimer Kongregation nicht zu deren »beschlossenen Klöstern«, der erhaltenen Eisengitter vor den unteren Fenstern ungeachtet. Einzig Aachen beachtete von den Windesheimer Klöstern in Deutschland strenge Klausur.[27] Und doch unterlag das tägliche Leben der Möllenbecker Chorherren ständiger Beaufsichtigung. So z.B. befand sich in der Tür des Kapitelsaals eine viereckige Öffnung, die als »Spion« anzusprechen war.[28]

---

25 ELM 1989, passim.
26 HENDRIKMAN 1996.
27 ACQUOY 1876, S. 54 und 277.
28 Diese spätmittelalterliche Tür ist erst um 1970 durch eine moderne ersetzt worden.

Die Windesheimer Kongregation war seit 1395 von der bischöflichen Gewalt eximiert. Dennoch bestanden freundliche Beziehungen der Möllenbecker zu den Bischöfen von Minden.

Die Aufnahme[29] vollzog sich auch in Möllenbeck in folgender Weise: Die Anwärter hatten die Statuten der Kongregation zur Kenntnis zu nehmen. Dann wurden ihre Fähigkeiten im Lesen und Singen geprüft, was für den Chordienst wichtig war, an den der gewaltige Möllenbecker Chorraum erinnert. Im Kapitelsaal warf sich der Novize dem Prior zu Füßen, der ihn fragte: »Was ist Dein Begehr?« Antwort: »Ich begehre Gottes Barmherzigkeit und Eure Mitbruderschaft«. Dann fragte der Vorsteher, ob der Novize etwa einen anderen Orden verlassen habe, ob er frei und unverheiratet sei, keine anderen Gelübde abgelegt habe, ehelicher Geburt und schuldenfrei sowie gesund sei. Dann stellte der Prior dem Novizen die Beschwerlichkeit des Klosterlebens vor Augen und sagte: »Der Herr gebe Dir, das alles zu vollenden, damit Du zum ewigen Leben kommen mögest«. Der Kniende legte darauf seine gefalteten Hände in die des Priors, der ihn damit in die klösterliche Familie aufnahm. Einige Zeit später erfolgte die Einkleidung. Während des folgenden Probejahres (annus probationis) durfte der Austritt frei vollzogen werden. Bei der dann folgenden Profess versprach der Chorherr Keuschheit, Armut und Gehorsam, sowie den Ordenshabit ständig zu tragen, nach der Regel des heiligen Augustinus zu leben, sich dem gemeinsamen Leben (vita communis) der klösterlichen Familie nicht zu entziehen und den durch die Ordensregel festgelegten Dienst zu leisten. Das weiße Ordensgewand, wie es der gemalte Chorherr trägt, der in der Möllenbecker Sakristei (»Winterkirche«) vor dem Schmerzensmann kniet, durfte auch nachts nicht abgelegt werden. Jeder Chorherr hatte vier Tuniken aus weißer Wolle, von denen zwei für den Winter mit Schaffell gefüttert waren. Der Konvent bestand aus dem Prior und den Professen. Das Möllenbecker Chorgestühl hatte 44 Sitze, aber meistens waren weniger Chorherren vorhanden. Die Hauptaufgaben der Chorherren waren Gebet, Chordienst und Studium. Dazu kamen die speziellen Aufgaben, die der Prior verteilte, bis hin zur Pflege der klösterlichen Bienenkörbe.

Die Priorenwahl musste innerhalb von vierzig Tagen nach dem Eintritt der Vakanz stattfinden: Der Konvent wählte in Gegenwart von zwei Prioren benachbarter Klöster. Wählbar war jeder Chorherr im Alter von mindestens fünfundzwanzig Jahren, der schon mindestens drei Jahre Regularkanoniker war und wenigstens die Subdiakonatsweihe empfangen hatte. Der zu wählende musste gesund und guten Rufes sein. Die Wahl erfolgte meistens per viam scrutinii, d.h. der Wahlleiter fragte jeden insgeheim nach seiner Wahl.

Beim Prior beichteten die Chorherren einmal in der Woche, die Laienbrüder alle vierzehn Tage. Die Verbindung von Vorgesetztem und Seelsorger war natürlich ungut. Der Prior saß im Unterschied zu Äbten von Klöstern anderer Orden mit den anderen

---

29 Im Folgenden folge ich weithin den aus den Quellen erhobenen Ausführungen von Wilhelm KOHL in Max Planck-Institut (Hg.): Germania Sacra, Neue Folge 5, Die Bistümer der Kirchenprovinz Köln, Das Bistum Münster 2, Die Klöster der Augustiner-Chorherren, Berlin 1971, S. 52ff.

Chorherren an einem Tisch in den erhaltenen Refektorien und bekam das gleiche Essen wie die anderen. Der Subprior wurde nicht vom Konvent gewählt – das hätte leicht zu einer Art Gegenregierung führen können – sondern er wurde vom Prior auf Rat der Mehrheit bestimmt. Jedes Jahr musste er nach einem Beschluss des Generalkapitels von 1501 vor dem Osterfest vom Prior neu bestätigt werden. Nach einem Beschluss des Generalkapitels von 1494 war dem Subprior jede Einmischung in die finanziellen Aktivitäten des Klosters ohne besondere Anweisung des Priors verboten. Der Subprior hielt den Laienbrüdern und den Tagelöhnern des Klosters regelmäßig Erbauungsstunden. Der Prokurator wurde ebenfalls vom Prior ernannt und bedurfte gleichfalls alljährlicher Bestätigung. In finanziellen Dingen konnte er einzig auf genaue Anweisung des Priors hin tätig werden. Er besaß also in Geldfragen keine Handlungsfreiheit. Um zu seinen vielen wirtschaftlichen Aufgaben einen Gegenpol zu entwickeln, sollte er so viel Zeit wie möglich in seiner Zelle mit Meditation verbringen. Eine der im Möllenbecker Ostflügel erhaltenen, besseren Zellen kam also ihm zu. Einen gemeinsamen Schlafsaal gab es ja bei solchen Chorherren nicht.

Die anderen Amtsträger (*officiarii*) des Klosters zählten nicht zu den Dignitäten, zu den Würdenträgern. Der Kellermeister unterstand dem Prokurator. Das Reich des Kellermeisters waren vor allem die auch architektonisch sauber ausgeführten Keller des Kongregationsklosters. Der refectoriarius war im Sommer für das Sommerrefektorium und im Winter für das heizbare Winterrefektorium verantwortlich, die beide erhalten sind. Der Siechenmeister, der infirmarius, kümmerte sich um die Kranken und um den Aderlass, der fünfmal im Jahr am Brunnen vor dem Rundbogen am Nordkreuzgang vorgenommen wurde. Der vestiarius, der Kleiderverwalter, verteilte die Habite und die Unterwäsche. Der Küster kümmerte sich um das in spätgotischem Glanz erhaltene Gotteshaus. Der cantor war Vorsänger beim opus Dei, beim Chorgebet. Der librarius bzw. armarius verwaltete die Bücher in dem erhaltenen, gotischen Bibliothekssaal und die Urkunden in dem überkommenen, kleinen, feuerfest ummauerten Armarium mit einem Gitterfenster dahinter. Der portuarius, der Pförtner, teilte die Almosen aus. Der großartige Gästesaal im Untergeschoss des Westflügels ist erst vor kurzem aus völligem Verfall errettet worden. Jetzt empfängt er wieder Tageslicht durch die wieder geöffneten Fenster. Hier wurden Besuchergruppen, z.B. Pilger, beköstigt. Hierher lieferte die nördlich daneben liegende, in letzten Spuren greifbare Klosterküche bei Bedarf ihre Mahlzeiten, genau wie in die erhaltenen Mönchsrefektorien im Nordflügel. Der hospitarius oder hospitalarius, der Gästepater, nahm sich der Gäste an. Hin und wieder erscheint in der Überlieferung auch ein senior, was einzig als Ehrentitel zu verstehen ist.

Die Konversen, die Laienbrüder, waren für das wirtschaftliche Gedeihen des Klosters wichtig. Sie legten ebenso wie die Chorherren die Gelübde vollständiger Keuschheit, vollständiger Besitzlosigkeit (nach Übergabe ihres Besitzes an das Kloster) und des Gehorsams dem Prior gegenüber ab. Donaten versprachen dem Prior Gehorsam.

Die bescheidene Verpflegung unterlag strenger Regelung. In der Zeit von Kreuzerhebung (14. Sept.) bis Ostern sollte täglich nur eine Mahlzeit gereicht werden. Montags, mittwochs und freitags, an den Vorabenden der Marienfeste und in der Adventszeit durfte kein Fleisch gegessen werden, obwohl in den bis ins 20. Jahrhundert hinein erhaltenen Möllenbecker Klosterställen genug Vieh vorhanden war. Am Karfreitag gab es nur Brot und Bier, am Freitag nach Ostern nur Milchspeisen. Nach den Aderlässen war Sonderverpflegung fällig. Geringer Eigenverbrauch im Verein mit fleißiger Arbeit führte automatisch zum Wohlstand des Klosters, von dem die gewaltigen, gewölbten Keller unter dem Nord- und Ostflügel zeugen.

Wer die Anordnungen der Klosterleitung nicht beachtete, sollte in die cella carceralis kommen, in den Karzer, kommen, der nach einem Generalkapitelbeschluss von 1439 in jedem Kloster der Windesheimer Kongregation vorhanden sein musste. Der Möllenbecker Karzer war der am südlichen Ende des Ostflügel-Kellers liegende, schwer zugängliche, mittelalterliche unter dem Kapitelsaal, in dem der Verfasser bei seiner Besichtigung um 1950 zwei bestens erhaltene Maßwerkfenster liegen sah.

In den Räumen des Priors im Obergeschoss des Ostflügels erinnern die großen Stuck-Rosen in der Decke an die Zugehörigkeit Möllenbecks zur Windesheimer Kongregation. In Wennigsen erscheint die gleiche Rose aus der gleichen Zeit außen am Chor und wird hier auf Grund jahrhundertelanger mündlicher Überlieferung als »Windesheimer Rose« bezeichnet. Auch in der Sakristei (heute Kapelle) des Klosters Riechenberg, eines Windesheimer Klosters, findet man gemeißelte Rosen.

Der reformeifrige Prior Hermann wirkte 1459 bei der Einführung der Augustinusregel bei den Herforder Augustinerinnen mit.[30]

Am 4. November 1460 erwähnte Papst Pius II. Möllenbeck[31] in einer Ordnung für Klöster nach der Augustinusregel, um deren Reform sich die Möllenbecker kümmerten. 1468 errichteten die Möllenbecker im lippischen Blomberg an einer Wallfahrtsstätte, die sich aus einem Hostienfrevel entwickelt hatte, einen Tochterkonvent.[32]

Immer wieder setzten sich die Möllenbecker im Auftrag des Generalkapitels für bedrängte Klöster der Kongregation ein, so 1515 für das Kloster Böddeken: Prior Anton Bödeker aus Münster (amt. 1490–1523, † 1527) wurde zusammen mit den Prioren von Wittenburg und Sülte durchgreifend tätig.[33]

Der glanzvolle, dreischiffige, spätgotische Kirchenbau in Möllenbeck der Zeit um 1500 zeigt viele Steinmetzzeichen, von denen drei auch an der mit Möllenbeck eng verbundenen Kirche im nahen Silixen und zwei auch in Deckbergen vorkommen. Eine enge Verwandtschaft mit dem Möllenbecker Gotteshaus zeigt die gleichzeitige, von der gleichen Devotio moderna bestimmte Augustinerchorherrenkirche Dalheim südlich von Paderborn: Auch hier die gleiche Größe von Chor und Schiff, die gleiche Chorgestaltung und sogar ähnliche Einzelheiten wie z.B. die kleine Wendeltreppe am Ende des Ostkreuzganges. Die Akustik der Möllenbecker Kirche ist ganz und gar auf eine monastische Klangwelt eingestellt, die hier in Harmonie der Töne fast wie von selbst erklingt, während reformatorische Predigt hier einen wahren

---

30 Fürstenberg 1995, S. 182.
31 Flug 1990, Nr.155.
32 Hengst 1992, S. 84–88.
33 Rüthing 2005, S. 134f.

Heldenkampf erfordert. Deshalb findet der heutige reformierte Gottesdienst in der alten, geräumigen Sakristei statt. Erstaunlich ist an dem einschiffigen, vierjochigen Langchor mit 5/8-Schluss die einst nahezu völlige Öffnung der Polygonalseiten mit Flamboyant-Masswerk. Einst strahlten in diesem heute z.T. zugemauerten Bereich zahlreiche Glasmalereien, von denen ausgebaute Reste in Kassel überkommen sind.

Außen am Chor findet man aus der Zeit um 1500 eine große, in Stein vergegenständlichte Strahlensonne mit den Initialen Jesu, wie sie dem franziskanischen Volksprediger Bernhardin von Siena (1380–1444) bei einer Predigt erschienen sein soll. Bernhardins auch in Deutschland tätig gewordener Freund Johannes von Capestrano (1386–1456) wurde mit dieser Jesus-Strahlensonne dargestellt.[34] Auf diese Strahlenplatte fallen die ersten Strahlen der aufgehenden Sonne in Möllenbeck.

Die Möllenbecker Klosterbibliothek

Am 5. Mai 1492 brach ein Brand aus, in dessen Verlauf der Bibliothekar Arnold von Buckenhausen[35] bei dem Versuch, etliche Bücher zu retten, zu Tode kam: Er verbrannte als Märtyrer der Liebe zu Büchern. In dem erneuerten Kloster befand sich die Bibliothek in dem gewölbten, gotischen Saal zwischen Ostflügel und Kirche über dem Kapitelsaal. Das sagt die örtliche Überlieferung, und so war es üblich.[36]

Um 1560 hat sich noch der Reformationshistoriker Hamelmann an den Schätzen der Möllenbecker Bibliothek gefreut, besonders ging es ihm um die Schriften der westfälischen Humanisten. Die Bibliothek des Klosters ist dann im Dreißigjährigen Krieg untergegangen. Aber eine erhalten gebliebene Handschrift[37] enthält Gutachten, die die mit den Windesheimern eng verbundenen Brüder vom Gemeinsamen Leben im Jahre 1398 von den Kölner Kanonisten zu der Frage erbeten haben, ob es erlaubt sei, die Heilige Schrift in die Volkssprache zu übersetzen bzw. solche Übersetzungen zu lesen und zu besitzen.[38] Die Möllenbecker waren für die deutsche Bibel: Der evangelische Subprior Hoier hat später in Möllenbeck noch deutsche Bibeln aus vorreformatorischer Zeit gesehen. Die genannte Möllenbecker Handschrift enthält auch einen Traktat über das Leben der von der Devotio moderna bestimmten Menschen, der Gerhard Zerbolt von Zütphen, einen der Vorkämpfer der »neuen Frömmigkeit«, zugeschrieben wird.

Überkommen ist auch die Möllenbecker Handschrift des Cosmodromius des westfälischen Historikers Gobelinus Person (um 1358–17.11.1421), welches »Weltzeitbuch« für eine maßvolle Erneuerung der Kirche eintritt und wichtige Nachrichten über das Konstanzer Konzil überliefert. Aus der Bücherei der Möllenbecker sind auch einige an der Besitzerangabe zu erkennende Wiegendrucke wieder aufgetaucht[39], vor allem die

---

34 ENGEL/JACOB 2006, S. 71.
35 PAULUS 1784, S. 161.
36 FRECKMANN 2006, S. 223.
37 Gottfried Wilhelm Leibniz-Bibliothek Hannover Ms I 198.
38 Handschriften der Niedersächsischen Landesbibliothek Hannover 1982, S. 72–74.
39 ERNST 1909, S. 8f. und S. 78.

dreibändige Nürnberger Ausgabe (Antonius Koberger) 1496 der Summa Theologica des Thomas von Aquin, die Gerhard Metelen, Vikar an St. Paul in Münster, 1499 dem Kloster zur Erinnerung an Gerhard Groningen, seinen Verwandten, geschenkt hatte. Das Werk kam über das Kloster Lamspringe (Besitz 1654) in die Dombibliothek Hildesheim. Die Möllenbecker haben jedenfalls die Mahnung ihres Ordensbruders Thomas von Kempen beherzigt, der meinte, ein Kloster ohne Bibliothek sei wie eine Wiese ohne Blumen oder ein Baum ohne Blätter.

Spätmittelalterliche Wandmalerei in Möllenbeck

Aus der Zeit um 1500 finden sich im Kloster Möllenbeck Reste von Wandmalerei.[40] Im Gewölbebereich des Mittelschiffs findet man einen segnenden, halbfigurig dargestellten Christus, der von Engeln umgeben ist. Im Gewölbebereich ist auch 1904/05 freigelegte und stark ergänzte Ranken- und Distelornamentik überkommen, die an gleichzeitige, niederländische Fliesen erinnert. Die gemalten Wandbehänge im Chor sind stark restauriert. In der Sakristei, in der Winterkirche, wurde 1931/33 unter der Tünche ein Schmerzensmann entdeckt, der einem Möllenbecker Chorherrn den Kelch des Heils reicht. Nur noch ein Schatten des Originals ist hier eine Beweinung Christi.

Die Ranken- und Blütenornamentik im Gewölbescheitel der ehemaligen Statio-Halle am Ende des Ostflügels blieb dagegen seit etwa 1500 unberührt, ein seltener Befund. In der Krypta befanden sich bis ca 1960 unberührte, gemalte Weihkreuze, die dann übertüncht wurden. Sie entsprachen der Form nach den stark übergangenen Weihkreuzen im Chor.

Der Möllenbecker Chronist Hoier sah noch in der Bibliothek im Ostflügel eine Darstellung der Stationen des mönchischen Aufstiegs zum Ewigen, die einst Cassian entwickelt hatte und die St. Benedikt übernahm. Es ging da besonders darum, alle Neigungen in sich zu ertöten, keinen Gedanken vor den Oberen zu verheimlichen, in allem Gehorsam, Sanftmut und Geduld zu bewahren, niemandem Unrecht zuzufügen und sich über erlittenes Unrecht nicht zu beklagen, sich im Grunde des Herzens für geringer als andere zu halten, die Zunge zu beherrschen und stets leise zu sprechen. Schließlich mündete die Leiter zum Himmel in der Schau des Ewigen. Nach 1648 ist das Bild dann als unevangelisch übertüncht worden, zumal Luther das spätmittelalterliche Bildmotiv der Heilstreppe abgelehnt hatte.[41] Dieses kostbare Relikt wäre leicht unter der Tünche wiederzuentdecken.

Im Ostflügel am Eingang zur Kirche wurde 1992/93 eine geflügelte Gestalt der zweiten Hälfte des 16. Jahrhunderts freigelegt, die in den ausgebreiteten Armen einen Bildträger mit den Konturen eines Kopfes hält. Im Sommerrefektorium im Nordflügel wurden 1992/93 figürliche Fragmente von Wandgemälden freigelegt, die vor 1554 der Chorherr Hermann Blothudt aus Coesfeld hatte fertigen lassen.[42]

---

40 GROTE/PLOEG 2001, S. 192f.
41 LUTHER 1883, 51, 128 Z 12–14.
42 PAULUS 1784, S. 98.

Das Stift Möllenbeck in Rinteln im Lichte neuer Forschungen

Die Decke mit geschnitztem Maßwerkdekor enthält in Kartuschen gemalte Porträtmedaillons des späteren 16. Jahrhunderts, die von der Kunstfreude des evangelischen Stiftes Möllenbeck künden.

Das evangelische Stift

Die Einführung der Reformation hatte in Möllenbeck eine lange Vorgeschichte. 1526 gab es Unruhen bei Möllenbeck als Folge des Bauernkrieges. 1558 wurde das Stift evangelisch und legte bald eine Schule an, die von den Schaumburger Grafen gefördert wurde. 1591 erneuerte der evangelische Prior Jodocus Stucken nach Ausweis einer Inschrift das Stadthaus des Priors in Rinteln, das heutige Museum, durchgreifend: Die dendrochronologische Analyse des Holzes des Dachstuhls führt in diese Zeit. Auch der gotisch anmutende Giebel gehört anscheinend erst in diese Epoche. In diesem Schaumburgischen Heimatmuseum kamen ornamentale Malereireste aus der Zeit des lutherischen Stiftes zum Vorschein.

Das Werk von Johann Conrad Paulus, Geschichte des Möllenbecker Klosters, Rinteln 1784, bewahrt eine Fülle von heute verlorenen, lateinischen Inschriften aus der Zeit des humanistisch bestimmten, evangelischen Stiftes.

Der evangelische Prior nahm einen höchst ehrenvollen Platz in den Landständen ein. So sprach er 1610[43] bei der Eröffnungsfeier des akademischen Gymnasiums in Stadthagen, freilich, wie der geistig anspruchsvolle Münchhausen insgeheim notierte, »more suo, Das man nitt wusste, was seyn votum war«. Über den bedeutendsten Schüler der Möllenbecker Klosterschule, Ludolf von Münchhausen, liegt eine inhaltsreiche Biographie vor.[44] Münchhausen hatte 1577 bis 1582 im Kloster die Fundamente der lateinischen Sprache in sich aufgenommen. Er konnte mit zwölf Jahren lateinisch schreiben und reden.[45] Der klösterliche Zuschnitt der Schule gefiel ihm freilich nicht so recht: »Bin halb mönchisch geworden«[46], berichtet er. Dennoch wurde später Prior Hermann Wedemhoff Pate bei einem Kind Ludolfs.[47] Aber 1615 hielt der Oldendorfer Edelmann die Möllenbecker Klosterschule nicht für so gut, dass er seine Kinder da eintreten ließ. Dabei protegierte der regierende Graf die Klosterschule. 1622 ergatterte der leidenschaftliche Büchersammler einige Folianten – insgesamt 10 Titel – aus der Privatbibliothek des gerade verstorbenen Priors Calmeier.[48] 1627/28 wurden noch zwei Verwandte Ludolfs in der Möllenbecker Klosterschule unterrichtet. Sie bewährten dann[49] die empfangenen spirituellen Anregungen in ihrem ganzen Leben. Münchhausens Bücher wurden nach seinem Tod in alle Winde zerstreut: Sogar in der Raritätenkammer der Universität Dorpat/Tartu im fernen Estland fand der

---

43 Bei der Wieden 1993, S. 121.
44 Bei der Wieden 1993.
45 Bei der Wieden 1993, S. 22.
46 Bei der Wieden 1993, S. 23.
47 Bei der Wieden 1993, S. 99.
48 Bei der Wieden 1993, S. 58f.
49 Bei der Wieden 1993, S. 282.

Verfasser 1996 als Gastprofessor einen Band mit Ludolfs eingeprägtem Namen auf dem Pergamenteinband. Aus der Zeit der Klosterschule stammen ein 2007 wiederentdeckter Text aus Psalm 133 in Hebräisch und ein Zitat aus Jesus Sirach, Kap. 39, nach der Lutherübersetzung.

Subprior Conrad Hoier

Die bedeutendste Persönlichkeit des evangelischen Konventes war der Subprior Conrad Hoier, kaiserlich gekrönter Dichter[50] und erster Möllenbeck-Historiker. Er überliefert in humanistisch-poetischer Aufmachung manche vorsichtig zu erhebende Möllenbecker Interna aus dem Herbst des von ihm sehr geschätzten Mittelalters und gibt zugleich ein anschauliches Bild des von der Wiederentdeckung der Antike erfüllten, didaktisch orientierten Klosterlebens seiner Zeit, eines evangelischen Klosterhumanismus, der auch die künstlerische Ausgestaltung der Räume bestimmte, von denen eines der beiden Refektorien kürzlich dem Verfall entrissen wurde. Seine exponierten, also angereicherten Katechismen bezeugen Hoiers lutherische Grundhaltung. Katechismus kommt von einem griechischen Wort »Widerhallen«. So wollte auch Hoier die Frohe Botschaft, die Jesus Christus in die Welt gebracht hat, in seinen Werken widerhallen lassen. Als 1621 die Universität Rinteln eröffnet wurde, verfasste Hoier eine Glückwunsch-Adresse[51], die in elegantem Latein die Freude des ganzen Landes an der Gott wohlgefälligen neuen Schöpfung des Fürsten Ernst, eines wahren Vaters seines Landes, ausdrückte.

Die Nachgeschichte

Das Jahr 1648 brachte das Ende des evangelischen Stiftes. Um 1670 wurde das Kloster zu einem Sommerschloss der hessischen Landgräfin Hedwig Sophia umgestaltet, wie die Inschrift über dem Tor zeigt. Prächtige Ofenplatten mit einer Galeere aus dieser Zeit sind ins Rintelner Museum gelangt. Unten im Ostflügel ließ die Landgräfin eine rundbogige Einfahrt bauen, zu der eine Rampe führte, vor der ein Park angelegt wurde, von dem einzelne Figuren noch lange bei der Kruseschen Mühle in Krankenhagen zu sehen waren. Der nach den Bauforschungen des Jahres 2007 einst mit Ziegelsteinen ausgelegte Kreuzgang erhielt neue Sandsteinplatten.

Damals entstand auch die Inschrift »Anno 1010« am Paternbrunnen im Möllenbecker Wald. 1675 wurde die Evangelisch-Reformierte Kirchengemeinde Möllenbeck gegründet, die seither die Klosterkirche nutzt. In der Franzosenzeit wurde das Kloster ausgeplündert. Die bronzenen Epitaphplatten der aus dem Schaumburger Grafenhaus stammenden, unglücklichen Bischöfe Hermann und Anton von Minden[52] waren jedoch rechtzeitig in den Innenhof des Schlosses Bückeburg gerettet worden.

---

50 Sprandel 1975, S. 273.
51 Einblattdruck, Hannover Sammlung Prof. Heutger.
52 Otto Bernstorf: Bischof Hermann von Minden, in: Schroeder 1964, Abb. 38.

In der napoleonischen Zeit gehörte Möllenbeck zu den Domänen, deren Einkünfte der Kaiser seiner lasziven Schwester Pauline überließ: »Ich wünschte, dass Sie in diesen Dispositionen eine Probe der Zuneigung sehen, welche ich für Sie empfinde.«[53] Die Romantik nahm sich des so wunderbar erhaltenen Klosters an und fabelte von einer Kanonisse Adelheid vom Berge.

Zum Stift hatte stets die Kirche in Silixen gehört. Und nach der Teilung der alten Grafschaft Schaumburg, 1647, besaß der hessische Landgraf als Rechtsnachfolger des Klosters Möllenbeck das Präsentationsrecht für diese Pfarre.[54]

Im 19. Jahrhundert wurden die Ländereien der Möllenbecker »Klostervoigtei« von Rinteln aus verwaltet. Der spätere Dichter und Theaterintendant Franz von Dingelstedt, der Dichter des Weserliedes, mühte sich als Rintelner Gymnasiast im Auftrage seines Vaters alljährlich »gegen ein Honorar von zwei Hessen-Albus (1½ Guten Groschen) pro Bogen, die Bilance zu ziehen«.[55] Bis etwa 1960 wurde die bestens erhaltene, dreiflügelige Klosteranlage zum Teil von der Domäne Möllenbeck genutzt.[56] Im Kreuzgang wurde in wilhelminischer Zeit bei Erntefesten getanzt. Die Archivalien des Stiftes gelangten über Marburg und Hannover ins Niedersächsische Staatsarchiv Bückeburg, doch befinden sich 8 Urkunden ab 1322 im Staatsarchiv Münster (A 37).

Wegen der Gefahren des Luftkrieges wurde im 2. Weltkrieg das gotische Chorgestühl der Dortmunder St. Reinoldi-Kirche in der Möllenbecker Klosterkirche abgestellt und blieb dort noch etliche Jahre nach dem Krieg. Im Chorraum fand die Bibliothek der Emdener Großen Kirche Zuflucht. Im nördlichen Kreuzgang lagerte ein Museum in verschließbaren Räumen seine Schätze aus, die dann 1945 durch Einbruch von befreiten Ostarbeitern dezimiert wurden. Die unter der nominellen Aufsicht des Staatshochbauamtes Bückeburg stehende Klausur war frei zugänglich, sodass hier, besonders im Ostflügel, immer wieder Obdachlose übernachteten, was äußerte Gefahr für das ganze Ensemble bedeutete. Noch vorhandene Butzenscheiben wurden wegen des kostbaren Bleis herausgebrochen. Durch viele, offene Fenster kam Feuchtigkeit in die Anlage. Über eine gotische Spindeltreppe in dem Statio-Raum in der Südostecke des Klosterquadrums und wacklige Leitern konnte man auf den gewaltigen Dachboden klettern, was Schuljungen gern taten. Die Domäne Möllenbeck nutzte damals nur wenige Räume, wie z.B. den früheren Bibliothekssaal, in dem allerlei Eisensachen ausgebreitet waren, und das große Refektorium, in das Getreide geschüttet wurde. Wirklich bewohnt war damals einzig das Obergeschoss des Westflügels, in dem es so auch Versorgungsleitungen gab. Unten aber war hier alles verbrettert und durchfeuchtet. Dem allgemeinen Verfall stemmte sich der langjährige reformierte Ortspfarrer Bode entgegen, der auch die Rintelner reformierte Gemeinde betreute, so lange deren Pastor in Kriegsgefangenschaft war.

---

53 Presser 1979, S. 110f.
54 Prieur 2004, S. 32, 47 u. 76f.
55 Dingelstedt 1879, S. 137.
56 Treviranus 1968, S. 275.

Das Jahr 1950 brachte Rüdiger Kleßmanns Ausgrabungen in und bei der Klosterkirche, wobei der Grundriss des Vorgängerbaues der heutigen spätgotischen Hallenkirche, einer mächtigen, kreuzförmigen Stiftskirche mit drei Türmen erforscht wurde, meistens in Anwesenheit des Verfassers, der auch scheinbar unbedeutende Befunde registrierte. In der Krypta wurde das unberührte Grab der Stifterin entdeckt.

Die bauliche Erneuerung des Klosters

Im Jahre 1961 erhielt die Evangelisch-Reformierte Kirche Gotteshaus und Klausur, dem Loccumer Vertrag entsprechend. Um 1970 wurde durch Wasserrohrbrüche der Nordflügel lange gefährlich unterspült. 1995 und 1996 wurden alle Außenflächen und die spätgotischen Kellergewölbe saniert Am Nordflügel wurde die für intensive Nutzung vorgeschriebene Feuerleiter angebracht. Im Westflügel wurde eine im Laufe der Jahrhunderte völlig verrottete Halle mit Holzstützen in der Mitte vorbildlich wiederhergestellt. 2007 wurde der Ostflügel mit Hilfe der Europäischen Gemeinschaft, der Ev. Reformierten Kirche, des Landes Niedersachsen, der Stadt Rinteln und des Landkreises Schaumburg konservierend erneuert. Die Gesamtkosten beliefen sich auf 300 000 Euro. Elf Zimmer mit eigenen Sanitätseinrichtungen entstanden neu. Die Bettenzahl des Jugendheimes stieg so von dreißig auf hundert. Der Eingang zum Ostflügel unten wurde neu gestaltet. Von der Hilfe der Deutschen Stiftung Denkmalschutz zeugt eine Inschrift. Besonders evangelisch-reformierte Jugendgruppen halten Einkehr im Kloster Möllenbeck, dessen Hausherr Pastor Roland Trompeter ist.

Das Kloster Möllenbeck, ein typisches Kongregationskloster, ist das am besten erhaltene mittelalterliche Kloster Niedersachsens.

Das Stift Fischbeck in Geschichte und Kunst

Kanonissenstift – Augustinerinnenkloster – Evangelisches Stift

Die Erforschung der Fischbecker Stiftsgeschichte

Schon 1591 befasste sich im Stiftsarchiv jemand mit den Urkunden des 955 gegründeten Stiftes Fischbeck an der Weser und fertigte Übersetzungen ins Deutsche an. Der Text einiger Urkunden ist einzig durch diese frühe historische Arbeit überkommen.

1699 ließ der aus Eisenach stammende üble Fälscher Christian Franz Paullini (1643–1712) – polyhistorischer Hochstapler, unruhiger Arzt, Verfasser einer »heilsamen Dreckapotheke«, Frankfurt a. M. 1696, schwindelhafter Gründer eines historischen Reichskollegs und echter kaiserlicher Vize-Pfalzgraf – seit 1675 als Teil III seiner bombastischen Gaeographia (!) Curiosa seu de Pagis Antiquae Praesterum Germaniae Commentarius eine 144 Seiten umfassende, dem Corveyer Fürstabt Florenz von der Velde (1696–1714) zugeeignete Historia Visbeccensis drucken. Der Fürstabt mag sich an Corveys hochmittelalterliche Versuche erinnert haben, das Stift Fischbeck zu vereinnahmen, aber der große Bauherr konnte Wert oder Unwert der Darbietungen seines Leibarztes nicht beurteilen, deren Drucklegung er nach der Sitte der Zeit zu fördern hatte. Paullini hat die echten Urkunden Fischbecks nicht gesehen geschweige denn benutzt. Echt sind bei ihm einzig die Texte, die er aus anderen gedruckten Werken übernommen hat, darunter einige Fischbecker Texte. Aber mehr als die Hälfte seines Machwerks besteht aus der Darbietung von altbekannten Texten über die Stifte Corvey[1], Huysburg, Essen und Möllenbeck[2], die mit Fischbeck gar nichts zu tun haben. Der Hochstapler[3] schlachtete auch die Chroniken des braven Letzner weidlich aus.

Paullini fälschte überdies eine Bulle Papst Coelestins III. von 1192[4] für Fischbeck, eine Bulle Papst Innozenz' III. von 1206[5] und ein Privileg König Wilhelms von 1255.[6] Bei seinen Fälschungen übernimmt Paullini allgemeine Formeln aus echten Urkunden, wobei er sich manchmal, wie z.B. bei dem angeblichen Innozenz-Privileg für Fischbeck, durch einzelne auffällige Ausdrücke verrät.[7] Paullini baut in sein Machwerk auch manches Kuriose ein. So z.B. fehlt ein Jüngling nicht, der im Spätmittelalter aus Liebe zu einer standhaften Kloster-Jungfrau[8] verrückt wird, und eine Kanonisse, die Gift nimmt, oder ein Hexenmeister, der beim Stift verbrannt

---

1 PAULLINI 1699, S. 57ff.
2 PAULLINI 1699, S. 116.
3 METZE 1968.
4 Fischbecker UB I, Nr.32.
5 Fischbecker UB I, Nr. 28.
6 Fischbecker UB I, Nr. 34.
7 FINKE 1888, Nr. 213.
8 PAULLINI 1699, S. 114.

wird, oder eine Schwester Sybilla, die eine poetische Lebensbeschreibung des Bremer Erzbischofs Rembert fertigt. Nur einmal hatte Paullini einen lichten Moment, nämlich, als er auf die einst für Fischbeck verbindliche Aachener Kanonissenregel hinwies.[9] Manchmal rät er auch geschickt, etwa wenn er von einer Augustinusstatue in Fischbeck spricht. Das hat der Mann, der nie in Fischbeck war, aus der Kunde von einem Augustinerinnenkloster herausphantasiert. Tatsächlich besaß praktisch jedes Augustinerinnenkloster wie etwa Obernkirchen und Wennigsen eine Augustinus-Figur. Das Fischbeck-Opus des an pathologischer Geltungssucht leidenden Mannes ordnet sich in den Reigen seiner anderen Fälschungen ein; es ist ja seinen 1698 veröffentlichten Corveyer Annalen gefolgt, die von einem Mönch namens Schnackenburger herrühren sollen, den es nie gegeben hat.[10]

Paullini machte Schule: Viele falsche Nachrichten Paullinis geistern noch heute durch die Literatur: Auch im neuesten Dehio-Gall z.B. wird noch die angebliche Ablassurkunde des Bischofs Witelo von 1099 zitiert.[11] Die Urkunde ist falsch; erst aus der Zeit nach 1200 gibt es echte Ablassurkunden. Selbst der äußerst tüchtige Fürstenberg im Vatikanstaat fiel noch[12] auf Paullini-Fälschungen herein.

Vom Interesse des Kapitels an der eigenen Geschichte bestimmt ist der »Bericht von der Kirche und Adlichem Stifft Fischbeck in der Grafschafft Schaumburg belegen«, der zwischen 1717 und 1737 geschrieben ist und im Stiftsarchiv liegt.

Äbtissin Sophie Jacobine Friederike von Münchhausen-Bodenwerder (1763–1831, im Amt 1803–31) verfasste 1807 eine »Nachricht über die Fundation des Stiftes Fischbeck sowie über einigen demselben zustehende Gerechtsamen, sowie solche aus den hier befindlichen, sehr unvollständigen Nachrichten extrahiert werden konnten«. Auf dieser Grundlage entwarf der Tribunalprokurator A.K. Lange in Rinteln 1807 eine »Darstellung des Ursprungs der Schicksale, Verhältnisse, Rechte, Verfassung usw. des Adlichen Fräuleinstiftes Fischbeck«. 1815 verfasste die genannte, geschichtlich interessierte Äbtissin eine »Geschichte des Stiftes Fischbeck mit Bezugnahme der großen Weltbegebenheiten vom Jahr 1791–1814, insofern dieser Einfluss auf das Adlich freie Stift hatten«. Quellenwert hat diese Arbeit einzig für die napoleonische Zeit.

1853 führte der Altmeister der deutschen Kunstgeschichtsforschung, Wilhelm Lübke (1826–93)[13], die Fischbecker Stiftskirche mit einer ausführlichen Beschreibung in die deutsche Kunstbetrachtung ein.

1856 veröffentlichte der Fischbecker Stiftsprediger Johann Ludwig Hyneck (* 1795, † 1883, in Fischbeck von 1825–83) als etwas verspätete Festschrift zur 900-Jahrfeier seine »Geschichte des freien adlichen Jungfrauenstiftes Fischbeck«, in die der Pastor fünfzehn Jahre »Schatzgräberfleiß« investiert hat. Manchmal hat ihm bei seiner Arbeit der tüchtige Mindener Bibliothekar E.F. Mooyer geholfen.[14] Alle Urkunden

---

9   PAULLINI 1699, S. 8.
10 FULD 1999, S. 205f., mit weiteren Literaturangaben.
11 DEHIO 1992, S. 468.
12 FÜRSTENBERG 1995, S. 39.
13 LÜBKE 1860. – LÜBKE 1884. – LÜBKE 1880. – LÜBKE 1891.
14 HYNECK 1856, S. XI.

des Stiftsarchivs sind von Hyneck verwendet worden. Die Grundlage dieses Buches ist der von Hyneck zusammengestellte, im Stiftsarchiv erhaltene »Codex Diplomaticus oder Urkundensammlung aller das adliche Jungfrauenstift Fischbeck betreffenden Urkunden, soweit solche bisher aufgefunden sind. Aus dem Lateinischen des Mittelalters und dem Niederdeutschen übersetzt von J. L. Hyneck, Fischbeck 1854«. Hyneck ahnte schon, dass Paullini ein Fälscher war, aber er zitierte doch den Vizepfalzgrafen immer wieder, meistens mit leichter Zweifeläußerung.[15] Der grundlegende Kanonissenbegriff war dem Stiftsprediger noch nicht geläufig, sodass er auch von daher häufig zu Fehleinschätzungen von Nachrichten kam. Der wichtige Busch-Bericht über die Erneuerung im Zeichen der devotio moderna blieb ihm unbekannt. 1995 ließ der Freundeskreis Stift Fischbeck e.V. das inhaltsreiche Buch neu drucken.

Vor 1877 ließ sich der Begründer der modernen Diplomatik im deutschsprachigen Raum Theodor (Ritter von) Sickel (1826–1908), Direktor des Instituts für Österreichische Geschichtsforschung in Wien, die Gründungsurkunde Ottos I. von 955 nach Wien kommen und ordnete deren Inhalt in den Gesamtbestand der Königsurkunden jener Zeit ein.[16] Sickel suchte nach anderen Diplomen des gleichen Schreibers und stellte die Vorurkunden fest, aus denen formelhafte Wendungen in die Königsurkunde für Fischbeck übernommen worden sind. Bei solcher vergleichender Betrachtung erscheint die Fischbecker Urkunde ziemlich kurz[17], abgesehen von der ausführlichen Besitzaufzählung. Für Fischbeck selbst bringt Sickels profunde Bearbeitung der Urkunde wenig.

1883 lieferte P. Tornow eine sehr genaue Beschreibung der Stiftskirche, der er gute Zeichnungen beigab.

1886 gab Karl Grube die Windesheimer Chronik und das Buch von der Reformation der Klöster[18] mit dem wichtigen Bericht über die Erneuerung Fischbecks unter dem Einfluss der Devotio moderna heraus.

Der Inventarband von Heinrich Siebern und H. Brunner[19] ist etwas besser als damals sonst üblich, was auch dem Fischbeck-Teil zugute gekommen ist.

1928 erschien »Stift Fischbeck an der Weser« von Werner Konstantin von Arnswaldts. Das schmale Büchlein mit Bildern hat Jahrzehnte hindurch seinen Dienst getan, zumal die Stiftsdame Gertrud von Arnswaldt viele Jahre hindurch ausgezeichnete Führungen machte, die ungezählten Besuchern einen Blick ins Mittelalter gewährten. 1941 untersuchte Konrad Lübeck die Überlieferung zur Frühzeit des Stiftes. Die tatsächlich problembeladene erste Papsturkunde hielt er für falsch und wirkliche Fälschungen von Papsturkunden sah er als echt an.

1955 veröffentlichte der Kirchenhistoriker Hans Walter Krumwiede seine Arbeit »Das Stift Fischbeck an der Weser. Untersuchungen zur Fischbecker Frühgeschichte

---

15 Z.B. Hyneck 1856, S. 36ff. u.70.
16 Sickel 1877, S. 362–388.
17 Sickel 1877, S. 380.
18 Grube 1886.
19 Siebern/Brunner 1907.

955–1158«. Krumwiede interpretierte hier die vier ältesten Urkunden umfassend und füllte das Ganze mit allgemeinen Kanonissen-Informationen auf. Das Buch ist von kühnen Kombinationen durchzogen, die nicht überzeugen können. Er versuchte sogar, ein Lebensbild der Gründerin Fischbecks zu rekonstruieren, der er acht Kinder und, nach Lübecks Vorgang, die Äbtissinwürde in Hilwartshausen an der Oberweser beilegte. Die formgerecht »der hochwürdigen Frau Äbtissin Eva von Gersdorff sowie den Kapitularinnen« zur 1000-Jahrfeier überreichte Arbeit hat unter der Patronanz des großen Kirchenhistorikers Hermann Dörries, Abt von Bursfelde, sogar als Göttinger Habilitationsschrift gedient.[20]

Im gleichen Jubiläumsjahr veröffentlichte Krumwiede zusammen mit dem Kunsthistoriker Heinz Meyer-Bruck eine geschickte Einführung in Fischbecks Geschichte und Kunst »Das tausendjährige Fischbeck«, die mehrere Auflagen erlebte.

1961 stellte der Verfasser in seinem Buch »Evangelische Konvente in den welfischen Landen und in der Grafschaft Schaumburg« erstmals die im Archiv der Abtei erhobenen Fischbecker Gegebenheiten in die Gesamtgeschichte der evangelischen Konvente in Niedersachsen hinein, die ein Nachleben der alten monastischen Formen in einem konservativen Land darstellen.

1964 listete der Hannoversche Bibliotheksdirektor Friedrich Busch in seinem Werk »Schaumburgische Bibliographie«, Nr. 3341–3415, die gesamte bis dahin erschienene Fischbeck-Literatur auf, ohne Rücksicht auf eventuellen Quellenwert, bis hin zu entlegenen Texten, wie z.B. dem Bericht über eine Fischbecker »Einschwörung« in der einst äußerst populären Familienzeitschrift »Daheim«, 40. Jahrg., 1904, S. 16–19.

1968 schrieb die geistig aufgeschlossene Kapitularin Helmtrudis von Ditfurth das handschriftliche »Tagebuch der Äbtissinnen« (1673–1938) mit der Schreibmaschine ab und machte so das gewaltige Werk leicht zugänglich, das eine Quelle ersten Ranges darstellt. Die zahlreichen Benutzer des Werkes haben manche offenkundigen Versehen in Ordnung gebracht.

1970 ordnete Beate Kroos die Fischbecker Bildstickereien des Mittelalters in die Gesamtentwicklung dieser Kunstgattung ein.

1978/79 brachten Heinrich Lathwesen und Brigitte Poschmann ihr zweibändiges »Urkundenbuch des Stiftes Fischbeck« heraus, das keine Wünsche offenlässt und so die zuverlässige Grundlage einer Gesamtdarstellung ist. Zu den Urkunden im Stiftsarchiv haben die Herausgeber noch hundert weitere Stücke herangebracht, darunter aufschlussreiche Texte aus dem Vatikanischen Archiv. So sind die Fischbecker Urkunden bis zur Reformation vorbildlich erschlossen.

1982 veröffentlichte die 1895 geborene Fischbecker Kapitularin und Archivarin Marie-Luise Helmbold in Göttingen ihre »Geschichte des Stiftes Fischbeck bei der Weser«. Das liebenswerte Buch zeigt sämtliche Vorteile und Nachteile absoluter Nahsicht. Der Quellenwert steigt, je näher die Darstellung an die Gegenwart heranrückt. Die mühsam erarbeitete Liste aller Kapitularinnen erfreut Familienforscher.

---

[20] Vergleich dazu Reinhard Elzes Besprechung in der Zeitschrift für Kirchengeschichte NF IV, 66. Bd., 1954/55, S. 319–323.

Die hochbetagte Kapitularin hat sich sogar am 15.6.1976 in Wolfenbüttel mit der Memorialhandschrift aus Fischbeck beschäftigt. Umfangreiche handschriftliche Aufzeichnungen dieser Kapitularin im Archiv gehen über den gedruckten Text erheblich hinaus. Ein Manuskript behandelt »Wandlungen im geistlichen Leben des Stiftes Fischbeck«, 1975/76.

1983 bearbeitete der Phaleristiker Peter von Magnus in luzider Weise bis in die letzten Details hinein den Fischbecker Stiftsorden.[21]

1999 bis 2002 ordnete Renate Oldermann-Meier das Stiftsarchiv neu. Aus dieser Archiv-Ordnungsarbeit erwuchsen bedeutsame Aufsätze über die ersten Nachreformatorischen Äbtissinnen und über die einzelnen Bauten des Stiftsbezirks. 2005 veröffentlichte Renate Oldermann ihre ausgezeichnete Fischbeck-Monographie.

Die Gründung des Stiftes Fischbeck

Schon am 30.Juni 892 trat Fischbeck aus dem Dunkel der Vorzeit hervor als König Arnulf von Kärnten auf Veranlassung des Bischofs Engelmar von Minden dem Grafen Ecbert karolingischen Reichsbesitz in Fischbeck[22] schenkte, den einst Karl der Große als in Sachsen erobertes Königsland der Krone vorbehalten hatte.[23] Das war die erste urkundliche Erwähnung eines Ortes des Schaumburger Landes überhaupt. Fischbeck an der Weser darf nicht mit der noch älteren Benediktinerzelle Visbek im Kreis Vechta im Oldenburger Münsterland verwechselt werden, die 855 Ludwig der Deutsche an die Abtei Corvey gab. Die beiden Institutionen erscheinen in der Überlieferung oft mit fast dem gleichen Namen.

Mit der Fischbecker Stiftungsurkunde gestattete König Otto I.[24] am 10. Januar 955 in Brüggen an der Leine der Matrone Helmburg zum Seelenheil ihres Gatten Ricpert und ihrer Söhne Richard und Aelfdehc in Fischbeck (Visbike), auf von ihm selbst geschenktem Gut ein Sanktimonialenstift zu errichten. Der König (Kaiser erst 962) verlieh den Stiftsfrauen freies Wahlrecht der Äbtissin. Das Stift sollte keinem weltlichen Herrn unterworfen sein außer dem König selbst, der sein Vogt (*advocatus*) und Schutzherr (*defensor*) sein wollte. Ein Vogt war im Mittelalter der Wahrnehmer der weltlichen Aufgaben einer geistlichen Institution. Besonders ging es da um die Erhaltung der Rechte der geistlichen Korporation und um die Vertretung des Stiftes bei Streitigkeiten. Das der König auch Stiftsvogt sein wollte, ist das Besondere an dem Privileg für Fischbeck, das in dieser speziellen Hinsicht neben z.B. Quedlinburg zu stehen kommt.

Weiter sollte kein öffentlicher Richter – gemeint war damit der im Auftrag des Königs amtierende, territorial zuständige Graf – oder sonst jemand Gerichtsvollmachten über die Stiftsleute haben. In der Literatur erscheint oft irrtümlich 954 als Gründungsjahr.

---

21 MAGNUS 1983.
22 MGH Die Urkunden der Deutschen Karolinger III, Nr. 102.
23 LÜBECK 1941, S. 2.
24 MGH I Hannover 1879–84, Nr. 174, S. 255f.

So wurde die 950-Jahrfeier mit dem Kaisertag schon 1904 begangen. Das Diplom verlieh Fischbeck also die Stellung eines speziellen königlichen Schutzstiftes, ja, um im späterer Terminologie zu reden, eines reichsunmittelbaren Stiftes im Sinne eines Ehrenranges. Wegen des geschenkten königlichen Grundes konnte Fischbeck später als monasterium regium, als königliches Stift, angesehen werden.

Der Herrscher bestätigte die Ausstattung der neuen Gründung mit insgesamt 95 Hufen, die einzeln aufgezählten werden. Es ging da besonders um sechs Hufen in Fischbeck selbst, vier Hufen im nahen Wickbolsen, eine Hufe in Haddessen, zwei Mansen in Hohnsen bei Coppenbrügge, zwei in Rannenberg und eine Hufe in Flahthorpe. Die Mehrzahl der Fundationsgüter lag also in der Nähe des Stiftes. Wenn man, wie üblich, etwa dreißig Morgen für eine Hufe, also einen Bauernhof, rechnet, ergeben sich 2850 Morgen. Das war eine recht ordentliche Ausstattung. Nach dem Aachener Kapitular von 816 galten Stifte mit 200–800 Morgen als arm, solche von 1000–2000 Morgen als mittelgroß und Stifte von 3000 und mehr Hufen als reich.[25]

Die Gründung dieses Kanonissenstiftes, nachdem erst 896 nur fünfundzwanzig Kilometer entfernt das genauso strukturierte Stift Möllenbeck gegründet worden war, zeigt, wie ausgeprägt die sächsische Vorliebe für solche Korporationen war, während man von wirklich klösterlichen Gründungen noch weitgehend absah. Helmburg gehört in den weiten Kreis der Stifterinnen von Kanonissenstiften, deren Mann und Söhne bereits verstorben waren. Unausgesprochen steht hier im Hintergrund der hohe Blutzoll, den in Sachsen der Kampf gegen Ungarn, Normannen und Slawen gefordert hatte.[26] Das Stift Fischbeck war ein bedeutender Bestandteil der ostsächsischen Königs- und Sakrallandschaft der Ottonenzeit.[27]

Wichtig war bei der Stiftung Fischbecks auch das erzieherische und versorgungsmäßige Element. Das Stift Fischbeck wurde, wie alle anderen Kanonissenstifte, wie z.B. Möllenbeck und Drübeck, an einem alten Verkehrsweg angelegt, der noch heute am Stift vorbeiführt.

Mit gewaltigem Aufwand hat H.W. Krumwiede versucht, die Stifterin Helmburg in genealogische Zusammenhänge hineinzubringen[28] – obwohl überall im 10. Jahrhundert Helmburgs auftauchen, auch in Hilwartshausen an der Oberweser[29], in Möllenbeck und der Fischbecker Memorialüberlieferung. Einer Fischbecker Äbtissin Helmburg – nicht der Stifterin! – wurde z.B. zum gleichen Datum, dem 10. August, auch in Möllenbeck gedacht. Fischbecks Stifterin Helmburg ist an einem 24. April gestorben. Das Fischbecker Memorienbuch in Wolfenbüttel meldet nämlich für diesen Tag auf Grund uralter Überlieferung: obiit Domna Helmburg, mater familie, also Mutter der stiftischen Familie, Stiftsmutter. Das bedeutet: Nur eine Helmburg, der irgendwo am 24. April oder am Vorabend, in der Vigil, gedacht wird, darf mit

---

25 Krumwiede 1955, S. 16.
26 Puhle 2001, I, S. 80.
27 Puhle 2001, S. 35, 76, 79.
28 Krumwiede 1955, S. 38ff.
29 Goetting 1980, S. 145–180, bes. 175ff.

Fischbecks Stifterin gleichgesetzt werden, und keine andere. Diese richtige Helmburg aber wird in den schier unzähligen überlieferten Namen jener Zeit noch gesucht. Aus der Fischbeck-Urkunde von 892 für den Grafen Ecbert wird meistens gefolgert, dass Helmburg eine Ekbertinerin war.

Die Identifizierung der Stifterfamilie gelang Emil Steinkühler[30], der den Hinweis der Fischbecker Memorialüberlieferung ernstnahm, die Stifterin sei Helmburgis von Dolberg gewesen. So kam er zu einem erst im 14.Jahrhundert ausgestorbenen Edelherrengeschlecht, das nach Dolberg im Kreis Beckum hieß. Dazu passten einige Namen in der Otto I.-Urkunde. Thuliberh entpuppte sich als Dolberg, Anion als Einen im Kreis Warendorf und Flahthorpe als Vechtrup.

Als erste Äbtissin von Fischbeck erscheint in der Fischbecker Memorialüberlieferung[31] nicht, wie anderswo, die Stifterin, sondern die erst am 2. Juli 1017 verstorbene Alfheyd.[32] Die erstaunlich lange Amtszeit ist nicht verdächtig, da oft sehr jugendliche Damen Kanonissen-Äbtissinnen wurden. Alfheyd war offenbar eine Verwandte der Stifterin. Diese Annahme legt die Namensform – Helmburgs Sohn hieß Aelfdehc – und die Sitte der Zeit nahe. Das Stift Fischbeck gehört in den Reigen der 55 Kanonissenstifte, die zwischen dem 9. und dem 11. Jahrhundert in dem altsächsischen Raum gegründet wurden.

Nach der Jüngeren Mindener Bischofschronik ist das Stift zwei Jahre nach der Gründung von Ungarn heimgesucht worden.[33] Das wäre 957 gewesen. Aber damals bestand in Norddeutschland keine Ungarngefahr mehr, zumal Otto der Große in Fischbecks Gründungsjahr die Ungarn auf dem Lechfelde vernichtend geschlagen hatte. So ist die ohnehin ziemlich späte Notiz wertlos, ungeachtet der in ihr enthaltenen Hinweise auf die Wildheit, die Brandschatzungslust und den wörtlich zu verstehenden Blutdurst der Ungarn.

Von der Fischbecker Uranlage ist keine Spur auszumachen. Vorzustellen hat man sie sich so, wie die ausgegrabenen Uranlagen anderer Kanonissenstifte[34]: Einem Geviert war ein Oratorium in der Art der Fischbecker oder Möllenbecker Krypta bzw. bald eine dreischiffige Basilika zugeordnet. Aus der Frühzeit des Stiftes stammt das 1902 bei einer Grabung in der Vorhalle der Stiftskirche entdeckte, archaisch wirkende Tympanon, sich seit der historizistischen Renovierung über dem Westportal befindet. Das Brustbild hier zeigt Christus mit überlangem Hals, die rechte Hand segnend oder richtend erhoben, mit der linken die Bibel haltend. Die strenge, ja primitive Stilisierung der Skulptur entspricht Zügen der ottonischen Buchmalerei. Die breite Rankenumrahmung ist eine Verbindung von unendlichem Wellenband und Palmetten. Rechts und links außen erkennt man Mäuler, aus denen die Urflut im germanischen Sinne strömt. Rechts ist die Ornamentik dreiblättrig, links fünf-

---

30 STEINKÜHLER 1966, S. 186ff.
31 BÖHMER 1968, S. 495–500, S. 495 u. 498.
32 D.H. II. Nr. 81.
33 LÖFFLER 1917, S. 113.
34 STIEGEMANN/WEMHOFF 1999, S. 350 u. 508.

blättrig. Die dreiblättrigen Verzierungen bezieht die Stiftstradition auf die Dreieinigkeit, die fünfblättrigen auf die Menschheit. Beide kommen in Christus zusammen.[35] Das nächste Vergleichsstück ist das Tympanon der Michaeliskirche in Ronnenberg, das aber schon ins 11. Jahrhundert gehört und Verbindungen nach Gernrode und Quedlinburg zeigt.

Um die erste Jahrtausendwende war dann der Sachsenherzog Hermann Billung Stiftsvogt.[36] 1025 intervenierte der Sachsenherzog Bernhard II. bei König Konrad II.[37] für das Stift Fischbeck, das zu seinem Herrschaftsbereich gehörte. Dazu passen die Memorialbeziehungen Fischbecks zu dem billungisch bestimmten Stift Borghorst.

Der Schutzbrief König Ottos I. für Fischbeck vom 10. Januar 955 nach DO I Nr. 174 in Übersetzung

Im Namen des allmächtigen Gottes und unseres Heilandes Jesu Christi. Otto, durch göttliche Gnade König. Allen Unseren Getreuen, Anwesenden und Abwesenden, sei bekanntgegeben, dass Wir einer ehrwürdigen Matrone, Helmburg mit Namen, ein Gut geschenkt haben, das Wir erblich besessen haben in einem Dorfe, das Fischbeck heißt, und in anderen Orten, deren Namen hierunter vermerkt sind. Nun hat die erwähnte, ehrwürdige Helmburg sich Unserer Hoheit genähert mit der Bitte, ihr zu gestatten, in dem erwähnten Dorf Fischbeck eine Gemeinschaft von Sanktimonialen versammeln zu dürfen. Diese Bitte erfüllen Wir im Namen unseres Herrn Jesu Christi, aus Liebe zur Heiligen Maria und zu allen Heiligen für das Seelenheil ihres Gemahls Ricperts, ihrer Söhne Richard und Aelfdehc und ihrer anderen Verwandten. Wir gestehen (den Sanktimonialen) auch das Recht zu, dass sie aus ihrem Kreise oder von auswärts aus freier und eigener Entscheidung ihre Äbtissin wählen dürfen und dass sie keiner weltlichen Herrschaft untertan sein sollen, ausgenommen Unserer, die Wir ihr Schutzherr und Verteidiger mit Gottes Beistand sein wollen. Auch befehlen Wir, dass kein öffentlicher Richter und niemand aus richterlicher Gewalt heraus Freie, Liten (Halbfreie) oder Sklaven (Hörige) vorerwähnter Kirche in irgendeiner Angelegenheit vor Gericht zu ziehen sich anmaßt, er sei denn der Schirmherr dieses Ortes.

Dies sind die Güter, die zu erwähnter Kirche Fischbeck gehören: Im Orte selbst 6 volle Hufen, dazu auch in den Orten, die man nennt Vuendredesa (Wüstung 3,5 km nördlich von Fischbeck) 1 Hufe, Wickbolsen 4 Hufen, Bensen 1, Haddessen 1, Teinsen (bei Münder) 1, Hohnsen (nordöstlich von Hameln) 2 und an anderen Orten zum Dienst der Kirche zu Fischbeck 29 Hufen im Gau Tilithi, in der Herrschaft des Grafen Hermann, und ebenso im Gau Merstem in der Grafschaft des gleichen Grafen 8 Hufen und im Leinegau 6 Hufen in der Grafschaft Dodican, und im Gau Westfalen in der Grafschaft des Grafen Heinrich 18 Hufen und in der Grafschaft Hroduerkes 6 Hufen und auf dem Gut mit Namen Hramnesberg (Hof Ravensberg in Einen Kr. Warendorf) 2 Hufen, in Flahthorpe (Waldeck) 1 Hufe, in Anion 4 Hufen und in Virinhards Grafschaft der befestigte Hof (curtis) Thuliberh (Dolberg Kr. Beckum) mit 5 Hufen.

---

35 So Kapitularin Wendorff bei ihrer eindrucksvollen Führung 2002.
36 FÜRSTENBERG 1995, S. 57.
37 D. K. II. Nr. 15.

Das Stift Fischbeck in Geschichte und Kunst

Signum des erhabenen Königs und Herrn Otto – Ich, der Notarius Liutolf, erkenne Obiges für den Erzkaplan Bruno an. Gegeben am 10. Januar im Jahre 954 der Fleischwerdung Gottes, in der Indiktion 7, im 20. Jahr der Regierung des frommen Königs Otto. Verhandelt in Brüggen. Mit Gott.

Die Jahreszahl 955 ist wissenschaftlich erschlossen. Der König – Kaiser erst 962 – befand sich mit dem wandernden Hofstaat gerade auf dem Königshof in Brüggen an der Leine[38], wo er öfter einkehrte, wie z.B. 962 das Privileg für Bischof Landward von Minden und 965 die Verleihung des Münzrechtes und des Marktzolls in Gittelde an das Moritzstift in Magdeburg zeigen. Heute steht an der Stätte des Königshofes ein 1686–1716 erbautes Schloss.

Auf Schneidmüllers Karte der Empfänger der Otto I.-Diplome[39] ist Fischbeck versehentlich ausgelassen.

Die Figur der Stifterin

Im Hochmittelalter blühte in praktisch allen Stiften und Klöstern die Stifterverehrung. In Möllenbeck wurde um 1180 das Grabmal der Hildburg figürlich ausgestaltet. Im nahen Hameln wurde ein Grabstein des Stifterpaares gefertigt. In Wienhausen entstand um 1290 eine Figur der Stifterin. Auch in Bursfelde, Freckenhorst und Herford ist solche Stifterverehrung durch entsprechende Bildwerke nachweisbar.

So ließ das Stift Fischbeck um 1300 die lebensgroße, frühgotische Helmburg-Figur aus Eichenholz schnitzen, die mit einem prächtigen Gewand in älterer, farbiger Fassung heute noch im Chorraum zu sehen ist. Aber in den Jahrhunderten vor 1903[40] stand diese Statue nicht, sondern sie lag auf einer steinernen, auf Rollen laufenden Liegestätte, die unter dem Altar des Stiftchores noch erhalten ist. Durch diese Liegestätte ist die jahrhundertelange kultische Verwendung der Figur nachgewiesen, etwa bei Prozessionen. Von daher kommt keine andere Deutung der Figur denn als Bildnis der Stifterin in Frage. Aber die Figur ist um 1300 nicht als Liege- oder Grab-Figur geschaffen worden. Die Linke der hohen Frau rafft nämlich den Mantel vor den Leib und die Rechte hält ein Pergamentstück, offenbar das Otto I.-Diplom, und zieht den Mantel hoch. Auch der aufstoßende Saum des Kleides zeigt, dass die Figur ursprünglich nicht lag, sondern stand.

Die Fischbecker Gründungslegende

Aus der Stifterverehrung erwuchs auch in Fischbeck eine Gründungslegende, die die wenigen, konkreten Angaben der ersten Urkunde und die landschaftlichen Gegebenheiten nutzte. Die Gründungslegende[41] wird in der um 1300 entstandenen

---

38 Puhle 2001, S. 54. –Schneidmüller/Weinfurter 2001, S. 47.
39 Schneidmüller/Weinfurter 2001, S. 54–56.
40 Helmbold 1982, S. 12.

Vorlage des Fischbecker Wandteppichs bereits vorausgesetzt. Sie ist also hochmittelalterlich.

Die edle Frau Helmburg bewohnte mit ihrem Gemahl Ricpert die benachbarte Burg. Ricpert ging mit König Otto I. auf Kriegszug gegen die Ungarn und blieb seiner Burg so jahrlang fern. Während dieser Zeit kam ein alter Pilger aus dem Heiligen Land zurück. Helmburg pflegte ihn auf der Burg treulich. Beim Abschied gab ihr der Pilger zum Dank einen heilkräftigen Trank, der aus Kräutern bestand, die er an den heiligen Stätten zusammengetragen hatte. Diesen Trank sollte die edle Frau im Notfall bei Krankheit anwenden. Das Wundermittel sollte jedem helfen – nur nicht dem Eifersüchtigen und Argwöhnischen. Nach langer Zeit kehrte Helmburgs Gemahl vom Kriegszug zurück. Schon häufig war Ricpert in der Ferne der Gedanke gekommen, ob seine Frau ihn wohl die Treue halte. Nun kam er mit vielen Wunden bedeckt und durch innere Krankheit geschwächt in seine Burg und in die sorgsame Pflege seiner Frau. Sie empfing ihren Gemahl mit großer Freude und bereitete ihm sogleich ein Bad, wie der Wandteppich darstellt. Als sie die Wunden ihres Mannes sah, erinnerte sie sich an des Pilgers Heiltrank und schickte ihre alte Dienerin, den Trank zu holen. Aber nachdem ihr Mann das Wundermittel getrunken hatte, fiel er, noch in der Badetonne sitzend, in eine tiefe Ohnmacht. Als er nach langer Zeit wieder zu sich kam, beschuldigte er sogleich Helmburg, sie habe ihn durch jenen Trank vergiften wollen, was ihm nicht auszureden war. Helmburg bat nun selbst nach der Sitte der Zeit um ein Gottesurteil, um ihre Unschuld zu beweisen. Ihr Gatte ließ ein Feuer schüren, das Helmburg barfuß dreimal langsam betend durchschritt. Aber weder ihre Füße noch das härene Gewand wurden von den lodernden Flammen verletzt. Damit wäre ihre Unschuld erwiesen. Doch der eifersüchtige Edelherr fand auf ihrer Schulter eine winzige Stelle, die ein Fünklein versengt hatte. So war ein erneutes Gottesurteil fällig. Helmburg und ihre Dienerin wurden auf einem Wagen festgebunden, der mit zwei ungezähmten, feurigen Rossen bespannt wurde. Dann ließ man den Wagen über Stock und Stein zu Tal fahren. Die unglücklichen Frauen empfahlen sich dem Schutz Gottes und der Fürbitte der lieben Heiligen und sausten in rasendem Galopp bergab. Am Fuße des Hügels floss durch die Wiesen ein silberklares Bächlein; und wie durch ein Wunder hielten hier plötzlich die wilden Rosse, um zu trinken. Im gleichen Augenblick fielen die Fesseln von Helmburg und ihrer Begleiterin. Die edle Frau spürte selbst einen brennenden Durst und schöpfte mit der Hand Wasser aus dem Bächlein. Da hatte sie in der Hand ein goldenes Fischlein, das sie als ein Geschenk Gottes empfand. Auf den Knien dankte sie mit ihrer Dienerin Gott für die wunderbare Rettung und den wundersamen Fund. Helmburg gelobte, hier neben dem Bach an einer Stelle, die ihr eine Taube zeigte, ein Stift zu gründen, das sie nach dem goldenen Fischlein, das sie in der »Beke« gefangen hatte, Fischbeck nannte. (Der Wandteppich zeigt die beiden schon neben einem schlichten Kirchlein, das im Stift als eine frühe Missionskapelle gedeutet wird.) König Otto I. kam kurz danach in den Weserraum. Er bestätigte die Stiftung und nahm sie in seinen und seiner Nachfolger Schutz. Frau Helmburg aber lebte noch lange mit ihrer treuen Dienerin inmitten der von ihr begründeten Frauengemeinschaft.

Das Stift Fischbeck in Geschichte und Kunst

Früher machten die Forscher gern negative Bemerkungen über solche fabulierenden Legenden. Aber das wurde diesen nicht gerecht. Dann suchte man zu einem vermeintlich historischen Kern vorzustoßen, benutzte also die Legenden als Steinbrüche für historisches Material, was meistens auch nicht angemessen ist bzw. nicht viel bringen kann. Man muss vielmehr die Stiftungssagen als solche ernstnehmen. So erscheint heute die Fischbecker Stiftungslegende als ein Stück hochmittelalterliche Selbstdarstellung des Stiftes, die die altehrwürdige Frauengemeinschaft in eine hehres Licht rücken möchte: Für die Besucher und potentiellen Wohltäter sollte Fischbeck als ein heiliger Ort erscheinen. Zum besseren Verständnis der Stiftungssage ist anzumerken, dass noch heute von der Fischbecker Burg ein schnurgerader Weg zum Bach bzw. zum Stift herunterführt. Diese Ortssituation ist in der Sage vorausgesetzt.

Die Legende leitet den Namen des Stiftsortes von dem heute noch dicht beim Stift vorhandenen Bach ab. Nun gibt es viele Beck-Orte ohne einen Bach. Das brachte Hermann Albert Prietze[42] auf die Idee, die vielen Beck-Namen, auch unser Fischbeck, von bucki = Hügel = Thingstätte abzuleiten. Das heutige Stiftssiegel zeigt in der Mitte jenes Fischlein, von dem die Gründungslegende spricht.

Strukturen des Kanonissenstiftes Fischbeck

Das Leben im Stift entsprach nach 955 den Bestimmungen der Aachener Kanonissenregel von 816: Kanonikales, also stiftisches, nicht monastisches, klösterliches Leben bezeugen für Fischbeck die Worte Constructa est canonica sanctimonialium congregatio im Schutzbrief Heinrichs II. für Fischbeck[43] von 1004. Diese Partie der Urkunde ist jedenfalls echt. Auch die älteste Schicht des Wolfenbütteler Sammelbandes (13. Jahrhundert) nennt immer wieder einzelne Fischbecker Damen canonica, also Kanonisse. Weiter spricht Hermann von Lerbecks Katalog der Mindener Bischöfe[44] von canonicae, also von Kanonissen, in Fischbeck und nennt sie reguliert, welches Wort sich hier eher auf die Aachener Kanonissenregel von 1816 als auf die später in Fischbeck gültig gewordene Augustinusregel bezieht. Typisch für Kanonissen ist auch, wie in Bassum, die Bezeichnung der Damen als Dominae.[45] In der Memorialüberlieferung erscheint mehrmals eine alba loci istius[46], von denen eine sogar – zufällig – Helmburg heißt, wie die Stifterin. Das war keine sagenhafte Weiße Frau, sondern eine junge Dame im »Weißen Jahr«, die starb, bevor sie in den Besitz einer vollen Stelle gekommen war.

Alle Kanonissen stammten aus adligen Familien, wie z.B. die erste erwähnte, leider nicht mit Vornamen genannte Kanonisse, eine Tochter des verstorbenen edelfreien Reinbert und seiner Witwe, der »Domina« Mechthild von Ricklingen

---

41 Hyneck 1856, S. 145f. – Dingelstedt 1838, S. 77–79.
42 Prietze 1929.
43 DH II Nr. 81.
44 Löffler 1917, S. 48.
45 Vergleich z.B. Herzog August-Bibliothek Wolfenbüttel Cod. Guelf. 42 Gud. lat. 2a f 33ʳ.
46 Herzog August-Bibliothek Wolfenbüttel Cod. Guelf. 42 Gud. lat. 2a f 35 v und f 54ʳ.

der Zeit um 1187.[47] Bezeichnenderweise war eine der drei Schwestern dieser Fischbecker Kapitularin Kanonisse im Reichsfrauenstift Gandersheim, während die beiden anderen mit vornehmen Männern verheiratet waren.[48] Das Stift nahm auch in den folgenden Jahrhunderten, bis tief ins 20. Jahrhundert hinein, einzig adlige Damen auf, wie die Fülle der im Stift erhaltenen Aufschwörungstafeln zeigt. Die Richtigkeit dieser Ahnentafeln musste von adligen Herren, die mit der jeweiligen Dame nicht verwandt waren, feierlich beschworen werden.

Das Stift wurde und wird von einer Äbtissin geleitet, die vom Kapitel frei gewählt wurde[49] und wird, auch wenn oft nur eine einzige Bewerberin vorhanden war oder ist. In ihrer Amtsführung wurde die Äbtissin von mehreren Dignitarinnen unterstützt. Als Stellvertreterin der Äbtissin fungierte später eine Priorin. Die Schafferin sorgte für den täglichen Unterhalt der Kanonissen. Die Kustodin oder Küsterin war für die stiftischen Kleinodien, Kelche, Messgewänder und Glocken verantwortlich. Sie hatte auch für die Beleuchtung der Kirche sowie für Messwein und Hostien zu sorgen. Sämtliche Schlüssel und das kleinere Stiftssiegel waren ihr anvertraut. Bis in die Gegenwart hinein war nach alter Kanonissensitte, wie z.B. auch in Bassum, eine Kapitularin für den Altar verantwortlich. Mehrmals[50] wird die scolaris erwähnt, die Scholasterin, die dem Nachwuchs das Nötigste beizubringen hatte.

Im Unterschied zu einem Kloster lag und liegt im Stift die Zahl der Stiftsdamen fest: Es ging und geht um die apostolische Zwölfzahl. Die wichtigste Aufgabe der Kanonissen war das opus Dei, der tägliche Gottesdienst, im Westbau der Stiftskirche, wo noch der entsprechende Raum mit einem zugesetzten, doppelten Rundbogen zum Kirchenschiff hin überkommen ist. Besucher der Kirche, die wie bei allen Kanonissenstiften ursprünglich zugleich Gemeindekirche war, sollten die Kanonissen wohl hören, aber nicht sehen, wie man das heute noch z.B. auf dem Stift Nonnberg in Salzburg erleben kann. Noch in der Barockzeit wusste man im Stift[51], dass der »erste Fräuleinchor« im Westbau gewesen war. Eine weitere wichtige Aufgabe war das Gedächtnis der Verstorbenen, deren Namen in der reichhaltigen Fischbecker Memorialüberlieferung erscheinen. Besonders begehrt war die Grablege im Stift: Das Privileg Papst Hadrians IV. von 1158 erlaubt auf Grund entsprechender Anregung durch das Stift ausdrücklich die Beisetzung von Adligen beiderlei Geschlechts im Stift. Die damit in Verbindung stehenden Totenmessen fanden in der Krypta statt. Der religiöse Hintergrund dieser Bemühungen für die Dahingegangenen war nicht ein ursprünglich germanischer Ahnenkult, sondern die Vorstellung von einem dritten Bereich des Jenseits neben den beiden der Erwählten und der Verdammten, nämlich des stark frequentierten Fegefeuers, in dem die Seelen noch der Einwirkung frommer Werke einer Institution wie des Stiftes Fischbeck zugänglich erschienen, um so allmählich zur vollen Anschauung Gottes zu gelangen.

---

47 RASCHE 1998, S. 183.
48 SCHUBERT 1997, S. 532.
49 So schon DO I Nr. 174.
50 Herzog August- Bibliothek Wolfenbüttel Cod. Guelf. 42 Gud. lat. 2a f 10f.
51 Tagebuch der Äbtissinnen, Abschrift, S. 42.

Von der Stiftsempore im Westbau führte ein heute zugemauerter Zugang zum sogenannten Nonnenschlafsaal, der erst in der frühen Neuzeit in mehrere Räume aufgeteilt worden ist. Die Kanonissen mussten hier im alten Dormitorium, also im gemeinsamen Schlafsaal, nächtigen.[52] Tagsüber aber durften sie sich in eigenen Wohnungen aufhalten.

So war das Leben der Kanonissen angenehm. Auch die in Klöstern sonst herrschende Kälte war gemildert: Reste einer Fußboden-Heizanlage sind wiederentdeckt worden. Ein mit Holzkohle geheizter Ofen, der in einen besonderem Raum untergebracht war, strahlte warme Luft aus. Man leitete diese durch eine große Röhre in Hohlräume unter den Fußböden und durch Hohlziegel in die Wände. Eine ähnliche Anlage ist kürzlich im Kloster Ilsenburg am Harz ausgegraben worden.

Dem Stift wuchsen, wie allen Kanonissenstiften, interne und externe erzieherische Aufgaben zu, die die Scholasterin wahrnahm. Die Stiftsdamen lernten in ihrem »Schuljahr« auch etwas Latein.

Den Stiftsdamen stand auch Lesestoff zur Verfügung. So wird unter dem 27. Juni in der Memorialüberlieferung[53] von einem Priester Johannes berichtet, der dem Stift zwanzig Bücher vermacht hat. Und der Kanonikus Ludolf schenkte sogar historische und scholastische Bücher sowie ein Gradualbuch.[54] Später kamen noch ein Gradualbuch und ein Antiphonar ins Stift.[55] Auch der Hamelner Priester Johannes brachte eine Handschrift, die als ziemlich gutes Buch (librum valde bonum) im Nekrolog erscheint.[56] Die Schwestern Lefgardis und Adelheid schenkten ein Matutin-Buch und ein Psalmbuch[57], die den Horen dienten.

Da die Kanonissen keine ewigen Gelübde ablegten, also keine Nonnen waren, konnten sie, wenn nötig, das Stift in allen Ehren wieder verlassen, so wie später das Tagebuch der Äbtissinnen zahlreiche Nachrichten über Resignationen von Kapitularinnen, besonders zum Zweck der Heirat, enthält. Jedoch hat nie eine Äbtissin geheiratet.

Um den Gottesdienst in der Stiftskirche kümmerten sich, wie z.B. in Bassum und Möllenbeck, in typisch stiftischer Weise vier Kanoniker, Wochenherren, Benefiziaten[58], wochenweise abwechselnd. Der Diensthabende wohnte während seiner Dienstwoche im Dorf, im Wehmehof. Dem Stift waren einzelne Conversi, Laienbrüder, zugeordnet[59], die bestimmte Arbeiten übernahmen.

Das Stift hatte Familiaren, also dezidierte Freunde. So z.B. erklärte Äbtissin Berta[60] (1206–12), dass der Priester Landolf von St. Jakob in Münster, frater noster, also Familiar des Stiftes war. Er vermachte dem Stift einen jährlichen Zins in Höhe

---

52 HUMBURG/SCHWEEN 2000, S. 117.
53 KRUMWIEDE 1955, S. 77.
54 Herzog August-Bibliothek Wolfenbüttel Cod. Guelf 42 Gud. lat. 2a f 36ᵛ.
55 Herzog August-Bibliothek Wolfenbüttel Cod. Guelf 42 Gud. lat. 2a f 37ᵛ.
56 Herzog August-Bibliothek Wolfenbüttel Cod. Guelf 42 Gud. lat. 2a f 35ʳ.
57 Herzog August-Bibliothek Wolfenbüttel Cod. Guelf 42 Gud. lat. 2a f 31.
58 WIPPERMANN 1853, Nr. 416.
59 U B I, Nr. 29.
60 U B I, Nr. 29.

von 5 Soliidi, also fünf Goldstücken, aus dem Ertrag der Mühle zu Münder zur Feier des Gedenkens des Hl. Jakob. Am Tage dieses Apostels kamen dem Stift von diesem Besitz her Wein, Fische und Hühner zu. Auch andere Familiaren taten dem Stift Gutes, so z.B. schenkte der Familiar Arnold laicus 100 Floren, also Goldgulden.[61] Das Stift pflegte rege Beziehungen zu den umwohnenden Adelsfamilien, wie die Nekrologe zeigen. So entstand, wie z.B. in Bassum, eine eigene Stiftsministerialität.

Es bestand ein gewisses Interesse an strenger Askese insofern man deren Träger (-innen) bewunderte. So erscheinen die Inklusen Immeka und Wicburg, die sich hatten einmauern lassen, und ein Eremit Bernardus im Nekrolog.[62] Das Kanonissenstift Fischbeck diente nach alledem nicht, wie ein wirkliches Nonnenkloster, der Weltflucht und der Selbstheiligung. Es stand vielmehr im Dienst der inneren Christianisierung der frühmittelalterlichen Gesellschaft, des Lobpreises des Ewigen, der christlichen Liebestätigkeit und der gedenkenden Fürsorge für die Dahingegangenen.

Johannes der Täufer als Stiftspatron

Wie alle Kanonissenstifte war Fischbeck zunächst der Jungfrau Maria geweiht. Aber als eigentlicher Patron erscheint immer wieder Johannes der Täufer.[63] Zahlreiche Stiftungen galten dem Heiligen Johannes Baptista in Fischbeck. Das Fischbecker Necrologium aus dem 13. Jahrhundert in Wolfenbüttel enthält nicht weniger als neun Eintragungen, die sich auf Johannes den Täufer beziehen. Das Martyrologium von 1509.[64] sieht immerhin noch fünf Johannesfeste vor. Der Adventus, die Ankunft eines Johanneszahnes, in Fischbeck wurde sowohl am 20. August als auch am 6. Oktober begangen.[65] Das wichtigste Johannesfest in Fischbeck war sein Geburtstag zum Ewigen Leben, der Tag seiner Enthauptung, der 29. August. Dazu findet man im Wolfenbütteler Necrolog die pseudokritische Bemerkung: »Andenken an die Enthauptung des Hl. Johannes des Täufers. Nicht etwa, dass er an diesem Tag enthauptet worden sei, sondern dessen Haupt wurde an diesem Tag in der Kirche versteckt aufgefunden. Wer nämlich die Worte der Hl. Evangelisten sorgfältig betrachtet, kann leicht erraten, dass Johannes nicht an diesem Tag, sondern ein Jahr vor der Passion des Herrn am Osterfest des Herrn enthauptet worden ist. Da nämlich Matthäus sagt, dass der Herr, als er vom gewaltsamen Tod des Johannes hörte, an einem einsamen Ort saß. Und dort ängstigten sich 5000 Menschen; und Johannes sagt, dass es zuerst ein Osterfest der Juden gab. Anschaulich wird nachgewiesen, dass nicht an diesem Tag, sondern an einem in der Nähe liegenden Osterfest Johannes enthauptet wurde, und zwar nach Ablauf eines Jahres. An diesem Osterfest, an Ostern, wird Christus von uns angebetet. Heutzutage wird also die Heilige Kirche am Tage der Passion verehrt, wenn das, was

---

61 Herzog August-Bibliothek Wolfenbüttel Cod. Guelf 42 Gud. lat. 2a f 17ᵛ.
62 Herzog August-Bibliothek Wolfenbüttel Cod. Guelf 42 Gud. lat. 2a f 17ᵛ, 31ʳ u. 30ʳ.
63 UB I, Nr. 29 u. 48.
64 HUMBURG/SCHWEEN 2000, S. 115.
65 HUMBURG/SCHWEEN 2000, S. 117.

er (Johannes der Täufer) sagte, wegen des Vergleichs mit der Passion des Herrn eine heilige Pflicht ist: Ohne ›Ehre sei Gott in der Höhe‹ und ohne ›Halleluja‹, gleichsam für alles, gleichsam mit Traurigkeit, weil er noch nicht den Palast des Himmels betreten hat, sondern zur Erde herabstieg, um dem Herrn voranzugehen und um ihn zu verkünden.«[66]

Diese ziemlich krause Bemerkung im Wolfenbütteler Necrolog, der längste Kommentar in diesem Rahmen überhaupt, bezeugt jedenfalls die intensive Verehrung des Vorläufers Jesu im spätmittelalterlichen Fischbeck. Im Widerspruch zu dieser theologisierenden Eintragung steht in einer anderen Schicht des Werkes die Bemerkung zum 24. Februar: »Auffindung des Hauptes des Vorläufers des Herrn durch den Mönch Marcellus in der Stadt Edessa, errettet gemäß gewissen anderen jedoch am 28. September.«[67]

Seit eh und je gilt der »Fischbecker Kopf« als Reliquiar Johannis des Täufers. Darauf hat früher eine flüchtige Majuskel-Inschrift hingewiesen, deren Fundort der Verfasser leider nicht mehr wiederfindet. Auch das Fischbecker Kircheninventar von 1732 berichtet: »Johannis Kopf von Messing«. Die Reliquie war einst durch zwei Öffnungen am Hals sichtbar. Zu der Fischbecker Zahn-Reliquie des Vorläufers Jesu passt ein Kopf als Behälter vorzüglich, so wie man z.B. im Mindener Dom für Armknochen heute noch vorhandene Armreliquiare in Auftrag gegeben hat. Eine Kopfreliquie war das übliche Gehäuse für eine Zahnreliquie.

Der Fischbecker Kopf

Das wichtigste mittelalterliche Kunstwerk aus Fischbeck ist der 31 cm hohe »Fischbecker Kopf«, der eines der[68] bedeutendsten Kunstwerke der niedersächsischen Romanik überhaupt darstellt.[69] Das beinahe lebensgroße, aus Bronze gegossene und feuervergoldete Haupt eines bärtigen Mannes steht mit dem kräftigen, zylindrischen Hals auf einem ovalen, separat hergestellten Sockel, der auf vier Klauenfüßen ruht. Die Augen sind mit Silbereinlagen versehen. Das eindrucksvolle Gesicht zeigt strenge Symmetrie. Es ist umrahmt von einem bewegten Kranz kugelig endender Haar- und Bartlöckchen. Der Guss ist überall fein ziseliert. Der Untersatz war durch eine Klappe zu verschließen.

Nietlöcher am Hals des Originals weisen auf einst vorhandenen, applizierten Schmuck hin, etwa Edelsteine, wie das z.B. auch bei der Möllenbecker Stifterfigur der Fall war.

Der Kopf befand sich bis 1903 im Stift. Dann musste er verkauft werden, um Geld für die Erneuerung der Stiftskirche zu beschaffen, die im Blick auf die bevorstehende 1000-Jahrfeier bzw. auf den Kaiserbesuch unumgänglich erschien. Der Kopf ist heute

---

66 HUMBURG/SCHWEEN 2000, S. 216 mit Verbesserungen.
67 HUMBURG/SCHWEEN 2000, S. 117.
68 HUMBURG/SCHWEEN 2000, S. 108–125.
69 APPUHN 1963 Tafel 51.

ein Glanzstück des Kestnermuseums in Hannover.[70] Im Fischbecker Stiftschor steht einzig eine Kopie. Eine weitere Nachbildung befindet sich in Berlin.

Der Fischbecker Hohlgusskopf von kleinodhafter Vollendung reiht sich in die lange Reihe der lebensgroßen Kopfreliquiare des 12. Jahrhunderts ein. Der Fischbecker Kopf macht aber weniger den Eindruck eines plastischen Bildwerkes als vielmehr den einer Goldschmiedearbeit von allerdings ganz ungewöhnlicher Größe. Dieser Eindruck, den das Original in Hannover an beherrschender Stelle des Kestnermuseums vermittelt, war einst noch ausgeprägter, als der applizierte Schmuck noch vorhanden war.

Der Kopf aus dem 12. Jahrhundert ähnelt in seiner Grundstruktur speziell dem berühmten, um 1156 in Aachen geschaffenen Cappenberger Kopf[71], der einst auch zur Aufnahme von Johannesreliquien diente. Der Cappenberger Kopf war ursprünglich als Barbarossa-Kopf geschaffen worden. In Analogie zu dieser Tatsache könnte der Fischbecker Kopf von Haus aus ein Otto I.-Kopf gewesen sein. Es ist doch auffällig, dass ausgerechnet in der Entstehungszeit des Fischbecker Kopfes, um 1150, für kurze Zeit Cappenberger Prämonstratenser in Fischbeck waren. Während beim Cappenberger Kopf Locke für Locke gleichförmig gestaltet ist, sind beim Fischbecker Kopf die Haare bewegter behandelt. Johannes der Täufer war ja in der Wüste.

Der Fischbecker Kopf ähnelt, besonders was die Augenform und die Barttracht angeht, dem gleichzeitigen »Mindener Kruzifix«. Der Fischbecker Kopf lässt sich auch mit den bronzenen Trägerfiguren des sog. Krodo-Altars im Städtischen Museum Goslar vergleichen. Es bestehen auch Beziehungen zu dem um 1145 entstandenen Kopfreliquiar des Heiligen Alexander aus Stablo in Brüssel, Musée du Cinquantenaire.[72] Die Haartracht entspricht auch einer Gestalt in den gleichzeitigen Fresken in Idensen. In St. Lamberti in Düsseldorf befindet sich ein dem Fischbecker vergleichbarer Kopf.

Wo ist das hochwertige Gusswerk geschaffen? Das Fischbecker Kopfreliquiar gehört offenbar der vom Künstlerbischof Bernward initiierten Hildesheimer Werkstatttradition an[73], die auch Einflüsse des Kunstkreises des Klosters Helmarshausen aufnahm, zu dem Fischbeck Beziehungen hatte: So gedachten die Fischbecker Kanonissen am 21. Juni des Helmarshauser Abtes Adolf.[74] Nach Hildesheim weist auch die Gestaltung der vier Löwenklauenfüße[75], die sich mit den bronzegegossenen Füßen an einem Tragaltar vergleichen lassen, der vom Hochaltar des Hildesheimer Domes stammt. Und die Fischbecker ursprüngliche Kombination eines Gusswerkes mit Edelsteinen erinnert an die Hildesheimer Scheibenkreuze. Nach Hildesheim hatte Fischbeck auch sonst Beziehungen, wie die Fischbecker Handschrift in Wolfenbüttel zeigt. Der Volksmund bezeichnete den Kopf lange als »der Äbtissin ihr Mann«.[76]

---

70 Inventar Nr. 1903, 37.
71 GRUNDMANN 1959.
72 BRAUN 1922, Tafel 50.
73 HABICHT 1917, S. 17ff., Tafel I, 2.
74 BÖHMER 1968, S. 497.
75 BRANDT 2001, S. 201.
76 DIECKHOFF 1912, S. 269.

Die Fischbecker Stiftskirche

Die Fischbecker Stiftskirche ist der besterhaltene Großbau des Wesergebietes aus der Zeit vor Einführung der Monumentalwölbung. Die dreischiffige, kreuzförmige, flachgedeckte Basilika mit Westbau, Querschiff – am nördlichen Kreuzarm sind noch Reste einer Nebenapsis zu erkennen, im nördlichen Kreuzschiff ist die Apsis fortgebrochen ohne Spuren zu hinterlassen –, Chorrechteck und halbrunder Apsis in Quaderbauweise mit einer Krypta unter dem wegen der Grundwasserverhältnisse sehr hoch liegenden, über elf Stufen zu erreichenden Chor entstand im frühen 12. Jahrhundert. Langhaus und Querschiff zeigen schlichte, nur durch rundbogig geschlossene Fenster gegliederte Wände.

Hervorragend erhalten ist die dreischiffige, kreuzgratgewölbte Hallenkrypta. Im halbrunden Ostabschluss hier tragen zwei je aus einem Stück gearbeitete Vierersäulen das Gewölbe. Ähnliche Vierersäulen findet man an der Kaiserpfalz Wimpfen am Neckar. An der Nordwand der katakombenhaften Krypta zeigt ein Kapitell die Hand Gottes so wie Sonne und Mond um das Lamm Gottes geordnet. Die Würfelkapitelle der Krypta sind verschiedenartig verziert. Die Krypta[77] diente bis zum Ende des 18. Jahrhunderts zur Grablege, besonders der Äbtissinnen. Einzelne gemauerte Grüfte lassen sich noch durch den Schall feststellen. Die vermauerte 2 m hohe Tür in der Westwand der Krypta führte offenbar, wie in Möllenbeck und Gernrode[78], in eine Confessio, also in einen Reliquienraum, der noch wiederzuentdecken wäre. Eine andere, zugesetzte, rundbogige Öffnung stellte den durch den Ritus vorgeschriebenen zweiten Zugang zur Krypta dar.

Im späteren 12. Jahrhundert wurde dann der Westbau errichtet. Dieser geschlossene Querriegel ist in Quadermauerwerk erstellt. Die Gliederung beschränkt sich auf vier umlaufende Mauerrücksprünge. Der Westbau diente wie in allen Kanonissenstiften dem Chorgebet der Kanonissen.[79] Walter Haas betont, der Fischbecker Westriegel sei nachträglich an die fertige Kirche angebaut worden. Den Westriegel kam auch die Aufgabe der Dämonenabwehr zu. Der Westen, die Region des Sonnenuntergangs, galt im Volksglauben ja stets als das Gebiet der Dämonen[80], auch wenn es dafür keine Quellenbelege gibt. Der heutige Dachreiter mit Biberschwänzen auf dem Westbau ist eine Zutat der Barockzeit, die aber die Erinnerung daran bewahrt, dass der Westbau einst noch höher war, was zu mehreren Blitzeinschlägen geführt hatte.[81]

1234 wurde das Stift ein Raub der Flammen. Auch die Stiftskirche wurde schwer beschädigt. Das Fischbecker Kapiteloffiziumsbuch in Wolfenbüttel überliefert zum 11. Januar, der Hildesheimer Kanonikus Rudolf habe fast ganz auf seine Kosten die niedergebrannte (combusta) Kirche gänzlich erneuern lassen.[82] Bei der Wieder-

---

77 LEMPER 1963. –ROSNER 1991.
78 PUHLE 2001, S. 285.
79 HAAS 1997, S. 253–266; Fischbeck nur S. 260 erwähnt.
80 HAAS 1997, S. 258.
81 HYNECK 1856, S. 118.
82 BÖHMER 1968, S. 495.

herstellung 1234–54 wurde vieles vereinfacht. So sind sechs Säulen der Langhausarkaden durch Pfeiler ersetzt worden, z.T. durch Ummantelung beschädigter Säulen. Ursprünglich bestand hier der sächsische Stützenwechsel von Pfeilern und Säulen: Wechsel 1:2. Davon blieben – in der südlichen Arkadenreihe – nur noch zwei Säulen erhalten, deren Schäfte dann aber im frühen 20. Jahrhundert in die Vorhalle versetzt und innen durch Kopien ersetzt wurden. Bei der Wiederherstellung 1234–54 sind die Vierungsbögen mit ihren Zwickelbögen eingezogen und das Obergeschoss des Westbaus mit Doppelarkaden versehen worden. 1234ff. entstand auch die heutige, reiche Außengliederung der Apsis. Die großen Fenster hier sind als längliche Vierpassfenster gestaltet, die sich mit dem rheinischen »Schlüssellochfenstern«, etwa in St. Aposteln, Köln, vergleichen lassen. Der Brand von 1234 ist der Grund für die Kümmerlichkeit der schriftlichen Überlieferung für die vorhergegangenen Jahrhunderte: Es ist 1234 viel vernichtet worden, wenn auch die Privilegien erhalten geblieben sind.

Am 24. Juli 1254 konnten dann der Neubau des Stiftes und die wiederhergestellte Kirche von den Bischöfen von Minden und Hildesheim geweiht werden. Bei dieser Wiederweihe sollen nach der Angabe des Memorienbuches am hellen Mittag[83] zwei Sterne am Himmel über dem Stift zu sehen gewesen sein, ein besonders heller über dem erneuerten Gotteshaus und ein nicht ganz so heller über dem Stiftsgebäude.

Die ganze Anlage ähnelt im Grundriss und in den Maßen der Klosterkirche Neuwerk in Goslar.[84]

Aus der Zeit bald nach dieser baulichen Erneuerung, nach 1254, stammt das Triumphkreuz aus Eichenholz mit dem ausdrucksvollen überlebensgroßen Kruzifix, dessen Höhe 215 cm beträgt. Die Armspanne umfasst 130 cm. Diese Arbeit vom Dreinageltypus – die Füße sind also übereinander genagelt – ist ein Werk der Romanogotik, also der Übergangszeit von der romanischen Epoche zur Gotik. Das Lendentuch ist über der rechten Hüfte geknotet. Der Fischbecker Crucifixus ist gewissermaßen doppelt gekrönt: Zu der aus der Romanik überkommenen Königskrone, einer Taukrone, trat – vielleicht etwas später – eine Dornenkrone. Dieser Crucifixus weist Spuren von Bemalung auf. Auf dem Querbalken des Kreuzes findet man Reste von Malerei, u.a. die Hände eines Crucifixus. Das Kreuz gehörte also ursprünglich nicht zu der heute daran hängenden Figur.[85]

Aus der Mitte des 14. Jahrhunderts stammt das Adlerpult aus Eichenholz mit Resten einer späteren Bemalung. Das Original befindet sich in der Abtei. In der Kirche ist einzig eine Kopie des liturgischen Lesepultes. Adlerpulte sind sonst fast immer aus Gelbguss, wie er in der Niederlanden besonders gepflegt wurde. Ein hölzernes Exemplar erst aus dem 15. Jahrhundert befindet sich in Herrieden bei Ansbach. Der stark heraldisch bestimmte Adler ist in Fischbeck sowohl als Symbol des Stiftspatrons Johannes Evangelista als auch des Deutschen Reiches zu verstehen, auf dessen Schutz das Stift vertraute.

---

83 LÖFFLER 1917, S. 49.
84 OLDERMANN-MEIER 2001, S. 24f.
85 ECKHARDT 1967, S. 127.

Von der Fülle der in der Wolfenbütteler Handschrift aus Fischbeck bezeugten liturgischen Textilien[86] sind nur wenige Stücke überkommen, die an anderer Stelle behandelt werden. In der Fischbecker Sakristei war einst alles vorhanden, was den Glanz des Gottesdienstes erhöhen konnte: Kaseln (von lat. *casula* = Häuschen), also Messgewänder ohne Ärmel mit einem Ausschnitt für den Kopf, Stolen, also streifenförmige Abzeichen des Diakons und des Priesters, Alben (von lat. *alba* = weißes Kleid), also liturgische Untergewänder aus weißem Leinen, Dalmatiken, also liturgische bis zu den Knien gehende Röcke aus Seide oder Halbseide, die mit Zierstreifen geschmückt waren, und eine cappa serica, ein liturgischer Mantel aus Seide. Unter velum templi[87] (von lat. *velum* = Vorhang, Tuch) ist ein Vorhang zu verstehen, der zeitweilig den Altar verhüllte. Alle diese sakralen Textilien waren Schenkungen!

Die Fischbecker Stiftsgebäude

Das Stiftsquadrum südlich der Kirche ist nach dem Brand von 1234 neu erstellt worden. Der Kreuzgang – 1784 wurde der vierte Kreuzgangflügel abgebrochen – vermittelt den Zugang zu den einzelnen Klausurräumen und zur Kirche. In den Doppelarkaden des dreiseitigen, flachgedeckten Kreuzgangs sind erhaltene romanische Teilungssäulchen unter gotischem Maßwerk wiederverwendet worden. Die Spitzbogen sind »kleeblattähnlich gebrochen«.[88] Die Würfelkapitelle zeigen zum Teil Palmettenschmuck in Kerbschnitt-Technik. Das Rosenkapitell bezieht sich auf die Stiftspatronin Maria. Das Lilienkapitell ist Symbol der monastischen Keuschheit. Diese Symbole unterscheiden den Kreuzgang von jedem anderen, überdachten Verbindungsraum. Die ursprünglichen Gewölbe sind durch eine Flachdecke ersetzt.

Joachim Schmidt hat die Befunde vom Fischbecker Kreuzgang in seine äußerst umfangreiche, aus Besichtigungsreisen 1980–85 erwachsene Gesamtschau des mittelalterlichen Kreuzgangs eingefügt[89], in der er auf den (angeblichen) Zusammenklang von Kreuzgangarchitektur und Natur besonderen Wert legt. Er versteht den meditativ bestimmten »Raum im Herzen des lateinischen Klosters« als symbolhaften Raum zwischen Himmel und Erde, als »Lebensraum zwischen diesseitigem Leben und jenseitiger Erwartung«. Auch auf Fischbeck trifft die emphatische Beschreibung des großen französischen Mittelalterforschers Georges Duby zu: »Der allseitig von den Gemeinschaftsgebäuden umgebene Kreuzgang liegt im Zentrum dieses geschlossenen Universums. Eine Insel der Natur, die jedoch geläutert, von der bösen Welt um sie herum abgeschnitten ist, ein Ort, in dem die Luft, die Sonne, die Bäume, die Vögel und die fließenden Gewässer die Frische und die Reinheit der ersten Tage der Welt wiederfinden. Die Proportionen dieses Innenhofes machen deutlich, dass er teilhat an einer Vollendung, die die Erde seit Adams Sündenfall nicht mehr kennt. Quadratisch,

---

86 Kroos 1970, S. 168.
87 Kroos 1970, S. 168.
88 Lübke 1853, S. 71.
89 Schmidt 1987, S. 355, 715, 1136 u. 1641.

koordiniert mit den vier Himmelsrichtungen und den vier Elementen der erschaffenen Materie, rettet der Kreuzgang ein Stück des Kosmos vor der Unregelmäßigkeit, die ihn normalerweise zwangsläufig befällt. Er gibt ihm seine harmonische Proportionen zurück. Denen, die sich entschieden haben, dem Zeitlichen zu entsagen, spricht er die vollkommene, vollendete Sprache der anderen Welt.«[90]

Das Stiftsquadrum ist mit Steinplatten gedeckt, von denen ein Quadratmeter drei Zentner schwer ist. Der Kreuzhof diente einst als Begräbnisstätte des Klosters. Später hat man die Grabplatten z.T. in den Kreuzgang geholt. In der Barockzeit sind dem mittelalterlichen Quadrum andere Gebäude für die einzelnen Stiftsdamen angefügt worden, doch wurde auf bequeme Verbindung zum Kern des Stiftes bzw. zur Kirche geachtet, auch durch entsprechende, überdachte Gänge, durch die man stets trockenen Fußes die Kirche erreichen kann. Noch im 19. Jahrhundert entstanden Stiftsgebäude, eigentlich Stiftsdamenhäuser, mit entsprechenden Inschriften. 1888/89 ließ zwischen dem Klostergeviert und der spätbarocken Abtei Äbtissin von Kerssenbrock den »Kerssenbrockbau« errichten. An der Gartenseite wurde hier ein älteres, wiederentdecktes Wappen derer von Mandelsloh eingelassen, das nach dem Willen der Bauherrin an die Äbtissin Agnes von Mandelsloh erinnern soll, die im Dreißigjährigen Krieg das Stift »mit großer Treue und Umsicht« verwaltet habe.

Fischbecks Beziehungen zu den Königen

Stets gedachte man im Stift des Königs und späteren Kaisers Otto I. (936–73), der 955 das erste Königsprivileg für Fischbeck ausgestellt hatte, und zum 26. Januar seiner ersten Gemahlin Edith.[91] Das Stift war zunächst eine Art Reichsstift unter billungischer Kirchenvogtei.[92]

Am 20. Juli 1004 nahm König Heinrich II.[93] in Ohsen auf Bitten seiner Gemahlin Kunigunde Fischbecks erste Äbtissin Alfheyd und das Stift in seinen und des Reiches Schutz.[94] Das Stift soll keinem weltlichen Herrn untergeben sein, außer dem Herrscher selbst. Diese Urkunde ist in der Zeit von Wibalds Kampf um Fischbeck notgedrungen verfälscht worden (s.u.).

Auch Konrad II. stellte in Corvey auf Bitten der Fischbecker Äbtissin Abug dem Stift auf Intervention des Bischofs Sigebert von Minden und des Herzogs Bernhard von Sachsen am 12. Januar. 1025[95] einen Schutzbrief aus, in dem er im Wesentlichen die Vorurkunden Ottos I. und Heinrichs II. bestätigte. Der Besitz hat sich nun um vierzehn Mansen, also vierzehn Hufen, zu etwa dreißig Morgen und um das ganze Dorf Hartigehusen (Wüstung bei Hannover) vermehrt. Das bezeugt eine günstige Entwicklung des Stiftes.

---

90 Zitiert nach SCHMIDT 1987, S. 1301.
91 BÖHMER 1968, S. 495.
92 SCHUBERT 1997, S. 157.
93 D.H. II, Nr. 81.
94 UB I, Nr. 2.
95 D. Konr. II. 15, UB I, Nr. 3.

Kaiser Heinrich IV. († 1106) schenkte dem St. Johannisstift in Fischbeck die erhebliche Summe von vierzig Mark Silber.[96] Dieses Herrschers gedachte das Stift am 7. August. Kaiser Lothar von Supplinenburg (Süpplingenburg) († 1137) und seine Gemahlin Richenza schenkten dem Stift zehn Mark Silber.[97] Die Kaiserin Richenza († 1141) ließ dem Hl. Johannes in Fischbeck, also dem Stift, außer mehreren Wohltaten einen Purpurstoff (Ostrum) zukommen.[98] Dieser Herrscherin gedachte das Stift am 10. Juli.

Um 1147 nahm sich jemand die Königsurkunde von 1004 vor und tilgte auf dem Pergament durch Rasur oder Abreiben den Passus über die königliche Vogtei, mit der die Fischbecker gerade schlechte Erfahrungen gemacht hatten. War doch der Herrscher auf den Gedanken gekommen, das Stift an Corvey zu übergeben. Dieser Passus wurde nun durch die Feststellung ersetzt, das Stift habe das Recht, sich selbst einen Vogt wählen zu dürfen. Das taten die Fischbecker dann auch.

Die Fischbecker gedachten auch des welfischen Kaisers Otto IV. († 1218). Am 24. November 1221 nahm Friedrich II.[99] in Catania auf Bitten des Grafen Heinrich von Everstein das Stift in seinen Schutz. Dieser Schutzbrief ist einzig als Abschrift des 19. Jahrhunderts nach einer inzwischen verlorenen Kopie im Stiftsarchiv Fischbeck überkommen, ist aber unverdächtig. König Wilhelm von Holland (1248–56), Friedrichs II. Gegenkönig, bestätigte am 5. November 1248 dem Stift [100] alle seine bisherigen Rechte und gewährte dem Stift den besonderen Reichsschutz. Am 2. Februar 1260[101] erließ Erzbischof Konrad von Köln als Reichs-Erzkanzler in Vertretung des Königs der neugewählten Äbtissin Frederun das persönliche Erscheinen vor dem König zur Entgegennahme der Temporalien in Anbetracht der Dürftigkeit und des Mangels, unter dem das Stift leide, und bestätigte im Namen des Reiches die Rechte des Stiftes.

Am 24. Juni 1262 bat Äbtissin Adelheid[102] den im Januar 1257 mit den Stimmen der Erzbischöfe von Köln und Mainz sowie des Pfalzgrafen Ludwig, Herzog von Bayern, gewählten König Richard von Cornwall durch zwei zu ihm entsandte Damen, den Fischbecker »Closterjungfern, so dem römischen Reich on Mittel unterworfen sein«, gegen Bedrückungen zu helfen. Die Güter des Stiftes seien zum einen Teil durch Feuer verdorben, zum anderen Teil von Kriegsleuten eingenommen, die dem Stift übel mitspielten. Diese Petition ist einzig als Übersetzung von 1591 im Stiftsarchiv überkommen. Der König erfüllte bereits am 13. Juli 1263 in Aachen die Bitte der Äbtissin[103]: Er bestätigte alle Rechte des Stiftes, besonders über die Erbfolge in Lehnsgütern und über die freie Vogtwahl, falls darüber ein Privileg vorgelegt werden könne.

---

96 Böhmer 1968, S. 498.
97 Humburg/Schween 2000, S. 117.
98 Böhmer 1968, S. 497.
99 UB I, Nr. 30.
100 UB I, Nr. 32.
101 UB I, Nr. 36.
102 UB I, Nr. 39.
103 UB I, Nr. 40.

Das Stift wies von Zeit zu Zeit auf seine königlichen Privilegien hin. So nannte sich 1479 Äbtissin Armgard von Reden »Äbtissin des weltlich freien Stiftes«, was hier gerade nicht nur auf eine freiere, kanonikale Lebensform, sondern auch auf die postulierte Freiheit des Stiftes im weltlichen Herrschaftsgefüge hindeuten sollte.

Im Jahre 1530 erschien auch das Kloster Fischbeck[104] in dem gegen das Vordringen der Reformation gerichteten Schutzbrief Kaiser Karls V. für das Domstift und die Klöster der Diözese Minden. Als das Stift Fischbeck Ende des 16. Jahrhunderts aber als Reichsstift anerkannt werden wollte, wurde mit Recht festgestellt, es erscheine nicht in der Reichsmatrikel, habe keinen Sitz auf dem Reichstag und habe nie Reichssteuer bezahlt.

Zusammenfassend lässt sich feststellen: Fischbeck war ein Schutzstift des Reiches, aber kein königliches Eigenstift. Aber die Stellung eines Reichsfrauenstiftes wie etwa Herford und Gandersheim mit eigenem Territorium konnte es nicht erlangen. Dazu waren seine Mittel zu gering und der Einfluss der erstarkenden Territorialmächte zu ausgeprägt.

Abt Wibalds vergeblicher Kampf um Fischbeck

Die Äbte von Corvey hatten stets versucht, die Klöster ihrer Region ihrem Einfluss zu öffnen.[105] In diese Tradition stellte sich sofort nach seiner Wahl in Corvey der äußerst tatkräftige Reichsabt Wibald von Stablo (1098–1158). Er bat Anfang 1147 König Konrad III., ihm die beiden angeblich heruntergekommenen Kanonissenstifte Kemnade und Fischbeck angeblich zur Reform zu übertragen und stellte für dieses Entgegenkommen dem König eine große Geldsumme in Aussicht, die diesem für seinen geplanten Kreuzzug willkommen sein musste. Und tatsächlich: Im März 1147 überließ Konrad III. die beiden kleinen Stifte Kemnade und Fischbeck dem Corveyer Fürstabt.[106] Zumindest bei Fischbeck behauptete der König fälschlich, dass das Stift sein Eigentum sei. Der König unterrichtete den Zisterzienser-Papst Eugen III.[107] über die Wahl und Investitur Wibalds sowie über die wegen der nötigen Reform verfügte Inkorporation der Stifte Kemnade und Fischbeck und bat um päpstliche Bestätigung der Übertragung. Der König[108] teilte das gleiche dem Herzog Heinrich von Sachsen, also Heinrich dem Löwen, mit. Er soll seine bisher vom Reich innegehabte Vogtei über die Stifte in Zukunft von Corvey zu Lehen nehmen und, falls keine Einigung in dieser Hinsicht zu erzielen sei, dennoch die Vogtei gerecht ausüben. Heinrich der Löwe resignierte tatsächlich seine Vogtei über Kemnade dem König, um sie von Wibald wieder zu Lehen zu nehmen[109] – weil Wibald seinem Großvater, dem Kaiser Lothar III., lange und treu gedient habe. Aber die Übergabe Fischbecks kam überhaupt nicht in Frage.

---

104 UB II, Nr. 314.
105 KAMINSKY 1972, S. 136.
106 UB I, Nr. 5.
107 UB I, Nr. 6.
108 UB I, Nr. 7.
109 ORTMANNS 1972, S. 67.

Heinrich der Löwe veranlasste Adolf von Schaumburg, Untervogt Fischbecks, im März 1147 im Namen des Herzogs auf dem Reichstag in Frankfurt am Main gegen die von den anwesenden Reichsfürsten genehmigte Inkorporation Protest einzulegen.

Im März 1147[110] wandten sich Prior Walter und die Mönche des Klosters Corvey auf dringende Bitte des neuen Abtes[111] an Papst Eugen III. mit der Bitte, die Übertragung der beiden Stifte an Corvey zu bestätigen, da deren Insassen durch ihr gottloses Leben oft die Augen und Ohren aller Religiosen beleidigt hätten. Gleichzeitig baten die Mönche des Klosters Corvey[112] den päpstlichen Kanzler Guido, sich u.a. dafür einzusetzen, dass der Papst die Übertragung der Weserstifte genehmigt. Daraufhin[113] beklagten sich die Fischbecker Kanonissen bei Papst Eugen III. mit einem leider nicht überlieferten Schreiben über das ihnen zugedachte Unrecht. Der nach Rom gesandte Mönch Heinrich von Stablo musste zur gleichen Zeit aus Rom seinem Abt berichten, dass der Papst zwar seine Wahl zum Abt von Corvey bestätigt habe, es aber ablehne, auch noch die Übernahme der Stifte Fischbeck und Kemnade zu genehmigen. Das gleiche[114] teilte Kardinaldiakon Guido dem Reichsabt mit. Doch der Pfründenjäger Wibald gab nicht auf. Im Dezember 1147[115] verwendete sich König Heinrich VI. – Konrad III. war auf dem Kreuzzug – bei Eugen III. für Wibalds Pläne: Die Reform sei nötig, da die beiden Kleinklöster bereits innerlich und äußerlich am Zusammenbrechen seien. Und Wibald veranlasste in diesem Monat Dezember 1147 mehrere angesehene Persönlichkeiten zu entsprechenden Eingaben an den Papst. Nämlich der Corveyer Schutzvogt Graf Hermann II. von Winzenburg[116], Abt Hermann von Flechtdorf[117], Abt Wicelin von Northeim[118] und Abt C. von Grafenkirchen[119] betonten, sie kennten Wibald als einen Mann von Eifer um die Gerechtigkeit und Liebe zu Gott. Auch der Zisterzienser-Abt Werner Amelungsborn[120] wurde zu einer entsprechenden Supplik an den Papst veranlasst. Er empfahl nach Wibalds Diktat dem Zisterzienser-Papst, den Wünschen Wibalds entgegenzukommen, der ein Mann von gutem Ruf sei und der die römische Kirche liebe. Abt Werner gab seiner Freude darüber Ausdruck, dass Wibald, ein Mann »voll Weisheit und Regsamkeit« auch im Wesergebiet tätig geworden sei. In Kemnade werde der Gottesdienst vernachlässigt und die dortige Äbtissin Judith begünstige ihre Liebhaber. Es sei nötig, dass ein tüchtiger Mann dort Ordnung schaffe. Realistisch war immerhin, dass der Amelungsborner Abt einzig für die Übertragung des tatsächlich heruntergekommenen Stiftes Kemnade eintrat. Fast wörtlich entspricht diesem Brief aus Amelungsborn ein Schreiben des

---

110 UB I, Nr. 9.
111 UB I, Nr. 8.
112 UB I, Nr. 10.
113 Vor Juni 22 1147, UB I, Nr. 11.
114 UB I, Nr. 13.
115 UB I, Nr. 14.
116 UB I, Nr. 15.
117 UB I, Nr. 16.
118 UB I, Nr. 17.
119 UB I, Nr. 18.
120 HEUTGER 2000, S. 43f.

Bischofs Bernhard von Hildesheim, von dem feststeht, dass es Wibald selbst diktiert hat. Alles diese Eingaben sollten dem zurückhaltenden Papst beweisen, dass die mit den Verhältnissen vertrauten Prälaten der Region durchaus mit der Ausdehnung von Wibalds äbtlicher Macht weserabwärts einverstanden seien. In unserem Rahmen ist die Feststellung wichtig, dass den Fischbecker Kanonissen nirgendwo ein tadelnswertes Verhalten vorgeworfen oder gar nachgewiesen wurde.[121]

Als von Wibald gesandte Corveyer Mönche das Stift Fischbeck in Besitz nehmen wollten, stellte sich ihnen Graf Adolf von Schaumburg mit seinen Burgmannen in den Weg, sodass Wibalds Benediktiner den Stiftsbereich nicht einmal betreten konnten. Und Bischof Heinrich von Minden[122] teilte den Corveyern mit, er habe das Stift Fischbeck soeben durch Prämonstratenser des westfälischen Klosters Kappenberg reformieren lassen. So behielt Fischbeck seine Selbständigkeit.

Anfang 1148 wirkte der hartnäckige Wibald persönlich auf den Papst ein, der gerade in Trier weilte. Hier erschien allerdings auch die abgesetzte Kemnader Äbtissin Judith und kämpfte lauthals für »ihr« Stift. Wibald gab nicht auf. Am 1. Juni 1149 beklagte sich der Reichsabt bei König Konrad III.[123] über Bischof Heinrich von Minden, der den Gottesdienst in Kemnade verhindere und zusammen mit dem Grafen von Schaumburg die Inbesitznahme Fischbecks unmöglich mache. Konrad III. schrieb im Juli 1149 dem Reichsabt[124], er solle mit seinem Anliegen auf dem nächsten Hoftag erscheinen und versicherte ihm die Inkorporation der beiden Stifte aufrechtzuerhalten. Aber Corvey soll erst einmal die versprochene Summe zahlen. Nach dem 15. August 1149[125] forderte Konrad III. immerhin Bischof Heinrich von Minden auf, vom Widerstand gegen Corvey abzulassen. Der Bischof wurde wegen seines Verhaltens in Bezug auf Fischbeck auf den nächsten Reichstag zitiert.

Am 7. September 1149 brach Äbtissin Judith mit bewaffneter Mannschaft in Kemnade ein, ließ Wibalds Propst in die Weser werfen und besetzte den Kirchturm. Aber Wibalds Mannen gelang ein Gegenstoß. Im Oktober 1149 zeigte Wibald überdies[126] Interesse an dem Oberweserstift Hilwartshausen: Er beauftragte den Fredelsloher Mönch Johannes, am Königshof Wilbalds Interessen in Bezug auf die Stifte Kemnade, Fischbeck und Hilwartshausen zu vertreten. Er beschuldigte in diesem Schreiben die »impudentissima de Giseka«, die Unzüchtigste von Geseke, womit Äbtissin Judith von Geseke genannt war, dass sie die ganze Gegend mit heftiger Unruhe (rumor) erfülle. 1150 traf sich Wibald in Hameln mit Bischof Heinrich von Minden, um diesen durch persönliche Einwirkung für seine ausufernden Pläne zu gewinnen. Vergeblich. Fischbeck war und blieb für Wibald verloren. Dafür hatten die sich der Übernahme verschließende Kurie, Heinrich der Löwe als Oberschirmvogt Fischbecks und Graf Adolf von Schaumburg als Fischbecks Untervogt mit vereinten Kräften gesorgt. Doch musste Bischof Heinrich

---

121 LÜBECK 1941, S. 23.
122 UB I, Nr. 19.
123 UB I, Nr. 19.
124 UB I, Nr. 20.
125 UB I, Nr. 22.
126 UB I, Nr. 23.

von Minden die Kappenberger Prämonstratenser aus Fischbeck zurückziehen.[127] Im Frühjahr 1151 hat Wibald stillschweigend auf Fischbeck verzichtet.

Wibalds Aktivitäten hatten sich doch für ihn gelohnt: Ab 1052 konnte er mit Hilfe einer entsprechenden kaiserlichen Purpururkunde mit Goldsiegel wenigstens über Kemnade verfügen, das bis dahin als Eigenkloster des Königs galt.

Fischbecks passive Exemtion und die weiteren Beziehungen zum Heiligen Stuhl

Das Privileg Papst Hadrians IV. für Äbtissin Demot und alle, »welche mit ihr ein immerwährendes kanonisches Leben zu führen gelobt haben«, vom 11. Mai 1158 stellt einen Spezialfall der Papstdiplomatik dar. Im Frühjahr 1158 waren die Kardinallegaten Ubaldus und Albertus in Deutschland unterwegs. Sie hatten eine Blanko-Urkunde mit dem Siegel des Papstes bei sich, die sie nun für Fischbeck einsetzten.[128] Die Verwendung einer solchen Blankette ist singulär. Die Urkunde nimmt das Stift in den Schutz des Heiligen Petrus und des Heiligen Stuhles und bestätigt die Besitzungen. Auf Bitten des Stiftes sind folgende Bestimmungen eingefügt: Der Papst erlaubt, Adlige beiderlei Geschlechts dem Stift beizusetzen. Diese seltene Sepulturformel darf man nicht gegen die Echtheit des Diploms wenden: Es gibt die gleiche auch in einer Urkunde des gleichen Papstes für Ilsenburg. Nur zu gern ließen sich Edle nach entsprechenden Stiftungen in der Nähe der Altäre bzw. der darin ruhenden heilskräftigen Reliquien bestatten, gelegentlicher kirchlicher Verbote ungeachtet.[129] Hadrian IV. ordnete weiter an, das Stift solle niemand zu Lehen gegeben werden und immer unter dem Schutz der Päpste wie auch der Kaiser und Könige stehen. Weiter solle im Stift kein Bischof die Jurisdiktion ausüben außer dem Papst selbst. Kein Bischof dürfe ohne ausdrückliche Einladung der Äbtissin die feierliche Messe im Stift zelebrieren. Diese Bestimmung geht gegen den Bischof von Minden. Das Privileg zeigt inhaltliche Entsprechungen zu zweifelsfrei echten Papstbullen für Corvey und Herford.[130] Die Kreuze der Kardinalsunterschriften stehen nicht, wie sonst, vor den Namen, sondern dahinter. Das Schriftbild der eigenartigen Bulle für Fischbeck entspricht nicht dem Eindruck, den man sonst bei Diplomen der päpstlichen Kanzlei bekommt. Das Ganze macht einen improvisierten Eindruck mit ungeschickter Raumeinteilung. Das muss nicht unbedingt gegen die Echtheit sprechen, wäre aus der eingangs geschilderten Situation erklärlich. Rudolf Hiestand bezeichnete die problembeladene Urkunde als ein um die Mitte des 13. Jahrhunderts entstandenes »Pseudo-Original«.[131]

Wesentlich wichtiger als die inhaltliche Echtheitsfrage in Bezug auf das Privileg mit der formellen Exemtion von 1158 ist die folgende, allgemeine Akzeptanz von Fischbecks passiver Exemtion. Zweifellos echt ist die in Viterbo am 24. Juni 1262[132]

---

127 LÜBECK 1941, S. 32.
128 GOETTING 1947, S. 32f.
129 HOFMEISTER 1931, S. 452 u. 457ff.
130 FÜRSTENBERG 1995, S. 68f.
131 HIESTAND 1995, S. 73–104.

ausgefertigte Urkunde Papst Urbans IV. Papst Urban IV. erklärte hier, das exemte Kloster Fischbeck des Ordens des Heiligen Augustin sei ohne Mittelinstanz der Römischen Kirche unterstellt. Der Güterbesitz und die Privilegien werden bestätigt.[133] Urbans Bulle bestätigte auch alle Privilegien und Freiheiten, die Könige und Fürsten dem Stift eingeräumt haben.

Und die Mindener Bischöfe akzeptierten, dass sie in Fischbeck nicht (mehr) aus eigenem Recht, sondern höchstens in päpstlichen Auftrag tätig werden konnten. So beklagte sich Wedekind I. am 15. Mai 1256 als Vertreter des Papstes, dass das Stift ohne seine Einwilligung Land verkauft habe. Immer wieder wurden dem Stift Güter entfremdet. So wandte sich das Stift an Papst Nicolaus IV., der am 7. Mai 1290 dem Abt Ernst des Michaelisklosters in Hildesheim befahl, dem Kloster wieder zu den ihm entfremdeten Gütern zu verhelfen.[134] Und Papst Clemens V.[135] beauftragte am 7. März 1308 den Abt des Moritzklosters vor Minden, alle diejenigen zu ermahnen, die geschuldete Abgaben an das exemte Augustinerinnenkloster zurückhalten. Und am 22. April 1308[136] ersuchte Papst Clemens V. den Bischof von Hildesheim, die kanonisch durchgeführte Wahl der bisherigen Priorin Sophia als Äbtissin des exemte Klosters Fischbeck zu bestätigen. Der territorial zuständige Bischof von Minden kam dafür wegen der passiven Exemtion Fischbecks nicht in Frage.

Als 1316 Bischof Gottfried von Minden das Stift visitieren wollte, legte Äbtissin Sophia II. den Abgesandten des Bischofs die im Archiv verwahrten päpstlichen Bullen zur Einsicht vor, um dem exemten Stift die bischöfliche Visitation mit ihren Kosten zu ersparen. Aber man wollte sie schikanös zwingen, die Urkunden nach Minden zu senden. Der Konvent beantwortete diese Anmaßung mit einem Protestschreiben, das mit Hilfe des Bonifatiusstiftes Hameln auf der Mindener Synode durch den Dekan des St. Petersstiftes Höxter am 5. Oktober 1317 verlesen wurde.[137] Das Stift sei einzig dem Heiligen Stuhl unterstellt.[138] Die Fischbecker behielten sich dabei die Appellation an die Kurie vor.

Am 6. Januar 1321 beauftragte[139] Papst Johannes XXII. den Bischof von Paderborn, die Wahl der bisherigen Kustodin Lutgard zur Äbtissin des exemten Klosters zu bestätigen. Der gleiche Papst beauftragte die Dekane[140] der Domstifter Osnabrück und Hildesheim sowie des Stiftes St. Petri und Andreae zu Paderborn mit dem Schutz des Klosters Fischbeck.

Als 1340 Papst Benedikt XII. in der Fehde des Schaumburger Grafen mit dem Fürstbischof von Hildesheim über das Schaumburger Land das Interdikt, also das

---

132 UB I, Nr. 38.
133 SCHWARZ 1993, Nr. 528.
134 UB I, Nr. 49. – SCHWARZ 1993, Nr. 632.
135 UB I, Nr. 60.
136 UB I, Nr. 61.
137 UB I, Nr. 69.
138 MEINARDUS 1887, Nr. 185.
139 UB I, Nr. 79.
140 UB I, Nr. 80.

Verbot jeglichen Gottesdienstes verhängte, sorgte Leonhard, der damalige Kaplan und Procurator der Äbtissin, dafür, dass das Stift am 28. August 1341 auf Grund seiner päpstlichen Privilegien von dieser drückenden Bestimmung ausgenommen wurde. Es hieß nun, das Kloster unterstehe gar keiner weltlichen Herrschaft und sei auch nicht dem Interdikt über das Schaumburger Land unterworfen. Die Fischbecker kamen mit dieser problematischen Interpretation ihres Urkundenfundus in dieser schwierigen Situation durch. Erstaunlich ist, dass man nie etwas von Fischbecker Zahlungen an den Heiligen Stuhl hört, zu denen sich die exemten Reichsfrauenstifte[141] sonst bereitfanden.

Die beiden folgenden Papsturkunden für Fischbeck haben mit der Exemtion nichts zu tun, sind ganz normale Konservatorien, also Beistands-Beauftragungen. Am 7. Mai 1290[142] beauftragte Papst Nicolaus IV. den Abt von St. Michael in Hildesheim, dem Augustinerinnenkloster Fischbeck bei der Wiederbeschaffung entfremdeter Güter beizustehen. Und am 7. März 1308[143] ersuchte Papst Clemens V. in Poitiers den Abt des Klosters St. Mauritius vor Minden, alle, die Abgaben an das Augustinerinnenkloster Fischbeck zurückhalten, öffentlich zu vermahnen.

Als 1346 Bischof Ludwig von Minden Fischbeck visitieren wollte, protestierte die erwählte Äbtissin Lutgard II. von Hallermund durch ihren Beauftragten, Walther von Zerssen, Pfarrer in Nortorf, Diözese Bremen, energisch dagegen[144] und ließ die Visitation schließlich nur zu, sofern sie Kraft apostolischer Autorität erfolge[145], nicht aber aus bischöflicher Jurisdiktion. Der Bischof erschien dann tatsächlich kraft päpstlicher Autorität und der Konvent empfing ihn ehrerbietig.

In einer Konfraternitätsurkunde von 1347[146] erscheint Fischbeck als »ohne jegliche Zwischeninstanz zur Römischen Kirche« gehörig, was auf entsprechender Information durch die Empfängerinnen der Urkunde beruht.

Die Mindener Jüngere Bischofschronik[147] übernahm den Text der Urkunde Hadrians IV., obwohl er die Rechte des Mindener Bischofs einschränkte. Seit 1356 nannte sich die Äbtissin wegen der Romnähe des Stiftes »von Gottes und von päpstlichen Gnaden Äbtissin«, so 1356 und 1383.[148] Der erste Teil dieser Titulatur hat keine wirkliche Bedeutung: So nannten sich nämlich auch viele andere, z.B. die Möllenbecker und die Bassumer Äbtissin, aber der zweite Teil um so mehr: Dieser bezieht sich auf die Exemtion!

Am 25. Juni 1405 bestätigte Papst Innozenz VII. die neugewählte Äbtissin Mechthild von Aschem.[149] Am 26. Juni 1431[150] befahl Papst Eugen IV. dem Dekan

---

141 Fürstenberg 1995, S. 63ff., 97, 114, 143ff., 236–240, 354.
142 UB I, Nr. 49.
143 UB I, Nr. 60.
144 Zerssen 1968, S. 260.
145 UB I, Nr. 110. – Meinardus 1887, Nr. 396f.
146 Meinardus 1887 Nr. 405.
147 Löffler 1917, S. 112.
148 Wippermann 1853, Nr. 412.
149 Goetting 1947, S. 45.
150 UB I, Nr. 162.

des Bonifatiusstiftes Hameln, der Mechthild von Holte, die zur Äbtissin in Fischbeck gewählt sei, das Rom direkt unterstehende Stift nach Prüfung zu übertragen. Wieder wurde der Bischof von Minden wegen der passiven Exemtion Fischbecks übergangen. 1452 empfing die reformeifrige Armgard von Reden nach ihrer Wahl zur Äbtissin des exemten Klosters die päpstliche Bestätigung.[151] In dieser Zeit betonte der Klosterreformator Johannes Busch[152] ausdrücklich, das Kloster unterstehe nicht dem Bischof von Minden, es sei exemt.

1467/68 bat die Fischbecker Äbtissin den Papst, die beiden amtierenden Fischbecker Pfarrer wegen Konkubinats absetzen zu dürfen und die Seelsorge Priestern mit lobenswertem Lebenswandel zu übertragen. Am 27. Juni 1469 erlaubte Papst Paul II. nach einer im Archivio Segreto Vaticano erhaltenen Notiz die Äbtissin Armgard von Reden, die Konkubinarier in ihrem Klerus abzusetzen und die cura animarum, die Seelsorge, Priestern mit lobenswertem Lebenswandel zu übertragen.[153] Und am 20. September 1469 beauftragte der gleiche Pontifex maximus den Dechanten des Stiftes St. Martin in Minden, die Pfarrkirche Fischbeck nach Prüfung des Sachverhalts – da ihm selbst keine ausreichende Kenntnis zur Verfügung stehe – dem Stift zu inkorporieren.[154] Da Kanonissenkirchen von Anfang an stets zugleich Pfarrkirchen waren, muss die Kirche in einer Schwächeperiode des Stiftes diesem entfremdet worden sein. Das wurde nun rückgängig gemacht. Am 11. Mai 1470 beauftragte Papst Paul II. den Dekan des Bonifatiusstiftes in Hameln, auch die Kaplanei[155] am Fischbecker Katharinenaltar, deren Präsentationsrecht schon bisher dem Stift zustand, für immer dem Stift zu inkorporieren.[156] Damit war das Gotteshaus wieder völlig in der Regie des Stiftes und darum war es der Äbtissin bei ihrer Petition gegangen. Der Fischbecker Kirchherr Johann Fabri stimmte der Inkorporation zu, verlangte aber jährlich zwei Fuder Korn vom Stift[157] und das Recht, sein Vieh zusammen mit dem stiftischen Vieh weiden zu lassen.

In den spätmittelalterlichen Urkunden bezeichnet sich die Vorsteherin gern[158] als »des stoles to Roma abbassia des vryen stichtes to Visbeke«: Immer wieder betonte das Stift, es sei dem Heilgen Stuhl inkorporiert.[159] Und niemand nahm daran Anstoß.

Vergleicht man den Umfang des Fischbecker Romverkehrs mit dem anderer Kanonissenstifte – nicht: Reichsfrauenstifte –, wie etwa Möllenbeck und Bassum, so erscheint er weit überdurchschnittlich ausgeprägt. Der Grund dafür war die mehrmals verbriefte, passive, formelle Exemtion Fischbecks, die dem Stift Autonomie dem Bischof von Minden gegenüber verschafft hatte. Diese passive Exemtion stellte eine

---

151 Busch 1881, Register Wittenburg, S. 640.
152 Grube 1881, Register Wittenburg, S. 643.
153 Fürstenberg 1995, S. 334 – Die Jahreszahl ist hier verdruckt.
154 UB I, Nr. 196.
155 UB I, Nr. 200.
156 Helmbold 1982, S. 36.
157 UB I, Nr. 204.
158 Vergleich z.B. UB II, Nr. 205.
159 UB II, Nr. 239.

Art Ehrenrang des Stiftes dar. Aktive Exemtion dagegen gab es einzig für Reichsfrauenstifte, wie z.B. Herford, deren Äbtissin gewissermaßen die Ordinaria ihres Stiftsbezirks war. Wie weit das Stift seine mühsam erworbene kirchliche Sonderstellung jeweils durchsetzen konnte, hing ganz erheblich von den jeweils amtierenden Persönlichkeiten ab: Verbriefte und faktische Rechte waren auch in Fischbeck nicht immer identisch. Aber im Ganzen ist doch die päpstliche Privilegierung dem Stift voll zugute gekommen, so weit das erkennbar ist.

Die Grafen von Schaumburg und Fischbeck im Mittelalter

Am 13. November gedachten die Fischbecker Dominae dankbar des 1130 verstorbenen Grafen Adolf I. von Schaumburg, der als Untervogt dem Stift viele Wohltaten erwiesen hatte.[160] Er hatte dem Stift u.a. eine kostbare Purpurdecke geschenkt. Nach seinem Tod stiftete seine Witwe drei Mark Silber und einen purpurnen Chormantel. Adolf I., 1111 von Herzog von Lothar von Sachsen mit Holstein und Stormarn belehnt, war der Kolonisator Wagriens und Gründer Lübecks.[161]

Um 1147 wandte sich Graf Adolf II. (1130–64) von Schaumburg im Einvernehmen mit Heinrich dem Löwen energisch gegen die Übernahmegelüste des Reichsabtes Wibald von Stablo und Corvey, der bei seinen Expansionsplänen vom König gestützt wurde. Am 6. Juli beteten die Fischbecker[162] für die Seele dieses Grafen, der 1164 bei Verchem im Kampf gegen die Slawen gefallen war.

Als die Schaumburger Grafen das Stift irgendwie bevormundet hatten, wählte das Kapitel um 1220 die Grafen von Everstein zum Vogt. Aber mit diesen standen die mächtigen Herzöge von Braunschweig-Lüneburg in Konflikt, sodass die Fischbecker bald wieder die Grafen von Schaumburg zu Vögten bestellen mussten, die im Verlauf des 13. Jahrhunderts im Wesertal ihre Herrschaft konsolidierten, wobei die Gründung von Hessisch-Oldendorf und Rinteln wichtig wurde.

Am 11. Februar 1253[163] überließ Graf Johann I. von Schaumburg († 1263) dem Stift Fischbeck die Vogtei über zwei Hufen in Lohnde westlich von Hannover. Johann I. verpfändete dann dem Stift den Zehnten in Fischbeck. Sein Bruder, Mitregent und Nachfolger Gerhard I. (1241–90) versprach 1267 dem Stift die Übertragung von Gütern in Seedorf, sobald er die Schaumburg wieder auslösen könne, die er anstelle einer Mitgift dem Gatten seiner Tochter Liutgard, Johann Herzog von Braunschweig-Lüneburg, verpfändet hatte. Das geschah 1273.

Im Jahre 1303 verpfändete die gräfliche Familie dem Stift den Zehnten des Dorfes Fischbeck. Am 22. November 1303[164] überließ Graf Adolf VI. (1295–1315) dem Stift die Vogtei über vierzig Morgen Land in Bensen und bestätigte eine Schenkung

---

160 Böhmer 1968, S. 499.
161 Scharff 1960, S. 10f.
162 Böhmer 1968, S. 498.
163 UB I, Nr. 33.
164 UB I, Nr. 52.

seines verstorbenen Vaters, nämlich die Vogtei über drei Hufen in Helpensen. 1314 bestätigte er dem Stift den von diesem erworbenen Zehnten in Haddessen.

Im Jahre 1317[165] entschied Graf Adolf VII. (1315–53) einen Streit zwischen dem Stift und der Witwe Mechthild Hennighes wegen einer Hufe in Fuhlen. 1323 verpfändeten[166] die Grafen Adolf VII., Gerhard und Erich sowie die Gräfin Heilwig erneut dem Stift den Zehnten des Dorfes Fischbeck auf zehn Jahre für 500 Bremer Mark. Am 23. März 1323[167] schenkte Adolf VII. dem Stift die Vogtei über einen Meierhof in Helpensen. 1323 überließ Graf Adolf VII. dem Stift »aus besonderem Wohlwollen« die Gerichtsbarkeit und freie Verfügungsgewalt über die Stiftsbauern. Dieses Recht hatte eigentlich König Otto I. dem Stift bereits verliehen, aber es war in Vergessenheit geraten. Hundert Jahre später vermerkte der Stiftsjurist dankbar auf dieser Urkunde »Eine große Freiheit, die unser Junker unsern Leuten und Gütern gegeben hat.«[168] Am 21. Oktober 1330[169] verkaufte Adolf VII. dem Stift den Zehnten in dem Dorf Fischbeck, der schon so oft dem Stift verpfändet worden war, zum ewigen Eigentum für 540 Bremer Mark nach Hamelner Art. Graf Adolf VII. stiftete zusammen mit seiner Gemahlin Heilwig zur Lippe zehn Talente, vier Kaseln, zwei Dalmatiken und eine Alba.[170] Und am 26. März 1334 schenkte Adolf VII.[171] der Äbtissin und dem Kloster einen Kothof in Fischbeck bei der sogenannten Burgstätte, womit die Heineburg gemeint ist. Und 1341[172] überließ Graf Adolf VII. dem Stift die dem Grafen angeblich zustehende Vogtei über die Stiftsbesitzungen in Tündern, Afferde und »Vrolevessen«. Graf Adolf VII. schenkte der Kirche eine kostbare Purpurdecke. Am 23. Januar 1348 übergab die Nonne (monialis) Ludgardis von Schaumburg, Tochter des Grafen Adolf VII., der Fischbecker Äbtissin zwanzig Hannoversche Talente.[173] Diese Nonne sorgte dafür, dass das neue Fronleichnamsfest auch in Fischbeck eingeführt wurde. Sie starb 1387. Graf Adolf VII. wurde im Oktober 1353 in der Stiftskirche beigesetzt, wobei die fulminante Traueransprache eines Dominikaners alle so ergriff, dass man vor Weinen und Seufzen des dichtgedrängten Volkes zuletzt nichts mehr hören konnte.[174] Dieses Landesherren gedachten die Fischbecker[175] alljährlich am 9. Oktober, zumal er mit seinem Bruder Gerhard (Plöner Linie, gest. 1390) fünfzehn Talente gestiftet hatte. Am 21.10.1353 errichteten seine Witwe und seine Söhne eine Gedenkstiftung. Auch Adolfs Witwe Heilwig von der Lippe wurde später in der Stiftskirche beigesetzt. Ihr gemeinsames, vorzüglich erhaltenes Grabmal mit lebensgroßen Figuren steht im Fischbecker Altarraum. Der Graf ist in voller Rüstung dargestellt. Die Gräfin trägt

---

165 UB I, Nr. 70.
166 UB I, Nr. 83.
167 UB I, Nr. 84.
168 Poschmann 1991, S. 29.
169 UB I, Nr. 96.
170 Helmbold 1982, S. 25.
171 UB I, Nr. 100.
172 UB I, Nr. 106.
173 Meinardus 1887, S. 405.
174 Hyneck 1856, S. 68.
175 Böhmer 1968, S. 495–500, S. 499.

ein lilienbesätes Gewand. Ihr zur Seite die kleine Figur eines Bischofs, nämlich ihres Sohnes Bischof Gerhard II. von Minden, † 1366, der das Grabmal nach 1361 gestiftet hatte. Über den Häuptern des Grafenpaares schweben Engel. Kein anderer Graf hat soviel für das Stift getan wie Adolf VII.

Der nächste Graf, Adolf VIII. (1353–70), schenkte zum Heil seiner Seele und der Seelen der Seinigen[176] dem Stift 1357 bei und in Fischbeck gelegene Güter, besonders die uppen Büle.[177]

Graf Otto I. (1370–1405) schenkte 1370 dem Stift auf Bitten seiner Tante, der Fischbecker Äbtissin, in der Feldflur von Fischbeck gelegene Güter.[178] Er schenkte am 25. Juli 1387 auch drei Hufen im nahen Lachem für den Altar der Mutter Maria, der Heiligen Drei Könige und allen Heiligen. Die Anstellung eines Priesters für diesen Altar behielt der Graf sich und seinen Nachfolgern sechzigmal vor. Erst danach dürfe die Äbtissin den Altaristen allein anstellen. Dieser Priester hatte jede Woche an diesem Altar fünf Messen zu lesen und auch sonst an allen Gottesdiensten des Stiftes teilzunehmen. Dabei sollte er für die gräfliche Familie beten, es sei denn, dass er bettlägerig wäre. Die Gaben, die für diesen Altar eingehen, sollte er sich nicht für sich behalten, sondern den vier Kanonikern übergeben, die sie mit den Kapitularinnen teilen sollten. Als ersten Stelleninhaber präsentierte der Graf den Johannes Scodibusch. Am 8. Nov. 1388[179] kam zur Dotation noch ein Gut in Haverbeck dazu. Die stiftischen Teilnehmer am Gottesdienst am Tag unserer lieben Frau sollten nach Fürbitte für die gräfliche Familie sechs Hannoversche Pfennige empfangen. Der Vikar sollte jede Woche eine Seelen- und Bittmesse für das Grafenhaus lesen. Offenbar war dieser Marienaltar der Altar der Grafen von Schaumburg in der Stiftskirche.[180]

Auch für den in der Stiftskirche beigesetzten Grafen Otto II. (1427–64) und seine Angehörigen hielt das Stift[181] vier Vigilien und vier Seelenmessen, die die vier Kanoniker der Reihe nach zelebrierten. Am 22.7.1467[182] stiftete Gräfin Elisabeth von Schaumburg, geb. Gräfin von Honstein, eine »ewige Memorie« für ihren verstorbenen Gemahl und alle Verstorbenen der Herrschaften Schaumburg und Honstein. Sie überließ dem Kloster dafür einen Meierhof in Rehren. Und 1472 schenkte diese Gräfin-Witwe noch neunzig rheinische Gulden und sicherte sich damit eine vollständige alljährliche Memorie, die aus einer Vigil am Vorabend und einer Seelenmesse am Morgen bestehen sollte. Auch versprach ihr das Kloster Teilhabe an allen seinen guten Werken wie Messen, Vigilien, Arbeiten, Almosen und Kasteiungen, was dem Stil der Konfraternitätsurkunden entspricht.

1485 reformierten die beiden Brüder Graf Erich (1474–92) und Bischof Heinrich III. von Minden das »geistlike fryghe sticht« nach den Regeln, Statuten

---

176 HYNECK 1856, S. 70.
177 HELMBOLD 1982, S. 27.
178 HYNECK 1856, S. 71.
179 HYNECK 1856, S. 78.
180 MEINARDUS 1887, S. 686.
181 HYNECK 1856, S. 90.
182 UB I, Nr. 192.

und Habitvorschriften der Augustinerinnen. Graf und Bischof betonten zwar, die Privilegien des Klosters in keiner Weise antasten zu wollen, aber diese Reform war doch die erste Aktivität des werdenden landesherrlichen Kirchenregiments. Und als im frühen Reformationsjahrhundert die schaumburgischen Stände ein Mitspracherecht in der Landesverwaltung, besonders in Bezug auf die Steuerbewilligung erlangt hatten, bekam das Stift Sitz und Stimme auf der Prälatenbank des schaumburgischen Landtages. Entweder erschien die Äbtissin selbst oder der Stiftsamtmann[183] auf den Landtagen. Seit 1521 übernahm das Stift zusammen mit den übrigen Ständevertretern immer wieder die Bürgschaft für die ständigen Schulden der Grafen: Zahlreiche Geld- und Dienstleistungen erfolgten nun »auf Bitten unseres gnädigen Landesherrn«. Hier wurde die unschöne Kehrseite der regen Beziehungen der Grafen zum Stift deutlich. Auch der Mindener evangelische »Bischof« Hermann von Schaumburg (1567–82) wandte dem Stift Gutes zu.[184]

Die Memorialbeziehungen des Kanonissenstiftes Fischbeck

Die Fischbecker Memorialüberlieferung enthält etliche Namen noch aus der Zeit des Kanonissenstiftes. So erscheinen hier einige Domherren des Domstifts Minden.[185] Und am 19. November beteten die Fischbecker Kanonissen für den Mindener Domdechanten Borghard, der 190 Floren gespendet hatte.[186]

Im westfälischen Kanonissenstift Borghorst erinnerten sich die dortigen Kapitularinnen an jedem 31.12. einer Äbtissin Wicburg[187], derer die Fischbecker Damen als »Äbtissin dieses Ortes« am 30.12. gedachten. Solche Sprünge um einen Tag dürfen die Gleichsetzung nicht hindern. Da war einmal die Vigil und einmal der eigentliche Todestag der Fischbecker Äbtissin begangen worden. Und wenn die Fischbecker am 18.3. der Witwe Helmburgis gedachten, so ist diese trotz der Häufigkeit des Namens mit der monacha, mit der Nonne, Helmburgis identisch, die im Borghorster Nekrolog am 19.3 erscheint.[188] Die Witwe ist irgendwo Nonne geworden. Fischbeck und Borghorst gedachten auch des gleichen Priesters Wernherus am 10. bzw. 9.5. Die Fischbecker Äbtissin Seburg findet man am gleichen 2.2. in beiden Nekrologen.[189] Die Fischbecker gedachten am 23.9. in der Vigilie eines Arnoldus, der am 24.9., an seinem Todestag, als Arnolfus in Borghorst erscheint.[190] Solche Schwankungen der Namensschreibung waren damals üblich. Der Archidiakon Justacius im Fischbecker Vigil-Gedenken des 12.9. ist identisch mit dem Borghorster Justacius am 13.9.

---

183 Poschmann 1991, S. 30.
184 Hyneck 1856, S. 106.
185 Rasche 1998, S. 56.
186 Herzog August-Bibliothek Wolfenbüttel Cod. Guelf 42 Gud. lat. 2a f 49ʳ.
187 Althoff 1978, S. 237.
188 Althoff 1978, S. 257.
189 Althoff 1978, S. 257.
190 Althoff 1978 S. 257.

Am 29.Dezember findet man im Möllenbecker Nekrolog eine Äbtissin Wicburg. Und am 30.12. gedachten die Fischbecker Kanonissen der Wicburgis abbatissa l(oci) i(stius), also der Fischbecker Äbtissin Wicburg. Da in Möllenbeck fast immer der Toten am Vorabend ihres Todestages gedacht wurde, ging es hier um die gleiche Wicburg. Und die Fischbecker Priorin Hildegard erscheint im Möllenbecker Totenbuch zum 20.6.[191] Das ist aber auch schon alles, was beim Abgleich aller Fischbecker Todesdaten mit den Gedenktagen des Möllenbecker Nekrologs herauskam. Dabei war Möllenbeck das nächste Kanonissenstift; die Entfernung beträgt nur etwa 25 Kilometer. Aber es bestand eine Konkurrenzlage.

Am 21. Juni gedachte man in Fischbeck des Abtes Adolf des Benediktinerklosters Helmarshausen[192], das durch seine künstlerische Tätigkeit bekannt geworden ist.

Am 27. November erinnerte man sich in Fischbeck an den Prior Wilkinus des Lüneburger Michaelisklosters[193], dessen Gebäude noch erhalten sind.

Erstaunlich ist das Auftauchen eines Franziskanerbruders Hinrich schon in der Grundschicht des Kalendariums.[194] Die Fischbecker Kapitularinnen gedachten auch[195] der Dominikanerbrüder Johannes und Werner. Solches Vorkommen von Bettelmönchen im Memorienregister eines feudalen Kanonissenstiftes ist selten.

Es bestanden auch Memorialbeziehungen zu mehreren Bischöfen anderer Diözesen. Am 7. Januar betete man in Fischbeck für das ewige Heil von Bischof Egbert von Münster, † 1132.[196] Auch Bischof Werner von Münster, † 1151, erscheint zum 1. Dezember in der Fischbecker Memorialüberlieferung.[197] Am 29. Juni beteten die Fischbecker für die Seele von Bischof Udo von Osnabrück, † 1141, der dem Stift ein Messbuch im Wert von zwei Talenten geschenkt hatte.[198] Am 10. Juli erinnerte man sich an Bischof Hermann von Hildesheim, † 1170.

Altäre und Reliquien

Wie alle Kanonissenstifte, war auch Fischbeck der Heiligen Jungfrau Maria geweiht. Um 1310 wurde südlich vom Chorraum »im Hof der Äbtissin«[199] eine Marienkapelle errichtet. 1346 wird diese Marienkapelle erstmals erwähnt.[200] Diese Kapelle hatte einen ständigen Vikar, der auf Anweisung der Äbtissin am Altar dieser ihrer Privatkapelle zu zelebrieren hatte.[201] Nach der Reformation sollte aus der Privatkapelle eine Begräbnisstätte werden. Hier wurde z.B. 1698 die Stiftsdame Dorothea von Clüver

---

191 HEUTGER 1987, S. 53.
192 BÖHMER 1968, S. 497.
193 Herzog August-Bibliothek Wolfenbüttel Cod. Guelf 42 Gud. lat. 2a f 50^v.
194 Herzog August-Bibliothek Wolfenbüttel Cod. Guelf 42 Gud. lat. 2a f 19^r.
195 Herzog August-Bibliothek Wolfenbüttel Cod. Guelf 42 Gud. lat. 2a f 32^v u. 44^r.
196 BÖHMER 1968, S. 495.
197 BÖHMER 1968, S. 499.
198 BÖHMER 1968, S. 497.
199 UB I, Nr. 141.
200 UB I, Nr. 111.
201 UB I, Nr. 178.

beigesetzt. 1387 wurde ein besonderer Altar der Jungfrau Maria gestiftet[202], der dann auch 1388 bezeugt ist.[203]

In der Stiftskirche befand sich ein 1333 gestifteter Altar der Hl. Katharina[204]: 1333 schenkte der Ritter Büschen in Hessisch-Oldendorf dem Stift einen Kothof in Hemeringen, dessen Einkünfte dem Priester zustanden, der den Katharinenaltar zu bedienen hatte. Dieser Priester, der vierte Kanonikus, sollte auch der Büssche'schen Familie fleißig bei seinen Messen und Fürbitten gedenken. Katharina von Alexandrien war durch die Kreuzzüge in den Gesichtskreis des Abendlandes getreten. Die im Volk beliebte Märtyrerin zählte zu den vierzehn Nothelfern und galt zusammen mit Barbara und Margaretha als Beschützerin des Wehr-, Nähr- und Lehrstandes. Die Ankunft ihrer Reliquien in Fischbeck wurde am 12. September besonders gefeiert.[205] Im 15. Jahrhundert war der Fischbecker Ortspastor Johannes[206] zugleich Vikar des Katharinenaltars.

1349[207] wird ein Annen-Altar bezeugt. Damals wurde die Verehrung der Großmutter Jesu überall aufgegriffen. 1384 wird[208] ein Altar der Heiligen Drei Könige mit zugehöriger Vikarie erstmals erwähnt. Er wurde mit drei Hufen Land in Lachem ausgestattet. 1477 hatte der[209] Altarist der Heiligen Drei Könige wie seine Vorgänger nur eine einzige Messe in der Woche zu lesen – zu Trost und Heil der Stifter des Altars. 1387 befand sich in der Krypta ein Altar der Apostel Petrus und Paulus. 1479 wird ein Altar Johannis des Täufers erwähnt.[210]

Von einem dieser Altäre ist die mittelalterliche Mensaplatte mit ihren Weihkreuzen überkommen. Sie ist 1556 als Grabplatte der Äbtissin Maria von Zerssen wiederverwendet worden.

Auch die Fischbecker Damen begeisterten sich für Reliquien, also für mehr oder, fast immer, weniger echte Partikel von Heiligen. Besonders geschätzt war der schon erwähnte Zahn Johannis des Täufers, des Stiftspatrons. 1387 befanden sich einige Reliquien der 10 000 Märtyrersoldaten in einem der Altäre. Insgesamt besaß das Stift mehr als 54 Reliquien.[211]

Fischbeck als Augustinerinnenkloster

Im hohen Mittelalter wurden die meisten der altehrwürdigen Kanonissenstifte als nicht mehr zeitgemäß angesehen und deshalb in wirkliche Klöster umgewandelt. Diesem Zug konnte sich auch Fischbeck nicht entziehen. So sprach Äbtissin Frederunde

---

202 Hyneck 1856, S. 77.
203 Meinardus 1887, Nr. 686.
204 UB I, Nr. 99.
205 Herzog August Bibliothek Wolfenbüttel Cod. Guelf 42 Gud. Lat. 2a f 40v.
206 Herzog August Bibliothek Wolfenbüttel Cod. Guelf 42 Gud. Lat. 2a f 52r.
207 UB I, Nr. 118.
208 UB I, Nr. 139.
209 UB II, Nr. 221.
210 UB II, Nr. 227.
211 Humburg/Schween 2000, S. 117.

(1253–60) bereits von einem claustrum Fischbeck[212], also von einem Kloster. Fischbeck wurde in dieser Zeit Augustinerinnenkloster.[213] Die erste Erwähnung dieser neuen Struktur enthält die Bulle Papst Urbans IV. von 1262.[214]

Eine Eingliederung in irgendeine Gemeinschaft von Klöstern, die nach der Augustinusregel lebten, ist jedoch nicht zu erkennen. Die Fischbecker waren also gewissermaßen selbsternannte Augustinerinnen, was ihnen manche Freiheiten erlaubte, wie sie vorher den Kanonissen zukamen. Die Augustinerinnen gedachten des Heiligen Augustinus, dessen plastisches Kopfbild zusammen mit dem seiner Mutter Monika anscheinend an der Tür des Nonnenschlafsaales erscheint. Auf strenge Klausur deutet der 1362 bezeugte Sprechsaal hin.[215] Nur in diesem Parlatorium durfte man Notwendiges besprechen.

Die Einführung einer Äbtissin war stets ein besonderer Festtag für das Stift und die Umwohnenden. Im Jahre 1430 wurde auf Befehl von Papst Eugen IV. die neue Domina Mechthild von Holte vom Dekan des Bonifatiusstiftes in Hameln in ihr hohes Amt eingeführt.[216] Der territorial zuständige Bischof von Minden kam wegen der fortbestehenden Exemtion Fischbecks für diese Handlung nicht in Frage.

Der Äbtissin stand, jedenfalls 1352, ein Amtmann bzw. ein Stiftsvogt[217] zur Seite. Das zeigt eine Urkunde von 1356[218], durch die Äbtissin Luthgard II. für den Stiftsvogt (advocatus) Konrad Vunke zum Dank für geleistete Dienste ein Jahrgedächtnis einrichtete. Der in den Urkunden mehrmals vorkommende Procurator war jedoch kein Bediensteter des Stiftes, sondern ein im bestimmten Fall Beauftragter. Für manuelle Arbeiten gab es im Klosterbereich Konversen.[219]

Die Verpflegung der Chorfrauen blieb gut. Es kamen ja genügend Schweine, Hühner und Bier als Abgaben herein.[220] An den Fastentagen aß man Fisch. Erst 1880 ist ein alter Fischteich zugeschüttet worden, der am Nährenbach sogar noch einen Nachfolger bekam.

Die wichtigste Aufgabe der Nonnen war das Gebet. So wurde die Äbtissin Luthgard II. 1373 auf ihrem Grabstein gegenüber dem Westeingang der Stiftskirche betend dargestellt. Die Nonnen beteten gewissermaßen stellvertretend für die Freunde des Klosters, die im Weltgetriebe nicht dazu kommen. Das Kloster bot zahlreichen Freunden Grablege. Das zeigt z.B. die hochrechteckige Grabplatte des Borchard von Bussche, die in der Schwelle der Eingangshalle vermauert ist. Bussche starb am 25.1.1425. Seine Memorie wurde am 27. Januar begangen.[221] Und im Kreuzgang des

---

212 UB I, Nr. 37.
213 Für die Bemerkung des hervorragenden Handschriftenkenners Helmar Härtel (Härtel S. 68) in Fischbeck hätten Benediktinerinnen gelebt, gibt es keinen Beleg in den Quellen.
214 UB I, Nr. 38.
215 MEINARDUS 1887, Nr. 534.
216 UB I, Nr. 162.
217 MEINARDUS 1887, Nr. 445.
218 UB I, Nr. 122.
219 UB I, Nr. 115.
220 WIPPERMANN 1853, Nr. 416.
221 WEHKING/WULF 1990, S. 57.

Klosters findet man den Grabstein der 1547 verstorbenen Margareta von Münchhausen.[222] Manche Grabsteine, die im 19. Jahrhundert noch vorhanden waren, sind heute verschwunden. Die Augustinerinnen widmeten sich dem Gedenken der dahingegangenen Freunde des Klosters. So z.B. bekundete Äbtissin Adelheid 1373[223], dass nach dem Tode des Hamelner Bürgers Hinrick van Crep und seiner Frau Immeke der Konvent und auch die Priester des Klosters alljährlich für die beiden und deren Eltern »bidden« werden, nachdem die beiden dem Kloster fünfzehn Pfund Pfennige zugewandt haben. Von den Zinsen des Stiftungskapitals sollen jede Klosterfrau an dem Gedenktag sechs Pfennige, jeder der vier Priester sechs Pfennige, der Kaplan, wenn einer da ist, drei Pfennige und der Opfermann = Glöckner (campenarius)[224] auch drei Pfennige bekommen.

Die Nonnen widmeten sich nach der Devise ora et labora auch textilen Handarbeiten. Um 1300 arbeiteten die Fischbecker Nonnen an der Vorgängerin des berühmten Wandteppichs. Sie stellten sich so in die Fischbecker Geschichte hinein. Auch in anderen Klöstern kann man beobachten, dass bei solchen Reformen das hergebrachte Stiftergedenken neu belebt wurde.[225] Da liest man[226] in mittelalterlichem Latein Vir quando mortiferum bibitur hera flet: Wenn der Mann etwas Todbringendes trinkt, weint die Herrin. Und: Hec igne salvatur quia non rea sitque probatur: Sie bleibt im Feuer unversehrt und es erweist sich, dass sie nicht schuldig ist (Text bei der Abschrift 1583 verderbt und hier emendiert). Indomitos sequitur secura (sistere) protinus itur: Den ungezähmten Pferden folgt sie und es geht vorwärts. Das Wort sistere wird aus metrischen Gründen gestrichen. Ordo quis petitur per avem quod mox aperitur: Welcher »Orden« angestrebt wird, das wird durch den Vogel bald offenbart. Die Umschrift des fünften Feldes lautet: Regem consequitur exemptum dote potitur: Den König geht sie an und empfängt durch sein Geschenk die Exemtion (hier im Sinne von Immunität). Im sechsten Feld: Claustrum sancitur et ibi conventus oritur: Das »Kloster« wird geweiht und hier entsteht eine geistliche Gemeinschaft. Anima in pace requiescat: Die Seele möge in Frieden ruhen. Misericordiam in pace prode: Gib Barmherzigkeit in Frieden.

In der 14. Jahrhunderts entstand auch eine als 105 zu 139 cm großes Fragment überkommene Altardecke in farbiger Seide und weißem Leinengarn auf naturfarbenem Leinenstoff. Diese Decke wurde[227] 1966 von der zentralen Forschungsstelle in Krefeld gereinigt und dann von Frau Äbtissin von Schön-Angerer auf neuen Leinenstoff geheftet. In der Mitte erscheint hier der thronende Christus in der Mandorla mit dem Gotteslamm und den Evangelistensymbolen. Ihm sind neun thronende Apostel zugeordnet. Zwei oder drei fehlen also heute. Unten findet man die Heilsgeschichte, also Ankündigung der Geburt Christi, Geburt Christi, Heilige Drei Könige, Darbringung

---

222 WEHKING/WULF 1990, S. 60.
223 WIPPERMANN 1853, Nr. 395.
224 WIPPERMANN 1853, Nr. 416.
225 WEHKING/WULF 1990, S. 66.
226 WEHKING/WULF 1990, S. 64–68 mit geschickten Emendationen.
227 KROOS 1970, S. 120.

Das Stift Fischbeck in Geschichte und Kunst

Jesu im Tempel, Taufe Jesu, Abendmahl, Kreuzigung, Auferweckung, Himmelfahrt, Pfingsten und den »Gnadenstuhl«, also das Sinnbild der Heiligen Dreieinigkeit. An vielen Stellen sieht man noch die ausdrucksvolle Vorzeichnung. Auffallend ist die Diskrepanz zwischen der hochwertigen Vorzeichnung und der sauberen, aber schwerfälligen Ausführung durch die stickenden Fischbecker Nonnen. Ein großer, künstlerisch hervorragender, thronender Christus ist nach den Resten der Vorzeichnung sogar verworfen worden[228]: Die Nonnen wollten die Altardecke unbedingt so sticken, wie sie jetzt ist. Die Figuren sind jetzt gedrungen, die Köpfe ziemlich groß.

Das Stift besitzt weitere Stücke eines Fragmentes mit stehenden Heiligen unter Rundbogenarkaden. P. Tornow[229] sah noch eine sehr schadhafte, gestickte, hochmittelalterliche Altardecke, auf der Anbetung der Heiligen Drei Könige, Flucht nach Ägypten, Einzug Jesu in Jerusalem, Abendmahl, Verrat des Judas, Christus vor Pilatus, Verhöhnung mit der Dornenkrone, Kreuztragung, Kreuzigung, Grablegung, Auferweckung und Himmelfahrt dargestellt waren.

Aus der Zeit um 1330[230] stammt ein erst in der Mitte des 20. Jahrhunderts im Stift wiederentdecktes, mit Leinengarn auf weißem Leinenstoff gesticktes Antependium (111,5 cm hoch, 201 cm breit), ein Altarvorhang mit 26 medaillonartigen Bildfeldern aus der Heilsgeschichte, die von der Verkündigung der Geburt Jesu zur Marienkrönung führt.[231] Auffällig, weil selten, ist hier die Szene »Maria mit dem Jesusknaben an der Hand«. Auch Jesus ist einst zur Synagogenschule geführt worden! Die vorletzte Szene des Marientodes mit Christus in der Mandorla gemahnt an die gleiche Szene auf dem Retabel im Kloster Wennigsen, in dem auch Augustinerinnen lebten. Technisch sind die wenig auffallenden, blassfarbigen Seideneinlagen besonders beachtlich. Die Fischbecker Bildstickereien mit ihrem glaubensmäßigen Gehalt sind bedeutsame Zeugnisse für die Realisierung der monastischen Grundregel ora et labora.

Aus der kanonikalen Frühzeit Fischbecks stammt noch die Aufteilung des Klostervermögens in einzelne zweckbestimmte Fonds. So kauften 1425[232] Äbtissin Mechthild und der Konvent den »ewigen kosterynnen«, also der Küsterei, einen Hof in Bensen, dessen Einkünfte besonders für Kerzen im Gottesdienst eingesetzt werden sollten.

Das Kloster bemühte sich um Besitzkonzentration: Es entschloss sich also[233] im 14 Jahrhundert, weit entfernte Besitzungen bei Gelegenheit abzustoßen und vom Erlös näher gelegene anzukaufen. – Die alte Prägung der Korporation als Kanonissenstift wirkte noch lange nach. So nannte 1346 die Äbtissin eine Mitschwester[234] concanonica, Mit-Kanonisse. Die einzelne Dame wird in dem gleichen Zusammenhang Domina genannt, wie sonst in Kanonissenstiften, z.B. Möllenbeck und Bassum, üblich. Der

---

228 Kroos 1970, S. 120.
229 Tornow 1883 Sp. 82–87, dazu im Tafelband Tafeln 137–139 (Grundriss der Stiftskirche, Querschiff, Äußere Ansicht der Stiftskirche von Nordosten), S. 88.
230 Kroos 1970, S. 66.
231 Kroos 1970, S. 74.
232 UB I, Nr. 158.
233 Hyneck 1856, S. 56f.
234 UB I, Nr. 114.

alte Kanonissenbrauch hielt sich insofern, als auch die Chorfrauen zum Teil Eigentum besaßen, wie auch manche selbsternannten Zisterzienserinnen in den Heideklöstern – und Kanonissen sowieso. So überließ am 21.9.1340[235] die Chorfrau Jutta Dehm dem Kloster ihre Einkünfte aus einem Hof im Oldendorfer Feld – doch sollten ihr persönlich weiterhin drei Malter Weizen und drei Malter Gerste zukommen. Und 1383 schenkte die »Klosterschwester«[236] Gerburg von Beldersen dem Konvent der Damen und Herren zu Fischbeck zwar zwei ererbte Hufen unter der Schaumburg, ordnete aber an, dass deren Ertrag zunächst bestimmten Personen, besonders aus ihrer Familie, zugutekommen sollte. Und 1403[237] besaß die gleiche Klosterjungfrau immer noch zwei Hufen vor Hessisch-Oldendorf, deren Ertrag ihr und zwei adligen Mitschwestern zukommen sollte. Erst nach dem Tod der drei sollte das Gut an das Kloster fallen.

Die Augustinerinnen kamen aus dem Landadel der Umgebung. 1425 gab es sogar eine Klosterjungfrau vom Hochadel aus dem Geschlecht von Everstein[238], der die Herzöge Bernhard und Otto von Braunschweig-Lüneburg vier Hannoversche Pfund[239] verbrieften.

Die Nonnen trugen einen schwarzen, leinenen Umhang (cappa) mit langen Ärmeln (manicis) über einem weißen Gewand, das sie »clara« nannten, dazu einen Schleier[240], der über der Stirn ein Kreuz trug, wie die Ritzzeichnung auf dem Grabstein der 1373 verstorbenen Äbtissin Luthgard II. Gräfin von Hallermund zeigt, der jetzt in die Gartenmauer gegenüber dem Westeingang der Kirche eingelassen ist.

Dem Kloster wurden immer noch reiche Gaben dargebracht. Eine Witwe Alheidis schenkte 1000 Floren.[241] Eine Laiin Sophia opferte ihre beste Tunika.[242] Eine Witwe Kunigunde brachte im 15. Jahrhundert ein weißes Priestergewand und Stolen.[243] Die Gattin eines Herzogs Witlikin schenkte einen goldenen Armreif.[244] Elisabeth, die Gattin eines Tilemann, erfreute die Fischbecker im 15. Jahrhundert mit einem Ring und einem silbernen Kreuz.[245]

Die Geistlichkeit des Klosters

Die für eine Kanonissenstift typischen vier Priester wurden auch in der späteren, von der Augustinusregel bestimmten Epoche Fischbecks beibehalten, ja, manchmal wurde nun sogar[246] von dem (Frauen-)Konvent und den Herren zu Fischbeck gesprochen. Die

---

235 Hyneck 1856, S. 60.
236 UB I, Nr. 137.
237 UB I, Nr. 150.
238 Fink 1903, Nr. 126.
239 In dieser Zeit Rechnungsgröße, vergleiche Schrötter 1970, S. 507.
240 Grube 1881, Register Wittenburg, S. 643.
241 Herzog-August Bibliothek Wolfenbüttel Cod. Guelf. 42 Gud. lat. 2a f 19^v.
242 Herzog-August Bibliothek Wolfenbüttel Cod. Guelf. 42 Gud. lat. 2a f 43^r.
243 Herzog-August Bibliothek Wolfenbüttel Cod. Guelf. 42 Gud. lat. 2a f 30^v.
244 Herzog-August Bibliothek Wolfenbüttel Cod. Guelf. 42 Gud. lat. 2a f 28^v.
245 Herzog-August Bibliothek Wolfenbüttel Cod. Guelf. 42 Gud. lat. 2a f 12^v.
246 Vergleich z.B. Wippermann 1853, Nr. 412.

vier bildeten also wie in Wunstorf zeitweilig gewissermaßen eine eigene Gemeinschaft neben dem Konvent der Chorfrauen. Eigentlich hätte für ein Chorfrauenstift wie in Obernkirchen ein Priester als Propst genügt. Der Dienstälteste der Kanoniker – um 1250 hieß er Friedrich – trug den Titel Propst.[247] Später nannte er sich »Senior«.

Einmal gab es Friktionen zwischen dem Kapitel und der Priesterschaft. Am 22. Januar 1387[248] wurde vor dem Altar der Apostel Petrus und Paulus in der Krypta ein Vergleich zwischen der Priesterschaft und dem Kapitel geschlossen, in dem es um die Verteilung der Gelder ging, die auf Grund letztwilliger Verfügungen nach den Seelenmessen in der Unterkirche auszuzahlen waren.[249] Diese Gelder sollten hinfort zu gleichen Teilen zwischen den Priestern und den Chorfrauen verteilt werden. Der Dechant und der Scholaster des Hamelner Bonifatiusstiftes waren Zeugen dieser naheliegenden Einigung, die ein Notariatsinstrument bezeugt.

Die Geistlichen des weithin mit adligen Damen besetzten Klosters waren, soweit erkennbar, stets bürgerlicher Herkunft, wie z.B. jener Ludolf von Hannover, der 1334 als Zeuge erscheint.[250] In anderen adligen Stiften war es ebenso, wie z.B. in Möllenbeck und Bassum. Denn Adligen mit Priesterweihe boten sich in der mittelalterlichen Adelskirche ganz andere Wirkungschancen als ein Kanonikat in einem Frauenstift, das jedoch für einen Geistlichen aus bürgerlicher Familie bei dem Stellenmangel höchst erstrebenswert war.

Zu den vier Stiftsgeistlichen traten Vikare, bzw. Altaristen für bestimmte Altäre. 1412 tauschte der Fischbecker Vikar Gottfried nach viel Hin und Her seine Stelle[251] mit dem Nettelreder Pastor Johannes Bokuel. Die Bezahlung der (nebenberuflichen) Vikare war kümmerlich. So z.B. erhielt in der zweiten Hälfte des 15. Jahrhunderts der Vikar Johann von Spame im Jahr nur eine Bielefelder Mark, acht Stiegen Eier und acht Hühner.[252]

Die Konfraternitätsbeziehungen der Fischbecker Augustinerinnen

Im 14. Jahrhundert trat das Augustinerinnenkloster Fischbeck in Konfraternitätsbeziehungen zu einer ganzen Reihe anderer Gemeinschaften. Am 24. Juni 1306 schloss das Stift eine Gebetsverbrüderung mit dem Domstift in Hildesheim.[253] Am 26. Juli 1307 schlossen Äbtissin Gisela und der Konvent geistliche Gemeinschaft mit dem 1286 gegründeten Zisterzienserinnenkloster Gravenhorst.[254] 1319 beschloss der Konvent Gemeinschaft der Gebete und der guten Werke mit dem Vorsitzenden[255]

---

247 STUDTMANN 1938, Fischbeck.
248 HYNECK 1856, S. 75.
249 MEINARDUS 1887, Nr. 682.
250 UB I, Nr. 101.
251 HYNECK 1856, S. 80.
252 UB II, Nr. 221.
253 UB I, Nr. 55.
254 UB I, Nr. 58 – nicht Kreis Gifhorn, wie UB angibt, sondern Gravenhorst, heute Hörstel, Westfalen vgl. JÁSZAI 1982/83, S. 356f.
255 nicht Propst, wie UB.

der Priesterbruderschaft Braunschweig und seinen Konfratres.[256] Am 13. Juli 1319 schlossen Äbtissin Sophia und der Fischbecker Konvent eine Konfraternität (*sancta unio*) mit der Reichsäbtissin Jutta von Quedlinburg und den Kapitularinnen dieses Reichsfrauenstiftes.[257] Sie gewährten einander Teilhabe an allen Vigilien, Messen, Meditationen, Gebeten, Almosengaben und anderen frommen Werken und wollten auf ewig *consosores*, Mitschwestern, sein. Am 11. November 1326 gingen Äbtissin Luitgart, die Priorin und der Fischbecker Konvent mit dem Propst, der Priorin und dem Konvent des Benediktinerinnenklosters Kemnade bei Bodenwerder eine geistliche Gemeinschaft ein.[258] Beide Korporationen übertrugen sich gegenseitig das Verdienst aller ihrer guten Werke. Am 24. Juli 1347 wurde die Fischbecker Klostergemeinschaft durch Bruder Jordan in Hameln in die Bruderschaft der Augustinereremiten von Thüringen und Sachsen aufgenommen.[259] Die Urkunde betont, das Stift Fischbeck gehöre »ohne jegliche Zwischeninstanz zur römischen Kirche«.

Das Kloster gründete im Herbst des Mittelalters eine *fraternitas beatae et gloriosae semper virginis Maria*, eine Konfraternität der seligen und glorreichen, immerwährenden Jungfrau Maria[260], die der besonderen Verehrung der Stiftspatronin gewidmet war.

Die Patronatskirchen des Klosters

Aus dem mittelalterlich-germanischen Eigenkirchenrecht erwuchs das Patronatsrecht.[261] Der Äbtissin steht seit dem Mittelalter das Patronat über zwei Kirchen zu, d.h. sie besitzt das Privileg, bei der Wiederbesetzung der freigewordenen Pfarrstelle den künftigen Pastor zu »präsentieren«. Zu diesem Vorschlagsrecht müssen aber die Vocation durch die Kirchengemeinde und die Einwilligung der Ev. luth. Landeskirche Hannovers hinzukommen.

Dem Heiligen Ägidius ist die Kirche in Holtensen, heute Stadt Hameln, geweiht, deren Patronin die Fischbecker Äbtissin mindestens seit 1334[262] bis heute ist.[263] Am 1. Oktober 1334[264] haben die Knappen Günter, Johann und Günter von Boventen mit Einwilligung aller Anverwandten der Äbtissin und dem Konvent zu Fischbeck diese Kirche mit den zugehörigen Besitzungen in Holtensen und Unsen als Lehen und Eigentum geschenkt.[265] Unter den Zeugen erscheinen der Fischbecker Kanonikus Ludolf von Hannover und Hermann von Hardenberg, ein Verwandter der Stifter, Archidiakon in Ohsen. Die Stiftsarchivarin schrieb am Ende des 14. Jahrhunderts auf die Rückseite der Schenkungsurkunde: Littera super ius patronatus in Holthu(sen).

---

256 UB I, Nr. 72.
257 UB I, Nr. 75.
258 UB I, Nr. 90.
259 Meinardus 1887, Nr. 405.
260 Stiftsarchiv Fischbeck Handschriften IV f 37ᵛ.
261 Stutz 1904, S. 13–26.
262 Bühring 1975, S. 317–320; dazu Bildband Hannover 1975, Abb. 368–372.
263 Hyneck 1856, S. 59.
264 Dolle 1992, Nr. 83.
265 UB I, Nr. 104.

Der Heilige Ägidius war ein heiligmäßiger Einsiedler, † um 723. Sein Tag ist der 1.9. Er wurde einer der vierzehn Nothelfer und war Patron der stillenden Mütter und Helfer gegen Verlassenheit. 1507 schenkte Hermann Stalknecht, Bürger zu Hameln, dem Stift alle seine Güter in Holtensen.[266] Eine spezielle Beziehung auf die Patronatskirche findet sich in dieser Urkunde aber nicht.

Das Kirchenschiff in Holtensen ist zwar erst 1909 erstellt, aber der Westturm aus Bruchsteinmauerwerk mit Eckquadern entstand schon in der Mitte des 12. Jahrhunderts. Aus dieser Frühzeit stammt auch das urtümliche Tympanon des Südportals.[267] Hier sieht man links einen auf der Schädeldecke liegenden, bärtigen Männerkopf, auf den ein gewaltiger, schon schlingender Hund zuspringt, der mit einer Ranke verbunden ist, von der ein Abzweig aus dem Kopf eines schlangenartigen Tieres wächst. Hier ist das Nachwirken altgermanischer Vorstellungen deutlich. Die Inschrift auf der Bogenreihe lautet: »Ego sum hostium, dicit dominus, per me si quis introierit salvabitur.« Hier wird Johannes 10,9 nach der Vulgata zitiert, wo aber ostium steht. Also: »Ich bin die Tür, wenn jemand durch mich eingeht, der wird gerettet werden.« Am unteren Rand findet man die Anrufung: »Ora pro nobis deo sancta virgo Maria tuis«, »bitte für uns, heilige Jungfrau Maria, bei Gott für die Deinen«. Der Kanzelkorb wurde um 1600 gefertigt. Der wuchtige, achteckige Taufstein ist 1649 datiert. Ein Taufengel des 17. Jahrhunderts befindet sich im Pfarrhaus, einem Fachwerkbau der Zeit um 1840.

Die Patronatsbeziehung zum Stift Fischbeck kommt besonders in Kelch und Patene zum Ausdruck, deren Inschrift berichtet, die heiligen Geräte habe Äbtissin von der Kuhla vergrößern lassen (1735). Der Ägidienleuchter mit der Figur des Schutzheiligen ist 1908 geschnitzt. Zu der Fischbecker Patronatskirche Holtensen gehörten Güter in Holtensen und im benachbarten Unsen, die die Brüder Günther d.Ä., Johannes und Günther d.J. von Bovenden bei Göttingen geschenkt hatten. 1999 hatte die Gemeinde 1450 Mitglieder.[268]

Die Fischbecker Patronatskirche Fuhlen[269], heute Stadt Hessisch-Oldendorf, übernahm das Johannes-Patrozinium von der Fischbecker Stiftskirche, nachdem die Äbtissin Rothsuit um 1398 das Gotteshaus zusammen mit einem Hof dem Kloster geschenkt hatte.[270] Das Gotteshaus ist ein zweijochiger, romanischer Gewölbebau mit einem quadratischen Westturm der Zeit um 1200. Der rechteckige Altarraum ist 1740 angefügt. Das romanische Langhausportal im Norden besitzt Gewändesäulen mit sorgfältig gearbeiteten Palmettenkapitellen. An der Turmwestwand findet man eine Reliefplatte mit einer Majestas Domini-Darstellung, also Christus auf dem Regenbogen thronend, von einer Mandorla umgeben, aus dem 12. Jahrhundert. Ein Altaraufsatz mit den geschnitzten, stark vergoldeten Figuren der Muttergottes, umgeben von Aposteln, ist nicht mehr vorhanden.[271] Die aufwendig gestaltete Sand-

---

266 UB II, Nr. 281.
267 Dehio 1992, S. 750f.
268 Ev. luth. Landeskirche Hannovers, Anschriftenverzeichnis, Hannover 1999, S. 119.
269 Siebern/Brunner 1907, S. 51–53.
270 Hyneck 1856, S. 90.
271 Siebern/Brunner 1907, S. 52 Anm. 2.

steintaufe aus dem Ende des 16. Jahrhunderts trägt einen Apostelfries.[272] 1907 hatte Fuhlen 428 Einwohner.[273] 1999 gehörten zur Gemeinde Fuhlen 2140 evangelische Christen.[274] Das Patronat der Äbtissin erstreckt sich auch auf die zur Kirchengemeinde Fuhlen gehörige, spätmittelalterliche Wehrkapelle in Heßlingen. So nahm 2003 Äbtissin Kurre am Festgottesdienst zum 20. Jubiläum der so gelungenen Kapellen-Renovierung teil.

Die Windesheimer Reform in Fischbeck

Im früheren 15. Jahrhundert zeigten sich Zeichen des Verfalls. 1418 musste die Äbtissin Mechtild[275] die obere Mühle zu Voremberg gegen fünfzig rheinische Goldgulden verpfänden. Und 1428 wurde ein Gut zu Herriehausen bei Bakede verkauft[276], um der dringendsten Not zu steuern, wie Äbtissin Mechtild freimütig erklärte.

Aber dann erreichte die monastische Reformwelle auch Fischbeck. Äbtissin Kunigunde von Möllenbeck (1443–51) wird in der Fischbecker Memorialüberlieferung als fundatrix spiritualis vitae, als Begründerin der Erneuerung, der innovatio[277], gepriesen. Von ihr sei die »Reform und Erneuerung des tugendhaften Lebens« ausgegangen. Jetzt wandten sich die Fischbecker Chorfrauen der Passionsmystik zu, der Versenkung in das heilbringende Leiden Christi, deren Fischbecker Symbol der robust geschnitzte, sitzende, mit einer Taukrone versehene »Christus im Elend« ist, der in der Kirche links von der Treppe zum Chor steht. Dieser »Mann der Schmerzen« wurde zum Mittelpunkt der Kontemplation, der frommen Betrachtung.[278] Die in der zweiten Hälfte des 15. Jahrhunderts geschnitzte Figur ist 1904 unter Schutt in der Vorhalle des Westbaues wiederentdeckt worden.[279] Am Kirchenschiff findet man weiter zwei spätgotische Kreuzwegstationen, die auch der Versenkung in das Leiden Christi gewidmet waren. Wirtschaftlich hatte auch Kunigunde (Künneke) von Möllenbeck zu kämpfen. Nicht umsonst verpfändete sie 1444 für 75 Rheinische Gulden den halben Meierhof des Stiftes in Afferde auf Lebenszeit an Adelheid von Münster und ihren Sohn.[280]

Dann sorgte der Klosterreformator der von der devotio moderna, der neuen Frömmigkeit, bestimmten Windesheimer Kongregation, Johannes Busch, 1452 dafür, dass Armgard von Reden, Nonne in Wülfinghausen, nach Fischbeck kam und schnell zur Äbtissin gewählt wurde.[281] Sie war eine Tochter von Henning und Fredeke von Reden auf Wentlinghausen bei Lemgo. Vom Eifer für Gott (Zelo Dei) getrieben,

---

272 Dehio 1992, S. 483.
273 Siebern/Brunner 1907, S. 51.
274 Ev. luth. Landeskirche Hannover, Anschriftenverzeichnis Hannover 1999, S. 113.
275 Hyneck 1856, S. 81.
276 Hyneck 1856, S. 82.
277 Böhmer 1968, S. 499.
278 Bauerreiss 1931.
279 Oldermann-Meier 2001, S. 27.
280 Fink 1903, Nr. 252.
281 Grube 1881, Register Wittenburg, S. 640.

brachte sie das Kloster in die Höhe. Die Observanz wurde nun streng beachtet: Keuschheit war das Wichtigste. Dann ging es um strenge Klausur. Es gab keinerlei Umgang (conversatio) mit Männern. »Eigentum besitzen sie nicht«. Alles gehört der Allgemeinheit. »Vor den Festtagen bringt die Kleiderschwester in alle Zellen die Mäntel und Schleier für die Festtage, und nach dem Fest bringt sie die Werktagskleidung wieder«. Äbtissin und Priorin[282] zeigten dem Reformator sogar das Dormitorium: Am südlichen Ende des Schlafsaales schlief die Äbtissin, am nördlichen Ende die Priorin. Zwischen den Betten gab es keine Vorhänge. Jeder wurde von den anderen gesehen und konnte selbst die anderen Nonnen sehen. Man schlief gewissermaßen öffentlich (publice). Die Äbtissin hatte also die vor der Reform im Dormitorium eingebauten Einzelzellen auflösen lassen. Die Klostergemeinschaft sollte auch nachts ausgeprägt sein. Kranke Nonnen durften in einer Kemnade, in einer durch einen Kamin beheizten Krankenstube, am südlichen Ende des Westflügels schlafen.

1456 stiftete Clawenberg von Reden, der Bruder der Äbtissin, die enorme Summe von 1200 Rheinischen Gulden für die Kirche, die Klostergebäude und das Backhaus, die ganz verfallen und baufällig waren. Er wollte so das Reformwerk seiner Schwester auch im Blick auf die Gebäude unterstützen. Die Äbtissin ließ das Querschiff der Kirche zweigeschossig unterteilen. So wird heute noch der nördliche Teil manchmal für Vorträge genutzt. Das Gewölbe hier hat die Reform-Äbtissin einbauen lassen.

Busch schildert aus eigener Anschauung, wie gesittet die Nonnen in den Kreuzgang herabstiegen und sich dort genau nach der Anweisung der Äbtissin aufstellten. Mit Freude sah Busch in Fischbeck nur blühende Jugend. Es gab kaum alte Nonnen im Kloster. Beinah alle waren unter vierzig. Das sei ein großer Vorzug, meinte Busch, weil alte Nonnen es mit dem Gehorsam nicht so genau nehmen, ein weites Gewissen haben und auch gern, sogar mitten in der Nacht, miteinander plaudern. Sie taten nichts, was der Äbtissin missfallen würde. »Wie sie aus freien Stücken ins Kloster eingetreten sind, so haben sie auf alles verzichtet und wandeln im wahren Glauben auf dem rechten Weg zum ewigen Heil.« Busch lobt den virginalis decor der jungen Nonnen in ihren Gesichtern, den Schmuck der Jungfräulichkeit. Tief beeindruckt schildert Busch[283], wie in Fischbeck die Nonnen liebend gern (libentissime) dem Ewigen dienen und Augen, Hände, Füße und alle Glieder der Nonnen der monastischen Disziplin entsprechen.

Im Chor gab ihm die Äbtissin zu Busch's Zufriedenheit Einblick in die gebräuchlichen Zeremonien. Auch der Gesang der singefreudigen Nonnen gefiel dem Klosterreformator sehr. Mit größter Sorgfalt ließen die Fischbecker Chorfrauen das Lob des Ewigen erschallen (reboantes); sie sparten dabei weder mit ihren Herzen (also mit der inneren Beteiligung) noch mit ihren Stimmen (nec cordibus parcentes nec vocibus). Das gottesdienstliche Leben der Nonnen zeigte manche originellen Züge. So gedachten sie am 25.6. der Translatio des Bekenners Lebuin[284], der um 770 auf dem

---

282 GRUBE 1881, Register Wittenburg, S. 641.
283 GRUBE 1881, Register Wittenburg, S. 641.
284 Stiftsarchiv Fischbeck Handschriften IV f 14ʳ.

altsächsischen Allthing die christliche Botschaft verkündigt hatte.[285] In dem Wort Translatio steckt offenbar die Übertragung einer Reliquienpartikel nach Fischbeck. Durch feierliche Prozessionen[286] der fein und züchtig einherschreitenden Nonnen steigerte sich die Außenwirkung der Korporation.

Busch pries die Äbtissin Armgard als starke Persönlichkeit (*magna est in persona*), die mit heiligem Eifer über die ihr Anvertrauten wache. Sie verlange von den ihr Anbefohlenen genauso viel wie von sich selbst. Busch zeichnet also in seinem Fischbeck-Kapitel[287] das Bild eines Musterklosters.

Wenn Busch dann zum Generalkapitel nach Windesheim fuhr, kehrte er meistens in Fischbeck ein, wo ihn die Nonnen ehrerbietigst (*reverenter*) mit einem Knicks (*inclinantes*) empfingen und seine Ansprachen lauschten. Um die Bildung der Fischbecker Chorfrauen zu heben, ließ Busch 1455 für ein Jahr drei »sehr gelehrte« Klosterfrauen aus dem Hildesheimer Magdalenenkloster nach Fischbeck kommen, die die Fischbecker Chorfrauen[288] unterrichteten. »Sie sollten kompetenten Unterricht in der lateinischen Kirchensprache und in der Sangeskunst geben und sich gegenseitig an guten Sitten und klösterlicher Disziplin erbauen.« Die bildungsmäßige Förderung stand also im Dienst des klösterliches Lebens. Äbtissin Armgard setzte sich selbst auf die Schulbank. Busch erwähnte die vier Geistlichen in Fischbeck, aber er beauftragte doch den Prior des nahen Windesheimer Klosters Möllenbeck[289], bei den Fischbecker Nonnen regelmäßig Beichte zu hören. Fischbeck gab bald reformeifrige Schwestern an andere Klöster ab, und Nonnen aus noch nicht erneuerten Klöstern, »die guten Willens waren und den Wunsch hegten, Gott in guter Klosterobservanz zu dienen«, wurden in Fischbeck innerlich gefördert. Reformimpulse gingen von Fischbeck nach Wennigsen, Marienwerder und Barsinghausen. Nicht umsonst war 1465 die Fischbecker Priorin Ilse von Landsberg zugleich Priorin in Barsinghausen.[290] Aus dieser engen Verbindung zwischen Barsinghausen und Fischbeck ist zu erklären, dass der Schutzbrief der Brüder Erich und Anton, Grafen von Schaumburg und Holstein, für das Kloster Barsinghausen vom 18. September 1485[291] das Kloster Fischbeck gleich mit einschloss. Auch aus noch nicht reformierten Klöstern in Westfalen kamen Nonnen guten Willens nach Fischbeck, um Gott nach der strengen Regel zu dienen und von der begnadeten Äbtissin innerlich gefördert zu werden.

Wirtschaftlich musste sich die Äbtissin erst mühsam durchsetzen. So wurde 1459 ein Prozess gegen sie angestrengt.[292] Seit 1465 war die tüchtige Äbtissin in der Lage Land zu erwerben. Erhebliche Summen kamen durch zahlreiche Rentenverkäufe in die Klosterkasse: Viel Umwohnende zahlten eine erhebliche Summe ein – mit der

---

285 Heutger 1972, S. 87–90.
286 Hyneck 1856, S. 89.
287 Grube 1881, Register Wittenburg, S. 640–643.
288 Grube 1881, Register Wittenburg, S. 586.
289 Grube 1881, Register Wittenburg, S. 643.
290 UB I, Nr. 184.
291 Calenberger UB 1, Barsinghausen, Nr. 277.
292 Fink 1903, Nr. 349.

das Kloster arbeiten konnte – und bekamen dann eine Rente auf Lebenszeit. So verkaufte die Äbtissin 1464[293] wiederkäuflich für fünfzig Rheinische Gulden drei Gulden jährliche Rente an die Vormünder des Gasthauses in Hameln.

Sogar weltliche Personen kamen nach der Jüngeren Bischofschronik nach Fischbeck um dort Gott zu dienen.[294] Offenbar bestand in Fischbeck die Möglichkeit, gewissermaßen Kloster auf Zeit zu erleben.

Eines Tages brachte Busch[295] auf einer Reise die ihm unterwegs zugelaufene, abgefallene Nonne Gertrud nach Fischbeck. Er ließ sie am Dorfeingang warten und sprach mit der Priorin, weil die Äbtissin nicht am Ort war. Die Priorin hatte zunächst keinerlei Interesse, aber Busch redete so eindringlich zu, dass der Konvent besagte Gertrud schließlich freundlich empfing. Bald aber sandte die Äbtissin ihren Kaplan zu Busch[296] ins Hildesheimer Sülteklöster und ließ ihm sagen, sie wolle ihm gern das Mädchen zusenden, dann möge Busch selbst zusehen, wie man sie vielleicht zurechtbringen könne. Busch steckte sich sofort hinter den reformeifrigen Herzog Wilhelm von Calenberg, der dafür sorgte, dass die Fischbecker Äbtissin die schwierige Person behielt. Der Bericht schließt damit, dass die problematische Nonne schließlich in der Fischbecker Infirmaria, in der klösterlichen Krankenstation, gute Arbeit leistete.

Die Reformäbtissin baute ein neues Haus für die Stiftsgeistlichen[297] und begründete ein Armenhaus, in dem die Nonnen vier Bedürftige vollständig versorgten.[298] Auch die umwohnenden Armen wurden auf Grund entsprechender Stiftungen ausgiebig bedacht. So z.B. am Mittwoch vor Palmarum eine halbe Tonne Heringe und für zwei rheinische Goldgulden Brot an die Armen verteilt, denen auch »Hildesheimer Laken« geschenkt wurden.[299]

Die mit beiden Beinen auf der Erde stehende Äbtissin ließ auch die vielen Dächer des Stiftes und des Backhauses erneuern.[300] 1458 wurde der neue, bis heute benutzte Jungfrauenchor im südlichen Querschiff eingerichtet, wofür u.a. Hennecke Schnelle fünfzig vollwertige rheinische Goldgulden spendete.[301] Der Chordienst wurde also aus dem Westbau hierher verlegt, wie in anderen Nonnenklöstern auch. Das Chorgebet wurde auch musikalisch verbessert. So wird 1461 ein Plectrum erwähnt, anscheinend ein Monochord[302] für den Anfang des Chorgebetes. Die Chorfrauen bekamen vom Bruder der Äbtissin Winterpelze[303] und warme Sachen, was für die Horen im Winter wichtig war. Die Fülle der Memorialüberlieferungen aus der Zeit der Reformnonnen zeigt, wie ernst die Chorfrauen die überkommenen und die neu übernommenen Ver-

---

293 FINK 1903, Nr. 396.
294 LÖFFLER 1917, S. 113.
295 GRUBE 1881, Register Wittenburg, S. 668.
296 GRUBE 1881, Register Wittenburg, S. 669.
297 HELMBOLD 1982, S. 37.
298 UB I, Nr. 172.
299 UB I, Nr. 172.
300 UB I, Nr. 172.
301 UB I, Nr. 173.
302 HYNECK 1856, S. 89.
303 HYNECK 1856, S. 85.

pflichtungen zum Gedenken der Dahingegangenen nahmen. Zu Beginn der Reform hatte der Kaplan des Katharinenaltars erst einmal sein Amt resigniert, aber er wurde dann wieder eingesetzt.[304]

Das erneuerte Kloster[305] blieb für die adligen Familien der Gegend attraktiv. So traten schon im ersten Reformjahr 1452 zwei schöne Töchter des Ludolf von Münchhausen ein, eine war gerade achtzehn, die andere erst neun oder zehn.[306] Margareta, eine der beiden, war dann 1461 Küsterin in Fischbeck. 1456[307] waren die beiden Schwestern Ilsebe und Gerburg von Reden im Konvent. Auch die Schwestern Lucke und Goste von Winninghausen[308] traten in Fischbeck ein, von denen letztere Priorin wurde.[309] 1458 lebten in Fischbeck vierundzwanzig Nonnen, darunter die Priorin als Vertreterin der Äbtissin, die Schafferin, zwei Küsterinnen für den Dienst im Heiligtum und eine Kämmerin, die die Aufsicht über das Stiftsvermögen führte.[310] Wenn man die vierundzwanzig Nonnen, die nichtadligen Laienschwestern, vier Stiftsarme, neun anwesende Familiare und die Bediensteten zusammenrechnet, kommt man auf etwa achtzig Personen. Um alle kümmerte sich die Äbtissin, wachte über ihre Versuchungen und war darum besorgt, »dass sie gut schlafen und gut ernährt werden«. Durch die Sterbeliste in der Wolfenbütteler Handschrift kennen wir die Zusammensetzung des Konventes im späteren 15. Jahrhundert: Im Fischbecker Konvent gab es fast ausschließlich adlige Damen aus der Umgebung des Stiftes, vor allem Töchter der Familien von Münchhausen, Ilten, Reden, Bussche, Jeinsen, Bardeleben, Landsberg, Zerssen, Ledebur, Rottorp, Klencke, Winninghausen, Wettberg, Quernheim, Alten und Wrisberg. Eine Scholastica brachte auch in dem erneuerten Kloster den jungen Nonnen das Nötige bei.[311] Viele Spender waren zugunsten des Klosters aktiv. So vermachte 1463 Johann von Leveste dem Kloster dreißig rheinische Gulden für eine Memorie.[312]

Selbst in dieser Windesheimer Periode Fischbecks bezeichnete sich das Kloster[313] mehrmals als weltliches, freies Stift, wenn auch mit dem Zusatz »sunte Augustinus ordens«. Das zeigt, dass gewisse Züge des alten Kanonissenstiftes nachlebten. Am Dormitorium ist noch das Sinnbild der Windesheimer Reform-Kongregation, die »Windesheimer Rose«, erhalten, wie sie auch in Riechenberg, Möllenbeck und Wennigsen überkommen ist. Die Regelstrenge Fischbecks war in der ganzen Diözese Minden bald bekannt.[314]

1483 nahm[315] das Kloster Hermann Meyerhof, ehemaligen Pfarrer von Nedenburg, in seine Gemeinschaft auf. Er sollte am Kaplanstisch speisen. Dieser Pfründner spendete

---

304 UB II, Nr. 239.
305 UB II, Nr. 248.
306 Löffler 1917, S. 113.
307 UB I, Nr. 172.
308 UB II, Nr. 259.
309 UB II, Nr. 279.
310 Poschmann 2001, S. 115f.
311 Stiftsarchiv Fischbeck Handschriften IV f 5ʳ.
312 Stiftsarchiv Fischbeck Handschriften III.
313 UB II, Nr. 236 u. 238.
314 Löffler 1917, S. 112.
315 UB II, Nr. 250.

erst einmal zwanzig rheinische Gulden. Für Wohnung und Verpflegung wollte er hinfort im Jahr acht Gulden zahlen. Nach seinem Tod und seiner Beisetzung auf dem Fischbecker Kirchhof sollte das Stift weitere zwanzig Gulden für Seelenmessen erhalten. 1484 ließ Äbtissin Elisabeth von Bock den erhaltenen Dignitätensitz anfertigen, wie dessen geschnitzte Inschrift bezeugt. Der bankartige Sitz hat eine hohe bemalte Rückwand und einen Baldachin. Dieser stark restaurierte Dreisitz ist das Gegenstück zu dem sogenannten Beichtstuhl in Obernkirchen. Er ist Zeuge für das wiedererlangte Selbstbewusstsein des Klosters, bzw. seiner Würdenträgerinnen.

Im August 1485 reformierte Bischof Heinrich von Minden, ein geborener Graf von Schaumburg, zusammen mit seinem Bruder Graf Erich III. das freie geistliche Stift im Sinne der Augustinusregel[316] – unbeschadet der Privilegien, besonders der Exemtion. Nun wurde die vorschriftsmäßige Tracht für Augustinerinnen eingeführt.[317]

Die Einführung der Reformation

Im Jahre 1510[318] sammelte das Kloster Geld für eine neue Orgel, für die Tür zum Jungfrauenchor und für eine neue, große Glocke. An Kunstwerken entstanden um 1520 noch die erhaltenen, 95 cm hohen, farbig gefassten Figuren von Petrus und Paulus, mit lebhaft geknitterte Gewandung. Diese Figuren schnitzte der sogenannte »Rethener Meister«, der nach einer Kreuzigungsgruppe aus Rethen heißt, die sich jetzt in Hannover befindet.[319] Dieser bedeutende Meister war in den Jahren des großen Sterbens der spätgotischen Kunst bereits auf dem Weg zu einem eigenständigen Frühbarock. Die Fischbecker Figuren stellen die beiden Gottesmänner dar, die dem Geheimnis Jesu besonders nahestanden, Petrus als Fels der Kirche und Apostelfürst, und Paulus als Weltmissionar.

Die ersten Jahrzehnte des Reformationsjahrhunderts waren in Fischbeck eine Zeit des wirtschaftlichen Niedergangs. So z.B. lieh sich 1516 das Kloster sechzig rheinische Goldgulden vom eigenen Amtmann.[320] Und 1518 nahm[321] das Kloster vierzig Gulden beim Hamelner Bonifatiusstift auf, das 1530f. klagen musste, dass vom Stift Fischbeck nichts an Zinsen eingegangen sei.[322] 1525 verpfändete das Stift einen Hof in Rohrsen für 45 Gulden.[323] 1527 lieh sich das Stift 124 Gulden von seinem eigenen Prokurator. Selbst das kleine Kloster Mariastede in Hess. Oldendorf musste mit bescheidenen Beträgen einspringen.[324] 1546 war das Stift dem Hamelner Stiftsdechanten Johann Gogreve 180 Gulden schuldig.[325]

---

316 UB II, Nr. 254.
317 Helmbold 1982, S. 108.
318 UB II, Nr. 284.
319 Stuttmann/von der Osten 1940, S. 83–90.
320 UB II, Nr. 289.
321 UB II, Nr. 292.
322 Hyneck 1856, S. 95.
323 Hyneck 1856, S. 95.
324 Hyneck 1856, S. 95.
325 Fink 1903, Nr. 762.

Wie trostlos die religiöse Lage in der Umgebung Fischbecks war, beleuchtet folgende, gut überlieferte Geschichte: Ein Meierbauer des Stiftes erkrankte schwer und verlangte die Letzte Ölung. Der Geistliche fragte ihn vorschriftsgemäß, ob er an Gott Vater, Sohn und Heiligen Geist glaube und fest auf diesen Glauben leben und sterben wolle. Der Kranke bejahte. Als aber der Priester noch fragte, wer Gott der Vater sei, erwiderte der Kranke: »Ich kenne ihn nicht.« Wer der Sohn sei? »Davon habe ich niemals gehört.« »Hefft den dei leve Heere een Söhn?« Wer denn der Heilige Geist sei? »Ei«, antwortete der ungeduldig werdende Kranke – »ek kann im Dörpe nit herumlöpen un fragen, wer dei Lüe sin.«[326]

Als in der späteren Amtszeit der Äbtissin Kunigunde von Zerssen (1500–35) sich auch im Wesertal die reformatorische Bewegung bemerkbar machte, widerstanden Äbtissin und Kapitel den altneuen Regungen.[327] Und als 1552 Eberhard Poppelbaum im nahen Hessisch-Oldendorf begann evangelisch zu predigen und davon auch Fuhlen beeinflusst wurde, widersprach das Stift als Kirchenpatronin des benachbarten Fuhlen heftig und vergeblich.[328] Es ließ sogar die evangelische Predigt in Fuhlen durch Lärm und Unfug machende Leute stören.[329]

In der Mitte des Reformationsjahrhunderts erlangte Dietrich Seilwinder eine Schlüsselstellung im Stift: 1537 war er Amtmann des Stiftes geworden. 1554 wurde er zugleich Pastor in Fischbeck. Am 16. April 1558 errichtete er in Fischbeck sein Testament[330] – unter Zitierung des Augustinuswortes »Nichts ist gewisser als der Tod und nichts ungewisser als die Stunde des Todes«. Der Priester befiehlt seine Seele der Jungfrau Maria mit den Aposteln Petrus und Paulus und seinem (Schutz-) Engel an. Seinen Körper aber will er »den Wormen«, den Würmern, überlassen. Unter den beauftragten Testamentsvollstreckern erscheinen an erster Stelle Äbtissin Katharina von Rottorp und Priorin Margaretha Hadewig. Nach Seilwinders Tod sollen sechs Priester im Stift für seine Seele mit Vigilien und Seelenmessen tätig werden. Auch »junferen unde sustern«, also Nonnen und Laienschwestern, sollen für seine Seele beten. Allen werden abgestufte Zahlungen für ihr Eintreten für seine Seele in Aussicht gestellt. Jede »amptes-junfer«, also jede Würdenträgerin des Stiftes, soll ein doppeltes Präsenzgeld bekommen. Alle in der Kirche anwesenden armen Leute sollen jeder einen Schilling erhalten. Nach den Beisetzungsfeierlichkeiten sollen der Äbtissin, der Priorin und der Nonne Mette von Frencke je zwanzig Goldgulden übergeben werden. Seilwinders Verwandtschaft wird auch ausgiebig bedacht. Was an Geld eventuell überbleibt, soll dem Küstereifonds (costerie) des Stiftes zufallen. Seine Bücher soll das »würdige Stift Fischbeck« erben, dem auch bei Bedarf Töpfe, Kannen und andere Geräte aus seinem Haushalt zukommen sollen. Das Notariatsinstrument über das Testament lässt auf einen gediegenen Wohlstand schließen.

---

326 HYNECK 1856, S. 96.
327 ZERSSEN 1968, S. 263.
328 DAMMANN 1852, S. 30.
329 HYNECK 1856, S. 100.
330 FINK 1903, Nr. 784.

Die Einführung der Reformation in Fischbeck konnte er nicht mitvollziehen. 1559 erscheint Seilwinder so als Kanoniker des noch – bis 1579 – katholischen Bonifatiusstifts Hameln.[331] Er hielt am alten Glauben fest, lebte im Bonifatiusstift Hameln und kam von da aus seinen Verpflichtungen als Fischbecker Amtmann nach. 1562 starb er. Seine Grabschrift an der nördlichen Kreuzgangswand betont, er habe sein Amt gut geführt und Fischbeck seine alte Stellung wieder verschafft.[332]

Die Reformation war in der Grafschaft Schaumburg lange offiziell nicht eingeführt worden. Graf Otto IV. (reg. 1544–76) pflegte nämlich enge Beziehungen zum Kaiser. Als kaiserlicher Söldnerführer war er in ganz Europa unterwegs. Als aber seine erzbischöflichen Brüder 1556 und 1558 in Köln gestorben waren und er 1558 in zweiter Ehe Elisabeth Ursula von Braunschweig-Lüneburg, Tochter des Herzogs Ernst des Bekenners, geheiratet hatte, öffnete Graf Otto IV. endlich[333] 1559 seine Grafschaft der evangelischen Glaubensweise, zu der er sich nunmehr »rotunde«, also frei heraus, bekannte.[334] In der Fischbecker Überlieferung[335] heißt es so: »Anno 1559 in festo pentecostes repurgatum est hoc nostrum templum cathedrale et inchoata pura evangelii praedicatio et legitima Sacramentorum administratio, exploso Antichristo«. »Im Jahre 1559 am Pfingstfest ist unsere Kathedralkirche wieder gereinigt und nach Austreibung des Antichrists die reine Verkündigung des Evangeliums und die legitime (einsetzungsgemäße) Verwaltung der Sakramente begonnen worden.« Es ging ab Pfingsten 1559 also auch in Fischbeck um die Predigt des reinen Evangeliums, das nicht mehr durch allerhand Traditionen verfälscht sein sollte, und um die rechte Verwaltung der Sakramente, also besonders um die Kommunion unter beiderlei Gestalt. Mit dem Antichrist ist der Papst gemeint. Der einzigartige Begriff templum cathedrale sollte die besondere Stellung der Fischbecker Stiftskirche betonen. Auch in anderen schaumburgischen Kirchen ist an diesem 14. Mai 1559 der evangelische Gottesdienst eingeführt worden.[336]

Erster evangelischer Pastor in Fischbeck war Henrich Nethler (Netteler) aus Osnabrück, der vorher Pastor in Donop gewesen war und später, seit 1584, in Rinteln amtierte. Ihm folgte 1584 bis 1606 Johannes Bürenheim (Bürennius, Bürenheid), der aus dem nahen Oldendorf gekommen war. Er starb 1606 in Fischbeck.[337]

Nun fielen in Fischbeck, die Ewigen Gelübde, Luthers Schrift De votis monasticis folgend. Fortan konnte jede Fischbecker Kapitularin das zum evangelischen Stift gewordene Kloster in allen Ehren wieder verlassen, wie das immer wieder vorkam.

Seit 1560 war[338] Melanchthons Mecklenburger Kirchenordnung von 1552 auch für Fischbeck verbindlich. Widerstand gegen die Reformation regte sich in Fisch-

---

331 UB II, Nr. 365.
332 WEHKING/WULF 1990, S. 61.
333 HUSMEIER 2002.
334 DAMMANN 1852, S. 39.
335 Stiftsarchiv Fischbeck XXX a 2, S. 18.
336 BEI DER WIEDEN 1993, S. 138.
337 MEYER 1941, S. 287.
338 DAMMANN 1852, S. 51.

beck nicht, ähnlich wie im nahen Möllenbeck, ganz anders als in Obernkirchen. Die Hand des regierenden Grafen als Notbischof lag nun schwer auf dem Stift. Als 1562 Ludwig Ladeging seinen Dienst als Amtmann aufgab, weigerte sich der Graf, den vom Konvent zum Nachfolger bestellten Dionysius Passevall aus Hameln anzuerkennen und setzte[339] die Bestallung Konrad Bruggemanns durch. In diesem Jahr 1562 klagte Graf Otto, dass in Fischbeck die Mecklenburger Kirchenordnung nicht recht befolgt werde.[340] Messopfer, Vigilien, Seelenmessen und abergläubische Gesänge und Gebete, die dem göttlichen Wort zuwider sind, wurden verboten. Hatte das mittelalterliche Kloster unablässig in die Ewigkeit hinüberzuwirken gesucht und durch Seelenmessen und Vigilien möglichst vielen Seelen Erleichterung zu bringen versucht, so war es mit solchen, für das Kloster finanziell einträglichen Aktivitäten nun vorbei: Man erkannte nun auch in Fischbeck, dass der Tod eine unüberschreitbare Grenze setzt. Mit dem mittelalterlichen Kultus verschwand die Vielzahl der Altäre.

1563 erließ Graf Otto eine Klosterordnung[341], deren Text nicht erhalten geblieben ist. Aber sie enthielt offenbar[342] ein gräfliches Konsensrecht bei allen Gütergeschäften und die Einsetzung eines Amtmannes, der zugleich den Interessen des Stiftes wie denen des Grafen gerecht werden sollte, was der Quadratur des Kreises gleichkam. 1564 ordnete Graf Otto IV. an, »unser Stiftskloster Visbeck« zu visitieren.[343] Damals mussten sich die Damen von ihren vielen Altären trennen.[344] Von den vier Kanonikern wurden nun drei als überzählig entlassen.[345] Einzig der Priester des Marienaltars blieb als Ortspfarrer im Amt. Urlaub sollten die Stiftsdamen fortan nie länger als einen Monat bekommen. 1566 versprach Graf Otto IV. den Ständen der Grafschaft, dass er die Fischbecker Güter nicht einziehen wolle.[346] Die Stände setzten sich im Blick auf die Versorgung adliger Töchter für die Erhaltung des Stiftes ein. Die Wirtschaftslage des Stiftes war so günstig, dass das Stift 1566 dreihundert Rheinische Goldgulden zu einem Zins von fünfzehn Goldgulden jährlich der Stadt Hameln leihen konnte.

1570 wurde (nochmals) eingeschärft, das hergebrachte »Salve Regina, mater misericordiae«, die Vigilien und Messen für die Verstorbenen sowie alle weiteren »ceremonien und gesenge, die wider Godtsworth« sind zu unterlassen.[347]

Seit 1572 unterzeichnete Catharina von Rottorp demonstrativ als »Äbtissin des kaiserlich freien Stiftes Fischbeck« und stellte so die einstige nominelle Reichsunmittelbarkeit heraus. Natürlich sprach der Graf stets von »unserem Stiftskloster Fischbeck«.

Der Graf war durchaus am Besitz des Stiftes interessiert. Am 12. Juni 1576[348] erklärte Graf Otto IV. in einem Lehnsbrief, er habe von Äbtissin und Konvent des Klosters

---

339 Brosius 1973, Nr. 7.
340 Zeitschrift der Gesellschaft für niedersächsische Kirchengeschichte 5, 1900, S. 379 u. 403.
341 Zeitschrift der Gesellschaft für niedersächsische Kirchengeschichte 5, 1900, S. 404.
342 Brosius 1973, Nr. 7.
343 Zeitschrift der Gesellschaft für niedersächsische Kirchengeschichte 5, 1900, S. 382.
344 Siebern/Brunner 1907, S. 44.
345 Hyneck 1856, S. 104.
346 Hyneck 1856, S. 106.
347 Oldermann 2003, S. 19.
348 Stölting-Einbeckhausen/Münchhausen-Moringen 1912, S. 192.

Fischbeck deren freien Hof zu Helpensen (bei Lachem) »mit aller seiner Gerechtigkeit und Zugehör« gegen Erstattung des Wertes an sich gebracht und übertrage ihm dem Herrmann von Mengersheim« zu einem neuen Erbmannslehn und freyen Sattelhoffe«. Hermann von Mengersen, gestorben 1593, war schaumburgischer Geheimrat und Landdrost. Ein Wappenstein von 1580 ist in Helpensen überkommen.

Die Klostertracht wurde beibehalten, wie die Tracht der 1580 verstorbenen Äbtissin Katharina von Rottorp auf ihrem Grabstein zeigt. Auf diesem ursprünglich farbig gefassten Grabstein der ersten evangelischen Äbtissin findet man die Inschrift »Iob 19 Ick wedt dat min Vorlöser levet«, wobei man entgegen dem Urtext an Christus dachte.

Den Einnahmen des Jahres 1580/81 in Höhe von 1074 Talern standen Ausgaben in Höhe von 937 Taler gegenüber. Der Stiftshaushalt war also ausgeglichen.[349] Die stiftischen Finanzen verbesserten sich auch dadurch, dass im Zuge der Reformation die Zahl der Konventualinnen erheblich zurückging.[350]

Das evangelische Stift behielt seine kirchlichen Patronatsrechte in Fischbeck, Fuhlen und Holtensen. So z.B. übertrug die Äbtissin 1583 dem Johannes Kochenius die Pfarre Holtensen bei Unsen und erhielt für die Belehnung zehn Goldgulden.[351]

Im Stift lebten nun im Sinne der reformatorischen Gedanken über die schulische Nutzung von Klöstern etwa vier Lehrkinder, die pro Jahr zwölf Taler Kostgeld zu zahlen hatten.[352]

1582 beanspruchte Graf Adolf ein Mitspracherecht bei der Aufnahme neuer Konventualinnen.[353] Das von ihm gerügte Tanzen bei der Einführung wurde vom Stift als alte Fischbecker Sitte verteidigt. Da ist die Kanonissen-Epoche gemeint.

Die gemeinsamen Mahlzeit der Stiftsgemeinschaft waren in dieser nachreformatorischen Zeit reichhaltig. Für Weihnachten wurden z.B. zwei gewaltige Honigkuchen gebacken, für die vierzig Pfund Honig, Safran, Zucker und Muskat gekauft wurden.[354]

Im Jahre 1587 versuchte Graf Adolf die Wahl der tatkräftigen Äbtissin Agnes von Mandelsloh zu verhindern. Er wollte lieber eine schwache Äbtissin. Aber das Stiftskapitel setzte sich durch. Das Klima zwischen Stift und Landesherrn wurde eisig, zumal der Graf dem Stift den Amtmann Johann von der Horst aufzwang.

Um den Druck des Landesherrn zu beseitigen, strengten Äbtissin von Mandelsloh und der Konvent einen Prozess gegen Graf Adolf vor dem Reichskammergericht in Speyer an. Graf Adolf XIV. betonte 1589, seine Vorgänger hätten stets in Fischbeck mit Dienern, Pferden und Hunden Ablager gehalten. Das Stift musste ein besonderes Jägerhaus bereithalten, das östlich des alten Klausurbezirkes lag.[355] Das Stift erwirkte

---

349 Helmbold 1982, S. 46.
350 Hyneck 1856, S. 104.
351 Zeitschrift der Gesellschaft für niedersächsische Kirchengeschichte 8, 1904, S. 209.
352 Oldermann 2002a, S. 252.
353 Oldermann 2003, S. 26f.
354 Oldermann 2003, S. 25.
355 Oldermann 2002a, S. 249.

1583[356] immerhin ein Mandat des Reichskammergerichts gegen solche »Atzung« der gräflichen Jagdhunde, Pferde und Jäger.

Das Stift betonte seine Autonomie auch durch die Neuerrichtung eines eigenen, mit Schweifwerkmotiven geschmückten, dreigeschossigen Altars (um 1600) im Stiftschor. Dieser Altar ist mit Darstellungen von Abendmahl und Kreuzigung aus der Zeit um 1600 versehen. 1611 ließ die Äbtissin in Hameln vier neue Zinnleuchter für den Altar gießen. Das steinerne Taufbecken in Kelchform mit Rollwerkdekoration und geflügelten Engelsköpfen von 1615 stand und steht im Dienst der geistlichen Fürsorge des Stiftes für die Umwohnenden. Die tatkräftige Äbtissin von Mandelsloh (1587–1625) ließ bis 1615 auch sonst manches an der Stiftskirche erneuern.[357] 1618 kam über den Altar ein Kruzifix. Im Ganzen bedeuteten die Umwälzungen der Reformationszeit in Fischbeck die Rückkehr zu den Kanonissen-Strukturen der Fischbecker Frühzeit.

Der Fischbecker Wandteppich

Das berühmteste Kunstwerk des Stiftes ist der »Fischbecker Wandteppich« mit der Gründungslegende von 1583 im Stiftschor. Im Kontext der neueren Stiftsgeschichte ist der in niederländischem Stil gewirkte Bildteppich ein Symbol des Willens zum Fortbestehen des evangelisch gewordenen Kapitels: So wie der Ewige einst die Stifterin errettet hat, so wird er auch dem angefochtenem Stift in der Gegenwart helfen.

Der Wollteppich ist 270 cm hoch und 340 cm breit. Der Herstellungsort ist unbekannt. Die Angaben der Literatur in dieser Hinsicht sind einzig Vermutungen. In sechs Medaillons findet man hier Darstellungen aus der Gründungssage mit erläuternden lateinischen Umschriften. Schon die verderbten leoninischen Verse und die altertümliche Schriftform lassen erkennen, dass der Teppich die freie Nachbildung eines gestickten Behanges des Hochmittelalters darstellt, was die Fischbecker mündliche Tradition[358] stets betont hat. Im Hochmittelalter hatten viele Frauengemeinschaften wie Bassum[359] oder Lahde derartige Wandbehänge, die von der Geschichte der Institution bestimmt waren und so ein mächtiges Bewusstsein vom hohen Alter der Institution bezeugen. In Fischbeck wurde wie in Bassum der Gründungskonvent abgebildet.[360] Solche Wandbehänge hatten ursprünglich auch praktische Funktionen: Sie sollten die Wandkälte mildern. Im Kanonissenstift Möllenbeck wurden sie »Rückelaken« genannt.

In den drei Medaillons der oberen Reihe findet man die bekannte Gründungslegende: Im zweigeteilten ersten Bild sieht man Ricbert, wie er im Bade sitzt und aus dem Gefäß trinkt, das ihm Helmburgis gereicht hat. Rechts daneben sinkt Ricbert

---

356 Oldermann 2003, S. 36.
357 Stiftsarchiv Fischbeck XVII A d 2 Bd. 1.
358 Hyneck 1856, S. 145.
359 Hucker 1995, S. 32.
360 Göbel 1934, S. 27f; Tafel 30.

über den Rand des Badezubers während sich Helmburgis erschauernd abwendet. Auf dem zweiten, also dem mittleren Bild oben, wird Helmburgis beschuldigt, ihren Ehemann durch Gift umgebracht zu haben. Sie stellt sich dem Gottesurteil. Betend durchschreitet sie das lodernde Feuer – unverletzt. Der Mann in der Mitte ist der Gerichtsherr. Rechts steht daneben der Henker. Beide tragen die Kleidung der Zeit um 1583. Auf dem dritten Bild oben erblickt man Helmburgis mit ihrer Dienerin auf einem Wagen sitzend, der von zwei wilden Rossen gezogen wird. Auch dieses Ordal besteht Helmburgis. In den drei unteren Medaillons spricht noch oder schon die Geschichte: Helmburgis betet mit ihrer Dienerin vor dem bescheidenen ersten Fischbecker Bau. Die Gründerin empfängt von König Otto I. den inhaltsschweren Schutzbrief für Fischbeck und die Frauengemeinschaft dient froh dem Herrn, während im Hintergrund die idealtypischen Türme der späteren Stiftskirche aufragen.

Die Wappen der Stiftsdamen des Jahres 1583 erscheinen an der unteren Kante des Teppichs. Oben rechts ist das Wappen der Stiftsdame Gisela von Dörgeloh wesentlich größer ausgefallen als das der amtierenden Äbtissin Anna von Alten aus dem Hausen Wilkenburg oben links. Offenbar hat Gisela von Dorgeloh die Herstellung des Teppichs weitgehend finanziert. In der Erinnerung an seine Verwandte, in deren Amtszeit der Fischbecker Wandteppich geschaffen wurde, bezahlte Siegfried Hanach von Alten, Rittergut Posteholz, im Jahre 1990 die Reinigung und Ausbesserung des Wandteppichs, der nun auf ein Stützgewebe aufgezogen wurde. Schließlich wurde der kostbare Teppich hinter Glas gebracht. Der Wandteppich ist im Stiftschor im Südteil des Querhauses ausgestellt.

Graf Ernsts Bestätigung des Stiftes 1602 und seine Anordnungen von 1621

Große Bedeutung für die Sicherung des Fortbestehens des Stiftes kam dem Vertrag des Stiftes mit dem tatkräftigen Grafen Ernst von Schaumburg[361] (1601–22) vom 27.10.1602 zu[362], der eingerissene Irrungen beseitigen sollte: Dem Stift wurde die Freie Wahl der Äbtissin verbrieft, soweit es sich um eine Dame aus dem eigenen Kapitel handelte. Kam sie dagegen von auswärts, so behielt sich der Graf ein Einspruchsrecht vor. Die Äbtissin sei befugt, so wurde festgelegt, ehrliche, adlige, zum Kloster geneigte Jungfrauen aus der Grafschaft Schaumburg anzunehmen. Aber wenn schaumburgische Jungfrauen »dazu keine Lust haben«, dürfe die Äbtissin Damen aus benachbarten Territorien zu Kapitularinnen berufen. Dem Stift wurde das Recht eingeräumt, einen Amtmann zu bestellen, der jedoch dem Landesherrn nicht missliebig sein dürfe und ihm huldigen müsse. Er habe jedes Jahr einmal dem Stift im Beisein des Priors von Möllenbeck als Vertreter der Landstände und je eines schaumburgischen Land- und Hofrates sowie zweier vom Stift hinzugezogener Vertrauensleute Rechenschaft über die Verwaltung des Stiftsbesitzes abzulegen. Bei Veräußerung von Grundstücken wurde die Notwendigkeit des gräflichen Konsenses eingeschärft.

---

361 BEI DER WIEDEN 1994.
362 WIPPERMANN 1853, Nr. 524.

Der Graf versprach, dass Stift solle mit »Jägern, Hunden, Reisigen, Pferden, Fuhren und Ablagern übermäßig nicht beschwert werden, sondern wie die Jäger gerade da sind, mit etlichen Hasen« bedacht werden. Der Graf erlaubte der Äbtissin und den Stiftsjungfrauen, im Fischbach fischen zu lassen. Neben dem Grafen unterschrieben Äbtissin Agnesa von Mandelsloh, Kanzler Eberhard von Weihe und Drost Dietrich von Brincke diesen Text. Der Vertrag war durch Vermittlung des Herzogs Heinrich Julius zustande gekommen.

Auf dieser Grundlage konnte das Stift seine volle Personalstärke halten: Für das Jahr 1606 verzeichnet nämlich das älteste Kirchenbuch Fischbecks siebzehn Kapitularinnen und vier Laienschwestern.

Die »Gottesdienst – Kleider – und Hausordnung« vom 15.1.1621 des Fürsten Ernst (in den Fürstenstand erhoben 1619) für Fischbeck und Obernkirchen legte den Ablauf der betstundenartigen Horen fest. Ihre Anzahl wurde vermindert. Lateinische Lieder sollten entfallen. Die Stiftsdamen sollten in Zukunft weltliche Kleider tragen. Die Verpflichtung zu Zucht und Keuschheit wurde eingeschärft. Jeder Konventualin, die das Stift zur Heirat verlassen wollte, versprach der Fürst eine Aussteuer aus der Kammerkasse zu zahlen, um die Stiftskasse zu schonen. Jetzt wurde die Aufnahme neuer Konventualinnen von der Einwilligung des Fürsten abhängig gemacht. Die schon lange gewohnheitsmäßig bestehende Verpflichtung zum Nachweis von sechzehn adligen Ahnen wurde nun verbindlich vorgeschrieben.

Die Bewirtung der Jagdgesellschaften des Landesherrn war recht kostspielig, wie die erhaltenen, entsprechenden Einkaufslisten der Äbtissin von Mandelsloh zeigen. Opulente Mahlzeiten mit viel erlesenem Konfekt, erstklassigen Weinen und viel Bräuhan, einem besonderen Bier, waren auszurichten.

Das Stift im Dreißigjährigen Krieg

Zu Beginn des Dreißigjährigen Krieges, 1618, zählte das Dorf Fischbeck mit dem Stift rund vierhundert Bewohner.[363] Hatte in den ersten vier, im Schaumburger Raum noch verhältnismäßig friedlichen Kriegsjahren in Fischbeck bei durchschnittlich vierzig Geburten und siebenundzwanzig Sterbefällen im Jahr noch ein stattlicher Geburtenüberschuss bestanden, so änderte sich das 1623, in welchem Jahr durchziehende Soldaten ansteckende Krankheiten eingeschleppt hatten: In diesem Jahr 1623 standen siebenunddreißig Geburten fünfundvierzig Todesfälle gegenüber. Und im Jahre 1624 kamen auf fünfunddreißig Geborene bereits hundertzwölf Verstorbene im Kirchspiel Fischbeck, wobei die Sünteldörfer mitzählen.

Am 30. Juli 1625 überfielen Tilly'sche Truppen das Stift.[364] Äbtissin Agnesa von Mandelsloh, die seit 1587 amtierte, versuchte, die Kostbarkeiten des Stiftes, die in einem Gebäude neben der Abtei verborgen waren, zu retten, in dem sie sich schützend vor den Eingang stellte. Sie wurde dabei aber so schwer verletzt, dass sie

---

363 Kölling 1955.
364 Hyneck 1856, S. 112f.

am 3. September 1625 starb. Ihre Grabschrift betonte die »große Verfolgung«, die die gottesfürchtige Äbtissin des kaiserlich freien Stiftes hatte erdulden müssen. Die nicht mehr erhaltene Inschrift schloss mit dem passenden Psalmwort: »Herr, wo dein wordt nicht were mein trost, so were ich vergangen in meinem elende.« (Psalm 119,92) Aus der Kirche wurden sechs goldene Kelche geraubt. Die Kapitularinnen flohen und fanden zum Teil auf Meierhöfen des Stiftes Unterschlupf. Die greise Seniorin Katharina von Münchhausen starb einen Tag nach ihrer Äbtissin an dem furchtbaren Schrecken. In der dann folgenden Pestzeit 1625/26 starben dreihundert Einwohner des Kirchspiels Fischbecks. Erst nach über einem Jahr trauten sich die Kapitularinnen wieder ins Stift und wählten am 17.4.1627 in Anna von Knigge eine neue Äbtissin. In diesem Jahr wurde die elfjährige Leveke von Münchhausen aus Remeringhausen ins Stift gegeben, um da unterrichtet zu werden.[365] So war der alte pädagogische Impetus des Stiftes selbst in dieser Notzeit nicht völlig erloschen. Im Laufe des Jahres 1627 starben nicht weniger als 137 Fischbecker an einer pestartigen Krankheit, die von den Soldaten eingeschleppt war.

1629 ordnete das kaiserliche Restitutionsedikt an, dass alle seit 1552 eingezogenen geistlichen Güter an die katholische Kirche zurückzugeben seien. Auch das Stift Fischbeck, das erst 1559 evangelisch geworden war, sollte nun wieder katholisch werden. Mönche aus Corvey behandelten das Stift völlig als ihr Eigentum. Äbtissin und Kapitularinnen wurden aller ihrer Einkünfte beraubt. Am 25. August 1630 erließ eine Paderborner Kommission, die aus dem Domdechanten von der Reck, dem fürstbischöflich münsterschen Rat Hermann von Meerwelt, dem paderbornischen Rat Bernhard Wiedenbrugk und dem Licentiaten Jobst Bär bestand, im Namen des Chorfürsten von Köln und des Abtes von Werden-Helmstedt einen Aufruf an alle Pächter bzw. Schuldner des Stiftes, fällige Zahlungen nicht mehr an die Äbtissin, sondern einzig an den kaiserlichen Verwalter zu entrichten. Die Äbtissin protestierte am 1. September 1630 unter Hinweis auf die alten kaiserlichen und päpstlichen Privilegien. Der Subdelegierte Johannes Hildebrandt erschien im Stift, klagte aber am 4. Oktober 1630[366], die »angemaßte Äbtissin« habe ihn schlecht empfangen. Sie habe die Abgabepflichtigen des Stiftes angewiesen, Hildebrandt nicht zu gehorchen. Sie habe auch keine Schlüssel und Urkunden herausgegeben. Wenn man sie loswerden wolle, müsse man sie an den Haaren aus dem Stift ziehen. Die Benediktinermönche suchten ab 4. Oktober 1630 die Fischbecker, besonders die Kapitularinnen, zum katholischen Bekenntnis hinüberzuziehen.[367] Hildebrandt begann, bei den zinspflichtigen Bauern, die nicht zahlten, das Vieh zu pfänden. Beauftragte der Schaumburger Regierung, darunter der Prior von Möllenbeck, suchten 1631 das Schlimmste zu verhüten. Aber die Katholiken holten eine Kompanie Soldaten zu Hilfe, die das Stift ausplünderten und die Kapitularinnen vertrieben. Am 31. März 1631 kamen zwei Jesuitenpatres zur Rekatholisierung nach Fischbeck.

---

365 BEI DER WIEDEN 1993, S. 283.
366 HELMBOLD 1982, S. 50.
367 HYNECK 1856, S. 114.

Als sich am 28. Juni 1633 das Kriegsglück durch die Schlacht bei Hessisch-Oldendorf von den kaiserlichen Waffen abwandte, verschwanden die Katholiken aus Fischbeck und nahmen die meisten noch brauchbaren Dinge mit. Die Not im Stift war nun groß, zumal Gräfin Elisabeth von Schaumburg in ihrer Bedrängnis 1634 den noch vorhandenen Viehbestand des Stift pfänden ließ. Das Stift legte in dieser verzweifelten Lage beim Reichskammergericht in Speyer Beschwerde ein.[368] 1635 hatten in Fischbeck nur noch vierunddreißig Einwohner Land unter dem Pflug. 1639 lagen drei Viertel des Ackerlandes brach. Vom früheren Viehbestand war nur ein Achtel geblieben.

Nach dem Aussterben der Schaumburger, 1640, erschienen Mindener Domherren in Fischbeck, um das Stift für das Stift Minden zu vereinnahmen. Sie konnten sich aber nicht durchsetzen. Bei der Teilung des Schaumburger Landes bzw. dem Lauenauer Rezess 1647 kam das Stift mit der Hälfte der alten Grafschaft Schaumburg an die Landgrafen von Hessen, was der Westfälische Frieden 1648 bestätigte. Am 17. Juli 1649 verkündete Landgräfin Amalie Elisabeth von Hessen als Vormünderin ihres Sohnes Wilhelm dem an Hessen gefallenen Teil der alten Grafschaft Schaumburg, sie werde die alten Privilegien achten.[369] Das galt auch für das Stift Fischbeck.[370] Mit Hochdruck wurden jetzt die zerstörten Höfe in Fischbeck wieder aufgebaut. Schon 1651 waren in Fischbeck nicht nur sämtliche Höfe wieder instand gesetzt, sondern sogar drei neue Brinksitzerstellen eingerichtet. In den Jahren des Wiederaufbaus nach dem Großen Krieg war der Einsatz des Stiftsamtmannes besonders wichtig.[371]

Das Stift in der Barockzeit

In den ersten Jahrzehnten des 17. Jahrhunderts lässt sich eine gewisse Privatisierung des Lebens im Stift bemerken. Sogar Kleiderluxus musste nun bekämpft werden. Die gemeinsame Küche wurde aufgegeben. Ab 1622 erhielten die Stiftsdamen eine monatliche Zahlung von achtzehn Reichstalern und zwölf Groschen. Das war auskömmlich. In den alten Schlafsaal wurden heizbare, verschließbare Schlafkammern eingefügt und neben dem früheren Dormitorium wurde ein gemütlicher, gemeinschaftlicher Wohnraum eingerichtet. Bald aber bauten sich einige Stiftsdamen eigene Häuser.

Auf ein verändertes, nämlich stärker säkulares, weltliches Selbstverständnis deutet das 1663 eingeführte, neue Abtei-Siegel hin, wie es z.B. auf Pachtbriefen vielfach überliefert ist. Es zeigt nicht mehr die Mutter Gottes, sondern eine mehr zeitgemäße, heraldische, weibliche, mit einer Art Mitra, versehene Figur, die sich auf das Wappen der jeweiligen Äbtissin stützt.

Das Stift suchte nach dem Großen Krieg die Ausstattung der Stiftskirche wieder in Ordnung zu bringen. 1651/52 schenkte Äbtissin Anne II. von Knigge zwei silber-

---

368 Hyneck 1856, S. 117.
369 Hyneck 1856, S. 117.
370 Wehking/Wulf 1990, S. 74.
371 Stiftsarchiv Fischbeck XXX a5 Bd. 4 (= Handschrift XVII; = Tagebuch des Amtmannes 1663–73.

Das Stift Fischbeck in Geschichte und Kunst

vergoldete Weinkannen. 1652 wurden im Kirchenschiff fünf neue Fenster eingebaut. Hinfort konnte man mit Hilfe des Gesangbuches mitsingen. 1654 stiftete die Äbtissin nach der Inschrift einen neuen Kelch. Ein weiterer Kelch aus dieser Zeit trägt die Inschrift »Wer Christi wahres Blut zu trincken trägt Verlangen, der kan aus diesem Kelch dasselbige empfangen«. Und auf dem Rand der zugehörigen Patene liest man es »Von diesem Teller wird den Christen ausgeteilet, des Herren Wahrer Leib, der uns von Sünden heilet«. Auch eine Hostiendose ließ die genannte Äbtissin fertigen. 1660 stiftete sie den mächtigen, 16-flammigen Kronleuchter aus Messing, dessen Doppeladler zur Reichsunmittelbarkeit des Stiftes passt. Der Opferstock, eine mit Eisen beschlagene Lade, trägt neben einem aufgemalten Wappen die Inschrift »Anna Dorothea von Ohenhuscn 1675«. 1679 ließ Äbtissin Sidonie von Arenstedt auf dem Stiftshof »zum Lobe Gottes« drei neue Glocken gießen.[372] Dazu Vermerk im Tagebuch der Äbtissinnen: »Die Gemeinde hat nichts dazu getan, als Holz gefahren«.

1669/70 wurde eine neue, die zweite Abtei, nach Süden hin errichtet, die dann 1888 abgerissen wurde. 1685 wurde das »alte Muster«[373] in der Stiftskirche ausgebessert. Damals war also noch mittelalterliche, ornamentale Wandmalerei vorhanden, die wenig später übertüncht wurde. 1687/88 musste das Stift für die Erneuerung des baufällig gewordenen Kirchturms 1076 Taler aufwenden, schon um Schaden abzuwenden.[374] Die Äbtissin ließ die Spitze und ein Stück vom oberen Mauerwerk abbrechen und hier oben den heute noch vorhandenen Dachreiter erstellen. Das Ganze wurde also etwas niedriger als vorher.[375] Viel war an den einzelnen Häusern zu verbessern, die im Großen Krieg gelitten hatten. Stets wurde darauf geachtet, dass alle Gebäude durch überdachte Gänge mit der Kirche, dem Zentrum des Stiftes, verbunden waren. 1691/94 wurde im Südflügel der 1348 erstmals erwähnte »alte Remter«, der alte Speisesaal, erneuert. Das Pfarrhaus 1695 musste völlig neu gebaut werden.

1688 wurde in der Stiftskirche von Stiftsprediger M. Steding ein vier- bis fünfjähriges Türkenmädchen getauft, das der Fürstlich Osnabrückische Major von Schlägel aus den Kämpfen gegen die Türken aus Morea mitgebracht hatte.[376] Um 1700 wurde der obere Teil der Schranken des Stiftschores geschnitzt. Die tatkräftige Äbtissin Sidonie von Arenstedt ließ ihr großes Wappen an die Wand des Stiftschores malen. Im Johannesgang findet man mehrere Gemälde der Barockzeit die von Stiftsdamen gestiftet wurden und so von ihrem inneren Leben bestimmt sind. Bei zwei Frauen, Personifikationen der Tugend, liest man: »Soll dir die Nahrung gehen fort, so ruf, Beter, und hör das Wort« (1681) und bei zwei Männern, ebenfalls Sinnbildern der Tugend, erscheint die Inschrift: »Liebe ist ein Gegen Hall und gibt treuen Widerhall. Gebeth und Glauben an Jesu Christ zu Gottes Schatz der Schlüssel ist.« 1681 hat B. Felicitas von der Decken dieses Gemälde gestiftet. Äbtissin Elisabeth Sidonie von Arenstedt schenkte 1683 eine Darstellung von Mariae Verkündigung und ein Weihnachtsbild.

---

372 Tagebuch der Äbtissinnen, Abschrift, S. 11.
373 Stiftsarchiv Fischbeck XXX a 2, S. 37.
374 Tagebuch der Äbtissinnen, Abschrift, S. 10.
375 Stiftsarchiv Fischbeck XXX a 2, S. 32.
376 HYNECK 1856, S. 118.

Im späten 17. Jahrhundert gab es folgende Bedienstete[377]: Pastor, Amtmann, Schulmeister, Kantor, Organist, Küster, Holzförster, Schafmeister, Hofmeister, Schweinehirt, vier Knechte, Pförtner, Kuhhirt, Vogt, zwei Untervögte, Bälgetreter (bei der Orgel), zwei Glockenzieher und drei Zehntsammler. 1704 waren 550 Schafe auf dem Stiftshof.[378]

Das Stift musste sich immer wieder mit der hessischen Regierung auseinandersetzen. 1691 musste das Stift der Regierung in Rinteln Rechnung legen. Die Regierung hatte das Corpus Bonorum, also das Güterverzeichnis des Stiftes, vorher nach Rinteln haben wollen, aber der Landgraf hatte auf persönlich vorgetragene Bitte der Äbtissin erlaubt, dass die gesamte Prüfung der Rechnungen am Stiftsort geschehen sollte.[379] 1692 wurde dem Stift vom hessischen Oberappellationsgericht die geplante Einrichtung einer zusätzlichen Präbende für die Familie von dem Bussche verboten. Das hohe Gericht erklärte, das zur Verfügung stehende Kapital von 2000 Reichstalern reiche dazu nicht aus, auch fehle die Genehmigung der Landesherrschaft.[380] Die hessischen Beamten in Rinteln hielten sich mit der nötigen Amtshilfe zurück, wenn Einkünfte des Stiftes nicht recht eingingen, griffen aber rücksichtslos durch, wenn jemand vom Stift etwas zu fordern hatte.[381] 1701 ließ sich das Stift vom evangelischen Domdechanten in Magdeburg bestätigen, dass Rechnungslegung bei landesherrlichen Räten und die Information des Landesherrn über vollzogene Wahlen bei ähnlichen evangelischen Korporationen durchaus üblich seien.[382] Das Stift wurde wie in schaumburgischen Zeiten mit Einkehr und Speisung landgräflich hessischer Jäger belastet.[383]

1703 hatten sechs Stiftsdamen einen eigenen Haushalt, während sechs weitere bei der Äbtissin in Kost waren. 1706 ließ das Stift den Hochchor mit dreihundert aus Höxter geholten Steinplatten belegen und die Treppe zum Hochchor erneuern. 1708 wurden in den Remter, der als Speisesaal nicht mehr gebraucht wurde, zwei Wohnungen eingebaut. Das Retabel des Hochaltars mit dem Wappen der Äbtissin Elisabeth Maria von der Asseburg oben wurde 1709 auf den mittelalterlichen Altartisch gebracht. Die ursprünglichen Wechselbilder des Altars »Mose erhöht die Eherne Schlange« und »Maria auf der Mondsichel« befinden sich heute in der Sakristei. Auf der Rückseite findet man die Inschrift: »Diesen Altar hat die Hochwürdige Frau Abbatissa Elisabeth Maria von der Asseburg aus ihren eigenen Mitteln zur Ehre Gottes erbauen lassen. Anno 1709 den 11. May.« Das heutige Kreuzigungsbild wurde erst 1874 gestiftet. Die mit üppig wucherndem Rankenschmuck verzierte Kanzel wurde 1710 vom Meister des Hochaltars geschnitzt. 1744 baute das Stift die Fischbecker Schule und das zugehörige Kantorenhaus neu.

Auf den Adel der Stiftsdamen wurde gerade in der Barockzeit größter Wert gelegt. Einige der im Stift vorhandenen Aufschwörungstafeln zeigen adelsstolz nicht nur

---

377 Tagebuch der Äbtissinnen, Abschrift, S. 7f.
378 Tagebuch der Äbtissinnen, Abschrift, S. 12.
379 Tagebuch der Äbtissinnen, Abschrift, S. 12.
380 Hyneck 1856, S. 119.
381 Hyneck 1856, S. 119.
382 Tagebuch der Äbtissinnen, Abschrift, S. 38.
383 Stiftsarchiv Fischbeck XIX, 1.

die Wappen von Eltern, Großeltern und Urgroßeltern, also die der vorgeschriebenen sechzehn adligen Ahnen, sondern sogar die Wappen der Ururgroßeltern. Manch eine Stiftsdame des 18. Jahrhunderts war religiös aufgeschlossen. So z.B. öffnete sich Anna Louise von Münchhausen (* 1681, aufgenommen 1708, resigniert 1746)[384] dem Anliegen der Judenmission.[385] Sie hatte Verbindungen zu August Hermann Franke in Halle. Auf ihre Fürsprache hin wurde 1735 ein Fischbecker Müllerssohn in das Hallische Waisenhaus aufgenommen.[386]

Die Begräbnisse im Stift wurden meistens sehr aufwendig gestaltet. Bezeichnend ist folgende Beisetzung. Nach dem Tod der Kapitularin von Putlitz, 1692[387], wurde acht Tage geläutet. Dann wurden Kanzel und Altar mit schwarzen Tüchern bedeckt. Nach einem Mahl wurde der Sarg vor den Altar gestellt. Trauermusik und Ansprache folgten. Unter Glockengeläut wurde der Sarg in dem Gewölbe unter dem Turm beigesetzt. Später folgte im Gottesdienst die Danksagung »für die selige Auflösung«. Nach Zahlung von zehn Talern an das Amt Schaumburg durfte der Nachlass der Dahingegangenen außer Landes gebracht werden. Im Jahre 1701 wurde Äbtissin von Arenstedt[388] zwei Tage nach ihrem Hingang abends mit Fackeln von den Stiftsknechten durch die Kreuzgänge in die Kirche getragen. In dem Mengersenschen Erbbegräbnis unter dem Turm fand sie eine vorläufige Beisetzung. Vier Wochen später begann das eigentliche Begräbnis. Der Sarg stand nun vor dem bedeckten Altar. Die Trauergäste stärkten sich für ihr Vorhaben. Dann läuteten die Glocken und Trauermusik erklang. Die Leichenpredigt folgte. Dann wurde die Verewigte beigesetzt, anscheinend in der Krypta. Hinterher bekamen die Armen Brot von drei Maltern Korn und eine Seite Speck. Den Armen wurden auch die Tücher übergeben, mit denen »Fräulein-Prieche«, Kanzel und Altar eingehüllt gewesen waren. Laut Vermächtnis sollten überdies sechs Arme eingekleidet werden »zu einem immerwährenden Gedächtnis«: Zu ihren Lebzeiten hatte die Äbtissin jedes Jahr die Wolle von ihren zehn Schafen den Armen überlassen. Und nach ihrem Tod sollten diese Schafe für dreizehn Reichstaler verkauft werden. Von den Zinsen sollte an jedem Weihnachtsfest den Armen ein Taler zukommen. An die Stelle der alten Seelenmessen waren also aus dem Kasus erwachsene, mehr oder weniger bescheidene Zuwendungen an die Armen geworden.

Als im Siebenjährigen Krieg das Stift französische Einquartierung erhalten sollte, hing man am Tor die beiden noch vorhandenen Tafeln mit dem kaiserlichen Adler in der Hoffnung auf Verschonung auf. Als die Regierung in Rinteln dagegen Einspruch erhob, antwortete die Äbtissin beherzt, dass man bei solchen gefährlichen Situationen jedes Mittel benutzen dürfe, um großes Unglück abzuwenden. Die Adler halfen nicht. Aber die Franzosen benahmen sich dann im Stift sehr höflich. Die Äbtissin berichtete darüber. In der Kirche sei nach ihrer vorher eingeholter Erlaubnis eine Messe für den Herzog von Orleans gelesen worden. »Außerdem ist unsere Kirche unter dem

---

384 HELMBOLD 1982, S. 114.
385 HEUTGER 1978, S. 26.
386 Zeitschrift der Gesellschaft für Niedersächsische Kirchengeschichte 36, 1931, S. 115.
387 Tagebuch der Äbtissinnen, Abschrift, S. 13 u. 16.
388 Tagebuch der Äbtissinnen, Abschrift, S. 31ff.

Schutz Gottes, nebst unserer Personen und sämtlichen Stiftsbedienten und Häuser ungeschändet geblieben und ich kann Gott zum Preise rühmen, dass ich manche gute Freunde unter den Franzosen angetroffen habe.« Dennoch hatte das Stift 1763 Schulden in Höhe von 2050 Reichstalern.[389]

1783/85 wurde die heutige Abtei, ein stattlicher Fachwerkbau, errichtet. Der absolutistische Staat beschnitt die aus dem Mittelalter überkommenen Vorrechte des Stiftes, wo er nur konnte. War bis dahin das Stift auf Grund der uralten Immunität stets als ein »Asyl« angesehen, in dessen Rahmen alle männlichen Stiftsbediensteten automatisch vom Militärdienst befreit waren, war es nun mit diesem Vorrecht vorbei und als dann der Stiftsamtmann Hagnar der Ältere die Herausgabe solcher Männer verweigerte, wurde er verhaftet und sechs Wochen lang auf der Schaumburg eingesperrt.[390]

Äbtissin Charlotte Elisabeth von dem Bussche

Über Äbtissin Charlotte Elisabeth von dem Bussche, * 1698 in Hausberge, ist ein erbauliches, schon 1754 in Berlin veröffentlichtes Lebensbild[391] überkommen. Sie erhielt 1706 eine Anwartschaft auf eine Stiftsstelle. Schon 1713 wurde sie aufgenommen. Die junge Stiftsdame wurde durch den Glauben an Jesus Christus ihres Heils gewiss. Noch in ihrer letzten Krankheit sollte sie mit inniger Dankbarkeit gegen Gott mit Davids Worten »Gott, Du hast mich von Jugend auf gelehrt« beten. 1737 wurde sie zur Äbtissin gewählt. Sie nahm das Amt in gläubiger Zuversicht, im Vertrauen auf Gottes Hilfe, an. Gewissenhaft stand sie ihrem Amt vor. Unermüdlich suchte sie die Wohlfahrt des Stiftes. Eintracht im Kapitel war ihr entscheidend wichtig. Ungezählte Arme und Verlassene, Kranke und Elende, genossen ihre Hilfe und Fürsorge. Fleißig besuchte sie den Gemeindegottesdienst und die stiftischen Horen auf dem »Betchor«. Häufiger und andächtiger Genuss des Heiligen Abendmahls stärkte ihren inneren Menschen. Die Äbtissin holte ihre alte Mutter ins Stift und gab so den Umwohnenden ein Beispiel kindlicher Liebe und Fürsorge.

1753 kränkelte die Äbtissin, sie bestellte ihr Haus und bereitete sich auf ein seliges Ende vor. Am 27. Oktober 1753 hatte sie auf die Worte »Noch über eine kleine Weile, so wird er kommen, der da kommen soll und nicht verziehen« freudig geantwortet: »Ach, das ist mir ein angenehmes Wort zu hören!« Man sprach mit ihr in biblischen Wendungen von der Herrlichkeit der ewigen Stadt Gottes und von der vollkommenen Ruhe dort. Sie stimmte diesen Gedanken mit ganzem Herzen zu, sie sei bereit, mit ihrem Heiland in sein Reich einzugehen. Als die Schmerzen zunahmen, sagte sie:

> Weicht Schmerz und Weh, die ihr mich in der Zeit
> so hart gedrückt; habt Dank für eure Plagen;
> Ihr habt gemacht, dass ich in Ewigkeit
> darf desto schön're Ehrenkronen tragen.

---

389 Stiftsarchiv Fischbeck, Handschriften XVIII f 90.
390 Hyneck 1856, S. 126.
391 Hyneck 1856, S. 151–156.

Gegen Abend des 28. Oktober 1753 bat sie die Umstehenden, ihr die Lieder »Jesus meine Zuversicht« und »Mein Seel' ist still« vorzusingen. Dann bat sie mit ihrem Heiland allein gelassen zu werden. Als ihr am 29. Oktober die Worte des erhöhten Herrn: »Siehe, ich komme bald!« zugesprochen wurden, antwortete sie zuletzt: »Ach ja, Er ist schon da!« Und »gab gleich darauf ihre Seele in die treuen Hände ihres Seligmachers«.

Der Fischbecker Stiftsorden, 1787

Landgraf Wilhelm IX. von Hessen-Kassel[392] besuchte am 14. September 1786 das Stift Fischbeck.[393] Der Landesherr gab sich leutselig und sparte nicht mit den »gnädigsten Versicherungen« seines Wohlwollens, welche Ehre das Stiftskapitel zu schätzen wusste. Als er sich am nächsten Tag auch im Stift Obernkirchen von seiner liebenswürdigsten Seite zeigte, wagte die Obernkirchener Äbtissin Dorothea von Lenthe ihn zu fragen, ob er vielleicht dem Stift »einen Orden zu schenken« geneigt sei. Dieser Gedanke lag gewissermaßen in der Luft: Seit 1729 trugen die Stiftsdamen im nahen Reichsstift Herford einen Stiftsorden. Und die Stifte Bassum und Wunstorf hatten 1750 eine Dekoration empfangen. Und die Lemgoer Stiftsdamen konnten sich seit 1778 eines solchen Ordens erfreuen.

Für den 16. September 1786 lud der Landesherr die Fischbecker Äbtissin und die anwesenden Kapitularinnen nach Rinteln zum Mittagessen ein und ging dabei auf den Ordensgedanken wohlwollend ein. Die Herstellung der erbetenen Orden für Obernkirchen und Fischbeck wurde noch 1786 in Auftrag gegeben. Am 19. März 1787 stiftete dann der Landgraf den Orden, der zweiteilig ist, sich also aus dem Kleinod, also dem Ordenskreuz, an einem Schulterband hängend, und einem Bruststern, an der linken Brustseite zu tragen, zusammensetzt. Das Ordenskreuz für Fischbeck zeigt in der Mitte das schaumburgische Nesselblatt mit der Devise in Virtute Decus, In der Tugend liegt die Auszeichnung, und in den Kreuzarmen die Initialen des Stifters. Das Stiftungsjahr, 1786, ist angegeben. Der Bruststern ist gestickt. Er trägt die Inschrift: Convent(us) Virg(inarum) Nob(ilium) Visbeccens(ium), Konvent der adligen Fischbecker Jungfrauen. 1882 bzw. 1899 wurden zusätzlich massive Bruststerne angefertigt, die heute Äbtissin und Seniorin zukommen. Die Stiftsdamen schätzen die einfacher zu tragende gestickte Version. Das Stift verfügt heute über achtzehn kunstvoll gestickte Sterne. Für den »Kleinen Ornat« gibt es heute für alle Stiftsmitglieder metallene, kleinere Ordenssterne.

Die Insignien des Stiftsordens empfängt jede Kapitularin bei ihrer Einführung, die in Fischbeck noch nach dem 2. Weltkrieg »Aufschwörung« genannt wurde. Der Orden gilt heute gesetzlich als »Abzeichen«, als Zeichen der Zugehörigkeit zur Korporation, das sorgsam von einem staatlichen Orden zu unterscheiden ist. Der Fischbecker Stiftsorden ist in der historizistischen Ausmalung der Kirche dargestellt worden.

---

392 Losch 1923.
393 Magnus 1983.

Die christliche Liebestätigkeit des evangelischen Stiftes

Die stiftische Liebestätigkeit war stets ausgeprägt. Das Stift verstand sich als Wohltätigkeits-Institution. Äbtissin Anna von Alten z.B. schenkte einer armen, vom bösen Geist besessenen Frau 1582 sechs Groschen.[394] Im gleichen Jahr erhielt die Tochter eines gewissen Jacob Marquward in Hameln einen Taler für ihre »Brauttaffel«, also für ihre Aussteuer.[395] Äbtissin Agnese von Mandelsloh verteilte immer wieder Almosen »um Gottes Willen« an durchziehende, obdachlose Menschen, besonders an Witwen und Waisen sowie an blinde, lahme und stumme Knechte. Ein Seemann, der Schiffbruch erlitten hatte, fehlte nicht.[396] Auch ein Dachdecker, der von der Kirche gefallen war, wandernde Studenten und Gesellen, deren Lohn angeblich von den »frybuters« geraubt worden war, wurden unterstützt.

Nach den Schrecken des Großen Krieges wandte das Stift erhebliche Teile seiner Einkünfte »verbrannten und armen Leuten« zu. Im 17. Jahrhundert wurden vierundzwanzig Arme regelmäßig bedacht.[397] Im frühen 18. Jahrhundert spendete das Stift immer wieder für abgebrannte Schulen und Kirchen, z.B. für ein Gotteshaus in Schlesien. Auch entlassene Offiziere fanden Unterstützung. Auch zwei herumwandernde Pastoren wurden bedacht. Sogar ein ehemaliger Soldat, der bei den Türken gefangen gewesen war, bat um eine milde Gabe. Jede Gabe registriert. So zählte die Äbtissin für die Jahre 1710/12 243 Hilfesuchende auf.[398]

Eine Fülle von Legaten[399] von Stiftspersonen stand im Dienst der Nächstenliebe. Dafür Beispiele: Anna von Knigge (1623–63, Äbtissin seit 1627) stiftete 350 Reichstaler für die Hausarmen des Stiftes. Elisabeth Sidonie von Arnstedt (1649?–1701, Äbtissin seit 1673) bedachte die Hausarmen mit fünfundzwanzig Reichstalern und die Schule in Haddessen mit fünfundzwanzig Reichstalern. Auch Else Marie von der Asseburg (1684?–1717, Äbtissin seit 1701) förderte die Schule in Haddessen. Anna Louise von Münchhausen (1708–46) setzte u.a. zwanzig Reichstaler für Schulbücher für arme Kinder und dreißig Reichstaler für die Hausarmen aus. Engel Elisabeth von der Kuhla (1709–53) errichtete ein Legat mit hundert Reichstalern für Schulbücher für arme Kinder. Sabina Maria von Arenstedt (1717–53) gab für die Hausarmen fünfzig Reichstaler. Katharina Juliane von Hauß (1730–63, Äbtissin seit 1753) stiftete dreißig Reichstaler für die Hausarmen und zweihundertsechzig für die Schule im Stiftsdorf Bensen.

Wichtig wurde das Vermächtnis der Äbtissin Maria von der Kuhla (1717–37) zur Versorgung von Witwen[400], die dem Stift nahestanden. Im 19. Jahrhundert kümmerte sich das Kapitel besonders um die Witwen von Predigern und Stiftsbediensteten.[401]

---

394 Oldermann 2002a, S. 253.
395 Oldermann 2003, S. 24.
396 Oldermann 2002a, S. 269.
397 Tagebuch der Äbtissinnen, Abschrift, S. 24.
398 Helmbold 1982, S. 60.
399 Stiftsarchiv Fischbeck XI b2 Bd. 1.
400 Helmbold 1982, S. 108.
401 Helmbold 1982, S. 69.

Als es 1847 eine Missernte gab, suchte das mitbetroffene Stift[402] zu helfen: Der Stiftsmüller erfand ein Mischbrot aus vier Maltern Roggen, drei Maltern Hafer, zwei Maltern Gerste, einem Malter Erbsen und einem Malter Wicken. Drei Monate hindurch wurde allen Notleidenden derartiges Mischbrot zugeteilt. Immer wieder stellte das Stift Holz aus den stiftischen Wäldern unentgeltlich Bedürftigen zur Verfügung.

Das Stift auf dem Schaumburgischen Landtag

Das Stift hatte seit dem Spätmittelalter Sitz und Stimme in der Prälatenkurie der schaumburgischen Ständeversammlung. Im Zuge der Entwicklung des landesherrlichen Kirchenregimentes zog Graf Jobst 1527 auch das Kloster Fischbeck zur Zahlung einer außerordentlichen Landessteuer heran.[403] Und Graf Otto IV. von Schaumburg verpflichtete sich 1566 den schaumburgischen Ständen gegenüber, die Stifte Fischbecke und Obernkirchen nicht einzuziehen, da der Schaumburger Adel das größte Interesse daran hatte, hier bestimmten unverheirateten Töchtern eine Versorgungsmöglichkeit zu erhalten. Der Graf versprach, für die Erhaltung der Stiftsgüter und die Wahl tüchtiger Äbtissinnen in Zukunft Sorge zu tragen. 1604 musste der Deputierte des Stiftes zusammen mit denen der beiden anderen Klöstern, also Möllenbeck und Obernkirch gegen erhebliche Gegenstimmen eine »freiwillige Verehrung« in Höhe von 7000 Reichstalern für Graf Ernst bewilligen.

Nach dem Großen Krieg musste sich das Stift an der Abtragung der Landesschulden beteiligen. 1668 gehörte der Repräsentant des Stiftes sogar zum ständigen Ausschuss der Stände.[404] 1731 vertrat der Fischbecker Stiftsamtmann das Stift.[405] Mehrmals unterschrieb die Fischbecker Äbtissin persönlich die Landtagsabschiede, so 1731.[406] Das Stift nahm durchaus seine landschaftlichen Rechte wahr: So übergab der Beauftragte Fischbecks 1740 der Regierung sechs Beschwerdepunkte. Besonders ging es da um Übergriffe des Schaumburger Amtmannes und um rückständige Zahlungen der Zensiten, da das Stift gegenüber den herrschaftlichen Gefällen stets das Nachsehen hatte. Als Aufwandsentschädigung erhielt der Beauftragte des Stiftes vier Reichstaler pro Sitzungstag.[407] Das Stift musste sich am Wegebau in der Grafschaft Schaumburg erheblich finanziell beteiligen.[408]

Auf Grund seiner alten landschaftlichen Rechte des Stiftes wurde noch in der Mitte des 19. Jahrhunderts der Abgeordnete der Ritterschaft der Grafschaft Schaumburg in der kurhessischen Ständeversammlung stets unter Mitwirkung des adligen Stiftes Fischbeck gewählt.[409]

---

402 Helmbold 1982, S. 74.
403 Siebern/Brunner 1907, S. 42.
404 Stieglitz 2000, S. 60.
405 Helmbold 1982, S. 112.
406 Helmbold 1982, S. 236.
407 Helmbold 1982, S. 124.
408 Stiftsarchiv Fischbeck XVII B.
409 Höing 1995, S. 19.

Das Stift im 19. Jahrhundert

Um 1800 wurde der parkartige Stiftsgarten angelegt, unter dessen prächtigem Baumbestand ein Gingkobaum und eine große Magnolie hervorragen. Eine gewaltige Eiche stammt schon aus dem Mittelalter. Eine Eibe wird auf tausend Jahre geschätzt. Äbtissin von Hammerstein ordnete eine stärkere Befestigung des Dammes an der Weser an, der die Überschwemmung der Marschländereien des Stiftes verhindern sollte.[410] Die Stiftsdamen S. von Münchhausen, D. von Linsingen und M. von Dieskau widmeten 1803 der verewigten Äbtissin eine nicht mehr vorhandene Gedenkurne als »Denkmal der Verehrung und Liebe« mit der romantischen Inschrift: »Du kamst aus höheren Regionen. Selig kehrtest Du dahin zurück. Ans Paradies gewöhnt, suchtest Du eins aus der Erde zu schaffen, so viel als Du vermochtest.«

1807 wurde die Jahresdurchschnittseinnahme mit nur 9301 Talern angegeben.

Am 15. Dezember 1810 hob Hieronymus, Napoleons Bruder, der westphälische »König Lustick«, das Stift Fischbeck wie alle anderen geistlichen Stifte im »Königreich Westphalen« auf und erklärte das Stift mit seinem gesamten Vermögen zu einer Staatsdomäne. Die Fischbecker Kapitularinnen durften nur gegen Mietzahlung in ihren Wohnungen bleiben. Zahlreiche Parzellen wurden verkauft. Ausgeliehene Kapitalien, z.B. an die Kammer in Detmold, wurden eingezogen. Nichts wurde für die nötigen Reparaturen aufgewandt. Das Stift sollte einem napoleonischen General geschenkt werden. Aber nachdem Napoleons Stern in den Eiswüsten Russlands erloschen war und er auch die Völkerschlacht bei Leipzig verloren hatte, kam Kurfürst Wilhelm I. von Hessen aus dem Exil in sein Land zurück und stellte das Stift am 13. September 1814 wieder her, worauf das Stift ihm eine Dankadresse zugehen ließ. Alles wurde auf den Stand des Jahres 1808 zurückgeführt. Die Äbtissin überließ einzelnen Käufern von Stiftsländereien die erworbenen Grundstücke noch für eine ganze Reihe von Jahren[411] zu einem äußerst mäßigen Pachtzins, um sie so etwas für den Verlust des an die westphälische Regierung gezahlten Kaufpreises zu entschädigen. Der ruinierte Stiftsforst brauchte Jahrzehnte, sich zu erholen.

1814 wurde der bisherige Kabinettsprediger der Königin des kurzlebigen Königreichs Westphalen, der tugendsamen, geduldigen Katharina von Württemberg, Philipp Eberhard Habicht (1779–1838) Stiftsprediger. War er bis dahin einer von zwölf Hofgeistlichen in König »Lusticks« aufgeblähtem Hofstaat[412] gewesen, durfte er nun schlichten Pfarrdienst tun und auf die Wünsche von Äbtissin und Kapitularinnen eingehen. Aber 1825 ging er als Super-intendent und Konsistorialrat nach Bernburg.[413]

1824 ließ die Äbtissin »Auf der Bülte«, auf stiftischem Boden, einen neuen Friedhof anlegen. Bestattung in und um die Stiftskirche kam nun nicht mehr in Frage. Dieser »Totenhof« mit Gräbern von Äbtissinnen, Stiftsdamen und Mitgliedern des

---

410 HYNECK 1856, S. 126.
411 HYNECK 1856, S. 130.
412 PRESSER 1979, S. 106.
413 MEYER 1941, S. 287.

großen Kirchspiels Fischbeck ist heute eine wichtige Stätte der Grabmalskultur des 19. Jahrhunderts.

Das Stift, das einst die erste Schule in Fischbeck eingerichtet hatte, ließ 1829 einen Schulneubau erstellen.[414] Das Stift bemühte sich intensiv um den Weserschutz-Damm.[415] Die Stiftsdamen der Biedermeierzeit hatten dieselben Interessen wie andere Damen gleichen Standes. Eine sammelte[416] romantische Gedichte über Glocken und vertiefte sich[417] in die Schriften von August von Kotzebue (1761–1819), der besonders als Theaterdichter ungemein fruchtbar war.[418] Äbtissin von Münchhausen hatte längere Zeit bei der Universität Helmstedt gelebt und mit vielen Professoren in regem Verkehr gestanden. Sie besaß auch gründliche Kenntnisse in der aufstrebenden Physik und Botanik und verstand sogar etwas vom Forstwesen.[419] Sie las gern die Werke von Christian Garve (1742–98), dem Aufklärungsphilosophen, von Abt Johann Friedrich Wilhelm Jerusalem (1709–89), dem milden Braunschweiger Aufklärungstheologen, von Heinrich Philipp Konrad Henke (1752–1809), dem Helmstedter Reformtheologen, und im Alter von Heinrich Gottlieb Tzschirner (1778–1828), dem Superintendenten der Leipziger Thomaskirche, der einen an Kant gebildeten, ethisch-kritischen Rationalismus vertrat und für einen freien Protestantismus gegen Reaktion, Romantik und Pietismus kämpfte.[420] Im Verlauf des 19. Jahrhunderts hinterließ immer wieder eine Stiftsdame ihre Bücher dem Stift. Der so zusammengewachsene Bücherbestand harrt der Bearbeitung, die Aufschlüsse über die geistige Welt der damaligen Stiftsdamen geben kann.

Die Stiftsdame Marianne von Dieskau (1760–1836) befasste sich ein wenig mit der Geschichte des Stiftes[421], besonders mit den Inschriften des Fischbecker Wandteppichs und mit der Einführung der Reformation, die sie allerdings ins Jahr 1552 setzte.

Auf historisches Interesse deutet auch, dass Äbtissin von Münchhausen 1831 die »Geschichte der Grafschaft Schaumburg« von Franz Carl Theodor Piderit subskribierte.[422] Als am 16.11.1831 Äbtissin von Münchhausen gestorben war, wurde sie nicht mehr, wie ihre Vorgängerinnen, in der Krypta, sondern auf dem neuen, 1824 von ihr gegründeten Fischbecker Friedhof beigesetzt. Ihr vierzig Zentner schwerer Grabstein bekam die Inschrift: »Als ich starb, wurden meine Tage ewig, und als sich meine Augen schlossen, öffneten sie sich dem himmlischen Lichte.«[423] 1842 wurde der Stiftschor im südlichen Querhaus erneuert. Bis dahin war er, wie Äbtissin von Gilsa schrieb, »in einem solchen Zustand, dass die Wahl (einer Äbtissin) nicht auf dem selben vorgenommen werden konnte«.[424]

---

414 HELMBOLD 1982, S. 69.
415 Stiftsarchiv Fischbeck XVII B, 7, 1809–90.
416 Stiftsarchiv Fischbeck, Handschriften XVIII f 45ff.
417 Stiftsarchiv Fischbeck, Handschriften XVIII f 50ff.
418 KOSCH 1963, S. 226.
419 HYNECK 1856, S. 127.
420 TZSCHIRNER 1812–16. – TZSCHIRNER 1829. – LÖTZSCH 1875.
421 Stiftsarchiv Fischbeck, Handschriften XVIII f 9ff.
422 PIDERIT 1831, Subskriptionsliste.
423 HYNECK 1856, S. 132.

Um 1847 wurde die noch gut erhaltene Marienkapelle im Hof der damaligen Abtei abgerissen[425], um hier einen Garten anzulegen. Damals mangelte es noch an Verständnis für die Sachüberreste der Stiftsgeschichte.

1854 feierte das Stift in schlichter Weise seine 900-Jahrfeier mit einem Abendmahlsgottesdienst und der Trauung einer bewährten Abtei-Bediensteten. Sie erhielt als erste die Hochzeitsgabe von zehn Talern aus einem neu gegründeten Fonds für treue Dienstboten.[426]

1858 betrugen die Einnahmen des Stiftes 13 110 Taler; Ausgaben 12 798; Überschuss 311 Taler.[427] 1865 beschloss das Stiftskapitel, jegliche Eigenbewirtschaftung von Stiftsland aufzugeben. So mussten auch die Stiftsdamen auf die eigene Viehhaltung im Stiftsstall und ihr entsprechendes Kartoffelland verzichten. Fortan wurde das Stiftsgut verpachtet – bis heute.

Nach dem unglücklichen Bruderkrieg 1866 fiel Fischbeck mit Hessisch-Schaumburg an das Königreich Preußen, was zu Unruhe im Stiftskapitel führte: Die »inländischen« Damen trauerten dem angestammten, nicht immer ruhmvoll regierenden Herrscherhaus nach, aber die Damen aus anderen Gegenden freuten sich zum Teil über die neue Zugehörigkeit zu dem mächtigen Preußen. 1870 wurde das repräsentative Pächterwohnhaus errichtet, das dann 2002 als »Torhaus« und Anlaufstelle für Stiftsbesucher erneuert wurde. 1874 gab die Stiftsdame Charlotte von dem Bussche das Altargemälde »Der Gekreuzigte« bei dem Dresdner Maler Andreä in Auftrag.

Nach den Statuten von 1878 kam der Äbtissin das Prädikat »Hochwürden Gnaden« und der Generalmajorsrang zu, während den Kapitularinnen das Prädikat »Hochwürden« und der Obristleutnantsrang zustand. Die Bezüge der Äbtissin, der »Leiterin und Ermahnerin« des Stiftes betrug 4080 Mark im Jahr, dazu kamen Naturalien. Die Kapitularinnen bezogen 1930 Mark bzw. 1300 Mark. Dazu kam hinreichend Brennholz aus dem Stiftsforst. Die Fischbecker Statuten von 1889 erklärten, das Stift wolle Damen ein anständiges Unterkommen zur Führung eines sittenreinen und gottgefälligen Lebens gewähren. Hier wurde also der Versorgungsgedanke mit dem überkommenen geistlichen Motiv verbunden. Diese Statuten haben noch nach mittelalterlicher Kanonissensitte das Gnadenjahr, also die einjährige Weiterzahlung der Präbende nach dem Tod einer Stiftsangehörigen an die Erben. Gräfinnen und Hofdamen war die Aufnahme verwehrt. Stets wurde Uradel gefordert. Damen des neuzeitlichen Briefadels hatten also in Fischbeck keine Chance.

Nach 1880 besuchte der 1857 in Tharandt bei Dresden geborene Kunstmaler A.E. Fischer das Stift und schuf ein Aquarell mit Blick auf den Eingangsbereich des Stiftsquadrums.[428] Fischer zog damals von Gutshof zu Gutshof und gestaltete realistische Ansichten. Wie wenig das Stift im späten 19. Jahrhundert beachtet

---

424 Stiftsarchiv Fischbeck XXX a 2, S. 333.
425 HELMBOLD 1982, S. 70.
426 HELMBOLD 1982, S. 77.
427 HELMBOLD 1982, S. 76.
428 Besitz des Freiherrn von Münchhausen – Apelern, Depositum Niedersächsisches Staatsarchiv Bückeburg.

wurde, zeigt die äußerst kümmerliche Fischbeck-Notiz in K. Baedeker, Nordwest-Deutschland, Handbuch für Reisende (Leipzig [24]1892), S. 65: »7 km (von Hameln) Fischbeck; in der ehem. Klosterkirche ein schönes frühgotisches Grabmal (Holzschnitzwerk).« Für den Lebensstil der Stiftsdamen ist eine Tagebucheintragung der Kapitularin Anna Freiin von Münchhausen aus dem Jahre 1889 bezeichnend, die beschreibt, wie sie mit anderen Stiftsdamen »sehr gemütlich in ihrem reizenden Gärtchen« saß.[429]

1898 waren alle Stiftsdamen bereits über siebzig Jahre. Bei praktisch jeder Kapitularin war ein Mädchen aus dem Dorf in Stellung, was die Beziehungen zwischen Stift und Dorf stärkte. Diese Mädchen lernten sorgfältige Haushaltsführung und gutes Benehmen. So wurden sie gern geheiratet.

Die Kaiserbesuche in Fischbeck (1904 und 1909)

Am 17. August 1904[430] kamen Kaiser Wilhelm II.[431], Kaiserin Auguste Viktoria, die Kaisertochter Viktoria Luise, also die spätere Herzogin von Braunschweig und Lüneburg und noch spätere Buchautorin über den Glanz der Kaiserzeit, Prinz Eitel-Friedrich und Prinz Oskar, der spätere Herrenmeister des Johanniterordens, zur 950-Jahrfeier nach Fischbeck. Der Kaiser kam nicht nur als Repräsentant der Reichsgewalt der verbündeten 26 souveränen deutschen Staaten, sondern auch als für Fischbeck zuständiger Landesherr und *summus episcopus*, da Fischbeck damals zu Preußen gehörte. Angehörige der ersten Schwadron der Hannoverschen Königsulanen eskortierten an diesem »Kaisertag« die Wagen der kaiserlichen Familie. In Sonderzügen waren 36 Kriegervereine und ungezählte Schüler nach Fischbeck gekommen, um dem Kaiserpaar zu huldigen. Auf dem Stiftshof empfing der Schirmvogt des Stiftes, Graf von Alten-Linsingen, den höchsten Schutzherrn des Stiftes. In der Abtei wurden dann die Äbtissin von Buttlar und die Kapitularinnen den Allerhöchsten Herrschaften vorgestellt. Im Kreuzgang standen die Erneuerer der Kirche, die Professoren Haupt und Schaper, und die beteiligten Handwerker in altdeutscher Tracht. Der Kaiser bezeugte allen seine hohe Anerkennung. Am Westportal begrüßten der zuständige Generalsuperintendent D. Werner-Kassel und Stiftsprediger Heermann – Fischbeck das Kaiserpaar und geleiteten es zu ihrem Platz im Chor. Nach dem Gottesdienst wurde in der Abtei ein Imbiss eingenommen. Der Kaiser drückte Landrat von Ditfurth seine Befriedigung über die vorzügliche Organisation und den glänzenden Verlauf des Besuches aus. Auf Bitte des Landrates stellte er in Aussicht, dem Kreis Rinteln wieder seinen historischen Namen »Grafschaft Schaumburg« zu verleihen – was auch geschah. Pünktlich, bereits um 13.43 Uhr verließ der Hofzug den Stiftsort, in dem gewaltig weitergefeiert wurde.

---

429 Freundlicher Hinweis Inken Formann, 2003.
430 Man las damals aus der Otto I.-Urkunde 954 statt, wie es richtig ist, 955.
431 EYCK 1948 (der Titel trifft nicht zu, aber der Inhalt ist hochwertig.) – RITTHALER 1958. – KRACKE 1960. – SCHÜSSLER 1962.

Am 17. August 1904 bestätigte Kaiser Wilhelm II. die Statuten, die Grundordnung des Stiftes, nach allen Rechten und Herkommen. Das besagt ein Papierlibell mit Lacksiegel in rosa Einband mit den vorgehefteten Statuten von 1889 im Stiftsarchiv.[432]

Bei seinem Besuch 1904 war dem für ornamentale Strukturen höchst aufgeschlossenen Kaiser aufgefallen, das die Äbtissin keinen Stab (mehr) trug. So ließ der Schirmherr mit ausgeprägtem Sinn für mittelalterliche Symbolik einen neuen herstellen und erschien zur Übergabe am 27. August 1909 erneut in Fischbeck. Im Festgottesdienst, den Stiftsprediger Heermann hielt, nahm der eloquente Kaiser selbst das Wort.[433] »Meinem lebhaften Interesse an dem adeligen Damenstift Fischbeck mit seiner fast tausendjährigen, sagenumwobenen Geschichte und seinen wechselvollen Schicksalen habe ich bereits vor fünf Jahren Ausdruck geben können, als ich in Gemeinschaft mit Ihrer Majestät, der Kaiserin und Königin, meiner Gemahlin, hier an der Jubelfeier des Stifts und der Wiedereinweihung der altehrwürdigen Stiftskirche teilnahm. Damals habe ich – wie einst König Otto I. – der spätere Kaiser der deutschen Nation, durch seinen Gnadenbrief vom 10. Januar 954 – das Stift unter meine besondere, landesherrliche Schutzherrschaft gestellt. Heute bin ich in Ihrer Mitte erschienen, um Ihnen einen neuen Beweis meiner Huld und Gnade zu geben. Ich habe beschlossen, dem Stift einen Äbtissinnenstab zu verleihen, welcher von der jedesmaligen Äbtissin bei feierlichen Gelegenheiten als Zeichen ihrer Würde getragen werden soll. Nehmen Sie, hochwürdigste Frau Äbtissin, aus meiner Hand diesen mit meinem kaiserlichen Wappen und demjenigen des Stifts geschmückten Stab. Möge er Ihnen und den Ihrer Leitung anvertrauten Damen wie allen Ihren Nachfolgerinnen ein Sinnbild sein. Des göttlichen Stecken und Stabes, dessen wir alle auf unserer Pilgerfahrt zur ewigen Heimat so dringend bedürfen! Möge Gottes Segen allezeit auf dem Stift und seinen Insassen ruhen. Das walte Gott!« Der Stab in traditioneller Form zeigt eine in Schneckenform gestaltete Krümme und ist mit dem Stiftsorden und Edelsteinen, z.B. Türkisen und Achaten, geschmückt. Durch herabhängende Pannisellien ist er von einem Bischofsstab unterschieden. Dieser Äbtissinnenstab war nicht der einzige, den der Herrscher als Zeichen kaiserlicher Huld vergeben hat.

Den befehlsgemäß kurzen Gottesdienst beschloss der Fischbecker Kirchenchor unter Leitung von Kantor Hess.[434] Nur eine Stunde dauerte der allerhöchste Besuch, dann stiegen die Majestäten wieder in den Hofzug. Eine 1910 von Albrecht Haupt entworfene Gedenktafel im Chor mit eingefügter Nachbildung des Stabes erinnert an diesen zweiten Besuch des von Unrast getriebenen, aber gutgesinnten Kaisers. Auch eine signierte Bibel, ein Glas, aus dem der Kaiser getrunken hat, und ein gewaltiger Findling vor der Stiftskirche erinnern an das kaiserliche Interesse an den altehrwürdigen Stift. Der Kaiser zeigte auch vielen anderen historischen Stätten seine Zuneigung.[435]

---

432 Stiftsarchiv Fischbeck, Nicht edierte Urkunden 178.
433 HEUTGER 1998, S. 93.
434 Den der Verfasser als Schüler noch kennengelernt hat.
435 Vergleich z.B. RITTER-EDEN 2002, S. 252.

Übrigens sind die auf weitverbreiteten Bildern von den Kaiserbesuchen erscheinenden »Mädchen in Uniform« mit Hofknicks nicht, wie stets die Beischrift behauptet, »Fischbecker Haushaltungsschülerinnen«, die es nie gegeben hat, sondern Maiden der 1901 im Stift Obernkirchen eröffneten Landfrauenschule des Reifensteiner Verbandes[436], die der Kaiser sogar einmal besucht hatte.[437]

So begeistert die Menschen in und um Fischbeck über die Kaiserbesuche waren – tief im Volk entwickelte sich Unbehagen an dem »Reisekaiser«, wie es in einer geschichtsschweren Anekdote jener Zeit zum Ausdruck kam: Ein Bänkelsänger geht auf die drei Kaiser ein. Kaiser Wilhelm I.: »Ich habe keine Zeit, müde zu sein.« Kaiser Friedrich III.: »Lerne leiden, ohne zu klagen.« Kaiser Wilhelm II.: »Wenn ich jetzt vortrage was ich möchte, nimmt mich dahinten der Schutzmann mit.« Chor der Umstehenden: »Auguste, hol' die Koffer vom Boden, ich muss wieder verreisen.« Als ich diese Anekdote 2004 im Kapitelsaal des Stiftes vortrug, murmelte Carl-Erdmann Fürst von Carolath-Beuthen, der als Kind den Kaiser noch persönlich erlebt hatte: »Das hat der Kaiser nie gesagt« – was sogar stimmte.

Das Stift 1909–54

1912/13 verkaufte das Stift seine Ziegelei und 164 Morgen Grundstücke in Wehrbergen und Fischbeck an die Makler Gebrüder Lazarus in Köln und Düsseldorf.[438] 1913 kam elektrischer Strom ins Stift. Sofort nach dem Ausbruch des 1. Weltkriegs nahm das vaterländisch bewegte Stift achtzehn Verwundete auf. Äbtissin Luise von Arnswaldt, Kapitularin von Oeynhausen und ihre Mägde übernahmen die Pflege als Ehrendienst für Volk und Vaterland. Die Stiftsdame Ludowine von Arnswaldt wirkte als Johanniterschwester die ganzen vier Kriegsjahre hindurch in Frontlazaretten und suchte den Opfern des Krieges beizustehen. Das Stift zeichnete 40 000 Mark Kriegsanleihe[439], die nach dem plötzlichen Zusammenbruch des Kaiserreiches verloren waren. 1921 wurde das Stift an die Wasserleitung angeschlossen. In der Inflation verlor das Stift sein durch Grundstücksverkäufe entstandene Kapitalvermögen. 1925 kam der Haushaltsplan des Stiftes auf nur 36 000 Goldmark.[440] 1928 wurde das Stift endlich als gemeinnützige Anstalt anerkannt und von der Grundsteuer befreit. Etwa 20 000 Mark bereits gezahlte Steuern kamen wie ein warmer Regen in das verarmte Stift zurück.

1932 kam das Stift mit dem Kreis Grafschaft Schaumburg der preußischen Provinz Hessen-Nassau an die preußische Provinz Hannover. 1939 musste das Stift an die Niedersächsische Heimstätte 1,5 Hektar Land zu einem Schleuderpreis abgeben. Das NS-Regime plante, dem Stift seinen Grundbesitz überhaupt zu entziehen. An den Reichsnährstand[441] waren für die zwangsweise Mitgliedschaft jedes Jahr 1226,80

---

436 WÖRNER-HEIL 1997, S. 219.
437 WÖRNER-HEIL 1997, S. 59.
438 Stiftsarchiv Fischbeck XXV, 19.
439 Stiftsarchiv Fischbeck XXIV Kapitalvermögen 16.
440 HELMBOLD 1982, S. 88.
441 Vergleich das Reichsnährstandgesetz Reichsgesetzblatt I, 1933, Nr. 99, S. 626.

RM zu zahlen.[442] Immer wieder hielten geistig aufgeschlossene Menschen Einkehr in der Stiftskirche mit ihrer wohlklingenden Orgel.[443] Die Stiftsdame Gertrud von Arnswaldt notierte nach ihren Führungen sogar Äußerungen von kompetenten Besuchern zu bestimmten Fischbecker Gegebenheiten und hielt die zahlreichen Dankbriefe für ihre wirklich guten Führungen zusammen.[444]

In der Amtszeit des tüchtigen Stiftspredigers Rudolf von Oppen (1931–64) betätigten sich mehrere Kapitularinnen in der Gemeindearbeit. Die Kapitularin Marie von Arnswaldt begründete einen Kindergottesdienst. Ludowine von Arnswaldt versammelte in ihren Räumen junge Mädchen aus dem Dorf, las mit ihnen die Bibel und übte Volkstänze und Laienspiele ein. Die Stiftsdame von Oeynhausen leitete den kaisertreuen Luisenbund des Dorfes und die Kapitularin Clara von Lüneburg, Johanniterschwester, nahm die Aufgaben einer Fischbecker Gemeindeschwester wahr.[445] Das Stift ließ die alte Pfarrscheune für die Gemeindearbeit ausbauen. Äbtissin Eva von Gersdorff musste Denunziation und Verhör bei der Gestapo erdulden. Bei dem sehr selbständig gewordenen Stiftsamtmann musste sie sich das ihr zustehende Recht des Einblicks in alle geschäftlichen Vorgänge regelrecht erkämpfen.[446] Der Stiftsamtmann musste so 1940 gehen.

Gegen Ende des Krieges wurde im Pächterhaus eine Fähnrichschule der Wehrmacht eingerichtet. In den letzten Kriegstagen wurde im sogenannten Feldwebelkrieg das Stift erheblich durch Beschuss beschädigt. Die Krypta diente als Zufluchtsort. Hier wurde auch eine behelfsmäßige Rot-Kreuz-Stelle eingerichtet. Die dem Stift eng verbundenen Sünteldörfer wurden bei den Rückzugskämpfen grauenvoll mitgenommen. Nach Kriegsende füllten sich die Stiftsgebäude mit Flüchtlingen und Heimatvertriebenen aus dem deutschen Osten. Jahrelang fanden 150 und mehr Menschen Zuflucht im Stift. Jeder Stiftsdame blieb nur ein einziges Zimmer. Der Kapitelsaal wurde durch Zwischenwände geteilt und mit provisorischen Kochgelegenheiten versehen.

Die Staatsaufsicht für das Stift lag bis 1946/49 beim Landrat in Rinteln. Dann übernahm der Präsident der Klosterkammer die Staatsaufsicht.[447] Da auf Forderung der Regierung im Blick auf die Gemeinnützigkeit auch nichtadelige Damen aufgenommen werden sollten, wurde 1953 eine dreizehnte Stiftsstelle geschaffen und 1954 mit der Klavierlehrerin Maria Breithaupt aus Hameln besetzt.[448]

1953 wurden das Walmdach und der Dachreiter auf dem Westbau der Stiftskirche wieder hergestellt. Die handgestrichenen, grünglasierten »Biberschwänze« des Dachreiters wurden durch ähnliche Platten ersetzt, die im Schloss Gümse bei Dannenberg über waren.[449]

---

442 Helmbold 1982, S. 93.
443 Vergleich z.B. Knoke 1952, S. 10
444 Stiftsarchiv Fischbeck XXX C 11–3.
445 Helmbold 1982, S. 89.
446 Helmbold 1982, S. 91.
447 Klosterkammer Hannover 1975, S. 81.
448 Helmbold 1982, S. 96.
449 Oldermann-Meier 2001, S. 28.

Die Tausendjahrfeier

Am 19. Juni 1955 beging das Stift glanzvoll seine 1000-Jahrfeier. Lange schon vor Beginn, während Posaunen vor der Stiftskirche erklangen, strömten die festlich gestimmte Gemeinde und die Ehrengäste in die Basilika zum Festgottesdienst. Unter dem Geläut der Fischbecker Glocken hielten dann Äbtissin von Gersdorff, die Stiftsdamen in festlicher Tracht und Landesbischof D. Lilje, Abt zu Loccum, und Landessuperintendent Laasch, Konventual des Klosters Loccum, feierlichen Einzug und nahmen im Chor Platz. Der von Organist Fricke geleitete Fischbecker Kirchenchor gab mit Werken von Johann Sebastian Bach den erhebenden Rahmen. Die Liturgie hielt Stiftsprediger von Oppen. Es gebe, so meinte der eloquente Landesbischof einleitend, mancherlei Formen für eine solche Tausendjahrfeier. Man könne, von der Fantasie beflügelt, Rückschau halten und in dichterisch schöner Darstellung die Ereignisse der Vergangenheit lebendig werden lassen. Es lohne auch, den Blick ausschließlich auf den Beginn jener tausendjährigen Epoche, die Zeit Ottos des Großen, zu lenken. In einer politischen, geschichtlichen und christlichen Glanzzeit unseres Vaterlandes habe dieser gesegnete, vom Geist Christi her sein Herrscheramt verstehende Herrscher ein großes Reich beherrscht. Man könne sich aber auch mit der Geschichte so beschäftigen, dass man den Blick auf unsere Gegenwart richte und das unverlierbare Erbe hervorhebe. Das bedeute zunächst Dankbarkeit dafür, dass nicht alles untergegangen und uns ein so herrliches Bauwerk wie die Stiftskirche Fischbeck als steingewordenes Zeugnis der Freundlichkeit Gottes erhalten geblieben sei. Ohne Dank seien wir nicht nur undankbar, sondern auch gedankenlos und ohne Freude vor Gott sogar hilflos vor der großen geschichtlichen Erinnerung, die nicht nur ins Museum gehöre. Sie zeige uns, dass Gott ein Jahrtausend gesegneter Geschichte geschenkt habe und sie auch weiterführen werde, wie der Landesbischof in luzider Weise darlegte. Das alles sei ohne Christus nicht zu erklären. Aber wie im Evangelium des Tages, dem Gleichnis vom Großen Abendmahl, hätten viele gerade der Großen der Welt das nicht erkannt und nicht begriffen, was Gott mit unserem Volk vorhabe, obwohl uns Gottes Freundlichkeit täglich vor Augen stehe, wie etwa an einem so herrlichen Festtage. Wie der Gastgeber im Gleichnis sei der lebendige Gott nicht darauf angewiesen, dass die führenden Gestalten der Geschichte seiner Einladung folgen. Er hole dann die Unbekannten und erlaube etwa einem Bergmannsohn aus Wittenberg, ein neues Kapitel Kirchengeschichte zu beginnen. Wenn das ganze Abendland auf den gefährlichen Gedanken kommen sollte, seine christliche Vergangenheit zu vergessen, so werde sich Gott in fernen Erdteilen neue Kräfte erwecken. Vor zwanzig Jahren hätten in Deutschland Männer mit aller Macht in Händen das Ende des Christentums gekommen geglaubt; Aber eine Handbewegung Gottes habe sie von der Bühne der Geschichte gefegt. »Das Christentum ist nicht nur eine Episode! Die Sache Christi geht weiter, solange es Geschichte gibt!« betonte der Konfessor. Geschichte heiße, so sagte der Landesbischof weiter, aber auch Entscheidung. Immer seien wir zu ihr aufgerufen. Immer komme es darauf an, ob in Krisenzeiten Menschen, von Gottes Geist und Mut beseelt, die Geschicke lenkten. So mahne gerade ein solcher

Tag Freude und Dankbarkeit, gegen Gott Raum zu geben. Jeder müsse mitarbeiten an der Verpflichtung, sich des christlichen Erbes bewusst zu werden. Unendlich viel habe Gott an unserem Land wie an unserem Leben getan, so solle man sich an einem solchen Tage in richtiger, von Gott geschenkter, mit den kümmerlichen Weltfreuden nicht vergleichbarer Freude freuen und in heiliger Furchtlosigkeit bestärken.

Der Nachmittag stand ganz im Zeichen des historischen Festzuges und des Festaktes auf dem Stiftshof. Sechsundzwanzig Gruppen umfasste der Festzug, darunter waren allein achtzehn historische, die die wechselvolle Geschichte des Stiftes in Erinnerung rufen sollten. Besondere Begeisterung erweckten die Veteranen der hannoverschen Königsulanen, die als junge Männer einst dem Kaiser in Fischbeck das Ehrengeleit gegeben hatten. Auf der Ehrentribüne saßen neben Ministerpräsident Hellwege Äbtissin von Gersdorff, Landesbischof D. Dr. Lilje, die Kapitularinnen, Herzogin Viktoria Luise von Braunschweig, Prinz Louis Ferdinand von Preußen und Fürst Wolrad von Schaumburg-Lippe. Die Herzogin von Braunschweig, eine Tochter des letzten Kaisers, hatte vor 51 Jahren schon auf Fischbecker Boden gestanden, damals als junge Prinzessin in Begleitung ihres Vaters. In zahlreichen Büchern hat sie später ein anrührendes, farbenprächtiges Bild der Kaiserzeit gezeichnet, das die sozialen Probleme ausklammerte.

Den Festakt eröffnete Bürgermeister Grope. Der Schirmvogt des Stiftes, von Barkhausen, dankte dem Bürgermeister für seine Glückwünsche. Die Glückwünsche der Landesregierung überbrachte Ministerpräsident Hellwege. Er betonte, die alten Klöster und Stifte, die nach der Reformation einzig in Niedersachsen weitgehend in ihrem Besitz stand und ihrem ursprünglichen Zweck erhalten geblieben sind, hätten auch heute ihre Existenzberechtigung. Schon ihr hohes Alter zeuge von Lebensberechtigung und Lebenskraft. Die evangelischen Klöster und Stifte in Niedersachsen seien keine Altersheime, sie hätten vielmehr wichtige Aufgaben auf karitativem und kulturellem Gebiet zu erfüllen. Die Landesregierung wolle alles tun, um Stiften und Klöstern die Erfüllung dieser besonderen Aufgaben auch in Zukunft möglich zu machen. Der schwergewichtige Politiker ehrte dann einen Mann, der sich in den letzten Jahren besonders um das Stift Fischbeck verdient gemacht hat, nämlich den Präsidenten der Klosterkammer, Dr. Stalmann, der am Tage des Klosterjubiläums seinen 75. Geburtstag feiern konnte. Ihm zu Ehren erhob sich die Festversammlung von den Plätzen. Stalmann hatte den hannoverschen Klosterfonds geschickt durch die Gefahren des NS-Regimes gesteuert. Nach abschließenden Worten des Landrates des Kreises Grafschaft Schaumburg, Steege, wurden alle drei Strophen des Deutschlandliedes gesungen.

Das Stift 1956–2003

1959 beging das Stift die 400-Jahrfeier seines Übergang zur Reformation. 1960 gab sich das Stift auf Grund seiner Satzungsautonomie neue Statuten. Über die folgende Zeit informiert der Bericht der Äbtissin von Schön-Angerer »Meine Amtszeit« im Fischbecker Stiftsarchiv. Die Äbtissin, geprüfte Meisterin in Sticken und Weben, begründete im Stift einen Handarbeitskreis. Die dort angefertigten Decken, Strickwaren und Handarbeiten wurden zugunsten des Kinderwerks Lima verkauft. Die Äbtissin wusste um ihre Verantwortung für das reiche Archiv: »Mit uns leben die Urkunden«, sagte sie einmal.[450]

1965 wurde der hergebrachte Unterschied zwischen Haus- und Kostdamen aufgehoben. Seither ist jeder residierenden Kapitularin eigene Haushaltsführung möglich. Ostern 1964 hielt der Glasmaler und Zeichner Fritz Sindel (1901–76) Einkehr im Stift. Er zeichnete den Innenhof und den Grabstein der Äbtissin Catharina von Rottorp.

Am 19. Juli 1966 litt das Stift unter einem zweistündigen Wolkenbruch mit Bruch des 1906 errichteten Staudammes an der nahen Weser. Beinahe wäre Frau Äbtissin von der hereinbrechenden, vier Meter hohen Flutwelle erfasst worden. Die Obernkirchener Äbtissin half mit Obernkirchener Frauen bei den Aufräumungsarbeiten. Alles war mit einer zwanzig Zentimeter hohen Schlammschicht bedeckt.[451]

Die Äbtissin erfuhr spirituelle Förderung durch den Abt des Klosters Amelungsborn.

1979 wurde im Stift eine Ölzentralheizung installiert, nachdem die Stiftsdamen jahrhunderte-lang mit Anstand gefroren hatten. In der Amtszeit von Äbtissin von Schoen-Angerer wurden dreißig Bäder eingebaut.

Im Mai 1984 zeigte sich aufs neue die enge Verbindung des Stiftes mit den Fischbecker Geistlichen. Im Verabschiedungsgottesdienst von Pastor Volkhard Löber betonte Äbtissin von Schoen-Angerer, der Fortgang von Pastor Löber einzig wegen einer nicht nachvollziehbaren Stellenplankürzung nach dreizehn Jahren bedeute einen tiefen Einschnitt in die Fischbecker Kirchengeschichte. Der Pastor habe es verstanden, die persönlichen Kontakte zu den Gemeindegliedern zu finden und aufzubauen. Es sei ihm sogar mit Hilfe vieler gelungen, in Haddessen mit der »Scheune« eine Stätte der Begegnung zu verwirklichen. Sehr vermissen werde das Stift den Pastor, der schon als Achtjähriger einen tiefen Eindruck vom Stift empfangen habe. Auch der Pastorensohn Matthias habe nicht nur die Orgel gespielt, sondern sich auch sonst äußerst nützlich gemacht.

Zwei alte Scheunen waren um 1985 nicht mehr zu halten, da keine Nutzung möglich war. Aber der einstige Kuhstall wurde Pferdestall des »Reitvereins Stift Fischbeck«. 1985 wurden an der Nordseite der Kirche kostspielige Drainagearbeiten durchgeführt: Durch einen zementierten Entwässerungsgraben suchte man die Ursache der umfangreichen Feuchtigkeitsschäden im Inneren der Kirche zu beseitigen.[452] 1985 waren in Fischbeck von zwölf Stiftsstellen nur fünf besetzt. 1985 wurde der »Förderkreis Stift Fischbeck« gegründet, der die Erhaltung und Ausgestaltung des historisch und kunstgeschichtlich bedeutsamen Stiftes als einer besonderen Kulturinstitution im Weserraum fördert. Durch Vorträge, Besichtigungen, Führungen und öffentliche Veranstaltungen sowie durch wissenschaftliche Forschung sucht er die

---

450 Evangelischer Pressedienst – epd – 24.6.1994.
451 SPILKER 1994.
452 Archiv des Niedersächsischen Landesamts für Denkmalpflege Hannover, Stiftskirche Fischbeck.

Bedeutung des Stiftes stärker in das Bewusstsein der Öffentlichkeit zu rücken. Den Festvortrag der Gründungsveranstaltung hielt der Hamelner Museumsdirektor Dr. Norbert Humburg.[453] Äbtissin von Schön-Angerer meinte, der Förderkreis solle das »bis dahin in sich gekehrte Stift in die moderne Zeit führen«.

1993/94 wurde ein verformungsgerechtes Aufmaß und eine fotografische und verbale bauhistorische Dokumentation des Südflügels durchgeführt. Das Ordinariat für Holzbiologie der Universität Hamburg datierte nach der dendrochronologischen Methode Proben von neunzehn Eichenhölzern aus dem Südflügel. Ergebnis: 1320/21–26/37. Aus dieser Zeit stammt also der Südflügel im Wesentlichen. Besondere Aufmerksamkeit fand ein zugesetzter romanischer Torbogen mit kapitellgeschmückten Säulen. Teile des Vorgängerbaues (12. Jahrhundert) wurden in der Südwand und in der östlichen Begrenzungswand des Südflügels festgestellt.[454]

Das Jahr 2000 brachte die Neueindeckung des »Nonnenschlafsaals« mit Sandsteinplatten. Gesamtkosten 340 000 DM, davon 150 000 DM von der Klosterkammer Hannover.

Ein in jeder Hinsicht hochkarätiges Unternehmen war das Symposion »Mittelalter im Weserraum«, das vom 12. bis 14. Oktober 2001 im Kapitelsaal stattfand und von der Romanik-Agentur Niedersachsen und von dem Förderkreis Stift Fischbeck gefördert war. Hier ging es vor allem um die Klosterlandschaft an der Weser, besonders um die ökonomischen Grundlagen der Klosterkultur, um die Tracht der Klosterfrauen und um das innere Leben und die Bauten der Klöster, z.B. in der Windesheimer Kongregation, dem monastischen Zweig der devotio moderna, der neuen Frömmigkeit im Herbst des Mittelalters. Für Fischbeck wichtig war Tina Römers lichtvolle, neue Sicht der Gründungslegenden. In einem öffentlichen Vortrag sprach Dr. Irene Crusius im Blick auf die Kanonissen über das Thema »Versorgungsanstalt oder geistlichen Kommunität«. Der Verfasser referierte über das bisher fast unbekannte Frauenkloster Nendorf bei Stolzenau. Auch die Musik in den mittelalterlichen Klöstern wurde angesprochen.

Am 30. Oktober 2002 wurde durch das Planungsbüro von Luckwald dem Kapitel, dem Förderkreis sowie Repräsentanten der Klosterkammer und der Bezirksregierung die Planung für die Erneuerung der historischen Gartenanlage beim Stift vorgestellt. Der nach Walafried Strabos Reichenauer Angaben gestaltete Kräutergarten enthält Heilkräuter, Gewürzkräuter und Symbolische Kräuter, wie z.B. den aus der hebräischen Bibel bekannten Ysop und das Johanniskraut, das auch Jesu-Wunden-Kraut genannt wird.

Am 5. November 2002 wurde das in elfmonatiger Bauzeit tiefem Verfall entrissene Torhaus des Stiftes Fischbeck wieder eingeweiht. Das altneue Gebäude soll eine Begegnungsstätte für Jung und Alt werden. Die Finanzierung (300 000 Euro) erfolgte vor allem aus Mitteln des Europäischen Fonds für Regionale Entwicklung (EFRE) und der Klosterkammer Hannover. Äbtissin Silvia Kurre begrüßte die zahlreich er-

---

453 HUMBURG 1987/88, S. 47–58.
454 Archiv des Niedersächsischen Landesamts für Denkmalpflege Hannover, Stiftskirche Fischbeck

schienen Gäste, besonders die Präsidentin der Klosterkammer, Prof. Martha Jansen. Die Äbtissin erklärte: »Die Pyramiden sind nicht (wirklich) von den Pharaonen erbaut worden«, sondern von fleißigen Bauleuten. So galt ihr herzlicher Dank allen beteiligten Handwerkern. Aber »schlaflose Nächte« blieben auch ihr nicht erspart. Geplant sind u.a. »Tage der Stille« unter dem Motto »Ich lege die Zukunft in Gottes Hand«. Das Info-Center soll vor allem über das Stift Fischbeck informieren.

Klosterkammer-Präsidentin Prof. Martha Jansen richtete Dankesworte an das Stift, in dem »man die Unendlichkeit in den Blick nimmt«, an die Regierungspräsidentin und an den Förderverein des Stiftes. Das Stift wolle nicht nur Hüter denkmalwerter Objekte sein, sondern vor allem »eine lebendige Glaubensgemeinschaft, die unserer Gesellschaft etwas geben kann«, in Richtung »ethische Grundorientierung«. Sie hoffe, dass viele Touristen nach Fischbeck kommen, an diesen besonderen »Ort der Verkündigung«.

Regierungspräsidentin Gertraude Kruse lobte die »Energie der Äbtissin« und zeigte sich »begeistert, besonders über die herrlichen Fußböden«. Sie bekannte, sie habe »eine emotionale Bindung an Fischbeck aufgebaut«. Der stellvertretende Bürgermeister von Hessisch-Oldendorf, Hans Joachim Grote, gab seiner Freude Ausdruck, dass das Stift »nun aus seinem Dornröschenschlaf aufgewacht« sei und sich »der Öffentlichkeit in einem neuen Licht präsentiert«. Der Verfasser überreichte mit dem zisterziensischen Motto »Porta patet, cor magis, das Tor ist offen, das Herz noch mehr« im Blick auf die vielen neugewonnenen Wände ein Fischbeck-Bild des niedersächsischen Zeichners Fritz Sindel. Der Förderkreis des Stiftes schenkte durch seinen Vorsitzenden, Eike Kerstein, die ausgefeilte Technik für den Vortragssaal.

Nach der festlichen Einweihung mit anschließendem Sekt-Imbiss besichtigten die Gäste die wiedergewonnenen Räume, z.B. den Bibliotheksraum mit dem neuen »Lexikon des Mittelalters«, den ansprechenden Meditationsraum und die funktionell ausgerichtete Küche. In dem altneuen Torhaus werden auch die Pfadfinder (wieder) ihren Platz bekommen.

Im Mai 2003 fand in der Stiftskirche ein Ritterschlag des Deutschen Tempelherrenordens statt, an dem das Stiftskapitel und viele Umwohnende teilnahmen. Die feierliche Investitur beschloss ein Empfang im Kapitelsaal.

Die heutige Rechtsstellung des Stiftes Fischbeck

Die evangelischen Klöster und Stifte in Niedersachsen haben eine recht unterschiedliche Rechtsstellung. Die fünf Calenberger Klöster Barsinghausen, Marienwerder, Mariensee, Wennigsen und Wülfinghausen sind völlig in den Allgemeinen Hannoverschen Klosterfonds eingegliedert. Sie besitzen gar keine Rechtspersönlichkeit mehr. Sie gehören gewissermaßen der Klosterkammer. Die sechs Lüneburger Klöster Ebstorf, Isenhagen, Lüne, Medingen, Walsrode und Wienhausen besitzen noch eigene Rechtspersönlichkeit. Aber diese Institutionen sind nach dem Verlust ihrer Güter auf eine ständige Alimentierung durch den Allgemeinen Hannoverschen Klosterfonds angewiesen, der durch die Klosterkammer verwaltet wird.

Fischbeck aber mit seinem Besitz gehört mit Bassum, Börstel und Obernkirchen zu den sogenannten Freien Stiften. Das Stift Fischbeck ist eine rechtsfähige Körperschaft des öffentlichen Rechtes und genießt Satzungsautonomie. Das Stift steht unter dem Schutz und der Aufsicht des Landes Niedersachsen. Das Aufsichtsrecht nimmt die Präsidentin oder der Präsident der Klosterkammer als Landeskommissarin oder als Landeskommissar wahr. Es geht bei dieser Staatsaufsicht in Fischbeck einzig um die Rechtmäßigkeit des öffentlich-rechtlichen Handelns des Stiftes. Es geht also um Rechtsaufsicht, nicht aber um Fachaufsicht, die besonders die Fragen der Zweckmäßigkeit umfassen würde. Das würde dem Selbstverwaltungsrecht widersprechen.

Die Aufnahme neuer Kapitularinnen bedarf der Bestätigung im Sinne einer Unbedenklichkeitsbescheinigung: Es muss einzig das Vorliegen der satzungsmäßigen Voraussetzungen festgestellt werden.

Im Unterschied etwa zu den evangelischen Klöstern Loccum und Amelungsborn ist das Stift keine Einrichtung der Landeskirche. Es nimmt zwar am kirchlichen Leben teil, ist aber nicht Träger landeskirchlicher Aufgaben. Und doch ist die Kirche seit über tausend Jahren gewissermaßen das Muttergemeinwesen des Stiftes. Die Fischbecker Äbtissin ist Patronin der Kirchen in Fuhlen und Holtensen, wie schon im Mittelalter.[455] Dem Stiftskapitel kommt im Einvernehmen mit der Äbtissin das Patronat über die Fischbecker Stiftskirche zu, deren Pastor bis tief ins 20. Jahrhundert hinein den Titel »Stiftsprediger« trug. Zur Präsentation eines Pastors muss aber in jedem Fall, wie bei jeder anderen Pfarrstellenbesetzung, sowohl die Vokation durch die Gemeinde als auch die Bestätigung bzw. Ernennung durch die Landeskirche kommen. Das Kapitel trifft als Beschlussorgan alle wichtigen Entscheidungen, während der Äbtissin die laufende Verwaltung und die rechtliche Vertretung obliegen. In alter Tradition besteht das Amt eines Schirmvogtes (seit 2002 Otto Freiherr von Blomberg), der sich für das Gedeihen des Ganzen einsetzt. Die heimatgebundene Einrichtung ist als gemeinnützig anerkannt.

Die Fischbecker Archivalien und Handschriften

Im Stiftsarchiv Fischbeck befinden sich in feuerfesten Kästen 137 erhaltene Urkundenoriginale. Weitere 125 Fischbecker Urkunden sind wenigstens in Abschrift überliefert.

Eine wichtige Quelle für die neuzeitliche Geschichte ist das »Tagebuch der Äbtissinnen«, 1673–1938, dessen Text die Stiftsdame Helmtrudis von Ditfurth 1968 in Schreibmaschinenschrift übertrug und so bequem benutzbar machte. Das Stiftsarchiv enthält einen reichen Aktenbestand, der z.B. über die Einführung einer Äbtissin Aufschluss gibt. Die Register über die Einnahmen und Ausgaben sind wichtige wirtschaftsgeschichtliche Quellen.

Die Herzog August-Bibliothek Wolfenbüttel besitzt eine Sammelhandschrift aus Fischbeck (Cod. Guelf. 42 Gud. Lat. 2a), nicht aus Visby, wie der Wolfenbütteler

---

455 UB I Nr. 101 und 187.

Katalog versehentlich mitteilt.[456] Der Band enthält zunächst ein Salve regina (mater) misericordiae, also die abendliche Huldigung der Klostergemeinschaft an Maria, mit Noten. Folio 1–3 ist ein Teil-Kalendarium aus dem 13 Jahrhundert. Hier geht es um die Monate Januar, Oktober, November und Dezember. Hier findet man aus dem 15. Jahrhundert Anmerkungen über die Aufstellung von Lichtern in der Klosterkirche bzw. in Krypta. Manchmal sollten die ganze Nacht Kerzen brennen. Folio 3 enthält chronikalische Notizen. Hier geht es um den Brand von 1234 und um die Wiederweihe 1254. Die ff. 4–9 bieten die Augustinusregel, die älteste Klosterregel des Abendlandes, die hier auf Frauen bezogen ist. f 9: Mortuarien, also Sterbelisten der Fischbecker Nonnen der Jahre 1458ff., 1489ff., 1535, 1556, 1567, 1568, 1580 und 1586. Es folgen mit f 10–54 die weiteren Blätter des erwähnten Kalendariums des 13. Jahrhundert, das stets die Orte angibt, an denen der Tagesheiligen besonders gedacht wird. In dieses Kalendarium sind dann nekrologische Zusätze mit Angaben über Schenkungen an das Johanniskloster eingefügt. Die ersten Zusätze stammen noch aus dem 13. Jahrhundert, also von der anlegenden, sorgsamen Hand, und enthalten manchmal noch älteres Namensgut aus einer Vorgängerhandschrift. Viele Zusätze stammen aus dem 13 bis 15. Jahrhundert. Es sind dabei mehr als zehn Hände zu unterscheiden je näher die eingefügten Namen am Grundtext stehen, desto älter sind meistens die Einträge.

Aus diesem reichhaltigen Memorienbuch mit ca. tausend Namen hat Johann Friedrich Boehmer[457] alle schnell identifizierbaren Namen herausgezogen und zu einem Fischbecker Nekrolog zusammengestellt, den es so in Wirklichkeit gar nicht gegeben hat. Diese Zusammenstellung hat dann Boehmers Nachlassverwalter drucken lassen. Und seither wird die Liste, z.B. von Löffler, fleißig als Fischbecker Nekrolog zitiert. f 55–59 Regula S. Ausgustini. f 59: Vigilie omnium fidelium defunctorum. f 60 von einer Hand des 16. Jahrhunderts ein Stück Mortuarium, eine Sterbeliste, die weithin die gleichen Namen wie f 9 enthält.

Die beschriebene, aus Fischbeck stammende Handschrift in Wolfenbüttel gehörte mit 467 anderen einst dem dänischen Gelehrten Marquard Gude (1635–89)[458], dessen Sammlung[459] dann 1710 Leibniz für die Wolfenbütteler Bibliothek erworben hat. Aus dieser Zeit stammt auch der heutige Einband der Sammelhandschrift, der wichtigsten Handschrift, die aus Fischbeck überkommen ist.

Die Fischbecker Augustinerin Agnes von Klencke stellte 1509 das Fischbecker Kapiteloffiziumsbuch zusammen, die heutige Handschrift MS I 190 der Niedersächsischen Landesbibliothek, die nach dem Besitzvermerk im 17. Jahrhundert in den Besitz des Hamelner Syndikus N. van der Muelen kam, der die kostbare Handschrift dann seinem berühmten Sohn Gerhard Wolter Molanus, dem evangelischen Abt zu Loccum[460],

---

456 HEINEMANN 1913, S. 108f. Die im Folgenden von dem Katalog abweichenden Angaben beruhen auf eigener Durchsicht der Handschrift.
457 BÖHMER 1968, S. 495–500.
458 HEINEMANN 1913, S. VII–XVIII.
459 RUPPELT/SOLF 1992, S. 70 mit Literaturangaben.
460 HEUTGER 1999, Register Molanus.

überließ, mit dessen Büchern sie schließlich in die Niedersächsische Landesbibliothek gelangte. Der erste Teil ist eine verkürzende Bearbeitung des Martyrologiums des Benediktiners Usuard († 18.01. um 875), der im Auftrage Karls des Kahlen dieses Martyrologium unter Benutzung älterer Blutzeugenbücher zusammengestellt hatte. Dieses Martyrologium wurde in vielen Klöstern des Abendlandes liturgisch genutzt und bildet sogar noch die Grundlage des heutigen Martyrologium Romanum. Der Text aus Fischbeck weicht vielfach von dem sonst überkommenen Text ab.[461] In diesem Werk geht es um das Wirken der einzelnen Blutzeugen und – besonders – um ihr grausames Ende, das sie in die Scharen der Engel versetzte. Die dann oft folgenden, gloriosen Wunder am Grabe finden besondere Beachtung. Unter den Fischbecker Zusätzen hier ragen hervor das Fest der Presentacio des Stiftspatrons Johannes am 40. Tag nach seiner Geburt, also die Erinnerung an seine Darbringung im Jerusalemer Tempel, und die Feier der Ankunft (adventus) eines Zahnes dieses Heiligen in Fischbeck.

Es folgt f 90–103 ein Evangelistar. Die f 103–138 enthalten die Auslegung der Augustinusregel von Hugo von St. Viktor. f 139ff. findet man einen Nekrolog, der nur zum geringen Teil die gleichen Namen wie der Nekrolog im Cod. Guelf. 42 Gud. lat. in Wolfenbüttel enthält.

Im Stiftsarchiv Fischbeck befinden sich noch zwei weitere Memorienbücher. Von sonstigen Handschriften in Fischbeck[462], wie Messbüchern, Predigtbüchern, Legendensammlungen und Lebensbeschreibungen von Kirchenvätern ist nur allgemeine Kunde überkommen.

Die deutschen Elemente der mittelalterlichen Fischbecker »Schreibarbeit« zeigen, dass das Stift gerade noch zum altwestfälisch-engrischen Raum gehörte. Die ältesten in Fischbeck überlieferten Namen sind altniederdeutsch bestimmt.[463]

Das Niedersächsische Staatsarchiv Bückeburg bewahrt mehrere, auf Fischbeck bezügliche Akten. Hier befinden sich auch Fischbeck betreffende Landkarten aus dem 18. und 19. Jahrhundert. Denkmalpflegerisch wichtiges Material enthält die umfängliche Akte »Stiftskirche Fischbeck« im Archiv des Niedersächsischen Landesamtes für Denkmalpflege Hannover. Sie zeigt die unablässige Fürsorge des Stiftes für das Gotteshaus und die Stiftsgebäude.

---

461 MIGNE o.J., Bd. 123, S. 453ff.; Bd. 124, S. 860. – DUBOIS 1965, S. 147–364.
462 HYNECK 1856, S. 103.
463 KOHL 1963, S. 60.

Das Kloster Wittenburg bei Elze

Die Anfänge

Das Kloster Wittenburg, heute Stadt Elze, Kr. Hildesheim, lat. Castrum album, weiße Burg, liegt fünf Kilometer nordwestlich der Kreuzung der Bundesstraße 3 von Göttingen nach Hannover mit der Bundesstraße 1 von Hildesheim nach Hameln. Hier war schon im Mittelalter ein wichtiger Straßenkreuzungspunkt.

Wie schon der Name sagt, lag auf der »Finie«, auf dem Kalkfelsen, einst eine Burg, die witte Burg. Diese Burg kam im 12. Jahrhundert mit der Burgkapelle an das Hildesheimer Domkapitel.[1] 1221 erwarb Bischof Siegfried I. (1216–21) von einem gewissen Arnold und seinem Lehnsherrn Graf Bernhard von Spiegelberg die »advocatia minor in Wittenburg super allodium et duodecim areas«[2], also die Vogtei über das Vorwerk und zwölf Hausstellen. Die Burg verlor wegen der nahen Poppenburg schnell ihre Bedeutung. Erhalten aber blieb die Burgkapelle S. Willehadi. 1290 konnten für diese Kapelle fünfzehn Morgen Land in Osede erworben werden.[3]

Im Jahr 1297 sind bei dieser Kapelle einige Klausner, Einsiedler, bezeugt.[4] Heute hat man fast vergessen, dass es im Mittelalter auch in Niedersachsen zahlreiche Klausen gab, in denen ein oder zwei Klausner ein meistens gottwohlgefälliges, beschauliches oder asketisches Leben führten. An solche Kleinstklöster erinnern viele Flurnamen, wie z.B. Klus. Die Wittenburger Klausner setzten den Heiligen Willehad in vollem Ornat in ihr Siegel. Mit der Rechten segnet er, mit der Linken hält er seinen Bischofsstab.[5] S. Willehad (730–89), ein Angelsachse aus Northumberland, war der Apostel des Mittelweserraumes und wurde 787 der erste Bischof von Bremen.[6] Er starb am 8. November 789 in Blexen. 1316 erteilte Bischof Heinrich II. von Hildesheim der kleinen Gemeinschaft in Wittenburg[7] wegen ihres hervorragenden Rufes verschiedene Privilegien. Die weltflüchtige Gemeinschaft in der Einsamkeit bestand an diesem 29. November 1316 aus dem Inklusen Reiner, den Priestern Conrad und Johannes und den beiden Laienbrüdern Jordan und Johannes, die mit der Tröstung des Heiligen Geistes, von Engeln besucht (angelica visitatione feliciter perfruentes), bei bescheidener Nahrung und harter Kleidung Gott dienten. Die Klausner wurden vom Pfarrzwang des Pfarrers von Elze eximiert und unterstanden in geistlicher Hinsicht dem Abt von St. Michael in Hildesheim. Es sollten dieser Gemeinschaft nie mehr als sechs

---

1 Meyer 1922, S. 52ff.
2 UB Hochstift Hildesheim I, Nr. 762, S. 713f.
3 Niedersächsisches Hauptstaatsarchiv Hannover Cal. Or. 100 Wittenburg, Nr.4 (= UB Hochstift Hildesheim III, Nr. 855), S. 442.
4 UB Hochstift Hildesheim III, Nr. 1147, S. 563.
5 UB Hochstift Hildesheim IV, S. 962 und Tafel VI, Nr. 38.
6 MGH, SS II, S. 378ff.
7 UB Hochstift Hildesheim IV, Nr. 338, S. 179.

Personen angehören. Die Wittenburger übernahmen den Hildesheimer Festkalender und verpflichteten sich, viermal im Jahr der Hildesheimer Kirche im Gottesdienst fürbittend zu gedenken. Das schöne Siegel von 1325 dieses Kleinstklosters zeigt die Jungfrau Maria stehend, der das Jesuskind die Krone aufsetzt.[8]

Bischof Otto II. von Hildesheim machte 1328 die Klausner bei der Marienkirche in Wittenburg auf ihre Bitte hin zu Regular-Kanonikern nach der sogenannten Augustinus-Regel; die Klause wurde also Augustiner-Chorherrenstift.[9] Das prächtige Siegel (1340 belegt) dieser Regularkanoniker zeigt die heilige Jungfrau sitzend. Auf dem rechten Arm hält sie das Jesuskind, in der Linken einen Rosenzweig.[10] Ein Prior leitete das Stift. Er[11] sollte in Erinnerung an die einsiedlerische Frühzeit der Gemeinschaft Inkluse bleiben, also jedenfalls Wittenburg nicht verlassen. Er musste aber zusammen mit den anderen Kanonikern essen.

Im Jahre 1330 konnte das Stift vom Kloster Loccum[12] vier Hufen in Quickborn, einem jetzt wüsten Dorf bei Eldagsen, für achtzig Mark Bremer Silber erwerben. Die Loccumer stießen manchmal ihnen geschenkte Grundstücke ab, die nicht recht in ihr ausgeklügeltes, wirtschaftlich effektives System der Grangien, der klösterlichen Wirtschaftshöfe, passten.

Bischof Gerhard von Hildesheim schenkte 1387 dem durch Raub und Brand übel mitgenommenen Stift der Regularkanoniker den Zehnten in Osede, auf dass der cultus divinus, der Gottesdienst, in Wittenburg vermehrt werde. Bei dieser Gelegenheit wurde die Zahl der Kanonikerstellen von sechs auf acht erhöht.[13] 1389 und 1415 versprachen die welfischen Herzöge Bernhard und Heinrich dem Stift auf der Finie ihren Schutz. Das Kanonikerstift empfing auf Grund seiner spirituellen Ausstrahlung allerlei Stiftungen, z.B. von der Familie Bock von Wülfingen[14], meistens für Seelenmessen zugunsten von Dahingegangenen.[15] Die mittelalterlichen Menschen, z.B. die Grafen von Hallermund, ließen sich solche Jenseitsvorsorge viel kosten.[16] Die Güter des Stiftes lagen meistens in der nächsten Umgebung, z.B. in Wülfingen[17] und Eldagsen.[18] Immer wieder spürt man auch eine gezielte Erwerbspolitik. Am Ende des 14. Jahrhunderts kauften so die geistlichen Herren bestimmte Liegenschaften, z.B. 1396 eine Fischerei zu Schlickum.[19]

Das Stift hatte Beziehungen zu anderen geistlichen Gemeinschaften. 1340 vereinbarten die Wittenburger unter ihrem Prior Erpo Gebetsverbrüderung mit dem Hildesheimer Michaeliskloster. Und 1391 half der Wittenburger Prior Kurt von

---

8   UB Hochstift Hildesheim IV, S. 962 und Tafel VI, Nr. 37.
9   UB Hochstift Hildesheim IV, Nr. 978.
10 UB Hochstift Hildesheim IV, S. 962 und Tafel VI, Nr. 39.
11 UB Hochstift Hildesheim IV, Nr. 978.
12 UB Hochstift Hildesheim IV, Nr. 1152, S. 617.
13 UB Hochstift Hildesheim IV, Nr. 776, S. 536f.
14 UB Hildesheim VI, Nr. 598 und 1552.
15 UB Hochstift Hildesheim VI, Nr. 756.
16 UB Hochstift Hildesheim VI, Nr. 1135 und 1178.
17 UB Hochstift Hildesheim VI, Nr. 1358.
18 UB Hochstift Hildesheim VI, Nr. 1394.
19 UB Hochstift Hildesheim VI, Nr. 1410.

Stemmen[20] dem Hannoverschen Kaland, also der Priesterbruderschaft in Hannover, eine Rente beim Rat in Wunstorf zu erwerben.

Wittenburg als Reform-Kloster der Windesheimer Kongregation

Das 15. Jahrhundert ist von Rufen zur kirchlichen und klösterlichen Reform erfüllt. So beschlossen die Wittenburger Religiosen, sich der aufblühenden Windesheimer Reform-Kongregation anzuschließen. Das Windesheimer Generalkapitel übertrug dem seeleneifrigen, strengen Heinrich von Loder, Prior des Klosters Frenswegen, die Visitation Wittenburgs.[21] Nachdem er die Übernahme befürwortet hatte, wurde Bruder Rembert ter List aus Frenswegen, eingekleidet 1402, mit einigen anderen Mönchen 1423 nach Wittenburg gesandt, wo sie den Geist der devotio moderna, der neuen Frömmigkeit, heimisch machten. So wurde Wittenburg das 29. Reformkloster der Windesheimer und das erste niedersächsische Reformkloster der Windesheimer Kongregation. 1425 und 1426 bestätigte Bischof Magnus von Hildesheim Wittenburgs Anschluss an diese klösterliche Reformbewegung.[22] Als erster Prior amtierte Pater Rembert. Ab 1426 musste er nicht mehr als inclusus leben, sondern an seiner Stelle der Subprior. Der tüchtige Rembert kehrte schließlich nach Frenswegen zurück, wurde dort Prokurator und starb 1447 als Prior in Esens.[23]

Mehrere tüchtige Männer begeisterten sich für die Gemeinschaft auf dem weißen Berge, so der Rektor Dietrich Engelhus aus Einbeck (* 1362), den die Zeitgenossen lumen Saxoniae, das Licht Niedersachsens, nannten. Er ist der Verfasser einer lateinisch-niederdeutschen Weltchronik.[24] Engelhus trat am 5. Mai 1434 als Donat der Gemeinschaft bei und fand schon 1435 in der Klosterkirche sein Grab, das ein Mönch mit einer lobenden Inschrift versah. Seine Bücher blieben im Kloster. Er war 1433 mit Johannes Busch sogar in Windesheim gewesen. – Und 1499 ist bezeugt[25], dass Dethard von Letelen, Dekan des Kapitels von St. Martini zu Minden, sein angesehenes Amt aufgegeben hat, um Mönch in Wittenburg zu werden.

Dem ersten Prior stand schon sein Ordensbruder Rotgerus Lüneburg aus Herford zur Seite, der dann 1451–61 Prior in Wittenburg werden sollte. Prior Rembert mühte sich zunächst um die Erneuerung des ganz nahe gelegenen Frauenklosters Wülfinghausen.[26] Priorin von Rössing und Propst Johannes Woker waren für eine Erneuerung, aber den gegen eine Reform eingestellten Nonnen gelang es, den Propst zu entfernen. Dennoch sorgte der Hildesheimer Bischof dafür, dass wenigstens Remberts Nachfolger die Reform in Wülfinghausen vollenden konnte.[27] Johannes Busch hielt dann den Klosterfrauen geistliche Vorträge, und der Wittenburger Prior nahm den Nonnen die Beichte ab.

---

20 UB Hochstift Hildesheim VI, Nr. 1024.
21 Kohl 1971, S. 24.
22 Niedersächsisches Hauptstaatsarchiv Hannover Cal. Or. 100, Nr. 70 u. 71.
23 Kohl 1971, S. 115.
24 Grube 1882, S. 49–66.
25 Niedersächsisches Hauptstaatsarchiv Hannover Cal. Or. 100 Wittenburg, Nr. 97.
26 Kohl 1971, S. 115.

1435 erlangte der reformeifrige Prior Rembert vom Baseler Konzil für sich und für sich und seine Nachfolger die Vollmacht, alle Augustinerklöster beiderlei Geschlechtes im Herzogtum Braunschweig und in den Stiften Hildesheim, Halberstadt und Verden zu visitieren und, wenn nötig, zu erneuern. Wer sich widersetzte, sollte exkommuniziert werden. Im Notfall dürften die Visitatoren den weltlichen Arm zu Hilfe rufen. Die klösterlichen Stundengebete sollten hinfort langsam, aufmerksam und mit Andacht verrichtet werden. Bischof Magnus von Hildesheim betätigte diese Beauftragung.

Dem Prior Rembert begegnete aber bei seinen Reformversuchen allerhand Widerstand. Als er 1437 mit dem gleichgesinnten Bursfelder Abt Johann Dederoth das Stift Georgenberg bei Goslar visitieren wollte, verweigerte man ihnen den Zutritt. Der empörte Propst protestierte sogar beim Baseler Konzil gegen Remberts Versuche. 1437 wurde Gottfried Bernardi von Tula Prior von Wittenburg. Von 1437 bis 1439 war Johannes Busch, der spätere führende Mann der Windesheimer Bewegung in Norddeutschland, Subprior in Wittenburg und zugleich Novizenmeister.

1439 entschloss sich der Wittenburger Prior Gottfried, das Sülte-Kloster in Hildesheim zu erneuern. Der Wittenburger Subprior Johannes Busch suchte die Mönche ganz langsam zum wirklichen Klosterleben zurückzuführen. Aus Riechenberg bei Goslar holte er zwei musterhafte Ordensbrüder, die ihm treu zur Seite standen. Einige der vorgefundenen Mönche wollten austreten. Man ließ sechs gehen. Bald gab es Mordanschläge auf den reformfreudigen Busch. Und die Hildesheimer Bürger lehnten sich gegen den durchgreifenden Reformer auf. Als der alte Propst zurücktrat, trat Busch an dessen Stelle. 1440 konnte er bereits zwei Novizen aufnehmen. Jährlich wurden es mehr. 1444 wurde das Sültekloster der Windesheimer Kongregation inkorporiert.

Prior Gottfried gründete im Wittenburger Hof in Eldagsen ein neues Süsternhaus nach der Augustinusregel, das mit Frauen aus Schüttorf[28] besetzt[29] wurde. Die frommen Frauen verdienten sich ihren Lebensunterhalt mit textilen Arbeiten.[30] Die Frauen von Eldagsen gründeten 1479 ihrerseits das Kloster Bardersleben oder Marienbeck bei Halberstadt.[31] Weitere Impulse gingen von Eldagsen zu den Süsternhäusern Detmold, Lemgo und Herford. Erst 1647 starb die letzte Konventualin von Eldagsen.[32]

Der reformeifrige Konvent Wittenburg wollte nach erhaltenen Briefen auch ein Kloster in Flegessen einrichten[33], doch kam die Gründung nicht zustande. Wittenburg übernahm auch die Aufsicht über das Magdalenenkloster in Einbeck.[34]

1447 nahm Herzog Wilhelm der Ältere von Calenberg mit seinen Söhnen Wittenburg in seinen Schutz. Er förderte die Reformbemühungen der Wittenburger.[35] Als Busch

---

27 GRUBE 1881, Register Wittenburg, S. 50.
28 GRUBE 1881, Register Wittenburg, S. 50.
29 Germania sacra NF 3, Kirchenprovinz Köln. Das Bistum Münster 1. Die Schwesternhäuser nach der Augustinerregel, bearbeitet von W. Kohl, Berlin 1968, Register Schüttorf.
30 DOEBNER 1903, Register Wittenburg, S. 202.
31 GRUBE 1881, Register Wittenburg, S. 275.
32 HOOGEWEG 1908, S. 33.
33 GRUBE 1881, Register Wittenburg, S. 275.
34 GRUBE 1881, Register Wittenburg, S. 275.
35 UB Hochstift Hildesheim V, Nr. 257, irrtümlich ein Jahrhundert zu früh datiert.

in Neuwerk bei Halle große Erneuerungen durchsetzte, schickte ihn der Wittenburger Prior Gottfried den tüchtigen Ordensmann Hermann Reyd zu Hilfe. Bald verzichtete Gottfried auf sein Wittenburger Amt, um Busch, seinem Mitprofessen in Windesheim, zu unterstützen. 1451 starb Gottfried bei einer Visitation im sächsischen Glaucha.

1454 kam Busch noch einmal für einige Jahre nach Wittenburg zurück. Von hier aus erneuerte der selbstbewusste Mann, der sich als Werkzeug Gottes fühlte, 1455 mit Hilfe des Herzogs Wilhelm von Calenberg calenbergische Nonnenklöster, besonders Wennigsen am Deister und Mariensee bei Neustadt. In Barsinghausen waren die Nonnen vor seiner Ankunft entschlossen gewesen, bei ihrem freieren Leben zu bleiben, aber Busch konnte sie durch Wohlwollen, Klugheit und Höflichkeit für die Reform gewinnen. Stets ging es um die Rückkehr zum gemeinsamen Leben, bei dem die einzelne Nonne auf Privateigentum verzichten musste. Die strenge, klösterliche Observanz verstand Busch als die die ewige Seligkeit garantierende Lebensform, welche Vorstellung Luther später leidenschaftlich bekämpfen sollte.

Das Kloster Wittenburg hatte Beziehungen zu den geistesverwandten Brüdern vom Gemeinsamen Leben im Hildesheimer Lüchtenhof, an der Stelle des heutigen Priesterseminars.[36] Der Wittenburger Prior arbeitete gern mit dem gleichgesinnten Möllenbecker Prior zusammen.[37] Wittenburg übernahm auch die Verwaltung eines 1418 von dem berühmten Publizisten Dietrich von Niem gegründeten Hospizes im nahen Hameln. 1470 vergnügten sich hier junge Menschen mit Tanzen, Johlen und Singen zum Lärm von Lauten und anderen Musikinstrumenten – zu »Verwirrung und Schmach« der Wittenburger. Da sie die Unruhen und diese Tanzorgien nicht verhindern konnten, baten sie den Rat der Stadt, ihnen die Verwaltung des Hospizes abzunehmen.[38]

1462/78 stellten die Wittenburger ein Registrum omnium bonorum, also ein Verzeichnis aller ihrer Güter zusammen, das in der Bibliothek des Oberlandesgerichts Celle erhalten ist.[39] Ein solches Güterverzeichnis war wichtig für die effektive Verwaltung des Besitzes. – Auf dem Siegel der Chorherren sitzt Maria mit dem Jesuskind unter einem Baldachin. Rechts und links von ihr stehen unter Baldachinen zwei Bischöfe in Pontifikalgewändern. – Auf einem Grabstein von 1541 in der Westkirche findet man die eingeritzte Gestalt eines Mönchspriesters mit der merkwürdigen, rundlichen Kappe der Windesheimer, wie man sie z.B. von den Bildnissen des Thomas von Kempen kennt. Der Hildesheimer Diözesanarchivar Hermann Engfer bezeichnete Wittenburg sogar als den »wichtigsten Ausgangspunkt der Klosterreform für Norddeutschland«.[40]

Die Amtszeit des Priors Stephan von Möllenbeck

Besondere Aufmerksamkeit zieht der Prior Stephan Scaep aus Münster auf sich, der 1491 Subprior des Klosters Möllenbeck, heute Stadt Rinteln, war, als ihn die Witten-

---

36 DOEBNER 1903, Register Wittenburg, S. 42 u.312.
37 DOEBNER 1903, Register Wittenburg, S. 130.
38 MEYER-HERRMAN 1972/73, S. 60–64, hier, S. 64.
39 Hs C 30.
40 Lexikon für Theologie und Kirche, 10. Band Freiburg ²1965/86, S. 1201f.

burger zu ihrem Prior wählten.⁴¹ Unter Prior Stephan von Möllenbeck wuchs die geistliche Ausstrahlung des Klosters. Das führte zu entsprechenden Stiftungen. So z.B. vermachte 1494⁴² Johann Becker, Vikar der Kirche zu Münder, dem Kloster testamentarisch sechshundert Rheinische Gulden und Silber für einen Kelch zwecks täglicher Zelebration einer Messe zu seinem Gedenken.

Prior Stephan erbaute die Wittenburger Kirche. Sein Name erscheint mit der Jahreszahl 1498 auf dem westlichen Schluss-Stein in der Westkirche. 1499 wird Wittenburg in einer Bulle Papst Alexanders VI. erwähnt, in der es um die Visitation der Frauenklöster nach der Windesheimer Regel geht.⁴³ Stephan von Möllenbeck erwies sich in den langen Amtsjahren von 1491 bis zu seinem Tod 1525 als vorzüglicher Ökonom. Während andere Klöster in dieser Epoche notgedrungen zum Verkaufen von Besitz neigten, kaufte dieser Prior unablässig günstige Objekte an.⁴⁴ Finanziellen Auseinandersetzungen wich er nicht aus. So gab es 1506 Friktionen mit dem Nonnenkloster Wennigsen, wo noch heute die »Windesheimer Rose« an die alten Beziehungen erinnert, wegen des Testamentes des Dietrich Stein. Aber es kam bald eine Aussöhnung zustande.⁴⁵

Auf seinem Grabstein ist Stephanus Scaep mit dem Kelch, dem Symbol des Priestertums, abgebildet. Ein Spruchband bittet: Orate pro me fratres, betet für mich, Brüder. Der 10. Prior Wittenburgs bat so um die Fürbitte seiner Ordensbrüder auf seinem Weg in die lichte Ewigkeit. Der krabbenbesetzte Kielbogenrahmen darüber gehört noch in die späteste Gotik. Die plastische Form der Gestaltung des Priorenbildes deutet aber schon ein wenig in Richtung Renaissance. Zwischen den Buchstaben der konventionellen Randinschrift findet man noch Reste alter roter Farbe. In den Ecken erscheinen Evangelistensymbole, deren mehrmaliges Vorkommen in Wittenburg die Hinwendung der Windesheimer zur Bibel betonen könnte.

Die Frömmigkeit

Zunächst eine notwendige Klarstellung: Die Augustiner-Chorherren haben mit Luthers Augustiner-Eremiten nur die Berufung auf den Ordensvater Augustin gemeinsam, sonst wenig. Wittenburg war nicht Wittenberg! Luthers Augustiner-Eremiten waren Bettelmönche, die Windesheimer aber waren Chorherren.

Die Frömmigkeit der Windesheimer ist gut bekannt, zunächst durch die berühmte Nachfolge Christi des Thomas von Kempen.⁴⁶ Dieses Buch hat nächst der Bibel die höchste Auflage in der Buchgeschichte erreicht und ist erst in unserem Jahrhundert in Vergessenheit geraten. Thomas betonte: Das Mönchsgewand allein macht es nicht. Das Kloster ist wie ein Glutofen, in dem Gold geläutert wird. Wer nicht die Liebe

---

41 Kohl 1977, S. 458.
42 Niedersächsisches Hauptstaatsarchiv Hannover Cal. Or. 100 Wittenburg, Nr. 95.
43 Engel/Lathwesen 1967, Nr. 430.
44 Niedersächsisches Hauptstaatsarchiv Hannover Cal. Or. 100 Wittenburg, Nr. 99–103.
45 Niedersächsisches Hauptstaatsarchiv Hannover Cal. Or. 100 Wittenburg, Nr. 98.
46 Nicolaus Heutger: Thomas von Kempen, in: Bautz 1996, Sp.347.

zu Gott sucht und in Demut auch bescheidene Aufgaben übernimmt, wird es im Ordensleben nicht lange aushalten. An solche Gedanken des Thomas von Kempen erinnerte 1997 beim Festgottesdienst zur 500-Jahrfeier der Wittenburger Klosterkirche die Frau Äbtissin des nahen, kürzlich reaktivierten Klosters Wülfinghausen.

Und dann besitzen wir das Rosetum, den Rosengarten geistlicher Übungen des Johannes Mauburnus aus Brüssel (* um 1460, † 1503), der in dem Agnetenkloster bei Zwolle seine spirituelle Prägung erfuhr. Alles Streben richtet sich in diesem Sammelwerk der Devotio Moderna, der neuen Frömmigkeit, darauf, die Sünde zu bezwingen und das Gute im eigenen Leben zur Herrschaft zu bringen. Besonnenheit, Aufrichtigkeit, Gewissenhaftigkeit im Handeln und Reden, auch in den scheinbaren Kleinigkeiten des täglichen Lebens, erscheinen hier als Ergebnisse des wahren Christentums. Geistige Arbeit, etwa Abschreiben von Handschriften, und Handarbeit werden gleich hoch geschätzt. Als wichtigste Lebensaufgabe gilt auch hier die Nachfolge Christi. So stehen Meditationen, Betrachtungen über das Leben und Leiden Christi im Mittelpunkt der frommen Übungen. Stark ist der Einfluss von Augustin, dem Ordensheiligen der Windesheimer, von Bernhard, dem größten Zisterzienser, und von Gerson, dem bedeutenden Theologen im Herbst des Mittelalters. Es sind auch schon Einflüsse des Humanismus, also der Hinwendung zur Antike, deutlich.[47] Luther hat dieses Werk der praktischen Mystik gekannt.[48]

An der Westtür der Klosterkirche erblickt man unten die entscheidenden Symbole der Wittenburger Frömmigkeit, links das durchbohrte Herz Jesu und die durchbohrten Hände und Füße des Herrn, rechts die Dornenkrone. Es ging in Wittenburg um Versenkung in das heilschaffende Leiden des Herrn. Die Windesheimer waren überzeugt: »Des Christen Herz auf Rosen geht, wenns mitten unterm Kreuze steht.« An der nördlichen Außenwand der Westkirche befindet sich eine auffallende, runde Vertiefung, die offenbar einst das Symbol der Windesheimer Kongregation, also entweder die Rose, wie z.B. am Chor in Wennigsen, oder das besondere ihs-Zeichen, wie z.B. am Chor in Möllenbeck, enthielt.

Sachzeugen der Heiligenverehrung in Wittenburg sind die wegen des Wittenburger Marienpatronats gern als Madonna angesprochene Heiligenfigur außen an der Nordwand der Kirche und der leere Podest mit einem spätgotisch verzierten Baldachin am Chorhaupt. Bis mindestens 1947 befanden sich am Chor außen noch zwei steinerne Heiligenfiguren, die jetzt leider verschwunden sind.[49] Hierher gehören auch die Schluss-Steine in der Westkirche: Jesus, Maria und Josef.

Die Frömmigkeit fand besonders im Chorgebet schönen Ausdruck. Daran erinnert die Singeakustik. Die Wittenburger waren überzeugt, dass sie singend Anteil am Lobgesang der Engel haben. Gebetet wurde oft stehend. Im Notfall sank man vorsichtig auf die erhaltenen Miserikordien, auf die Stützen für das Hinterteil. Man kann ein solches Tagzeitengebet im nahen Kloster Wülfinghausen kennenlernen.

---

47 DONNDORF 1929, Neue Folge, Heft 48.
48 W.A. 1, 341.
49 Freundlicher Hinweis Dr. Ing. Gerhard Traber, 2002.

Das Kloster Wittenburg pflegte aber auch eine andere, gröbere Seite der Frömmigkeit im Herbst des Mittelalters. Massenhaft wurden gegen Bestellung Messen, Vigilien und Psalmengebete zugunsten solventer Spender abgehalten.[50] Bischof Magnus von Hildesheim untersagte 1447 dem Prior Gottfried[51] gewisse, auch in der Windesheimer Kongregation ungebräuchliche Zeremonien und Gelöbnisse bei Messen und Totenämtern sowie an den Festen, auch das Anzünden bestimmter Lampen. Wittenburg war jedenfalls voll in den intensiven Frömmigkeitsbetrieb am Vorabend der Reformation eingegliedert.

Handschriften aus Wittenburg

Mehrere Handschriften der Klosterbibliothek sind erhalten geblieben. Aus Wittenburg ist eine Sammelhandschrift des 15. Jahrhunderts in die Niedersächsische Landesbibliothek[52] gekommen, die genauer betrachtet werden soll. Es handelt sich um gesammelte Vorarbeiten zu der großen Weltchronik des Dietrich Engelhus, der in Wittenburg gestorben ist.[53]

Die Sammelhandschrift beginnt mit einer Summa de sanctitate meritorum et gloria miraculorum Beati Karoli magnis imperatoris. Hier wird der kraftsprühende Kaiser als Heiliger hingestellt, wobei ihm sogar Wunder zugeschrieben werden. Dann kommen drei Seiten Hystoria de sancto Karolo, saxonum apostolo. Hier wird der brutal durchgreifende Eroberer Sachsens als Apostel Niedersachsens interpretiert, was er nicht bestimmt nicht war. Die schon 1419 geschriebenen Seiten 16–22 enthalten Visionen der Heiligen Hildegard von Bingen. S. 23 folgt von anderer Hand ein Lebensabriss des niedersächsischen Magisters und Klosterfreundes Dietrich Engelhus. Auf S. 24–36 wieder Auszüge, besonders aus Einhard, zum Leben Karls des Großen. S. 36–39 folgen Auszüge aus Thegans, des Trierer Landbischofs, Leben Ludwigs des Frommen. S. 40ff. geht es um römische Geschichte. S. 62–69 kommen Exzerpte aus Aethici Cosmographia. S. 78–82 findet man Reihen der Patriarchen, Päpste, Kaiser und anderer Potentaten. Besonders wichtig ist hier die Notiz am Ende: Magister Gerhardus Grote ex oppido Daventrien. migravit 1384. Hier geht es um den Begründer der Devotio moderna, Gert Groot aus Deventer, der 1384 in die Ewigkeit »wanderte«. S. 83 werden Daten zu Attila und Alarich zusammengestellt. S. 83f. folgt eine Liste der Bischöfe von Hildesheim bis 1079. Auf S. 89 entdeckt man einen Text über die Lakedämonier, also über Sparta. Auf S. 90f. findet man Auszüge aus der Chronik des Klosters Monte Cassino von Leo Marsicanus († 1145). Die Vorlage stammt hier aus dem Kloster St. Michael in Hildesheim. Die Seiten 92–94 enthalten Texte aus der Zeit des Investiturstreites. Die Seiten 95ff. bieten Auszüge aus Reiseberichten. Auf S. 105–135 findet man lateinische Briefe aus dem Kloster Wittenburg,

---

50 Doebner 1903, Register Wittenburg, S. 42.
51 Niedersächsisches Hauptstaatsarchiv Hannover Cal. Or. 100 Wittenburg, Nr. 81.
52 Signatur: MS XIII, 859.
53 Honemann 1991.

aber auch S. 111–119 Briefe Gert Groots. Die Seiten 164–179 enthalten Gedichte über die Anfänge Sachsens, das erste stammt von Gottfried von Viterbo († 1191), das zweite von Dietrich Lange, Kanonikus in Einbeck und Goslar, und das dritte von Heinrich Ros aus Nienburg, der Ende des 13. Jahrhunderts lebte. Die Seiten 180f. bieten Auszüge aus Gesetzen Karls des Großen.[54]

Weitere Wittenburger Handschriften sind heute in der Herzog-August-Bibliothek Wolfenbüttel.[55] Eine Handschrift des 15. Jahrhunderts von drei verschiedenen Händen[56] enthält zunächst den angeblichen Brief St. Bernhards an die Karthäuser. Es folgen der Traktat des Prager Matthäus von Krakau über die Zelebration der Messe und über den Zugang zur Heiligen Kommunion und zehn Ansprachen des Bischofs Eusebius von Emesa an Mönche. Diese und die Bernhardschrift hat der Wittenburger Frater Johann Pinzel abgeschrieben, der 1435 gestorben ist. Es folgen eine Übersicht der biblischen Schriften und ein Traktat über die sieben Stufen der mönchischen Vervollkommnung. Die Sammelhandschrift kam nach der entsprechenden Eintragung zunächst in das Kloster Schöningen, das der gleichen Kongregation wie Wittenburg angehörte.

Die Wolfenbütteler Sammelhandschrift 32.4. Aug. 4° enthält eine Beschreibung der Stadt Rom unter besonderer Berücksichtigung der Heiligengräber und der bei diesen zu erwerbenden Ablässe und ein Gespräch der Seele mit dem Körper. Am Schluss heißt es hier pessimistisch:

> Caritas liet nu in großer noet
> Justicia ist gestorben doit,
> Tristitia is usserkorn,
> Fides hat gancz den globen verlorn.

Es folgt u.a. ein Gedicht in Hexametern über das Leiden Christi von Johann Markgraf Pallavicini. Das Werk kam später in den Besitz eines Joachim Mader.

Eine aus Wittenburg stammende Handschrift der Laienregel des Dietrich Engelhus hat R. Langenberg ediert.[57] Dieses Werk möchte Menschen im weltlichen Leben Anregungen zu einem verantwortlichen Leben unter Gott bieten. Auch diese Menschen müssen die Anforderungen ihres »Ordens« erfüllen. Heute ist dieses Werk eine wichtige Quelle zur spätmittelalterlichen Alltagsgeschichte. Die wenigen erhaltenen Bücher aus Wittenburg bezeugen ein ausgeprägtes geistiges Leben, das einer Kirchenreform geneigt war und dem wenig erforschten Klosterhumanismus zuzuordnen ist.

Die Wittenburger Klosterkirche

Die 1497 (Inschrift an der Westwand) bzw. 1498 erstellte Wittenburger Klosterkirche beherrscht von dem Höhenbuckel der »Finie« aus die ganze Region. Der geschlämmte

---

54 Bodemann 1867, S. 169–172.
55 Heinemann 1966, S. 297f. und, S. 366.
56 Cod. Guelf. 20.14 Aug. 4°.
57 Langenberg 1902, S. 72–106.

bzw. verputzte Bruchsteinbau zeigt an den Ecken und am Chor außen vorzüglich scharrierte Werkstücke, die hervorragend erhalten sind.

Die einschiffige, langgestreckte Kirche zerfällt in die Kirche der Laienbrüder, die Westkirche, also das heutige, vierjochige Langhaus, und in die Kirche der Chormönche, den Ostteil, den Chorbereich, also die heutige Gemeindekirche, die aus zwei Jochen und einem Abschluss aus fünf Seiten des Achtecks besteht. Die beiden Teile der Kirche sind durch einen Lettner getrennt, wie einst in Möllenbeck. Der Lettner enthält in der Mitte einen spätgotischen Spitzbogen als Durchgang. Der etwas schmalere Ostteil ist außen durch Strebepfeiler abgestützt, während in der Westkirche die Wandstreben merkwürdigerweise innen erscheinen. Die hohen, dreibahnigen Spitzbogenfenster im Chor enthalten gleichartiges Maßwerk im Fischblasenmuster.

Die große Kirche war einst erheblich höher: Um 1800 hat man das alte, schadhaft gewordene Dach, das mit Sollingplatten gedeckt war, durch ein niedrigeres mit Dachziegeln ersetzt.[58] Das gotische Gewölbe ist mit Leitern zugänglich. Da man überall, z.B. in Möllenbeck und Loccum, zuerst mit dem Altarraum zu bauen begann, ist der Ostteil auch in Wittenburg etwas älter als der Westteil. Ein wenig kommt dieser zeitliche Unterschied auch in der Gewölbetechnik zum Ausdruck. Die Gewölberippen im Chor ruhen auf fein verzierten Wandkonsolen. Die Altarmensa stammt noch aus der Klosterzeit. Das Lamm Gottes auf dem östlichsten Schlussstein im Chorraum bezieht sich wie überall auf das Sakrament des Altars. Von dem mittleren Schlussstein im Chor grüßt das Antlitz des Herrn. Anstelle eines dritten Schlusssteins findet man im Chor einen offenen Ringschlussstein. Dieser ist wie z.B. in der gleichzeitigen, wie Wittenburg aus der Devotio moderna hervorgegangenen Fraterhaus-Stiftskirche St. Amandus in Bad Urach als »Himmelsloch«[59] zu verstehen, durch das man einst Weihnachten einen Engel hinabschweben ließ. Himmelfahrt wurde eine Christusfigur hochgezogen und am Pfingstfest kam eine hölzerne Taube als Sinnbild des Heiligen Geistes herab.

Sehr solide ist an der Südostseite der zweijochige, kapellenartige Sakristeianbau mit Kreuzgewölbe gestaltet. In der gotischen Altarnische steht noch der mittelalterliche Altarblock. Daneben findet man den Rest einer Piscina sacra, eines liturgischen Waschbeckens. Als Schlusssteine erscheinen das Lamm Gottes mit der Siegesfahne der Auferstehung und das Symbol des Evangelisten Lukas, der geflügelte Stier. Auch in diesem Raum zelebrierten Wittenburger Priestermönche die Messe. Das Maßwerk der Fenster wiederholt die Formen des Chors. Das Rollwerk der Tür entspricht dem an gleicher Stelle in Möllenbeck. Der Dachreiter wurde 1999 zuletzt erneuert.

Die Reste des Chorgestühls in der Ostkirche stammen aus der Zeit um 1500 und zeigen feine Ornamente. Besonders kunstvolle Rundformen sind als eine Art Griffe gestaltet. Auf den gut erhaltenen Brüstungswangen findet man Fischblasenmuster in der Art des Maßwerks der Kirche. 1986 hat man diese kostbaren Überreste mit dicker Ölfarbe bepinselt. Einst befand sich das Chorgestühl rechts und links vom Hauptaltar.

---

58 Köhler 1966, S. 62.
59 Hauff 2001, S. 14.

Gern fragen heute die Umwohnenden: Wo haben denn unsere spätmittelalterlichen Vorfahren in dieser Klosterkirche ihre Plätze gehabt? Sie nahmen allenfalls an den Gottesdiensten in der Westkirche, in der Kirche der Laienbrüder, teil. Nie aber kamen sie in den Ostteil, in die heutige Gemeindekirche. Im Unterschied zu den Bettelmönchen, also zu den Franziskanern und Dominikanern waren die Windesheimer gar nicht recht auf Volkspredigt eingestellt.

Wie ist die Wittenburger Kirche kunsthistorisch und ordensgeschichtlich einzuordnen? Sie erinnert zunächst unwillkürlich an die gewaltigen, ebenfalls einschiffigen Kirchen der Bettelorden, wie z.B. St. Martini in Hildesheim, aber diese sind stets einhellig, also nicht nach Mönchskirche und Laienkirche unterteilt. Der Kunsthistoriker Volkmar Köhler hat mit Durchsicht sämtlicher Kunstinventare überall in Deutschland nach verwandten Bauten gesucht und tatsächlich im Windesheimer Bereich einige fast identische Gebäude gefunden. An erster Stelle steht hier Frenswegen.[60] Auch hier gewissermaßen zwei einschiffige Kirchen hintereinander. Die Strebestützen im Osten nach außen, im Westen nach innen, wie in Wittenburg. Auch die einschiffige Klosterkirche Niederwerth bei Koblenz zeigt die gleiche Trennung von Chor und Westkirche und die gleiche Stellung der Strebepfeiler: Am Chor nach außen, im Westbau nach innen. Auch in der Augustinerchorherrenkirche Dalheim im Paderborner Land finden wir diese unverwechselbaren Formen. Auch der 5/8-Chorabschluss in Wittenburg ist typisch für die Windesheimer Kongregations-Kirchen, wie z.B. Möllenbeck.

Die zehn verschiedenen, runenartigen Steinmetzzeichen in Wittenburg, insgesamt 360 mal vorkommend, fordern dazu heraus, nach ihrem Vorkommen an anderen Bauten zu suchen, etwa wie der Kriminalist Fingerabdrücke von Übeltätern festhält und nutzt. Aber meine Ausbeute war bisher mager: Nur in Möllenbeck tauchen wenigstens zwei von den Wittenburger Steinmetzzeichen wieder auf, in Dalheim und Böddeken, wichtigen Stätten der Windesheimer, aber gar keine.

Das Klostergebäude

Die Klosteranlage mitsamt einem Torhaus erscheint noch auf dem Merianstich Wittenburg. Heute ist die Klausur völlig verschwunden. Aber an der westlichen Hälfte der Südwand der Laienbrüderkirche deuten zwei Reihen von Konsolsteinen noch auf die verlorene Klausur hin. Auch ist eine Verbindungstür zwischen dem verschwundenen Kreuzgang und der Kirche noch vorhanden. Diese Türumrahmung ist mit einem vorzüglich erhaltenen Birnstabprofil versehen, auf dem sogar noch rot-schwarze Außenmalerei festzustellen ist. Eine erhaltene Tür mit Treppe verband das Obergeschoss der Klausur mit der Westkirche. Die Klausur lag also im Bereich des heutigen Terrassen-Obstgartens, dessen Ummauerung noch aus dem Mittelalter stammt. Die Ausdehnung des Klosters entsprach der Kirche. Wie ein solches kompaktes Kongregationskloster aussah, erkennt man in dem einst mit Wittenburg eng verbundenen Möllenbeck, das vorzüglich erhalten ist.

---

60 Köhler 1966, S. 71.

Ein derartiges Kloster hatte stets ein starkes landwirtschaftliches Element: Laienbrüder arbeiteten auf den Klosterfluren.[61] So lassen sich auf dem Merianstich mehrere landwirtschaftlich genutzte Gebäude ausmachen. Eine gotisches, dachloses Wirtschaftsgebäude ist heute noch südwestlich von der Kirche ziemlich ruinös erhalten, ein massiver Bau in Bruchstein mit einem großen spitzbogigen Tor in der südlichen Schmalwand und erstaunlich kleinen Fenstern. Die Innengliederung rührt von Ställen her. Solche gediegenen landwirtschaftlichen Gebäude sind typisch für die Windesheimer.

Der Ausklang des Wittenburger Klosterlebens

In der Reformationszeit bestand der Wittenburger Konvent immer noch überwiegend aus Männern, die aus Westfalen und dem Gelderland stammten.[62] Er war also personell immer noch nicht in unseren Raum integriert. Ein 1541 verstorbener Priestermönch bekam noch einen typmäßig völlig im Spätmittelalter wurzelnden Grabstein, der erhalten ist.

Im April 1543 nahmen die Mönche in Wittenburg die reformatorische Visitation gern an. Das entsprach den Wünschen der bewusst evangelischen Herzogin Elisabeth. Die gleiche freudige Annahme der altneuen Glaubensweise begegnet uns auch in Möllenbeck. Offenbar hat hier die Devotio moderna die Seelen für die altneue Lehre vorbereitet. Aber anderswo schlossen sich die Windesheimer dem erneuerten Katholizismus an. Die Wittenburger verpflichteten sich zu evangelischer Predigt – auch mit Hilfe von Luthers oder Corvins Postille mit Musterpredigten[63]: Bald legten die Mönche[64] ihren weißen Habit ab. Die Eucharistie sollte nur noch unter zweierlei Gestalt empfangen werden, wie das Luther erkämpft hatte. Chorherren, die mit dem Übergang zur Reformation nicht einverstanden waren, übersiedelten ins Kloster St. Michael in Hildesheim.[65]

Auf wirtschaftlichen Niedergang weist eine Urkunde von 1552[66], nach der Johannes, »Vicepater«, und Hermann, Prokurator, für neunzig Goldgulden die halbe Fischerei mit der Fähre zu Schliekum und anderes verkauften. Und 1553 wurde den Mönchen ein herzoglicher Amtmann aufgezwungen, mit dem Prior, Subprior und Prokurator nun auskommen mussten.[67] Der Amtmann, Hermann Niemeier, sollte im Einvernehmen mit dem klösterlichen Wirtschaftsleiter arbeiten.[68] Besagter Niemeier wirtschaftete das Kloster schnell herunter und zog nach einem Fehlbetrag von 317 Talern ab.[69] Nach und nach verließen nun die Mönche das immer unwirtlicher

---

61 ELM 1980, S. 53 u. 60.
62 BRENNEKE 1929, II, 83.
63 BRENNEKE 1929, II, 77f.
64 BRENNEKE 1929, II, 83.
65 Brigitte FLUG: Urkundenbuch des Klosters Wittenburg. – BARDEHLE 1990, S. VI.
66 Niedersächsisches Hauptstaatsarchiv Hannover Cal. Or. 100 Wittenburg, Nr. 104.
67 BRENNEKE 1929, II, 415.
68 BRENNEKE 1929, II, 453.
69 BRENNEKE 1929, II, 456.

werdende Kloster. Und am 3. April 1564 verkaufte Herzog Erich das ganze Kloster wiederkäuflich an Moritz Friese für die enorme Summe von achttausend Talern.[70] Zum Zeitpunkt dieser Verpfändung lebten im Kloster nur noch der »Pater«, also der Prior, und ein einziger Mönch, die nun von dem Pfandinhaber versorgt werden sollten. 1580[71] wurde das Kloster von Herzog Heinrich Julius säkularisiert und als Amt Wittenburg der Großvogtei Calenberg eingegliedert. Die Urkunden gerieten in Privathand. 1855 verkaufte sie die Tochter des Sammlers Dr. Ph. B. von Roschütz an das Germanische Nationalmuseum in Nürnberg.

Die Nachgeschichte des Klosters

Das Desolatkloster wurde in der Folgezeit als Domanialbesitz angesehen. 1590 ließ Herzog Heinrich Julius den schönen Renaissance-Taufstein meißeln. Das deutet auf die Nutzung des Ostteils der Kirche als Gemeindekirche. 1629 erschienen wieder einige Augustinerchorherren auf der Finie, um im Sinne des kaiserlichen Restitutionsediktes das Ordenshaus dem Katholizismus zurückzugewinnen. Aber das gelang nur für kurze Zeit, der politischen Lage entsprechend.[72]

Bei den Auseinandersetzungen um die Wiederherstellung des »Großen Stiftes Hildesheim«, 1643, war zunächst strittig, ob Wittenburg zum nahen Hildesheimischen Amt Poppenburg oder zum Braunschweigischen Amt Hallerburg gehören sollte. Aber Herzog Christian Ludwig gelang es, Wittenburg in seiner Herrschaft zu behalten.[73] Merian bezeichnet so Wittenburg schon als »Fürstlich Calenbergisch Ampthauß, liget auff einer zimlichen Höhe, dahero es einen lustigen Prospect, insonderheit nacher der Statt Eltze werts allda geben thut«.[74]

Aus der Barockzeit stammt die u-förmige, zweigeschossige, neugotisch überarbeitete Empore der Ostkirche, zu der auch noch ein Aufgang auf der Rückseite des Lettners gehört.

1783 wurde die Wittenburger Schäferei durch Einführung spanischer Schafe verbessert. Unter König Georg III. wurde die Domäne zu einem Mustergut und zur landwirtschaftlichen Versuchsanstalt, die nach 1795 zeitweilig von der Calenbergischen Landwirtschaftsgesellschaft genutzt wurde.

Der berühmte Neugotiker Hase hinterließ auch in Wittenburg seine Spuren. Manches, was mittelalterlich erscheint, wie z.B. die prächtigen Türbeschläge, ist zu schön, um echt zu sein. Aber die von Hase geprägte Innenausstattung ist nun auch schon denkmalwert geworden. Der Altar zeigt eine Kreuzigungsgruppe und reliefierte Halbfiguren alttestamentlicher Patriarchen. Die Kanzel bekam Evangelisten-Reliefs.

---

70 Niedersächsisches Hauptstaatsarchiv Hannover Cal. Or. 100 Wittenburg, Nr. 106.
71 Brigitte FLUG: Urkundenbuch des Klosters Wittenburg. – BARDEHLE 1990, S. VI.
72 Niedersächsisches Hauptstaatsarchiv Hannover Cal. Br. 7 B Kl. Wittenburg, Nr. 2a.
73 SPILCKER 1823, S. 271.
74 MERIAN 1654, S. 207

1889 besichtigte Kaiser Wilhelm II. mit seinem Faible für ein verklärt geschautes Mittelalter[75] höchstselbst die Kirche. Daraufhin wurde die Westkirche, also das Schiff, das zeitweise als Schafstall und Scheune gedient hatte, in einfacher Weise wiederhergestellt und der Dachreiter erneuert. 1947–61 fand in der Klosterkirche zusätzlich einmal im Monat katholischer Gottesdienst statt, besonders im Blick auf die vielen Heimatvertriebenen aus dem Osten. 1955 wurde im Zuge des Loccumer Vertrages die Wittenburger Kirche an die Kirchengemeinde Wittenburg zurückübertragen. 1969ff. wurde die Westkirche zum Lagerraum für Orgelteile und wertvolle Kunstgegenstände aus anderen Kirchen.

1972 gelang der Niedersächsischen Archivverwaltung der Ankauf von 100 Wittenburger Pergamenturkunden der Jahre 1351 bis 1564 vom Germanischen Museum. Aus diesen Originalen und aus dazu erbetenen Photokopien der unverkäuflichen Urkunden wurde der Bestand Cal. Or. 100 Wittenburg des Niedersächsischen Hauptstaatsarchivs Hannover geformt. Insgesamt sind 106 Urkunden im Original erhalten. Von fast 100 weiteren lässt sich der Inhalt aus Regesten erschließen. 2004 wurde die Westkirche leergeräumt.

Die so wunderbar gelegene, wissenschaftlich fast unbekannte Wittenburger Klosterkirche ist ein hehres Monument der Ordensgeschichte. Sie ist zugleich ein hochragendes Zeichen der Güte Gottes, die unsere Herzen über die Niederungen des Alltags emporhebt und uns einstimmen lässt in den schon den Wittenburger Mönchen vertrauten Lobgesang *Te Deum Laudamus*, Dich, Gott, loben wir.

---

75 Köhler 1966, S. 62.

Das Kloster Riechenberg bei Goslar in Geschichte und Gegenwart

Die Frühzeit

1117 wurde[1] das Stift Riechenberg vor der Stadt Goslar durch Petrus, einen Subdiakon des Goslarer Domstiftes, unter Beteiligung seiner Mutter Margarete und seiner Verwandten Elferus und Elvezo[2] auf seinem Eigengut Riechenberg gegründet. Das Stift verdankt also einer begüterten Goslarer Bürgerfamilie seine Entstehung. Das Stift war ursprünglich für Benediktiner gedacht.

1126 beauftragte Bischof Bertold von Hildesheim den tüchtigen Riechenberger Propst Gerhard, auch die Leitung des Klosters Heiningen zu übernehmen und dort die verfallene Klosterzucht nach der Regel des Heiligen Augustinus wiederherzustellen.[3] 1129 bestätigte König Lothar III. einen Gütertausch Riechenbergs mit dem Reichsstift St. Simonis et Judae in Goslar.[4] Bischof Bernhard von Hildesheim bestätigte 1131 das Stift Riechenberg und verlieh ihm das Recht zur freien Wahl des Propstes und des Vogtes, des advocatus, also des Schirmherrn.[5] Wie der Titel Propst für den Leiter des Stiftes zeigt, war die Korporation damals schon nicht mehr Benediktinerkloster sondern Augustiner-Chorherrenstift.

1133 erbaute das junge Stift unter seinem Propst Gerhard (er amtierte ca. 1126–50) bereits eine Kirche in Hahndorf, die Bischof Bernhard von Hildesheim weihte.[6] Er verlieh ihr das Tauf- und Begräbnis-Recht. 1139 nahm Papst Innozenz II. das Stift in seinen Schutz[7] und bestätigte die innere Ordnung des Stiftes, also den ordo canonicus, sowie die Besitzungen des Stiftes. 1142 führte Propst Gerhard auch in Steterburg das klösterliche Gemeinschaftsleben nach der Augustinusregel und die strenge Klausur ein.[8]

Propst Gerhard I. war die bedeutendste Persönlichkeit der Riechenberger Stiftsgeschichte. Er war Freund und politischer Berater Kaiser Lothars von Süpplingenburg und dessen Gemahlin Richenza. Er war dann auch mit dem jungen Heinrich dem Löwen befreundet, der so den Güterbesitz des Stiftes vermehrte. Gerhard war zugleich Propst des Stiftes auf dem Georgenberg vor Goslar, dessen Überreste noch wahrzunehmen sind. Aus der Zeit kurz vor 1150 stammt die prachtvolle, von Propst Gerhard erbaute, dreischiffige Riechenberger Krypta, die wegen ihrer Ornamentik

---

1 Annales Stederburgenses MGSS 16, S. 203.
2 UB Hochstift Hildesheim I, Nr. 502.
3 UB Hochstift Hildesheim I, Nr. 184.
4 UB Hochstift Hildesheim I, Nr. 189.
5 UB Hochstift Hildesheim I, Nr. 198.
6 UB Hochstift Hildesheim I, Nr. 202.
7 UB Hochstift Hildesheim I, Nr. 218.
8 FAUST 1984, S. 27.

als die schönste Unterkirche Norddeutschlands gilt. Die Steterburger Chronik erzählt anschaulich, wie der 1150 in Steterburg vom Tode überraschte große Propst über Heiningen und St. Georgenberg zur letzten Ruhe gebracht wurde. »Erst am folgenden Tag wurde er mit großem Gefolge von Geistlichkeit und Volk andächtig an den Ort seiner Ruhe nach Riechenberg gebracht, und nachdem sein heiliger Leib zwei Tage lang unter Absingen von Psalmen zum Lobe Gottes gehütet worden war, wurde er in der Krypta der neuen Stiftskirche vor dem Altar, den er selbst erbaut hatte, in die Erde gelegt«.

Am 25. Juni 1157 nahm Kaiser Friedrich I. bei einem Besuch in Goslar das Stift und dessen Besitzungen in seinen und des Reiches Schutz.[9] Unter den Zeugen erscheinen Reichskanzler Reinald von Dassel und Heinrich der Löwe.

Wichtig für das Gedeihen des Stiftes waren Seelenmessen, die auf Stiftungen beruhten.[10] So z.B. hat vor 1157 das Goslarer Ehepaar Emmika und Adelward, dessen Söhne in das Stift Riechenberg eingetreten waren, dem Stift zwei Krambuden in Goslar geschenkt – im Blick auf ihr späteres Jahrgedächtnis.[11] Ebenso rege war der Wunsch, in die Konfraternität des »Konventes« aufgenommen zu werden, also der frommen Werke der Riechenberger teilhaftig zu werden, wie ihn z.B. der Markgraf von Brandenburg im Jahre 1200 äußerte, als er dem Stift eine Hufe in Astfeld übereignete.[12]

Die Bischöfe von Hildesheim kümmerten sich auch in der Folgezeit um das Stift am Harzrand. So z.B. nahm Bischof Bruno 1154 das Stift in seinen Schutz, bestätigte dessen Besitzungen und übertrug ihm seinen Anteil am Nordberg.[13] Äußerst wichtig war das von Bischof Bruno bestätigte Recht des Stiftes, Bewohnern des nahen Goslar die Sakramente zu spenden und ihnen Begräbnis im Stiftsbezirk zu gewähren.[14] So erhielt das Stift immer wieder Stiftungen von Goslarer Bürgern.[15]

Im Jahre 1173 war der Bau der Stiftskirche abgeschlossen, in dem Jahr, in dem Heinrich der Löwe den Grundstein zum Braunschweiger Dom legte, mit dem sich die niedersächsisch-romanische Tradition vollendete.

Ungünstig für das Stift war die Existenz von mehreren weiteren geistlichen Korporationen in und um Goslar. So geriet das Stift Riechenberg mit dem Stift St. Georgenberg in einen Streit, den der Papst 1214 durch die Äbte von Riddagshausen und Huysburg schlichten ließ.[16] 1313 war wieder eine Schlichtung zwischen den beiden benachbarten Stiften nötig.[17]

In Riechenberg lebten Kanoniker, *canonici*[18], Stiftsherren, die überwiegend *presbyteri*, Priester, waren. Die Korporation nannte sich Konvent oder Kapitel. Das

---

9   UB Hochstift Hildesheim I, Nr. 304.
10 Vergleich z.B. UB Hochstift Hildesheim I, Nr. 438.
11 UB Hochstift Hildesheim I, Nr. 300.
12 UB Hochstift Hildesheim I, Nr. 556.
13 UB Hochstift Hildesheim I, Nr. 283.
14 UB Hochstift Hildesheim I, Nr. 294.
15 Vergleich z.B. UB Hochstift Hildesheim I, Nr. 364.
16 UB Hochstift Hildesheim I, Nr. 677.
17 UB Hochstift Hildesheim IV, Nr. 188.
18 Vergleich z.B. UB Hochstift Hildesheim I, Nr. 202.

gemeinsame Leben nach der Augustinusregel[19] war weniger streng als das eigentlicher Mönche. Die Hauptaufgabe der Chorherren war der Chordienst, also die feierliche Abhaltung der Horen, der Stundengebete. Dazu kamen pastorale Aufgaben, wobei sich die Nähe der Reichsstadt Goslar auswirkte. Im manuellen Bereich waren Konversen, Laienbrüder, tätig[20]. Die Leitung des Stiftes oblag dem Propst, der sich oft[21] »von Gottes Gnaden« nannte, wie ein Fürst. Vertreter des Propstes war der Prior.[22] Unter den weiteren Ämtern treten der cellerarius, also der Wirtschaftsverwalter[23], und der Kaplan des Propstes[24] hervor. Im Notfall kam dem Stift der advocatus, also der Schirmvogt, zu Hilfe.[25] Der Konvent hatte Konfraternitätsbeziehungen zu anderen Ordenshäusern, z.B. zu dem Hildesheimer Godehardikloster.[26]

Das Spätmittelalter

Im 14. Jahrhundert beteiligte sich das Stift durch Rodungen am inneren Landesausbau.[27] Auf wirtschaftlichen Verfall deutet eine Maßnahme des Jahres 1368: Die Riechenberger verkauften das Blei ihres Kirchendaches, um von dem Erlös veräußerte und verpfändete Güter zurückzuerwerben. Bischof Gerhard von Hildesheim verpflichtete sie, die so zurückgewonnenen Güter zum Nutzen des Stiftes zu verwenden und sie auf keinen Fall wieder zu verkaufen.[28]

Der niedersächsische Klosterreformator Johannes Busch sorgte 1429/30 zusammen mit dem Frenswegener Prior[29] für den Anschluss Riechenbergs an die Windesheimer Reformkongregation der Augustinerchorherren. Der tatkräftige Frenswegener Prior Heinrich von Loder erschien auch am 20. Juli 1431 in Riechenberg.[30] Hatte das Stift kurz vor der Erneuerung nur sieben Chorherren kümmerlich ernähren können, bot es nun um 1450 für ungefähr achtzig Stiftspersonen Speise und Trank in Fülle.[31] Hinter dem Aufblühen des Stiftes stand der Einsatz der reformeifrigen Pröpste Johann Crevet aus Böddeken (1433ff.) und Johann Klövekorn (1456–76), die[32] auch die Reform weitertrugen. Der deutsche Kardinal Nicolaus von Kues, Reformer und päpstlicher Legat, berichtete so in Worten hoher Anerkennung über das erneuerte Stift.

In der Hildesheimer Stiftsfehde (1519–23) stellte sich das Stift unter den Schutz Herzog Heinrichs des Jüngeren, der Riechenberg zu seinem Stützpunkt zur Unter-

---

19 UB Hochstift Hildesheim I, Nr. 283.
20 UB Hochstift Hildesheim I, Nr. 439, 625, 302.
21 UB Hochstift Hildesheim I, Nr. 438 u. 535.
22 UB Hochstift Hildesheim I, Nr. 535.
23 UB Hochstift Hildesheim I, Nr. 386, 400, 438, 625.
24 UB Hochstift Hildesheim I, Nr. 460.
25 UB Hochstift Hildesheim I, Nr. 189, 192, 198, 202, 272, 288, 364, 386, 502.
26 UB Hochstift Hildesheim II, Nr. 779.
27 UB Hochstift Hildesheim IV, Nr. 62.
28 UB Hochstift Hildesheim V, Nr. 1231.
29 Kohl 1971, S. 48.
30 Kohl 1971, S. 87.
31 Grube 1886, S. 83.
32 Grube 1886, S. 48.

drückung des nahen Goslar machte. 1531 richtete Herzog Heinrich der Jüngere in dem festungsmäßig ausgebauten Stift eine Münzstätte ein, die mit Rammelsberger Silber zunächst Guldengroschen mit einem sitzenden, schwertschwingenden antiken Krieger, dann, ab 1539, aber Taler mit dem herzoglichen Brustbild und dem »Wilden Mann« prägte. Dazu kamen Halbe- und Vierteltaler. 1542 bis 1547 ruhte hier der Münzhammer. Aber 1547 nahm Herzog Heinrich den Münzbetrieb in Riechenberg wieder auf, besonders mit Talern mit dem Spruch »In Gotts Gewalt hab ich mein Sach gestalt«. 1552 wurde die Münzstätte in den zum Kloster gehörenden Vitushof in Goslar verlegt.

Die neuere Geschichte

1542 wurde das Stift Riechenberg von den lutherischen Visitatoren visitiert.[33] Goslarer Pastoren sollten in Riechenberg evangelisch predigen. Das Altarsakrament sollte unter beiderlei Gestalt gereicht werden. Die Religiosen hatten »ihren ergerlichen Sectischen Mönchischen habitt« binnen vier Wochen abzulegen.[34] Die Visitatoren setzten also Mönchtum und Sektierertum in eins. Das war bei Luther selten. Die Aufnahme von Novizen wurde verboten. Wer von den Stiftsherren austreten wollte, sollte eine Starthilfe für das bürgerliche Leben bekommen. Die drei Chorherren, die beim katholischen Glauben bleiben wollten, hatten abzuziehen. In der Klosterwirtschaft sollte nichts verändert werden.[35] Register waren in Zukunft zu führen, die von den Räten in Wolfenbüttel geprüft werden sollten. Gäste durften nicht mehr ohne Erlaubnis der Räte in Wolfenbüttel aufgenommen werden.

552 diktierte im Stift Herzog Heinrich der Jüngere von Braunschweig der Stadt Goslar den »Riechenberger Vertrag«, in dem die Stadt auf wichtige Rechte und auf das Silberbergwerk Rammelsberg verzichten musste. 1569 wurde die Reformation in Riechenberg ganz eingeführt. Aber 1643 kam Riechenberg an den Fürstbischof von Hildesheim zurück. Es wurde wieder Augustinerchorherrenstift. 1694 erteilte das Generalkapitel der Windesheimer Kongregation dem Frenswegener Prior Hermann Wilhelm Lagemann den Auftrag zur Visitation Riechenbergs.

Die Grenzlage des Chorherrenstiftes führte immer wieder zu Schwierigkeiten. Dafür Beispiele. Als 1711[36] im Krug bei Riechenberg ein Offizier von einem schwedischen Soldaten ermordet worden war und der Mörder in der von Braunschweig-Lüneburg protegierten Reichsstadt Goslar gefangen gesetzt wurde, ersuchte das fürstbischöflich Hildesheimische Amt Liebenburg die Reichsstadt, ihm zuständigkeitshalber den Täter auszuliefern. Die Stadt schickte wenigstens das Protokoll der Untersuchung. Und im Jahre 1715 nahmen Cord Heinrich Meyer und dessen Bruder Hans-Jürgen Meyer, Bürger der Reichsstadt Goslar, dem Riechenberger Klosterjäger vor dem Rauschentor

---

33 Kayser 1897, S. 52–55.
34 Kayser 1897, S. 53.
35 Kayser 1897, S. 54.
36 Niedersächsisches Hauptstaatsarchiv Hannover Hild. Br. 1, Nr. 739.

die Flinte weg und verletzten so die Rechte des Amtes Liebenburg. Das Amt ersuchte die Reichsstadt, dafür zu sorgen, dass sich die beiden Täter stellten. Als sie nicht erschienen, wurden sie in Abwesenheit zu 25 Gulden Strafe verurteilt.[37]

1762 begann der elegante Propst Wilhelm de la Tour gewaltige Bauten. 1773 hatte das Stift so 125 000 Reichstaler Schulden. 1774 musste die fürstbischöfliche Regierung die Verwaltung des verschuldeten Besitzes einem weltlichen Beamten übertragen. Mühsam wurden die Schulden reguliert.[38] 1802 hatte das Stift »nur« noch 57 000 Reichstaler Schulden. Die klösterliche Brauerei und die Branntweinbrennerei hatte zu diesem Ergebnis mit jährlich über 4000 Talern beigetragen.

Die Aufhebung des Chorherrenstiftes

1802 hatte das Riechenberger Kapitel nur noch fünf Mitglieder, den Prior und vier Chorherren, von denen einer als Pastor wirkte. 1803 hob die preußische Regierung das Stift auf. Der Prior, der die Aufgaben eines Propstes wahrgenommen hatte, bekam 500 Taler Pension, der Pastor, Abel, 400 Taler und die drei Chorherren jeder 250 Taler. Die Pfarrstelle Riechenberg wurde aufgehoben[39], da sie »so nahe vor Goslar liegt und die Pfarrgenossen dort den Gottesdienst füglich abwarten können.« Das neue Domänenamt Riechenberg umfasste etwa 1848 Morgen an Äckern, Wiesen, Gärten und Teichen. Dazu kamen 2640 Morgen Forst. Dem Stift hatten bis dahin Zehnten von 4441 Morgen zugestanden.[40] Die Inneneinrichtung kam z.T. in die Goslarer Jakobikirche. 1804 wurde das Klostergut Riechenberg auf zwölf Jahre an den Königlich Preußischen Oberamtmann Kühne verpachtet. Doch die politische Lage sollte sich schnell ändern. 1807 ließ der französische General Aumeil, der das säkularisierte Stift als Gnadengeschenk bekommen hatte, die Bibliothek nach Paris bringen. Der Kirchenschatz gelangte nach Berlin. Die Orgel, zunächst nach Halle geschleppt, war für die dortige Universitätskirche doch zu groß. Ihre Pfeifen wurden schließlich von Soldaten Napoleons eingeschmolzen und zu Kugeln verarbeitet.

1815 kam Riechenberg an den Hannoverschen Klosterfonds. So untersteht der Klosterkammer das Ganze bis heute. Seit 1818 wurde die Stiftskirche als Steinbruch benutzt. Doch wurde durch Anordnung der Hannoverschen Regierung die Krypta gerettet.

Die Reste der Stiftskirche

In Riechenberg findet man die Ruine der gewaltigen, einst flachgedeckten, kreuzförmigen Basilika mit niedersächsischem Stützenwechsel; d.h. auf zwei Säulen folgte ein Pfeiler. Die 63,50 Meter lange und 19 Meter breite, flachgedeckte Basilika war

---

37 Niedersächsisches Hauptstaatsarchiv Hannover Hild. Br. 1, Nr. 750.
38 Konschak 1919, S. 54f.
39 Konschak 1919, S. 56.
40 Konschak 1919, S. 57.

einst größer als der Goslarer Kaiserdom. Zum Westbau mit erhaltenem, mittleren Tonnengewölbe gehörten einst zwei Türme. Vom Langhaus sind nur Reste der Außenmauern überkommen. Doch wird die attische Basis einer Langhaussäule aufbewahrt. Vom Querhaus ist die nördliche Seitenapside erhalten. Die Außengliederung mit Lisenen und Rundbogen zeigt Beziehungen zur Marktkirche im nahen Goslar und zur Klosterkirche Neuwerk in Goslar. Das in Resten erhaltene, rundbogige Presbyterium über der Krypta ist erhöht.

Der wichtigste Überrest ist die dreischiffige, vierjochige, rhythmisch gegliederte Krypta. Sechs Säulen tragen das gratige Kreuzgewölbe. Die Säulenschäfte sind teils kanneliert, teils mit Palmettenornamenten und sogar Damastmuster überzogen. Auf den Kapitellen erscheinen besonders Masken und Fabelwesen. Die Ornamentik der Kapitelle zeigt Verwandtschaft mit Königslutter und dem Hartmann-Kapitell der Goslarer Domvorhalle. Der lombardische Einfluss ist deutlich. Die schönste Krypta Niedersachsens, um 1150 entstanden, ist 10,95 lang und 7,62 m breit.

Durch die Ausgrabungen von Borchers ist die Baugeschichte der Stiftskirche erforscht worden. Die Kirche der ersten Periode, um 1131 fertiggeworden, zeigte aus asketischen Gründen einen gerade geschlossenen Chorabschluss. Die Anlage ähnelte St. Peter und Paul in Hirsau, der Musterkirche der benediktinischen Reformbewegung. Auf diese Beziehungen deutet auch das »Leitfossil« der Hirsauer Kunst, das Schachbrettmuster, hin. Vor 1150 wurde ein dreiapsidialer Chorabschluss zusammen mit der apsidialen Krypta erstellt. Die Hirsauer hatten keine Verwendung mehr für solche Unterkirchen gehabt. Um 1173 baute man Apsiden in die östliche Querschiffwand ein und riss dafür die Seitenapsiden des Chors ab.

Der Maler Friedrich Weitsch[41] hat 1773/74, also noch Jahrzehnte vor dem allgemeinen Niederbruch, Riechenberg besichtigt und die großartige Stiftsanlage mit der ihm eigenen Treue der Wiedergabe gemalt. Auf diesem Bild sieht man besonders die Stiftskirche auf Kreuzgrundriss mit einer Hauptapsis und zwei Nebenapsiden. Die Kirche hat hier zwei Westtürme und einen geschweiften Dachreiter. Neben der Kirche sieht man das 1771 erbaute, bis heute erhaltene »neue Propsteigebäude«, das in der Stiftszeit gar nicht mehr fertiggeworden ist (heute Klausur).

Die Klostergebäude

Am weithin zerstörten nördlichen Querarm der Basilika hängt ein wohlerhaltenes, doppelgeschossiges Gebäude aus dem Jahre 1485. Unten findet man in der spätmittelalterlichen Sakristei ein schönes, fünfjochiges Netzgewölbe. An der Westwand bemerkt man eine prächtige, tabernakelartige Doppelnische. Ihre Umrahmung ist reich profiliert und mit Kantenblumen verziert. Seitlich findet man Fialen. Das flache Ausgussbecken am Südfenster diente als Piscina, als Waschbecken, wie etwa in der großen Sakristei in Möllenbeck. In den vier Schlusssteinen erscheinen Sonne, Mond und zwei Rosetten. Letztere sind wie z.B. in Wennigsen und Möllenbeck als

---

41 HESSE-FRIELINGHAUS/WEITSCH 1948, S. 27f.

»Windesheimer Rosen« zu interpretieren. Diese Sakristei dient heute als Kapelle. Darüber liegt die alte Bibliothek, heute Oratorium. Hier sind Ansätze eines dreijochigen Kreuzrippengewölbes erhalten. Die Windesheimer Kongregation legte Wert auf eine Bücherei wie z.B. der Möllenbecker Bibliothekssaal zeigt.

Das heutige Einkehrhaus mit zwanzig Zimmern ist ein spätklassizistischer Bau des Jahres 1820. Dieses ehemalige Pächterhaus wurde mit Steinen der Klostergebäude errichtet. Im Souterrain befindet sich der gewölbte heutige Speisesaal. Das heutige, anschließende »Franziskushaus« stammt erst aus dem späteren 19. Jahrhundert.

Die weiter westlich folgende, riesige, ehemalige Propstei, das heutige »Brüderhaus« stammt in seinem gut erhaltenen Kern aus dem Jahre 1771, wie die Inschrift über der Tür bezeugt. Das Gebäude war 1815 ausgebrannt und ist 1987 ff. ausgebaut worden. Der tonnengewölbte Keller hier stammt noch aus dem Mittelalter. Durch die Aufhöhung des Fußbodens hier erscheinen die Gewölbe flacher, als sie einst konzipiert waren. Der zur Kirchenruine hin gelegene, mittelalterliche Sommer-Remter ist 1999/2001 wiedergewonnen worden. Der gewaltige Keller darunter weist Tonnengewölbe auf.

Die spätbarocken, äußerst solide erstellten, in seltener Vollständigkeit erhaltenen Riechenberger Wirtschaftsgebäude dienen zum Teil noch heute dem Klostergut. Der aufwendige Portalbau von 1737 ist mit drei Heiligenfiguren bekrönt. In der Mitte erscheint die Klosterpatronin Maria und rechts St. Augustin, aus dessen Schriften die Regel entstanden ist, die im alten Riechenberg befolgt wurde. Die erhaltenen Klosterbauten in Riechenberg sind Monumente einer der bedeutendsten Klosteranlagen Niedersachsens.

Der Verbleib der Riechenberger Kirchenausstattung

Zahlreiche Ausstattungsstücke der Klosterkirche kamen 1804 in die kurz vorher dem katholischen Gottesdienst gewidmete St. Jakobi-Kirche in Goslar. Der Hochaltar aus der Zeit um 1727 mit zweigeschossigem, architektonischen Aufbau mit reichem Schnitzwerk wird dem Goslarer Bildschnitzer Heinrich Lessen dem Älteren zugeschrieben.[42] Das zentrale, gemalte Bild stellt die Auferstehung Christi dar. Darüber erscheint die Himmelskönigin, flankiert von den plastischen Aposteln Petrus und Paulus. Unten rechts und links sieht man Holzskulpturen der Bischöfe Anno und Benno, die als ehemalige Goslarer Stiftsherren in Riechenberg unvergessen waren. Überall verteilt sind Engel. Vasen mit Blumen und Füllhörner mit Früchten schmücken das aufwendige Altarwerk.

Der nördliche, 1727 gefasste Seitenaltar zeigt in der Mitte die Heilige Familie. Hoch oben auf dem Altar erscheint Joseph als Holzfigur noch mal: Das Jesuskind muss sich strecken, um die Hand seines Nährvaters zu ergreifen. An der linken Seite ist Johannes der Täufer an seiner derben Kleidung und seinem Attribut, dem Lamm, zu erkennen. An der rechten Seite steht eine Holzskulptur des Weltmissionars Paulus.

---

42 Kiecker/Borchers 1937, S. 190.

Der südliche Seitenaltar, gefasst 1727, zeigt einen mit der Sterbekerze versehenen Christen auf dem Sterbebett. Maria hat die Linke des Sterbenden ergriffen und weist ihn auf den Gekreuzigten hin. Auf der anderen Seite des Sterbebetts steht Joseph, der Patron der Sterbenden. Rechts oben kommt Barbara, eine der vierzehn Nothelfer, dem Sterbenden zu Hilfe. Links oben kämpft der Erzengel Michael mit Luzifer, der sich des Sterbenden bemächtigen will. Die zentrale, selten vorkommende Darstellung will dem Betrachter zeigen: In deinem letzten Stündlein bist du nicht allein, sondern dir stehen viele bei, die dir im Zeichen des Kreuzes vorangegangen sind. Die linke Seitenfigur hier ist der dorngekrönte Schmerzensmann, der in einem alten Purpurmantel verspottet wird. Als rechte Seitenfigur erscheint Maria, durch deren Herz das Schwert des Leidens bringt, also die Mater dolorosa. In einem Medaillon über den Mittelbild hält Veronika den Gläubigen das Schweißtuch mit dem wundersamen Abdruck des Antlizes Christi entgegen. Rechts und links oben erheben plastisch gestaltete Engel Hammer und Zange als Leidenswerkzeuge Christi. Den Gipfel des Altars bildet der plastisch gestaltete Christus am Kreuz. Beide Seitenaltäre sind nach einer Inschrift auf Kosten eines Paters Holtzgreve errichtet worden. Die Schmuckformen beider Seitenaltäre, z.B. die gedrehten Säulen, entsprechen denen des Hauptaltars.

Der große Beichtstuhl trägt Figuren, die in Bezug auf das Sakrament der Buße stehen. Zentrale Figur ist Christus als der Gute Hirte, der auf seiner Schulter das verirrte, aber wiedergefundene Schaft trägt. Die weiteren Holzfiguren sind auf den Guten Hirten ausgerichtet: Sie stellen biblische Menschen dar, die Vergebung ihrer Sünden empfangen haben. Ganz links erscheint König David mit Krone und Harfe, der nach seinem mit Mord verbundenen Ehebruch auf Grund seiner Reue Vergebung empfing. Die Frauengestalt mit dem langen Haar ist die Dirne, die Jesus im Haus des Pharisäers Simon die Füße mit kostbarer Narde gesalbt hat. Und die man gern mit Maria Magdalena gleichstellte. Dann kniet Petrus, der den Herrn dreimal verleugnet hat, und empfängt Vergebung. Ganz rechts kehrt der Verlorene Sohn nach Hause und erfährt liebevolle Aufnahme. Weiter stammen aus Riechenberg das barocke, mit verschieden gemasertem Holz belegte Chorgestühl, die reich verzierten Bänke und der Opferstock der Zeit um 1700.

Nicht genau so erwiesen ist die Herkunft aus Riechenberg bei dem großartigen, lebensgroßen Vesperbild in der Jakobikirche, das um 1510 von Hans Witten geschaffen wurde. Diese ergreifende Pietàt gehört so oder so zu den bedeutendsten Kunstwerken in Niedersachsen.

Die Brüstung der Riechenberger Orgel, vom Bildschnitzer Jobst Heinrich Lessen mit Akanthusblatt-Füllungen durchflochten und mit gedrehten Säulen unterfangen, ist in die Goslarer Stephanikirche übertragen worden. Die Pfeifen der gewaltigen Riechenberger Orgel wurden in Halle zu Flintenkugeln verarbeitet.

Die Ausstattung der Riechenberger Stiftskirche war nach den überkommenen, zahlreichen Resten künstlerisch ausgesprochen hochwertig und von theologischem Nachdenken bestimmt.

Neues Leben auf altem Grund

1991 übernahm der ursprünglich aus Niedersachsen stammende, seit 1979 im Domkloster Ratzeburg erfolgreich wirkende, 1962 gegründete evangelische Orden der Koinonia Riechenberg, wenn man von dem weiterlaufenden Klostergutsbetrieb absieht. Besonders bewährt hatte sich in Ratzeburg ein »Haus der Einkehr und Stille«, in dem manch einer »Kloster auf Zeit« erlebte – mit Beten und Schweigen. Die Gemeinschaft lebt nach der urmonastischen Devise *ora et labora*. Es geht in dieser evangelischen Gemeinschaft erstens um Gehorsam, um »Absage an Autonomiestreben, Selbstherrlichkeit und Egoismus«. Zweitens um Ehelosigkeit als »Ausdruck der Hingabe an den Einen« in dem Bestreben, der »Weggemeinschaft lebenslang Dauer zu schenken«. Drittens um das einfache Leben, denn »wer das Gebet an die erste Stelle setzt, kommt wie von selbst zu einem einfacheren Leben«. In der Gemeinschaft gibt es einfache, vegetarische Ernährung in Gestalt von Vollwertkost. Rauchen und Alkohol sind um der Mitmenschen und um der geistlichen Nüchternheit willen verpönt. Die Gastfreundschaft wird großgeschrieben. Ziel des Ganzen ist ein verbindliches Christentum, wobei Hermannsburger Einflüsse deutlich sind.

Am 23. Mai 1992 erfolgte bei strahlendem Sonnenschein die Übergabe des Gethsemane-Klosters an die evangelische Bruderschaft der Koinonia. Der Festgottesdienst in der riesenhaften Sommerscheune, die wie eine Kathedrale ausgeschmückt war, hatte zahlreiche Freunde des werdenden Klosters herbeigelockt. Landesbischof Prof. Dr. Gerhard Müller hielt die Festpredigt über Maria und Martha (Luk. 10,38–42). Jesus erkennt die fleißig arbeitende Martha an und lobt die aufmerksam zuhörende Maria. Der Bischof mahnte: »Sei Du Maria im Geiste und in der Tätigkeit Martha«. Zuhören und Aktivität seien für jeden in gleicher Weise nötig. Im Blick auf die neue Stätte des Gebetes und der Stille erklärte der Bischof: »Wir brauchen solche Orte der Stellvertretung, an denen uns deutlich wird, dass unsere Hektik und unser Ärger schnell vergehen – im Licht der göttlichen Herrlichkeit«. Der Präsident der Klosterkammer, Prof. Dr. Axel Freiherr von Campenhausen, übergab dann den Klosterschlüssel an Dr. theol. Uwe Stegelmann, den Leiter der Gemeinschaft. Der Präsident betonte, die Klosterkammer habe keine Kosten (über neun Millionen DM) gescheut, um das 1117 gegründete Stift äußerlich wieder in Gang zu bringen. Die Klosterkammer habe diesen anstrengenden und aufregenden Martha-Dienst gern getan in dem Wissen, dass ein großer Freundeskreis hinter der Gemeinschaft der Brüder steht.

Der Amelungsborner Abt Ernst Henze wünschte dem neuen Kloster, dass es eine Stätte werde, wo Gott von ganzem Herzen gesucht wird. In mehreren Goslarer Voten wurde die spirituelle Bereicherung hervorgehoben, die die ganze Region von dem neuen Kloster erwarte. Ein Rechtsritter des Johanniterordens meinte: »Wir brauchen einander, um Kraft für die Aufgaben draußen zu finden«. Dr. Stegelmann dankte in seiner tiefsinnigen Schlussansprache für die vielen guten Wünsche. »Nicht nur wir singen, sondern der ganze Himmel singt mit«. Anschließend wurde die ausgedehnte Klosteranlage besichtigt, besonders das spätgotische Bibliotheksgebäude, das einen Treppenzugang aus Glas bekam und jetzt einen Meditationsraum enthält, das Einkehrhaus von 1771 und die kunstreiche Unterkirche. Im romanischen Westbau der Stiftskirchen-Ruine informierte der Verfasser über die mittelalterliche Segensgeschichte Riechenbergs. Der festliche Tag war bestimmt von dem Grundanliegen des ganzen Klosters, der Begegnung von Gott und Mensch, der Erfahrung der Ewigkeit in der Zeit.

Der spirituelle Vater des Gethsemaneklosters war[43] der Theologe Dr. Olav Hanssen[44], *am 1.10.1915 in Bremerhaven, †am 7.2.2005 in Riechenberg. Der Mann des Gebets und Liebhaber der Bibel war von 1957 bis 1979 in Hermannsburg als Lehrer von Evangelisten und Missionaren tätig. Sein Leben lang war Hanssen unterwegs zur Mitte. Stets suchte er bei anderen die Sehnsucht nach Gott zu wecken und mit ihnen gemeinsam auf die Pilgerreise zu gehen. So hat Hanssen viele junge Menschen geprägt.

1979 zog die das Kloster tragende Gemeinschaft in das Domkloster Ratzeburg, wo sie aber bald als vermeintlich sektiererische Gruppe angegriffen wurde. 1987 nahm sie Kontakte zur Klosterkammer auf. Die Zahl der im Kloster ständig ehelos lebenden Brüder ist ziemlich gering: Sie liegt bei sieben. Davon arbeiten einige noch halbtags auswärts, um Bargeld in die Gemeinschaft hineinzuholen. Da es sich um eine evangelische Klostergemeinschaft handelt, ist Austritt möglich, wenn sich ein Bruder vom Ewigen in eine andere Richtung geführt fühlt.

Jede Zelle ist individuell mit zusammengebrachten Sachen eingerichtet. Manche nostalgischen Möbel sind von dahingegangenen Klostergutspächtern übernommen. Auch an jedem anderen alten Möbelstück hängt eine Geschichte, die oft durch eine Inschrift verdeutlicht wird. Die gesamte Inneneinrichtung ist gewissermaßen gewachsen. Manches schätzbare Stück hat Dr. Stegelmann auch auf Flohmärkten entdeckt. Nachbildungen großer christlicher Kunstwerke, besonders Ikonen, laden überall zur Betrachtung ein. Jeder Raum ist einem Menschen gewidmet, der sich vom Ewigen verwandeln ließ. Jede liebevoll eingerichtete Klosterzelle »ist eine kleine Schatzkammer, angefüllt mit Glückseligkeit, die jeder im eigenen Herzen erfahren kann. Und er darf dann so viel davon mit nach Hause nehmen, wie er will.« (Dr. Uwe Stegelmann) In jeder Zelle liegt ein illustriertes Buch, in dem ein lustiger »kleiner Mönch« erklärt, wie man sich im streng gestylten Riechenberg und speziell in dieser bestimmten Zelle angemessen verhält. Jede Zelle hat nach der Devise »Kommt und lasst uns Christum ehren« eine Gebetsecke.

Wie in einem Trappistenkloster wird in Riechenberg das Schweigen großgeschrieben. Das evangelische Klosterleben in Riechenberg ist bestimmt von der Morgenandacht um 7 Uhr, vom Mittagsgebet um 12 Uhr, von der Abendandacht um 18 Uhr und vom Tages-Abschluss um 20.30 Uhr. Den Andachten folgt meistens noch längere, gemeinsame, meditativ geprägte Stille. Das monastische Leben in der historischen Umgebung entbehrt aller Sensationen, aber es gibt Raum für Gebet und Askese.

---

43 JOEST 1995, S. 270–308.
44 GREMELS 2005.

Das Kloster Riechenberg bei Goslar in Geschichte und Gegenwart

Bei den Tagungen sollen Menschen auf der Suche nach Gott zur Ruhe kommen: Das Innere Karussell soll abgestellt werden. Auf Diskussionen wird fast völlig verzichtet. So werden die Gäste wach für die schweigende Gegenwart Gottes. Es besteht aber stets weiterführende Gesprächsmöglichkeit mit einem evangelischen Mönch. Beliebt sind Freizeiten unter dem Motto *ora et labora*, in denen die Freundinnen und Freunde des Klosters das heilsame Miteinander von Beten und Arbeiten erfahren und dabei auch dem Kloster Gutes tun. Bei allen Treffen gibt es auch Anregungen für die eigene, künftige Lebensgestaltung.

Geistige Nahrung bietet das gemütliche Bibliothekszimmer, das besonders historische und zeitnahe Bücher über das klösterliche Leben enthält, wobei auch die ostkirchliche Klostertradition in den Blick kommt. Junge Menschen fühlen sich am Wohlsten am Rande des Klosters in der nur wenig ausgebauten, urigen Sommerscheune, die mit Koch- und Waschgelegenheit sowie geräumigen Schlafecken versehen ist. Im Rahmen einer »Klosterschule« können junge Männer einen dreimonatigen Aufenthalt in Riechenberg verbringen. Der Klostergarten umfasst zwei Hektar und dient vor allem der Meditation. Zu dem Ganzen sagte Dr. Olav Hansen: »Es gehört mit zu dem Schönsten, was ich mir vorstellen kann, dass das christliche Leben ein wahres Abenteuer im Namen Gottes ist.«

Der zehnte Jahrestag des Gethsemane-Klosters

Am 3. März 2001 wurde in dem Evangelischen Kloster Riechenberg vor Goslar unter der Devise »Dem Heiligen Raum geben« die Einweihung des wiedergewonnenen historischen Remters und der 10. Jahrestag des Einzugs der evangelischen Mönche in Riechenberg gefeiert. Dr. Stegelmann begrüßte die zahlreich erschienen Freunde des Klosters, »einer freien Initiative in der evangelisch lutherischen Kirche« besonders die zahlreich erschienenen Freunde des Klosters, die »in Riechenberg eine neue geistliche Heimat gefunden haben.« (Der Trägerkreis umfasste 2002 etwa 250 Persönlichkeiten) Auch die evangelischen Äbte von Amelungsborn und Bursfelde sowie den früheren Präsidenten der Klosterkammer, Prof. Dr. Axel Freiherr von Campenhausen, sah man in dem bis auf den letzten Platz gefüllten Remter, der aus Ruinen erstanden ist.

Den Festvortrag hielt Frau Prof. Martha Jansen, Präsidentin der Klosterkammer, die sich »erwerbsorientierter Verwaltung von Stiftungsvermögen« widmet. Durch ein organisatorisches Missgeschick in ihrer sonst vorzüglich organisierten Behörde hatte sie erst im letzten Augenblick von ihrem Vortragsthema »Heiliger Raum in säkularisierter Welt – früher und heute« erfahren. Sie hatte sich auf »Herzogin Elisabeth von Braunschweig« eingestellt, auf die Urmutter der Klosterkammer. So äußerte sich die Präsidentin zu ihrem schwierigen Thema »in Demutshaltung in Form einer Fleißarbeit«, die aber mit Liebe gestaltet war. Die Klosterkammer habe für den Riechenberger Remter »auf Grund ihrer Leistungsverpflichtung« 280 000 DM aufgewandt. Die Klosterkammer arbeite »mit säkularisiertem Kirchengut«, mit »Sondervermögen«. »In dieser Behörde liegen Ewiges und Zeitliches ineinander.« In früheren Kriegen habe man Kirchen gern zu Pferdeställen, Lagerhallen und Lazaretten umfunktioniert. Heute gerieten Kirchen in die Gefahr, zu Kaffees und Gaststätten umgemodelt zu werden. Allein in Amsterdam seien sechzig Innenstadtkirchen verkauft und umgenutzt. Und in Magdeburg sei die Prämonstratenserkirche Unserer Lieben Frau Konzerthalle. In der ehemaligen DDR bestünden 6,7 Milliarden DM Rettungsbedarf für verfallene Kirchen. »Aber die Kirchen dürfen nicht sterben wie einst die Windmühlen. Die Einkaufswelten dürfen nicht die Kathedralen des 21. Jahrhunderts werden.« Heute sei doch »eine große Sehnsucht nach Religion und Geborgenheit aufgebrochen.« »Spiritualität« sei gefragt. »Die Menschen wollen gar nicht bindungslos existieren.« »Ein neues Bewusstsein« breite sich aus. Freilich verteile sich »Religion heute im gesamten gesellschaftlichen Raum.« Riechenberg biete heiligen Raum in einer säkularisierten Welt. Die Präsidentin wünschte dem Kloster Glück zum 10. Jubiläum und *ad multos annos*.

Der Braunschweigische Landesbischof D. Christian Krause, Präsident des Lutherischen Weltbundes, gab bei der Einweihung im Rahmen des Vespergottesdienstes seiner Freude Ausdruck, dass »in Riechenberg hinter schützenden Mauern erfrischender Raum für die Seele entstanden« sei. »In die herzliche Atmosphäre« werde der Besucher hineingenommen. »Jedes Wort, jedes Bild steht in Beziehung zum Ganzen.« In Riechenberg seien »Kontemplation, Stille und Lobpreis Gottes« zu Hause. »Hier kann das Wort Gottes in die Nachfolge Jesu rufen.« Es sei sein »Kummer«, dass von den vielen historischen Klöstern des Braunschweiger Landes nur ein einziges regelrecht genutzt werde: Riechenberg.

An der musikalischen Umrahmung wirkte – am Cello – auch eine Enkelin, Barbara Hanssen, des fünfundachtzigjährigen Gründers, der Riechenberger Kommunität, Dr. Olav Hanssen, mit. Nach der 2 1/2 Stunden dauernden, hieratisch bestimmten Feier hielt man noch stille Einkehr in der romanischen Krypta, in der gotischen Kapelle und im stillen Oratorium. Ein Imbiss in verschiedenen Räumen eines der strengsten Klöster der Christenheit schloss sich an.

Zeittafel zur Geschichte Riechenbergs

1117	Petrus, Subdiakon des Goslarer Domstiftes, gründet in Riechenberg ein Benediktinerkloster
1122	Bischof Bertold von Hildesheim weiht den Ostteil der Stiftskirche, die Hirsauer Formen zeigt
1131 ff.	Riechenberg Augustiner-Chorherrenstift
1139	bestätigte Papst Innozenz das Stift und seine Besitzungen
kurz vor 1150	erbaute der bedeutende Propst Gerhard I. die kunstreiche Krypta, in der er 1150 beigesetzt wurde
1155	verlieh Bischof Bruno von Hildesheim dem Stift Pfarrrechte
1157	nahm Kaiser Friedrich Barbarossa das Stift in den Schutz des Reiches
1173	Schlussweihe der Stiftskirche St. Mariae durch Bischof Adelog von Hildesheim
1278	Brand der Stiftskirche nach Blitzschlag

nach 1417	neue Blüte im Rahmen der Windesheimer Reformkongregation
1427	bereits 73 Brüder
1451	Besuch des päpstlichen Legaten Kardinal Nicolaus von Kues, der vom Riechenberger Klosterleben angetan war
1472	das Kloster durch Goslarer geplündert
1531–52	Münzstätte Herzog Heinrichs des Jüngeren
1542 bzw. 1569	evangelisch
1643	wieder Augustinerchorherrenstift
1737	der erhaltene Torbau errichtet
1762ff.	gewaltige, spätbarocke Bauperiode
1773	Konkurs des Stiftes: 125 000 Taler Schulden
1795	nur noch fünf Religiosen in Riechenberg
1803	hob die preußische Regierung das Stift auf
1812	Ankauf eines Teils des Klosterarchivs durch die Universität Göttingen
1815	kam Riechenberg an die Klosterkammer
1818ff.	Nutzung der ruinösen Stiftskirche als Steinbruch
1951–52	Grabungen
1991ff.	ist in Riechenberg neues Leben auf altem Grund erwachsen: das Ev. Gethsemane-Kloster
2005	Heimgang des Priors Olav Hanssen.

Windesheim und Niedersachsen

Die Ausstrahlung des monastischen Zweiges der niederländischen Devotio Moderna nach Niedersachsen[1]

Die Windesheimer Kongregation

1387 gründeten sechs Brüder vom Gemeinsamen Leben in Windesheim bei Zwolle die Windesheimer Kongregation, die 1395 von Papst Bonifatius IX. approbiert wurde. Sie war der monastisch strukturierte Zweig der Devotio Moderna, der neuen Frömmigkeit, die von den Niederlanden ausstrahlte. Ihr wichtigstes schriftliches Zeugnis ist die »Nachfolge Christi« des Thomas von Kempen, der auf dem Agnetenberg bei Zwolle lebte.[2] Grundgedanke: »Je mehr ein Mensch in sich Eins ist und Herzenseinfalt besitzt, desto größere und höhere Dinge lernt er ohne Mühe verstehen, denn er empfängt das Licht von oben herab«.

Die Klöster der Windesheimer Augustinerchorherren-Kongregation waren exemt, waren also der Jurisdiktion der territorial zuständigen Bischöfe entnommen. Die Kongregationsleitung unterstand also direkt dem Heiligen Stuhl. 1485 gab es etwa 200 Klöster unter dem geistigen Einfluss von Windesheim. Bis 1511 wurden davon 84 Klöster regelrecht inkorporiert, darunter 38 im heutigen Deutschland. Der ideale Antrieb des Ganzen war der Rückgang auf die *ecclesia primitiva*, die Urkirche.[3] Allwöchentliche Schuldkapitel dienten der inneren Reifung des einzelnen Religiosen. Das tägliche Leben der Windesheimer war von Schweigen, Chorgebet und Arbeit bestimmt. Dazu zählte auch das Abschreiben von Büchern.[4] Reste von entsprechenden Büchern sind nachgewiesen. In Möllenbeck sind sogar ein prächtiger Bibliothekssaal und die Zellen – jedem Chorherrn stand eine eigene Zelle zu[5] – erhalten. Seelsorge an den Umwohnenden gehörte jedoch nicht zu den Aufgaben der Windesheimer Klöster.

Die Chorherren trugen einen weißen Habit mit einem schwarzen Umhang. In der Sakristei des Klosters Möllenbeck sieht man das Fresko eines solchen Religiosen, der vom Schmerzensmann die Kommunion empfängt. Die Arbeit von Konversen war wichtig für die materielle Existenz der Klöster. Diesen Brüdermönchen kam ein eigenes Refektorium zu.

1581 wurde das Mutterkloster Windesheim in den Wirren der Reformation zerstört. Nur das Brauhaus überstand den Sturm. Die Kongregationsleitung war fortan in Köln. 1803ff. wurden alle Klöster der Kongregation aufgehoben. 1961 wurde die Windesheimer Kongregation kirchenrechtlich wiedererrichtet.

---

1 Vortrag am 8.11.2001 in der Universität van Amsterdam, Fac. Geesteswetenschappen.
2 Nicolaus HEUTGER: Artikel Thomas von Kempen, in BAUTZ 1996, Sp. 1396–1398.
3 VILLER, Sp. 1464.
4 VILLER, Sp. 1463.
5 VILLER, Sp. 1463.

Die Windesheimer Klöster in Niedersachsen im 15. Jahrhundert

Die Windesheimer Kongregation strahlte in das heutige Niedersachsen aus. Im Jahre 1400 wurde Frenswegen vor den Toren der Stadt Nordhorn ein Haus der Windesheimer. Das war das erste Kloster der Windesheimer Kongregation überhaupt.[6] Während der ersten Jahrzehnte kamen die Klosterangehörigen hier fast alle aus dem gehobenen Bürgertum der Städte der nördlichen Niederlande. Erst allmählich nahm der Anteil der Männer zu, die aus der Region selbst stammten, ähnlich wie in Möllenbeck.[7] Das Stift verbreitete die Klosterreform in Ostfriesland. Das gut geleitete und so bald wohlhabende Stift wurde eine Stätte der Gelehrsamkeit im Sinne eines Klosterhumanismus. Die Amtszeit des Priors Heinrich von Loder (1414–36) wird in der Chronik hervorgehoben. Loder verbesserte die klösterliche Disziplin in Frenswegen und einigte sich mit dem Pfarrer von Nordhorn über die Abgrenzung der jeweiligen Rechte. Heinrich von Loder kümmerte sich auch um das Schwesternhaus Schüttorf. Er legte 1436 den Grundstein zur einer neuen Klosterkirche in Frenswegen. Seine Wohltätigkeit wurde gerühmt. Das Kloster galt als Paradies Westfalens. Frenswegen wirkte auf die westfälischen Fraterhäuser stark ein, förderte also die geistesverwandten Brüder vom Gemeinsamen Leben. Von 1429 bis 1432 bot Frenswegen dem Windesheimer Konvent Zuflucht. Der Chor der erst 1881 durch Blitzschlag weitgehend vernichteten Klosterkirche war nach alten Stichen mit seinen hohen Fenstern dem Möllenbecker sehr ähnlich. Beide hatten auch den gleichen 5/8-Schluss. Die einschiffige Wandpfeilerkirche hatte auch Beziehungen zur Wittenburger.

1423 kam Wittenburg bei Elze durch den Frenswegener Prior Loder an die Windesheimer. Die spätgotische Stiftskirche ist, weithin sichtbar, erhalten. Wie Möllenbeck heute und, einst, Frenswegen ist sie zweigeteilt. Länge 44 Meter, davon 21 Meter Chor. Ein Grabstein hier zeigt die »Kugel«, also die ziemlich hohe, runde Kopfbedeckung der Windesheimer, die diese mit den Fraterherren, den »Kugelherren«, gemeinsam hatten.

1421 übernahmen die Windesheimer von Frenswegen aus das bisherige Nonnenkloster Esens-Marienkamp, das sie schnell in die Höhe brachten, wobei sich Niederländer auszeichneten. Das Kloster erhielt erheblichen Besitz im Groninger Land: Bei Grestius heißt es über das neue Leben in Marienkamp: »Marienhof hat damals in Flor gestanden. Die Regularen Arbeit war vorwärts gegangen. 36 Geistliche und 100 Brüder wurden gepriesen. Gäste und Arme nicht abgewiesen. Des Klosters Gebäude, groß und klein einer Stadt gleich waren sie anzusehen.«[8] Also: 36 Chormönche und 100 Laienbrüder, Hospitalität, Armenpflege und guter Bauzustand. Über den ersten Prior Arnold von Creveld (1424–31) ist eine Lebensbeschreibung überkommen, die sich heute im Staatsarchiv Aurich befindet. Arnold ließ den Chor

---

6 ALBERTUS/HULSHOFF 1958.
7 KOHL 1971, S. 1–190.
8 OHLING 1960, S. 15.

der Kirche neu errichten und brachte den ökonomischen Unterbau des Klosters in vorzügliche Ordnung, wobei die von der geistlichen Ausstrahlung angelockten Laienbrüder kräftig mitwirkten. Selbst zum Generalkapitel der Kongregation reiste der bescheidene Prior nur zu Fuß.[9] Einen Einblick in die Frömmigkeit des Klosters Marienkamp erlaubt uns eine aus Marienkamp stammende Handschrift, die sich heute in der Amsterdamer Universitätsbibliothek befindet. Dieser »Spiegel der Sünder« wurde 1448 von dem Augustiner-Chorherrn Johannes von Leyerdam (Leerdam bei Utrecht) geschrieben. Das Werk behandelt die Sünden, das Gedenken des Todes, das Letzte Gericht und das Ewige Leben. Ein in der Königlichen Bibliothek Kopenhagen wiederentdecktes Missale aus Marienkamp enthält auf den ersten Seiten Notizen über das Kloster, z.B. über ein wundertätiges Marienbild in Marienkamp, das viele Wallfahrer anzog.[10]

1430 wurde Riechenberg bei Goslar erneuert. An mehreren Stellen erinnert hier die »Windesheimer Rose« an die Windesheimer Kongregation.

1441 wurde von Böddeken aus das wirtschaftlich, zahlenmäßig und imagemäßig heruntergekommene Kanonissenstift Möllenbeck von den Windesheimern übernommen, deren Generalkapitel schon 1442 die Inkorporation beschloß. 1451 wurde Möllenbeck selbständig in der Windesheimer Kongregation. Die Chorherren brachten mit Hilfe der Brüdermönche das Stift schnell wieder zu wirtschaftlicher Blüte. Hatten die Kanonissen alles Land verpachten müssen, was nicht viel brachte, gelangte das Windesheimer Stift durch Eigenbewirtschaftung der meisten Flächen zu wirtschaftlicher Prosperität.[11] Die Listen der Möllenbecker Religiosen enthalten zahlreiche niederländische Herkunftsorte, so z.B. Leuwarden (mehrmals), Venlo, Groningen, Oldenzal und Deventer (mehrmals[12]). Die floralen Ornamente in Möllenbeck (original erhalten in der statio am Ende des Ostkreuzganges) entsprechen den Blumenornamenten z.B. auf Fliesen aus Deventer. Der Kirchenbau (1492–1503) folgte nicht ganz den Windesheimer Prinzipien, da er Fundamente einer alten Kanonissenstiftskirche übernahm. Im Chor waren 44 Sitze für Chorherren. Das Langhaus war den Laienbrüdern und den Umwohnenden vorbehalten. Die erstaunlich zahlreichen Steinmetzzeichen in Möllenbeck sind trotz der Bemühungen eines halben Jahrhunderts nur zum kleinsten Teil in der Umgebung wiedergefunden worden. Es war also eine Bauhütte von weither am Werk, offenbar eine aus dem Ursprungsgebiet der Windesheimer Kongregation.

1443 wurde das Sültekloster in Hildesheim übernommen, dessen spätmittelalterliche Fundamentreste durch Ausgrabungen erforscht wurden. 1490 erneuerten die Windesheimer das Kloster Grauhof am nördlichen Stadtrand von Goslar.

---

9   Suur 1838, S. 49–60. – Sauer 1877, S. 47ff.
10 Spichal 1963, S. 79ff.
11 Heutger 1987.
12 Paulus 1784, S. 95 u. 98.

Johannes Busch, der norddeutsche Klosterreformator

Der Vorkämpfer der Windesheimer Kongregation in Niedersachsen war Johannes Busch, der 1399 in Zwolle, einem Hauptort der Devotio Moderna geboren ist. Busch trat 1417 in das Kloster Windesheim ein. 1424 empfing er die Priesterweihe. 1437 wurde er Subprior des Reformklosters Wittenburg bei Elze. Busch widmete sich im Auftrag des Basler Konzils der Erneuerung von Augustiner-Klöstern in Niedersachsen. 1439 reformierte er das Sültekloster in Hildesheim, das er ab 1440 als Propst leitete. Von Hildesheim aus erneuerte er viele niedersächsische Chorfrauenhäuser, die er zu einem strengen, gemeinsamen Leben zurückzuführen suchte. Zu diesem Zweck verband er sich mit dem jeweiligen Landesherrn. 1447 bis 1454 war er Propst des Klosters Neuwerk bei Halle und Archidiakon über 120 Pfarreien. Der reformbewegte deutsche Kardinal Nicolaus von Kues ernannte ihn 1451 zum apostolischen Visitator der Augustiner in Sachsen und Thüringen.

Bezeichnend für sein Reformwirken ist seine Behandlung des Klosters Mariensee, heute Stadt Neustadt am Rübenberge, das noch heute als evangelischer Konvent besteht. Die Nonnen hatten das Klostervermögen in einzelne Pfründen aufgeteilt. Das Zisterzienserinnenkloster hatte sich so einem freien Stift angenähert. 1455 erschien Busch mit dem reformfreudigen Herzog Wilhelm von Calenberg im Kloster und forderte die Unterwerfung unter die Klosterreform. Tatkräftig setzte er die Reform durch: Die Nonnen verzichteten auf Eigenbesitz und das gemeinsame Leben in der klösterlichen Familie wurde wiederhergestellt. Das Kloster bekam in der bisherigen Priorin von Derneburg eine neue Äbtissin.

Noch eine Reformgeschichte aus dem gleichen Jahr. In Wennigsen sprach der Herzog: »Frau Priorin und ihr Schwestern allzumal, ich will, das Ihr die Reform annehmt und Eure Regel beachtet.« Damit meinte er die sogenannte Augustinusregel. Die Klosterfrauen aber hielten die Hände auf der Brust gefaltet und antworteten: »Wir alle haben einhellig beschlossen und zugleich beschworen, das wir weder die Reform annehmen, noch die Regel befolgen wollen. Wir bitten Euch, uns nicht meineidig werden zu lassen.« Der Herzog gewährte Bedenkzeit. Aber die Verwandten der Klosterfrauen bestärkten die Renitenten. Schließlich ließ der Herzog Bauern aus der Umgebung das Kloster stürmen. Die Nonnen lagen in Kreuzform auf dem Fußboden des Chors. Nach viel Hin und Her konnte Johannes Busch durchdrücken, dass die Klosterfrauen auf Privateigentum verzichten und in strengem Gemeinschaftsleben – ohne eigene Kochtöpfe!– die Klausur beachten. Noch heute erinnert am Chorraum in Wennigsen die »Windesheimer Rose« an die damalige Reform. Die Jahrhunderte hindurch hatte eine evangelische Konventualin der nächsten die Bedeutung dieser Rose weitergegeben – bis heute. »Windesheimer Rosen« findet man auch in Möllenbeck und Fischbeck.

Auch in Fischbeck, heute Stadt Hessisch Oldendorf, setzte Busch die Windesheimer Reformforderungen durch. Kapitularinnen alten Stils verschwanden und junge Nonnen traten ein, deren Chorgesang Busch lobte. Ein Möllenbecker Pater wurde Beichtvater in Fischbeck. Die Passionsfrömmigkeit des erneuerten Klosters bestimmte den eindrucksvollen »Christus im Elend« in der Kirche des Stiftes, das noch heute glanzvoll besteht.

In Hilwartshausen[13] an der Oberweser beschrieben die niederländischen Reformschwestern sogar die früheren Zustände des Stiftes. Die Klosterreform war hier 1452 bis 1461 gegen heftigen Widerstand durchgeführt worden.

Aus dem von der Windesheimer Kongregation erneuerten Kloster Steterburg sind ein handgeschriebenes Psalterium mit Gesängen, dessen Sitz im Leben der Chordienst war[14], und ein gedrucktes Plenar überkommen.[15]

Von 1459 bis 1479 war Busch wieder Propst des Sülteklosters in Hildesheim. Busch arbeitete gut mit der Bursfelder Benediktinerkongregation zusammen, die auch stark von der Devotio Moderna bestimmt war.[16] Der große Klosterreformator starb 1479 in Hildesheim. Sein Wirken schildert er in seinem Chronicon Windeshemense et liber de reformatione monasteriorum ed. Karl Grube, Halle 1887.

Die Windesheimer Klöster in Niedersachsen im Jahrhundert der Reformation

Das Geschick der Windesheimer Klöster in der Reformationszeit hing von der Konfession des jeweiligen Landesherrn ab. Das Kloster Esens-Marienkamp wurde 1530 in der Fehde des Grafen Enno II. von Ostfriesland mit Balthasar von Esens verbrannt und nicht wieder aufgebaut. Die Mönche mussten verschwinden.

Möllenbeck ging 1559 zur Reformation über. Die Korporation bestand aber fort: Im Kloster wurde eine evangelische Schule angelegt, Luthers Wünschen entsprechend. Hier blühte dann ein evangelischer Klosterhumanismus, der Glauben und Kultur harmonisch verband. Das Jahr 1648 brachte das Ende dieses Stiftes. Der letzte Chorherr, Peter Grinert, amtierte bis zu seinem Tod als lutherischer Pastor und pochte auf die verblichenen Rechte eines »freien Stiftes«: Er verheiratete sich. Sein Sohn studierte 1673 mit Freitisch in der nahen Universität Rinteln.[17] Das Klostergebäude ist in einzigartig gutem Zustand überkommen. Es dient als Jugendheim. 2001 nutzte der Regisseur Anno Saul das Kloster für die Dreharbeiten zu seinem Fernsehfilm »Die Novizin«.

Wittenburg wurde 1588 durch Herzog Julius von Braunschweig-Lüneburg aufgelöst. Der Merianstich zeigt noch das Ordenshaus an der Südseite der Kirche. Eine Grabung auf diesem Plateau wäre leicht durchführbar.

Die Klöster Grauhof und Riechenberg überstanden die Reformation mit katholischem Bekenntnis, da sie im Stift Hildesheim, also im weltlichen Territorium des Hildesheimer Fürstbischofs, lagen. Diese Klöster gingen erst nach dem Reichsdeputationshauptschluss zugrunde. Im Kloster Grauhof mit mittelalterlichem

---

13 BOETTICHER 2001.
14 Herzog-August Bibliothek Wolfenbüttel Cod. Guelf. 885 Helmst.
15 Herzog-August Bibliothek Wolfenbüttel Signatur Th 4° 81.
16 HEUTGER 1975.
17 SCHORMANN 1981, S. 64. Der Vorname des Vaters ist hier falsch.

Kreuzgang und einer prächtigen, barocken Klosterkirche befindet sich heute ein vom Caritasverband der Diözese Hildesheim getragenes Familienerholungsheim, das zwölf preisgünstige, familiengerechte Ferienwohnungen enthält. Hier gibt es auch Familienfreizeiten. Und in Riechenberg wirkt heute die aus evangelischen Männern bestehende »Gethsemane-Bruderschaft«, der ein Freundeskreis Weggemeinschaft leistet. Die wesentlichen Elemente des alten Mönchtums werden in Riechenberg intensiv aufgegriffen, z.B. das durchgehende Schweigen. Der Tagesrhythmus des Klosters ist bestimmt von den Tagzeitengebeten um 7, 12 und 18 Uhr. Die Gebäude werden von der Hannoverschen Klosterkammer betreut.

Das Kloster Frenswegen überstand die Reformation mit knapper Not. Das Kloster erlebte eine Nachblüte, von der die Klostergebäude (1641–1742) zcugen. Die eindrucksvolle Kreuzigungsgruppe von Johann Mauritz Gröninger ist vor kurzem nach Frenswegen zurückgekehrt. Das Jahr 1809 brachte das Ende dieses Ordenshauses[18]: Das erste Kloster der alten Kongregation wurde auch als letztes aufgelöst! Einer der letzten Chorherren, Karl von Cooth (1763–1814) verfasste eine mehrbändige Chronik, die sich heute im Fürstl. Bentheim-Steinfurtischen Archiv in Burgsteinfurt befindet. Die Stiftsbibliothek ist 1874 von Fürst Ludwig von Bentheim der Universität Straßburg geschenkt worden[19], in der sich auch die Frenswegener Handschriften befinden.[20] Im Kloster Frenswegen ist heute eine ökumenische Begegnungsstätte.

Die Gebäude des Sülteklosters am Rand des historischen Hildesheim wurden 1546 im Blick auf die Befestigung der evangelisch gewordenen Stadt tumultuarisch abgebrochen. Im 19. Jahrhundert wurde hier eine Anstalt für Geisteskranke errichtet. Heute befindet sich hier ein Hotel. Der letzte Chorherr der alten Windesheimer Kongregation, Clemens Leeder, starb erst am 4. November 1865 in Hildesheim.[21] Im 20. Jahrhundert wurde die Windesheimer Kongregation[22] erneuert. In Windesheim ist eine Akademie der Augustiner-Chorherren tätig.

Die Windesheimer Kongregation gehört zu den wichtigsten Ausstrahlungen der Niederlande nach Deutschland.

---

18 RICHTER 1913.
19 COSANNE 1994.
20 STAHL 1994.
21 VILLER, Sp. 1460.
22 MÜLLER 2005.

Die einzigartigen evangelischen Frauenklöster und Frauenstifte in Niedersachsen als Sonderfall der Kirchen- und Kulturgeschichte*

Im niedersächsischen Raum bestanden im Mittelalter über zweihundert Ordenshäuser und Stifte. Die meisten wurden im Zuge der Reformation und der Säkularisation aufgehoben. Eine kleine Anzahl aber konnte in diesem konservativen Raum bis heute fortbestehen. In diesen Klöstern und Stiften hatte man erkannt, dass eine durchgreifende evangelische Neuordnung solcher Institutionen nicht gegen den Willen Luthers ist, dessen Polemik gegen Klöster ohnehin vor allem auf die Bettelmönche zielte, wie die Ordensangaben in seinen zahlreichen klosterkritischen Ausführungen beweisen. Der niedersächsische Adel zeigte an den Frauenklöstern ein besonderes Interesse im Blick auf eine angemessene Versorgung von Töchtern. So waren mehrere Klöster und Stifte adligen Damen vorbehalten. Bassum hat heute noch einzig adlige Kapitularinnen. Der früher übliche »Einkauf« von Damen ist längst überall abgeschafft. Während früher die Stellen von Kindesbeinen an mehr als begehrt waren, herrscht heute Nachwuchsmangel.

Die niedersächsische Klosterlandschaft ist deutlich gegliedert: Die fünf Calenberger Klöster Barsinghausen, Mariensee, Marienwerder, Wennigsen und Wülfinghausen sind Bestandteile des Allgemeinen Hannoverschen Klosterfonds. Sie haben so keine Rechtspersönlichkeit mehr.

Die sechs Lüneburger Klöster Ebstorf, Isenhagen, Lüne, Medingen, Walsrode und Wienhausen sind selbständige Körperschaften, bei denen die Präsidentin der Klosterkammer als Landeskommissarin die Staatsaufsicht für das Land Niedersachsen ausübt. Da diese Klöster ihren alten Grundbesitz fast vollständig verloren haben, sind sie wirtschaftlich ständig auf Zuwendungen der Klosterkammer angewiesen. 1963 hat diese Verpflichtung der Hannoversche Klosterfonds übernommen, der bis dahin die Universität Göttingen zu unterstützen hatte.

»Freie Stifte« sind Bassum, Börstel (mit zwei katholischen Stellen), Fischbeck (mit einer kath. Stelle) und Obernkirchen. Diese Stifte haben noch ihren z.T. schon aus dem Mittelalter stammenden Grundbesitz und können so normale Aufgaben selbständig bewältigen. Für die wirtschaftliche Stabilität hat sich die Vergabe von Grundstücken in Erbpacht bewährt. Im Notfall gibt es Zuwendungen aus dem Klosterfonds. Die wirtschaftlich unabhängigen vier freien Stifte unterstehen der Rechtsaufsicht der Klosterkammer. Die freien Stifte stimmen sich gern wegen der gleichen Rechtsstellung miteinander ab.

Als Gründerin des Klosterfonds gilt Herzogin Elisabeth von Calenberg. Die Klosterkammer versteht sich als Patronin, Anregerin und Dienstleisterin für Klöster

---

* Symposions-Vortrag im Kloster Ebstorf 2006.

und Stifte. Zur Zeit stagnieren ihre Einnahmen, aber die Ausgaben steigen. Beim Grundbesitz wird darauf geachtet, dass sich dieser auf keinen Fall verringert.

Das Kloster Neuenwalde ist eng mit der Bremischen Ritterschaft verbunden. Seit der Erneuerung des Konventes im Jahre 2005 suchen hier vier Damen, Kultur und Kunst sowie das Gemeindeleben rundum Kloster und Kirche zu bereichern.

Auch im Braunschweiger Raum gibt es ein gewisses Nachleben der alten monastischen Formen, nämlich in dem 1176 gegründeten Kloster St. Marienberg/ Helmstedt mit 1989 erneuertem Konvent. 2006 erhielten die Konventualinnen für ihr Stundengebet und die hohen Feiertage neue, schwarze, bodenlange Gewänder mit einem blauen Seidenkragen, den auf der Rückenseite ein goldenes M (für Maria und Marienberg) ziert. Dem Konvent geht es besonders um die Erhaltung der Paramentenstickerei im Kloster. Ein Klosterpropst hilft, die tradierten Werte in die Zukunft zu führen. Zu dem niedersächsischen Nachleben der alten monastischen Formen gehört auch das »Kloster zur Ehre Gottes« in der Klosterstraße in Wolfenbüttel.

Geleitet werden die Frauenklöster und -stifte von Äbtissinnen, die von ihrem Konvent oder Kapitel gewählt werden, auch wenn oft nur eine einzige Kandidatin vorhanden ist. Die Klosterdamen (Konventualinnen, Chanoinessen, Stiftsdamen oder Kapitularinnen) sind vielfältig tätig. Viele Klosterdamen zeigen bei Führungen die Kunstschätze ihres Klosters und bringen so den vielen Besuchern im Sommer das klösterliche Mittelalter nahe. In allen Klöstern werden die Führungen im Sommerhalbjahr immer wichtiger, weil sie auf Grund der christlichen Kunstwerke wichtige Teile der christlichen Überlieferung in dürrer Zeit vermitteln: Die Führungen erhalten so einen religionspädagogischen Zug: Über die Faszination des Kirchenraums gelingt oft eine Alphabetisierung des Glaubens. Immerwieder werden Kirchenbesucher, die dem Christentum fernstehen, spirituell berührt.

Andere Konventualinnen beschäftigen sich mit Paramentenstickerei, z.B. in Mariensee, erschließen das Klosterarchiv, z.B. in Wienhausen, und übernehmen Aufgaben in der jeweiligen Kirchengemeinde und im kulturellen Leben der Umgebung. Einige sind auch privatissime künstlerisch oder schriftstellerisch tätig.

Aufgenommen werden alleinstehende, evangelische Frauen, die ein Leben in christlich geprägter Gemeinschaft schätzen. Sie wollen gemeinsam leben und gemeinsam alt werden. Die Lebensform unter der alten Devise *ora et labora* vermittelt zwischen christlicher Gemeinschaft und lebensvoller Individualität. Jede Dame hat einen eigenen Haushalt in einer abgeschlossenen, geräumigen, modernisierten mietfreien Wohnung und einem Stück Garten. Im Unterschied zu früher stellt heute die Hilfsbedürftigkeit keine zwingende Voraussetzung mehr für die Aufnahme in ein Stift oder Kloster dar. So entfällt meistens die hergebrachte Präbende. Auch müssen heute die Anwärterinnen nicht mehr wie früher aus einer um Staat, Kirche und Gemeinwohl verdienten Familie kommen. Beim Eintritt sollten die Damen nicht älter als sechzig Jahre sein. Sie müssen in der Lage und bereit sein, bestimmte Aufgaben im Rahmen der Klosterfamilie zu übernehmen.

Die hergebrachten liturgischen Formen entfalten sich besonders an den Festtagen der Klöster und Stifte. Bei der feierlichen Einführung einer Äbtissin geht es zunächst um die weltliche Einsetzung der neuen Äbtissin mit entsprechender Verpflichtung. Dann folgt der kirchliche Segen, in dem der neuen Äbtissin Gottes Beistand für ihr hohes Amt mit seiner Würde und Bürde zugesprochen wird. Bei den Einführungen von Stiftsdamen geht es vor allem um die Verpflichtung der neuen Konventualinnen – keine Gelübde wie in katholischen Ordensgemeinschaften – und um die Übergabe des prächtigen Stiftsordens, der in jeder Korporation etwas anders gestaltet ist. Ein Festmahl schließt sich an.

Die Horen, die alten Gebetszeiten, sind überall im 18. Jahrhundert der Aufklärung zum Opfer gefallen. Aber in den jährlichen drei Chortagen im Juni im Kloster Isenhagen wurden die alten Gebetszeiten erneuert. In Ebstorf ist seit langem täglich eine Morgenandacht, die eine Konventualin in wöchentlichem Wechsel hält. In Mariensee ist einmal in der Woche Hora.

Grundlage des gemeinsamen Lebens in den Kommunitäten sind die staatlicherseits erlassenen Klosterordnungen bzw. -Satzungen. Darin sind die Rechte, Aufgaben und Wirkungsmöglichkeiten der Frauen in den Klöstern und Stiften genannt.

Die meisten niedersächsischen Frauenklöster sind Schatzkammern alter Kunst. Die bedeutendsten Kunstschätze besitzt das Kloster Wienhausen bei Celle. Am 25. Mai 1994 wurden die Museen im Westflügel des Klosters Wienhausen eingeweiht. Sie haben der Klosterkammer 2,4 Millionen DM gekostet. Der Gottesdienst war auf den Ton gestimmt »Wir wollen alle fröhlich sein in dieser österlichen Zeit« und nahm im Sinne des um 1460 entstandenen Wienhäuser Liederbuches die herrliche Maienwelt in die Andacht hinein. Superintendent Bodo Wiedemann sagte in seiner knappen und einfühlsamen Ansprache: »Es ist unmöglich, an diesem Ort nicht fasziniert zu sein«. In diesem kunstreichen Kloster sei der »Flügelschlag des Evangeliums zu spüren«. Es gehe in Wienhausen nicht nur um museale Pflege vergangenen Lebens, sondern auch um lebendige Gegenwart.

Der damalige Landeskommissar für Wienhausen, Präsident der Klosterkammer Prof. Dr. Axel Freiherr von Campenhausen, erklärte, die weltberühmten mittelalterlichen Textilien des Klosters seien im Laufe der Jahre in einen bedrohlichen Erhaltungszustand geraten. Durch den Besucherstrom in den »Teppichwochen« seien große Schwankungen der Luftfeuchtigkeit nicht zu vermeiden gewesen. Auch das normale Licht habe den Kostbarkeiten geschadet. So sei unter genauester Beachtung aller neuen Erkenntnisse über die Erhaltung alter Textilien ein neues Museum im Westflügel des Klosters geschaffen worden. Für diese denkmalpflegerische Großtat hätten mehrere Konventualinnen ihre bisherigen Wohnungen hinopfern müssen. Auch die Kapelle mit dem frühgotischen Auferstandenen habe verlegt werden müssen. Die größte Teppich-Vitrine messe 6.80 m zu 4.10 m. Jede Vitrine habe ihr eigenes Klima, das laufend kontrolliert werde. Kein schädliches Licht sei erlaubt, und doch müssten die Besucher die Kunstwerke betrachten können. Hier befinden sich in glanzvoller Präsentation die mittelalterlichen Textilien, z.B. der Heilsspiegelteppich, der Einhornteppich und die Jagdteppiche. Hier ist auf mehr als zweihundert Quadratmetern kein konservatorischer Wunsch offengeblieben.

Darunter ist das klostergeschichtliche Museum eingerichtet. Hier sind besonders die Funde unter dem Nonnenchor zu sehen, z.B. ein bemaltes, spätmittelalterliches Engelchen, ein Noppenglas, Steckschildchen mit den Namen von Nonnen, zwei Professzettel, Nietbrillen, eine Geißel und viele, kleine Andachtsbilder, wie z.B. die Verehrung des Hl. Bernward von Hildesheim durch eine Zisterzienserin. Besonders wichtig sind die um das Wienhäuser Liederbuch gruppierten Handschriften, darunter Miniatur-Gebetbüchlein. Aus neuerer Zeit stammt ein »Koffeetuch« in Leinen-Seiden-Damast von 1745, dessen Schrift sich auf Friedrich d.Gr. und Maria Theresia bezieht. Viele weitere Exponate bezeugen ein Alltagsleben voll Geborgenheit, in dem Gemeinschaft und Persönlichkeit in gleicher Weise gedeihen. Besonders zu erwähnen ist das Wienhäuser Liederbuch aus dem Herbst des Mittelalters.

An zweiter Stelle steht Lüne in Lüneburg, wo auch die Bauten viel mittelalterliche Substanz enthalten. Am 19. August 1995 wurde im Kloster Lüne das neue Teppichmuseum eingeweiht, das in Zukunft die kostbaren Teppiche des einstigen, 1172 gegründeten Benediktinerinnen-Klosters und heutigen evangelischen Damenstifts präsentiert.

In seiner Ansprache in der Klosterkirche betonte der damalige Superintendent Zinßer auf Grund der Tageslesung, zu den wichtigsten Aufgaben des Christen gehöre die Gastfreundschaft. Früher habe sich jedes Kloster um Gott suchende Pilger gekümmert, heute gehe es auch in Lüne um Touristen, denen die evangelischen Konventualinnen Kleinodien des Mittelalters zeigten, die auch Dokumente des christlichen Glaubens seien. In diesem Sinne stellte Zinßer das neue Gebäude unter den Schutz und Schirm Gottes.

Die Äbtissin erklärte in ihrer Ansprache, bisher habe das Kloster die einzigartigen Teppiche nur in der bekannten Teppichwoche zeigen können. Aber jetzt sei durch den Einsatz der Klosterkammer eine Dauer-Ausstellung möglich. Seit sechshundert Jahren hätten die Damen die gestickten Textilien bewahrt und immer wieder gezeigt. Jetzt aber könnten sie weitere Jahrhunderte ruhen und doch kunstfreudige Besucher erfreuen. Die Grundlagen des neuen Museums seien großer Mut für das gewaltige Vorhaben und erhebliches Umdenken gewesen. »Es war nicht leicht, sich von der überkommenen Teppichwoche zu lösen«. Weiter gehe es um Sicherheit: Erst jetzt seien die von den Nonnen geschaffenen Kunstschätze wirklich sicher. Das neue Museum trage ein Stück Ewigkeit an sich: »Wenn unser Leben endet, leben unsere Kunstschätze weiter«. Konstitutiv für das neue Museum sei die Umsicht, die die Bewahrung des Kulturerbes als hehre Aufgabe ansehe. Nunmehr könnten die Besucher ständig in Muße die Teppiche betrachten – und nicht mehr zusammengedrängt in einer einzigen Woche.

Der Präsident der Klosterkammer, Prof. Dr. Axel Freiherr von Campenhausen, führte aus, das neue Museum mit dreihundert Quadratmetern Ausstellungsfläche sei schon das zweite Teppichmuseum in der niedersächsischen Klosterlandschaft. Wienhausen habe noch mehr, aber weniger gut erhaltene historische Textilien. In den vorhandenen Lüner Gebäuden sei kein hoher, großer Raum, der für eine Dauer-ausstellung in Frage komme. Der 5,5 m hohe »Sibyllen- und Propheten-Teppich« (um 1500) erforderte einen Neubau, da im Kloster kein ausreichend hoher Raum für eine Dauerpräsentation zur Verfügung stand. Diesem Neubau hätten sich dann freilich jahrelange, eigentlich unvorstellbare Verzögerungen im öffentlich-rechtlichen Genehmigungsgang entgegengestellt. Die Sache sei »echt stressig« gewesen. Aber jetzt seien die von den Nonnen gestickten Schätze in einer fensterlosen Halle in ständigem Dämmerlicht und voller Klimastabilität untergebracht. Eine Videoanlage, Alarmanlagen und 190 qm Sicherheitsglas werde auch »hartnäckige Kriminelle verzweifeln lassen«. Ohnehin würde niemand die weltbekannten Teppiche kaufen. Der größte Teppich befinde sich unter gegossenen Spezialscheiben, von denen jede 500 Kilo schwer ist. 22 dampfdichte Vitrinen seien für die empfindlichen Exponate eingebaut. »Es fehlt den Kostbarkeiten an nichts«. Die neuesten Erkenntnisse über die Konservierung von historischen Textilien seien beachtet worden, wie sie etwa die Schweizer Abegg-Stiftung zur Verfügung gestellt habe. An diesen Tatsachen würden »alle Vorwürfe ablaufen«. Der Präsident übergab der Äbtissin Photos der verschiedenen Stadien des Baues (Gesamtkosten 4,3 Mill.) für das Klosterarchiv.

Dann besichtigten die Festgäste die von höchster Fachkompetenz geprägte Anlage, in die eine mittelalterliche Backsteinmauer als südliche Außenlängswand integriert wurde. Dr. Volker Hemmerich, der bewährte Leiter der Bauabteilung der Klosterkammer, empfing vielfältige Anerkennung für den Entwurf der Anlage, die in vieler Hinsicht in Europa ihresgleichen sucht.

An dritter Stelle steht Fischbeck mit dem Fischbecker Wandteppich, den Manfred Hausmann in die deutsche Literatur einführte. Aus Fischbeck stammt auch das großartige romanische Kopfreliquiar im Kestner Museum Hannover.

In Ebstorf geht es vor allem um die berühmte Ebstorfer Weltkarte, die einzig als gute Nachbildung überkommen ist. 1966 wurden in Ebstorf Reste von 23 »Paradiesesgärtlein« entdeckt, einzigartige »Klosterarbeiten« des Spätmittelalters. Diese Paradiesesgärtlein waren den Bräuten des himmlischen Bräutigams ein Abglanz des Paradieses, des ewigen Lebens. Mit Hilfe der Klosterkammer wurde neben der Nonnenempore in einem ehemaligen Kapellenraum eine Schatzkammer eingerichtet, in der sakrale Kostbarkeiten aus dem Klosterbesitz einen Bogen künstlerischen Schaffens vom 12. bis zum 16. Jahrhundert spannen.

In Medingen, 1781 bis 1788 in klassizistischen Formen neu errichtet, erfreut besonders der kunstvolle, spätgotische Äbtissinnenstab und die silberne Statue des Heiligen Mauritius. Im mittelalterlichen Medingen entstanden Kirchengesänge, die noch in heutige Gesangbücher Eingang gefunden haben.

Im vorzüglich erhaltenen Klostergeviert in Isenhagen werden ein romanischer Thronsessel, zum Lesepult geworden, und der Marienaltar von 1515 gezeigt.

Das einsam gelegene Börstel hinter Quakenbrück ist durch die Entdeckung mehrerer mittelalterlicher Holzfiguren bekanntgeworden, die erhebliche frömmigkeitsgeschichtliche Bedeutung haben. In Walsrode findet das »Bambino«, eine spätgotische Christkindfigur, viel Zuneigung. Sein Gewand ist mit unzähligen Perlchen aus Heideflüssen bestickt, die mit Nonnenhaaren aufgenäht worden sind.

In dem schon 858 vom Heiligen Ansgar gegründeten Stift Bassum, der ältesten niedersächsischen Kommunität, erfreut der frühklassizistische Kapitelsaal mit seinem reichen Schmuck. Im Altar der Bassumer Stiftskirche ist ein spätromanischer Heiligenschrein entdeckt worden, der mit Gebeinen gefüllt ist. Das Innere der spätromanischen Stiftskirche ist wieder ein historizistisches Gesamtkunstwerk geworden. In dem Museumsraum ist ein zauberhaft besticktes Rokokokleid zu sehen. Ein hochmittelalterliches Antependium, eine venezianische Webarbeit mit Goldfäden, ist erst kürzlich wiedergewonnen worden. Auch ein ausgegrabenes, winziges Mönchlein erfreut. Das Kanonikuszimmer ist von gemalten antiken Ruinen bestimmt. In der alten Dechanei werden Gäste bewirtet. Auch andere Stiftsdamenhäuser sind hier erhalten und konserviert. Die frühere Gerichtseiche des Stiftes stammt noch aus dem Mittelalter.

In Wülfinghausen wurde 1999 aus einem historizistischen Gotteshaus eine gotische Klosterkirche wiedergewonnen.

Die Klosterkirche Mariensee ist nach neuen Forschungen das früheste gotische Gotteshaus Niedersachsens. Hohen Wert hat hier das Gebetbuch der Ottilie von Alten mit seinem reichen Schmuck.

Das nicht in den Bereich der Klosterkammer gehörende Kloster Marienberg in Helmstedt, von Domina Mechthild von Veltheim geleitet, bewahrt kostbare mittelalterliche Paramente. Heute geht es hier im Rahmen der 1921 gegründeten »Domina Charlotte und Louise von Veltheim-Stiftung« um Neuanfertigung von Altarbekleidungen. Die Leiterin der Paramentenwerkstatt, Josefina Häkanson, sieht sich zunächst die Kirche genau an, für die Paramente in Auftrag gegeben sind. »Sie möchte den Klang des Raumes erfassen, um ihn in Formen und Farben abzubilden.« Paramentik soll nicht Dekoration sein, sondern die Kontemplation fördern. Seit 1983 ist der Paramentenwerkstatt eine Werkstatt für Textilrestaurierung unter Leitung von Friedrike Ebner von Eschenbach angeschlossen. Hier werden Zeugnisse einer wechselvollen Geschichte denkmalpflegerisch gesichert und so der Nachwelt erhalten.

Hierher gehört auch das »Kloster zur Ehre Gottes« in Wolfenbüttel. Hier findet man in dem Palais einen barocken Festsaal von dem Baumeister Hermann Korb mit einer prachtvollen Kamin-Umrahmung. In dem Renaissanceflügel ist der Andachtsraum zu bewundern, dessen Wände eine kunstvolle Ledertapete mit vergoldeten, floralen Motiven ziert.

Die Stifte und Klöster sind offen für neue Aufgaben. Bei dieser Profilbildung geht es um drei große Themen. Erstens ist der kirchliche Auftrag wichtig: Mit Hilfe der sakralen Räume soll sich eine neue Spiritualität entwickeln. Auch kann man in den Klöstern und Stiften Stille erleben. Zweitens haben Klöster und Stifte hohe Bedeutung für die kulturelle Bildung: Sie können den Besuchern bei der Identifikation mit dem Land Niedersachsen helfen. Drittens sind die Klöster und Stifte im sozialen Bereich tätig. Sie alle spüren die Verantwortung, die aus dem großen Erbe erwächst.

Im Wennigser Festsaal, der aus einem Zehntkorn-Boden gewonnen ist, finden im Winter Kammerkonzerte auf höchstem Niveau statt. Das Kloster Wennigsen ist eine Stätte der Meditation geworden (via cordis). Dem Kloster Wennigsen ist ein Johanniter-Haus zugeordnet, in dem sich von Zeit zu Zeit die niedersächsischen Johanniter treffen.

In Bassum finden immer wieder Serenaden im Kapitelsaal statt. Auch kirchengeschichtliche Seminartage werden in Bassum durchgeführt. Es nehmen daran stets etwa vierzig Personen teil. Mehr Teilnehmer sind in dem hölzernen Saal leider baupolizeilich nicht erlaubt. Die Seminartage enden stets mit der Hora in der romanogotischen Stiftskirche. Im Kapitelsaal kann man sich trauen lassen. Das fördert die Verbindung von Stift und Stadt Bassum, die ihrer 1150-Jahrfeier 2008 entgegengehen.

In Fischbeck werden im Kapitelsaal immer wieder hochkarätige Vorträge gehalten. In der Stiftskirche finden Konzerte statt. Das dem Verfall entrissene Torhaus wird touristisch genutzt. Genügend Parkplätze wurden neu angelegt.

In mehreren Klöstern ist neues Gemeinschaftsleben auf altem Grund erwachsen. In Wülfinghausen erfüllen sieben Schwestern der »Communität Christusbruderschaft Selbitz« das Haus mit evangelischem Ordensleben im Rhythmus von ora et labora. So sind die Werktage durch vier Gebetszeiten in der Krypta strukturiert. Hier ist eine neue Spiritualität erkennbar. Jede Schwester hat eine besondere Aufgabe. Die neu eingerichtete Klosterküche kann bis zu zweihundert Personen versorgen. Die Kommunität lebt nach den »Evangelischen Räten«: Armut, Keuschheit und Gehorsam. Offizielle, kirchliche Inanspruchnahme erfreut die Schwestern besonders. Das »Haus der Stille« bietet in 20 Einzelzimmern Raum für alle, die Anleitung zum geistlichen Leben suchen. »Kloster auf Zeit« ist durchaus möglich. 2005 gab es hier 3483 Übernachtungen. 34 Kurse waren zu Gast. Seit 2004 gibt es in Wülfinghausen den nebenberuflichen Zweijahreskurs »Geistliche Begleitung«, der die Befreiung von unfrei machenden Bindungen und menschlich-geistliches Wachstum zum Ziel hat. Die Teilnehmerinnen und Teilnehmer, darunter viele Pastoren, möchten die Spuren Gottes in ihrem Leben entdecken und eine kontemplative Grundhaltung entwickeln. Sie erhalten neue Impulse für ihre eigene geistliche Praxis in Abgrenzung von vielem, was sich heute unter dem Namen Spiritualität tummelt.

Auch in Barsinghausen erweckte eine evangelische Kommunität, ein Zweig der 1954 gegründeten Diakonischen Schwesternschaft Wolmirstedt e.V. mit, 2005, fünf Mitgliedern neues Leben auf altem Grund, das sich an den drei Evangelischen Räten (Gütergemeinschaft, Ehelosigkeit und Gehorsam) orientiert. Aus einem dumpfen Keller entstand 1997 »Beth El« (Haus Gottes), die Hauskapelle. An Einkehrtagen möchten Menschen in der Stille Gott begegnen. Klösterliche Gastfreundschaft wird in Barsinghausen großgeschrieben, besonders im Blick auf Einzelgäste. In Barsinghausen ist auch Mitleben in der zur Christusnachfolge berufenen Gemeinschaft für begrenzte Zeit möglich. Das erneuerte Kloster mit seinem barocken Brunnen vor dem Tor hat sich die Worte von Mary Ward zu eigen gemacht: »Unsere Häuser werden Brunnenhäuser sein, in denen das Wasser fließt, nicht verschlossen, sondern offen. Ich wünsche, dass viele kommen und trinken und selber Quellen des Lebens werden.« Jeden Dienstag ist um 15.00 Uhr Gelegenheit zur Einkehr, Rast und Begegnung in

Die einzigartigen evangelischen Frauenklöster und Frauenstifte

der Klostergrotte. Jeden Mittwoch sind um 15.00 Uhr Führungen durch das Kloster möglich. Besondere Angebote sind »Töpfern im Kloster«, wobei biblische Botschaft und kreatives Gestalten miteinander verbunden werden, und die Einladung, den Heiligen Abend in Gemeinschaft mit der Kommunität zu erleben. Die Tagzeitengebete sind um 8, 12 und 18 Uhr.

In Mariensee kann man traditionelle klösterliche Sticktechnik erlernen und an Heilkräutertagen teilnehmen. Der Heilkräutergarten »boomt«. Am 12. eines jeden Monats ist der »Marienseer Abend« mit gemeinsamem Essen, wozu jeder etwas mitbringt. Im Kloster befinden sich Sammlung und Archiv der Klahn-Stiftung. Das Kloster pflegt die Erinnerung an Hölty, den Dichter des Frühlings.

In Stift Obernkirchen, früher Sitz einer Landfrauenschule des Reifensteiner Verbandes, befindet sich heute eine Tagungsstätte der »Geistlichen Gemeindeerneuerung in der Evangelischen Kirche«.

Auch beim Stift Börstel im nördlichen Landkreis Osnabrück gibt es eine moderne Tagungsstätte, die 2001 in drei historischen Gebäuden des Stiftes durch die Klosterkammer Hannover entstand. Hier kann man die Kunst des Lebens, *ars vivendi*, in Ruhe und Besinnung pflegen. Im Sommer zieht eine Konzertreihe viele Menschen in die Einsamkeit des Stiftes, im Winter eine Vortragsreihe. Im Stift sind sei 1648 zwei Stellen katholischen Damen vorbehalten. Am Michaelistag, am 29. September, legt die Äbtissin traditionsgemäß ihren Haushaltsbericht vor, in dem die Pachterlöse des Grundbesitzes von mehr als siebenhundert Hektar stets eine besondere Rolle spielen. Das Stift im Grafelder Moor ist auch ein Lernort des regionalen Umweltbildungs-Zentrums.

Im Kloster Marienwerder besteht das Bibelzentrum »Ein Haus voller Leben«. In Marienwerder befindet sich auch ein vorzüglich betreutes Alten- und Pflegeheim, vor allem für pflegebedürftige Mitglieder niedersächsischer Klöster.

Auch in Isenhagen sucht man die in den Bauten und Kunstwerken greifbare Segensgeschichte mit heutiger Spiritualität zu verbinden.

Übrigens befinden sich im Gefüge der Klosterkammer auch zwei evangelische Männerklöster: In Bursfelde (gegründet 1093) mit kürzlich erneuertem Konvent (zwölf Professoren) und einem Einkehr- und Tagungshaus lebt die traditionsreiche benediktinische Spiritualität mit evangelischem Profil wieder auf. Gebet und Meditation, geistliches Lernen, Bibellektüre und Selbsterfahrung, wie sie hier geübt werden, haben das Tagungshaus seit 1978 zu einem geistlichen Zentrum im Süden Niedersachsens werden lassen. Seit 1828 ist ein Professor der Evangelisch-Theologischen Fakultät Göttingen Abt von Bursfelde. Die längste Amtszeit war meinem Großonkel Carl Stange vergönnt, der mich vor über fünfzig Jahren zur Erforschung der evangelischen Klöster in Niedersachsen anregte.

Riechenberg bei Goslar (Gethsemane-Kloster) von Schweigen und Gebet bestimmt, ist eines der strengsten Klöster der Christenheit mit ostkirchlichem Einschlag. Heute sind hier drei evangelische »Mönche« am Werk. Hinter ihnen steht ein aktiver Freundeskreis. In Riechenberg findet man die schönste romanische Krypta Niedersachsens.

Besondere Aufmerksamkeit galt in letzter Zeit den Klostergärten. Inken Formann stellt in ihrer 500 Seiten mit 225 Abbildungen umfassenden Hannoverschen Dissertation »Vom Gartenlandt so den Conventualinnen gehört« Die Gartenkultur der evangelischen Frauenklöster und Damenstifte in Norddeutschland, München 2006, CGL Studies 1 = Schriftenreihe des Zentrums für Gartenkunst und Landschaftsarchitektur der Universität Hannover, ISBN-Nr. 3-89975-040-3, sämtliche historischen und gegenwärtigen Klostergärten der niedersächsischen evangelischen Frauenklöster und -Stifte in die Geschichte dieser Gemeinschaften hinein, wobei die gesamte, oft entlegene Literatur, das reiche Archivmaterial, die Flurnamen und die vielen Sachüberreste bis hin zu alten Gartenmauern vorbildlich ausgewertet wurden (über 1400 Belegstellen). Die Klosterkammer förderte das magistrale Werk in jeder Hinsicht. Neben den Gartenräumen, die sich aus dem Klosterbauschema und den alltäglichen Erfordernissen des Gemeinschaftslebens entwickelt haben, werden die »Damengärten« behandelt, die einst erhebliche Bedeutung für die Ernährung der einzelnen Konventualinnen hatten. Der große Wurf bezieht auch die nur noch historischen Stifte in Westfalen wie Herford und Essen und die entsprechenden nordostdeutschen Korporationen wie Dobbertin ein, wobei alles von Autopsie bestimmt ist. Aber auch Theodor Fontanes bekannte, romantisch gestimmte Stiftsdamen werden beachtet. Das stilistisch und drucktechnisch herausragende Werk führt stets zu bestens begründeten Ausblicken in die künftigen, gartendenkmalpflegerischen Entscheidungen.

Die evangelischen Klöster und Stifte in Niedersachsen sind einzigartig: In allen anderen deutschen Gebieten hat fürstliche oder städtische Habgier nach der Reformation und noch mal 1803 das Klostergut vereinnahmt, einzig in Niedersachsen blieb das Klostergut weitgehend beisammen – unter dem Schutz des Staates.

In anderen Regionen gab es wohl einzelne evangelisch gewordene Stifte, wie z.B. Drübeck, Malchow und Rühn. Heiligengrabe existiert noch heute. Auch einige Reichsfrauenstifte wie Gandersheim, Quedlinburg und Herford bestanden evangelisch fort – bis zum Reichsdeputationshauptschluss. Aber nirgends konnte sich eine ganze, evangelische, kunstreiche Klosterlandschaft entwickeln und überleben, wie im konservativen Niedersachsen. Zu dieser Klosterlandschaft gehören auch ganz erheblich die evangelischen Männerklöster Loccum, das sich ein Predigerseminar angegliedert hat, und Amelungsborn, dem Wilhelm Raabe mit seinem »Odfeld« einen Platz in der deutschen Literaturgeschichte verschafft hat.

Die evangelischen Klöster und Stifte Niedersachsens stellen eine einzigartige Attraktion in der niedersächsischen Kulturlandschaft dar. Sie dringen zunehmend in das öffentliche Bewusstsein und beherzigen auf ihre Weise das alte Zisterzienserwort: Porta patet, cor magis – Das Tor ist offen, das Herz noch mehr.

Zwanzig Jahre Seminartage im Stift Bassum

Aus Anlass der 1050. Wiederkehr der ersten urkundlichen Bezeugung des Stiftes führte das Stift am 24./25.10.1987 ein Wochenendseminar »1050 Jahre Stift Bassum im Rahmen der niedersächsischen Kirchengeschichte« durch, das der Verfasser leitete. Frau Äbtissin begrüßte dreißig Teilnehmer. Am ersten Tag ging es um diese Stätte mittelalterlicher christlicher Frauenkultur. Am Sonntag widmete man sich dem Thema »Reformation und Klosterwesen«. An der abschließenden Festhora in der Stiftskirche nahm auch Landessuperintendent Sprcckelsen, Nienburg, teil. Am 17.9.1988 fand im Zeichen der neuerwachten historischen Frauenforschung ein Seminartag unter dem Thema »Von Roswitha von Gandersheim zu Katharina von Bora« statt. Besonders interessierten dabei Hildegard von Bingen, deren Sekretärin Richardis von Stade Bassumer Äbtissin wurde, und die ehemalige Zisterzienserin Katharina von Bora, die als Luthers verständnisinnige Frau in die Geschichte eingegangen ist.

Dieses Seminarthema wurde am 2.9.1989 fortgeführt. Besonders ging es da um die evangelischen Kirchenlieddichterinnen, um die evangelische Pfarrfrau, um die Diakonissen und um herausragende katholische Christinnen, wie Therese von Konnersreuth, die der Verfasser persönlich gekannt hat, und Mutter Teresa.

Am 8. September 1990 fand ein Seminartag »800 Jahre Deutscher Orden« statt, der durch die Teilnahme des Mittelalter-Historikers Prof. Dr. Hucker mit Studierenden der Universität Vechta und mehrerer Deutsch-Ordens-Numismatiker bereichert wurde.

Am 5. Oktober 1991 konnte Frau Äbtissin zu einem vom Verfasser geleiteten ordensgeschichtlichen Seminartag u.a. Frau Äbtissin Mechtild von Döhren, Kloster Wienhausen, Frau Äbtissin Johanne von Bodelschwingh, Stift Börstel, Frau Konventualin Dr. Graefe, Kloster Mariensee, Prof. D. Dr. Ulrich Faust, Dekan der Bayerischen Benediktinerakademie, Prof. Dr. Bernd Ulrich Hucker, Vechta und Johanniter-Rechtsritter Günther von Kameke begrüßen. Es ging zunächst um die Benediktiner. Besonders beachtet wurde St. Ansgar, der »Gottesspeer«, der 858 das Stift Bassum gegründet hatte. Für die klösterliche Gemüsesuppe nebst Roter Grütze sorgte, wie all' die Jahre, Ursula Heutger. In einem Schlusswort würdigte Prof. Faust OSB, der im Laufe des Tages unablässig auf spezielle Fragen eingegangen war, die objektive Art und Weise der Darstellung der Ordensgemeinschaften. Der Seminartag mit vierundvierzig Teilnehmern klang mit der Hora in der schon für das Erntedankfest wunderbar geschmückten Stiftskirche aus.

Am 5. September 1992 fand im Kapitelsaal ein Seminartag über Dominikaner und Tempelherren statt, an dem fünfunddreißig höchst motivierte Personen teilnahmen. Die Mitwirkung von drei heutigen Tempelherren wirkte sich sehr günstig aus. Das Kaffeetrinken fand zur Freude aller in den kunstreichen Räumen von Frau Äbtissin statt. Beachtlich war die Teilnahme von drei Konventualinnen des evangelischen Klosters Mariensee.

Am 11.9.1993 wurde ein Seminartag über die nordwestdeutschen Kanonissen-Stifte des Mittelalters durchgeführt. Frau Äbtissin konnte u.a. Frau Priorin Dr. von der Decken, Stift Neuenwalde, eine Kapitularin des Stiftes Fischbeck und zwei Konventualinnen des Klosters Mariensee begrüßen. Kanonissenstifte waren halbklösterliche Gemeinschaften der mittelalterlichen Adelskirche, die Großes für Kunst, Wissenschaft und Bildung leisteten, wie man z.B. in Bad Gandersheim bzw. Brunshausen sieht. Während fast alle Kanonissenstifte wie Bassum Urkunden über Königsschutz besaßen, waren nur wenige Stifte reichsunmittelbar, wie z.B. Quedlinburg, wo heute die wiederhergestellte Schatzkammer von der großen Vergangenheit dieses Reichsfrauenstiftes kündet. Noch seltener war Exemtion, Unterstellung direkt unter den Heiligen Stuhl, gegen die die an sich zuständigen Bischöfe, wie St. Bernward, heftig anzugehen pflegten. Heute existieren nur noch zwei Kanonissenstifte, Bassum und Fischbeck. Nach der Klostersuppe mit Roter Grütze zogen die Teilnehmer zu der etwa sechshundert Jahre alten Stiftseiche, bei der einst im Namen der Äbtissin das Niedergericht gehalten wurde. Die Besucher nahmen an den Sorgen von Frau Äbtissin um die Bassumer Stiftsgebäude Anteil. Man besichtigte so die »angebrannte« Rentei, die Frau Äbtissin dann gegen erhebliche Gegenaktionen wiederherstellen ließ. Die Rentei dient heute als Kindergarten.

1994 behandelte der Seminartag »Das Stift Bassum in Geschichte und Kunst«. Aber auch auf allen andern Seminarentagen wurde das Stift Bassum immer einbezogen.

1995 ging es mit zweiundvierzig Seminarteilnehmern um das Thema »Kreuzzüge und Kreuzfahrer«. Ehrengäste waren der Kanzler des Deutschen Tempelherren-Ordens, Fred Meier-Grünhagen, und Pastor Christian Günther aus Gernrode, der Hüter der hochbedeutenden ottonischen Stiftskirche, deren Kanonissen die gleiche Ordnung wie die Bassumer beachteten. Der Verfasser hatte in Gernrode 1990 in dem ersten vom DDR-Fernsehen übertragenen Gottesdienst die Predigt gehalten.

Am 24.8.1995 besuchten vierzig Personen das Stift, um sich über das Wirken der Franziskaner in Niedersachsen zu informieren. Ab 1223 finden wir Anfänge des Ordens in Niedersachsen. Übrigens wurde bis vor einiger Zeit das Krankenhaus im nahen Twistringen von Franziskanerinnen betreut. Auch ein Abgesandter der Franziskaner war erschienen. Den feierlichen Abschluss dieses Tages bildete die Hora in der Stiftskirche. Die Teilnehmer aus dem Tempelherren-Orden, besonders Ordensmeister Fred Meier-Grünhagen und Ordenskanzler Wolfgang Cremerius, legten hierzu ihre weißen Ordensmäntel mit dem roten Tatzenkreuz an.

Im Melanchthon-Jahr 1997 ging es beim Seminartag um den »Reformator neben Luther«. 1999 wurde »900 Jahre Johanniterorden« gewürdigt. Im Jahre 2000 war das Thema »2000 Jahre Christentum« aktuell. 2002 behandelte der Verfasser als Mitglied der Luthergesellschaft »Martin Luther – Bekanntes und Unbekanntes«. 2003 stand aus Anlass des 850. Todestages des Heiligen Bernhard der größte Zisterzienser im Mittelpunkt des Seminartages.

2004 ging es auf dem wie immer bestens besuchten Seminartag im Blick auf die laufende Kirchenrenovierung besonders um die Geschichte der Stiftskirche. Bei der abschließenden Hora war Pastor Herbert Köhler wie immer als Gemeindepastor am Ablauf beteiligt. Er hielt wie stets eine großartige Ansprache.

2005 wurde auf dem Seminartag das Thema »Germanische Religion und Christianisierung in Niedersachsen« behandelt, wobei auch neue Grabungsfunde und das Fortleben germanischer Glaubenselemente beachtet wurden. 2006 widmeten sich zweiundvierzig Seminarteilnehmer bedeutenden christlichen Frauen.

Beim Seminartag 2007 ging es um das Thema »Staat und Kirche in Geschichte und Gegenwart«, besonders um den Kirchenkampf im Dritten Reich und um die Bedrängnis der Christen im Ostblock. Ehrengast war die neue Äbtissin von Walsrode, das ursprünglich wie Bassum ein Kanonissenstift war. Mein treuer Mitarbeiter Manfred Höfer referierte über den Investiturstreit, also über die Auseinandersetzungen von Papst und Kaiser. In der Hora leitete zum rechten Verständnis der wiedergewonnenen Chorgemälde an.

Die äußere Gestalt des Seminartages veränderte sich im Laufe der beiden Jahrzehnte. Zunächst kochte Ursula Heutger den ganzen Vormittag über im Gemeindehaus die allseits geschätzte Klostersuppe, die im Gemeindehaus auch gegessen wurde. Später war wenigstens das Kaffeetrinken in dem gemütlichen Stiftscafe in der Dechanei. Schließlich gab es Mittagessen und anschließenden Kaffee in dem neuen Altersheim. Die Teilnehmerzahl war wegen der eingeschränkten Belastbarkeit des Fußbodens des stets benutzten Kapitelsaales immer auf vierzig begrenzt. So gab es manchmal sogar Absagen.

Die Seminartage brachten viel positives Echo. So z.B. schrieben am 9.August 2004 die langjährigen Teilnehmer Monika und Dr. Jürgen Heuer aus dem so weit entfernten Neumünster dem Verfasser: »Die vielen Treffen in Bassum waren sehr interessant und beglückend für uns, die Atmosphäre war sehr angenehm.«

Das Kloster Wülfinghausen in Geschichte und Gegenwart

Die Anfänge des Klosters Wülfinghausen

Die Anfänge des Augustinerinnen-Klosters Wülfinghausen am Nordosthang des Osterwalds, heute Springe, liegen in Engerode, heute Stadt Salzgitter. Von der Gründung berichtet eine im Jahre 1240 im Kloster entstandene Handschrift, nach der Ritter Dietrich von Engerode 1235/36 an seinem Stammsitz das Kloster stiftet und nach altem Brauch zunächst mit Angehörigen seiner Familie, nämlich mit zwei Töchtern und zwei Nichten, besetzte. Dazu kamen zwei Augustiner-Chorfrauen aus Dorstadt, die die vier anderen in das Klosterleben einführen sollten. Bischof Konrad von Hildesheim bestellte den Priester Heinrich aus Lamspringe zum Propst. Aber der Stifter wollte einzig ein gemütliches, von ihm bevormundetes Familienkloster mit feiner Grablege und nicht ein funktionierendes Ordenshaus, dessen Leitung in geistlicher und wirtschaftlicher Hinsicht mit Recht der tüchtige Priester Heinrich beanspruchte. So waren der tatkräftige Propst und der Stifter binnen sechs Wochen hoffnungslos verkracht. Das Kloster wurde schnell nach Burgassel zwischen Lebenstedt und Hildesheim verlegt. 1236 bot der Ritter Arnold von Wülfinghausen dem Propst sein Gut in Wülfinghausen für neunzig Pfund an und dieser griff zu. Bischof Konrad II. von Hildesheim weihte Ende November 1240 die Klosterkirche und eximierte Kloster und Ort von der Jurisdiktion des bisher hier zuständigen Archidiakons in Eldagsen. 1241 meinte der Bischof, Wülfinghausen sei arm an Besitz aber reich an Glauben.

Papst Innozenz IV. nahm 1246 das Kloster in seinen Schutz und verlieh ihm zwanzig Tage Ablass, behielt aber dem Bischof ausdrücklich seine kanonischen Rechte vor. Der Grundbesitz des neuen Klosters blieb trotz mancher Schenkungen, besonders durch die Grafen von Hallermund bescheiden. Im Frühjahr 1247 brach der Propst zu einer mehrjährigen Fahrt in das neue deutsche Siedlungsgebiet im Osten auf. Erzbischof Wilbrand von Magdeburg, dessen Wiege in der Gegend von Wülfinghausen gestanden hatte, förderte ihn durch ein Empfehlungsschreiben: Er durfte für das Kloster Wülfinghausen sammeln. 1250 schenkte Herzog Barnim von Pommern dem weit entfernten Kloster Wülfinghausen die Kirche in Pyritz (dreißig Kilometer südöstlich von Stettin), an der dann 1255 ein Augustinerinnenkloster bezeugt ist, das also eine Art Filia von Wülfinghausen war. Als der tüchtige Heinrich um 1260 starb, hatte er mehr als vierzig Schenkungen für »sein« Kloster erhalten.

Die Wülfinghauser Nonnen kamen überwiegend aus den dienstadligen Familien des Landes zwischen Deister und Leine. Das Kloster hatte reichlich Nachwuchs. 1323 musste sogar die Anzahl der Nonnen auf sechzig begrenzt werden, um das Überleben des Ordenshauses zu sichern. Ende 1324 trat ein neuer, tüchtiger Propst namens Bernhard sein Amt an. Er kaufte weiteres Land an und warb Schenkungen ein. 1333 konnte das Kloster für zweihundert Mark Silber beträchtliche Güter vom Hildesheimer Michaeliskloster kaufen und wurde so krisenfest. 1377 brannte das

Kloster während der welfisch-hildesheimischen Fehde ab. Die Grafen von Hallermund halfen um 1400 bei der Erneuerung der Anlage.

Die Windesheimer Reform in Wülfinghausen

1436 wurde das Kloster nach der Windesheimer Ordnung erneuert. Die Priorin, eine Freiin von Rössing, und der Propst, Johannes Woker, hatten die Reform erbeten. Freilich waren einige Nonnen nicht der Reform geneigt. Ihnen gelang es, den Propst zu entfernen. Aber der Hildesheimer Bischof schritt ein, und der Prior Gottfried des nahen Augustiner-Chorherrenstiftes Wittenburg konnte die Reform vollenden. Mit Ungehorsam und Privateigentum war es nun vorbei. Magister Johannes Bodenwerder, Rektor der Domschule Hildesheim, wurde neuer Propst. Der Hildesheimer Klosterreformer Johannes Busch hielt den Klosterfrauen geistliche Vorträge. Prior Gottfried hörte die Beichte.[1] Einmal wurde das erneuerte Kloster auch von der ziemlich gleichgerichteten Bursfelder Kongregation visitiert.[2]

Das Kloster Wülfinghausen in nachreformatorischer Zeit

Der reformatorischen Visitation unter Corvinus, 1543, leisteten die adligen Damen in Wülfinghausen Widerstand. Der Bruder der Priorin, Brun von Bothmer, bot sogar adlige Verwandtschaft mit zwanzig Pferden auf, um den angeblichen bedrohten Klosterfrauen beizustehen. 1545 wurden der Propst, Valentin Burckhard und die Priorin, Beate von Bothmer, abgesetzt. Aber dann bestand das Kloster nach niedersächsisch-konservativer Sitte evangelisch fort. Corvinus verlangte das Ablegen der Ordenstracht und schaffte die meisten Zeremonien ab. 1573 wurde das Kloster für 15 000 Taler an den Mündener Amtmann Georg Gladbeck verpfändet, der sogleich mit großem Anhang im Kloster einzog und das Konventsleben schwer beeinträchtigte. Erst 1593 erlangte das Kloster mit Hilfe der Landstände die landesherrliche Genehmigung zur Ergänzung des Konventes. Freilich war das Kloster 1596/97 durch landesherrliche Ausbeutung völlig verschuldet. Doch der Konvent bestand fort. Aber 1615 hatte Wülfinghausen nur noch fünf Konventualinnen. Seit 1618 ist eigene Haushaltsführung der einzelnen Konventualinnen bezeugt, was einen tiefen Einschnitt in das Gemeinschaftsleben bedeutete. 1627 wurden die Klostergebäude von Soldateska verwüstet und die Konventualinnen wichen nach Eldagsen aus.

Nach dem Großen Krieg mühten sich Äbtissin und Konvent um Erneuerung des Ganzen. So findet man an einem Anbau der Kirche die Inschrift »Dorothea Hedewich von der Deken hat dieses machen und wieder erneuern lassen. Anno 1668«. 1728 brannte das Kloster ab, doch die gotische Klosterkirche blieb erhalten. 1729 bis 1740 wurde das Kloster fast völlig neu gebaut. In der Erinnerung an das Mittelalter wurde die quadratische Grundform beibehalten. Für die Stiftsdamen wurden Wohnungen

---

1 Grube 1881, S. 49f.
2 Volk 1972, S. 163.

eingerichtet. Jede Wohnung hat drei Fenster in den Innenhof und drei nach außen. Je zwei Wohnungen haben einen Treppenaufgang. Jede Stiftsdame hatte eine Jungfer. In einer Wohnung ist sogar ein solches Jungfernstübchen erhalten. Wollte einst ein Jüngling sich mit einer bestimmten Jungfer treffen, legte er vorsichtig einen Stein vor das vergitterte Fenster. Bald darauf verließ die so informierte Jungfer ganz offiziell das Klostergebäude.

Im täglichen Gottesdienst des Klosters ging es besonders um Fürbitte für das Herrscherhaus und das allgemeine Wohl. Waren 1663 für Wülfinghausen nur noch eine Priorin und drei Konventualinnen vorgesehen, so erreichte das Kloster im 18. Jahrhundert die apostolische Zwölfzahl. Im 19. Jahrhundert öffnete sich das Kloster wieder den bürgerlichen, sogenannten »hübschen Familien«. 1858 berichtete der hannoversche Offizier Julius Hartmann von einem sonntäglichen Besuch in Wülfinghausen auf Einladung der Äbtissin. Er nahm am (Gemeinde)-Gottesdienst teil, genoss das schmackhafte Sonntagsessen und rühmte die angeregte Unterhaltung im kleinen Kreis um die Äbtissin. »Der Kaffee wurde im Garten gereicht. In den durch niedrige Hecken geschiedenen Nebengängen gingen die Stiftsdamen spazieren. Die Äbtissin hielt es für ihre Pflicht, die nächste zu sich einzuladen. So erschienen noch mehr freundliche Damen.«[3] Hartmann berichtete weiter, die Klosterstellen seien sehr begehrt und böten unverheirateten Damen eine würdige Heimstätte. In noch genau die gleiche Atmosphäre konnte der Verfasser hundert Jahre später eintauchen. Die Oberin hatte zum Kaffee eine Apfeltorte gebacken. Die Stiftsdamen plauderten nett, und der Besucher konnte sich in die Archivalien vertiefen. Das Ganze war in wunderbare Natur eingebettet.

Erst seit 1904 dient die Kirche wieder dem Gottesdienst. Das neugotische Fenster über dem Altar – »Jesus wandelt auf dem Meer« stiftete eine Konventualin.

Das Klostergebäude Wülfinghausen

Die Krypta stammt noch von dem ersten Klosterbau, also aus dem 13. Jahrhundert. Die roten Weihkreuze erinnern an die Weihe im Jahre 1240. Vom Vorraum der Krypta gelangt man in den gotischen Kreuzgang, in dem die Lanzettfenster auffallen, die an die burgundische Zisterziensergotik erinnern. Die heutige Klosterkirche stammt aus der Zeit um 1400. Aus dieser Zeit ist auch das Chorgestühl überkommen. Im Klosterinnenhof wurden einst die Nonnen beigesetzt. Nach den Schäden des Dreißigjährigen Krieges und dem großen Brand von 1728 wurde das Kloster in schlichten Barockformen wieder aufgebaut. Der Südeingang war damals der Haupteingang des Klosters. Hier ist ein repräsentativer Vorplatz überkommen. Hier fallen die beiden Pyramideneichen auf, die aus der Zeit nach 1870 stammen. Der stimmungsvolle Friedhof am nahen Wald birgt vor allem die schlichten Grabsteine der Konventualinnen, jeder etwas anders, aber das Ganze einheitlich, wie das dem ganzen Zuschnitt der evangelischen Kommunität entsprach. Das Klostergut Wülfinghausen wird nicht

---

3 HAMANN/EDERBERG 1977, S. 54.

verpachtet, sondern von der Klosterkammer direkt, durch einen Administrator, mit guten Ergebnissen bewirtschaftet. Die meisten Gebäude des Klostergutes stammen aus der Zeit vor 1740.

Kunstwerke in Wülfinghausen

In der Krypta ist ein gemalter, feiner, gotischer Christuskopf mit Strahlennimbus wiederentdeckt worden. Die Inschrift EPIER ist noch nicht gedeutet. Gut gesichert und nur selten gezeigt war ein sechzig Zentimeter hohes, aus Eichenholz geschnitztes Vesperbild: Die Muttergottes mit dem Leichnam ihres göttlichen Sohnes auf dem Schoss aus der Spätgotik. 1999 wurde dieses Sakralkunstwerk gestohlen. Das Kloster besitzt eine Fülle von Grabdenkmalen. Die beiden ältesten stammen aus der Anfangszeit des Klosters. Einer von ihnen zeigt ein Scheidenkreuz. Ein prächtiges Barockepitaph von 1619 ist von der Familie Rauschplate gesetzt, die dem Kloster besonders verbunden war. In den Bahnen von Rubens ist ein großes Gemälde der Salbung Jesu durch die Große Sünderin gestaltet. Das eindrucksvolle Barockkreuz in der Unterkirche stammt freilich aus dem Kloster Grauhof bei Goslar. Aus einer Stiftsdamenwohnung kommen die Leinen-Tapeten mit der gemalten Geschichte der Esther aus dem 3. Viertel des 18. Jahrhunderts.

Neues Leben auf altem Grund

Das Kloster Wülfinghausen gehört als eines der Calenberger Klöster dem Klosterfonds, besitzt also keine eigene Rechtspersönlichkeit mehr, im Unterschied etwa zu den Stiften Bassum und Fischbeck.

Nach 1945 nahm Wülfinghausen wie die anderen niedersächsischen Klöster und Stifte eine Fülle von Heimatvertriebenen auf. Nach 1985 versuchte man in Wülfinghausen, ein Haus der Stille mit Meditationen einzurichten. 1994 zogen sechs Schwestern der »Communität Christusbruderschaft Selbitz« im Kloster ein. Die Christusbruderschaft (im Jahre 2000 hatte sie hundertzwanzig Schwestern und sechs Brüder), ein evangelischer Orden, hat am 1.1.1949 in der Kirche von Schwarzenbach/Saale ihr gemeinsames Leben begonnen. Sieben Schwestern und vier Brüder wagten damals auf Grund einer 1940ff. aufgebrochenen geistlichen Erweckung diesen Schritt. Im August 1949 siedelte die junge Bruderschaft nach Selbitz um. Sie lebte dort im Pfarrhaus von Walter Hümmer wie eine große Familie in der Nachfolge Jesu. 1972 wurde der Ordensgründer Walter Hümmer in die Ewigkeit abgerufen. Das Gebet und die Stille vor Gott, der Dienst am Nächsten und die frohe Botschaft von Jesus Christus füllen die Tage der Mitglieder aus. Die Christusbruderschaft bekennt sich zum Reichtum und auch zur Armut der evangelisch-lutherischen Kirche.[4]

Von dem alten Konvent blieben in Wülfinghausen zwei Stiftsdamen zurück. Dadurch wurde eine gewisse Kontinuität sichergestellt. Eine der beiden, G. Groth,

---

4 GORNIK 1979, S. 59–71.

widmete sich den Klosterführungen. Weiter baute sie eine Telefonkette auf, in deren Rahmen sich ältere Menschen sicher fühlen, half Senioren beim Papierkrieg im Rahmen unseres Antragsstaates und arbeitete in einer Wasserbewegungsgruppe im Hallenbad Springe mit.

Die Schwestern erfüllten das Kloster mit evangelischem Ordensleben im Rhythmus von *ora et labora*, Gebet und Arbeit. So sind die Werktage durch die vier Gebetszeiten in der Krypta strukturiert. »Das Gebet trägt uns durch den Tag«, sagte Äbtissin Adelheid Wenzelmann, die schon seit 1968 zur Kommunität gehört. Die Ordenstracht ist grau. Ein Schleier auf dem Haupt gilt als äußeres Kennzeichen der Zugehörigkeit zum Ewigen. Der Südflügel des Klosterquadrums wurde Klausur der nördlichsten Außenkommunität der Christusbruderschaft. Im Westflügel wurde die Abtei mit Konventssaal eingerichtet. Jede Schwester hat besondere Aufgaben: Ist Pfortenschwester, eine andere Gartenschwester und eine dritte Küchenschwester. Die neu eingerichtete Küche kann bis zu zweihundert Personen versorgen. Die Hausschwester ist die Seele des Ganzen.

Die schlichten Holzknechtshäuser in Fachwerk am Rand des Klostergartens sind zu Familien-Wohnungen umgebaut, in und vor denen oft bis zu fünfzehn Kindern spielen. Die gegenüberliegenden Remisen der Klosterkutschen werden heute für Kraftfahrzeuge benutzt.

Die Kommunität lebt nach den Evangelischen Räten (Armut, Keuschheit, Gehorsam) und steht damit in der monastischen Tradition der einen christlichen Kirche. Aus der Erfahrung der Liebe Gottes heraus wollen die Schwestern alle Güter und Gaben teilen. Sie erfahren den Ruf zur Ehelosigkeit um des Reichs Gottes willen als Charisma und halten sich verfügbar für die Nachfolge Jesu in einer Haltung des Hörens. Äbtissin Adelheid, gebürtige Stuttgarterin, meinte im Rückblick auf ihr bisheriges Ordensleben: »Ich habe viel aufgegeben, aber als Mensch um so mehr gewonnen.«

Der Rat der Evangelischen Kirche in Deutschland wusste die leise Gastfreundschaft Wülfinghausens genauso zu schätzen wie die gemeinsame Kommission des Rates der Evangelischen Kirche in Deutschland und der katholischen deutschen Bischofskonferenz, die 1998 ihr konstituierende Sitzung im Kloster abhielt. Solche offizielle, kirchliche Inanspruchnahme bzw. Würdigung erfreut die Schwestern besonders, nachdem ihre Kommunität in ihrem bayerischen Anfängen noch als »sektiererisch« beargwöhnt worden war.

Das Haus der Stille bietet in zwanzig Einzelzimmern Raum für alle, die Anleitung zum geistlichen Leben suchen. So z.B. sollen Pfarrer, Pfarrerinnen und kirchliche Mitarbeiter und Mitarbeiterinnen hier einen Ort des Rückzugs und der Seelsorge finden. Der Abstand vom Alltag soll helfen, die Quellen des Evangeliums für das eigene Leben aufzuspüren: In der Stille kann das Hören auf Gott und auf sich selbst eingeübt werden. Zum *ora* tritt auch hier das *labora*: Etwas Mithilfe in Küche, Haus oder Garten ist erwünscht.

Kloster auf Zeit ist möglich für Menschen zwischen einundzwanzig und fünfunddreißig Jahren, die nach einem ganzheitlichen, inneren Weg suchen, die Kommunität schon kennen und Retraite-Erfahrung haben. Zu dieser »Auszeit« gehört halbtägige

Mitarbeit im Kloster. Mehrmals teilten Frauen für ein halbes oder ein ganzes Jahr das Leben im Kloster.

Es gibt auch Einkehrurlaub neben dem Kloster mit Selbstversorgung unter Teilnahme am Stundengebet für Familien und Einzelgäste, die die Kommunität schon kennen und bereits an einem Kurs teilgenommen haben.

Die Erneuerung der Klosterkirche

Im Laufe des Jahres 1999 wurde die Klosterkirche erneuert: Aus einem historizistisch bestimmten Gotteshaus wurde wieder eine gotische Klosterkirche. 150 Sack Sanierputz wurden aufgebracht. Am 3. Oktober 1999 wurde das fachgerecht erneuerte Gotteshaus mit einem überfüllten, musikalisch reich ausgestalteten Gottesdienst wieder eingeweiht. Frau Äbtissin Adelheid Wenzelmann begrüßte angereiste Schwestern ihrer Kommunität aus Selbitz und Magdeburg, Schwestern und Brüder der Communität Casteller Ring, Benediktinerinnen aus Marienrode, die Äbtissinnen von Wienhausen, Barsinghausen und Fischbeck, eine anglikanische Schwester aus New York, den Amelungsborner Abt Dr. Drömann und den Künstler Karl Heinz Hoffmann, der bis zuletzt an der Erneuerung des Chorraums gearbeitet hatte.

In einem kurzen Bericht wurde die Geschichte der Kirche angesprochen. Oberkirchenrat H. Krech (Velkd) weihte Taufstein und Altar dem Dienst des Dreieinigen Gottes. Priorin Anna-Maria aus der Wiesche predigte dann über Lukas 1, also über Maria, die Patronin der Klosterkirche. »Glauben heißt, ich lasse mich los, weil ich einem Größeren trauen kann.« Solcher Glaube hilft »auch dunklen Phasen zu durchleben.« Dabei sei stets zu beachten: »Gott ist frei, Gott ist anders, weil er tiefer liebt als wir uns vorstellen können. Die Wülfinghauser Schwestern lernten von Maria, ›das Wort Gottes zu bewahren, also es ins Herz gehen zu lassen, weil der Glaube einen Grund braucht.‹ Die Priorin zitierte Luthers Auslegung des Lobgesangs der Maria. Auch die Wülfinghauser Marienkirche müsse eine lobpreisende Kirche sein. ›Die Erfahrung des Erbarmens Gottes führt zum Lobpreis.‹ Die Priorin zeigte weiter auf: ›Jeder darf vor Gott sein, wie er ist – auch mit dem Jammervollen seiner Lebensgeschichte.‹ ›Das Erbarmen Gottes gilt jedem von uns.‹ ›Wir wollen den preisen, der uns mit Erbarmen begegnet.‹«

Frau Prof. Martha Jansen, Präsidentin der Klosterkammer, äußerte sich temperamentvoll ausnahmsweise zu drängenden theologischen Fragen. Sie bat die anwesenden »katholischen Schwestern und Brüder« dafür zu beten, »dass wir die eine Maria und das eine Abendmahl gemeinsam in den Blick nehmen können«. Sie hoffe, dass Gott »eines Tages eine einfach Lösung« heraufführt. Als Absolventin einer katholischen Mädchenschule habe sie gelernt, »geduldig zu warten«. Die Klosterkammer freue sich immer, wenn sie, wie jetzt in Wülfinghausen, finanziell hilfreich sein kann. Die Mitarbeiter der Klosterkammer seien glücklich, wenn es den Schwestern am Rande des Osterwaldes gut geht. Auch die vielen Gäste des Festtages ermutigten die Mitarbeiterinnen und Mitarbeiter der Klosterkammer, von denen es keinem »an innerem Engagement« fehle. Sie dankte dem Künstler Hoffmann und gab ihrer Hoffnung Ausdruck, »dass im Kloster weiter gebetet wird«: »Wir brauchen Gottes Segen, auch z.B. in unseren Forsten, wenn Waldbrandgefahr besteht.«

Äbtissin Adelheid Wenzelmann dankte der Präsidentin für die ideale Zusammenarbeit, durch die die alte Kirche in neuem Glanz erstrahle. Besonders freue sie sich, dass das uralte Chorgestühl der Augustinerinnen (1236ff.) wieder verwendbar gemacht sei. Anschließend vereinte ein Empfang in allen Klosterräumen die große niedersächsische Klosterfamilie und viele Umwohnende, die den nimmermüden Einsatz der Schwestern zu schätzen wissen.

Die neueste Geschichte des Klosters

Im Jahre 2003 nahmen 4500 Menschen an Exerzitien, an Seelsorgeseminaren, an Kursen für Geistliche Begleitung und am »Kloster auf Zeit« teil. 2004 begingen die sieben Schwestern mit zahlreichen Gästen den 10. Jahrestag ihres Neubeginns. Klosterkammerpräsidentin Sigrid Maier-Knapp-Herbst dankte der Schwesterschaft: »Das Ergebnis Ihres Glaubens ist die innere und äußere Renovierung des Gebäudes.« »...Ihr Sein hat in Kloster, Kirche und Krypta neue Kraft entwickelt.« Landesbischof i.R. D. Horst Hirschler, Abt zu Loccum, sagte in seiner Festpredigt: »In der Ungeborgenheit dieser Welt erfahren hier Menschen Geborgenheit in Gott.« Die Schwestern vermittelten den Besuchern »geistliche Gemeinschaft und innere Heimat.« Landessuperintendentin Spieckermann überbrachte Glückwünsche der Landesbischöfin. »Sie sind aus dem Süden in eine karge Landschaft gekommen, vielleicht auch in eine karge Landeskirche.« Doch die Arbeit der Schwestern sei wie »ein Vitaminstoß für die Landeskirche« geworden. Für das katholische Nachbarkloster Marienrode sprach Priorin Maria Elisabeth Bücker: » Kloster Wülfinghausen atmet die Gegenwart Christi.« Schwester Reinhild von Bibra erklärte: »Das Haus der Stille bietet Raum für alle, die in Kursen Anleitung zum geistlichen Leben suchen.«

Äbtissin Adelheid, ordinierte Pastorin, sagte: »Wir sind nichts anderes und nichts Besseres als die Kirche. Wir leben nur in Konzentratform, was die Kirche ausmacht.«

Das Kloster Barsinghausen in Geschichte und Gegenwart[1]

Die Gründung des Klosters Barsinghausen

1193 gründete die Brüder Graf Wedekind VI. von Schwalenberg und Gottschalk von Pyrmont auf einem Lehnsgut Bischof Thetmars von Minden das Kloster St. Mariae zu Barsinghausen, das Bischof Thetmar 1203 in seinen Schutz nahm. Zunächst war Barsinghausen ein Doppelkloster nach der Augustinusregel. Aber auch in Barsinghausen bewährte sich das Nebeneinander von »Knechten und Mägden Gottes« nicht. So war Barsinghausen bereits 1216 nur noch ein reines Nonnenkloster. Die Nonnen befolgten die Augustinusregel, die auf den großen Kirchenvater aus Nordafrika zurückgeht.

Die Klosterkirche

Die Klosterkirche entstand in der ersten Hälfte des 13. Jahrhunderts. Ursprünglich war die Kirche als Hallenkirche westfälischen Typs gedacht: Das Langhaus sollte länger sein als das Querhaus. Aber das westliche Langhausjoch ist nicht ausgeführt worden. Doch sind die Fundamente durch Grabungen wiederentdeckt worden. Heute wirkt die Kirche so mehr als Zentralbau denn als längsgerichteter Bau. Der Altarraum endet in noch spätromanischer Weise in einer Hauptapsis mit 5/8 Schluss und zwei Nebenapsiden, von denen nur die südliche erhalten ist. Es gab auch noch Nebenkapellen. Die Klosterkirche mit ihren hohen Rippengewölben ist ein bedeutsamer Bau des sogenannten Übergangsstiles, den man Romanogotik nennen sollte. Der Altar enthält Bildwerke aus einem Altar der spätesten Gotik.

Hochmittelalterliche Strukturen des Klosters

Das Kloster wurde schnell sehr vermögend. Im 13. Jahrhundert besaß es den Zehnten in zwölf Dörfern. Noch 1615 hatte es Güter in mehr als achtzig Orten. Das Kloster war auch selbst ein bedeutsamer Wirtschaftsorganismus. Das verraten die stattlichen Wirtschaftsgebäude auf dem Merianstich Barsinghausen. Das Kloster wurde von einer Priorin geleitet. Ihr stand ein Propst zur Seite. Der Grabstein des Propstes Bodo († 1213) ist erhalten. Dem Kloster war freie Wahl des Propstes verbrieft. Die Hauptaufgabe des überwiegend aus adligen Damen bestehenden Konventes war das Stundengebet und das Gedenken der verstorbenen Wohltäter des Klosters. Die Nonnenempore mit einem spätgotischen Altar ist erhalten. Neben den Chorfrauen gab es Laienschwestern, die sich besonders um die Küche kümmerten. Es sind auch einzelne Laienbrüder bezeugt, die sich besonderen Arbeiten widmeten. Die Visitation

---

1 Vortrag in Barsinghausen 1993, später aktualisiert

oblag den Bischöfen von Minden, die dem Kloster oft etwas schenkten, so z.B. im 14. Jahrhundert eine Kasel, d.h. ein mit einem Kreuz versehenes Messgewand.[2] Die Besuche der Bischöfe verursachten freilich auch hohe Kosten.

Die Vogtei, also die Schutzherrschaft über das Kloster, stand zunächst den Grafen von Schwalenberg zu, kam dann aber an die Grafen von Schaumburg. Seit dem Ende des 14. Jahrhunderts waren die Welfen Schirmvögte des Klosters am Deister.

Die Reform im Herbst des Mittelalters

Im Jahre 1455 führte Johannes Busch die Windesheimer Reform ein. Der Bericht des Augustinerpropstes über diese Erneuerung ist sehr anschaulich.[3] Es heißt: »Lange Zeit hatten sie ein sehr zügelloses Leben geführt, im Besitz von Privateigentum, Unenthaltsamkeit und Ungehorsam lebend. Klösterliche Disziplin kannten sie fast gar nicht. Nur besuchten sie zur treffenden Zeit gemeinschaftlich den Chor.« Hierzu ist zu bemerken, dass Privateigentum, Genuss von Fleischspeisen – nur das ist hier gemeint – und eine gewisse Lockerung der Disziplin vielfach zu beobachten waren. Und dass die Nonnen immerhin ihr Chorgebet hielten, war doch schon etwas Zusammen mit dem Prior von Wittenburg bei Elze erklärte er den zügellosen Chorfrauen die heilige Ordensregel. Auf dem Chor zeigte er ihnen, wie sie in rechter Weise stehen, sitzen, sich verneigen und singen sollten. Im Refektorium erläuterten die geistlichen Herren den Nonnen die rechte Sitzordnung und sangen mit ihnen das Benedicte und Gratias. Auch ein Sündenkapitel wurde abgehalten. Die einzelnen Nonnen warfen sich längs auf die Erde auf eine Decke und bekannten ihre Verfehlungen gegen die klösterlichen Regeln.

Das Kloster in nachreformatorischer Zeit

Während der vormundschaftlichen Regierung der Herzogin Elisabeth von Calenberg (1540–46) für ihren Sohn Erich II. wurde das Kloster im April 1543 durch Antonius Corvinus (1501–53) ohne Widerstand evangelisch umgestaltet. Als die Predigt des altneuen Evangeliums sichergestellt war, konnte das klösterliche Gemeinschaftsleben ruhig fortbestehen, auch das Chorgebet. Aber die klösterlichen »Kappen« mit ihrem Symbolwert mussten mit dem klösterlichen Verdienstglauben verschwinden. Das Kloster kam so unter landesherrschaftliche Aufsicht. Auch die Landstände förderten das Kloster als Versorgungsstätte für manche Töchter. Das Kloster feierte so 1993 ein Doppeljubiläum, nämlich die 800-Jahrfeier seines Bestehens und die 450-Jahrfeier des evangelischen Konventes. Ab 1546 war für die Verwaltung an Stelle des Klosterpropstes ein Klosteramtmann zuständig, der bis 1852 auch die niedere Gerichtsbarkeit im Klosteramt ausübte. Der herzogliche Amtmann war zugleich ein Organ des Landesherrn und des Klosters. Er lebte

---

2 STEDLER 1889, II, S. 81.
3 GRUBE 1886, S. 158.

dicht beim Kloster in einem Fachwerkhaus, das heute der Stadt Barsinghausen als Rathaus dient.

Die bis zur Reformation hoch verehrten Reliquien, mehr oder weniger echte Überreste von Heiligen, verschwanden in einem Eichenschrank, in dem sie erst bei der Restaurierung 1862 bis 1865 wiederentdeckt wurden: Dem Heimatforscher Rektor Stedler zerbröckelten die alten Heiltümer unter den Händen. Ein im Kloster verehrtes, bis zur Reformation als wundertätig geltendes Marienbild verbrachte die Gemahlin des Herzogs Erich II. nach Friaul in Oberitalien.[4] Die Klosterkirche wurde Pfarrkirche. Es ist kein Zufall, dass der Taufstein 1588 angeschafft wurde. Die evangelischen Konventualinnen konnten fortan austreten, etwa zur Heirat. Ihnen standen »Jungfern« zur Seite, die im Kloster viel Anregungen für ihr späteres Leben empfingen.

1588 wurde durch D. Basilius Sattler in Gegenwart des Großvaters Konrad Wedemeyer und Martin von Heimburgs eine General-Visitation in Barsinghausen abgehalten.[5] Die sechs Koventualinnen waren alle evangelisch. Domina und Jungfrauen hatten aber längere Zeit in Uneinigkeit gelebt und wurden so eindringlich zur Einigkeit ermahnt. Die Konventualinnen klagten über den Amtmann, der ihnen nicht genug Brot und Butter gebe. Das Epitaph des Klosteramtmanns Evert Jürgen Hilmer Ahrens von 1596 ist überkommen. Die wirtschaftlichen Aktivitäten des Klosters liefen weiter. So zeigt die Niedermühle in der Rehbrinkstraße die Inschrift auf Sandstein »1590 CBA« was »Closter Barsinghausen« bedeutet.

Immer wieder suchte der Landesherr Geld aus dem Kloster zu ziehen. So hat Herzog Julius in zweiundzwanzig Jahren nicht weniger als dreizehnmal das Kloster um Geld ersucht und erhebliche Summen bekommen.[6] Von 1600 bis 1625 wurden insgesamt 12000 Taler von dem Kloster an die fürstliche Kammer »geliehen«.[7] Manchmal musste sich das Kloster erst selbst die dem nach Bargeld verlangenden Herzog darzureichenden Summen leihen. Kostenintensiv waren auch die fürstliche Ablager. 1597 und 1598 war die Herzogin-Witwe mit Gefolge im Kloster: Mit zweiundvierzig Gulden für Fleisch, Käse, Broyhan, also Hannoverschem Bier, Wein, Konfekt, Gewürz, Mandeln, Reis, Obst und Rauchwerk verlief dieser Besuch noch gnädig.[8] 1602 drang man auf Einrichtung einer Registratur. Es gehe nicht an, dass die Dokumente des Klosters bei den drei Dignitarinnen, Würdenträgerinnen, verteilt auf bewahrt würden. Der Klosterverwalter müsse zwecks Wirtschaftsaufsicht Zugang zu den Briefschaften bekommen.[9] Im Jahre 1615 lebten im Kloster fünf Konventualinnen, von denen vier adlig waren.[10] Immer wieder nahm sich die jeweilige Herzogin der Klosterdamen an.[11]

---

4   STEDLER 1889, II, S. 64.
5   STEDLER 1889, II, S. 8.
6   BRENNEKE/BRAUCH 1956, S. 228, S. 167.
7   BRENNEKE/BRAUCH 1956, S. 228, S. 169.
8   BRENNEKE/BRAUCH 1956, S. 228, S. 174.
9   BRENNEKE/BRAUCH 1956, S. 228, S. 198.
10 BRENNEKE/BRAUCH 1956, S. 228, S. 178.
11 BRENNEKE/BRAUCH 1956, S. 228, S. 149.

Das Kloster besaß in und um Barsinghausen etwa 73 Prozent vom Grund und Boden. Das zeigen der »Grundriss des Klosters und Dorfes Barsinghausen, nebst zugehöriger Feldfluren und Forsten. Entworfen von Johann Thomas Wilich, 1757« und die »Beschreibung des Klosters-Amts Barsinghausen nebst dessen Dörfern Altenhof und Barsinghausen de 1762«, die zum Jubiläum 1993 publiziert wurden.

In der Notzeit des Dreißigjährigen Krieges kam das tägliche Gebet praktisch zum Erliegen, zumal kaum noch Konventualinnen am Klosterort waren. Nach dem großen Krieg entschloss sich Herzog Georg Wilhelm 1663, das Kloster wieder mit einer Domina und sechs Klosterjungfrauen zu besetzen. 1664/65 verfügten zumindest die älteren Konventualinnen bereits (wieder) über Wohnstube, Kammer, Küche und Speisekammer. 1700 bis 1704 wurde das Kloster durchgehend baulich neu gestaltet. Das bedeutete eine erhebliche Verbesserung der Wohnmöglichkeiten. Fortan hatte jede Konventualin ihr eigenes, geräumiges Reich. Jetzt konnte das Kloster die apostolische Zwölfzahl wieder erreichen. Nach 1716 treffen wir in Barsinghausen einzig evangelische Damen aus gutem, alten Adel an.

Im Kapitelsaal findet man hochwertige Familienbildnisse. Eines von 1714 zeigt Ludwig Maximilian Mehmet von Königstreu, der als Knabe in dem Türkenkrieg 1685 gefangen, dann getauft und vom damaligen Kurprinzen Georg Ludwig, dem späteren britischen König I. und Kurfürsten von Hannover, als Kammerdiener angenommen worden war. Er hatte seinen Herrn bis zu dessen Tod 1726 treu als Hofmann begleitet.[12] Ein anderes Bild stellt die Ehefrau dieses königstreuen Kammerdieners, Marie Heidewig, geb. Wedekind, dar. Weiter findet man Bildnisse vom Sohn des Kammerdieners, Georg Ludwig Mehmet von Königstreu († 1752), dem Gründer der ersten Freimaurerloge in Hannover und dessen Schwester Sophia Carolina.

Der Hauptdaseinszweck der Konventualinnen war nach der Klosterordnung von 1737 »dass sie den öffentlichen und täglichen Gottesdienst mit Bitte, Gebet, Fürbitte und Danksagung in gebührender Andacht verrichten«. Doch noch im 18. Jahrhundert fielen die beiden täglichen Stundengebete dem Rationalismus zum Opfer.

Die Stiftsdamen der neueren Zeit zeichneten sich durch Wohltätigkeit aus. So vermachte Luise Charlotte von Hammerstein, Äbtissin von 1780 bis 1801, Mittel zur Gründung einer Nähschule. Und die Äbtissinnen Ernestine Elisabeth von Meding (1801–51) und Karoline von Klencke (1851–78) setzten ein Legat zum Besten der Lehrerwitwen in Barsinghausen aus und die Konventualin Wilhelmine von Seebach (1773–1812) gedachte in ihrem Testament der armen Kranken des Ortes.

1842 verlieh der König den Konventualinnen eine Dekoration. 1859 wohnten außer der Äbtissin meistens nur zwei alte Damen am Klosterort. Wir hören aus dieser Zeit von einer Kanonisse von Münchhausen, »die mit großem Reichtum begabt, eine prächtige Villa in Dresden besitzt, von der sie dem sächsischen Staatsminister einen Teil für den Sommer vermietet, der es aber nie in den Sinn kommen würde, im Kloster sich aufzuhalten.«

---

12 EDERBERG 1992, S. 17.

Die neuere Geschichte des Klosters

Das Kloster gehört dem Hannoverschen Klosterfonds, der von der 1818 gegründeten Klosterkammer Hannover verwaltet wird, die autonome Entscheidungen treffen kann. Etwa 70 Prozent der jährlichen Einnahmen dieser einzigartigen Behörde bestehen aus Erbbauzinsen, die auch aus Barsinghausen hereinkommen. Das Stiftungsvermögen des Klosterfonds wird auf etwa 500 Millionen Euro. 1831 entstand auf klösterlichem Grund der erste Steinkohlenschacht in Barsinghausen. Der Bergbau hier wurde erst 1958 eingestellt. Der 1,5 km lange Klosterstollen ist erhalten. Die preußische Regierung zog 1873 die doppelt dotierte Äbtissinnenstelle ein. Hinfort gab es in Barsinghausen nur noch eine Oberin. Erst nach der Mitte des 20. Jahrhunderts wurde die Äbtissinnenwürde wiederhergestellt. Beim Umbau 1972/73 entstanden 24 abgeschlossene Wohnungen. Zum Jubiläumsjahr 1993 erneuerte die denkmalpflegerisch enorm aktive Klosterkammer den flach gedeckten Kreuzgang und richtete ein Lapidarium mit aufgefundenen, historischen Werkstücken ein. Hier findet man u.a. Säulenbasen aus dem 13. Jahrhundert, eine Steinplatte mit Beschlagwerk, Gewichte von einer Turmuhr und historizistische Werkstücke. In der Nähe befindet sich der Einstieg zu einem angeblichen Fluchtweg.

Hohen Quellenwert haben die 28 steinernen Grabmäler, die sich auf dem Klostergelände erhalten haben.[13] Sie stammen überwiegend von evangelischen Klosterfrauen. Die Grabschrift der Domina Ilse von Reden (1600–64) nimmt mit Psalm 27 Bezug auf die »schönen Gottesdienste des Herrn«. Die Grabschrift der Dorothea von Gans († 1712) betont, sie sei durch Christi teures Blut sein Reichsgenosse geworden und »allzeit zur Einsamkeit geneigt« gewesen.[14] Eine Art Gabaltar bekam Eleonore Augusta Caroline von Bobart († 1804), deren »Bund der Liebe und Freundschaft« gerühmt wird.[15]

Kloster und Stadt Barsinghausen sind noch heute wirtschaftlich vielfältig miteinander verbunden. Und die Klosterkammer hält der Kirchengemeinde auf Grund alter Rechtstitel Kirche und Pfarrhaus finanziell vor. Auch ein Pastorengehalt und Pfarrwitwenpension werden auf Grund des Vermögens bezahlt, das der Klosterfonds in Barsinghausen besitzt. Viele Barsinghausener wohnen auf klösterlichen Grundstücken, für die mäßig aber regelmäßig Erbbauzins zu zahlen ist.

Der Klosterkammertag 1993 in Barsinghausen

Bei strahlendem Sonnenschein fand am 7.9.1993 in dem evangelischen Kloster der Klosterkammertag 1993 statt.[16] Prof. Dr. Axel Freiherr von Campenhausen, der Präsident der Klosterkammer, begrüßte in der Klosterkirche die Erschienenen, darunter fast alle Äbtissinnen der niedersächsischen Frauenklöster. Der Präsident des Landes-

---

13 EWIG/PIETSCH 1994.
14 EWIG/PIETSCH 1994, S. 75f.
15 EWIG/PIETSCH 1994, S. 72f.
16 GRAEFE 1994.

kirchenamtes, Dr. Eckhart Freiherr von Vietinghoff, zeigte in seinem Grußwort, in welch ausgeprägter Weise »in gelungener Balance« die Klosterkammer zwischen Staat und Kirche am Werk sei – »mit viel langem Atem«. Propst Dr. Joop Bergsma führte in seinem Grußwort aus, in der Klosterkammer sei aus dem »schlechten Gewissen eines Staates« in Sachen Kirchengut etwas sehr Gutes geworden. Die Klosterkammer sei ein »bewahrendes Gremium« mit ökumenischem Akzent. Die Klosterkammer stehe im »Dienst an Vergangenheit und Zukunft«. Sein Traum sei ein Konvent, in dem eine katholische Gruppe mit einer evangelischen harmonisch zusammenwirkt.

In seinem Bericht zur Lage ging der Präsident der Klosterkammer zunächst auf die Segensgeschichte des Klosters Barsinghausen ein, das seit genau 450 Jahren evangelisch ist. Der Klosterfonds komme für die bauliche Unterhaltung von Kirche und Pfarrhaus auf und bezahle auf Grund alter Verpflichtungen sogar ein Pastorengehalt. Besonders durch die zahlreichen vergebenen Erbbaurechte bestünden vielfältige Beziehungen zwischen Klosterkammer, Kirchengemeinde und Stadt Barsinghausen. Selbst die Deisterfreilichtbühne und das Katzenhaus des Tierschutzes stehen auf klösterlichem Grund.

Die Klosterkammer bewirtschafte selbst einzig die Klostergüter Wülfinghausen und Wöltingerode. Im Stift Obernkirchen sei der Nordflügel für vier Millionen DM ausgebaut, um fortan der »Geistlichen Gemeinde Erneuerung« zu dienen. In Ebstorf sei die Wiederherstellung des alten Refektoriums gelungen. In Marienwerder sei das Pflegeheim der Klöster in sanitärer Hinsicht verbessert worden. In Wülfinghausen werde künftig durch Schwestern der Selbitzer Christusbruderschaft die Arbeit vorangetrieben. Die Klosterkammer sei zwar eine weltliche Behörde, aber sie sei doch »Treuhänderin eines vormals kirchlichen Vermögens« und so der kirchlichen Arbeit nahe. Ein Hornquartett der Hochschule für Musik und Theater Hannover umrahmte den Festakt.

Dann berichtete der Landtagsabgeordnete Adolf Freiherr von Wangenheim über »Alte und neue Landschaften in Niedersachsen«. Neben die in Niedersachsen erhaltenen historischen »Landschaften« seien neue Landschaften getreten, die Aufgaben in Kultur- und Heimatpflege übernommen haben.

Bei der Vesper, an der der Knabenchor Hannover mitwirkte, in der Marienkirche, erklärte Landessuperintendent Hartmut Badenhop, Maria gehöre nicht nur der katholischen Kirche, sondern sei die Mutter aller Glaubenden. Ihr Leben sei bestimmt vom Loben und Danken, von der Freude an Gott. Maria gehöre zu den Heiligen, von denen das allen Christen gemeinsame Glaubensbekenntnis spreche. Als ein Kind nach diesen Heiligen gefragt wurde, habe dieses an die entsprechenden Figuren in den Kirchenfenstern gedacht und geantwortet: »Heilige sind Menschen, durch die die Sonne scheint.«

Neues Leben auf altem Grund

1992 gab es innerhalb der 1954 ins Leben gerufenen Diakonischen Schwesternschaft Wolmirstedt verstärktes Fragen nach dem weiteren Weg der Gemeinschaft. Die Gemeinschaft suchte ein Haus, in dem für einen Teil der Schwestern gemeinsames Leben möglich ist und das zugleich Raum für Zusammenkünfte der gesamte Gemeinschaft bietet und in dem auch Gäste empfangen werden können.

Am 11.1.1996 besuchten der Präsident der Klosterkammer Hannover, Prof. Dr. Axel Freiherr von Campenhausen und Klosterkammerdirektor Anke die Gemeinschaft und erklärten: »Das Kloster Barsinghausen braucht eine Gemeinschaft, die darin lebt und betet.« Nach entsprechender Abstimmung führen seit dem 28.8.1996 Schwestern der »Evangelischen Kommunität« in Barsinghausen die alte Klostertradition in neuer Form fort. Aus einem dumpfen Keller entstand 1997 »Beth El« (Haus Gottes), die Hauskapelle. Hier halten die sechs Schwestern das Morgenlob um 8 Uhr, das Mittagsgebet um 12 Uhr und das Vespergebet um 18 Uhr. Da zum monastischen *ora* das *labora* hinzukommen muss, entstand in einem alten Vorratskeller eine Töpferei. Hier wird »Töpfern im Schweigen – sich selbst begegnen« und »Freies Gestalten« angeboten. Das gemeinsame Leben orientiert sich an den drei Evangelischen Räten »Gütergemeinschaft, Ehelosigkeit und Gehorsam«, um so in der Christusnachfolge frei und verfügbar zu sein. In Barsinghausen ist auch Mitleben in der Kommunität für begrenzte Zeit möglich, also »Kloster auf Zeit«. Jedes Jahr im Juni steigt ein offener Klostertag. Dann ist das Kloster »mitten in der Stadt«. An Einkehrtagen möchten Menschen »in der Stille Gott begegnen«. Im Sinne klösterliche Gastfreundschaft bieten die Schwestern in der 1998 aus Kellerräumen gestalteten »Grotte« bei Kaffee, Tee und Kuchen die Möglichkeit zur Begegnung. Das erneuerte Kloster mit seinem barocken Brunnen vor dem Tor hat sich die Worte von Maria Ward zu eigen gemacht: »Unsere Klöster werden Brunnenhäuser sein, in denen das Wasser fließt, nicht verschlossen, sondern offen. Ich wünsche, dass viele kommen und trinken und selber Quellen des Lebens werden.«

Der Klostergarten in Barsinghausen

In Barsinghausen hebt sich der Äbtissinnengarten neben seiner Größe durch seine reichhaltige Ausstattung wie Grotte und Sonnenuhr von den Damengärten ab. In der 2. Hälfte des 19. Jahrhunderts ließ sich der damalige Konvent einen Park in dem damals beliebten, landschaftlichen Stil anlegen. Aber nach dem 2. Weltkrieg war die aufwendige Pflege nicht mehr durchzuhalten, und der anspruchsvolle Park wurde aufgegeben. Auf der Grundlage von Resten der alten Strukturen erfolgte dann 2003/4 eine Neugestaltung des Klostergartens in moderner Form: Die noch vorhandenen historischen Bestandteile wurde sensibel mit modernen Elementen verbunden. Neu entstandenes Zentrum der Anlage ist der ovale Blumen- und Nutzgarten mit einem Sandsteinbrunnen. Die auf diesem Brunnen zulaufenden Wege zeigen symbolisch des Form des Kreuzes. Der Garten gilt als wichtiger klösterlicher Lebensraum.

Zusammenfassung

1193 gründete die Brüder Graf Wedekind VI. von Schwalenberg und Gottschalk von Pyrmont das Kloster Barsinghausen – zunächst als Doppelkloster. Hier wurde die Augustinusregel befolgt. Schon 1216 war Barsinghausen nur noch Nonnenkloster. Die Klosterkirche ist ein Bauwerk der Romanogotik. Die Hauptaufgabe der Nonnen war das Stundengebet und das Gedenken der verstorbenen Wohltäter. 1455 führte der Klosterreformator Johannes Busch die Windesheimer Reform ein – gegen die Widerstand der Chorfrauen. 1543 wurde das Kloster durch Antonius Corvinus ohne Widerstand evangelisch umgestaltet. Die Klosterkirche wurde Pfarrkirche. Seit 1996 wirken Schwestern der Diakonischen Schwesterschaft Wolmirstedt in Barsinghausen. Das Kloster Barsinghausen im Besitz des Hannoverschen Klosterfonds, von der Klosterkammer Hannover verwaltet, ist ein wesentlicher Bestandteil der einzigartigen, spezifisch niedersächsischen, evangelischen Klosterlandschaft – zusammen mit den

Kloster Heiligenrode 1282–1965

Etwa 1282 stiftete der erzbischöflich bremische Dienstmann Friedrich von Mackenstedt[1] in einem Neubruch, also an einer neu dem Wald abgerungenen Stätte, ein Mönchskloster, das den Namen Heiligenrode erhielt. Gemeint war damit »Rodung der Heiligen Jungfrau«. Das Kloster in der heutigen Gemeinde Stuhr war nämlich Maria geweiht. Erzbischof Siegfried von Bremen bestätigte die neue Gründung, deren Anfänge bald vom Glanz der Legende verklärt wurden. 1189 erscheint Heiligenrode als Doppelkloster.[2] Doppelklöster gab es damals häufig, aber sie bewährten sich nicht. So finden wir gegen Ende des Gründungsjahrhunderts und später in Heiligenrode nur noch Klosterfrauen.[3] Sie lebten nach der Regel des Heiligen Benedikt von Nursia, die sich durch kluge Mäßigung auszeichnet und nach der neueren Forschung ältere, klösterliche Überlieferung in sehr hohem Maße aufnimmt. (Regula Magistri).

Die Leitung des Klosters oblag einer Priorin. Ihre Stellvertreterin war die Subpriorin. Die Kellnerin kümmerte sich um die Verpflegung. Die Sangmeisterin leitete den Gesang bei den Horen, den klösterlichen Stundengebeten. Die Siechenmeisterin pflegte die Kranken. Ein Propst vertrat das Kloster nach außen und kümmerte sich um das innere Leben der Konventualinnen. Ein besonders tüchtiger Propst war Ludolf (ca. 1288–1301), der gewissermaßen der zweite Gründer des Klosters war. Die Konventualinnen kamen aus dem heimischen Adel. Später auch aus Bremischen Patrizierfamilien. Bei der Einkleidung wurde eine Geldzahlung erwartet.[4] Die Konventualinnen aßen zusammen am Konventualinnentisch.[5] Sie schliefen gemeinsam im Dormitorium, im Schlafsaal, in dem ein Licht die ganze Nacht hindurch brannte.

Die religiöse Vorstellungswelt entsprach der ihrer Zeit. So z.B. verehrten sie die Reliquien des Klosters, z.B. einen kleinen gelben Lappen von den Windeln Christi, ein Stück von einem steinernen Wasserkrug von der Hochzeit zu Kana, ein Stück von dem Korb, in welchem der Apostel Paulus über die Stadtmauer aus Damaskus geflohen ist, und einen Knochen der Hl. Katharina.

Hauptaufgabe der Nonnen war das feierliche Gotteslob in der Klosterkirche. Um 1300 wurde die erhaltene, einschiffige, eingewölbte Klosterkirche aus Backsteinen im Klosterformat erbaut. Der Chor der heute evangelischen Kirchengemeinde dienenden Klosterkirche ist quadratisch gestaltet. Aus der Klosterzeit stammen die Reste von spätgotischen Wandmalereien: Christus als Weltenrichter und die Krönung der Maria. Aus dem Mittelalter sind auch die Glocken überkommen. Die Inschrift der kleinsten betont, die Priorin habe sie 1456 gießen lassen. Auch Kelch und Patene der Kirche

---

1 HODENBERG 1848, NR. 2 u. 3.
2 HODENBERG 1848, NR. 4.
3 HODENBERG 1848, NR. 5.
4 HODENBERG 1848, Nr. 211.
5 HODENBERG 1848, Nr. 166.

rühren noch von dem mittelalterlichen Konvent her. Im querrechteckigen Westturm finden wir bestimmte zugemauerte Öffnungen, die in das verschwundene Klostergebäude führten. Der Klosterbezirk, eine kleine, beschauliche Welt für sich, war ganz von Wasser umgeben. Die alte Klostermühle ist erhalten.

Das vermögende Kloster besaß bald Güter in seinem gesamten Umland, also in der Grafschaft Hoya, z.B. in Nienburg, in der Grafschaft Diepholz, im Oldenburgischen, z.B. in Delmenhorst, im Herzogtum Bremen und im Gebiet der Stadt Bremen. Als Gönner erscheinen in den Urkunden vor allem die Ritterfamilien der Umgebung, z.B. die von Weyhe und von Klencke. Das Frauenkloster war so tatkräftig, dass es 1289[6] sogar selbst Land roden ließ. Immer wieder[7] standen die Bremer Erzbischöfe dem Kloster im Kampf gegen Menschen bei, die die Rechte des Klosters zu schmälern suchten. 1238 wurde dem Kloster die Kirche in Mackenstedt inkorporiert. Die Blütezeit des Klosters war das 14. Jahrhundert. Enge Beziehungen hatte das Kloster zu dem nahen Stift Bassum (gegr. 858), mit dem zusammen es bis in die Gegenwart existierte.

Im Herbst des Mittelalters können wir einen Niedergang der klösterlichen Disziplin feststellen, der bezeichnenderweise mit dem Verfall der wirtschaftlichen Verhältnisse verbunden war. Aber 1496 erfolgte der Anschluss an die Bursfelder Reform, die von dem Oberweser-Kloster Bursfelde ausging.[8] Erste Reformäbtissin wurde Mechthilde Hilgen.[9] 1503 bestätigte Kardinal Raimund, der päpstliche Legat, die Reform des Klosters Heiligenrode. Auf dem Generalkapitel von 1514 im Weserkloster Bursfelde wurde Heiligenrode voll in die Gemeinschaft der Bursfelder Union aufgenommen, soweit das für ein Frauenkloster möglich war. Der Abt von St. Pauli vor Bremen nahm sich öfter der Heiligenroder Belange an.[10] Unter dem Einfluss der Bursfelder Union gesundete nicht nur das innere Leben, sondern auch die Klosterwirtschaft, in deren Dienst 1508 das schöne Kopialbuch geschaffen wurde, das, notariell beglaubigt, die wichtigsten Urkunden für den Alltagsgebrauch handlich bereitstellte.[11] Günstig für die Klosterwirtschaft wirkte sich nun die Aufnahme von Laienschwestern aus.[12] Aus wirtschaftlichen Gründen nahm das Kloster jetzt auch Pfründner auf, ältere Leute, die nach entsprechender Zahlung ihren Lebensabend im Kloster verbringen durften.[13]

Nach 1525 öffnete sich die Grafschaft Hoya der Reformation. Das Kloster Heiligenrode aber hielt am katholischen Glauben fest, auch dann noch, als ringsum alles schon evangelisch war. Das Kloster wurde durch hohe Landsteuerforderungen des evangelisch gewordenen Grafen Jobst von Hoya schwer mitgenommen. 1530 hatte das Kloster bereits 5500 Gulden aufgebracht. 1540 suchte Kaiser Karl V. auch dieses

---

6   Hodenberg 1848, Nr. 43.
7   Z.B. Hodenberg 1848, Nr. 55.
8   Heutger 1975.
9   Hodenberg 1848, Nr. 173.
10 Vergleich z.B. Hodenberg 1848, Nr. 187.
11 Hodenberg 1848, Nr. 220.
12 Hodenberg 1848, Nr. 226.
13 Hodenberg 1848, Nr. 262 u. 282.

hart um seine Existenz ringende Kloster durch einen Schutzbrief zu stützen. Zum Schirmherrn bestellte er den eifrigen Katholiken Herzog Heinrich den Jüngeren von Braunschweig-Lüneburg, der sich des Klosters tatkräftig annahm. Aber um 1570 fand schließlich der evangelische Glaube im Kloster Eingang. Heiligenrode wurde aber jetzt nicht aufgelöst, sondern in ein evangelisches Stift umgewandelt. Das entsprach der konservativen niedersächsischen Art der Behandlung der Klöster. 1602 führte der Loccumer Abt Theodor Stracke Katherine Nagel[14], bisher Stiftsdame in Bassum, feierlich als evangelische Äbtissin ein – mit Tedeum, Proklamation im Namen der Landesherrschaft, Übergabe von Bibel, Corpus Doctrinae, Katechismus und evangelischer Klosterordnung, Verpflichtung der Klosterfrauen und Übergabe des Klostersiegels. Im gleichen Jahr 1602 wurde verfügt, dass niemand mehr ohne schriftliche Genehmigung des Landesherrn in das Kloster aufgenommen werden sollte. So sicherte sich die evangelische Landesherrschaft die Verfügung über die Klosterstellen.

1603 gab es in Heiligenrode noch neun Konventualinnen und dreizehn Laienschwestern. Das klösterliche Stundengebet wurde, evangelisch erneuert, weitergehalten.

Die wirtschaftliche Lage wurde durch vielfältige, besonders herzogliche Anforderungen immer schlechter. Vergeblich suchte das evangelische Kloster Mariensee 1611 mit hundert Talern zu helfen. Schließlich zog Herzog Friedrich Ulrich von Braunschweig-Lüneburg 1634 die Klostergüter ein und übernahm die aufgesummten Schulden. Die Stiftsdamen erhielten hinfort ein bescheidenes, festes Einkommen. Seit dem Tode der evangelischen Äbtissin Margarethe Drewes 1634 gab es keine wirkliche Domina mehr. Als solche galt die Landesfürstin. Das »evangelische Kloster« wurde von nun an von einer Vicedomina geleitet. Die wirtschaftlichen Dinge bestimmten Verwalter bzw. Amtleute. Die nun oft »Kammerkloster« genannte Korporation behielt die bürgerliche Gerichtsbarkeit in Heiligenrode. Das Kloster trug die Baulast der Kirche. 1642 gab es keine Laienschwestern mehr.

1764 verlangte die Hoyasche Landschaft von dem Kloster den Matrikularbeitrag zu den durch den Siebenjährigen Krieg entstandenen Schäden. Das Klosteramt verweigerte die Zahlung, da das Kloster Domäne sei. Ein von der Landschaft angestrengter Prozess wurde 1791 zugunsten der Hoyaschen Landschaft entschieden. Das Kloster bestand eben noch – und hatte zu zahlen.[15]

Im Jahre 1774 gab es in Heiligenrode nach dem Staatskalender neben der Vicedomina drei Adlige und eine Bürgerliche, ordentliche Konventualinnen sowie drei Adlige und zwei Bürgerliche außerordentliche Konventualinnen. 1802 wurden die Wohnungen der Konventualinnen abgebrochen. Ab 1805 lebte überhaupt keine Konventualin mehr am Kapitelsort: Jede bezog ihre Präbende an ihrem beliebigen Wohnsitz. 1816 wurden die Klostergebäude zum größten Teil abgebrochen. 1842 wurde den Stiftsdamen von Heiligenrode ein Ordenskreuz mit der Devise *Pietati et verecundiae*, der Frömmigkeit und Ehrfurcht, verliehen. 1862[16] gehörten zu

---

14 HODENBERG 1848, Nr. 312.
15 GADE 1901, S. 432.
16 Hof- und Staats-Handbuch für das Königreich Hannover auf das Jahr 1862, S. 726.

Heiligenrode eine Vicedomina, »4 ordinaire Chanoinessen« und 4 außerordentliche Stiftsdamen. Von allen neuen Stiftspersonen waren nur noch eine einzige adlig. 1882 feierte die Gemeinde Heiligenrode das Fest ihres 700-jähren Bestehens. Im 20. Jahrhundert kümmerte sich der Bassumer Kanonikus Gebhard von Lenthe um rechtliche Belange des Stiftes. Nach 1943 hat der Präsident der Klosterkammer keine Stiftsstelle mehr vergeben, weil das Klostervermögen aufgebraucht war. Im Jahre 1946 waren von neun Stiftstellen nur noch sechs besetzt. 1955 brachte der Loccumer Vertrag das Ende eines langen Streites um die Unterhaltskosten für Kirche und Schule. Kostenträger sind seither die Landeskirche bzw. die Gemeinde. 1965 starb die letzte Stiftsdame in Hameln. Das Stift Heiligenrode war damit ausgestorben. Die Urkunden des Klosters beruhen im Niedersächsischen Hauptstaatsarchiv Hannover.[17] 1982 wurde mit dem Festvortrag des Verfassers die 800-Jahrfeier eröffnet.

Im September 2007 beging Heiligenrode die 825-Jahrfeier mit Festumzug, Festgottesdienst und Brunnen-Einweihung.

---

17 Signatur Celle Or. 13.

Kloster Heiligenrode 1282–1965

Das Kloster Wennigsen

Das Kloster Wennigsen im Mittelalter

Das Nonnenkloster nach der Augustinusregel wird 1224 erstmals erwähnt. Hauptaufgabe der Chorfrauen war die Teilnahme an den sechs Horen also am Stundengebet. Patrone waren Maria und Petrus, die denn auch auf dem mittelalterlichen Klostersiegel erscheinen. Im späten Mittelalter kamen die Chorfrauen vor allem aus dem Calenberger Rittcradel, bei dem sie Rückhalt fanden.

1455 erschien der Klosterreformator Johannes Busch mit Herzog Wilhelm d.Ä. von Calenberg in Wennigsen. Der Herzog sprach: »Frau Priorin und ihr Schwestern allzumal, ich will, dass Ihr die Reform annehmt und Eure Regel beachtet.« Alle Klosterfrauen aber hatten die Hände auf der Brust gefaltet und antworteten: »Wir alle haben einhellig beschlossen und zugleich beschworen, dass wir weder die Reform annehmen noch die Regel befolgen wollen. Wir bitten Euch, uns nicht meineidig werden zu lassen.« Der Herzog gab Bedenkzeit. Die Verwandten der Klosterfrauen bestärkten die Renitenten. Schließlich ließ der Herzog Bauern das Kloster stürmen. Die Nonnen lagen in Kreuzform auf dem Fußboden des Chores. Nach viel Hin und Her konnte Johannes Busch durchdrücken, dass die Klosterfrauen auf Privateigentum verzichten und in strengem Gemeinschaftsleben – ohne eigene Kochtöpfe! – die Klausur beachteten. Am Chor erinnert die »Windesheimer Rose« (wie in Riechenberg und Möllenbeck) an die Windesheimer Reform, die dem Kloster neues Leben einhauchte.

Die nachreformatorische Zeit

Nach 1542, als die Reformation auch im Calenberger Land Einzug hielt, wurde Wennigsen ein evangelischer Frauenkonvent: Hinfort gab es keine Ewigen Gelübde mehr. 1615 lebten in Wennigsen elf Klosterjungfrauen, von denen zehn adlig waren. 1625 mussten die Konventualinnen wegen des Krieges nach Hannover fliehen. Nach den Zerstörungen des Dreißigjährigen Krieges wurde 1707–11 ein Klosterneubau durchgeführt, der den mittelalterlichen Gedanken des Klosterquadrums fortführte. Hauptaufgabe waren noch 1748 die Horen, die klösterlichen Gebetsstunden, und, damit verbunden, die Fürbitte für Obrigkeit, Land und Leute. Der tägliche Gottesdienst fiel bald darauf dem Rationalismus zum Opfer. Wir beobachten in Wennigsen eine ständig zunehmende Privatisierung mit Selbstversorgung, die z.B. zu eigener Viehhaltung führte. So blieben die langgestreckten, im Fachwerk erstellten Schweineställe und Holzremisen erhalten[1], die erst 1983f. zu Zimmern ausgebaut wurden.

1842 verlieh der König von Hannover den Klosterpersonen eine Dekoration. Sie besteht aus einem Kreuz mit Krone und der Inschrift »Pietati et Verecundiae«, der

---

1 FORMANN 2006, S. 270.

Frömmigkeit und der Sittsamkeit. Seit 1983 ist ins Kloster ein Johanniterhaus integriert, das Zentrum des Johanniterordens in Niedersachsen und Bremen geworden ist. Die Kosten für den entsprechenden Um- und Ausbau betrugen 6,26 Millionen DM, für die die Klosterkammer aufkam.

Die heutige Rechtsstellung

Das Kloster ist wie die anderen vier Calenberger Klöster, also Mariensee, Wülfinghausen, Barsinghausen und Marienwerder, Bestandteil des Hannoverschen Klosterfonds, den die Klosterkammer verwaltet. Das Kloster hat so keine eigenen Rechtspersönlichkeit mehr. Zur Sicherung des gemeinsamen Lebens besteht Wohnpflicht. Die Präbenden verleiht die Präsidentin der Klosterkammer nach Anhörung des Konventes.

Die Klosterkirche

Von der ersten Wennigser Kirche stammt das heute in der Turmhalle befindliche Tympanon: Christus thront hier zwischen Kain und Abel. Aus der Frühzeit des Klosters stammt der Damenchor, also der nördliche Querhausarm, den man vom Kloster aus durch ein edles, spätromanisches Rundbogen-Portal erreicht. Noch aus vorklösterlicher Zeit überkommen ist die Substanz des Turmes, der oben noch romanische Fenster aufweist. Im Spätmittelalter ist das spätromanische Kirchenschiff durch einen Anbau zu einem zweischiffigen Saal erweitert worden. Die Flachdecke stammt erst aus dem Jahre 1556. Der heutige Chor rührt aus spätgotischer Zeit her. Die Konsolen sind mit musizierenden Engeln verziert. Die spätmittelalterliche Gewölbemalerei stellt das Jüngste Gericht dar.

Die Altarwand, eine dreigeschossige Säulenarchitektur, stammt von Konrad Heinrich Bartels († 1720).

Kunstwerke in Wennigsen

Die Wennigser Darstellung des Todes der Maria aus der Zeit um 1300 ist das älteste Tafelbild Niedersachsens. Das Bild ist im Kloster einzig in Kopie zu sehen: Das Original befindet sich in der Niedersächsischen Landesgalerie Hannover. Es wurde 1905 hinter dem Altar auf dem Damenchor in Wennigsen entdeckt. Es war nach der Reformation als Relikt des nunmehr verpönten Heiligenkultes den Blicken entzogen worden. Ähnlich waren die evangelisch gewordenen in Börstel mit ihren Heiligenbildern verfahren. Auf dem Bild betten Petrus und Paulus die gottergebene Maria auf ihr letztes Lager. Drumherum in strenger Isokephalie die anderen Apostel und ein Bischof, vielleicht St. Augustinus, dessen Regel in Wennigsen befolgt wurde. Christus erscheint in einer von Strahlen umgebenen Mandorla, segnet seine Mutter und nimmt mit dem linken Arm ihre Seele in Gestalt eines Kindes zu sich. Die gleichzeitige, schwer beschädigte Rahmung enthält medaillonartige Bilder z.B. von Propheten. Hier musste der Künstler nicht mehr weitgehend eine Vorlage kopieren,

Das Kloster Wennigsen

wie auf dem Hauptteil, sondern konnte Formen genau seiner Zeit nutzen. Ob es sich bei der stark byzantinisch bestimmten Tafel um ein Antependium, also um eine hochwertige Altarbekleidung, oder um ein Retabel, also ein Altaraufsatz handelt, ist umstritten. Letzteres ist wahrscheinlicher.[2]

Die Wennigser Kreuzigungsgruppe in der Kirche stammt aus dem 15. Jahrhundert. Viele Kunstwerke des Klosters sind im »Priechengang« aufgestellt, der zum Chor der Stiftsdamen führt. Eine thronende Gottesmutter des späten 12. Jahrhunderts ist als Mantelmadonna gestaltet. Das Jesuskind blickt aus ihrem kostbaren Mantel hervor. Zu dieser Mantelmadonna gingen im Mittelalter zahlreiche Wallfahrten. Eine weitere thronende Madonna stammt aus der Mitte des 13. Jahrhunderts.

Ein Vesperbild des 15. Jahrhunderts kündet von der Versenkung der Chorfrauen in das Leiden des Herrn. Eine gleichzeitige Marienklage bewahrt noch die alte farbige Fassung, die 1974 wieder freigelegt wurde. Ein Heiliger Augustinus des 15. Jahrhunderts erinnert an die Regel, die in Wennigsen beachtet werden sollte. Eine vergleichbare Augustinusfigur findet sich auf der Obernkirchener Stiftsempore. Den Damenchor beherrscht eine fast lebensgroße Kreuzigungsgruppe aus der zweiten Hälfte des 14. Jahrhunderts. Und an der Nordwand erinnert eine Anna Selbdritt an die glühende Verehrung der Großmutter Jesu im 15. Jahrhundert.

Das Konventsgebäude

Das Konventsgebäude wurde 1707 bis 1711 für 23 000 Taler neu erstellt: Um einen rechteckigen Hof sind massive Bruchsteinbauten gruppiert. Der Nordflügel besitzt ein Barockportal mit einer Freitreppe. Der alles verbindende Klostergang steht in der Nachfolge des mittelalterlichen Kreuzganges, von dem ein Fenster, bezeichnet 1518, überkommen ist. Der barocke Klosterneubau enthält Stiftsdamenwohnungen, die den Konventualinnen ein behagliches Leben ermöglichen. Durch Modernisierung enthalten die heutigen Klosterwohnungen nur noch die Hälfte der alten Wohnfläche. Im Westflügel lagen drei Kornböden übereinander. 1957 wurde hier der große Saal ausgebaut, der dann mit 1750 entstandenen Gemälden aus dem Zisterzienserkloster Marienrode bei Hildesheim geschmückt wurde. Das Haus des Klosteramtmanns (1781), ein repräsentativer, zweigeschossiger Fachwerkbau mit Dreiecksgiebel unter steilem Doppelwalmdach dient heute als Pfarramt.

Der Klosterkammertag 1999

Der Klosterkammertag 1999 am 27.1.1999 im Kloster Wennigsen begann mit einem Blitzlichtgewitter. Ungezählte Photoreporter stürzten sich auf das die Klosterkirche betretende, frisch verheiratete Fürstenpaar, auf Ernst August, Prinz von Hannover, und, besonders, seine Gemahlin Caroline geborene Prinzessin von Monaco. Sie waren zu einem Blitzbesuch in den niedersächsischen Klosterort gekommen. Das war ihr

---

2 OSTEN 1954, Nr. 222.

erstes gemeinsames Auftreten in der Öffentlichkeit. Vorfahren des Prinzen hatten sich um Entstehung und Erhaltung des Allgemeinen Hannoverschen Klosterfonds verdient gemacht.

Landesbischof i.R.D. Eduard Lohse, Abt zu Loccum, hielt die Andacht. Schon bei St. Benedikt heiße es: »Dem Gottesdienst ist nichts vorzuziehen.« Deshalb sei es gut, einem solchen besonderen Tag mit dem Lob Gottes, mit dem Zuspruch seiner Barmherzigkeit und dem Gebet zu beginnen. Es sei »ein großer Vorzug der Geschichte Niedersachsens, dass hier das Kloster- und Kirchengut nach der Reformation seine ursprünglichen Bestimmung entsprechend weiter verwendet wurde.« Das Ergebnis sei die Klosterkammer, ein besonderes Beispiel »des Zusammenwirkens von Staat und Kirche«. Der scheidende Präsident der Klosterkammer, Axel Freiherr von Campenhausen, habe sich mit »viel Liebe und Sorgfalt dafür eingesetzt, dass in den niedersächsischen Klöstern wieder geistliches Leben herrscht.« Die niedersächsischen Klöster seien »Orte des Zusammenhalts, Quellen der Kraft«.

Im großen Festsaal des Klosters begrüßte Klosterkammerdirektor Ewald Jäger die überaus zahlreich erschienen Festgäste.

Landesbischof D. Hirschler erklärte: »Die Existenz des Allgemeinen Hannoverschen Klosterfonds ist ein Wunder, weil es nicht selbstverständlich ist, dass so etwas so lange hält.« Es sei ein Wunder, dass er der Begehrlichkeit so vieler bis heute standgehalten habe. Luther habe 1527 in einem Brief an den kursächsischen Hofkaplan Spalatin gegen den Raub der Klostergüter protestiert. Der Reformator wollte, dass das Vermögen der Klöster für das Schulwesen, für die Armenpflege und das Kirchenwesen eingesetzt werde.

Aber einzig in Niedersachsen habe sich die Herzogin Elisabeth von Calenberg entsprechend verhalten. So sei der Klosterfonds entstanden, dessen Verwaltung »eine der schönsten Aufgaben« sei, die das Land Niedersachsen zu vergeben habe. In diesem »Traumjob« sei immer »die Geschichte in ihrer Tiefendimension gegenwärtig«.

Dr. Joseph Homeyer, Bischof von Hildesheim, sprach den scheidenden Präsidenten in seinen tiefschürfenden Ausführungen mehr als Professor für Staats-, Verwaltungs- und Kirchen-Recht an. Das verfassungsgemäße »Zueinander von Staat und Kirche« bekomme in der Klosterkammer »exemplarischen Ausdruck«. »Aber eine humane Demokratie braucht nicht nur Institutionen, sondern auch Persönlichkeiten.« Dem Präsidenten dankte der Bischof für seine Loyalität in zwanzig Jahren.

Der niedersächsische Kulturminister Thomas Oppermann meinte, die Klosterkammer sei ein Behörde *sui generis*: Es gebe da »keine politischen Querelen und keine Verwaltung des Mangels, dafür aber weitgehende Unabhängigkeit, dazu den Umgang mit Kunstschätzen, Feld, Wald, Jagd- und Gott«. Als die Vakanz nahte, hätte manch einer dieserhalb bei ihm angefragt, aber er bewahre das wie ein Geistlicher das Beichtgeheimnis. Der dringende Wunsch Luthers und Melanchthons, die Klostergüter zu bewahren, habe unter dem Einfluss des ausgeprägten niedersächsischen Rechtsbewusstseins zu dem Klosterfonds geführt, der eine »ganze Palette von politischen Systemen weitgehend unbeschädigt überstanden« habe.

Der Prinzregent, der spätere König Georg IV., habe 1818 den Fonds »auf ewige Zeiten« gesichert und 1972 habe der Niedersächsische Staatsgerichtshof den versuchten Zugriff auf die Klosterkammer gestoppt. Der Minister ging dann auf die bedeutende Lebensleistung Campenhausens ein: Der Sohn eines berühmten, kinderreichen Kirchenhistorikers wurde früh in München Ordinarius und kam dann auf den Posten eines Staatssekretärs im niedersächsischen Wissenschaftsministerium, bis er 1979 die Leitung der Klosterkammer übernahm. Wie ein roter Faden durchziehe seine enge Bindung an die evangelische Kirche seine Lebensgeschichte.

Prof. Dr. Axel Freiherr von Campenhausen[3] sagte in seinem prägnanten Dankeswort, jeder Niedersachse müsse erkennen, welche Kleinodien die niedersächsischen Klöster seien. »Genauso wichtig wie die entsprechende Verfassungsgarantie« sei, dass »die Klosterkammer in den Herzen der Niedersachsen« lebe. »Auch die Nähe zur Landeskirche« sei »ein großer Faktor«. Die einzelnen Stifte und Klöster seien »kulturelle Zentren ersten Ranges«. »Die Klosterkammer ist gesund und prall an Geld, aber im Vergleich zu den Bedürfnissen sind wir nichts.« »Sie bekommen ein wohlbestelltes Haus«, rief er seiner Nachfolgerin zu. Er dankte dem zuständigen Ministerium, das seine Rechtsaufsicht immer »loyal, fair und verständnisvoll« ausgeübt habe.

Die neue Präsidentin, Prof. Martha Jansen, bisher Fachhochschulpräsidentin, dankte für Zuspruch und Gebet. Sie sei dem Vorgänger dankbar, dass er ihr in Zukunft mit Rat und Tat zur Seite stehen wolle. »Ich weiß, dass ich mich auf seine engagierte Mannschaft stützen kann.«

Neues Leben auf altem Grund

Der heutige Konvent sucht die Balance zwischen Klosterordnung und persönlicher Freiheit zu finden. Jede Konventualin hat eine eigene, kleine Wohnung. Morgens und abends treffen sich die Konventualinnen zur Andacht. Es gibt keine Gelübde, aber die Selbstverpflichtung zu einem christlichen Leben in Gemeinschaft. Das »Haus der Stille und Begegnung« ist ein modernes spirituelles Zentrum mit evangelischem Profil. Hier sind meditative Seminare für Gäste und Einzelaufenthalte – »Kloster auf Zeit« – möglich (*www.via-cordis-wennigsen.de*).

Im April 2007 lief ein Erneuerungsprogramm der Klosterkammer für Wennigsen an: Modernisierung der Hauselektrik und der Heizungsanlage; eine neue Belüftungsanlage und eine neue Beleuchtung für den Klostersaal.

---

3 CAMPENHAUSEN 1999.

Das Stift Steterburg in Geschichte und Kunst

Die Heinrichsburg

In Steterburg wurde in der Zeit König Heinrichs I. eine Burg errichtet, die in der Zeit der Ungarneinfälle (924ff.) der deutschen Verteidigung Rückhalt geben sollte. 938[1] belagerten Ungarn die wichtige Burg. Aber die niedersächsischen Krieger konnten die vom Marsch und vom andauernden Regen geschwächten Ungarn durch einen überraschend aus den Toren der Burg geführten Ausfall in die Flucht schlagen und sogar einige Feldzeichen erbeuten. So berichtet der zuverlässige Widukind von Corvey. Im Rahmen einer Notgrabung kam die Bezirksarchäologie Braunschweig hier zu neuen Erkenntnissen: In mehreren Baugruben wurde ein bis zu neun Meter breiter und sieben Meter tiefer Spitzgraben angeschnitten, der durch die gefundene Keramik ins 10. Jahrhundert datiert wurde. Der Graben gehörte zu einer annähernd kreisrunden Anlage[2], die etwa sechzig Meter westlich vom späteren Stift begann. Über dem Spitzgraben gab es nach innen schmale Berme, also einen Vorsprung, eine Blendmauer und einen dahinter aufgeschütteten Wall.

Bald entstand neben der Burg ein Ort Steterburg, der freilich erstmals 1118 erwähnt wurde. Burg und Ort gingen am Ende des 10. Jahrhunderts in den Besitz des Grafen Altmann von Oelsburg über. Da dieser keine männlichen Erben hatte, bestimmte er in seinem letzten Willen den dritten Teil seines Gesamtbesitzes zur Gründung eines Kanonissenstiftes neben der Burg. Der Graf starb vor 1003. Zwei Drittel seines Vermögens sollten jedoch der Errichtung eines Chorherrenstiftes dienen, das auf seinem Stammsitz Oelsburg tatsächlich 1003 begründet wurde. Es war guter Stil in aussterbenden Adelsfamilien, am bisherigen Stammsitz eine geistliche Institution einzurichten.

Das Kanonissenstift

Graf Altmanns Witwe Hathewig († vor 1007) und beider Tochter Frederunda stifteten im Einvernehmen mit dem Künstlerbischof Bernward von Hildesheim etwa 1000/01 in Steterburg ein Kanonissenstift, das König Otto III. auf Bitten Bischof Bernwards, eines nahen Verwandten Altmanns in seinen Schutz nahm.[3] Frederunda wurde nach der Sitte der Zeit die erste Äbtissin. König Heinrich II. verlieh im Jahre 1007 auf Bitte Bischof Bernwards hin dem Jungfrauenstift (*catervula puellarum*) Immonität, also

---

1 Lutz GRUNWALD: Anmerkungen zur Steterburg bei Salzgitter-Thiede. Die historischen, geographischen und archäologischen Grundlagen nach den Ausgrabungen des Jahres 1998, in: HEINE 1999, S. 89.
2 SEGERS-GLOCKE 1998, S. 158.
3 BUNSELMEYER 1983, S. 19.

Königsschutz, und freie Wahl der Vorsteherin und des Schirmvogtes. Der Herrscher bestimmte, die Kanonissen sollten täglich für das Wohl des Reiches und des Kaisers beten. Alle Angelegenheiten des Stiftes sollten der Aufsicht Bischofs Bernwards und seiner Nachfolger unterstehen. Um 1013 rechnete Hildesheim die abbaciuncule(!) Steterburg, das Klösterchen Steterburg zu den Eigenkirchen des Bischofs.[4] Das Stift wurde nach den neuen Grabungsergebnissen in der Vorburg der Heinrichsburg errichtet. Für das Jahr 1070 ist eine Kirchenweihe bezeugt.[5] Von diesem Kirchenbau rührt noch der erhaltene Kirchturm her, der also nicht, wie man vermutet hat, der »Bergfried« der Heinrichsburg gewesen ist. Dieser Kirchenbau Steterburg I ist vor 1162 abgebrochen worden.

Das Stift hatte aristokratischen Zuschnitt. So war 1103 Äbtissin Adelheid Tochter des Grafen Heinrich von Reinhausen, Nichte des Bischofs Udo von Hildesheim, und Schwester der Äbtissin Eilika von Ringelheim.[6] Sie zeichnete sich durch reiche Spenden für ihr Stift aus. Und 1107 errichtete Äbtissin Hathewig I., Schwester des Bischofs Berthold . von Hildesheim, zusammen mit ihrem Bruder eine Kirche in »Linden«.[7] Die Hauptaufgabe der Kanonissen war die Teilnahme am täglichen Gottesdienst. Sie fertigten auch Handarbeiten an. So sandte das Stift jedes Jahr dem Bischof von Hildesheim als Rekognitionsabgabe ein kunstvoll gearbeitetes Tischtuch.

Die kirchenrechtliche Grundstruktur des Stiftes umschreibt die Definition[8] Collegium sanctimonialium Canonicarum ut vulgo dicitur secularium, also eine Versammlung frommer Frauen, die kanonikal bzw. freiweltlich leben. Das Wort canonicarum bezieht sich auf die Aachener Kanonissenregel von 816, die die Möglichkeit eines religiösen Gemeinschaftslebens ohne Gelübde eröffnete, aus dem man also bei Bedarf wieder herauskam.

Im 12. Jahrhundert galt ein solches adliges Kanonissenstift bereits als altmodisch. So wollte schon Bernhard I. (1119–30) das Stift in Richtung Kloster umformen[9], aber er scheiterte am Widerstand der Kanonissen, die bei ihrem freiheitlichen Lebensstil bleiben und sich besonders das Recht zum Austritt, bzw. zur Heirat, nicht nehmen lassen wollten.

Das Augustiner-Chorfrauenstift

Um 1140 führte der reformeifrige Propst Gerhard I. von Riechenberg die vita communis ein, also ein wirkliches Gemeinschaftsleben, und strenge Klausur. Propst, Priorin und Konvent sollten hinfort nach der Augustinus-Regel leben. Aber die Mehrheit der bisherigen Kanonissen wählte »den breiten Weg der Welt« und entschwand. Von 1163 bis 1209 amtierte dann in Steterburg der aus Riechenberg gekommene Propst Gerhard II.,

---

4 UB Hochstift Hildesheim I, Nr. 60.
5 MGHSS 16, S. 202.
6 UB Hochstift Hildesheim I, Nr. 158 u. 271.
7 UB Hochstift Hildesheim I, Nr. 175.
8 MGSS 16, S. 200.
9 Bunselmeyer 1983, S. 300.

der Verfasser der als Quelle zur Geschichte der Zeit Heinrichs des Löwen wichtigen Annales Stederburgenses der Propst stand dem königgleichen Herzog im Leben und im Sterben zur Seite. Gerhard II. schildert sehr lebendig die Kriegsereignisse, durch die »sein« Stift in Mitleidenschaft gezogen wurde. Der Propst berichtet auch vom Erwerb von Stiftsgütern und von der Sorge um ihre Erhaltung. Gerhard II. errichtete 1165ff eine neue Stiftskirche. Ihr Marienaltar wurde 1166 geweiht. 1172 wurde eine Kapelle St. Nicolaus und St. Michael erstellt. Der allem Neuen aufgeschlossene Propst wollte seine Kirche gern schon einwölben. Aber das Gewölbe kam herunter. Die Kirche erhielt nun die noch übliche flache Decke, wie z.B. im Langhaus in Amelungsborn. 1174 wurde die Kirche dann von den Bischöfen Adelog von Hildesheim und Evermod von Ratzeburg geweiht. Es handelte sich um eine kreuzförmige Basilika. 1176 wurde von Steterburg aus das Kloster St. Marienberg vor Helmstedt besetzt, das noch heute besteht und Großes für das Paramentenwesen geleistet hat. Im Juli 1181 bestätigte Kaiser Friedrich I. dem Stift den Ankauf von fünf Hufen in Leiferde für 29 Mark Silber von einem gewissen Dietrich.[10] Der tüchtige Propst Gerhard II. konnte auch sonst den Besitz des Stiftes durch entsprechende Ankäufe abrunden.[11] 1187 übereignete Bischof Adelog dem Stift den Neubruch-Zehnten bei Steterburg[12] und weitere Zehnt-Berechtigungen.[13] 1194 bestätigte Kaiser Heinrich VI. unter Zustimmung des Bischofs Berno von Hildesheim die Privilegien Steterburgs.[14] Immer wieder wurden Stiftungen für ein Gedenken am Todestag des jeweiligen Stifters gemacht.[15] Die Dominae, also die Chorfrauen, beteten fleißig für die verstorbenen Wohltäter ihres Klosters, z.B. für Propst Berthold, der eine Stiftung zur Beschaffung von Kleidung für die Chorfrauen gemacht hatte. 1240 war das Kloster um die Kirche in Melverode bemüht[16], die sie aus der Abhängigkeit von Stöckheim befreite. Das Kloster besaß auch das Patronatsrecht über die Kirche in Beddingen.[17]

Im Kloster lebten nun überwiegend Töchter von Braunschweiger Bürgern. 1258 überließ eine Frau Wernico dem Kloster Dorstadt eine Badestube auf dem Werder im Hagen zu Braunschweig unter der Bedingung, dass dieses ihren drei Nichten, Mathilde, Werneke und Gertrud, Nonnen in Steterburg, jährlich ein Pfund Silberpfennige zahle. Das gleiche sollten drei weitere Nichten erhalten, die Nonnen in Dorstadt waren.[18] Es befanden sich aber auch immer noch Frauen aus Ritter-Familien in dem Kloster, wie z.B. 1246 die Tochter des Ludolf von Geitelde[19] oder 1385 Adelheid von Oberg.[20] Oft lebten sogar gar nicht geistlich gewordene Verwandte im

---

10 UB Hochstift Hildesheim I, Nr. 403.
11 UB Hochstift Hildesheim I, Nr. 448–451.
12 UB Hochstift Hildesheim I, Nr. 453.
13 UB Hochstift Hildesheim I, Nr. 452, 454 u. 457.
14 UB Hochstift Hildesheim I, Nr. 501.
15 UB Hochstift Hildesheim I, Nr. 744.
16 UB Hochstift Hildesheim II, Nr. 593.
17 UB Hochstift Hildesheim IV, Nr. 942.
18 UB Hochstift Hildesheim II, Nr. 1011.
19 UB Hochstift Hildesheim II, Nr. 776.
20 UB Hochstift Hildesheim VI, Nr. 700.

Kloster.²¹ Das Kloster hatte eigene Ministerialen, Dienstmannen.²² Für manuelle Arbeiten standen Laienschwestern zur Verfügung.²³ Fürs Grobe gab es Konversen, Laienbrüder.²⁴

Im Jahre 1290 beauftragte Papst Nicolaus IV. den Scholaster der Kreuzkirche in Hildesheim, bestimmte Vermögensauseinandersetzungen des Klosters mit dem Pastor von »Osdagessen« zu regeln. Aus dieser Papsturkunde geht die dominierende Stellung des Propstes hervor, während die »Priorissa« dem Konvent der »Monialen« vorstand.²⁵

Immer wieder erwarben heilsbegierige Menschen die Teilhabe an den guten Werken des Klosters, so 1310 zugunsten des ermordeten Knappen Johann von der Gowiesch.²⁶ Die Bischöfe von Hildesheim unterstützten das Kloster durch Verheißung von Ablass für die Wohltäter des Ordenshauses²⁷, auch für die, die nach der Hochmesse in der Klosterkirche das Ave spes nostra (mit)singen.²⁸

Spätestens ab 1300 war dem Chorfrauenstift eine Infirmaria, eine Krankenstation, angeschlossen, die eine Kapelle besaß.²⁹ Hier gab es weißes Brot für die kranken Chorfrauen. Notfalls wurden hier auch³⁰ Außenstehende gepflegt.

Wirtschaftlich waren die Verhältnisse so gut, dass das Kloster 1319 das Schloss Thiede mit sechs Hufen kaufen konnte.³¹ Auf gesunde wirtschaftliche Verhältnisse deutet auch die steuerliche Einschätzung des Klosters 1363: Der Generalvikar des Bischofs von Hildesheim erwartete von Steterburg den Höchstsatz, nämlich zehn Mark Silber, während dagegen Heiningen nur vier, Riechenberg nur sechs, und Wöltingerode sieben Mark bezahlen mussten.³² Tempora mutantur: Schon 1387 waren fast alle Güter des Klosters verpfändet. Bischof Gerhard befahl deshalb dem Propst, nach Möglichkeit die verpfändeten Güter zurückzugewinnen und in Zukunft ohne Vorwissen des Bischofs keine Güter mehr zu verpfänden oder zu verkaufen.³³

1391 erlaubte Bischof Gerhard³⁴ dem Kloster, das Altarsakrament ständig in einer Monstranz zu reponieren und es auf dem Hochaltar aufzustellen, sodass es von den Gläubigen durch ein Glas – per berillum – gesehen werden konnte. Er verhieß allen Gläubigen, die zur Verehrung des Sakraments fünf Vater unser und fünf Ave Maria oder Ave verum Corpus beten, vierzig Tage Ablass. Eine Schulmeisterin³⁵ kümmerte

---

21 UB Hochstift Hildesheim VI, Nr. 614.
22 UB Hochstift Hildesheim II, Nr. 911.
23 BUNSELMEYER 1983, S. 160.
24 BUNSELMEYER 1983, S. 290ff.
25 SCHWARZ 1988, Nr. 181, S. 76f.
26 UB Hochstift Hildesheim IV, Nr. 13.
27 UB Hochstift Hildesheim IV, Nr. 320 u. 356.
28 UB Hochstift Hildesheim IV, Nr. 948.
29 BUNSELMEYER 1983, S. 101f.
30 BUNSELMEYER 1983, S. 104.
31 UB Hochstift Hildesheim IV, Nr. 468.
32 UB Hochstift Hildesheim V, Nr. 1046.
33 UB Hochstift Hildesheim VI, Nr. 792.
34 UB Hochstift Hildesheim VI, Nr. 1027.
35 BUNSELMEYER 1983, S. 137.

sich jedenfalls 1415 um junge Mädchen im Kloster, die im besten Fall später ins Kloster eintreten sollten. Für solche »Bräute Christi« war eine Mitgift erwünscht.[36]

Im Jahre 1452 fand die Windesheimer Reform Eingang: Das Kloster Frenswegen erneuerte das Stift.[37] Aus dem 15. Jahrhundert stammt noch der Kern des zweigeschossigen Konventsbaus, der an die Nordostecke der Kirche anschließt, das sogenannte »Alte Kloster«. Aus dem Jahre 1467 stammt ein Brevier aus Steterburg in dem in der Schlussschrift die Schreiberin Agnes den späteren Leser um ein Vater Unser bittet.[38] Die Reform zog viele junge Frauen an. 1481 gab es so mindestens sechsundsechzig Konventualinnen.[39]

1519 wurde Nicolaus Decius, eigentlich Deeg, geboren um 1485 in Hof/Oberfranken Propst des Stiftes. Bis 1522 hatte er diese Stelle inne. Im Jahr darauf dichtete er »Allein Gott in der Höh' sei Ehr'«, wobei er als Melodie das Gloria einer Ostermesse des 10. Jahrhunderts verwendete. Von Decius stammen auch Text und Melodie von »O Lamm Gottes unschuldig«. Decius starb in Mühlhausen bei Elbing-Westpreußen nach 1546.

Als 1542 die Braunschweiger Bürger sich gegen den die Selbständigkeit der Stadt bedrohenden Herzog Heinrich dem Jüngeren wandten, zogen sie nach Steterburg und zerstörten Altäre, Taufstein, Chororgel und Grabsteine. Sie raubten Kelche, Monstranzen, Messgeräte, Vieh und Kornvorräte. Die in Steterburg beigesetzten Überreste der herzoglichen Familie wurden aus ihren Grüften gerissen.

Spätmittelalterliche Kostbarkeiten aus Steterburg

Das Schlossmuseum in Wolfenbüttel[40] bewahrt mehrere Kostbarkeiten, die aus Steterburg stammen. Eine Messing-Taufschale aus Steterburg zeigt die Ankündigung der Geburt Jesu und stammt aus dem Ende des 15. Jahrhunderts. Um 1500 wurde ein Osterkissen gestickt, wobei die Chorfrauen winzige Perlen aus heimischen Gewässern verwendeten. In der Mitte ist die Auferstehung Jesu dargestellt, daneben St. Franziskus von Assisi und St. Clara, die Gründerin der Franziskanerinnen. Unten erscheinen zwei Engel. Dieses Kissen hatte seinen »Sitz im Leben« des Kloster in der Feier der Osternacht. Es steht im Eigentum der Ritterschaft des ehemaligen Landes Braunschweig. Ein Wandteppich von 1560 zeigt die beiden Stifterinnen der Institution und die Wappen der Chorfrauen des Jahres. Etwas jünger ist eine geschichtlich bestimmte, gemalte Tafel, die die beiden Stifterinnen zeigt. Damals besann man sich auch in anderen Stiften auf die Anfänge, z.B. in Fischbeck. Im Herzog Anton Ulrich-Museum Braunschweig befindet sich eine polychrom bemalte,

---

36 BUNSELMEYER 1983, S. 143.
37 Germania Sacra: Neue Folge 5. Die Bistümer der Kirchenprovinz Köln. Das Bistum Münster 2. – KOHL 1971, S. 48.
38 HEINEMANN 1888, S. 193.
39 BUNSELMEYER 1983, S. 145.
40 Verbindlich danke ich dem Museum Schloss Wolfenbüttel – Cortina Teichmann-Knauer, Brief vom 27.3.2000, für wertvolle Hinweise.

ovale Spanschachtel aus der 1. Hälfte des 14. Jahrhunderts aus Steterburg, die die bei weitem älteste in Mitteleuropa überkommene bemalte Spanschachtel darstellt. Die Deckelplatte zeigt die Einsetzung des Heiligen Abendmahls. Auf dieser Spanschachtel findet man weiter sechs Medaillons mit bunten Vogeldarstellungen mit belehrenden Sprüchen.

Das evangelische Stift

1543 verwüsteten Braunschweiger Bürger das Stift. 1569 wurde das Stift evangelisch. Im Inventar von 1575 heißt es von bestimmten Perlen, diese habe man früher »den Götzen eingehenget«, womit die nun obsolet gewordenen Heiligenfiguren gemeint waren.[41] Ausgesprochen weltlich erscheinen die sogenannten »Lustgartenbilder« auf der um 1580 entstandenen, mit dem offiziellen Stiftssiegel versehenen Lade im Museum Wolfenbüttel. Da sieht man einen sitzenden Herrn, der eine Dame umfängt, die auf seinem Schoss sitzt und die Laute spielt. Neben ihnen ein tanzendes Paar vor einem großen Springbrunnen mit dem Gott Amor. Aus einer venezianischen Gondel reicht ein Herr einer nackten Schwimmerin die Hand. Und so fort.

Bald wurde der Wirtschaftsbetrieb vom Stift getrennt und der Klosterratsstube, später der Domänenkammer, unterstellt. 1627 wurde das Stift in Brand gesteckt. 1627ff. lag eine kaiserliche Truppe im Klosterort. 1641 wurde das Stift von Dänen und Schweden zerstört. So ist es bei Merian sehr eindrucksvoll als »ruinirtes Closter« abgebildet – in dessen Umgebung man noch Menschenknochen findet. Der Konvent – nur noch vier Damen – war in das nahe Braunschweig geflohen, wo das Stift auf der Echternstraße ein Haus besaß. Erst 1667 kehrten die Damen zurück. Nach langwierigem Wiederaufbau wurde das Stift 1691 in ein adliges Damenstift mit zwölf Kanonissen, die sechzehn adlige Ahnen nachweisen mussten, umgewandelt. An der Spitze sollte eine Äbtissin stehen, der ein Propst zur Seite stand. Am 29.9., dem Michaelistag, 1691 konnte Herzogin Elisabeth Juliane, Gemahlin des Herzogs Anton Ulrich, den Grundstein zu einem neuen Konventsgebäude legen.

Eine von Johann Christoph Baehr geprägte Medaille von 1691 feierte die glanzvolle Erneuerung des Monasteriums und dessen Umwandlung in ein Coenobium für adlige Jungfrauen. Auf dieser Medaille bescheint die Sonne die Erde und den Mond als Symbol der ständigen Erneuerung.

Die prächtigen Konventsgebäude errichtete Johann Balthasar Lauterbach (1663–94) ab 1691. Die Wohnungen der Äbtissin im Süden und der Stiftsdamen im Osten und Westen des rechteckigen Hofes verbindet in der Erinnerung an mittelalterliche Kreuzgänge ein hölzerner Arkadengang. Die erste Äbtissin dieser Epoche war Hedwig Maria von Oberg, der erste Propst Heinrich Ekbrecht von Grone, dessen Nachkommen mehrmals das gleiche Amt innehatten.

Den Propst hatte das Stiftskapitel aus der Zahl der adligen Schatzräte des Herzogtums Braunschweig-Wolfenbüttel zu wählen und dem Landesherrn zur Bestätigung

---

41 Niedersächsisches Staatsarchiv Wolfenbüttel 8 Alt Gr. 18 Nr. 3186c.

vorzuschlagen. Vorschläge für die Besetzung der Kanonissenstellen kamen von der Gemahlin des regierenden Herzogs, von der Ritterschaft und vom Kapitel.

Die zwischen 1751 und 1758 errichtete Stiftskirche ist ein glanzvoller barocker Saalbau aus Kalksteinmauerwerk vom Typus Hofkirche, was auch die schlossartigen Fassaden zeigen. Innen bilden sechzehn korinthische Holzsäulen auf Postamenten ein stark gestrecktes Längsoval. Die zweiseitige Durchfensterung erfüllt den Raum mit Licht. Das Ganze ist stark von den umlaufenden Emporen bestimmt. Der Stuckdekor ist nach einem Entwurf des Artilleriehauptmannes F.W. Grützmann von G. Buzzi geschaffen worden. Den hölzernen, teilvergoldeten Kanzelaltar schuf nach einem Entwurf Grützmanns der Tischler C.J. Kamman. Die Doppelsäulen hier zeigen Kompositkapitelle. In der Predella befindet sich ein gemaltes Abendmahlsbild. Der Orgelprospekt weist schon Rokokoformen auf. Mehrere barocke Grabsteine mit Wappen stammen von Stiftsdamen.

1777 bis 1781 baute W. Gebhardi das oben erwähnte sogenannte Alte Kloster um. 1782 verlieh Herzog Karl Wilhelm Ferdinand, dem Brauch der Zeit entsprechend, den Kanonissen einen Stiftsorden aus weißem Emaille mit schwarzem Rand und goldener Fassung, zu dem ein gestickter Bruststern gehörte. Die Ritterschaft des Landes hielt stets die Hand über das Stift. Der Wirtschaftsbetrieb umfasste 1925 noch 519 Hektar fruchtbaren Boden. Um 1930 übersiedelten die Stiftsdamen nach Blankenburg. Das evangelische Stift bestand nominell bis zur Enteignung durch die Nazis 1938. In den Klostergebäuden wurden Wohnungen für leitende Angestellte der »Hermann Göring – Reichswerke« eingerichtet. Die Stiftskirche wurde 1938 evangelische Gemeindekirche. Eine personelle Erneuerung des unterdrückten Kapitels wurde nach 1945 leider versäumt, obwohl noch lange Steterburger Stiftsdamen lebten und die ganze Zeit restaurativ gestimmt war. Die heutige katholische Einrichtung »Kloster Steterburg« jedoch ist eine Bildungsstätte ohne Zusammenhang mit dem untergegangenen Stift. Anfang der fünfziger Jahre entstand eine Konservenfabrik im Stiftshof. 1997/98 wurde diese abgerissen. Das war der Anlass für die oben erwähnte Notgrabung. Hier entstand dann ein »Wohnpark Steterburg«. Heute erinnert sich vor allem die Evangelisch-Lutherische Kirchengemeinde Steterburg-Salzgitter der tausendjährigen Steterburger Segensgeschichte, über der Psalm 90,4 steht: »Tausend Jahre sind vor Dir wie der Tag, der gestern vergangen ist.«

Marienau – das einzige niedersächsische Karmeliterkloster

Der Karmel: Grundzüge der älteren Ordensgeschichte

Der Karmeliterorden ist der einzige Orden, der seinen Ursprung im Heiligen Land hat. Die hochmittelalterlichen Karmeliter beriefen sich auf die altbiblischen »Prophetenschüler«, die es tatsächlich gegeben hat. Die frühen Karmeliter waren überzeugt, dass Elia ihrer Kommunität vorgestanden habe: In dem Propheten Elia sah der Karmeliterorden so seinen Gründer. Deshalb widmete man sich der Imitation des Elia und folgte seinen Fußstapfen. Mit Recht wurde Elia Vorbild des einsamen Gebetes. Auch seinen leidenschaftlichen Eifer für Gott suchten die Karmeliter nachzuahmen. Man behauptete, Elia und seine Schüler hätten auf dem Vorgebirge Karmel gelebt, wo tatsächlich das Gottesurteil über den Baalskult stattgefunden hat. Auch Johannes der Täufer sei Mitglied der weiterbestehenden Gemeinschaft gewesen. Die Jungfrau Maria habe die Proto-Karmeliter oft besucht. Man glaubte, in der Zeit Jesu seien die Proto-Karmeliter in den Bereich der späteren Annakirche nach Jerusalem gezogen, um so die Wunder Jesu zu schauen. Schon pfiffige Dominikaner und Franziskaner des 14. Jahrhunderts merkten, dass diese Legende keinen historischen Gehalt hat, dass es also keine Kontinuität seit den Zeiten des Elia gegeben hat.

Um 1155 gründete der Kreuzfahrer Berthold von Kalabrien auf dem Vorgebirge Karmel eine Einsiedler-Kolonie, die in Höhlen lebte. 1209 entwarf der Patriarch von Jerusalem, der Heilige Albert, eine Regel, die 1226 von Papst Honorius III. bestätigt wurde: Die Einsiedler mit eigener Zelle sollten gemeinsam beten und speisen. Die Einsamkeit wurde also mit der Gemeinschaft verbunden. Die Karmeliter zogen 1238 ins Abendland. St. Simon Stock gestaltete 1247 die Gemeinschaft zu einem Bettelorden um, der predigte und lehrte. 1249 wurde das erste deutsche Karmeliterkloster in Köln gegründet.

Das Kloster Marienau im Mittelalter

Das Karmeliterkloster Marienau, ursprünglich tho dem Auhagen, heute Coppenbrügge, war das einzige Kloster dieses Ordens in ganz Niedersachsen. Der heutige Name ist ein typischer Klostername, der dann auf die kleine Ortschaft an der B 1 überging. Chronikalische Nachrichten im Archiv der Niederdeutschen Ordensprovinz nennen mehrmals das Jahr 1310 als Gründungsjahr.[1] Das Ordenshaus wurde dann auch in den Akten des 1312 in Haarlem gehaltenen Kapitels der deutschen Ordensprovinz des Karmeliterordens erwähnt. Abweichende Gründungszahlen in der Literatur sollten verschwinden.

---

1 Hartmann 1938, S. 57.

Als Stifterfamilie erscheint stets die Grafenfamilie von Spiegelberg, die das Kloster zu ihrer Familiengrablege erkor. So hatten die Karmeliter immer wieder Seelenmessen für dahingegangene Glieder der Grafenfamilie zu lesen.

Das Kloster übernahm eine etwas ältere, bereits vielbesuchte Wallfahrtskapelle, die schon 1298 von Papst Bonifaz VIII. einen Gnadenbrief erhalten hatte. Das Marienbild in Marienau galt als wundertätig. Es handelte sich um eine Pieta, also um eine Mutter Gottes mit ihrem gekreuzigten Sohn auf dem Schoss. 1347 soll Kaiser Karl IV. dem Kloster einen Schutzbrief erteilt haben.[2] Das nächste, etwas ältere Karmeliterkloster bestand in Kassel. Daraus ergaben sich entsprechende Beziehungen. So visitierte 1359 der Kasseler Prior das Kloster Marienau. Fünf Visitationsprotokolle aus der Zeit von 1373 bis 1385 sind erhalten.

Der Prior hatte die Provinzialkapitel zu besuchen. Jedes Jahr wurde der Prior von der Klosterfamilie neu gewählt. So konnte niemand hierarchische Gelüste entwickeln. Aber Wiederwahl war häufig. So war Bruder Cord von Oldendorf 1361 und noch mal 1362 Prior. 1384[3] hatte das Ordenshaus achtzehn Brüder. 1431 waren es zwanzig. Das Kloster war demnach ein Ordenshaus mittlerer Größe. Die Mehrheit der Bettelmönche stammte aus der näheren Umgebung des Klosters, z.B. aus Münder, Alfeld, Stadthagen, Göttingen, Höxter, Lemgo und Horn. Hin und wieder kam aber auch ein Niederländer oder Westfale nach Marienau. Adlige traten nie ein. An einigen Hochschulen sind Studierende Brüder aus Marienau nachgewiesen, so in England, Brüssel und Köln. Die Mönche trugen über einer braunen Kutte mit Ledergürtel ein Skapulier, also einen Schulterumhang mit Kapuze, und einen weißen Mantel. Wegen dieses weißen Mantels wurden sie auch die witten Pater genannt. Nachts schliefen die weißen Mönche gemeinsam im Schlafhaus. Im Unterschied zu den Benediktinern mit ihrer *stabilitas loci*, mit ihrer Bindung an ein bestimmtes Kloster, war im Karmeliterorden eine gewisse Mobilität üblich. So z.B. erscheint Ludwig von (hier: aus) Zierenberg 1374 als Subprior im Konvent Frankfurt am Main und erst 1381 als Prior in Marienau. Und Johann von Dyest, 1367 als Prior in Marienau bezeugt, war vorher 1364 *Lector sententiae*, also Ausleger der Sentenzen des Lombardus, in Köln, und 1365 *Lector* in Harleem. Und nach seiner Marienauer Amtszeit, 1374, wirkte er als *Lector* in Kreuznach und war dann 1376 noch Prior in Waldasheim.

Der Bruder Heinrich von Marienau, Verfasser mehrerer Bücher über seinen Orden, über den Lauf der Gestirne und gegen die Simonie, also gegen den Verkauf geistlicher Ämter, ist sogar zur Würde eines Titularbischofs gelangt.[4] Außer dem Prior werden gelegentlich erwähnt der Subprior, also der Stellvertreter des Vorstehers, der Prokurator, also der Verwaltungsleiter, der Kustos, also der Hüter des noch vorhandenen Gotteshauses und der heiligen Geräte, der Siechenmeister, der sich um das Klosterkrankenhaus kümmerte und der *Lector*, der im Kloster laufend Vorträge hielt, besonders für die jüngeren Ordensbrüder.

---

2 BRENNEKE 1929, I, S. 103.
3 HARTMANN 1938, S. 61.
4 HARTMANN 1938, S. 68.

Die umherziehenden Bettelmönche fanden Halt an ihren Termineien, an ihren Bettelstationen, wie sie in Hameln, 1317, Sarstedt, 1431, Hannover, 1328, Bodenwerder, 1351, Stadthagen, 1370, und Lichtenberg, 1431, bezeugt sind. Die Karmeliter waren glühende Marienverehrer. Sie wurden so oft auch »Brüder Unserer Lieben Frauen« oder kurz »Frauenbrüder« genannt. Seit spätestens 1400 wurde den vielen Pilgern an den Haupt-Wallfahrtstagen, nämlich am Sonntag Jubilate, drei Wochen nach Ostern, und am Sonntag vor dem Johannistag (24.6.) von den Einwohnern Marienaus vor jedem Haus eine weiße Mehlsuppe, das Wittmus, angeboten, als gutes Werk, um Gotteslohn. Den Löffel musste man selbst mitbringen. Im Jahre 2000 wurde das 600. Wittmus-Fest feierlich begangen. Besonders gefeiert wurde auch der Elisabeth-Tag, der 19. November. Wer dem Kloster etwas spendete, wurde in das Memorienbuch eingetragen. Mehrere umwohnende Adelsfamilien engagierten sich für Marienau, so die Familien von Halle, Bock von Nordholz und Hake zu Diedersen. 1363 wurde eine neue Klosterkirche geweiht, von der in der heutigen Kirche manche Spuren erhalten sind. Wir hören auch von geistigen Interessen. 1389 verfasste der Pater Johann Hecke eine Landesgeschichte.[5] 1431 waren 24 Bücher vorhanden. Im Vergleich zu anderen Klosterbibliotheken, wie z.B. Amelungsborn, fällt diese Zahl doch sehr ab.

Seit 1390 zeigt sich ein deutliches Verfallszeichen, nämlich Privateigentum einzelner Bettelmönche, was zu Verhandlungen in Sachen Rentenkauf mit dem Rat der Stadt Hannover führte.[6] 1449 nahm Herzog Wilhelm der Ältere von Braunschweig das Ordenshaus in seinen Schutz.[7]

Johannes von Hildesheim: Legende von den Heiligen Drei Königen

Johannes von Hildesheim wurde zwischen 1310 und 1320 in der Bischofsstadt an der Innerste geboren, wo er eine gute Schulbildung erhielt. Dann trat er in das vor 1312 gegründete Karmeliterkloster Marienau bei Coppenbrügge ein, dessen Marienkapelle erhalten ist. Er wurde dann zur Ausbildung nach Avignon und Paris gesandt. Nach seiner Rückkehr nach Deutschland wurde er 1361 Prior des Karmeliterklosters Kassel. 1364–68 war der Niedersachse in Straßburg tätig. Von hier reiste er nach Rom. Nach kurzer Tätigkeit in Speyer kam er wieder nach Marienau, wo er 1375 als Prior starb und im Chor der Ordenskirche begraben wurde. 1627 war noch sein Grabstein zu sehen, dessen Inschrift seine Verdienste um das Kloster hervorhob.

1364–75 verfasste er in dichterisch eindringlicher Form seine Legende der Heiligen Drei Könige, die er Florentius von Wevelinghofen, Bischof von Münster, widmete. Johannes von Hildesheim macht hier aus den knappen Worten des Evangelientextes über den Besuch der Waisen aus dem Morgenland beim Jesuskind (Matthäus 2, 1–12) eine gewaltige Geschichte, wobei er eine Fülle von Legenden aus dem Orient und alle erreichbaren Reiseberichte von Heiligland-Pilgern zur Auffüllung des biblischen Berichtes nutzt. Er zieht alle Register zur Verherrlichung der Heiligen Drei Könige.

---

5 Musal 1967, S. 177.
6 Hartmann 1938, S. 64.

Johannes sucht die Vorgeschichte der Könige zu ergründen, die sich noch gar nicht kannten, bis sie zur gleichen Zeit von Gott in Marsch gesetzt wurden. Melchior regierte in Nubien und in Arabien. Zu seinem Gebiet gehörte das Rote Meer. Er hat dem Christkind Gold geschenkt. König Balthasar, der dann den Weihrauch schenkte, regierte in Godolien und Saba, wo es viele kostbare Gewürze gab. Caspar, der Myrrhe schenkte, kam aus »Tharsis«. Damit griff der Karmeliter einen altbiblischen Ortsnamen auf, der nach Spanien gehörte.

Mit ausschweifender Phantasie wird dann der Zug der »drei ruhmreiche Könige« beschrieben, bis sie alle am dreizehnten Tag das Heilige Land erreichten. Aber in plötzlich aufziehendem Nebel verloren sie den jeden einzelnen leitenden Stern, sodass sie statt beim Stall von Bethlehem bei König Herodes ankamen. Sie wurden nach Bethlehem gewiesen, wo die bereits von der Weihnachtsbotschaft erfassten Hirten sie in Empfang nahmen.

Johannes spinnt den Faden der Geschichte nach der Anbetung der Könige weiter. Die mühevolle Heimreise dauerte drei Jahre. Der gewaltige, vereinigte »Heerzug« hatte missionarische Wirkung: Die Könige erzählten von ihrer wundersam schnellen Reise nach Bethlehem. Deshalb nannte man sie Magier, Wundermänner. Nach Johannes hat dann der Apostel Thomas, Indienmissionar, die drei Könige getauft und zu Erzbischöfen geweiht. Die Könige setzten dann den Priesterkönig Johannes in sein Amt über die Inder ein.

Schließlich schildert der Karmeliter aus Niedersachsen den erbaulichen Tod der drei: Alle drei starben kurz nacheinander, alle drei über hundert Jahre alt. »Wie sie im Leben Freunde gewesen waren, so waren sie auch im Tode vereint«. Nach ihrem Hingang taten die drei viele Wunder. Kaiser Konstantins fromme Mutter reiste ihren Spuren nach und fand ihre Gebeine. Diese Heiltümer kamen dann über Konstantinopel und Mailand nach Köln. »Sie erwählten sich diese Stadt zur ewigen Ruhe«.

Die Dreikönigslegende wurde 1389 erstmals aus dem Lateinischen ins Deutsche übersetzt und dann immer wieder abgeschrieben. Auch ins Französische, Englische und Niederländische wurde das köstlich fabulierende Werk übersetzt. 1477 wurde erstmals von Johann Guldenschaff in Köln auf Latein gedruckt. Die erste deutsche Ausgabe druckte Johannes Prüss in Straßburg 1480, sie enthält hübsche Holzschnitte.

Dann geriet das wundersame Büchlein in Vergessenheit. Johann Wolfgang von Goethe fand 1818 eine lateinische Handschrift und war begeistert von der Phantasie und Poesie der Erzählung. Der Dichterfürst meinte: »Ich wüsste kein Volksbuch, neben dem dieses Büchlein nicht stehen könnte«. Auf Goethes Anregung hin schuf der Dichter Gustav Schwab, bekannt durch seine »Sagen des klassischen Altertums«, eine neuhochdeutsche Übersetzung, zu der Goethe einen Eingangsvers dichtete.[8] In der Dreikönigslegende des Johannes von Hildesheim durchdringen sich Heiliges und Weltliches. Ihr Grundgedanke ist: Die Heiligen Drei Könige wirken weiter in der Welt. Goethe sagt: »Am Ende sind wir alle pilgernd Könige zum Ziele«.

---

7   Brenneke 1929, I, S. 131.
8   Christern 1963.

Die Klosterkapelle Marienau

Der einzige bauliche Überrest des Klosters Marienau ist die um 1500[9] errichtete, einschiffige Marienkapelle. Der schlichte Rechteckbau besteht aus Bruchstein mit Quaderverzahnung an den Ecken. Der Saalraum ist mit einer flachen Bretterdecke versehen. Viele Grabplatten sind im 18. Jahrhundert zu Fußbodenplatten verarbeitet worden. Um so wichtiger ist die Sandstein-Grabplatte der Gräfin Anna von Spiegelberg, geb. Herzogin von Sachsen-Lauenburg, † 1504, mit einer Reliefdarstellung der Dahingegangenen, unter einem kreuzrippengewölbten Baldachin sitzend.

Der Ausgang des Klosterlebens in Marienau

Auf wirtschaftlichen Niedergang deutet hin, dass das Ordenshaus ab 1528 keine pflichtmäßigen Abgaben mehr an das Provinzialkapitel entrichtet hat. Untersucht man Luthers bekannte und verbreitete Äußerungen gegen das Ordenswesen daraufhin, welche Orden er konkret meint, so zeigt sich, dass fast alle kritischen Äußerungen auf die Bettelmönche zielen. Und zu diesen gehörten die Karmeliter. So kam in Marienau wie in allen anderen Karmeliterklöstern in evangelisch gewordenen Territorien ein erneuertes, evangelisches Fortbestehen nicht in Frage, sondern einzig ein langsames Ausklingen des Klosterlebens. 1543 fand die Reformation in Marienau Eingang: Der Reformator Anton Corvinus und Christoph von Mengershausen visitierten im Auftrag der Herzogin Elisabeth das Kloster und nahmen ein Inventar auf.[10] Am 18. Februar 1544 schrieb der Provinzial Eberhard Billick, Köln, dem Prior in Marienau einen erregten Brief, in dem er den Vorsteher beschwor, inmitten der Ketzer fest bei der katholischen Lehre zu bleiben. Er befahl dem Prior, diesen Brief den übrigen Brüdern des Konvents vorzulesen. Der Provinzial könne wegen der Gefahr durch die Ketzer nicht persönlich nach Marienau kommen. Anfang 1565 beschloss Herzog Erich der Jüngere von Calenberg zur Aufbesserung seiner leidend gewordenen Finanzen, das Kloster mit allem Besitz einzuziehen. Ostern 1565 zog so Erhart von Portugal als Verwalter ein, nachdem er dem Herzog 1500 rheinische Goldgulden zu sechs Prozent Zinsen geliehen hatte. Die noch vorhandenen Mönche hatten Pferde, Kühe, Speck und anderes in aller Eile nach Hameln geschafft, wohin sich auch der letzte Prior, der aus Hameln stammende Heinrich Tornemann begab, der einen Kasten Urkunden mitnahm. So wurde der Pächter der in Pachtvertrag übernommenen Pflicht enthoben, die noch vorhandenen Klosterpersonen zu versorgen. Das wundertätige Marienbild[11] der weißen Mönche kam nach Spiegelberg bei Lauenstein, wohin dann weiter Wallfahrten gingen.

Schon 1566 behandelte Herzog Erich der Jüngere das Kloster »nach Abgang des Klosterlebens« als dem Landesherrn »erledigt und heimgefallen«.[12] Ende des

---

9 BÜHRING 1975, S. 393.
10 BRENNEKE 1929, II, S. 78.
11 Bistum Hildesheim 1982, S. 59.
12 BRENNEKE 1929, II, S. 162 u. 414.

16. Jahrhunderts war Marienau »ein desolat Kloster«, wie Johann Letzner überliefert. Das Klosterarchiv ging zugrunde. So sind heute nur noch elf Originalurkunden vorhanden. 1627 versuchte der alte Orden, das Kloster zurückzugewinnen, wobei ihm von Hildesheim aus geholfen wurde. Der damalige Pfandinhaber, der Hildesheimer Domherr Christoph Dietrich Bock von Nordholz, öffnete das Kloster der katholischen Restauration. Doch diese blieb ein Zwischenspiel. 1701 wurde die Klosterkapelle auf Anordnung des Lauensteiner Amtmanns Niemeier als Gottesdienstraum der Gemeinde Marienau eingerichtet. So wird die Kapelle bis heute genutzt. Auch das Wittmusfest verbindet Marienaus Gegenwart mit der hehren Vergangenheit.

Kloster Bursfelde und die Bursfelder Union

Das 1093 gegründete Benediktiner-Kloster Bursfelde an der Oberweser (Landkreis Göttingen), knapp dreißig Kilometer westlich von Göttingen, war das Hauptkloster der gewaltigen Bursfelder Kongregation.[1] Die Bursfelder Union stellte sich im Herbst des Mittelalters dem Niedergang so vieler Klöster entgegen – ganz gleich, zu welcher Diözese sie gehörten. Bis dahin gab es zwar bestimmte Observanzen, die eine ganze Gruppe von Klöstern befolgten, aber keine rechtlichen Bindungen bestimmter Klöster zueinander, noch keine rechtlich bestimmten Großverbände.[2]

Abt Johann Dederoth aus Deiderode bei Hann. Münden, Abt von Clus bei Gandersheim, erneuerte 1433 zunächst das Weserkloster Bursfelde selbst, wobei er Anregungen von St. Matthias in Trier benutzte. Dederoth mühte sich um eine gute Verwaltung, um so den notwendigen materiellen Unterbau des geplanten Reformwerks zu schaffen. Durch geringen Eigenverbrauch und fleißiger Arbeit wurden Mittel frei, die er in Bursfelde zum Ankauf von zwei Fischereien, sieben Kothöfen, einer halben Schäferei und einem Zehnten verwandte. Reformunwillige Mönchen gingen ab. An ihre Stelle traten eifrige Novizen. Die Nachrichten über Dederoths liebevolle Sorge für seine Mönche zeigen, dass ihm daran lag, Benedikts Vorstellungen von der klösterlichen Familie zu verwirklichen. In Bursfelde wurde im Zeichen der neu aufgerichteten Vita Communis der Schlafsaal neu erbaut. Auch ein Schwesternhaus wurde beim Kloster errichtet. Fischteiche wurden angelegt. Und Werkstätten neu geschaffen. Die damals erneuerte Bursfelde Klostermauer, die das Claustrum von der »Welt« abgrenzen sollte, ist zum Teil bis heute erhalten. Das Klosterarchiv wurde in Ordnung gebracht. So konnten die Reformbenediktiner bestimmte Rechte wieder geltend machen. Das feierliche Gotteslob wurde wieder aufgenommen. Die Handarbeit wurde wieder zu Ehren gebracht: Das Abschreiben von Büchern wurde dabei als wichtige Arbeit betrachtet. Waren die Benediktiner noch im Hochmittelalter überwiegend adlig gewesen, begegnen nun in Bursfelde nur noch Religiosen aus bürgerlichen Familien. Dederoth erneuerte 1435 auch das nahe Kloster Reinhausen. Gern arbeitete er mit anderen Reformfreunden, wie Johannes Busch, zusammen. Bereits 1439 starb Dederoth. Er stand im Ruf der Heiligkeit.

Sein Nachfolger als Abt von Bursfelde, Johann Hagen, nutzte die Urklöster Clus, Bursfelde und Reinhausen zum Aufbau einer gewaltigen, schnell wachsenden monastischen Erneuerung. Abt Hagen war ständig unterwegs. Hier ging es um Rückkehr zu ursprünglichen Regelbeachtung.

Johann Dederoth hatte die Zentren der Devotio Moderna, Windesheim und Böddeken, wissbegierig besucht. So ist die Frömmigkeit der Bursfelder stark von der Devotio Moderna bestimmt. Überall begegnet in den Texten der Drang zur mystischen Einkehr.

---

1   Heutger 1975. – Ders.: Die evangelische Prälatur Bursfelde, in: Heutger 1996, S. 89–94.
2   Vergleich Faust/Quarthal 1999, S. 315–407.

Der große evangelische Abt von Bursfelde, mein Lehrer Hermann Dörries, hat die Bursfelder als die benediktinische Form der niederländisch-deutschen Reformbewegung zu verstehen gelehrt. Der Klosterreformator der Windesheimer Kongregation, Johann Busch, besuchte mehrfach das Kloster Bursfelde. Sein Buch über die Klosterreform hat einen besonderen Bursfeldeteil. Die Bursfelder standen so den nichtbenediktinischen Vertretern der »Neuen Andacht« näher als eigenen, nicht reformierten Ordensbrüdern. So z.B. bemühte sich Abt Hagen sehr um das Kloster Möllenbeck, das 1441 von der Windesheimer Kongregation erneuert worden war. Abt Hagen half 1440 unter persönlichem Einsatz den Brüdern vom Gemeinsamen Leben in Hildesheim Fuß zu fassen. Er verschaffte ihnen ein umfassendes Privileg des Bischofs Magnus, was ihnen erlaubte, in der ganzen Diözese Niederlassungen zu errichten, Kapellen zu bauen und Gottesdienst zu halten. Die Imitatio Christi, also die Betrachtungen des Thomas von Kempen, das Grundbuch der Devotio Moderna, wurde auch in Bursfelde gelesen.

Den Bursfeldern ging es um strenge Regelbeachtung, also um Verbannung jedes Privateigentums, Abschaffung eigener Zellen, gemeinsamen Tisch, sowie Wiederaufnahme der Klausur und des feierlichen Gotteslobs. Die Laienwelt bewunderte das Ganze und spendete reichlich. 1444 kam Huysburg in den Kreis der Bursfelder Reformklöster. 1446 erteilte der Legat des Baseler Konzils, Kardinal Ludwig d'Allemand, der Vereinigung von Klöstern, die die Bursfelder Observanz angenommen hatten, von Frankfurt aus die formelle Anerkennung und erlaubte den verbundenen Reformklöstern, alljährlich unter dem Präsidium des Abtes von Bursfelde ein Kapitel abzuhalten. So fand 1446 in Bursfelde das erste Generalkapitel statt. Später wurde auch an anderen Orten getagt. Stets ging es um einheitliche Lebensordnung und um gleichförmige Liturgie in allen angeschlossenen Klöstern. *Uniformitas* war das Kampfwort allen Sonderentwicklungen der einzelnen Klöster gegenüber. 1451 wurde der deutsche Kardinal Nicolaus von Kues auf seiner Visitationsreise ein eifriger Förderer der Bursfelder Union. 1453 lobte ein Breve des Papstes Nicolaus V. Abt Hagens unverdrossene Erneuerungsarbeit und ermunterte ihn zu weiterem rastlosen Wirken in der monastischen Reform.

1458 trat sogar das altberühmte Hirsau, einst Ausgangspunkt der Hirsauer Reform, der Kongregation bei. Mit diesem 18. Unionskloster überschritt die Kongregation erstmals die Mainlinie. 1459 gehörten bereits 23 Abteien zur Bursfelder Union. 1459 approbierte Papst Pius II. die Bursfelder Konstitution und gewährte sogar eine teilweise Exemtion: Äbte und Konvente durften sich demnach der Union anschließen, ohne die zuständigen Bischöfe vorher zu fragen. 1461 übertrug Pius II. der Kongregation sogar formell die Reform aller deutscher Benediktiner-Abteien. Die Bursfelder erfreuten sich dabei meistens der Unterstützung der Landesherren, die oft sogar Gewalt zugunsten der Reform bestimmter Klöster einsetzten. Sie konnten so in geschickter Weise ihren Einfluss auch im kirchlichen Raum ausdehnen. Hier haben wir eine Vorstufe des späteren landesherrlichen Kirchenregimentes.

1464 beantragte der Abt des bedeutenden Ostharz-Klosters Ilsenburg[3] die Mitgliedschaft in der Kongregation. Das Generalkapitel akzeptierte diese Verpflichtung

---

3 Pötschke 2004.

und beauftragte den Abt von Berge bei Magdeburg, sich um Ilsenburg zu kümmern. Er zog den Abt von Huysburg hinzu. 1465 wurde Ilsenburg förmlich inkorporiert. 1466 konnte der Ilsenburg Heinrich nicht erscheinen. 1467 wurde seines Todes gedacht. Der nächste Ilsenburger Abt, Johann Duderstadt, leistete auf dem Generalkapitel 1467 den besonderen Eid und genoss bald hohes Ansehen in der Union. Der Ilsenburger Abt nahm fortan an fast allen Generalkapiteln, also an fast allen Versammlungen der Unionsäbte, der »Väter«, teil. Ilsenburg wurde fortan regelmäßig von der Union visitiert.[4] Der in Ilsenburg verstorbenen Mönche und der Donaten, der frommen Menschen, die sich dem Kloster angeschlossen hatten, wurde bis 1549 in den anderen Unionsklöstern gedacht. 2004 erinnerte man sich in Ilsenburg nicht nur der tausendjährigen Geschichte des Klosters, sondern auch der Zugehörigkeit des Klosters zur Bursfelder Union. Auch der Prior des Klosters Huysburg war nach Ilsenburg gekommen.

1469 wurden die ersten niederländischen Klöster erneuert. 1474 mussten die Kongregationsklöster der besseren Übersicht halber in drei Kreise eingeteilt werden. Im gleichen Jahr 1474 trat die Abtei Maria Laach der Kongregation bei. Der Maria Laacher Benediktiner Paulus Volk hat 1955 bis 1959 die Generalkapitels Rezesse ediert. Für sein Bursfelder Lebenswerk wurde er auf Veranlassung des Verfassers mit dem Niedersächsischen Verdienstorden ausgezeichnet. 1488 erreichte die Reform Vore als erstes dänisches Kloster. Auch viele Frauenklöster wurden der Union mehr oder weniger lose angegliedert. Wichtig war diesen Visitation durch Unionsäbte und Totengedenken in der gesamten Kongregation. 1491 übertrug Papst Innozenz VIII. allen Frauenklöstern der Bursfelder Observanz die gesamten Privilegien der Männerklöster. 1505 wurde sogar die Reichsabtei Corvey nach fast zwanzigjährigem Ringen Mitglied der Union. Wer nicht mitmachen wollte, konnte durch Pensionszahlung ein ordentliches Leben außerhalb des Klosters führen. Durch die Erneuerung des Lebens in der Klosterfamilie erstarkte die wirtschaftliche Grundlage der Ordenshäuser. Große Bauten wurden jetzt möglich, die mit Kunstwerken ausgestattet wurden. 1517, im Jahr des Erscheinens der 95 Thesen, die die Welt veränderten, war die Kongregation auf 94 Klöster angewachsen. Fortan überwogen die Verluste die Neuaufnahmen. Viele Benediktiner wurden evangelische Pastoren. Um 1600 war das Kloster Bursfelde mit etwa fünfzig anderen Klöstern für den Orden verloren. Aber die Bursfelder Kongregation bestand fort. Ein eigenständiger liber ordinarius diente bis 1615 der Gleichförmigkeit des Gottesdienstes in der Bursfelder Union. Und das Bursfelder Brevier wollte die ursprüngliche Form des Benediktineroffiziums wiedergewinnen. So wurde das Chorgebet in allen Unionsklöstern in gleicher Weise gehalten.

Im Dreißigjährigen Krieg wurden manche evangelisch gewordenen Klöster wiedergewonnen – doch nur für wenige Jahre. Der letzte Präsident der Bursfelder Kongregation, Bernhard Bierbaum, Abt von Werden und Helmstedt, der 1780 auf einem Kapitel in Hildesheim gewählt worden war, starb 1798 und wurde in der Krypta des Klosters Helmstedt beigesetzt.

---

4 VOLK 1972, S. 55.

In nachreformatorischer Zeit wurde das Kloster eine evangelische Prälatur, deren Abt seit 1828 aus dem Kreis der Göttinger Theologieprofessoren kommt.

Mein Großonkel, der Göttinger Systematiker, Prof. D. Dr. Dr. Carl Stange (1870–1959), Abt von 1931–59, begründete die Tradition der Bursfelder Himmelfahrtstreffen, die besonders die Göttinger Studenten anzogen. Nach dem Gottesdienst führte der Abt durch die Doppelkirche. Abt Carl ließ sich dann mit allen nach Veckerhagen zum Eintopf-Mittagessen über die Weser setzen, gab dem Fährmann ein silbernes Fünf-Markstück und sagte: »Nehmen Sie, ich weiß nicht, ob ich nächstes Jahr noch mal wiederkomme.« Aber er kam. Sonntags fuhr er gern mit dem jungen Verfasser zu »seinem« Kloster, zeigte ihm Einzelheiten und gewann ihn so für die Erforschung der niedersächsischen Klöster. Nach einem kleinen Eis in der Klosterschenke zogen wir zur »Abtsklause« am Waldrand. Dem während der ganzen Zeit wartenden Taxifahrer wurde bedeutet, die Rechnung an den Dekan der Theologischen Fakultät zu schicken, denn das Kloster gehöre zur Fakultät. Abt Stange besuchte gern katholische Benediktinerklöster. Besonders schätzte er Paulus Volk, Maria Laach, den Erforscher der Bursfelder Kongregation, der später den Verfasser förderte.

Heute hält der jeweilige Abt am Himmelfahrtstag einen Festgottesdienst, dem ein akademischer Vortrag folgt. So z.B. sprach am 9. Mai 2002 der Nobelpreisträger Erwin Neher, Professor für Biophysik am Göttinger Max-Planck-Institut für biophysikalische Chemie, über die Geschichte und den aktuellen Stand der neurowissenschaftlichen Erforschung des Gehirns.[5]

Abt Prof. Dr. Lothar Perlitt ordnete 1995 dem Kloster wieder einen Konvent zu. 1999 bestand dieser Konvent aus zehn Professoren[6] verschiedener Fakultäten und beider Konfessionen. Das Ganze trägt stiftische Züge: die Konventsmitglieder sind also meistens nicht im Kloster. Sie tagen zweimal im Jahr und denken über aktuelle theologische Probleme nach, z.B. über die Sakramente oder die Dreieinigkeit. Die illustre Runde möchte aus der wissenschaftlichen Oase heraus Kirche und Gesellschaft neue Impulse geben. Seit 2000 ist Prof. Dr. Joachim Ringleben Abt von Bursfelde.

1979 begann mit dem Einsatz des Diakons Werner Anisch die spirituelle Neubelebung des Klosters mit seinen zwei Kirchen. Die Mitarbeiter des neuen, geistlichen Zentrums halten in den Bahnen der Benediktsregel drei Tagzeitengebete. Die Mitarbeiter sind nicht nur ein gutes Team, sondern sie verstehen sich auch als eine geistliche Gemeinschaft. Das Zentrum veranstaltet z.B. Meditations-Wochenenden für Pastoren und Kirchenvorsteher. Bei Oasentagen für Manager ergab sich: »Die Manager müssen in ihrem Alltag immer nur funktionieren. Aber hier spüren sie: Ich bin auch als Person wichtig.« So fasste Pastor Klaus Dettke den vorherrschenden Eindruck zusammen. Die Manager-Einkehrtage mit ihrer säkularen Meditation dienen der Erhaltung der Ich-Stabilität in Zeiten eines schnellen Wandels.

Immer mehr Gruppen müssen ein Jahr im Voraus buchen, um überhaupt einen Platz zu bekommen. In dem auf Stille eingestellten Tageszentrum, einem Bau von 1722,

---

5 Klosterkammer Hannover, Jahresbericht 2002, S. 10.
6 Ev. luth. Landeskirche Hannovers, Anschriftenverzeichnis 1999, S. 405.

der 1990–92 unter tätiger Mithilfe der Bauabteilung der Klosterkammer ausgebaut wurde, ist jedes der neunzehn Zimmer mit geschenkten, fein aufgearbeiteten, alten Möbeln ausgestattet, die oft bei der Auflösung von Göttinger Professorenwohnungen übernommen wurden. Der Blick geht auf die nahe Weser oder in den Klostergarten. Bis zu vierzig Gäste kann das evangelische Kloster unterbringen.

Der guten Auslastung des Tagungszentrum ungeachtet, kann sich das dem Hannoverschen Klosterfonds gehörende Kloster nicht selbst erhalten, sondern ist auf Zuschüsse der Hannoverschen Landeskirche angewiesen. Immer wieder kommen auch Einzelbesucher, die »Kloster auf Zeit« erleben wollen und Einzelbegleitung schätzen. Pastor Klaus Dettke meint: »Immer mehr Menschen sehnen sich nach einem Reichtum, den man nicht mit Geld und Leistung kaufen kann.« Bursfelde ist sowohl ein Bindeglied zwischen Kirche und Wissenschaft als auch zwischen Christentum und Politik geworden.

1995 ließ die Klosterkammer die Außenmauern und Fundamente der Klosterkirche sanieren. Durch die Unterschiede in der Fundamentierung konnten auch die verschiedenen Bauphasen der Kirche bauarchäologisch festgestellt werden. Auch wurden die anstoßenden Massiv-Baufundamente des ehemaligen Kreuzgangs und anderer mittelalterlicher Bauten untersucht.[7]

Im Jahre 1993 waren die Malereien der Bursfelder Ostkirche zu ihrer weiteren Erhaltung konservierend restauriert worden. Im Jahre 2003 wurden dann im Auftrag der Klosterkammer an den Wänden der Westkirche Maßnahmen zur Salzreduzierung durchgeführt. Durch eindringende Feuchtigkeit waren leicht lösliche Salze bis zu den spätmittelalterlichen, ornamentalen und figuralen Wandmalereien gelangt, die in einer Höhe von 2,90 m beginnen. Dadurch hatte sich weißlicher Salzflaum auf der Malerei gebildet. Dieser Salzflaum wurde durch vorsichtiges Abrollen beseitigt. Durch sechsmal auf das Mauerwerk gebrachte Entsalzungskompressen wurde die Gefahr von Schäden an der Malerei unterbunden, deren Glanzstück die an Miniaturmalerei erinnernde, in der originalen Substanz am besten erhaltene Geißelungsszene auf der südlichen Stützmauer darstellt.[8]

Dr. Anja Freckmann aus dem niedersächsischen Stiftsort Bassum hat in dreijähriger, von der Klosterkammer finanzierter Arbeit die untergegangene, von ca 1433 bis ca 1520 zusammengetragene Bibliothek des Reformklosters Bursfelde an der Oberweser rekonstruiert.[9]

Von einst (Bibliothekskatalog von 1585) 521 Bänden wurde ein knappes Drittel in verschiedenen Bibliotheken wiederentdeckt, vor allem in der Universitätsbibliothek Marburg und in der Erzbischöflichen Akademischen Bibliothek Paderborn. Die Handschriften, Inkunabeln und Frühdrucke waren irgendwann nach Corvey gelangt und sind von da aus zerstreut worden. Durch die Besitzeinträge gelang die Rekonstruktion auf 634 Seiten.

---

7 HEINE 1997, S. 372.
8 Klosterkammer Hannover, Jahresbericht 2003, S. 88–90.
9 FRECKMANN 2006.

Für die Gebrauchs- und Studienbibliothek in Bursfelde sind etliche Bände von den Mönchen selbst abgeschrieben worden, als asketische Arbeit namentlich bestimmbarer Religiosen. Die Ausstattung war so meistens schlicht. Viele schön verzierte Einbände sind am Klosterort selbst entstanden. Manche Bände wurden auch gekauft oder kamen als Geschenk herein, z.B. von dem Ellingeroder Pastor Hildebrand Pollen. Die meisten von einem Bibliothekar in einem besonderen, schon längst zerstörten Raum verwalteten Bände dienten der ruminatio, also dem meditativen Nachsinnen der Mönche über das Gelesene, z.B. in den Werken von Bernhard von Clairvaux und Bonaventura. Manchmal wurden auch Bände innerhalb der Bursfelder Union verliehen, wie ein durchgestrichenes Ausleiheverzeichnis zeigt.

Die in höchstem Maße gelungene Rekonstruktion ist voll Aussagekraft für die Bursfelder Spiritualität, die Frömmigkeitselemente der Devotio moderna, also der aus den Niederlanden kommenden »Neuen Frömmigkeit« und kartäusische Anregungen aufgenommen hat: Christo- und Passionsmystik bestimmte das innere Leben in Bursfelde. Historische Forschungen aber gab es nicht: Eine Geschichte des Weserklosters war nicht vorhanden. Das vom Bursfelder Abt Prof. Ringleben mit einem Vorwort versehene, magistrale, drucktechnisch makellose Riesenwerk schließt mit einer Profilanalyse des rekonstruierten Bestandes einer Bibliothek mittleren Umfangs und äußerst ausführlichen Regesten, die dem überreichen Inhalt vorbildlich erschließen.

2007 übernahm das Haus kirchlicher Dienste vom Kirchenkreis Hann. Münden die Verwaltung der Tagungs- und Einkehrstätte.

In Bursfelde klingen große Geschichte, bedeutende Kunst, wissenschaftliche Arbeit, modernes Spiritualität und erfrischende Gastlichkeit harmonisch zusammen.

Die Dominikaner in Niedersachsen

In dankbarem Gedenken der Warburger Dominikaner, die mich 1947 als wissbegierigen Fünfzehnjährigen freundlichst aufgenommen und in die Welt des Ordenswesens eingeführt haben.

Die Anfänge dominikanischen Lebens in Niedersachsen

Dass schon 1217 Dominikaner in Hildesheim gewesen sind, ist Legende.[1] Aber um 1231 lebten in Hildesheim am Brühl vor der südlichen Altstadtmauer Dominikaner.[2] Bischof Konrad II. (1221–46) beschenkte sie mit dem nötigen Grundbesitz, den er vom nahen Kreuzstift erworben hatte. So entstand ein wirkliches Ordenshaus. Um 1979 wurde bei Bauarbeiten im Bereich des Hildesheimer Dominikanerklosters ein Säulenkapitell entdeckt, das schon aus der 2. Hälfte des 12. Jahrhunderts stammt.[3] 1233 wurde die Hildesheimer Niederlassung durch das Generalkapitel des Ordens als Konvent anerkannt. Dieses Ordenshaus der Predigermönche gehörte so zu den ältesten in Mitteleuropa. In Niedersachsen war Hildesheim der älteste Konvent. In diesem Ordenshaus lehrte in den dreißiger Jahren des 13. Jahrhunderts Albert von Köln. Der Lesemeister sollte den Ordensbrüdern praktisch-theologisches Rüstzeug vermitteln. Albert entwickelte sich zu einem der größten Gelehrten des Mittelalters. Er wird seit 1931 als Sanctus Albertus Magnus verehrt. 1244 fand in Hildesheim das erste Provinzialkapitel der Predigerprovinz Teutonia statt.[4] Als Bischof Konrad II. 1246 aus Altersgründen sein Amt niedergelegt hatte, verbrachte einige Zeit bei den Hildesheimer Dominikanern.[5] An der Westfront der heutigen Kirche St. Paul ist nach der Zerstörung der davor errichteten Fachwerkhäuser am 22. März 1945 ein altes, zugemauertes Portal sichtbar geworden, das mit seinem noch spätromanischen Dreipassbogen und dem schon frühgotischen Vorbogen im Unterschied zu dem Gesamtbau noch in das 13. Jahrhundert gehört. Hier sind also Reste des ersten Hildesheimer Dominikanerbaues wiederentdeckt.

1264 stifteten drei Norder Häuptlinge, Reiner Eggers, Hicko Idzinga und Haiko Udenga, das Ordenshaus Norden.[6] Friesen hatten das in Paris tagende Generalkapitel mit folgenden, bewegten Worten um diese Gründung gebeten: »Wir sitzen hier in der Dunkelheit und im Schatten des Todes, und niemand findet sich, der uns das Licht der heiligen Ermahnung spende, und wenn wir versuchen, aus dem Sumpf

---

1 Letzner o.J., Bd. II, S. 528ʳ.
2 Müller 1994, S. 31.
3 Diözesan-Museum Hildesheim, Inv. N. 1983/3.
4 Müller 1994, S. 56.
5 Lehnhoff 1989, S. 170.
6 MG SS Bd. XXIII, S. 554. – Reimers 1940, S. 193–201. – Suur 1838, S. 104–109.

des Elends herauszukommen, so ist keiner, der uns seine hilfreiche Hand darböte. Denn die Führer zum rechten Wege, die wir bisher zu haben glaubten, sind leider mit uns in die Grube des Verderbens gefallen. Da wir also von allem Trost verlassen sind, erwarten wir das letzte Heil von eurer Hilfe, weil es keinen anderen Schutz für unser Unglück gibt. Wir bitten euch inständig, [...] eine Niederlassung eures Ordens ohne Widerstreben zu gestatten.« Das Generalkapitel erlaubte daraufhin der Provinz Teutonia die Einrichtung des Klosters Norden.[7] 1269 war der Klosterbau vollendet. Der päpstliche Legat Thomas, selbst Dominikaner, beauftragte den Kreuzzugsprediger Herard, sich um das neue Kloster zu kümmern. So wurde Herard auch Stifter des Klosters genannt.[8] 1309 fand ein Generalkapitel der Dominikaner in Norden statt.[9] 1318 wurden Kirche und Kloster von verwegenen Gesellen besetzt.[10] 1323 erlaubte die Volksversammlung beim Upstalsboom den Dominikanern das Terminieren, das regelmäßige Betteln.[11] 1360 raffte die Pest fast alle Predigermönche in Norden hin.[12] 1377 drang die furchtbare Dionysiusflut bis an die Mauern des Ordenshauses.[13]

Die Dominikaner erhielten 1294 von Herzog Albrecht dem Fetten die Erlaubnis, in Göttingen ein Ordenshaus zu begründen.[14] Die Söhne des Heiligen Dominikus mussten sich aber 1304 verpflichten, ohne Zustimmung des Göttinger Rates ihren Wohnsitz (habitatio) nicht auszudehnen.[15] Aus dieser Verpflichtung erwuchs der einzige erhaltene Originalbrief des gewaltigen Meisters Eckhart (11.9.1305), der 1303 zum Provinzial der neuen Dominikanerprovinz Saxonia gewählt worden war. Der Brief ist aus Rostock an den Rat der Stadt Göttingen gerichtet[16]: »Den hochehrbaren und weisen Männern, den Ratsherren der Stadt Göttingen, [wünscht] Bruder Eckhart, Prior der Predigerbrüder in der Provinz Sachsen, sie mögen in den Wechselfällen dieser Welt in Gottes Bewahrung stehen. Das Versprechen, das Euch von den mir sehr teuren Brüdern, die in Eurer Stadt niedergelassen sind, von Prior und Konventsbruderschaft unseres Ordens gemacht worden ist, wonach sie ohne Euren Willen und Eure Zustimmung ihr Areal nicht über die jetzige Ausdehnung hinaus erweitern dürfen, ratifiziere und bestätige ich. In Erinnerung dieser Sache ist zur Beglaubigung unser Siegel angehängt.«

1294 erlaubte der Welfenherzog Albrecht II., der Fette, den Dominikanern in Hildesheim und Halberstadt, in Braunschweig eine Niederlassung zu gründen. König Adolf von Nassau hatte ihn darum gebeten. Der König hatte nämlich einen Bruder, der in Mainz Dominikaner war. Albrecht erklärte, die Predigerbrüder seien berühmt in allen Landen. Ihr frommer Wandel sei in aller Munde und ihre Gelehrsamkeit

---

7 LÜBBING 1926/27, S. 268–314.
8 SUUR 1838, S. 104.
9 MÖHLMANN 1959, S. 31.
10 MÖHLMANN 1959, S. 33.
11 SUUR 1838, S. 105.
12 MÖHLMANN 1959, S. 35.
13 MÖHLMANN 1959, S. 37.
14 UB der Stadt Göttingen bis 1400, Nr. 41.
15 UB der Stadt Göttingen bis 1400, Nr. 59.
16 RUH 1985, S. 25.

erfülle die Welt. Aber der Stadtrat wollte nicht: Er hatte kein Interesse an Leuten, die keine Steuern zahlen brauchten. Schließlich bekundeten 1307 die Herzöge Albrecht der Fette und Heinrich der Wunderliche, sein Bruder, es sei den Dominikanern zur größeren Ehre Gottes, zur Stiftung eines immerwährenden Seelengedächtnisses und aus Ehrfurcht vor den Predigerorden gestattet, nach eigenem Ermessen in der Stadt ein Grundstück zu erwerben und darauf Kirche und Kloster zu errichten.[17] Der Orden kaufte nun für sechzig Pfund Silberpfennige von dem Truchsess Jordan von Blankenberg ein Grundstück, das in der Nähe des Domes gelegen war. Der Stadtrat war immer noch dagegen. Er appellierte an den Papst: Der Heilige Vater solle dem Orden die Niederlassung in Braunschweig verbieten, da die Stadt bereits von Priestern überfüllt sei. Meister Eckhart suchte 1309 als sächsischer Ordensprovinzial beim Braunschweiger Rat Verständnis zu erwecken, indem er feststellte, die Brüder wollten nur ein Haus und eine Kapelle errichten, nicht aber Kloster und Kirche. Der Stadtrat verschloss sich weiter den Wünschen der Ordensleute. 1319 erklärte der Sohn Herzog Albrechts, Otto der Milde, die Dominikaner dürften als letzter aller Orden, die in Braunschweig sesshaft werden, Kloster und Kirche bauen. Endlich wurde der Rat weich: Zur Ehre Gottes und der Jungfrau Maria so wie aus Respekt vor den Herzögen durften die Brüder das Ordenshaus bauen. Aber folgende Bedingungen mussten sie doch akzeptieren: Sie müssten ihnen testamentarisch vererbte Grundstücke binnen Jahresfrist verkaufen. Sie dürften ihr Klostergelände nicht vergrößern. Sie dürften keine Bürgersöhne in ihre Gemeinschaft aufnehmen. Sie dürften in den Gottesdienstzeiten der anderen Kirchen nicht predigen. Damit wurde den ausgeprägten Konkurrenzgefühlen anderer Kleriker einigermaßen Rechnung getragen. 1343 trat St. Thomas von Aquin als Patron des Ordenshauses neben den großen Prediger Paulus.

1295 wurde das Dominikanerkloster zum Heiligen Kreuz in Osnabrück von dem Ritter Rembert Düvel gegründet.[18] 1297 bestätigte Papst Bonifaz VIII. das Ordenshaus.

In Goslar sind Fratres praedicatores 1297 erstmals bezeugt.[19]

Hatte man im früheren Mittelalter Klöster und Stifte nur mit großem materiellen Aufwand begründen können, ergab sich bei den bedürfnislosen Bettelmönchen die Möglichkeit zur Stiftung von Ordenshäusern ohne großen finanziellen Aufwand. So entstand ein städtisches Ordensleben: Para-parochiale Kultzentren ergänzten nun die Pfarreien, was freilich zu ständigen Schwierigkeiten mit den zuständigen Pfarrern führen musste. Aber so wurde die Heiligkeit des städtischen Lebensraumes gefördert. Einzig in den Städten war der Unterhalt der Religiosen durch Betteln möglich, und nur in den Städten konnte man viele Menschen mit der Frohen Botschaft erreichen.

Die Ausbreitung des Dominikanerordens in Niedersachsen wurde durch zahlreiche päpstliche Privilegien gefördert. Ein solches dominikanisches Privilegienbuch, wie es einst fast jedes Ordenshaus besaß, ist im Staatsarchiv Wolfenbüttel erhalten.[20]

---

17 RÖMER 1980.
18 BECKSCHÄFER 1913
19 STREICH 1986, S. 67.
20 Niedersächsisches Staatsarchiv Wolfenbüttel 437 Helmst., Privilegia ordini Praedicatorum a Romanis Pontificibus data et in singulis Conventibus provinciae Saxonicae promulgata.

Niedersächsische Männer in den Anfängen des Dominikanerordens

Jordan von Sachsen[21], der erste Nachfolger des Heiligen Dominikus und General des Dominikanerordens stammte nach der einzigen sicheren Überlieferung aus Borgeberge bei Dassel[22], wo er Ende des 12. Jahrhunderts von wohlhabenden Eltern geboren ist.[23] Der junge Niedersachse studierte in Paris.[24] In einem Gesprächskreis von Studenten lernte ihn der Heiligen Dominikus kennen. Jordan beichtete bei ihm und ließ sich auf seinen Rat hin zum Diakon weihen. Am Aschermittwoch 1220 trat er dann zusammen mit seinen Studienfreunden Heinrich und Leo, die später Prioren in Köln wurden, in den Dominikanerorden ein.[25] Pfingsten 1220 nahm Jordan bereits an dem ersten Generalkapitel des Ordens in Bologna teil. Er war auf Anordnung des Ordensgründers zusammen mit drei anderen Ordensleuten von Paris hingesandt worden. So gehörte er schon zu den etwa dreißig Brüdern, die den werdenden Orden vertraten. Jordan war dabei, als die große, für die folgende Ordensgeschichte der Dominikaner grundlegende Gesetzgebung erarbeitet wurde.[26] Manche geschickten Formulierungen stammen von dem Niedersachsen.

Pfingsten 1221 versammelten sich in der berühmten Universität Bologna unter dem Vorsitz des Ordensgründers etwa fünfzig Brüder als Abgesandte von etwa fünfundzwanzig Konventen. Der ehrgeizlose Jordan berichtet: »Im Jahre des Herrn 1221 schien es dem Generalkapitel von Bologna gut, mir das Amt des Priors über die Provinz der Lombardei erstmalig aufzuerlegen. Ich hatte erst ein Jahr im Orden verbracht und war noch nicht so tief verwurzelt, wie es hätte sein müssen, sodass ich mit der Leitung anderer betraut wurde, bevor ich noch gelernt hatte, meine Unvollkommenheit zu beherrschen. Bei diesem Kapitel wurde auch ein Konvent von Brüdern mit Bruder Gilbert als Prior nach England entsandt. Ich war bei diesem Kapitel gar nicht anwesend.« Am 6. August 1221 starb der Ordensgründer in Bologna. Den eisernen Bußgürtel, den er auf der bloßen Haut getragen hatte, empfing bald der Niedersachse, sein Nachfolger.

Am 23. Mai 1222 wurde Jordan[27] zu Beginn des Generalkapitels in Paris zum Meister des gesamten Predigerordens gewählt, obwohl Deutsche nur in verschwindender Zahl zu den Wählern gehörten. Die charismatischen Qualitäten des Niedersachsen hatten den Ausschlag gegeben. Er war ein seeleneifriger Priester, hinreißender Prediger und verbindlicher Menschenführer. Zwei Tage nach seiner Wahl eröffnete Jordan das Generalkapitel 1222 in aller Form. Der Ordensmeister besaß keine Residenz und war immer unterwegs im Dienst der die gesamte damals bekannte Welt umspannenden

---

21 ARON 1930.
22 SCHEEBEN 1937, S. 4.
23 Ernst PULSFORT: Jordan von Sachsen, in: BAUTZ 1992, Sp. 652–654.
24 D. BERG: Jordan von Sachsen, in: Lexikon des Mittelalters V., 2003, Sp. 637.
25 LOHRUM 1987, S. 69.
26 LOHRUM 1987, S. 81.
27 WALZ 1951. – Wolfgang HOYER: Jordan von Sachsen, Ordensmeister, Geschichtsschreiber, Beter. Eine Textsammlung, in: Dominikanische Quellen und Zeugnisse 3.

Personenvereinigung. Meistens pendelte er zwischen Paris und Bologna. In beiden Universitätsstädten gewann er viele hundert Jünglinge für den Predigerorden. Der Dominikanerhistoriker B.M. Reichert hat das Itinerar des großen Dominikaners erarbeitet.[28] Wunder begleiteten ihn. Ab 1224 sorgte Jordan dafür, dass sich der Orden schnell im gesamten deutschen Sprachgebiet verbreitete: In fast allen deutschen Städten entstanden Konvente. Jeder Konvent musste zwölf Religiosen mit einem Prior und einem Lektor haben. 1224 kam Jordan nach Magdeburg, wo schnell das Kloster St. Paul entstand.[29] Von Magdeburg reiste er über Halberstadt in seine südniedersächsische Heimat und besuchte seine Mutter auf dem »Burgberg«.[30] Er erfreute die Bauersfrau zutiefst – und gewann einen Grafensohn von Dassel namens Berthold für den Predigerorden. Die erlauchte Familie war empört. Abgesandte des Grafen machten dem Ordensgeneral schwere Vorwürfe, dass er ihrem Herrn diesen Sohn abspenstig gemacht habe. Doch Jordan meinte nur, der Grafe habe seiner Mutter einmal eine Kuh weggenommen. So sei man quitt. Besagter Berthold, den Jordan besonders ins Herz schloss, beobachtete und belauschte dann gern den Meister, wenn dieser vor dem Marienaltar betete. Als Berthold aber in seinem Versteck einmal laut gähnen musste, entdeckte ihn Jordan und sagte: »Geh zu Bett, mein Sohn.« Aber der südniedersächsische Grafenspross wollte gern wissen, was Jordan eben gebetet hatte. Da erklärte ihm Jordan seine Gebetsweise, und besonders wie er Maria verehrte, indem er das Magnificat und dann die vier Psalmen bete, deren Anfangsbuchstaben den Namen Maria ergeben.

Die zahlreich erhaltenen Briefe Jordans sind biblisch gesättigt und von der Nachfolge Christi bestimmt. Die Briefe sind voll Trost und Aufmunterung.[31] Der mutige Ordensgeneral aus Niedersachsen hatte keine Angst vor Kaiser Friedrich II. Er warf dem Herrscher etwa 1525 in ziemlich grobschlächtiger Weise vor, er unterdrücke die Kirchen, verachte die Entscheidungen der päpstlichen Kurie, treibe Wahrsagerei und begünstige die Juden und Sarazenen.[32] An allen diesen Vorwürfen war etwas.

Der Dominikaner Gerhard von Farchet widmete sich in seinen »Leben der Brüder« intensiv dem Leben Jordans, den er lange verehrungsvoll begleitet hatte. Jordans erster Biograph preist ihn als »einen Spiegel des ganzen Ordensstandes und ein Vorbild aller Tugenden«, als ein Mann, der »die Reinheit des Leibes und der Seele unversehrt bewahrt« habe.[33] 1226 befahl Papst Honorius III. (1216–27) dem Niedersachsen, das Frauenkloster St. Agnes in den Orden aufzunehmen. Der Orden gehorchte zwar, aber das nächste Generalkapitel erklärte das Desinteresse des Ordens an Frauenklöstern.[34] Mit Papst Gregor IX. (1227–41) verband in Freundschaft.[35] Dieser Papst erlaubte

---

28 In: Festschrift zum 1100. Jubiläum des deutschen Campo Santo in Rom, 1897, S. 153ff.
29 SCHEEBEN 1937, S. 63.
30 SCHEEBEN 1937, S. 64.
31 ALTANER 1907, S. 6–61. – Auswahl bei OEHL 1931, S. 152–186.
32 SCHEEBEN 1937, S. 57.
33 SCHEEBEN 1937, S. 56.
34 SCHEEBEN 1937, S. 60.
35 SCHEEBEN 1937, S. 59

1227 dem Niedersachsen, überall zu predigen, Beichte zu hören und in Deutschland allen Zuhörern seiner Predigten einen Ablass zu gewähren. Der Niedersachse wurde so gewissermaßen päpstlicher Prediger. 1228 erließ das Generalkapitel unter Jordans Vorsitz grundlegende Verfassungsbestimmungen[36], die für den künftigen Weg des Ordens entscheidend waren. Jordan machte die Ordensprovinzen zu Selbstverwaltungskörpern. Der Provinzialprior wurde hinfort nicht mehr vom Generalkapitel oder vom Ordensgeneral eingesetzt, sondern von den Konventen der Provinz gewählt. Dieser Provinzialprior wurde von vier Diffinitoren beraten. Der Ordensgeneral wurde von den Provinzialprioren und je zwei Wahlmännern aus jeder Provinz gewählt. Das Generalkapitel setzte sich hinfort aus je einem Vertreter der einzelnen Provinzen zusammen. Neue Ordensgesetze bedurften in Zukunft zur vollen Geltung der Zustimmung von drei aufeinanderfolgenden Generalkapiteln. Das demokratische Prinzip im Ganzen der Verfassung und das autoritative Prinzip in Bezug auf den Ordensgeneral waren in Jordans Verfassung harmonisch verbunden.

1229/30 besuchte Jordan England, besonders London. Einen dortigen, tüchtigen Franziskaner namens Salomon, der gehbehindert war, tröstete er mit den Worten: »Bruder, hab keine Scheu, wenn der Vater unseres Herrn Jesu Christi dich mit deinem Fuß zu sich emporzieht.«[37] Jordan kannte keine Konkurrenzgefühle den anderen Mendikantenorden gegenüber. In Oxford bestärkte er sogar einige Professoren, sich dem Franziskanerorden anzuschließen. In dieser Universitätsstadt gewann Jordan den Theologen Robert Bacon, dessen Lehrstuhl sogar dem Orden verblieb. Auch mit dem Kanzler der Universität Oxford, Robert Großeteste, nahm er persönliche Fühlung auf. 1230 wurden in England vier neue Konvente gegründet.

1231 beauftragte Papst Gregor IX. den Prior und Subprior in Friesach mit der Inquisition in der Kirchenprovinz Salzburg. So fiel der erste Schritt der verhängnisvollen Verbindung der Dominikaner mit der Inquisition noch in die Amtszeit Jordans. Nicht weniger als 57 einfühlsame Briefe Jordans beziehen sich auf seine Ordensschwester Diana Andalò in Bologna.[38] Jordan erscheint hier als priesterlicher, väterlicher Freund und verweist Diana bei aller Hochschätzung gern auf eine untergeordnete Stellung, die die Nonne auch ohne Klagen akzeptiert. Der Ordensgeneral ließ ihr Kloster errichten.

1233/34 verfasste der große Dominikaner sein »Büchlein von den Anfängen des Predigerordens« das viel echte Kunde aus der Frühzeit des Ordens überliefert. Mit diesem libellus de principiis[39] gehört[40] Jordan zu den wenigen mittelalterlichen Kirchenmännern, die über ihr Wirken sogleich Aufzeichnungen anfertigten. Jordan hat über tausend Novizen eingekleidet, darunter Albertus Magnus.

1236 zog es Jordan ins Heilige Land, wo schon eine Ordensprovinz bestand, die zu visitieren war. Wir hören auch von einer Predigt vor Templern, die nur französisch

---

36 Scheeben 1939.
37 Scheeben 1937, S. 134.
38 Signori 1995, S. 88–97.
39 MOP XVI, 1–8; Deutsche Übersetzung: Kunst 1949
40 Acta S, S. Febr. II, 1658, S. 720–724 mit verfehlter Herkunftsangabe.

verstanden, was der Niedersachse nicht beherrschte. Aber Jordans Begeisterung ergriff sie doch. Auf der Rückfahrt geriet das Schiff mit dem Ordensgeneral am 13.2.1237 bei Attalia auf ein Felsenriff. Jordan und neunundneunzig Mitreisende ertranken. Die Leiche Jordans wurde aber angetrieben und bald in der Dominikanerkirche Akkon begraben. Das Grabmal überstand sogar die Zerstörung Akkons 1291: Die siegreichen Muslime hatten in Jordans Sarkophag hineingeblickt und mit numinoser Scheu gesehen, dass der Leichnam unverwest war. So stand das Grabmal noch im 14. Jahrhundert inmitten der verfallenden Mauern der Dominikanerkirche.[41] Auf den Ruinen des Dominikanerklosters erbaute 1285 el-Jazzar den Khan el-Umdan, den Gasthof mit den (antiken) Säulen.[42] Papst Leo XII. (1823–29) sprach 1826 den großen Niedersachsen selig. Am 15. Februar wird der Nachfolger des Heiligen Dominikus im Predigerorden verehrt. Die Leitlinie seines Lebens umschrieb der große, in seinem Heimatland fast unbekannte Niedersachse, mit den Worten: »Ehrenhaft leben, lernen und lehren«. Beim Tode des Dominikus hatte der Orden etwa dreißig Konvente, beim Tode Jordans[43] aber schon etwa dreihundert. Ein schönes Bild des großen Niedersachsen[44] schuf der Malermönch Fra Angelico.[45]

Johannes Teutonicus, der vierte Ordensgeneral der Prediger, stammte aus Wildeshausen. Er empfing 1220 noch vom Heiligen Dominikus das Ordenskleid. 1231 wurde er Provinzial in Ungarn.[46] Von 1233 bis 1237 war er Bischof von Diakovar in Bosnien. 1238 bis 1240 wirkte er als Provinzial der Lombardei. Er konnte in fünf Sprachen predigen. Als Ordensgeneral amtierte er von 1241 bis 1252[47] in seiner Amtszeit, 1243, trat Thomas von Aquin in den Orden der Prediger ein, den Ordensgeneral Johannes von Wildeshausen 1252 an die Universität Paris berief. Johannes kümmerte sich um die Vereinheitlichung des Chorgebets im Orden. Johannes Teutonicus stand gut mit Papst Gregor IX., der auf jeden Vorschlag des Ordensgenerals stets einging und erklärte: »Ego bullabo«.[48] Immer öfter musste sich Johannes Teutonicus mit der Bitte von Frauenkonventen um Anschluss an den Orden befassen, was ihn gar nicht behagte. 1248 entstanden neue Generalstudien in Montpellier, Bologna, Köln und Oxford. Er starb in der Nacht vom 3. auf 4. November 1252 in Straßburg. Mit ihm endete die Gründerzeit, das goldene Zeitalter des Dominikanerordens.

Der Dominikaner Hermann von Minden, der auch Scyne, Schinna, genannt wird, stammt aus Schinna bei Stolzenau. 1278 wurde Hermann von Schinna Provinzialvikar und 1284 Prior in Straßburg. 1286 bis 1291 amtierte er als Provinzial der Teutonia. Während seiner Amtszeit musste er sich mit Streitigkeiten in Warburg, Strassburg, Regensburg und Zofingen befassen. 1293 bis 1294 wirkte er nochmal als Provinzial.

---

41 RUNCIMAN 1968, S. 1200.
42 HOADE 1973, S. 946.
43 SCHEEBEN 1938.
44 MOTHON 1885.
45 LOHRUM 1987, S. 91.
46 WALZ 1960, S. 19.
47 ONCKEN 1896, S. 52ff. – ROTHER 1895, S. 139–170. – RENSING 1933, S. 23–36.
48 WALZ 1960, S. 19.

Er kümmerte sich um die wirtschaftliche Sicherstellung der über 70 inkorporierten Frauenklöster und regelte deren Seelsorge durch fratres docti: Das wurde die Grundlage für die Entfaltung der Mystik in den süddeutschen Dominikanerinnenklöster. Der kanonistisch gut durchgebildete Niedersachse[49] fand Zeit zur Abfassung von wissenschaftlichen Arbeiten: *De interdictu*[50] und *de criminum inquisicionibus*.[51]

Das Wirken der mittelalterlichen Dominikaner in Niedersachsen

Die Dominikaner mühten sich um die religiöse Förderung der jeweiligen Stadtbevölkerung. Wichtigste Aufgabe der Dominikaner war die Predigt. So ist es kein Zufall, dass aus dem Braunschweiger Dominikanerkloster eine Predigtsammlung überkommen ist.[52] In Hildesheim stand um 1375 der Bruder Meinhardus aus Bockenem wegen seiner Eloquenz in hohem Ansehen; seine Predigten hatten großen Zulauf. Die Hildesheimer Dominikaner vermieden in ihren Predigten unnötige Grillen und philosophische Einlagen.[53] Dominikaner waren zu besonderen Anlässen als Starprediger hoch geschätzt. Als 1353 Graf Adolf VII. von Schaumburg in der Fischbecker Stiftskirche beigesetzt wurde, hielt ein Dominikaner eine derart fulminante Traueransprache, dass man vor Weinen und Seufzen des dichtgedrängten Volkes zuletzt nichts mehr verstehen konnte.[54] Nach der Sitte der Zeit ließen sich die Predigermönche von »klassischen« Predigten anregen, z.B. die Göttinger von Ansprachen des Dominikaners Vinzenz Ferrer. Und 1439 schrieb zu solchem Zweck der Braunschweiger Lektor Bertram Middendorf die Predigtsammlung des Robert Holkot über den Prediger Salomo ab.[55]

Zur Predigt kam die Seelsorge, auch in der Beichte.[56]

Die Dominikaner förderten die Verehrung von Petrus und Paulus, weil diese im Blick auf die Ausbreitung des christlichen Glaubens Vorbilder der Predigermönche waren. So sieht man Petrus und Paulus noch heute über dem Eingang der Hildesheimer Dominikanerkirche. Die Göttinger Dominikaner propagierten die Verehrung des Heiligen Thomas von Aquin, von dem das Haus Reliquien besaß. Auch eine versilberte Holzfigur des großen Scholastikers war im Ordenshaus Göttingen vorhanden.[57] Und eine 1445 gemalte Altartafel stellte das Leben des späteren *Doctor universalis* dar. An seinem Jahrestag war das Kloster eine Wallfahrtsstätte: Besonders Frauen, die sich ein Kind wünschten, baten St. Thomas von Aquin um seine Fürsprache. Auch ein Thomas-Markt fand unter der Ägide der Göttinger Dominikaner statt, der dem Ordenshaus Geld brachte.

---

49 Finke 1891, S. 22–43.
50 In: Archiv der deutschen Dominikaner III, Köln 1941, S. 41–46.
51 In: Archiv der deutschen Dominikaner III, Köln 1941, S. 47–63.
52 Braunschweig, Stadtbibliothek MS 121.
53 Letzner o.J., S. 529.
54 Hyneck 1865, S. 68.
55 Römer 1980, S. 26.
56 Springer 1999, S. 129.
57 Saathoff 1929, S. 30.

Das Ordenshaus Göttingen unterhielt ein Gästehaus.[58] Um 1328 wirkte in Göttingen der Dominikaner Conrad Major als gelehrter Arzt. Solche außerklösterliche Tätigkeit von Dominikanern war günstig für das Ansehen des Ordenshauses.

Mehreren Dominikanerklöstern waren Bruderschaften zugeordnet. Die Osnabrücker propagierten seit 1491 eine Rosenkranzbruderschaft[59], für die in der Klosterkirche ein besonderer Altar errichtet wurde. Die Hildesheimer Dominikaner betreuten sogar mehrere Bruderschaften. Ihre Mitglieder konzentrierten ihre Spenden auf die Predigermönche und bekamen dafür Anteil an deren guten Werken. Die aus Schmieden bestehende Erasmus-Bruderschaft[60] hatte in der Ordenskirche einen eigenen Altar, dessen Vasa sacra der Bruderschaft gehörten. Die Hildesheimer Dominikaner verpflichteten sich nach den erhaltenen Statuten von 1509 zu Vigilien und Seelenmessen für Verstorbene Bruderschaftsmitglieder, die in der Klosterkirche begraben wurden. Es gab in Hildesheim unter der Patronanz des Dominikanerklosters weiter die Bruderschaft Cosmae et Damiani, zu der nur Barbiere gehörten, die Bruderschaft St. Petri et Pauli, die Bruderschaft St. Georgii, Fabiani, Sebastiani et Rochi und eine Rosenkranzbruderschaft. Bestimmte Gilden unterhielten enge Beziehungen zu Dominikanern. So z.B. zogen in Hildesheim die Meister und Gesellen der Schneidergilde an den vier Hauptkirchenfesten geschlossen in die Klosterkirche zur Messe, wobei Anwesenheit bis zum Schluss Pflicht war.[61]

Die niedersächsischen Dominikaner traten mit anderen geistlichen Korporationen in einen Austausch der guten Werke. So z.B. verbriefte der Prior des Dominikanerklosters Braunschweig am 24.4.1494 der Äbtissin und dem Konvent zu Drübeck am östlichen Harzrand Anteil an allen Messen, Gebeten, Abstinenzen, Predigten, Fasten, Kasteiungen, Arbeiten und allen übrigen guten Werken im Leben und im Tod und stellte tägliche Gebete für die Seelen gerade verstorbener Klosterjungfrauen, sowie deren Heimgang gemeldet ist, in Aussicht.[62] Diese Urkunde hebt die besondere Zuneigung hervor, die die Drübecker dem Predigerorden und dem Braunschweiger Ordenshaus gegenüber empfinden. Die Drübecker Nonnen verbrieften auch in einer Konfraternitätsurkunde den Braunschweiger Dominikanern die Gemeinschaft aller guten Werke.

Eines besonderen »Peweler aflate«, eines Pauliner-Ablasses, konnte man bei den Hildesheimer Dominikanern am Sonntag Exaudi, also am 6. Sonntag nach Ostern, teilhaftig werden.[63]

Die Göttinger Dominikaner hatten am Anfang Schwierigkeiten mit dem Rat der Stadt. Und doch: Im 15 Jahrhundert sprachen die Göttinger Ratsherren[64] bei ihren regelmäßigen Prozessionen in der Dominikanerkirche ein Gebet, das übersetzt so

---

58 Saathoff 1929, S. 30.
59 Beckschäfer 1913, S. 28f.
60 UB der Stadt Hildesheim VIII, S. 512.
61 UB der Stadt Hildesheim VII, S. 88.
62 Jacobs 1877, S. 13.
63 UB der Stadt Hildesheim V, S. 35, 77, 170, 347 u. 359; VI, S. 197, 280, 672.
64 Stadtarchiv Göttingen, A. B. III 10, S. 27f.

lautet: »Gott, der Du es für würdig befunden hast, Deine Kirche mit den Verdiensten und Lehren des heiligen Dominikus, Deines Bekenners, zu erleuchten, gib, dass es uns durch dessen Fürsprache nicht an irdischer Hilfe mangelt, und Er uns stets durch geistliches Wachstum fördere.«

Die Dominikaner leisteten in ihrer Mobilität und mit ihren weitverzweigten Verbindungen oft Botendienste für Städte.[65]

Die Osnabrücker Dominikaner hatten zeitweilig Friktionen mit dem Domkapitel bzw. mit dem Dompfarramt, das z.B. 1310 den Leichnam der Ludgard von Bure, der bei den Dominikanern beigesetzt werden sollte, mit Gewalt in den Bereich des Domes brachte. Papst Clemens V. beauftragte deshalb am 9. April 1312 den Abt von Altenberg, den Propst von St. Marien in Lippstadt und dem Propst von St. Gereon in Köln, den Streit zwischen den Osnabrücker Dominikanern und der Dompfarrei Osnabrück über das Beerdigungsrecht innerhalb von drei Monaten zu einem Abschluss zu bringen.[66] Aber noch Papst Johannes XXII (1316–1334) musste sich noch mit diesem Streit befassen. Das Osnabrücker Domkapitel suchte den Predigermönchen sogar das Predigen zu untersagen.[67] Solche Konflikte ergaben sich fast zwangsläufig aus den Strukturen: Die Dominikaner machten den Pfarrern Konkurrenz.

Mehrmals leisteten Dominikaner Mediatorendienste zwischen verfeindeten Gruppen. So z.B. kamen 1269 im Kloster Norden Abgesandte der Emsländer und der Bremer zur Erneuerung ihres Friedensschlusses von 1255 zusammen[68], bei welcher feierlichen Handlung der Prior und ein anderer Ordensmann zugegen waren.

Die Dominikaner boten ein angemessenes Begräbnis. Das ergibt sich z.B. aus Braunschweiger Testamenten. Bei den Ausgrabungen in der Hildesheimer Dominikanerkirche fand man mittelalterliche Gräber, die nicht nur von Religiosen herrühren.[69] Die Hildesheimer Familie Storre hatte sogar einen festen Begräbnisplatz in der Paulinerkirche. Auch das Kloster Norden bot Grablege. So z.B. wurden 1433 die edlen Herren Sibet und Udo, die von Edzard Cirksena und den verbündeten Brokmerländern und Hamburgern getötet worden waren, im Chor der Norder Dominikanerkirche beigesetzt.[70] Und 1439 fand die Herrin des Norderlandes Hyma Itzinga an der Seite ihres Gemahls im Chor der Norder Klosterkirche ihre letzte Ruhe. Auch die Osnabrücker Dominikaner verkauften Gräber in ihrer Kirche.[71] Die Göttinger Dominikaner lasen 1445 jede Woche an ihrem Marienaltar zwei Messen »to Troste und to Gnaden den all Seelen, de in dem hilgen Christen Gloven verstorben sin und noch vorsterben möchten, und tovarn besundern allen Minschen Seylen, de öre Allmosen gegeven heben und noch gewen möchten«. Aller derer, die im Gedächtnisbuch des Hauses standen, wurde auch in dem Vigilien, also an den Vorabenden der großen Feste, und

---

65 Vgl. z.B. UB der Stadt Hildesheim VI, S. 706.
66 Staatsarchiv Osnabrück Rep. 10 Nr. 17.
67 BECKSCHÄFER 1913, S. 15.
68 SUUR 1838, S. 104f.
69 MÜLLER 1994, S. 118.
70 MÖHLMANN 1959, S. 43.
71 KRAMER 1997, S. 11.

in Seelenmessen zu jedem Quatember gedacht. Auch die Dominikaner in Osnabrück widmeten sich dem Gedenken dahingegangener Wohltäter, wie der Nekrolog zeigt.[72] 1349 nahm der Hildesheimer Dominikaner Conradus den Hannoverschen Priester Everhardus von Heydorn zum Dank für das dem Orden erwiesene Wohlwollen in die Konfraternität des Predigerordens auf.[73] Das bedeutete Anteilhabe an den guten Werken des Konvents, später Eintragung in das Totenbuch der Prediger und »ewige« Messen für sein Seelenheil.[74]

Die Dominikaner waren auf Betteln eingestellt. Sie erbaten dazu die Erlaubnis der Mächtigen. Unter diesem Gesichtspunkt wurde 1323 auf der ostfriesischen Vollversammlung beim Upstallsboom die Zulassung der Mendikanten ausgesprochen.[75]

Feste Termineien, zwischen den einzelnen Ordenshäusern vertraglich abgegrenzte Bettelstationen, gaben dem religiös überhöhten Bettel Rückhalt. In diesen Häusern lebte der Terminarius, der gelegentlich auch in der Seelsorge aushalf.[76] Die Osnabrücker Dominikaner[77] hatten Terminierhäuser in Quakenbrück, Münster und Schüttorf. Die Göttinger Dominikaner trafen 1297 mit ihren Ordensbrüdern in Eisenach und Mühlhausen eine besondere Vereinbarung über ihren Bettelbezirk: Die Grenze Mühlhausen gegenüber verlief im Raum Heiligenstadt.[78] Zwischen Göttingen und Eisenach war die Terminiergrenze im Raum Sooden-Allendorf. Aber in Sooden durften sich beide Konvente das kostbare, lebenswichtige Salz durch Betteln kostenlos beschaffen. Schließlich besaßen die Göttinger feste Stationen in Allendorf an der Werra, in Duderstadt, Hannover, Kassel, Northeim und Witzenhausen.[79] Das Predigerkloster Hildesheim unterhielt Termineien in Bockenem, Gandersheim, Sarstedt und in Hannover[80], wo der Ordenshof an der Kobelinger Straße (seit 1303) Pewelerhof genannt wurde. Die Dominikaner wurden demnach auch in Hannover nach Paulus, dem größten Prediger der frühen Christenheit, Pauliner genannt.

Die Dominikaner pflegten von Anfang an die Studien. Zum Hildesheimer Konvent gehörte im Jahre 1375 der Bruder Meinardus aus Bockenem, der ein gelehrter und beredter Theologe war.[81] Von den Braunschweiger Dominikanern[82] hört man aus dem Jahre 1480 das der Prior »den jungen Mönchen eine Meister halte, der sie die Schreibkunst« lehre.

Der Bibliothek des Braunschweiger Ordenshauses wandte im 15. Jahrhundert der aus dem Orden hervorgegangene Weihbischof von Padua, Bertold von Oberg, zahlreiche Werke zu, von denen zwanzig überkommen sind, z.B. der Gottesstaat

---

72 BECKSCHÄFER 1913, S. 4.
73 MÜLLER 1994, S. 43.
74 UB der Stadt Hildesheim V, S. 339.
75 SUUR 1838, S. 105.
76 LEHNHOFF 1989, S. 154.
77 BECKSCHÄFER 1913, S. 23 u. 27.
78 MITTLER 1994, S. 48.
79 SPRINGER 1999, S. 130.
80 LEHNHOFF 1989, S. 184.
81 LAUENSTEIN 1736.
82 Braunschweig Stadtarchiv A I 1 Nr. 897.

des Augustinus und die Catena Aurea, die Goldene Kette, des Aquinaten. In diesen Bänden steht: »Bruder Bertold hat bestimmt, dass dieses Buch der Bibliothek einverleibt werde – zu seinem Seelenheil und zum Nutzen der Brüder. Wer es aus seinem Konvent entwenden sollte, sei verdammt.« Im Jahre 1529 enthielt der Katalog der Braunschweiger Dominikaner-Bibliothek 203 Bände, auf sieben Pulte gekettet. Von diesem Bestand sind sechzehn Handschriften und sechs Inkunabeln erhalten. Das Schwergewicht dieser Bücherei lag auf Predigtliteratur. Die Einbände der Bettelordensbücherei sind schlicht gestaltet.[83] Die Nordener Dominikaner hinterließen Annalen[84], die länger als ein viertel Jahrtausend geführt worden waren. Hier findet man auf fünfundzwanzig Seiten viele Nachrichten aus dem Norder Dominikanerkloster, aber auch allgemeine Nachrichten. Die Göttinger Dominikaner Johannes Ellingerod (um 1309)[85] und Meinhard Kleinschmid († 1349) schrieben gern Bücher ab, auch für andere Klöster. Die Göttinger Dominikaner befassten sich mit dem Geschichtswerk des Dominikaners Antoninus von Florenz und mit den Werken des Thomas von Aquin, der ja auch ein Sohn des Heiligen Dominikus war. Aus der Bücherei des Göttinger Ordenshauses ist bisher erst ein einziger Band wiedergefunden worden, eine theologisch-kanonistische Sammelhandschrift von 1418, die sich jetzt in der Dombibliothek Fritzlar befindet. (Ms. 89) Auch das Ordenshaus Osnabrück hatte eine Bibliothek.[86]

Dominikanerinnen in Niedersachsen

1294 kaufte eine Gruppe von adligen Herren, Erpo von Luneberg, Erpo von Lienen, Dietrich von Wersebe und Johann von Stelle vom Grafen Johann II. von Oldenburg für zweihundert Mark bremische Münze Land in Scapen an der Hunte bei Oldenburg und gründete hier ein Dominikanerinnenkloster, das fortan Blankenburg hieß[87], offenbar nach Blanca, einer vorbildhaften Nonne aus dem Umkreis des Ordensgründers St. Dominikus. Schon 1299 erhielt die Klosterkirche im Blick auf die Arbeitskräfte des Klosters Pfarrrechte. So mussten die Leute des Klosters nicht mehr auf schlechtem Weg zur Oldenburger Lambertikirche ziehen. Neben den eigentlichen, in Klausur lebenden Nonnen existierte Laienschwestern[88] für die sogenannten niederen Arbeiten. Das Kloster suchte seinen Besitz durch Rodung zu verbessern, doch 1333 begrenzten die Grafen die Blankenburger Rodungstätigkeiten.

Beim Eintritt bekam die künftige Nonne von ihrer Familie eine »Leibzucht« mit. Sie wurde also[89] ins Kloster eingekauft. Im 14. Jahrhundert wurde Privateigentum üblich. Dementsprechend ist 1376 bezeugt, dass die Schatzmeisterin des Klosters, wie

---

83 Haldenwanger 1996, S. 14.
84 Möhlmann 1959.
85 Saathoff 1929, S. 31.
86 Beckschäfer 1913, S. 28.
87 Rüthning 1928. – Rüthning 1925. – Tornow/Wöbcken 1994. – Schäfer 1907, S. 164–170.
88 Schäfer 1907, S. 167.
89 Schäfer 1907, S. 168.

Die Dominikaner in Niedersachsen

in einem Stift, den einzelnen Nonnen nach einer Memorie ihren Anteil an den Zinsen der Stiftungssumme ausbezahlte. Das Kloster war zum Teil auf Bettel angewiesen. Der Bremer Erzbischof gewährte dem armen Konvent 1334 das Recht, durch ausgesandte Boten in der Bremer Diözese Almosen zu erbitten. So sandte 1387 die Priorin einen Bruder Johann zum Almosensammeln los, was sogar Erzbischof Albrecht von Bremen förderte.[90] Die Spender bekamen Anteil an dem reichen Ablassschatz des Klosters, der durch Gebetsverbrüderung mit fünfzig anderen Klöstern aufgestockt worden war. Ein Prokurator kümmerte sich um die geschäftlichen Angelegenheiten des Klosters. Im Spätmittelalter stammte ein erheblicher Teil der Blankenburger Nonnen aus Familien des Oldenburger Dienstadels.[91] Im späten 15. Jahrhundert und um 1500 suchte das Kloster durch Verkäufe bzw. Verpfändungen wirtschaftlich weiterzuexistieren.

1378 zogen die Dominikanerinnen von Osterreide in das St. Margarethenkloster Dykhusen[92] um[93], das die Häuptlinge Okko ten Brock, Folkmar Allena und Hero Ailts mit Genehmigung des Bischofs von Münster gestiftet hatten. Okkos Schwägerin wurde die erste Priorin des Klosters unter dem Patrozinium der Hl. Margaretha.

Auch in Oestringfelde zwischen Schortens und Jever gab es seit 1350 Dominikanerinnen, die von den Dominikanern in Norden hierher gebracht worden waren.[94] Vier Pfarrer, vierzehn Adlige und andere Mächtige haben im Pestjahr 1350 um ihres Seelenheils willen dieses Kloster fundiert, das die Gebäude eines ausgestorbenen Kanonikerstiftes übernahm. Das Kloster wird manchmal auch Marienfeld genannt, doch konnte sich dieser Ordensname nicht durchsetzen. Der massive Turm der Klosterkirche spielte bei kriegerischen Auseinandersetzungen mehrfach eine Rolle. Er wurde erst 1769 abgebrochen. Die Klosterkirche diente dem jeverländischen Häuptlingsadel zur Grablege.

Bauten und Kunstwerke der niedersächsischen Dominikaner

In Norden sind Sachüberreste des mittelalterlichen Klosters ausgegraben worden.[95] Besonders ging es dabei um Teile des südlichen und westlichen Kreuzganges, den Westflügel des Ordenshauses, einen Keller mit einer aus Backsteinen verlegten Abwasserleitung und den Untergrund der Klosterkirche.[96] Zu den herausragenden Funden der Rettungsgrabung 2005 gehören mehr als 3000 Scherben von gekröseltem Fensterglas des 14. Jahrhunderts. Etwa die Hälfte davon trägt eine Bemalung mit Schwarzlot, wobei florale Motive vorherrschen. Weiter wurden entdeckt das Bruchstück eines Christuskopfes mit Dornenkrone aus weißlichem Ton, das Fragment des Gesichts einer Sandsteinstatuette, eine Buchschließe, ein beinerner Schreibgriffel und ein Zirkel aus Buntmetall.

---

90 Tornow/Wöbcken 1994, S. 24.
91 Schäfer 1907, S. 166.
92 Suur 1838, S. 110f.
93 Möhlmann 1959, S. 37.
94 Hoogeweg 1908, S. 100f. – Schäfer 1907, S. 171–174.
95 Schwarz/Heun 1994, S. 33f.
96 Emder Jahrbuch für historische Landeskunde Ostfrieslands Bd. 85, Aurich 2005, S. 176–180.

Die erhaltene gotische Dominikanerkirche[97] in Osnabrück ist eine typische Bettelordenskirche, die der Göttinger Paulinerkirche ähnelt.[98] Der Langchor mit 5/8-Schluss ist 1297 geweiht worden. Die heutige, zweischiffige Stufenhalle stammt jedoch erst aus der 1. Hälfte des 15. Jahrhunderts. Die Kanzel der Predigtkirche war tragbar. Die Kirche dient heute öffentlichen Aufgaben, besonders Ausstellungen und Konzerten. Nördlich der Kirche sind jüngere, aber noch vom Orden herrührende Klostergebäude in Bruchsteinmauerwerk erhalten.

Die Ausstattung wurde nach 1803 auf verschiedene Nachbarorte verteilt.[99] In die Pfarrkirche in Ankum kam 1118 das großartige, erst 1976 wiederentdeckte Renaissance-Steinrelief[100] des Dominikaner-Stammbaums: Aus dem liegenden Ordensvater mit der Ordensregel und Blütensträußchen, die gute Werke symbolisieren, erwächst ein Baum, in dessen Geäst die Halbfiguren der Ordensheroen erscheinen, dargestellt als eine familienartige Gemeinschaft. Linke Reihe von unten: Der Inquisitor Petrus, Martyr von Verona, ermordet 1252, Thomas von Aquin, † 1274, Hyazinth, † 1257 in Krakau und der Kanonist Raimund von Penaforte, † 1275. Rechte Reihe von unten: Der 1523 heiliggesprochene Erzbischof Antoninus von Florenz, † 1459, Albertus Magnus, † 1280 in Köln, Katharina von Sienna, † 1380 und Agnes von Montepulciano. Die einzelnen Halbfiguren sind durch kunstvolle Attribute kenntlich gemacht. Das Bekrönungsrelief zeigt die Aufnahme des Heiligen Dominikus in den Himmel. Die beiden Figuren daneben sind die beiden aus dem Predigerorden hervorgegangenen Päpste Innozenz V., † 1276, der erste Dominikaner-Papst, und Benedikt XI. Das Motiv des Dominikaner-Stammbaums wurde 1653 bei den Osnabrücker Dominikanern sogar noch einmal aufgenommen: Auf der vom Osnabrücker Prior L. Crabe gestifteten Sonnenmonstranz, die sich heute im Diözesanmuseum Osnabrück befindet. Dominikanerstammbäume gibt es sonst nur als Gemälde[101], z.B. von Hans Holbein d.Ä. 1500/01.

Eine der reifsten Arbeiten Adam Stenelts ist das aus Osnabrück stammende steinerne Krippenrelief in Oesede mit der Anbetung der Hirten. Dieses Kunstwerk aus dem Dominikanerkloster ist der Rest eines größeren Altars. Und in Glandorf ist das barocke Chorgestühl der Osnabrücker Dominikaner überkommen. Reste des mittelalterlichen Chorgestühls gelangten ins Osnabrücker Diözesanmuseums. Nach Hagen in die alte Martinskirche (heute Museum) kamen sechs lebensgroße Holzfiguren von Ordensmitgliedern, besonders Katharina von Siena, Rosa von Lima und Thomas Aquin. Diese Figuren stellen den Rest eines monumentalen Altars dar, den die erstaunlich kunstfreudigen Osnabrücker Dominikaner um 1620 in Auftrag gegeben hatten. Erhalten ist in Hagen auch die Kommunionbank[102] von 1636 mit biblischen Darstellungen und Bildern zu den fünfzehn Anrufungen des Rosenkranzes. Überkommen ist auch

---

97 BINDING/UNTERMANN 1985, S. 358.
98 POPPE 1969.
99 BORCHERS 1973, S. 192–201.
100 KRAMER 1997, S. 25ff.
101 Vergleich Atheneion Bildatlas zur deutschen Geschichte, Frankfurt a.M. 1968, S. 677f.
102 KRAMER 1997, S. 16.

Die Dominikaner in Niedersachsen

die Chortür der Zeit um 1530, die von der Dominikus-Legende bestimmt ist: Ein Hund trägt hier eine Fackel in der Schnauze und diese Fackel erleuchtet die Weltkugel mit dem Kreuz. Darüber erscheint eine Lilie, ein Bettelstab und der Stern des Ordens. Die Osnabrücker Dominikaner-Kanzel mit den vier Evangelisten ist heute in Wallenhorst zu sehen. Die Orgel von 1517 ist heute in Melle.

In Göttingen ist[103] die 52 m lange Klosterkirche, 1294 begonnen und 1331 vollendet, vollständig erhalten. Es handelt sich um eine dreischiffige Stufenhalle mit Langchor, mit 5/8-Schluss. Lange wurde das Bauwerk von der Universitätsbibliothek genutzt. Erst 1992 wurde die Dominikanerkirche von den Katalogbänden befreit. Im Untergrund gibt es mittelalterliche Gewölbe. 1499 bestellte der Göttinger Prior Johann Piper bei Hans Raphon, Northeim, einen gewaltigen Altar, der 1529 oder 1531 ins Kloster Walkenried gelangte und seit dem Dreißigjährigen Krieg in Prag ist. Die dreizehn erhaltenen Tafeln sind von der Betrachtung des Leidens Christi bestimmt. Auf das Mittelbild bezog sich die Distichon-Inschrift: Eripit e tristi baratro nos Passio Christi: Ex ipso munda cum sanguine profluit unda: Es entriss uns dem traurigen Abgrund das Leiden Christi, aus ihm selbst floss die reine Welle mit Blut. Ein Bild des Heiligen Dominikus deutete auf den ordensgeschichtlichen Hintergrund des Altars. Und der Hl. Bernhard hielt in der Rechten eine Tafel mit dem Bild Christi als Weltenrichter und in der Linken ein offenes Buch der Aufschrift: »Fürchtet Gott und gebt ihm die Ehre, denn es kommt die Stunde des Gerichts«. Seit Jahrhunderten verschollen ist eine Göttinger Tafel mit Szenen aus dem Leben des Thomas von Aquin aus dem Jahre 1445.[104] Ein Kelch der Göttinger Dominikaner, den 1512 die Brüder Heinrich und Johann Piper gestiftet hatten, ist in der Jakobikirche noch vorhanden.

Das Braunschweiger Dominikanerkloster[105] ist zwar 1902/03 abgebrochen worden, aber der Chor mit 5/8-Schluss der 1319 begonnen und 1343 geweihten, dreischiffigen Ordenskirche ist als Pauliner-Chor in das Braunschweigische Landesmuseum eingebaut worden, das auch die Maßwerkfenster des Schiffes der Dominikanerkirche in sich aufnahm. Der Dreisitz der Klosterkirche ist erhalten. Vier Schalltöpfe sind beim Abbruch geborgen. Sie sollten in der Braunschweiger Predigerkirche die Akustik verbessern. Die kunstvolle Kanzel der Braunschweiger Predigerkirche von 1507 ist ein frühes Meisterwerk von Hans Witten. Sie befindet sich heute in St. Aegidien. Die Inschrift der barock übergangenen Kanzel entspricht dem Missionsbefehl Jesu: Ite in orbem, predicate evangelium omni creature, der auch für die Predigermönche verbindlich war. Die wie eine Blume gestaltete, elegante Kanzel ist von der Verehrung der Ordenspatronin Maria bestimmt: Auf dem Kanzelkorb erscheint sie mit ihrer Mutter Anna und dem Jesuskind. Die Formgebung dieser Anna-Selbdritt-Darstellung ist höchst originell. Anna kommt von der Seite heran, kniet nieder und küsst die Hand ihres Großkindes. Weiter ist auf der Kanzel die Sternenjungfrau auf dem Halbmond aus der Apokalypse des Johannes abgebildet, die man als Maria ansah. Auch

---

103 BINDING/UNTERMANN 1985, S. 357.
104 WOLLENS 1929, S. 29.
105 BINDING/UNTERMANN 1985, S. 356.

ein Pacificale, also ein Kusstäfelchen des 15. Jahrhunderts zum Weiterreichen des Friedenskusses vom zelebrierenden Priester zu anderen ist aus dem Braunschweiger Predigerkonvent überkommen. In dieses Pacificale ist hinter Kristallglas eine Reliquie der Hl. Katharina eingefügt.

In Hildesheim ist die spätgotische Dominikanerkirche St. Paul aus den frühem 15. Jahrhundert erhalten, die nach dem Weltmissionar Paulus heißt, der Vorbild aller Predigermönche war. Diese dreischiffige Hallenkirche hat einen langen Chor, der erst um 1480 errichtet wurde. An den Säulen und Fenstern befanden sich einst die Wappen der Spender, besonders von Stadtgeschlechtern und Adligen aus der Umgebung.[106] Hier fand man z.B. Wappen der Familien Rauschenplat, Rheden, Saldern, Steinberg und Wallmoden.

1550 bis 1810 war dieses Gotteshaus evangelische Pfarrkirche, 1869ff Fest- und Stadthalle. Am 22.3.1945 brannte St. Pauli aus. 1957 genehmigte die Stadt den Abriss der Kolossalruine. Dr. Gisela Schulz hat dann im Klosterbereich herumgegraben.[107] In das Gotteshaus wurde 1980/81 von Vinzentinerinnen ein zweistöckiges Altersheim eingebaut, dessen Kapelle hoch oben vor den alten Chorfenstern eingerichtet ist.

Mit 10 m lichter Breite des Mittelschiffes, einer Gesamtbreite von 23,50 m und einer Innenlänge von 62 m hatte die einst lichterfüllte Halle ungewöhnlich große Abmessungen. Der mit drei Achteckseiten geschlossene, 25 m lange Chorraum lässt auf eine erhebliche Stärke des Konvents im Herbst des Mittelalters schließen. Die spätgotischen Standbilder der Apostel Petrus und Paulus kamen über das Portal der nahen Lambertikirche. Heute sieht man an der alten Dominikanerkirche ausgezeichnete Kopien.

Aus dem Dominikanerinnen-Konvent Blankenburg bei Oldenburg ist der qualitativ hochstehende, um 1520 in einer Osnabrücker Werkstatt entstandene Altar »Zu den sieben Schmerzen Mariens« an Ort und Stelle erhalten. Unter der Kreuzabnahme ist ein ursprünglich schwarzweißer Hund dargestellt, der auf die domini canes, die Hunde des Herrn, hinweist. Heute ist dieses Hündchen falsch, grünbraun, überstrichen. Zu den Sieben Schmerzen Mariens tritt hier die Verehrung der Heiligen Kümmernis, die bekanntlich ihre Existenz einem falsch verstandenen, bekleideten romanischen Christus verdankt. Von dem Kloster Blankenburg sind die Mauern des Haupthauses erhalten.

Die niedersächsischen Dominikaner im Herbst des Mittelalters

Im Herbst des Mittelalters wurden auch niedersächsische Dominikanerklöster von den Reform-Gedanken der Zeit erfasst. So wurde 1502 das Ordenshaus Norden unter dem Prior Hermann von Deventer in Gegenwart der Grafen Edzard und Uko, zweier Äbte und vierer Doktoren reformiert.[108] Die Beteiligung der Obrigkeit war bezeichnend: Das landesherrliche Kirchenregiment hat ja schon vorreformatorische Wurzeln.

---

106 LEHNHOFF 1989, S. 151.
107 SCHULZ 1979, S. 7–18.
108 SUUR 1838, S. 107.

Nur vereinzelt lassen sich am Vorabend der Reformation Zeichen des Verfalls feststellen. So z.B. gab es im Hildesheimer Konvent im zweiten Jahrzehnten des 16. Jahrhunderts folgende Verfallszeichen[109]: Der Dominikaner Petrus Coci wurde 1513 wegen unerlaubten Entfernens aus dem Ordenshaus gerügt. Und dem Theodorus Const musste die Rückkehr nach Hildesheim vom Provinzialkapitel befohlen werden. Im gleichen Jahr wurde Hermann Folck wegen Fälschung eines Briefes vom Provinzialkapitel bestraft. Im Jahre 1517 hielt Friedrich Christiani ohne Wissen seines Priors Gottesdienste in verschiedenen Kirchen, was zu Unruhe führte.

Der Göttinger Dominikaner Adam Sellatoris wurde vom Provinzialkapitel 1517 wegen zahlreicher, nicht genannter Verfehlungen zu Kerker verurteilt.[110] Er floh, sodass das Kapitel 1518 diese Strafe erneuern musste. 1521 wurde er zu ewigem Kerker verurteilt. Privatbesitz von Dominikanern ist z.B. in Göttingen bezeugt.[111] Aber im Ganzen waren die niedersächsischen Dominikanerklöster am Vorabend der Reformation in Ordnung. Noch 1524 ist nach Ausweis einer Giebel-Inschrift am Braunschweiger Dominikanerkloster gebaut worden.[112]

Die Dominikaner waren im Unterschied etwa zu den zur stabilitas loci verpflichteten Benediktinern keine wirklichen Mönche, sondern mobile Ordensleute, die nur selten lange am gleichen Ort bleiben sollten. Man trat also nicht in ein bestimmtes Kloster ein, sondern in den Orden. So z.B. schrieb Johan Brun, Lesemeister in Reval am Finnischen Meerbusen, 1417 an seine in Göttingen lebenden Eltern.[113] Dieser Johan Brun kam im Dienst des Ordens bis nach Spanien und Ungarn.

Der Hildesheimer Dominikaner Johannes de Buschoducis[114], also Johannes aus Herzogenbusch, wurde 1514 zum Studium der Freien Künste dem Dominikanerkonvent Neapel zugewiesen. Schon 1515 war er wieder in Hildesheim als Cursor des dortigen Studiums der Theologie. 1516 musste er als Cursor nach Stralsund. 1518 war wieder in Hildesheim als Lector secundarius. 1519 war er einziger Lektor in Stralsund. 1523 und 1524 wirkte er als lector regens in Hildesheim. 1534 wurde er zum Weseler Konvent versetzt, wo er 1538 Prior wurde. 1542 erscheint er in Hildesheim als Prior.[115]

Und Frater Ambrosius Cistificis (Kistenmacher, Tischler) aus Calw war in Magdeburg in den Orden eingetreten. 1526 erscheint er als Ordensprediger in Göttingen. 1530 wurde er nach Magdeburg zurück versetzt. 1540 erschien er auf dem Kapitel in Hildesheim als Generalvikar der Ordensprovinz Saxonia, also als Stellvertreter des Provinzialpriors, und Prior des Hildesheimer Ordenshauses. Er wurde zum Generalprediger ernannt. Spätestens Anfang 1542 endete sein Wirken als Hildesheimer Prior.

---

109 MÜLLER 1994, S. 64.
110 SPRINGER 1999, S. 130f.
111 SPRINGER 1999, S. 130.
112 RÖMER 1980, S. 19.
113 Stadtarchiv Göttingen ABMS 11, 3 I Ablage 6, Hanseatica.
114 LEHNHOFF 1989, S. 156.
115 Stadtarchiv Hildesheim 91 Nr. 471 Kloster St. Pauli Nr. 5.

Der in Osnabrück in den Orden eingetretene Thomas Borchwede[116] widmete sich 1518 dem Studium der Philosophie in Dortmund. 1519 studierte er in Erfurt Theologie, 1520 in Leipzig. 1521 kam er nach Osnabrück zurück. 1523f. war er dort Magister der Studierenden. 1526 wirkte er am Generalstudium des Ordens in Köln. 1528 wurde er Cursor in Hildesheim. 1530 erschien er in Soest, wo er Führer der lutherischen Reformation wurde.

Die niedersächsischen Dominikanerklöster im Sturm der Reformation

Unter dem Ansturm der reformatorischen Predigt brach die bisherige, ausgedehnte Frömmigkeitspraxis innerhalb kürzester Zeit zusammen.

Aber die niedersächsischen Dominikaner widersetzten sich meistens der Reformation. So kam ein evangelisches, gewandeltes Fortbestehen überhaupt nicht in Frage, zumal keine materielle Grundlage vorhanden war. Die Leute wussten, dass Luthers Kampf gegen das Religiosentum in erster Linie den Bettel- »Mönchen« galt. Das erkennt man, wenn man Luthers antimonastische Äußerungen unter dem Gesichtspunkt der Ordenszugehörigkeit betrachtet: Fast alle Äußerungen gegen »Mönche« gehen genaugenommen gegen die Mendikanten, die eigentlich wegen fehlender Stabilitas loci gar keine Mönche waren. Kaum je werden Zisterzienser und nie Johanniter angegriffen. So ist selbst im konservativen Niedersachsen nirgendwo ein Mendikantenkloster evangelisch umgestaltet worden, im Unterschied zu zahlreichen Klöstern anderer Orden, wie das gerade für Niedersachsen typisch ist.

Im Sommer 1526 hielt der Dominikanerprior Laurenz aus Groningen im ostfriesischem Jemgum Vorträge gegen Luther. Daraufhin veranstaltete der hochgebildete Junker Ulrich von Dornum ein Religionsgespräch in Oldersum, wobei es besonders um Maria und die anderen Heiligen als Mittler zu Gott und um die theologische Einschätzung der guten Werke ging. Beide Seiten fühlten sich als Sieger. Schließlich ließ Ulrich von Dornum in Wittenberg einen Bericht drucken, der als Werbeschrift der evangelischen Bewegung nützlich war. Nach dem Oldersumer Gespräch trat ein Dominikaner des Klosters Norden, Heinrich Reese, mit einem Lied gegen das Messopfer hervor und veröffentlichte zweiundzwanzig Streitsätze, die er in Emden, Aurich und in den Flecken der Region an die Kirchtüren schlagen ließ. Mit diesen reformationsfreundlichen Thesen lud er im Einvernehmen mit dem Grafen Edzard dem Großen für den 1.1.1527 zu einer Disputation in der Klosterkirche Norden ein. Bei dieser Disputation trat ihm einzig der Abt des Klosters Marienthal, Gerhard Synell, entgegen. Reese antwortete kurz und bündig, legte vor aller Augen seinen Ordenshabit ab und bat um Verwendung im evangelischen Gemeindedienst. Er wurde Pfarrer in Norden. Die anderen Dominikaner in Norden wandten sich nun der Bibel zu. Das klösterliche Leben ging abwärts.[117] 1529 packte der Prior alle Wertgegenstände des Ordenshauses ein und verschwand unter dem Vorwand, der Ordensleitung Bericht

---

116 LEHNHOFF 1989, S. 158.
117 SPRINGER 1999, S. 321. – SUUR 1838, S. 107.

zu erstatten. Er kam nicht zurück. Mehrere Norder Dominikaner traten nun aus dem Orden aus. Schließlich übernahm Graf Enno II. das Ordenshaus und fand die noch vorhandenen Dominikaner ab.[118] 1531 zerstörte Balthasar von Esens den Komplex. Bauliche Überreste des Ordenshauses wurden noch im 19. Jahrhundert in der gelehrten Schule gezeigt.[119] 1875 wurden im Bereich des untergegangenen Dominikanerklosters beim Bau des Progymnasiums vier Münzen und ein alter Schlüssel entdeckt.[120]

Am 27. Dezember 1526 musste der Göttinger Dominikanerprior Johannes Degenhard dem Göttinger Rat eine Liste der Kleinodien des Ordenshauses übergeben. Die Göttinger bedrückten die Dominikaner ohne Mitwirkung des Landesherrn. Am 30. Mai 1529 verschleuderte Landgraf Philipp von Hessen die Allendorfer Therminei für nur 35 Gulden an Heinrich zum Tore und dessen Frau.[121] Um Fronleichnam 1529 verprügelte der Schuhmacher Andreas Backen einen Göttinger Dominikaner und warf ihn ins Wasser.[122] Am 24. August 1529 stimmten in der Göttinger Klosterkirche reformatorisch Bewegte das deutsche Tedeum an. Aber ein Dominikaner setzte sich an die Orgel und übertönte laut den reformatorischen Gesang. Am 24. Oktober 1529 wurde in der Göttinger Paulinerkirche gegen den Willen der Menschen der erste evangelische Gottesdienst gehalten[123] – von einem ehemaligen Dominikaner, dem aus Rostock gekommenen Friedrich Hüventhal. Am 6. Januar 1530 wurde von Vertretern des Rates eine Inventarisierung vorgenommen: Die Wertgegenstände der Dominikaner wurden in einem Kasten in der Sakristei eingeschlossen. Am 10. April 1530 wurde die neue, von Luther genehmigte Kirchenordnung eingeführt. Den Mendikanten wurde der Ausgang aus ihrem Kloster verboten. Alle Dominikaner, die von Haus aus keine Göttinger waren, sollten die Stadt verlassen. Der Ordenshabit sollte durch bürgerliche Kleidung ersetzt werden. Den Fratres sollte zu einem Handwerk oder einem Studium verholfen werden. Johannes Avervelt ging nun nach Hildesheim und Ambrosius Cistificis nach Magdeburg. Am 17. August 1530 wurden die Wertgegenstände aus der Sakristei ins Rathaus gebracht. Zwei Kelche wurden evangelischen Predigern überlassen. Andere Gegenstände aus Edelmetall wurden eingeschmolzen. Der evangelische Predikant Sutel erhielt einen Bankkasten aus dem Chor der Ordenskirche. Im Frühjahr 1531 wurden die restlichen Dominikaner in ihrem Kloster eingeschlossen. So konnten sie nicht mehr auf die Bevölkerung einwirken. So verschwand auch die Bettelmöglichkeit. Selbst der private, heimliche Gottesdienst wurde ihnen verboten. Im Mai 1532 verließ Prior Degenhard mit einigen Fratres Göttingen und konstituierte einen Exilkonvent. In den folgenden Monaten verließen weitere Ordensleute das Kloster und erhielten den eingebrachten Besitz vom Rat zurück. Am 27. Juli 1533 verließen die letzten drei ihre Zellen hoch oben im Ordenshaus, wohin sie sich verkrochen hatten. Dann wurde das Inventar

---

118 SUUR 1838, S. 107.
119 SUUR 1838, S. 108.
120 BERGHAUS 1958, S. 9–70, hier, S. 69.
121 SPRINGER 1999, S. 133.
122 SPRINGER 1999, S. 133.
123 VOLZ 1967, S. 27.

des Dominikanerklosters verkauft. Eine alte Kasel wurde einer armen Frau zum Umschneidern geschenkt. Die Reste der Bibliothek kamen zum allfälligen Nutzen der evangelischen Prediger in die Johanniskirche. Der ehemalige Dominikaner Hartmann Henzemann wirkte dann von 1537 bis 1580 in Göttingen als evangelischer Pastor an St. Nicolai. Und der Frater Rakebrant wurde erst Pastor im nahen Roringen und dann in Rosdorf. 1542/45 wurde in den Räumen des Göttinger Dominikanerklosters ein Paedagogium eingerichtet, Luthers Intentionen entsprechend.

Die Lüneburger Dominikaner unterstützten zunächst den noch katholischen Rat gegen das Vordringen der Reformation. Aber als alles um sie herum lutherisch wurde, hatten sie keine Chance mehr.

Das Braunschweiger Ordenshaus besaß in der Reformationsepoche in Provinzial Dr. Wichmann Lüders einen hervorragenden Prediger. Er verteidigte durch eine Auslegung des Matthäus-Evangeliums das hergebrachte Kirchentum. Aber er stieß auf taube Ohren. 1528 mussten die Predigermönche ihre öffentliche Wirksamkeit einstellen und dem Stadtrat ein Inventarverzeichnis einreichen. Es enthielt u.a. achtzehn »Kapellen«, also »Sets« von Messgewändern, vierundzwanzig Kaseln, vierzehn wertvolle Handschriften, mehrere silbernen Monstranzen und große Silberfiguren von Maria, der Patronin des Klosters, Dominikus, dem Ordensgründer, und Paulus, dem großen Vorbild der Prediger. Diese den Söhnen des Heiligen Dominikus geschenkten Kostbarkeiten bezeugen die bis 1517 allgemeine Wertschätzung der Dominikaner. 1529 wurde den Predigermönchen bei schwerer Strafe verboten, das Kloster zu verlassen oder Besuch zu empfangen. Der Rat hatte versprochen, Lebensmittel zu senden, aber es kam nichts. Eine Eingabe an den Stadtrat schließt mit den Worten: »Wir leiden Hunger und Kummer und Jammer.« Daraufhin bot der evangelische Stadtrat jedem der Brüder, der freiwillig das Ordenshaus verlassen wollte, seine Hilfe für ein Studium oder für eine handwerkliche Ausbildung an. Aber es ging kaum einer darauf ein, sondern fast alle verließen 1530 Braunschweig. Sie zogen nach Halberstadt. Später sind einige Laienbrüder in Marburg als Handwerker bezeugt.[124] In dem leergewordenen Kloster wurde nach 1530 eine evangelische Schule eingerichtet[125], Luthers Anregungen entsprechend.[126]

Graf Anton I. von Oldenburg stellte den Klosterbesitz von Blankenburg bei Oldenburg 1529 seinem Bruder Christoph zur Verfügung. Der Konvent sollte nach Aufnahmeverbot aussterben. Noch 1557 ist die letzte Priorin Alheit von Sutholte, bezeugt. Ab 1557 war das Klostergut gräfliches Vorwerk. Aber 1566 lebten immer noch fünf alte Dominikanerinnen schlecht und recht in Blankenburg.[127] Graf Anton Günther verwandte 1632 die freigewordenen Klosterbesitzung zur Errichtung des Armen- und Waisenhauses Blankenburg.

1531 wurde das Dominikanerinnenkloster Dykhusen von Balthasar von Esens verbrannt. Die Nonnen zogen nach Appingen. Zunächst wurden ihnen die Einkünfte

---

124 SPRINGER 1999, S. 339 Anm. 23.
125 SPRINGER 1999, S. 349.
126 WA 12,15.
127 ECKHARDT/SCHMIDT 1987, S. 166.

der Klostergüter belassen. Aber bald verfiel der Klosterbesitz den Domänen. Von diesem Kloster ist bei Visquard ein Gebäude überkommen.

Der Lesemeister der Hildesheimer Dominikaner wurde schon 1529 im Anschluss an eine Predigt im Dom von drei Lutheranern zur Rede gestellt.[128] Der Hildesheimer Konvent erhielt Zuzug von vertriebenen Dominikanern aus Halle. 1540 konnte in Hildesheim noch ein Kapitel der Provinz Saxonia durchgeführt werden, an dem aber nur Vertreter von fünf Konventen teilnahmen. Aber mit dem Sieg der Reformation in Hildesheim, 1542, kamen unruhige Zeiten für die Söhne des Heiligen Dominikus.[129] Der Rat machte die Ordenskirche[130] zur Pfarrkirche für den Stadtteil Brühl. Im Kloster wohnte nun in etlichen Räumen der erste lutherische Pastor, Kornelius Völker aus Sarstedt. In anderen Räumen betrieb Henning Rüden aus Wolfenbüttel eine Druckerei.[131] 1543 predigte der evangelische Pauli-Pastor bereits in der benachbarten Klosterkirche St. Godehardi, während der Noch-Dominikaner Lehnhoff die deutschen Gemeindelieder auf der Orgel begleitete.[132] Am 14. April 1544 übergaben sechs zum evangelischen Glauben übergetretene[133] »Geistliche Herren« und zwei Laienbrüder aus dem Dominikanerorden Kleinodien im Wert von 1000 Pfund Neuen Pfennigen dem Rat gegen Gewährung von je fünf Pfund lebenslanger Rente mit der Maßgabe, dass eine durch Todesfall erledigte Rente sofort auf den »gemeinen Kasten« übergehen sollte. 1547 begann unter Mitwirkung des Rates der langsame Ausverkauf der sonstigen klösterlichen Vermögenswerte.[134] Am 3. Mai 1547 ließ Prior Lehnhoff das Haus des Klosters in Bockenem verkaufen.[135] Michaelis 1547 rechtfertigten die früheren Ordensleute ihren Übergang zur evangelischen Glaubensweise. Die letzte Urkunde des Priors Lehnhoff, eine Quittung über den Empfang von 8,5 Gulden, datiert vom 28.10.1552.[136] Am 26.4.1556 überließen Prior Lehnhoff, der Senior Sweyme, der Kustos Grote und der Subprior Kuntze Kirche und Kloster mit allem Zubehör dem Rat unter Vorbehalt je eines Wohnraums bis zu ihrem Tode.[137] Der Prior Tilemann Lehnhoff heiratete schließlich. Er wohnte dann mit Frau und Kindern im vorderen Brühl in dem ursprünglich klostereigenen Haus, das 1559 eine Lehnhoff-Inschrift bekam, die noch im frühen 20. Jahrhundert vorhanden war.[138] Am 22. November 1562 verkaufte die Stadt das ehemalige Kloster an »etzliche vom Adel«.[139] Einige ehemalige Hildesheimer Dominikaner begegnen später als lutherische Prediger, so Johannes Bödeker 1568 in Feldbergen und Heinrich Tielen um 1565

---

128 MÜLLER 1994 S. 112.
129 DOEBNER 1900, S. 316–318.
130 LEHNHOFF 1989, S. 156 u. 163.
131 SPRINGER 1999, S. 354.
132 LEHNHOFF 1989, S. 164.
133 DOEBNER 1901, Nr. 272.
134 LEHNHOFF 1989, S. 164.
135 LEHNHOFF 1989, S. 187.
136 Stadtarchiv Hildesheim 91 Nr. 471 Kloster St. Pauli 16.
137 LEHNHOFF 1989, S. 187.
138 ZELLER 1912, S. 336.
139 LEHNHOFF 1989, S. 167.

in Garmissen.[140] Als 1632 der Katholizismus in Hildesheim vorübergehend wieder die Oberhand gewann, kam das Ordenshaus für kurze Zeit wieder in den Besitz des Ordens, blieb dann aber dem Predigerorden für immer verloren.[141]

In den Stürmen der Reformationszeit hielt sich das Dominikanerinnenkloster Oestringfelde wacker. Noch nach der Mitte des 16. Jahrhunderts hatte das Ordenshaus elf Chorschwestern und neun Laienschwestern.[142]

In der imposanten, durchgehend evangelisch-theologisch bestimmten Ausmalung der Celler Schlosskapelle aus den Sechziger Jahren des Reformationsjahrhunderts erscheint ein Dominikaner als Teufel, wobei der Auftraggeber, Herzog Wilhelm der Jüngere, wohl zunächst an den bekannten Ablassprediger Tetzel gedacht hatte.

Das Fortbestehen des Dominikanerklosters Osnabrück

Eine günstigere Sonderentwicklung konnte das Dominikanerkloster Osnabrück nehmen, den dortigen, besonderen Verhältnissen entsprechend. Bischof Franz von Waldeck berief 1542 Hermann Bonus, um die Reformation einzuführen. Der Fürstbischof überließ in diesem Jahr das Dominikanerkloster dem lutherisch gewordenen Stadtrat.[143] Dieser holte alle Silbergeräte heraus, besonders eine Monstranz. Aber die Predigermönche wichen nicht. Fünf Jahre lang waren die Dominikaner im Kloster regelrecht eingeschlossen. Mitleidige Seelen warfen Essbares über die Klostermauer. Auch die Benediktinerinnen von Gertrudenberg und die Zisterzienserinnen von Rulle schickten dem bedrängten Konvent heimlich Lebensmittel.

Nach dem Interim[144] konnten die Predigermönche wieder öffentlich Gottesdienst halten. Selbst ein Teil des 1543 beschlagnahmten Archivs kam an die Söhne des Heiligen Dominikus zurück. 1583 fand in Osnabrück sogar ein Kapitel der Dominikaner-Provinz Saxonia statt, das bestimmte, die Pfarrseelsorge aufzugeben.[145] 1607 waren noch vier oder fünf Mönche im Konvent.[146] 1613 wurden Kloster und Kirche bei einem Stadtbrand verheert. Aber die Ordensleute bauten das Kloster wieder auf. Auf dem Provinzialkapitel 1619 erscheint Osnabrück im Rahmen der Ordenshäuser der Natio Saxonia inferioris et trajectus Rheni zwischen den westfälischen Ordenshäusern Marienheide und Soest.[147] Im Dreißigjährigen Krieg litt das Ordenshaus besonders während der schwedischen Besetzung. Es wurde vielfältig drangsaliert. Der Pöbel verrichtete seine Notdurft in der Ordenskirche. Aber der Prior Servatius machte Eindruck auf Gustav Gustavson, den Grafen von Wasaburg, einen natürlichen Sohn des gefallenen Schwedenkönigs. Bald wurde dieser gutmütige Polterer sogar Gönner des

---

140 LEHNHOFF 1989, S. 168.
141 LEHNHOFF 1989, S. 190.
142 SCHÄFER 1907, S. 172.
143 JÁSZAI 1982/83, S. 127.
144 SPRINGER 1999, S. 304.
145 SPRINGER 1999, S. 328.
146 SPRINGER 1999, S. 316.
147 SPRINGER 1999, S. 369.

Klosters, sandte täglich Verpflegung und spendete für die nötige Wiederherstellung des Klosterdaches. Als Osnabrück 1643 mit großem Glanz die Hundert-Jahrfeier der Einführung der Reformation feierte, wurden die armen Dominikaner beschuldigt, im Kloster Waffen zu horten. Der Prior wurde fünf Stunden verhört. Das Kloster wurde durchsucht. Aber gefunden wurde nichts. Ein abgefallener Dominikaner hatte gehetzt...

Nach 1648 profitierten die Osnabrücker Dominikaner ein wenig von der alternierenden Besetzung des Bischofsstuhls. 1667 drangen Mitglieder der Schuhmachergilde in das Ordenshaus ein und eigneten sich den dortigen Ledervorrat an. Dagegen protestierten die Ordensleute mit Erfolg. 1667 wurde ein neues Priorat errichtet.[148] 1686 wurden Kloster und Kirche neu eingedeckt. 1705 errichtete Prior Windthorst[149] ein Bibliotheksgebäude. Im gleichen Jahr verfasste P. Friedrich Steill ein Lebensbild des 2. Ordensgenerals, Jordanus, den er freilich ohne Anhalt in der ältesten Überlieferung als aus dem Stift Osnabrück gebürtig feiert.[150] Immerhin war Jordanus Niedersachse. Auch sonst waren die Osnabrücker Dominikaner der Barockzeit historisch interessiert, wie ein Historienbuch des 17. Jahrhunderts zeigt. 1716 musste das Ordenshaus eine vierwöchige Blockade durchmachen, nachdem die mitleidigen Dominikaner einem Duellanten Asyl gewährt hatten.[151] 1717/18 wurde ein neuer Hochaltar[152] aufgestellt, der erst im 2. Weltkrieg zugrunde ging. 1738 wurde der zweistöckige Nordflügel erbaut.[153] Die Kosten waren durch eine Kollekte in allen fünf Bistümern des Fürstbischofs Clemens August aufgebracht worden. Für kranke Ordensbrüder wurden zwei Pavillons errichtet.[154] Durch Übernahme von Gottesdiensten in der Umgebung verwurzelte das Kloster (wieder) stärker der Region. Im späteren 18. Jahrhundert besaß der Osnabrücker Konvent sogar ein philosophisch-theologisches Studium, das nicht nur Söhnen des Hl. Dominikus zugänglich war.[155] Die Absolvierung des philosophischen Kurses berechtigte zum Weiterstudieren an der Universität.

Nach dem Reichsdeputationshauptschluss 1803 wurde die Aufnahme von Novizen verboten. Und als 1811 Osnabrück zum Kaiserreich Frankreich geschlagen worden war, wurde das Kloster für militärische Zwecke missbraucht. 1819 wurde das Kloster Kaserne. Die Religiosen des aufgehobenen Ordenshauses durften aber weiter in klösterlichen Räumen wohnen und erhielten kleine Pensionen.

---

148 Kramer 1997, S. 8.
149 Kramer 1997, S. 9.
150 Beckschäfer 1913, S. 4.
151 Jászai 1982/83, S. 130.
152 Kramer 1997, S. 12f.
153 Kramer 1997, S. 9.
154 Kramer 1997, S. 8.
155 Jászai 1982/83, S. 128.

Die Dominikaner in Gronau

Auf dem Dominikaner-Ordenskapitel 1675 in Würzburg wurde eine Kommission ernannt, die sich um die Wiedergewinnung des Hildesheimer Ordenshauses kümmern sollte.[156] Im evangelischen Hildesheim war zwar nichts zu erreichen, aber in Gronau, wo die Dominikaner schon im Mittelalter ein Terminierhaus besessen hatten, konnte der aus Osnabrück stammende P. Franz Krukenkamp 1680 das alte Terminierhaus in der Burgstraße von den Propst des Kloster Escherde für sechshundert Reichstaler zurückkaufen.[157] Hier richtete Krukenkamp eine Ordensniederlassung mit Kapelle ein. Am 8. Dezember 1680 beglückwünschte ihn der Ordensgeneral in Rom zu der neuen Niederlassung und bestellte ihn zum ersten Vikar. Er erlaubte ihm, alle einst dem Hildesheimer Konvent zukommenden Einkünfte zu beanspruchen.[158] 1703 fiel das Gebäude der Gronauer Brandkatastrophe zum Opfer. Aber die Dominikaner arbeiteten weiter in Gronau. Seit 1706 wirkten Gronauer Dominikaner als Seelsorger auf dem Wohldenberg, auf dem sie eine Rosenkranzbruderschaft begründeten. Auch im nahe gelegenen Dorf Henneckenrode versahen sie die Seelsorge.[159] Auch in Mehle und Poppenburg wurden sie tätig. 1720 waren der Wiederaufbau des Ordenshauses und der Neubau einer Klosterkirche vollendet. Auf dem Generalkapitel zu Bologna im Jahre 1725 wurde das Vikariat Gronau zum Priorat erhoben. Bald hatte das Ordenshaus zwölf Religiosen. So wurde 1748 das Kloster als voller Konvent bestätigt. 1754 hatte das Kloster bereits zwanzig Religiosen[160] und verstand sich als Missionsstation. Der Konvent half den Zisterziensern in Marienrode, indem er Lektoren für Kirchenrecht und Kirchengeschichte stellte.[161] Am Dom in Hildesheim wirkten Gronauer Dominikaner viele Jahre hindurch als außerordentliche Beichtväter.[162] Selbst in Göttingen wurden im Blick auf die Universität Gronauer Ordensleute tätig.[163] Die Propaganda-Kongregation in Rom unterstützte dieses Wirken mit einhundert Scudi jährlich. Sogar als preußische Militärseelsorger machten sich die Gronauer Dominikaner verdient.[164] Etwa ein Drittel der mehr oder weniger freiwilligen Soldaten des Militärstaates waren ja Katholiken. Der Prior Augustin Ülsmann war 1778 bis 1809 zugleich Pfarrer in Gronau.

Auf Grund des Reichsdeputationshauptschlusses von 1803 wurde das Kloster 1812 aufgehoben. 1813 wurde der klösterliche Barbesitz in Höhe von 775 Talern beschlagnahmt. Der Grundbesitz aber kam an den Klosterfonds, den die Kloster-

---

156 ENGFER 1957, S. 30.
157 LEHNHOFF 1989, S. 190.
158 LEHNHOFF 1989, S. 191.
159 Bistum Hildesheim (Hg.): Sei gegrüßt du unsere Hoffnung. Ein Hildesheimer Marienbuch, Hildesheim 1982, S. 47.
160 ENGFER 1957, S. 39.
161 ENGFER 1957, S. 54.
162 LEHNHOFF 1989, S. 192.
163 ENGFER 1957, S. 53.
164 ENGFER 1957, S. 54 ff

kammer verwaltet. Noch heute ist so die Klosterkammer für die Erhaltung der Gebäude der katholischen Kirchengemeinde Gronau zuständig. 1815 bis 1831 wirkte der Dominikaner Franz Jakobi als erster Weltgeistlicher in Gronau. Der letzte Prior, Aloisius Pütt (1808ff.), der nach Warburg ausgewichen war, amtierte von 1819 bis 1825 als Pfarrer in Germete in Westfalen und dann in Kalenberg / Westfalen. Die Gebäude des aufgehobenen Klosters Gronau dienen heute als katholische Pfarrkirche, Schule und Savigny-Stift (Altersheim).

Dominikaner in Niedersachsen im 20. Jahrhundert

1902 ließen sich Dominikaner in Vechta[165] nieder und errichteten das St. Joseph-Konvikt. Ein großzügiger Neubau konnte 1912 eingeweiht werden. Das Volk kennt das Kloster am Waldrand einzig als »Paterkasten«. Der Albertus Magnus-Verlag publizierte dominikanische Literatur. 1935 wurden im Rahmen der NS-Prozesse gegen Ordensleute drei Patres von einem NS-hörigen Gericht zu zwei Jahren Gefängnis verurteilt. Anfang 1936 erfolgte in einem Berufungsverfahren der Freispruch. Ende 1939 wurde das St. Josephs-Kolleg aufgelöst. 1947 wurde das Kolleg unter dem neuen Titel St. Thomas-Kolleg wiedereröffnet, ein humanistisches Gymnasium, das 1970/71 zu einem neusprachlichen Gymnasium wurde.[166]

Die Dominikaner in Vechta hüten das Grab eines Glaubenszeugen[167] aus der Verfolgung durch das NS-Regime, P. Titus Horten.[168] Horten (1882–1936) war u.a. Prior des Klosters Vechta und Generalprokurator der Rosenkranz-Mission in China. Sechs Tage nach seinem Tod wurde er von der Anklage des »Devisenvergehens« freigesprochen.

P. Dr. Oswald Rohling (1908–74) war 1927 in Venlo in den Dominikanerorden eingetreten. 1934 promovierte er in Köln mit einer Arbeit »Beiträge zur Stratigraphie und Tektonik des Tertiärs in Südoldenburg«, Bonn 1941. Nach dem 2. Weltkrieg kam er nach Vechta, wo er an der neu errichteten Pädagogischen Hochschule Dozent für Biologie wurde. 1962 wurde er zum Professor ernannt. 1961–63 war er Direktor der Pädagogischen Hochschule Vechta. In der Folgezeit kümmerte er sich als Rektor um den Ausbau der Hochschule[169] bezeichnend für sein Wirken war das Thema seines Festvortrags auf der Hauptversammlung der Oldenburg-Stiftung in Vechta 1967 »Heimat zwischen gestern und morgen« mit den Schlussworten: »Wir alle stehen hier wahrlich zutiefst in der gewaltigen Spannung zwischen Auftrag und Wagnis der Heimat. Es bleibt uns keine Wahl: Wir müssen um unseres Menschseins willen, das nach heimatlicher Kraft und Geborgenheit ruft und in der Heimatatmosphäre zur Ruhe kommt, diese Spannung tragen, durchstehen und meistern.« Auf Exkursionen

---

165 Dominikanerkonvent Maria de victoria 2002.
166 ECKERT 1992, S. 217–242.
167 WILMS 1947.
168 THURMAIR 1960, S. 230.
169 KRAMER 1975, S. 245–247.

mit Studierenden und Heimatfreunden mühte er sich, »das Heute der Landschaft aus dem Gestern zu verstehen, die Dörfer und Höfe und ihre Menschen zu erleben und die Kultstätten vergangener Jahrhunderte und Jahrtausende zu besuchen.«[170]

1950 fragte der Braunschweiger katholische Propst, offenbar in Erinnerung an das mittelalterliche Wirken der Predigermönche in Braunschweig, beim Dominikanerorden an, ob dieser im Blick auf die etwa 18 000 aus dem Osten vertriebenen Katholiken, die in Braunschweig eine neue Heimat gefunden hatten, Ordensmitglieder nach Braunschweig senden könne. Sie kamen und gründeten 1951 eine Niederlassung auf der Jasperallee. Sie predigten zunächst in der Spätmesse in St. Aegidien bis sie ab 1957 in der Kirche des St. Albertus Magnus-Klosters, Brucknerstraße 6, ihren eigenen Gottesdienst halten konnten. 1966 wurde die Niederlassung zum Priorat erhoben. In P. Silvester Beckers hatte das junge Ordenshaus durch Jahrzehnte einen lebensnahen Prediger.[171] Die Söhne des Heiligen Dominikus haben in Niedersachsen jahrhundertelang erfolgreich gewirkt.

---

170 ROHLING 1950. – ROHLING 1965. – ROHLING 1972. – ROHLING o.J.
171 BECKERS 1995.

Anhang

Quellen und Literatur

ACQUOY 1876: Johannes Gerhards Rijk Acquoy: Het klooster te Windesheim en zijn invloed, Bd. 2, Utrecht 1876.

AFFELDT 1990: Werner Affeldt (Hg.): Frauen in Spätantike und Frühmittelalter, Sigmaringen 1990.

ALAND 1953: Kurt Aland: Kirchengeschichte in Lebensbildern I, Berlin 1953.

ALBERTUS/ HULSHOFF 1958: W.J. Albertus; A.L. Hulshoff: Het Frensweger Handschrift, Groningen 1958.

ALTANER 1907: Berthold Altaner (Hg.): Epistulae (= Quellen und Forschungen zur Geschichte des Dominikanerordens XX), Leipzig/Vechta 1907.

ALTHOFF 1978: Gerd Althoff: Das Necrolog von Borghorst. Edition und Untersuchung (= Westfälische Gedenkbücher und Nekrologe 1; = Veröffentlichungen der Historischen Kommission für Westfalen XL), Münster 1978.

ANDRÉ 1981: Gustav André: Stift Fischbeck (= Große Baudenkmäler, Heft 211), München/Berlin ^{4}1981.

Annales Stederburgenses MGSS 16, S. 197–231.

APPUHN 1963: Horst Appuhn: Meisterwerke der Niedersächsischen Kunst des Mittelalters, 1963, Tafel 51.

Arbeitskreis Wasserwirtschaft der Zisterzienser 2006: Arbeitskreis Wasserwirtschaft der Zisterzienser: Die Wasserbaukunst im Kloster Loccum (= Studien zur Geschichte, Kunst und Kultur der Zisterzienser 25), Berlin 2006.

Archiv der deutschen Dominikaner 1937–51: Archiv der deutschen Dominikaner, 4 Bde., Köln 1937–51.

ARNDT/TANGL 1898: Wilhelm Arndt; Michael Tangl: Schrifttafeln zur Erlernung der lateinischen Palaeographie, Berlin ^{3}1898.

ARNSWALDT 1928: Werner Konstantin von Arnswaldt: Stift Fischbeck an der Weser (= Norddeutsche Kunstbücher Bd. 13), hg. von E. Precht, 1928.

ARNSWALDT 1978: Christian von Arnswaldt: Fischbeck. Ein freies Stift von Gottes Gnaden (= Deutsches Adelsblatt, 17. Jg.), 1978, Nr. 3, S. 53–55.

ARON 1930: Marguerite Aron: Jourdain de Saxe, Un animateur de la jeunesse au XIIIe siècle. Vie, voyages du Jourdain de Saxe, maitre des-arts à Paris et Général des Frères Prêcheurs de 1222 à 1237, Desclée 1930.

BARDEHLE 1990: Peter Bardehle: Güterverzeichnis des Klosters Wittenburg von 1462/78 (= Quellen und Untersuchungen zur Geschichte Niedersachsens im Mittelalter 13), Hildesheim 1990.

BAUERREISS 1931: Romuald Bauerreiss: Pie Jesu. Das Schmerzensmann-Bild und sein Einfluss auf die mittelalterliche Frömmigkeit, 1931.

BAUMANN 1987: Walter Baumann: Kirchenherrschaft in Klosterhand im südlichen Niedersachsen. Die Kirchen des Klosters Walkenried (= Niedersächsisches Jahrbuch für Landesgeschichte 59), 1987.

BAUTZ 1992: Traugott Bautz (Hg.): Biographisch-Bibliographisches Kirchenlexikon Bd. III, Osterode 1992.

BAUTZ 1996: Traugott Bautz (Hg.): Biographisch-Bibliographisches Kirchenlexikon, Bd. XI, Osterode 1996.

BECKERS 1995: Silvester Beckers: Glauben kurz vor dem Ende des Jahrtausends, Braunschweiger Kanzelreden, Braunschweig 1995.

BECKSCHÄFER 1913: B. Beckschäfer: Geschichte des Dominikanerklosters zum hl. Kreuz in Osnabrück (= Mitteilungen des Vereins für Geschichte und Landeskunde von Osnabrück 37, 1912), Osnabrück 1913, S. 1–107 (annehmbare Klostergeschichte ohne ständige Berücksichtigung der Gesamt-Ordensgeschichte, wertvoll wegen Benutzung von heute nicht mehr vorhandenen Quellen).

BEI DER WIEDEN 1993: Brage Bei der Wieden: Außenwelt und Anschauungen Ludolf von Münchhausens (1570–1640) (= Veröffentlichungen der Historischen Kommission für Niedersachsen und Bremen XXXII, Bd. 5), Hannover 1993.

BEI DER WIEDEN 1994: Helge Bei der Wieden: Ein Norddeutscher Renaissancefürst. Ernst zu Holstein-Schaumburg 1569–1622 (= Kulturlandschaft Schaumburg 1), Bielefeld 1994.

BERGHAUS 1958: Peter Berghaus: Die ostfriesischen Münzfunde, in: Der Friesenrat (Hg.): Friesisches Jahrbuch 1958.

BILLIG 1982: W. Billig: Die Stiftskirche zu Steterburg, 1982.

BINDING/UNTERMANN 1985: Günther Binding; Matthias Untermann: Kleine Kunstgeschichte der mittelalterlichen Ordensbaukunst in Deutschland, Darmstadt 1985.

Bistum Hildesheim 1982: Bistum Hildesheim (Hg.): Sei gegrüßt, Du unsere Hoffnung. Ein Hildesheimer Marienbuch, Hildesheim 1982.

BODARWÉ 2004: Katrinette Bodarwé: Sanctimoniales litteratae. Schriftlichkeit und Bildung in den ottonischen Frauenkommunitäten, Gandersheim, Essen und Quedlinburg. Quellen und Studien. Veröffentlichungen des Instituts für kirchengeschichtliche Forschung des Bistums Essen, Bd. 10, Münster 2004.

BODEMANN 1867: Eduard Bodemann: Die Handschriften der Königlichen öffentlichen Bibliothek zu Hannover, Hannover 1867.

BODEMANN 1892: Eduard Bodemann: Zur Geschichte des Klosters Wülfinghausen, in: Zeitschrift des historischen Vereins für Niedersachsen, 1892, S. 251–341 (einzig Materialsammlung, viel Dreißigjähriger Krieg).

BOECK/GOMOLKA 2000: Urs Boeck; Joachim Gomolka: Wann entstand Kloster Loccums Kirche? Archivalien, Bauanalysen und die Dendrochronologie (= Berichte zur Denkmalpflege in Niedersachsen 2), 2000.

BÖHMER 1968: Johann Friedrich Böhmer: Fontes Rerum Germanicarum IV, Henricus de Diessenhofen und andere Geschichtsquellen Deutschlands im späteren Mittelalter, Stuttgart 1968.

BOETTICHER 2001: Manfred von Boetticher (Hg.): Urkundenbuch des Stifts Hilwartshausen (= Veröffentl. der Historischen Kommission für Niedersachsen und Bremen Bd. 208), Hannover 2001.

BOETTICHER/FESCHE 2002: Annette von Boetticher; Klaus Fesche: Die Urkunden des Neustädter Landes I, Bielefeld 2002.

BONK 1955: A. Bonk (Hg.): Urkundenbuch des Klosters Barsinghausen (= Veröffentlichungen der Historischen Kommission für Niedersachsen und Bremen XXXV, Bd. 21), Hannover 1996.

BOHMBACH 1981: Jürgen Bohmbach (Hg.): UB der Stadt Stade, Hildesheim/Stade 1981.

BORCHERS 1955: G. Borchers: Die Kirche des Augustinerchorherrenstiftes Riechenberg bei Goslar. Grabungen und Untersuchungen 1951/52 (= Beiträge zur Geschichte der Stadt Goslar 15), Goslar 1955.

BORCHERS 1973: Walter Borchers: Von der alten Ausstattung der Dominikanerkirche in Osnabrück, in: Osnabrücker Mitteilungen, Bd. 80, 1973.

BOSL o.J.: Karl Bosl u.a.: Biographisches Wörterbuch zur Deutschen Geschichte, 2. Aufl., Bd. II.

BRANDIS/RUPSTEIN 1838: Brandis; Rupstein (Hg.): Vierteljährliche Nachrichten von Kirchen- und Schulsachen 1838, Hannover 1838.

BRANDT 2001: Michael Brandt (Hg.): Abglanz des Himmels. Romanik in Hildesheim. Katalog zur Ausstellung des Dom-Museums, Hildesheim/Regensburg 2001.

BRAUCH 1976: Albert Brauch: Die calenbergischen Klöster 1634–1714, Hildesheim 1976.

BRAUN 1922: Jos. Braun: Meisterwerke der deutschen Goldschmiedekunst der vorgotischen Zeit I, München 1922, Tafel 50.

BRENNEKE 1929: Adolf Brenneke: Vor- und nachreformatorische Klosterherrschaft I, 1928; II, 1929.

BRENNEKE/BRAUCH 1956: Adolf Brenneke und Albert Brauch: Die Calenbergischen Klöster unter Wolfenbütteler Herrschaft, 1956.

BRINGER 1977: Stefan Bringer: Das Augustiner-Chorherrenstift St. Maria in Riechenberg. Seine Geschichte zwischen Restitution und Säkularisation und die Seelsorgstätigkeit seiner Chorherren, in: Die Diözese Hildesheim in Vergangenheit und Gegenwart 67, 1977, S. 111–173.

BROSIUS 1973: Dieter Brosius: Das Stift Fischbeck und die Landesherrschaft 1559–1640 (= Schaumburg-Lippische Heimatblätter 24), 1973, Nr. 7.

BRÜHL 1971: C. BRÜHL: Capitulare de Villis. Codex Guelf. 254 Helmstadensis der Herzog August Bibliothek, Wolfenbüttel 1971.

BUBERL 1940: P. Buberl: Die Kunstdenkmäler des Zisterzienserklosters Zwettl (= Ostmärkische Kunsttopographie Bd. 29), Baden bei Wien 1940.

BÜHRING 1975: Joachim Bühring u.a.: Die Kunstdenkmäler des Landkreises Hameln – Pyrmont. Textband, Hannover 1975; dazu Bildband Hannover 1975.

BUNSELMEYER 1983: Silvia Bunselmeyer: Das Stift Steterburg im Mittelalter, 1983.

BUSCH 1964: Friedrich Busch: Schaumburgische Bibliographie, Nr. 3341–3415 (= Veröffentlichungen der Historischen Kommission für Niedersachsen XXXI), Hildesheim 1964.

CAMPENHAUSEN 1999: Axel Freiherr von Campenhausen: Der Allgemeine Hannoversche Klosterfonds und die Klosterkammer Hannover, Hannover 1999.

CANIVEZ 1934: J.M. Canivez (Hg.): Statuta Capitulorum Generalium Ordinis Cisterciensis, Bd. II, Louvain 1934.

CANIVEZ 1935: J.M. Canivez (Hg.): Statuta Capitulorum Generalium Ordinis Cisterciensis, Bd. III, Louvain 1935.

CHRISTERN 1963: Elisabeth Christern (Hg.): Johannes von Hildesheim: Die Legende von den Heiligen Drei Königen, München 1963.

CLASEN/KIESOW 1957: Carl-Wilhelm Clasen; Gottfried Kiesow: Kloster Mariensee, Hannover 1957.

CLASEN/KIESOW 1958: Carl-Wilhelm Clasen; Gottfried Kiesow: Die Kunstdenkmale des Kreises Neustadt am Rübenberge, Hannover 1958.

COSANNE 1994: Annette Cosanne: Die Druckschriften der Klosterbibliothek Frenswegen, Wiesbaden 1994.

CREYDT 2007: Detlef Creydt: Luftkrieg im Weserbergland. Eine Chronologie der Ereignisse, Holzminden 2007.

CRUSIUS 2001: Irene Crusius (Hg.): Studien zum Kanonissenstift (= Veröffentlichungen des Max Planck-Instituts für Geschichte 167; = Studien zur Germania Sacra 24), Göttingen 2001.

CUB V: Calenberger Urkundenbuch V.

CUB VII: Calenberger Urkundenbuch VII.

DAMMANN 1852: Adolf Dammann: Geschichtliche Darstellung der Einführung der Reformation in den ehemals Gräflich Schaumburgischen Landen, Hannover 1852.

DANNOWSKI 2003: Hans Werner Dannowski: Klosterfahrten, Hannover 2003 (einfühlsame Schilderung unter besonderer Berücksichtigung der Gegenwart).

DEHIO 1992: Georg Dehio: Handbuch der Deutschen Kunstdenkmäler Bremen-Niedersachsen, bearbeitet von Gerd Weiß u.a., München/Berlin 1992.
Deutsche Stiftung Denkmalschutz 1999: Deutsche Stiftung Denkmalschutz (Hg.): Tag des offenen Denkmals in Niedersachsen, Bonn 1999.
DIECKHOFF 1912: Otto Dieckhoff: Führer durch das Oberwesergebiet, 1912.
DINGELSTEDT 1838: Franz Dingelstedt: Das Weserthal von Münden bis Minden, Kassel 1838.
DINGELSTEDT 1879: Franz Dingelstedt: Münchener Bilderbogen, Berlin 1879.
DOEBNER 1890: Richard Doebner: Urkundenbuch der Stadt Hildesheim Bd. IV, Hildesheim 1890.
DOEBNER 1900: Richard Doebner: Der Dominikanerkonvent zu St. Pauli in Hildesheim bei Einführung der Reformation (= Zeitschrift Historischen Vereins für Niedersachsen), 1900.
DOEBNER 1901: Richard Doebner (Hg.): UB der Stadt Hildesheim 8, 1901.
DOEBNER 1903: Richard Doebner: Annalen und Akten der Brüder des Gemeinsamen Lebens im Lüchtenhofe zu Hildesheim, Hannover/Leipzig 1903, Register Wittenburg.
DOHRN 2003: Vera Dohrn: Christlich-jüdischer Dialog in der Frühen Neuzeit, Hameln 2003.
DOLFEN 1926: Chr. Dolfen (Hg.): Codex Gisle, Berlin 1926.
DOLLE 1992: Josef Dolle (Hg.): Urkundenbuch zur Geschichte der Herren von Boventen, Hannover 1992, Nr. 83.
Dominikanerkonvent Maria de victoria 2002: Dominikanerkonvent Maria de victoria (Hg.): 100 Jahre Dominikaner in Vechta, 1902–2002, Festschrift zum Jubiläumsjahr, Vechta 2002.
DONNDORF 1929: Johannes Donndorf: Das Rosetum des Johannes Mauburnus. Ein Betrag zur Geschichte der Frömmigkeit in den Windesheimer Klöstern (= Jahrbücher der Akademie gemeinnütziger Wissenschaften zu Erfurt), Diss. Halle 1929, 1929.
DRÖMANN 2000: Hans-Christian Drömann (Hg.): Ein Tag in deinen Vorhöfen, Langenhagen 2000.
DRÖMANN/WIESE 1992: Hans-Christian Drömann; Götz Wiese: Psalmen beten, Psalmen sprechen und singen, Hannover 1992.
DUBOIS 1855: Abbé Dubois: Geschichte der Abtei Morimond, Münster 1855, Neudruck 1992.
DUBOIS 1965: J. Dubois: Le martyrologe d' Usuard (= Subsidia Hagiographica 40), 1965.
DUENSING 1999: Marcus René Duensing: Die Chronik der Grafschaft Wölpe und ihrer Grafen, Diepenau 1999.
DÜRING 1929: Ilse von Düring: Kloster Wülfinghausen. Die Geschichte einer Klostergründung, Paderborn 1929.
ECKERT 1992: Willehad P. Eckert: Die Dominikaner in Vechta, in: Stadt Vechta (Hg.): Beiträge zur Geschichte der Stadt Vechta Bd. III/ 1 Vechta 1992.
ECKHARDT 1967: Wolfgang Eckhardt: Alte Kunst im Weserland, Köln 1967.
ECKHARDT/SCHMIDT 1987: Albrecht Eckhardt; Heinrich Schmidt: Geschichte des Landes Oldenburg, Oldenburg 1987.
EDERBERG 1992: Erik Ederberg: Barsinghausen (= Schneller Kunstführer Nr. 1983), 1992.
EGGELING 1936: E. Eggeling: Chronik von Stadt Oldendorf. Der Homburg und Kloster Amelungsborn, Stadtoldendorf ²1936.
EHRICH/SCHRÖDER 1999: Karin Ehrich; Christiane Schröder: Adlige, Arbeiterinnen und ... Frauenleben in Stadt und Region Hannover vom 17. bis 20. Jahrhundert (= Materialien zur Regionalgeschichte Bd. I), Bielefeld 1999.

EISENKOPF 1975: Paul Eisenkopf: Leibniz und die Einigung der Christenheit. Überlegungen zur Reunion der evangelischen und katholischen Kirche, München/Paderborn/Wien 1975.

ELM 1989: Kaspar Elm (Hg.): Reformbemühungen und Observanzbestrebungen im spätmittelalterlichen Ordenswesen, Berlin 1989.

ELM 1980: Kaspar Elm (Hg.): Ordensstudien I, Beiträge zur Geschichte der Konversen im Mittelalter, Berlin 1980.

ENGEL/JACOB 2006: Evamaria Engel; Frank-Dietrich Jacob: Städtisches Leben im Mittelalter, Köln/Weimar/Wien 2006.

ENGEL/GOETTING/NADOLNY 1961: Engel/Goetting/Nadolny: Niedersachsen und der deutsche Osten, 1961.

ENGEL/LATHWESEN 1967: Franz Engel; Heinrich Lathwesen (Hg.): Urkundenbuch des Klosters Möllenbeck II, Rinteln 1967.

ENGFER 1957: Hermann Engfer: Geschichte der katholischen Pfarrgemeinde und des Dominikanerklosters Gronau (Hann), Hildesheim 1957.

ERDMANN 1995: Wolfgang Erdmann: Zisterzienser-Abtei Doberan. Königstein im Taunus 1995.

ERNST 1909: Conradus Ernst: Incunabula Hildeshemensia I, Hildesheim 1909.

EWIG/PIETSCH 1994: Wolfgang Ewig; Christian Pietsch: Steinerne Zeugen der Vergangenheit. Die Grabmale im Kloster Barsinghausen, Barsinghausen 1994.

EYCK 1948: Erich Eyck: Das persönliche Regiment Wilhelms II., 1948.

FAUST 1979: Faust, Ulrich (Hg.): Die Benediktinerklöster in Niedersachsen, Schleswig-Holstein und Bremen (= Germania Benedictina VI), St. Ottilien 1979, S. 153–162 (mit erschöpfendem Literaturverzeichnis – auch Germania Benedictina XI, 1984, S. 281–297.

FAUST 1984: Ulrich Faust (Bearb.): Die Frauenklöster in Niedersachsen, Schleswig-Holstein und Bremen (= Germania Benedictina IX), St. Ottilien 1984.

FAUST/KRASSNIK 2000: Ulrich Faust; Waltraud Krassnig: Mönchs- und Nonnenklöster in Österreich und Südtirol (= Germania Benedictina III), St. Ottilien 2000.

FAUST/QUARTHAL 1999: Ulrich Faust; Franz Quarthal: Die Reformverbände und Kongregationen der Benediktiner im deutschen Sprachraum (= Germania Benedictina I), St. Ottilien 1999.

FINK 1903: Erich Fink (Hg.): Urkundenbuch des Stiftes und der Stadt Hameln II, Hannover/Leipzig 1903.

FINKE 1888: Heinrich Finke (Hg.): Westfälisches Urkunden-Buch I, Bd. V, 1. Teil, Münster 1888, Nr. 213.

FINKE 1891: H. Finke: Ungedruckte Dominikanerbriefe des 13. Jahrhunderts, Paderborn 1891.

FLUG 1990: Flug, Brigitte: Urkundenbuch des Klosters Wittenburg, Hildesheim 1990.

FORMANN 2006: Inken Formann: Vom Gartenland so den Conventualinnen gehört, München 2006.

FRANKE 1981: H.M. Franke: Der Liber Ordinarius der Windesheimer Kongregation, Leverkusen/Opladen 1981.

FRECKMANN 2006: Anja Freckmann: Die Bibliothek des Klosters Bursfelde im Spätmittelalter, Göttingen 2006.

Freundesbriefe des Gethsemaneklosters 1992ff.

FRÜNDT/HELMS 1987: Edith Fründt; Thomas Helms: Das Kloster Doberan, Berlin 1987.

FÜRSTENBERG 1995: Michael Freiherr von Fürstenberg: »Ordinaria loci« oder »Monstrum Westphaliae?« (= Studien und Quellen zur westfälischen Geschichte, Bd. 29), Paderborn 1995.

FULD 1999: Werner Fuld: Das Lexikon der Fälschungen, Frankfurt a.M. 1999, S. 205f., mit weiteren Literaturangaben.

GADE 1901: H. Gade: Hist. Geogr. statist. Beschreibung der Grafschaften Hoya und Diepholz I, Nienburg 1901.

GARBE 1965: Fritz Garbe: Kirchengemeinde und Kloster Wennigsen im Wandel der Zeiten, Hildesheim 1965.

GEISBAUER 2002: Georg Geisbauer: Kloster Kamp, Kamp-Lintfort 2002.

Gemeinde Stuhr 1982: Gemeinde Stuhr (Hg.): Heiligenrode. Festschrift zur 800-Jahr-Feier, 1982.

GESCHWINDE 1999: M. Geschwinde:...hat vormals ein gewaltiges Schloss gelegen... Die Entdeckung der frühmittelalterlichen Steterburg, in: Archäologie in Niedersachsen 2, 1999, S. 75–78.

Gesta Praepositorum Steterburgensis 1875: Gesta Praepositorum Steterburgensis, in: Geschichtsschreiber der Deutschen Vorzeit, übersetzt von E. Winkelmann, 2. Aufl. überarbeitet von W. Wattenbach, Bd. 62/12. Jahrhundert, Bd. 14 (= MGH SS XXV, S. 719ff.), Leipzig 1895.

GÖBEL 1934: Heinrich Göbel: Wandteppiche III, Bd. 2, 1934, S. 27f., Tafel 30.

GÖHMANN 1982: Herbert W. Göhmann: Kloster Amelungsborn. 850 Jahre St. Marien auf dem Odfeld, Holzminden 1982.

GOETTING 1947: Hans Goetting: Das Privileg Hadrians IV. für Fischbeck als Spezialfall der Papstdiplomatik und die Frage der Exemtion des Stiftes (= Niedersächsisches Jahrbuch für Landesgeschichte 20), 1947, S. 11–46.

GOETTING 1952: Hans Goetting: Zur Echtheitsfrage des Privilegs Hadrians IV. für Fischbeck und seine Sepulturformel (= Deutsches Archiv für Erforschung des Mittelalters 9), 1952, Heft 1, S. 183–188.

GOETTING 1980: Hans Goetting: Gründung und Anfänge des Reichsstifts Hilwartshausen an der Weser (= Niedersächsisches Jahrbuch für Landesgeschichte 52), Hildesheim 1980.

GORNIK 1979: Herbert A. Gornik: Anders leben. Christliche Gruppen in Selbstdarstellungen, Gütersloh 1979.

GRAEFE 1994: Christa Graefe (Hg.): Klosterkammertag 1993 im Kloster Barsinghausen, 1994.

GRAEFE/HAMANN 1994: Christa Graefe; Manfred Hamann: Mariensee, Germania Benedictina XII, St. Ottilien 1994, S. 438–462.

GREMELS 2005: Georg Gremels (Hg.): Unterwegs zur Mitte. Olav Hanssen – Bausteine zu einer Biographie, Marburg/Lahn 2005.

GRITZNER 1893: Maximilian Gritzner: Handbuch der Damenstifter, 1893.

GROTE/PLOEG 2001: Rolf-Jürgen Grote; Kees van der Ploeg: Wandmalerei in Niedersachsen, Bremen und im Groningerland, Katalogband, Hannover 2001.

GROTJAHN 2005: Karl Heinz Grotjahn: Streit mit dem Dritten. Die Prozesse der Kirchengemeinde Mariensee mit der Klosterkammer Hannover um die Kirchenkasse (1878–1937), in: Jahrbuch der Gesellschaft für niedersächsische Kirchengeschichte, 103. Band, 2005, S. 173–229.

GRUBE 1881: Karl Grube: Johannes Busch, Augustinerpropst zu Hildesheim, Freiburg i.Br. 1881, Register Wittenburg.

GRUBE 1882: Karl Grube: Beiträge zu dem Leben und den Schriften des D. Engelhus (= Historisches Jahrbuch 3), 1882, S. 49–66.

GRUBE 1886: Karl Grube (Hg.): Des Augustinerpropstes Johannes Busch Chronicon Windeshemense und Liber de reformatione monasteriorum (= Geschichtsquellen der Provinz Sachsen 19), Halle 1886.

GRUNDMANN 1959: Herbert Grundmann: Der Cappenberger Barbarossakopf und die Anfänge des Stiftes Cappenberg, Münstersche Forschungen 12, Köln/Graz 1959.

GRUNWALD 1999: Lutz Grunwald: Anmerkungen zur Steterburg bei Salzgitter-Thiede. Die historischen, geographischen und archäologischen Grundlagen nach den Ausgrabungen des Jahres 1998, in: Hans-Wilhelm Heine (Hg.): Nachrichten aus Niedersachsens Urgeschichte Bd. 68, Stuttgart 1999, S. 89–104.

HAAS 1997: Walter Haas: Romanische Westbauten im Rhein-Maas-Gebiet und in Niedersachsen (= Romanik in Nieder-Sachsen; = Quellen und Forschungen zur Braunschweigischen Landesgeschichte 33), Braunschweig 1997.

HABICHT 1917: Victor Curt Habicht: Die mittelalterliche Plastik Hildesheims (= Studien zur deutschen Kunstgeschichte, 195. Heft), Straßburg 1917.

HABICHT 1930: Victor Curt Habicht: Der Niedersächsische Kunstkreis, Hannover 1930.

HÄRTEL 1982: Helmar Härtel: Die Handschriften der Niedersächsischen Landesbibliothek II, Wiesbaden 1982, S. 68f.

HÄRTEL 1987/88: Helmar Härtel: Zum Nachweis der Bibel in niedersächsischen Klöstern, in: Heimo REINITZER (Hg.): Deutsche Bibelübersetzungen des Mittelalters (= Vestigia Bibliae, Jahrbuch des Deutschen Bibel-Archivs Hamburg Bd. 9/10), 1987/88.

HAGER 2006: Uwe Hager (Bearb.): Urkundenbuch des Klosters Wülfinghausen, Bd. 1., 1236–1400 (= Calenberger Urkundenbuch 11. Abt. Hannover 1990, Bd. 2, 1401–1730), Hannover 2006.

HALDENWANGER 1996: Maria Haldenwanger u.a.: Kostbarkeiten in Bibliotheken Niedersachsen, Hannover 1996.

HAMANN/EDERBERG 1977: Manfred Hamann; Erik Ederberg: Die Calenberger Klöster, 1977.

Handschriften der Niedersächsischen Landesbibliothek Hannover 1982: Die Handschriften der Niedersächsischen Landesbibliothek Hannover (= Mittelalterliche Handschriften in Niedersachsen 6), Wiesbaden 1982.

HARTMANN 1938: Wilhelm Hartmann: Das Karmeliterkloster Marienau, in: Zeitschrift der Gesellschaft für niedersächsische Kirchengeschichte, 43. Jahrgang, 1938.

HAUFF 2001: Martin Hauff: Stiftskirche St. Amandus Bad Urach, Regensburg 2001.

HAUSMANN 1956: Friedrich Hausmann: Reichskanzlei und Hofkapelle unter Heinrich V. und Konrad III., Stuttgart 1956.

HAVERKAMP 1932: Haverkamp, Wilhelm: 750 Jahre Heiligenrode, Brinkum 1932.

HECHT 1983: K. Hecht: Der St. Galler Klosterplan, Sigmaringen 1983.

HEINE 1997: Hans-Wilhelm Heine, in: Nachrichten aus Niedersachsens Urgeschichte, Bd. 65 (2) 1996, Stuttgart 1997.

HEINE 1999: Hans-Wilhelm Heine (Hg.): Nachrichten aus Niedersachsens Urgeschichte, Bd. 68, Stuttgart 1999.

HEINEMANN 1913: Otto von Heinemann (Hg.): Die Handschriften der Herzoglichen Bibliothek zu Wolfenbüttel IV. Die Gudischen Handschriften, Wolfenbüttel 1913; Neudruck 1966.

HEINEMANN 1966: Otto von Heinemann: Die Augusteischen Handschriften 4, Frankfurt a.M. 1966.

HEINEMANN 1888: Otto von Heinemann: Die Handschriften der Herzoglichen Bibliothek zu Wolfenbüttel 1. Abt. Die Helmstedter Handschriften, Bd. 3, Wolfenbüttel 1888.

HEINEN/HENDERSON 1986: Hubert Heinen und Ingeborg Henderson (Hg.): Genres in Medieval German Literature, Göppingen 1986.

HELDMANN 1896: August Heldmann: Das Kloster Möllenbeck, Rinteln 1896.

HELMBOLD 1982: Marie-Luise Helmbold: Geschichte des Stiftes Fischbeck bei der Weser, Göttingen 1982.

HENDRIKMAN 1996: A.J. Hendrikman (Hg.): Windesheim 1395–1995 Kloosters, teksten, invloeden, Voordrachten gehouden tijdens het internationale congres »600 jaar Kapittel van Windesheim 1995 te Zwolle«, 1996.

Hengst 1992: Karl Hengst: Westfälisches Klosterbuch I, 1992.
Hennebo 1987: Dieter Hennebo: Garten des Mittelalters, München 1987.
Hentig 1996: Hartmut von Hentig: Bildung, München 1996.
Hess 1937: Georg Heß: Die Malereien der Stiftskirche Fischbeck (= Heimatblätter, Beilage zur Schaumburger Zeitung, Jahrgang 17), Rinteln 1937, Nr. 39.
Hesse-Frielinghaus/Weitsch 1948: Hertha Hesse-Frielinghaus; Friedrich Weitsch: Bilder des Hildesheimer Landes, Hildesheim 1948.
Heutger 1961: Nicolaus Heutger: Evangelische Konvente in den welfischen Landen und der Grafschaft Schaumburg, Hildesheim 1961.
Heutger 1968: Nicolaus Heutger: Evangelische und Simultane Stifter in Westfalen, Hildesheim 1968.
Heutger 1972: Nicolaus Heutger: Historische Weserstudien, Hildesheim 1972.
Heutger 1975: Nicolaus Heutger: Bursfelde und seine Reformklöster, Hildesheim ^{2}1975.
Heutger 1978: Nicolaus Heutger: Niedersächsische Juden, Hildesheim 1978.
Heutger 1987: Nicolaus Heutger: Das Stift Möllenbeck an der Weser, Hildesheim ^{2}1987.
Heutger 1990: Nicolaus Heutger: Das Evangelische Pfarrhaus in Niedersachsen, Frankfurt a.M./Bern/New York/Paris 1990.
Heutger 1996: Nicolaus Heutger: Niedersächsische Klöster, Hannover 1996.
Heutger 1998: Nicolaus Heutger: Die evangelischen Frauenstifte und -klöster in Niedersachsen, Braunschweig 1998.
Heutger 1999: Nicolaus Heutger: Das Kloster Loccum im Rahmen der zisterziensischen Ordensgeschichte, Hannover 1999, Register Molanus.
Heutger 2000: Nicolaus Heutger: Das Kloster Amelungsborn, Hannover 2000.
Heutger 2007: Nicolaus Heutger: Walkenried, Berlin 2007.
Hiestand 1995: Rudolf Hiestand, Das feierliche Privileg Hadrians IV. für das Kanonissenstift Fischbeck vom 11. Mai 1158. Zugleich ein Beitrag zur Fälschungsproblematik von Papsturkunden aus der Mitte des 12. Jahrhunderts, in: Archiv für Diplomatik 41, 1995.
Hoade 1973: Eugene Hoade: Guide to the Holy Land, Jerusalem ^{7}1973.
Hodenberg 1848: Wilhelm von Hodenberg (Hg.): Hoyer Urkundenbuch V, Archiv des Klosters Heiligenrode, Hannover 1848.
Hodenberg 1855: Wilhelm von Hodenberg (Bearb.): Calenberger Urkundenbuch VIII. Das Archiv des Kloster Wülfinghausen, 1855.
Höing 1995: Hubert Höing (Hg.): Vom Ständestaat zur freiheitlich-demokratischen Republik, in: Schaumburger Studien, Heft 55, Melle 1995.
Hölscher 1961: Uvo Hölscher: Baugeschichtliche Nachprüfungen an der Kirche des Chorherrenstiftes Riechenberg, in: Niederdeutsche Beiträge zur Kunstgeschichte I, 1961, S. 9–22.
Hörger 1926: Karl Hörger: Die reichsrechtliche Stellung der Fürstäbtissinnen (= Archiv für Urkundenforschung, Bd. 9), 1926, S. 195–270.
Hoernes/Röckelein 2006: Martin Hoernes; Hedwig Röckelein: Gandersheim und Essen, Essen 2006.
Hoffman Berman 2000: Constance Hoffman Berman: The Cistercian Evolution. The Invention of a religious Order in Twelth-Century Europe, Philadelphia PA 2000.
Hofmeister 1931: Philipp Hofmeister: Das Gotteshaus als Begräbnisstätte (= Archiv für kath. Kirchenrecht 111), 1931.
Hohlt-Sahm 1998: Insea Hohlt-Sahm: Der Wandteppich. Das Jüngste Gericht, Kloster Mariensee, Lindenberg 1998.
Holste/Kölling/Maack 1955: Wilhelm Holste, Friedrich Kölling; Walter Maack: Fischbeck. Feldmark, Höfe, Sippen. Ein Beitrag zur Tausendjahrfeier (= Schaumburger Heimathefte, Heft 2), Rinteln 1955.

HOLZE 1995: Heinrich Holze: »Evangelisches Mönchtum« im 17. und 18. Jahrhundert bei Gerhard Wolter Molanus und Gerhard Tersteegen, in: Wort und Dienst, Jahrbuch der Kirchlichen Hochschule Bethel 23, 1995.

HONEMANN 1991: Volker Honemann (Hg.): Dietrich Engelhus, Beiträge zu Leben und Werk (= Mitteldeutsche Forschungen 104), Köln/Weimar 1991.

HOOGEWEG 1908: Hermann Hoogeweg: Verzeichnis der Stifter und Klöster Niedersachsens, Hannover/Leipzig 1908.

HUBEL 2003: Achim Hubel (Hg.): Forschungen zum Kloster Schulpforta, Halle an der Saale 2003.

HUCKER 1995: Bernd Ulrich Hucker: Stift Bassum. Eine 1100-jährige Frauengemeinschaft in der Geschichte (= Schriften des Instituts für Geschichte und Historische Landesforschung Vechta, Bd. 3), Bremen 1995.

HUMBURG 1987/88: Norbert Humburg, Stätte der Stille. Zur Geschichte des Stiftes Fischbeck, in: Museumsverein Hameln, Jahrbuch 1987/88.

HUMBURG/SCHWEEN 2000: Norbert Humburg; Joachim Schween: Die Weser Einfluss in Europa, Leuchtendes Mittelalter, Holzminden 2000.

HUSMEIER 2002: Gudrun Husmeier: Graf Otto IV. von Holstein-Schaumburg (1517–1576). Landesherrschaft, Reichspolitik und Niederländischer Aufstand (= Schaumburger Studien 60), ursprünglich Diss. phil. Osnabrück, Bielefeld/Gütersloh 2002.

HYNECK 1856: Johann Ludwig Hyneck: Geschichte des freien adlichen Jungfrauenstiftes Fischbeck und seiner Äbtissinnen in der Kurhessischen Grafschaft Schaumburg, Rinteln 1856.

ILGEN 1891: Theodor Ilgen: Die Schenkung von Kemnade und Fischbeck an Corvey im Jahre 1147 und die Purpururkunden Corveys von 1147 und 1152 (Stumpf 3543 u. 3544) (= Mitteilungen des Instituts für österreichische Geschichtsforschung, Bd. 12), 1891, S. 602–633.

JACOBS 1877: Eduard Jacobs: Das Kloster Drübeck, Wernigerode 1877

JARCK 1982: Horst-Rüdiger Jarck (Hg.): Urkundenbuch des Klosters Rinteln, Rinteln 1982.

JÁSZAI 1982/83: Géza Jászai (Hg.): Monastisches Westfalen, Ausstellungskatalog Münster und Corvey 1982/83.

JOEST 1995: Christoph Joest: Spiritualität evangelischer Kommunitäten, Göttingen 1995.

JÜRGENS/NÖLDEKE/VON WELCK 1941: Heiner Jürgens; Arnold Nöldeke; Joachim von Welck: Die Kunstdenkmale des Kreises Springe, Hannover 1941, S. 211–218.

KAMINSKY 1972: Hans Heinrich Kaminsky: Studien zur Reichsabtei Corvey in der Salierzeit, Köln, Graz 1972.

Kat. 955–1955: 955–1955. Tausendjahrfeier des Stiftes und der Gemeinde Fischbeck, Rinteln 1955.

Kat. Bernward von Hildesheim 1993: Bernward von Hildesheim und das Zeitalter der Ottonen, Katalog der Ausstellung Hildesheim 1993, 2 Bde., hg. von Michael Brandt u.a., Hildesheim/Mainz 1993.

Kat. Buchmalerei der Zisterzienser 1998: Buchmalerei der Zisterzienser. Kulturelle Schätze aus sechs Jahrhunderten. Katalog zur Ausstellung Libri Cistercienses im Ordensmuseum Abtei Kamp, Stuttgart 1998.

Kat. Hermann Korb 2006: Museum im Schloss Wolfenbüttel (Hg.): Hermann Korb und seine Zeit 1656–1736, 2006 (Register).

Kat. Kunst und Kultur im Weserraum 1966: Kunst und Kultur im Weserraum 800–1600. Ausstellung des Landes Nordrhein-Westfalen Corvey 1966, Katalog, Münster ²1966.

KAYSER 1897: Karl Kayser (Hg.): Die reformatorischen Kirchenvisitationen in den welfischen Landen 1542–1544, Göttingen 1897.

KIECKER/BORCHERS 1937: Oskar Kiecker; Carl Borchers (Bearb.): Die Kunstdenkmäler der Provinz Hannover II, 7, Landkreis Goslar Hannover 1937, S. 186–199.

Kiesow 1977: Gottfried Kiesow u.a., in: Georg Dehio: Handbuch der Deutschen Kunstdenkmäler Bremen – Niedersachsen, Ausgabe 1977, S. 249.

Klosterkammer Hannover 1975: Klosterkammer Hannover (Hg.): Der Allgemeine Hannoversche Klosterfonds und die Klosterkammer Hannover, Hannover 1975.

Knoke 1952: Heinz Knoke, Die große Jagd, Rinteln 1952.

Knoke 1968: Helga Knoke: Wald und Siedlung im Süntel (= Schaumburger Studien, Heft 22), Rinteln 1968.

Köhler/Oldermann 2003: Dagmar Köhler; Renate Oldermann: Evangelisches Damenstift Fischbeck (= DKV-Kunstführer Nr. 211), München/Berlin ^{8}2003.

Köhler 1966: Köhler, Volkmar: Die Klosterkirche Wittenburg bei Elze und ihr Bautyp, in: Harald Seiler (Hg.): Niederdeutsche Beiträge zur Kunstgeschichte V, München/Berlin 1966, S. 61–82.

Kölling 1955: Friedrich Kölling: Von tyrannischen Soldaten erschossen, in: Schaumburger Heimatblätter, Rinteln 18. Juni 1955.

Kohl 1963: Wilhelm Kohl (Hg.): Westfälische Geschichte I, Düsseldorf 1963.

Kohl 1971: Wilhelm Kohl: Die Klöster der Augustiner-Chorherren (= Max Planck-Institut für Geschichte, Germania Sacra, Neue Folge 5; = Die Bistümer der Kirchenprovinz Köln. Das Bistum Münster, Bd. 2), Berlin 1971.

Kohl 1977: Wilhelm Kohl u.a. (Hg.): Monasticon Windeshemense II, Deutsches Staatsgebiet, bearbeitet von Engfer; Härtel, Brüssel 1977, S. 451–458.

Kohl/Persoons/Weiler 1976–84: Wilhelm Kohl; Ernest Persoons; Antonius Gerardus Weiler: Monasticon Windeshemense, 4 Bde., Brüssel 1976–84.

Koken 1828: C.L. Koken: Nachtrag zur Geschichte des Klosters Wittenburg, in: Neues vaterländisches Archiv 1828, I, S. 123–131.

Konschak 1919: Ernst Konschak: Die Klöster und Stifter des Bistums Hildesheims unter preußischer Herrschaft 1802–1806, Hildesheim 1919.

Kosch 1963: Wilhelm Kosch: Deutsches Literatur-Lexikon, Bern/München 1963.

Kracke 1960: Friedrich Kracke, Prinz und Kaiser, 1960.

Kramer 1997: Monika Kramer: Architektur und Kunst der Orden im Fürstbistum Osnabrück von 1620 bis 1803. Bestand und Rekonstruktion, Diss. phil. Osnabrück 1997.

Kroeschell 1976: Karl Kroeschell: Die Rechtsstellung der niedersächsischen Stifte und Klöster. Rechtsgutachten 1976 (Mspt. – enthalten in der Sammlung Heutger, Hannover).

Kramer 1975: Franz Kramer: Oswald Rohling, in: Heimatbund für das Oldenburger Münsterland (Hg.): Jahrbuch für das Oldenburger Münsterland 1975.

Kroos 1970: Renate Kroos: Niedersächsische Bildstickereien des Mittelalters, Berlin 1970.

Kroos 1973: Renate Kroos: Der Codex Gisle (= Niederdeutsche Beiträge zur Kunstgeschichte Bd. XII), München/Berlin 1973.

Krumwiede 1955: Hans-Walter Krumwiede: Das Stift Fischbeck an der Weser. Untersuchungen zur Frühgeschichte 955–1158 (= Studien zur Kirchengeschichte Niedersachsens 9), Göttingen 1955.

Krumwiede/Bruck 1961: Hans-Walter Krumwiede; Heinz Meyer-Bruck: Das tausendjährige Stift Fischbeck, Göttingen 1955, Göttingen ^{3}1961.

Kuczynski 1981: Jürgen Kuczynski: Geschichte des Alltags des Deutschen Volkes, Band 1, Köln 1981.

Kück 2003: Cornelia Kück: Kirchenlied im Nationalsozialismus. Die Gesangbuchreform unter dem Einfluss von Christhard Mahrenholz und Oskar Söhngen (= Arbeiten zur Kirchen- und Theologiegeschichte 10), Leipzig 2003.

Kunst 1949: Mechthild Dominica Kunst: Das Buch von den Anfängen des Predigerordens, Kevelaer 1949.

Langenberg 1902: R. Langenberg: Quellen und Forschungen zur Geschichte der deutschen Mystik, Bonn 1902.

Lauenstein 1736: J.B. Lauenstein: Hildesheimer Kirchen- und Reformationshistorie VII., Braunschweig 1736.

Lehmann 1996: Thomas D. Lehmann: Glasfunde des 18. Jahrhunderts aus dem Kloster Amelungsborn (= Nachrichten aus Niedersachsens Urgeschichte, Bd. 65), Stuttgart 1996.

Lehnhoff 1989: Hans W.A. Lehnhoff: Ausgewählte Forschungsbeiträge, Hannover 1989, S. 147–196 (palingenesiert mehrere frühere Veröffentlichungen, caute legendum).

Lemper 1963: E.H. Lemper: Entwicklung und Bedeutung der Krypten, Habil. Schr. Leipzig 1963.

Lenthe 1963: E.L. von Lenthe: Zur Geschichte der lutherischen Frauen-Klöster im Fürstenthum Lüneburg, in: Archiv für Geschichte und Verfassung des Fürstenthums Lüneburg IX, Celle 1863.

Letzner o.J.: Joh. Letzner: Hildesheimische Chronica Mspt. Noviss. XLVII der Niedersächsischen Landesbibliothek Hannover.

Leyser 2000: Polykarp Leyser: Geschichte der Grafen von Wunstorf, übers. von Eberhard Kaus (= Wunstorfer Beiträge 3, Register Loccum), Bielefeld 2000.

Lipphardt 1970: Walther Lipphardt: Deutsche Kirchenlieder in einem niedersächsischen Zisterzienserinnenkloster des Mittelalters, in: Walter Blankenburg u.a.: Kerygma und Melos. Mahrenholz-Festschrift 1970.

Lipphardt 1972: Walther Lipphardt: Niederdeutsche Reimgedichte und Lieder des 14. Jahrhunderts in den mittelalterlichen Orationalien der Zisterzienserinnen von Medingen und Wienhausen, in: Niederdeutsches Jahrbuch (= Jahrbuch des Vereins für niederdeutsche Sprachforschung, 95. Jahrgang), Neumünster 1972.

Löffler 1917: Klemens Löffler (Hg.): Mindener Geschichtsquellen I. Die Bischofschroniken des Mittelalters, Münster 1917.

Löhr 1927: Gabriel M. Löhr: Die Dominikaner im deutschen Sprachgebiet, Düsseldorf 1927.

Löhr 1930: Gabriel M. Löhr: Die Kapitel der Provinz Saxonia im Zeitalter der Kirchenspaltung 1513–1540 (= Quellen und Forschungen zur Geschichte des Dominikanerordens in Deutschland, Heft 20), Leipzig 1930.

Lötzsch 1875: C. Lötzsch: Heinrich Gottlieb Tzschirner, 1875.

Lohrum 1987: Meinolf Maria Lohrum: Dominikus, Leipzig 1987.

Lorenz-Flakem 1980: Wilma Lorenz-Flakem: Kloster Rulle und seine Äbtissinnen, Wallenhorst 1980.

Losch 1923: Philipp Losch: Kurfürst Wilhelm I., Landgraf von Hessen, Marburg 1923.

Ludolphy 1965: Ingetraut Ludolphy: Die Voraussetzungen der Religionspolitik Karls V., Berlin/Stuttgart 1965.

Lübbing 1926/27: H. Lübbing: Das Dominikanerkloster in Norden (= Emder Jahrbuch 22), 1926/27.

Lübeck 1941: Konrad Lübeck: Aus der Frühzeit des Stiftes Fischbeck (= Niedersächsisches Jahrbuch für Landesgeschichte, Bd. 18), Hildesheim 1941, S. 1–38.

Lübke 1953: Wilhelm Lübke: Die mittelalterliche Kunst in Westfalen, Leipzig 1853, mit Tafelband.

Lübke 1860: Wilhelm Lübke: Grundriss der Kunstgeschichte, 1860.

Lübke 1884: Geschichte der Architektur, 2. Bd., ^{6}1884.

Lübke 1880: Geschichte der Plastik, ^{3}1880.

Lübke 1891: Lebenserinnerungen 1891.

Lüpkes 1996: Vera Lüpkes u.a.: Adel im Weserraum um 1600 (= Schriften des Weserrenaissance-Museums Schloss Brake 9), München/Berlin 1996.

Luther 1883: Martin Luther: Werke, Weimar 1883ff.

MAACK 1955: Walter Maack: Der Stab der Domina, in: Schaumburg. Heimatblätter 1955, S. 30ff.

MAGNUS 1983: Peter von Magnus: Die Stiftsorden von Fischbeck und Obernkirchen (= Sonderdruck aus dem Schaumburg-Lippischen Mitteilungen 26), Bückeburg 1983.

MANECKE 1798: Manecke, U.F.C.: Topogr. Statist. Histor. Beschreibung der Grafschaften Hoya und Diepholz, Mspt. von 1798 (= Mspt. XXIII, 741 der Niedersächsischen Landesbibliothek), S. 64–94.

MARUCCHI 1912: Oratio Marucchi: Handbuch der Christlichen Archäologie, hg. von Fridolin Segmüller, Einsiedeln/Waldshut/Cöln 1912.

MARX 2000: Ulrich Marx: Kloster Amelungsborn (= Berichte zur Denkmalpflege in Niedersachsen, 20. Jahrgang, Heft 3), 2000.

MASER 2002: Karin Maser: Christóbal de Gentil de Rojas y Spinola OFM und der lutherische Abt Gerardus Wolterius Molanus. Ein Beitrag zur Geschichte der Unionsbestrebungen der katholischen und evangelischen Kirche im 17. Jahrhundert (= Reformationsgeschichtliche Studien und Texte 145), Münster 2002.

MEINARDUS 1887: Otto Meinardus (Hg.): Urkundenbuch des Stiftes und der Stadt Hameln bis zum Jahre 1407, I, Hannover 1887.

MELSHEIMER 1882: O. Melsheimer: Die Steterburger Chronik des Propstes Gerhard, Diss. phil. Halle 1882.

MELVILLE 2003: Gert Melville (Hg.): Vita Regularis Bd 18, Münster 2003.

MERIAN 1654: Matthäus Merian: Topographia, Frankfurt 1654, S. 190f.

MESTERS 1958: G. Mesters: Geschichte des Karmeliterordens, 1958.

METZE 1966: G. Metze: Christian Franz Paullini (1643–1712), Med. Diss. Halle 1966.

MEYER 1922: Meyer, Philipp: Burg und Klause Wittenburg, in: Zeitschrift der Gesellschaft für Niedersächsische Kirchengeschichte 27, 1922, S. 51–66.

MEYER 1925: Philipp Meyer: Die wirtschaftlichen Leistungen des Kloster Wülfinghausen während der Regierung Erichs II., in: Zeitschrift der Gesellschaft für niedersächsische Kirchengeschichte 29/30, 1925, S. 197–211.

MEYER 1941: Philipp Meyer: Die Pastoren der Landeskirche Hannovers und Schaumburg-Lippes seit der Reformation, Bd. 1, Göttingen 1941.

MEYER 1949: Meyer, Johannes: Johannes Busch und die Klosterreform des 15. Jahrhunderts, in: Zeitschrift der Gesellschaft für Niedersächsische Kirchengeschichte 47, 1949, S. 43–53.

MEYER-HERRMAN 1972/73: Ernst Meyer-Herrman: Dietrich von Nieheim und sein Hamelner Hospiz, in: Museumsverein Hameln Jahrbuch 1972/73.

MGHD. H II., Nr. 126.

MIGNE o.J.: Jacques Paul Migne: Patrologia Latina, Bd. 123, S. 453ff., Bd. 124, S. 860.

MITHOFF 1974: Hektor Wilhelm Heinrich Mithoff: Kunstdenkmale und Altertümer im Hannoverschen, 1. Band, Neudruck Hannover 1974, S. 180–182.

MITTLER 1994: Elmar Mittler (Hg.): 700 Jahre Pauliner Kirche. Vom Kloster zur Bibliothek, Göttingen 1994 (hervorragende Arbeit, die auch die Franziskaner beachtet und die Bodenfunde besonders heranzieht).

MÖHLMANN 1959: Günther Möhlmann (Hg.): Norder Annalen. Aufzeichnungen aus dem Dominikanerkloster in Norden 1271–1530 (= Quellen zur Geschichte Ostfrieslands Bd. 2), Aurich 1959.

MOP 1931: Monumenta Ordinis Fratrum Praedicatorum historica (Hg.): B.M. Reichert, Rom 1896–1904, 14 Bde., Paris 1931ff.

MOTHON 1885: Joseph Mothon: Vie du b. Jourdain de Saxe, 1885.

MÜLLER 1909: E. Müller: Das Königsurkunden-Verzeichnis des Bistums Hildesheim und das Gründungsjahr des Klosters Steterburg, in: Archiv für Urkundenforschung, Bd. 2, 1909, S. 491f.

MÜLLER 1994: Peter Müller: Bettelorden und Stadtgemeinde in Hildesheim im Mittelalter (= Quellen und Studien zur Geschichte des Bistums Hildesheim Bd. 2), Hannover 1994 (überragende Arbeit mit Einbindung der örtlichen Befunde in die gesamte Ordensgeschichte).

MÜLLER 2005: Winfried Müller (Hg.): Reform- Sequestration- Säkularisation. Die Niederlassung der Augustiner-Chorherren im Zeitalter der Reformation und am Ende des Alten Reiches (= Publikationen der Akademie der Augustiner-Chorherren von Windesheim, 6), Paring 2005.

MÜNCHHAUSEN 1917: Börries Freiherr von Münchhausen: Die Balladen und ritterlichen Lieder, 25. Tausend, Berlin 1917.

MUSAL 1967: Oscar Musal: Von einem mildtätigen, heimatlichen Brauch, dem Wittmus in Marienau, in: Heimatland, Hannover 1967, S. 176f.

OBERSTE 1996: Jörg Oberste: Visitation und Organisation. Formen sozialer Normierung, Kontrolle und Kommunikation bei Cisterciensern, Prämonstratensern und Cluniazensern, 12. bis früheres 14. Jahrhundert (= Vita regularis, hg. von Gert Melville), Bd. 2, 1996.

OEHL 1931: Wilhelm OEHL: Deutsche Mystikerbriefe, München 1931.

OELKE 1999: Harry Oelke: Hanns Lilje. Ein Lutheraner in der Weimarer Republik und im Kirchenkampf, Stuttgart 1999.

OEYNHAUSEN 1869: Julius von Oeynhausen: Grabsteine in der Stiftskirche zu Fischbeck, in: Zeitschrift des Historischen Vereins für Niedersachsen 1869, S. 361–364

OHLING 1960: Gerhard D. Ohling (Hg.): Die Denkwürdigkeiten des Hieronimus von Grest und die Harlingische Geschichte, Aurich 1960.

OLDERMANN 2002A: Renate Oldermann: Catharina von Rottorp, Anna von Alten und Agnese von Mandelsloh (1556–1625). Drei nachreformatorische Äbtissinnen in Stift Fischbeck, in: Jahrbuch der Gesellschaft für niedersächsische Kirchengeschichte 100, 2002, S. 239–276.

OLDERMANN 2002B: Renate Oldermann: Die Geschichte der Orgel in der Stiftskirche zu Fischbeck (= Acta Organologica 27), Kassel 2002

OLDERMANN 2003: Renate Oldermann: Drei nachreformatorische Äbtissinnen im Stift Fischbeck, in: Dorothea Biermann und Hans Otte (Hg.): Frauen – Christentums – Geschichten aus Niedersachsen, Hannover 2003, S. 11–49.

OLDERMANN 2005: Renate Oldermann: Stift Fischbeck. Eine geistliche Frauengemeinschaft in mehr als 1000-jähriger Kontinuität (= Schaumburger Studien), hg. von Hubert Höing, Bd. 64, Bielefeld 2005.

OLDERMANN-MEIER 2001: Renate Oldermann-Meier: Die Stiftskirche zu Fischbeck. Baugeschichte und Ausstattung nach der Reformation (= Jahrbuch der Gesellschaft für niedersächsische Kirchengeschichte 99), 2001, S. 9–30.

OLIVER 2007: Judith Oliver: Singing with Angels. Liturgy, Music and Art in the Gradual of Gisela von Kerssenbroco, Turnhout 2007.

ONCKEN 1896: H. Oncken: Studien zur Geschichte des Stedinger Kreuzzuges (= Jahrbuch für die Geschichte des Herzogtums Oldenburg Bd. V) 1896.

ORTMANNS 1972: Kurt Ortmanns: Das Bistum Minden in seinen Beziehungen zu König, Papst und Herzog bis zum Ende des 12. Jahrhunderts. Ein Beitrag zur Germania Pontificia, Bensberg 1972.

OSTEN 1954: Gert von der Osten: Katalog der Gemälde alter Meister in der Niedersächsischen Landesgalerie in Hannover, Hannover 1954.

OSTERMANN/SCHRADER 2002: Berthold Ostermann; Dieter Schrader (Hg.): Beiträge aus dem Kloster Amelungsborn, Bd. XI, Lengerich-Westfalen 2002.

OTTE/SCHENK 1999: Hans OTTE; Richard SCHENK (Hg.): Die Reunionsgespräche im Niedersachsen des 17. Jahrhunderts. Rojas y Spinola – Molan – Leibniz, hg. von Inge Mager Nr. 37 (= Studien zur Kirchengeschichte Niedersachsens), Göttingen 1999.

PARISSE 1991: Michel Parisse: Die Frauenstifte und Frauenklöster in Sachsen vom 10. bis zur Mitte des 12. Jahrhunderts, in: Stefan Weinfurter u.a.: Die Salier und das Reich, Bd. 2, Sigmaringen 1991, S. 465–501.
PAULLINI 1699: Christian F. Paullini: Historia nobilis secularisque virginum collegii Visbeccensis, Frankfurt a.M. 1699.
PAULUS 1784: Johann Conrad Paulus: Geschichte des Möllenbecker Klosters, Rinteln 1784.
PAULUS 1903: Nikolaus Paulus: Die deutschen Dominikaner im Kampfe gegen Luther, Freiburg i.Br. 1903.
PFEIFER 1925: Hans Pfeifer: Steterburg in: Görges–Spehr–Fuhse. Vaterländische Geschichten und Denkwürdigkeiten, Bd. I, Braunschweig ³1925, S. 218–223.
PFISTER 1996: Peter Pfister: Morimond, Strasbourg 1996.
PIDERITT 1831: Franz Carl Theodor Pideritt: Geschichte der Grafschaft Schaumburg, Rinteln 1831, Subskriptionsliste.
PÖTSCHKE 2004: Dieter Pötschke: Kloster Ilsenburg, Geschichte, Architektur, Bibliothek. Berlin 2004.
PÖTTER 1994: Herbert Pötter: Frenswegen und die Klöster der Windesheimer Kongregation in Norddeutschland, Diss. phil. Münster 1994.
PÖTTER 2000: Herbert Pötter, in: HUMBURG/SCHWEEN 2000, S. 241ff.
POPPE 1969: Roswitha Poppe: Die Dominikanerkirche in Osnabrück, Osnabrück 1969.
POSCHMANN 1991: Brigitte Poschmann: Das Stift Fischbeck zwischen Kaiser, Papst und Graf (= Heimatblätter Hessisch-Oldendorf 6), 1991, S. 24–38, auch Sonderdruck.
POSCHMANN 2001: Brigitte Poschmann: Armgard von Reden Äbtissin des Stiftes Fischbeck (1452–1482) in: Schaumburger Landschaft (Hg.): Geschichte Schaumburger Frauen (= Kulturlandschaft Schaumburg Bd. 6), Bielefeld ²2001.
POST 1968: Regnerus Richardus Post: The Modern Devotion. Confrontation with Reformation and Humanism, Leiden 1968.
PRESSER 1979: Jacques Presser: Napoleon. Die Entschlüsselung einer Legende, Reinbek 1979.
PRIEUR 2004: Jutta Prieur: Mühsal und Arbeit. Das lange Leben des lippischen Pfarrherrn Adam Zeiß zu Silixen (= Sonderveröffentlichungen des naturwissenschaftlichen und historischen Vereins für das Land Lippe e.V., Bd. 74), Detmold 2004.
PRIETZE 1929: Hermann Albert Prietze: Das Geheimnis der deutschen Ortsnamen. Neue Kunde aus alter Zeit, Hannover-Linden 1929.
PUHLE 2001: Matthias Puhle (Hg.): Otto der Große. Magdeburg und Europa, 2 Bde., Mainz 2001.
RAABE 1995: Christiane Raabe: Das Zisterzienserkloster Mariental bei Helmstedt von der Gründung 1138 bis 1337. Die Besitz- und Wirtschaftsgeschichte unter Einbeziehung der politischen und ordensgeschichtlichen Stellung, Berlin 1995.
RABE 1992: Holger Rabe: Die Übertragung der Abteien Fischbeck und Kemnade an Corvey (1147–1152), in: Westfälische Zeitschrift, Bd. 142, 1992, S. 211–242.
RASCHE 1998: Ulrich Rasche (Hg.): Necrologien, Anniversarien und Obödienzverzeichnisse des Mindener Domkapitels aus dem 13. Jahrhundert (= MGH Libri Memoriales et Necrologia N.S. V), Hannover 1998.
REIMERS 1940: H. Reimers: Vom Dominikanerkloster in Norden (= Ostfreesland, ein Kalender für Jedermann 27. Jahrg.) 1940.
RENSING 1933: Theodor Rensing: Johannes Teutonicus, in: Westfälische Lebensbilder Bd. IV, 1933.
RICHTER 1913: Johann Heinrich Richter: Geschichte des Augustinerklosters Frenswegen, 1913.
RITTER-EDEN 2002: Heike Ritter-Eden: Der Altenberger Dom zwischen romantischer Bewegung und moderner Denkmalpflege, Bergisch Gladbach 2002.

Ritthaler 1958: Anton Ritthaler: Kaiser Wilhelm II. Herrscher in einer Zeitenwende, 1958.
Römer 1980: Christof Römer: Die Dominikaner in Braunschweig (= Veröffentlichungen des Braunschweigischen Landesmuseums 25), Braunschweig 1980.
Rohling 1950: Oswald Rohling: Biologie in der Erziehungsaufgabe der Volksschule, Vechta 1950.
Rohling 1965: Oswald Rohling:Unter Hochseefischern am Polarkreis, Köln ²1965.
Rohling 1972: Oswald Rohling: 200 biologische Versuche, Bochum ³1972.
Rohling o.J.: Oswald Rohling: Der Mensch vor Gott (Fastenpredigten), Düsseldorf o.J.
Rosner 1991: Ulrich Rosner: Die ottonische Krypta, Diss. phil. Köln 1991.
Roth/Grossmann 1990: Hermann Josef Roth; Anton Großmann: Bernhard von Clairvaux an die Tempelritter, Sinzig 1990.
Rother 1895: A. Rother: Johannes Teutonicus (von Wildeshausen) Vierter General des Dominikanerordens, in: Römische Quartalschrift IX, 1895.
Rüthing 2005: Heinrich Rüthing (Hg.): Die Chronik Bruder Göbels. Aufzeichnungen eines Laienbruders aus dem Kloster. Böddeken 1502–1543 (= Quellen und Forschungen zur Kirchen- und Religionsgeschichte Bd. 7; = Veröffentlichungen der Historischen Kommission für Westfalen XLIV), Bielefeld 2005.
Rüthning 1925: G. Rüthning: Die Nonnen in Blankenburg (= Oldenburger Jahrbuch 29), 1925.
Rüthning 1928: G. Rüthning (Hg.): Urkundenbuch der Grafschaft Oldenburg IV., 1928.
Ruh 1985: Kurt Ruh: Meister Eckhart, München 1985.
Runciman 1968: Steven Runciman: Geschichte der Kreuzzüge, München 1968.
Ruppelt/Solf 1992: Georg Ruppelt; Sabine Solf: Lexikon zur Geschichte und Gegenwart der Herzog August-Bibliothek Wolfenbüttel, Wiesbaden 1992.
Saathoff 1929: Albrecht Saathoff: Aus Göttingens Kirchengeschichte, Göttingen 1929, S. 28–31.
Sassen o.J.: Andreas Sassen: Haben Marienfelder Mönche die Klosterkirche Mariensee gebaut? Gütersloh o.J. – davon Kurzfassung in Heimatland, Jahrgang, 2003, Heft 1, S. 11–15.
Sauer 1877: Sauer (Hg.): Das Leben des Arnold von Creveld, Priors zu Marienkamp bei Esens (= Emder Jahrbuch II, 2), 1877.
Schäfer 1999: Rolf Schäfer u.a.: Oldenburgische Kirchengeschichte, Oldenburg 1999.
Schäfer 1907: Karl Heinrich Schäfer: Die Kanonissenstifter im Deutschen Mittelalter. Ihre Entwicklung und innere Einrichtung im Zusammenhang mit dem altchristlichen Sanctimonialentum, in: Ulrich Stutz (Hg.): Kirchenrechtliche Abhandlungen 43/44, Stuttgart 1907 (doch vgl. W. Levisons zutreffende Kritik an Schäfer in W. Levison: Aus rheinischer und fränkischer Vorzeit, 1948, S. 489–516).
Schätler-Saub 2000: Ursula Schätler-Saub: Mittelalterliche Kirchen in Niedersachsen. Wege der Erhaltung und Restaurierung 1 (= Schriften des Hornemann-Instituts Bd. 4), Petersberg 2000.
Scharff 1960: Alexander Scharff: Schleswig-Holsteinische Geschichte. Ein Überblick. Würzburg 1960.
Scheeben 1937: Heribert Chr. Scheeben: Jordan der Sachse, Vechta i.O. 1937 (alle Quellen ausschöpfende Vita des aus der Gegend von Dassel stammenden Ordensgenerals).
Scheeben 1938: Heriberth Ch. Scheeben: Beiträge zur Geschichte des Jordan von Sachsen, Vechta 1938.
Scheeben 1939: Heinrich Maria Scheeben (Hg.): Konstitutionen des OP unter Jordan dem Sachsen, Köln 1939.
Schilp 1998: Thomas Schilp: Norm und Wirklichkeit religiöser Frauengemeinschaften im Mittelalter. Die Institutio sanctimonialium Aquisgranensis des Jahres 816 und die Prob-

lematik der Verfassung von Frauenkommunitäten (= Veröffentlichungen des Max Planck-Instituts für Geschichte 137; = Studien zur Germania Sacra 21), Göttingen 1998.

SCHLESINGER 1964: Walter Schlesinger: Gero (= Neue Deutsche Biographie 6), Berlin 1964.

SCHLOTHEUBER 2004: Eva Schlotheuber: Klostereintritt und Bildung. Die Lebenswelt der Nonnen im späten Mittelalter, mit einer Edition des »Konventstagebuchs« einer Zisterzienserin von Heilig-Kreuz bei Braunschweig (1484–1507) (= Spätmittelalter und Reformation, Neue Reihe 24), Tübingen 2004.

SCHMIDT 1987: Joachim Schmidt: Die Bestandteile des mittelalterlichen Kreuzgangs und sein durch Natur und Architektur gestalteter Raum in der abendländisch-europäischen Klosterbaukunst, Diss. phil. der Ruhruniversität, Bochum 1987.

SCHMIDT/FRENZEL/PÖTSCHKE 1998: Oliver H. Schmidt; Heike Frenzel; Dieter Pötschke (Hg.): Spiritualität und Herrschaft, Konferenzband zu »Zisterzienser, Multimedia, Museen« (= Studien zur Geschichte, Kunst und Kultur der Zisterzienser 5), Berlin 1998.

SCHNEIDER 1986: Ambrosius Schneider u.a.: Die Cistercienser, ^{3}1986.

SCHNEIDMÜLLER/WEINFURTER 2001: Bernd Schneidmüller; Stefan Weinfurter: Ottonische Neuanfänge, Mainz 2001.

SCHOMBURG 1910: Dietrich Schomburg: Die Dominikaner im Erzbistum Bremen während des dreizehnten Jahrhunderts, Diss. Jena 1910.

SCHÖNERMARK/BRANDIS 2006: Gesa Schönermark; Wolfgang Brandis; Uwe Hager: Kloster Wülfinghausen. Geschichte und Wirken 1236–2006, in: Springer Jahrbuch 2006, S. 9–27.

SCHOENHEINZ 2006: Werner Schoenheinz: Die romanischen Bauten des Zisterzienserklosters St. Marien in Pforte an der Saale im Spannungsfeld zwischen Ordensregel und regionalen Einflüssen, hg. von Helga Braun und Hartmut Schönheinz, Spröda 2006.

SCHORMANN 1981: Gerhard Schormann: Rintelner Studenten des 17. u. 18. Jahrhunderts (= Schaumburger Studien 42), Rinteln 1981.

SCHRADER 1832: L. Schrader (Hg.): Das Nekrolog des Klosters Möllenbeck, Wigands Archiv 5, 1832.

SCHROEDER 1964: Johannes Karl von Schroeder (Hg.): Mindener Beiträge 10, II, Minden 1964.

SCHRÖER 1967: Alois Schröer: Die Kirche in Westfalen II, 1967.

SCHRÖTTER 1970: Friedrich Freiherr von Schrötter: Wörterbuch der Münzkunde, Berlin ^{2}1970.

SCHULZ 1979: Gisela Schulz: Neue archäologische Untersuchungen in Hildesheim (= Alt-Hildesheim, Jahrbuch für Stadt und Stift Hildesheim 50), 1979.

SCHWARZ 1988: Brigide Schwarz: Die Originale von Papsturkunden in Niedersachsen 1199–1417, Città del Vaticano 1988.

SCHWARZ 1993: Brigide Schwarz: Regesten der in Niedersachsen und Bremen überlieferten Papsturkunden 1198–1503 (= Veröffentlichungen der Historischen Kommission für Niedersachsen und Bremen XXXVII), Hannover 1993.

SCHUBERT 1997: Ernst Schubert (Hg.): Geschichte Niedersachsens, 2. Bd., 1.Teil, Hannover 1997.

SCHÜSSLER 1962: Wilhelm Schüssler: Kaiser Wilhelm II. Schicksal und Schuld, Göttingen 1962.

SCHWARZ/HEUN 1994: Wolfgang Schwarz; Susanne Heun: Größere Ausgrabungen und Fundbergungen im Landkreis Aurich (= Nachrichten Marschenrates zur Förderung der Forschung im Küstengebiet der Nordsee 31, 1994).

SEEDORF/MEYER 1996: Hans Heinrich Seedorf; Hans-Heinrich Meyer: Landeskunde Niedersachsen Bd. II, Neumünster 1996.

SEGERS-GLOCKE 1998: Christiane Segers-Glocke (Hg.): Berichte zur Denkmalpflege in Niedersachsen, 18. Jahrgang, Heft 3, 1998.

SEGERS-GLOCKE 2002: Christiane Segers-Glocke: Berichte zur Denkmalpflege in Niedersachsen 4, 2002.

SICKEL 1877: Theodor Sickel: Beiträge zur Diplomatik 6, Wien 1877.

SIEBERN/BRUNNER 1907: Heinrich Siebern; H. Brunner: Die Bau- und Kunstdenkmäler im Reg. Bez. Cassel III, Kreis Grafschaft Schaumburg, Marburg 1907, Reprint Kunstdenkmälerinventare Niedersachsen Bd. 16, Osnabrück 1979.

SIGNORI 1995: Gabriela Signori (Hg.): Meine in Gott geliebte Freundin. Freundschaftsdokumente aus klösterlichen und humanistischen Schreibstuben, Bielefeld 1995.

SOSTMANN 1873: Bernhard Sostmann: Das Kloster Wülfinghausen, in: Zeitschrift des historischen Vereins für Niedersachsen 1873, S. 201–245.

SPICHAL 1963: C. Spichal: Ein wieder aufgefundenes Missale der Augustinerchorherren von Marienkamp bei Esens aus dem 15 Jahrhundert, in: Emder Jahrbuch 43, 1963.

SPILCKER 1823: B.C. von Spilcker: Über das ehemalige, nächstdem in ein Domanial-Gut verwandelte Kloster Wittenburg, in: Neues vaterländisches Archiv 1823, I, S. 261–272.

SPILKER 1994: Karl Spilker: Fischbeck 19. Juli 1966. Die Flut-Katastrophe, Fischbeck 1994.

SPRANDEL 1975: Rolf Sprandel: Verfassung und Gesellschaft im Mittelalter, Paderborn 1975.

SPRINGER 1999: Klaus-Bernward Springer: Die Deutschen Dominikaner in Widerstand und Anpassung während der Reformationszeit (= Quellen und Forschungen zur Geschichte des Dominikanerordens NF Bd. 8), Berlin 1999.

STAATS 2001: Reinhart Staats: Bernhard von Clairvaux. Die Zisterzienser und das Baltikum. In: Riho Altnurme, estnische Kirchengeschichte im vorigen Jahrtausend, Kiel 2001.

STAHL 1994: Irene Stahl: Die Handschriften der Klosterbibliothek Frenswegen, Wiesbaden 1994.

STEDLER 1889: Wilhelm Stedler: Beiträge zur Geschichte des Fürstentums Kalenberg II–III, Hannover 1887 u. 1889 (Neudruck 1979).

STEINKÜHLER 1966: Emil Steinkühler: Zur Gründungsurkunde des Stiftes Fischbeck an der Weser (= Westfalen, 44), 1966.

STIEGEMANN/WEMHOFF 1999: Christoph Stiegemann; Matthias Wemhoff: 799 Kunst und Kultur der Karolinger Zeit, Ausstellungskatalog, Paderborn/Mainz 1999.

STIEGLITZ 2000: Annette von Stieglitz: Ständegeschichte der hessischen Grafschaft Schaumburg 1640–1821 (= Schaumburger Studien 59), Melle 2000.

Stift Fischbeck 2003: Stift Fischbeck (Hg.): Mittelalter im Weserraum (= Veröffentlichungen aus dem Stift Fischbeck, Bd. 1), Holzminden 2003.

STÖLTING-EINBECKHAUSEN/MÜNCHHAUSEN-MORINGEN 1912: Gustav Stölting-Einbeckhausen; Börries Freiherr von Münchhausen-Moringen: Die Rittergüter des Fürstentums Calenberg, Göttingen und Grubenhagen, Hannover 1912.

STOFFLER 1978: Hans-Dieter Stoffler: Der Hortulus des Walahfrid Strabo, Sigmaringen 1978.

STOFFREGEN 1895: Heinrich Stoffregen: Chronik von Wülfinghausen und Wittenburg, Leipzig 1895.

STREICH 1986: Gerhard Streich: Klöster, Stifte und Kommenden in Niedersachsen, Hildesheim 1986.

STUDTMANN 1982/83: Joachim Studtmann (Bearb.): Calenberger Urkundenbuch X, Registerband Hannover 1938, Fischbeck.

STUPPERICH 1959: Robert Stupperich: Antonius Corvinus, in: Westfälische Lebensbilder, Bd. 7, Münster 1959.

Quellen und Literatur

STUPPERICH 1981: Robert Stupperich: Art. Corvinus, in: TRE 8, 1981.
STUTTMANN/VON DER OSTEN 1940: Ferdinand Stuttmann; Gert von der Osten: Niedersächsische Bildschnitzerei des späten Mittelalters, Berlin 1940.
STUTZ 1904: Ulrich Stutz: Realencyklopädie für prot. Theologie und Kirche, Bd. 15, Leipzig ^{3}1904.
SUUR 1838: Hemmo Suur: Geschichte der ehemaligen Klöster in der Provinz Ostfriesland, Emden 1838.
THOMSON 1991: Erik Thomson: Eduard von Gebhardt. Leben und Werk, Lüneburg 1991.
THÜMMLER/KREFT 1970: Hans Thümmler; Hans Kreft: Weserbaukunst im Mittelalter, 1970.
THURMAIR 1960: Georg Thurmair u.a.: Weg und Werk. Die Katholische Kirche in Deutschland, München 1960.
TILING 1983: Peter von Tiling: Christian Georg Philipp Tiling, in: Rundbrief der Familie Tiling Nr. 23, Dezember 1983.
TORNOW 1883: P. Tornow: Die Klosterkirche zu Fischbeck an der Weser in: C.W. Hase (Hg.): Die mittelalterlichen Baudenkmäler Niedersachsens III, Hannover 1883.
TORNOW/WÖBCKEN 1994: Peter Tornow; Heinrich Wöbcken: 700 Jahre Kloster Blankenburg zu Oldenburg, Oldenburg 1994 (liebevoll gemacht, ohne die Quellen auszuschöpfen).
TREVIRANUS 1968: Gottfried Reinhold Treviranus: Das Ende von Weimar, Heinrich Brüning und seine Zeit, Düsseldorf/Wien 1968.
TROMPETER 1996: Roland Trompeter: Kloster Möllenbeck, 1996.
TSCHACKERT 1900: P. Tschackert: Antonius Corvinus, Leipzig 1900.
TZSCHIRNER 1812–16: Heinrich Gottlieb Tzschirner: Predigten, 5 Bde., 1812–16.
TZSCHIRNER 1829: Heinrich Gottlieb Tzschirner: Vorlesungen über die christliche Glaubenslehre, 1829.
UB: Heinrich Lathwesen und Brigitte Poschmann (Hg.): Urkundenbuch des Stiftes Fischbeck I, Rinteln 1978, II (= Schaumburger Studien 39 u. 40), Rinteln 1979.
UDEN 1998: Ronald Uden: Hanns Lilje als Publizist (= Studien zur Christlichen Publizistik 1), Erlangen 1998.
UHLHORN 1892: Gerhard Uhlhorn: Antonius Corvinus. Ein Märtyrer des evangelisch-lutherischen Bekenntnisses (= Schriften des Vereins für Reformationsgeschichte IX. Jahrg.), Halle an der Saale 1892.
USLAR 1964: Rafael von Uslar: Studien zu Frühgeschichtliche Befestigungen zwischen Nordsee und Alpen (= Beihefte der Bonner Jahrbücher 11), Köln/Graz 1964.
VICAIRE 1962: M.H. Vicaire: Geschichte des hl. Dominikus, 2 Bde., Freiburg i.Br. 1962f.
VOGT 1752: Vogt. J.: Monumenta inedita rerum Germanicarum praecipue Bremensium II, Bremen 1752, S. 159ff., 412ff., 441ff., 515ff.
VILLER 1994: M. Viller u.a. (Hg.): Dictionnaire de Spiritualité, Bd. XVI, Paris 1994, Sp. 1457–78.
VOLK 1972: Paulus Volk: Die Generalkapitels-Rezesse der Bursfelder Kongregation IV, Siegburg 1972.
VOLZ 1967: Hans Volz (Hg.): Franz Lubecus Bericht über die Einführung der Reformation in Göttingen im Jahre 1529, Göttingen 1967.
WALZ 1930: Angelus Maria Walz: Kompendium Historiae Ordinis Praedicatorum, Rom 1930, ^{2}1948.
WALZ 1951: Angelus Walz (Hg.): Beati Jordani de Saxonia Epistolae (= Monumenta Ordinis Fratrum Praedicatorum Historica 25), Rom 1951.
WALZ 1960: Angelus Maria Walz: Wahrheitskünder. Die Dominikaner in Geschichte und Gegenwart 1206–1960, Essen 1960.

WEHKING/WULF 1990: Sabine Wehking; Christine Wulf (Hg.): Die Inschriften des Stifts Fischbeck bis zur Mitte des 17. Jahrhunderts, in: Ja muz ich sunder riuwe sin. Festschrift für Karl Stackmann, Göttingen 1990, S. 51–82.
WEINGÄRTNER 1883: Joseph Weingärtner: Die Gold- und Silbermünzen der Abtei Corvey, Münster 1883.
WILLICKS 2002: Erich Willicks: Kloster Kamp, Kamp/Lintfort 2002.
WILMS 1947: Hieronymus Wilms: P. Titus Horten OP. Erinnerungen an ein Opfer der Devisenprozesse, Köln 1947.
WIPPERMANN 1853: C.W. Wippermann: Regesta Schaumburgensia, Cassel 1853.
WOLLENS 1929: Ad. Wollens: Alte Altarbilder Göttingens, Göttingen 1929.
WOUDE 1953: S. van der Woude (Hg.): Acta Capituli Windeshemensis, 's-Gravenhage 1953.
WÖRNER-HEIL 1997: Ortrud Wörner-Heil: Frauenschulen auf dem Lande. Reifensteiner Verband 1897–1997 (= Schriftenreihe des Archivs der deutschen Frauenbewegung Bd. 11), 1997.
WREDE 1888: Adolf Wrede: Ernst der Bekenner, Halle 1888.
WÜLLNER 1973: Friedrich Wüllner u.a.: Aus Wennigsens Vergangenheit, Wennigsen 1973.
ZAHLTEN 1985: Johannes Zahlten: Die mittelalterlichen Bauten der Dominikaner und Franziskaner in Niedersachsen und ihre Ausstattung. Ein Überblick, in: Stadt im Wandel. Kunst und Kultur des Bürgertums in Norddeutschland, Landesausstellung Niedersachsen in Braunschweig, hg. von C. Meckseper, Bd. IV, Stuttgart/Bad Cannstatt 1985, S. 371–412.
ZELLER 1912: Adolf Zeller: Die Kunstdenkmäler der Provinz Hannover, Regierungsbezirk Hildesheim, Stadt Hildesheim, Bürgerliche Bauten, Hannover 1912.
ZERSSEN 1968: Otto von Zerssen: Die Familie von Zerssen, Rinteln 1968.
ZSCHOCH 1999: Hellmut Zschoch: Art. Corvinus in RGG, Bd. II, ^{4}1999.

Bibliographie von Nicolaus Heutger (1955-2009)

1955
Frühe Arbeiten vor 1955 bei Friedrich Busch: Schaumburgische Bibliographie, Hildesheim 1964, Register Heutger. Von vielen Aufsätzen gibt es Nachdrucke oder Vorformen. Hier wird einzig der authentische Text nachgewiesen.
Möllenbeck. Ein evangelisches Kloster, in: Quatember, Jg. 1954/55, 3., Heft, S. 159f.
Side-ein Pompeji des Ostens, in: Die Umschau in Wissenschaft und Technik, 55. Jg., 1955, S. 630.

1956
Die Bursfelder Reform, in: Quatember, 21. Jg., Kassel 1956/57, S. 210–215.

1959
Das Nachleben der alten monastischen und stiftischen Formen in nachreformatorischer Zeit in den welfischen Landen und in der Grafschaft Schaumburg, Diss. Theol. (Masch. Schr.), Münster 1959.

1961
Evangelische Konvente in den welfischen Landen und der Grafschaft Schaumburg, Hildesheim 1961, 190 Seiten (Besprechungen: Archiv für Liturgiewissenschaft 9, S. 318. – Jahrb. für Liturgik und Hymnologie 1963, S. 218. – Theologische Literaturzeitung 88, 1963 Sp. 358. – Cistercienser-Chronik 70, 1963, S. 40f. – Archiv für Kirchengeschichte Wien 1963, Heft 1. – Zeitschr. Der Savigny-Stiftung für Rechtsgeschichte, Kanonistische Abteilung, Bd. 81, 1964).

1961–95
ungezählte Sonntagsbetrachtungen in der Weser-Beilage der Zeitung »Die Harke«, Nienburg.

1962
Das Stift Möllenbeck an der Weser, Hildesheim 1962, 107 Seiten (Besprechungen: Hans Liermann, in: Zeitschrift für Evangelisches Kirchenrecht 16, 1971, S. 97–100. – Engel, in: Niedersächsisches Jahrbuch für Landesgeschichte 35, 1963, S. 263f.).

1963
Politische Hintergründe des sächsischen Kampfes gegen Heinrich IV., in: Heimatland Hannover 1963, S. 203–206.
Loccumer Grabschriften aus nachreformatorischer Zeit, in: Jahrbuch der Gesellschaft für niedersächsische Kirchengeschichte, 61. Bd., 1963, S. 135–141.

1964
Die Kreuzkirche in Nienburg, Festschrift zur Einweihung, Langen 1964.
Evangelische Kirchenkunst in Niedersachsen, in: Heimatland, Hannover 1964, S. 169–179.

1966
Vatikanische Briefmarken. Kunst und Geschichte, Göttingen 1966, 70 Seiten.
Besprechung von E. Stiller: Die Unabhängigkeit des Klosters Loccum von Staat und Kirche nach der Reformation, in: Niedersächsisches Jahrbuch für Landesgeschichte 38, 1966, S. 266.

Besprechung von E. Kittel (Hg.): Kloster und Stift St. Marien in Lemgo, in: Niedersächsisches Jahrbuch für Landesgeschichte 38, 1966, S. 263f.

Kloster und Stift Leeden, in: Jahrbuch des Vereins für Westfälische Kirchengeschichte 59/60, 1966/67, S. 83–92.

Die evangelischen Stifter Niedersachsens in ihrer jüngsten Entwicklung, in: Niedersachsen, 1966, S. 162–170.

1967

Eine Kirchenordnung der lutherischen Gemeinde Altena aus dem Jahre 1626, in: Der Märker, 16. Jg., 1967, S. 140.

Die ev. Kirche im Landkreis Nienburg, in: Der Landkreis Nienburg, Oldenburg 1967, S. 42–51.

Besprechung von H.W. Krumwiede (Hg.): Vorchristlich-christliche Frühgeschichte, in: Niedersächsisches Jahrbuch für Landesgeschichte 39, 1967, S. 359.

1968

Das Kloster Amelungsborn im Spiegel der zisterziensischen Ordensgeschichte, mit einem Vorwort von Prof. D. Dr. Christhard Mahrenholz, Hildesheim 1968, 103 Seiten. (Besprechungen: Analecta Cisterciensia XXIV 1968 fasc. 2, S. 303. – Zeitschrift für evangelisches Kirchenrecht 16, 1971, S. 321–324. – Hermann Engfer, in: Die Diözese Hildesheim in Vergangenheit und Gegenwart, 1969, S. 137. – Georg Schnath, in: Niedersächsisches Jahrbuch für Landesgeschichte 41/42, 1969/70, S. 272).

Evangelische und simultane Stifter in Westfalen, mit einem Anhang: Zu Luthers Stellung zum Klosterwesen nach 1521, Hildesheim 1968, 167 Seiten (Besprechungen: Ottokar Israel, in: Niedersächsisches Jahrbuch für Landesgeschichte 41/42, 1969/70, S. 269f. – Hans Liermann, in Zeitschrift für evangelisches Kirchenrecht 16, 1971, S. 229–232. – Osnabrücker Mitteilungen 76, 1969, S. 251. – Westfälische Forschungen 29, 1978, S. 278. – Cîteaux. Commentarii Cistercienses 20, 1969, S. 381).

Johannes Buxtorf in Basel, in: Judaica, 23. Jg., 1968, S. 69–81.

1969

Die evangelisch-theologische Arbeit der Westfalen in der Barockzeit, Hildesheim 1969, 176 Seiten (Besprechungen: Hospitium Ecclesiae, Forschungen zur bremischen Kirchengeschichte 6, 1969, S. 149f. – Joh. Wallmann, in: Historische Zeitschrift 212, Heft 2, S. 430f. – Wenschkewitz, in: Osnabrücker Mitteilungen 81, 1974, S. 229f. – Lippische Mitteilungen aus Geschichte und Landeskunde 39, 1970. – Westfalen, 48, 1970 [1971] H. 1/4, S. 277f. – Neues Westfälisches Schrifttum, Münster 1971, S. 28f.)

Bursfelde und seine Reformklöster in Niedersachsen, mit einem Vorwort von Paulus Volk OSB, Hildesheim 1969, 118 Seiten.

Bischof Benno II. von Osnabrück und seine Stellung im Investiturstreit, in: Jahrbuch der Gesellschaft für Niedersächsische Kirchengeschichte 67, 1969, S. 107–114.

Die Münzprägung der Abtei Bursfelde, in: Geldgeschichtliche Nachrichten, 4. Jg., 1969, S. 142f.

1969–2000

Numismatische Rundschau in jeder Ausgabe der Zeitschrift »money trend«, zunächst Vaduz/Fürstentum Liechtenstein, später Wien/Österreich.

1970

Kloster Amelungsborn in der deutschen Literaturgeschichte, in: Kerygma und Melos. Festschrift für Prof. D. Dr. Christhard Mahrenholz, 1970, S. 512–517.

Die Universität Rinteln als Stätte des konfessionellen Ausgleichs, in: Jahrbuch der Gesellschaft für Niedersächsische Kirchengeschichte 68, 1970, S. 147–152.

Besprechung von O.K. Roller: Münzen, Geld und Vermögensverhältnisse in den Evangelien, in: Geldgeschichtliche Nachrichten, 5. Jg., 1970, Nr.17, S. 46.

1971

Loccum. Eine Geschichte des Klosters, Hildesheim 1971, 156 Seiten (Besprechung von Hermann Josef Roth in Historische Zeitschrift 216, 1973, S. 218f.).

Archäologische Entdeckungen in Israel, in: Deutsches Allgemeines Sonntagsblatt 46, (14.11.) 1971, S. 15.

1972

Zusammen mit Frithjof Bestmann: Das Stift Bassum im Rahmen der niedersächsischen Kirchengeschichte, Hildesheim 1972, 164 Seiten (Besprechungen: Hospitium Ecclesiae, Forschungen zur Bremischen Kirchengeschichte 9, Bremen 1975, S. 137f. – Archiv für Liturgiewissenschaft 16, 1974, S. 701. – Zeitschrift für evangelisches Kirchenrecht, Bd. 21, 1976, S. 110–112. – Zeitschrift für Schleswig Holsteinische Kirchengeschichte 1973, S. 94f.).

Historische Weserstudien, Hildesheim 1972, 158 Seiten; darin u.a.: Evangelische Kirchenkunst in Niedersachsen, Marklohe an der Weser und Das elfhundertjährige Stift Wunstorf.

Besprechung von W. Schäfer: Kleine Verdener Stiftsgeschichte, in: Niedersächsisches Jahrbuch für Landesgeschichte, 44, 1972, S. 415.

1973

Bruno Quaet-Faslem, in: Niedersächsische Lebensbilder 8, Hildesheim 1973, S. 187–191.

1974

Grenzraum der Numismatik: Orden und Siegel, Berichte aus allen Gebieten der Geld- Münzen- und Medaillenkunde, 14. Jg., 1974, S. 2079–81.

Besprechung von Klages-Heinemeyer: Jeremia, in: Zeitschrift für Religionspädagogik, 29. Jg., 1974, S. 188.

1975

Bursfelde und seine Reformklöster, mit Beiträgen von Hanns Lilje, Götz Harbsmeier und Paulus Volk, 2. erweiterte Auflage, Hildesheim 1975, 147 Seiten (Besprechung: Zeitschrift für Kirchengeschichte 88, 1977, S. 104f.).

Meron – eine Stätte jüdischer Volksfrömmigkeit, Judaica, 31. Jg., Zürich 1975, S. 65–70.

Heilig-Jahr-Gepräge, Geldgeschichtliche Nachrichten, 10. Jg., 1975, S. 323.

In Israel schreien die Steine … Neue Ausgrabungen und Entdeckungen im Heilige Land, in: Judaica, 31. Jg., Zürich 1975, S. 147–150.

Zukunft für unsere Vergangenheit, Hildesheim 1975, 206 Seiten; darin u.a.: 950 Jahre Nienburg; Die Bau- und Kunstdenkmale der Stadt Nienburg; Die Bau- und Kunstdenkmale des Stiftes Obernkirchen; Die Bau- und Kunstdenkmale der Stadt Bassum und Riddagshausen in der Zisterzienserkunst (Besprechung: Heimatland 1976, S. 262f.).

Einführung in die Münzkunde (= Taschenbücher für Geld, Bank und Börse, Bd. 68) Frankfurt a.M. 1975, 120 Seiten (Besprechung: Münzen-Revue, Basel 1976, S. 375).

1976

Die echten Stätten des Lebens Jesu, in: Im Lande der Bibel, Berlin 1976, Heft 2, S. 19–21.

Medicina in nummis, in: Zürcher Münzbote 5, 1976, S. 14–17.

1977

Zusammen mit Günther Klages: Weltreligionen und Christentum im Gespräch, Hildesheim 1977, 261 Seiten, mit einem Beitrag von Prinzessin Poon Pismai Diskul, Präsidentin des Buddhistischen Weltbundes (Besprechungen: Neue Unterrichtspraxis Hannover 1977, S. 261f. – Zeitschrift für Religionspädagogik Dortmund 1977 [4], S. 128. – H. Angermeyer, in Günter Brakelmann; Peter Stolt [Hg.]: Wissenschaft und Praxis in Kirche und Gesellschaft 68. Jg., Göttingen 1979, S. 366).

850 Jahre Kloster Walkenried, mit Beiträgen von Hanns Lilje u.a., Hildesheim 1977, 163 Seiten (Besprechungen Edmund Mikkers, in: Cîteaux, Commentarii Cistercienses XXIX, Achel 1978 [Fasc. 3–4], S. 343f. – Peter von Tiling, in: Zeitschrift für evangelisches Kirchenrecht, 31. Bd., Tübingen 1986, S. 490–492).

1978

Niedersächsische Juden, Hildesheim 1978, 103 Seiten (Besprechungen: Hans-Joachim Schoeps, in: Zeitschrift für Religions- und Geistesgeschichte XXXI, 1979 [H 3], 291f. – International Survey of Jewish Monuments, University of Illinois at Urbana Champaign VI, 1983, Nr. 2. – Vgl. auch Helmut von Jan in Alt-Hildesheim 50, 1979, S. 112f.)

Aus Niedersachsens Kulturerbe, Hildesheim 1978, 190 Seiten; darin u.a.: Domstift Bremen, 800 Jahre St. Marienberg in Helmstedt, Hölty und Mariensee und Josua Stegmann.

Caesaraea und Akko. Zwei Küstenstädte im Heiligen Land, in: Im Lande der Bibel, 1978, Heft 1, S. 3–5.

Die Samaritaner, in: Im Lande der Bibel, Berlin 1978, Heft 2/3, S. 20–23.

Herder in Niedersachsen, Hildesheim 21978, 114 Seiten.

1979

Praktische Münzkunde, Göttingen (Goltze) 1979, 240 Seiten (Besprechungen: Die Welt-Konjunktur, Zürich, Sept. 1981, S. 15. – Die Münze, 11. Jg., Braunschweig 1980, Heft 1, S. 22).

Besprechung von Bolz-Klages: Religiöser Gruppenprotest, in: Zeitschrift für Religionspädagogik, 1979, S. 140.

Kultur und tägliches Leben im 14. Jahrhundert. Festvortrag zur 600-Jahrfeier der St. Marienkirche in Hessisch-Oldendorf 1977, in: Schaumburger Heimat 10, Rinteln 1979, S. 62–66, Neudruck Museumsverein Hameln, Jahrbuch 1999, S. 77–81.

Artikel »Kemnade« und »Schinn«, in: Ulrich Faust (Hg.): Germania Benedictina Bd. VI, Norddeutschland, St. Ottilien 1979, S. 267–269 u. 454–456.

1980

Die lukanischen Samaritanererzählungen in religionspädagogischer Sicht, in: Wort in der Zeit. Festgabe für Karl Heinrich Rengstorf zum 75. Geburtstag, hg. von Wilfrid Haubeck und Michael Baumann, Leiden (Brill) 1980, S. 275–287.

Silberne Konfirmation, Predigt über Psalm 18,30, in: Homiletische Monatshefte, 55. Jg., Göttingen 1979/80, Heft 8, S. 364–366.

Besprechung von Rolf Rendtorff (Hg.): Arbeitsbuch Christen und Juden, 1979, in: Friede über Israel, Zeitschrift für Kirche und Judentum 1980, S. 93.

Zisterzienserklöster in der Zeit der Reformation, in: Die Zisterzienser. Ordensleben zwischen Ideal und Wirklichkeit (= Schriften des Rheinischen Museumsamtes Nr. 10), Bonn 1980, S. 255–266; vgl. auch 622 u. 627 (Ausstellung im Krönungssaal des Rathauses in Aachen, vgl. dazu: Analecta Cisterciensia XL, Rom 1984, S. 23).

Besprechung von »Anne Frank«, Heidelberg 1979, in: Friede über Israel, 1980, S. 139.

Volkstrauertag-Predigt über Weisheit 3, 1–6 u. 9, in: Homiletische Monatshefte, 55. Jg., Göttingen 1979/80, Heft 12, S. 526–528.
Schöpfungsglaube und Naturwissenschaft. Didaktische Perspektiven, mit Beiträgen von Franz Kardinal König, Erzbischof von Wien, und Prof. Dr. Joachim Illies, Direktor der Limnologischen Flussstation des Max Planck-Institutes Schlitz, Gießen 1980, 56 Seiten.
Die niedersächsischen »Löser«, in: Niedersachsen, 80. Jg., 1980, S. 157.

1981
Auf den Spuren der spanischen Silberflotten. Schatzsuche damals und heute, in: Damals, Zeitschrift für Geschichtliches Wissen, 13. Jg., 1981, S. 345–359.
Ostern im alten Niedersachsen, in: Heimatland, 1981, S. 56f.
Abtseinführung in Bursfelde, in: Erbe und Auftrag, Benediktinische Monatsschrift, 57. Jg., Beuron 1981, S. 394f.
Jubiläums-Konfirmation, Jesaja 46,4, in: Homiletische Monatshefte, 56. Jg., 1981, S. 469f.
Des Schaumburger Landes Erster Missionar (i.e. Sensemann), in: Schaumburg-Lippische Heimat-Blätter 32, 1981, Nr. 3.
Weihnachten im alten Niedersachsen, in: Niedersachsen, 81. Jg., 1981, S. 161.
Predigt über Jesaja 61, 1–4, 9–11, in: Homiletische Monatshefte, 57. Jg., 1981/82, S. 98–100.

1982
Der frühere Besitz der niedersächsischen Benediktinerklöster in staatlicher Sonderverwaltung, in: Erbe und Auftrag, Benediktinische Monatsschrift, 58. Jg., Beuron 1982, S. 66–70.
1100 Jahre Bücken. Das Stift Bücken in Geschichte und Kunst, Hildesheim 1982, 64 Seiten und 80 Tafeln (Besprechungen: Ortwin Rudloff, in: Hospitium Ecclesiae. Forschungen zur Bremischen Kirchengeschichte 13, Bremen 1982, S. 279f. – Angelus A. Häußling OSB, in: Archiv für Liturgiewissenschaft, 26. Jg., Regensburg 1984, Heft 3, S. 398).
Predigt über Jesaja 49, 1–6, in: Homiletische Monatshefte, 57. Jg. 1982, S. 453–455.
800 Jahre Kloster Heiligenrode (Festvortrag), in: Erbe und Auftrag, Benediktinische Monatsschrift, 58. Jg., Beuron 1982, S. 319–322.
St. Peter in Salzburg, 1400-jähriges Bestehen, in: Lutherische Monatshefte, 21. Jg., 1982, S. 615; auch in: Erbe und Auftrag, 58. Jg., 1982, S. 462–464.
Exkursion zu den Lutherstätten in der »DDR«, in: aktuell, Hochschule Hildesheim, 1982, Nr. 3, S. 19.

1983
Münzen im Lukasevangelium, in: Biblische Zeitschrift, hg. von Josef Schreiner und Rudolf Schnackenburg, Paderborn 1983, Heft 1, S. 97–101.
Die Münzprägung der niedersächsischen Benediktinerabteien, in: Erbe und Auftrag, 59. Jg., Beuron 1983, S. 147f.
Die Münzen der Erzbischöfe von Bremen, in: money trend, 15. Jg., Vaduz 1983, Nr. 6, S. 17 und 19.
Auf benediktinischen Spuren in Niedersachsen, in: Erbe und Auftrag, 59. Jg., Beuron 1983, S. 234–236.
Predigt zum Schulanfängergottesdienst (Mk 10, 13–16), in: Homiletische Monatshefte 58. Jg., 1982/83, S. 415–417.
Der Münzfund von Badbergen, in: Niedersachsen 1983, S. 74.
Not- und Belagerungsmünzen, in: Neuer Zürcher Münzbote, Zürich 1983, Nr. 3.
Die Kirche St. Cosmae et Damiani zu Exten, in: Schaumburger Heimat 14, Rinteln 1983, S. 28–36.

Alte Spardosen und Geldbeutel, in: Neuer Zürcher Münzbote, Zürich 1983, Nr. 4.
Bismarck-Medaillen, in: money trend, 15. Jg., Vaduz 1983, Nr. 11, S. 28f.
Einleitung zum Reprint von Alexander Missong: Die Münzen des Fürstenhauses Liechtenstein, Vaduz 1983, S. IX–XLIII (Besprechung: Münzen-Revue, 16. Jg., 1984, S. 218).
Besprechung von Fritz Heller: Der Gründer des Nienburger Museums, in: 75 Jahre Museumsverein für die Grafschaften Hoya, Diepholz und Wölpe, Nienburg 1983, S. 12–15.
Das Zisterzienserkloster Walkenried im Lichte der neueren Forschung, in: Cistercienser Chronik, 91. Jg., 1983, S. 63–65.
Die Zisterzienser in Kalamazoo (Kongressbericht), in: Cistercienser Chronik, 91. Jg., 1983, S. 74f.
Münzfunde in Niedersachsen, in: Heimatland 1983, S. 178f.
Kloster Marienwerder, in: Heimatbuch 1, Menschen und Landschaft um Hannover, Hannover 1983, S. 11–16.
Luthers Stellung zum Islam, in: Zeitschrift für Religions- und Geistesgeschichte XXXV, Köln 1983, Heft 4, S. 359–362.

1984
Schaumburger Mordkreuze, in: Schaumburger Heimat, Bd. 15, Rinteln 1984, S. 75–77.
Ein Meisterwerk benediktinischer Kunst: Das Evangeliar Heinrichs des Löwen, in: Erbe und Auftrag, 60. Jg., Beuron 1984, S. 150f.
Die Münzprägung der Abtei Corvey, in: Erbe und Auftrag, 60. Jg., Beuron 1984, S. 139–141.
Paulus auf Malta im Lichte der maltesischen Topographie, in: Biblische Zeitschrift, Paderborn 1984, S. 86–88.
Falschmünzer im alten Niedersachsen, in: Walkenrieder Hefte, hg. von K.H. Spieß, Hamburg 1984, Heft 5, S. 50–52, auch in: Numismatisches Nachrichtenblatt, 35. Jg., Speyer 1986, S. 84f.
Predigt über 1. Petr. 2, 2–10, in: Homiletische Monatshefte 59. Jg., 1983–84, S. 389–392.
Aus Hildesheims Kirchengeschichte, Hildesheim 1984, 88 Seiten (Besprechung Archiv für Liturgiewissenschaft 27. Jg., Regensburg 1985, Heft 3, S. 450f.).
Die schaumburgischen Geldzeichen und Medaillen, in: Schaumburg-Lippische Heimat-Blätter, 35. Jg., 1984, S. 183–188; 36. Jg., 1985, S. 13.
Zum 100. Geburtstag Rudolf Bultmanns, in: Neue Deutsche Hefte, 31. Jg., Berlin 1984, Heft 3, S. 536–542.
Besprechung von G. Klages; K. Heinemeyer: Religion: Orientierung und Praxis, Hildesheim 1982, in: Religion heute, 1984, Heft 2.
Die Zisterzienser-Sektion Kalamazoo 1984, in: Cistercienser Chronik, 91. Jg., 1984, S. 74–77.
Die Zisterze Marienrode, in: Cistercienser Chronik, 91. Jg., 1984, S. 11–16.

1985
Bassum. Das älteste Stift Deutschlands, in: Alt-Hannoverscher Volkskalender, 113. Jg., Sulingen 1985, S. 88–91.
Prokuratoren-Münzen auf dem Turiner Grablinnen, in: Biblische Zeitschrift, Paderborn 1985, S. 105f.
Predigt über Matth. 28, 1–10, in: Homiletische Monatshefte, 60. Jg., 1984/85, Heft 6, S. 242–244.
Artikel »Christoph Scheibler«, in: Robert Stupperich (Hg.): Westfälische Lebensbilder XIII, Münster 1985, S. 45–55.
Notes on Cistercian Architectural Remains and daily life in Lower Saxony, in: E. Rozanne Elder (Hg.): Goad and Nail, Studies in Medieval Cistercian History X Kalamazoo 1985, S. 148–150.

Möglichkeiten geschichtlicher Annäherung, Friede über Israel, in: Zeitschrift für Kirche und Judentum, 68. Jg., Hannover 1985, S. 68f.

Jugend unterm Hakenkreuz, in: Schaumburger Heimatblätter, Rinteln 8.6. u. 15.6.1985, Beilage zur Schaumburger Zeitung, Erinnerungen an die Jahre 1942–45.

850 Jahre Kloster Amelungsborn, in: Berthold Ostermann; Dieter Schrader (Hg.): Beiträge aus dem Kloster Amelungsborn II, Arnsberg 1985, S. 71–76.

Advents-Ansprache über Psalm 24, 7–10, in: Homiletische Monatshefte, 61. Jg., 1985/86, Heft 1, S. 28f.

Predigt über Rö 8, 31b–39 zum Altjahrsabend, in: Homiletische Monatshefte, 61. Jg., 1985/86, Heft 2, S. 61–63.

Kalamazoo (Kongressbericht), in: Cistercienser Chronik, 92. Jg., 1985, S. 113f.

Amelungsborn (850-Jahrfeier), in: Cistercienser Chronik, 92. Jg., 1985, S. 111f.

Die niedersächsischen Kirchen und die Juden, in: Friede über Israel, 68. Jg., Hannover 1985, S. 153f.

Katharina von Hoya, Äbtissin von Wienhausen, in: Die Diözese Hildesheim in Vergangenheit und Gegenwart, 53. Jg., Hildesheim 1985, S. 49–52.

1986

Münzen und Medaillen auf deutsche Universitäten, in: money trend, 18. Jg., Vaduz 1986, Heft 2, S. 29f.

Die Münzen König Edwards VIII., in: money trend, 18. Jg., Vaduz 1986, Heft 3, S. 26f. u. 62.

Reste des Jüdisch-Deutschen im heutigen Niedersachsen, in: Friede über Israel, 69. Jg., Hannover 1986, S. 17.

Die Natur in den nichtchristlichen Religionen, in: Neue Deutsche, Hefte 1986, S. 3–7.

Königliche Gräber in Jerusalem, in: Bibel und Kirche, 41. Jg., Stuttgart 1986, S. 85f.

Mönchtum und Ordenswesen, Bericht über ein Wochenend-Seminar, in: aktuell, Hochschule Hildesheim 2/1986, S. 38.

Die Anfänge des Klosters Derneburg in Holle, in: Egon W.J. Perkuhn: Unter der Eiche von Holle I, Hildesheim 1986, S. 49–53.

Jüdische Sachüberreste in Niedersachsen, in: Friede über Israel, 69. Jg., Hannover 1986, S. 162–164.

Kloster Wennigsen – Kunst und Geschichte, in: Armin Mandel (Hg.): Heimatbuch 4, Menschen und Landschaft um Hannover, Hannover 1986, S. 103–106.

1987

Leben um zu lernen: Gasthörer an der Hochschule Hildesheim, in: aktuell, Hochschule Hildesheim 1/1987, S. 18f.

Geld in altbiblischer Zeit, in: Bernd Jörg Diebner (Hg.): Dielheimer Blätter zum Alten Testament Nr. 23/24, 1987, S. 186–190.

Notes on the 850 th Anniversary of Amelungsborn, in: John R. Sommerfeldt (Hg.): Erudition at God's Service, Cistercian Studies 98, Kalamazoo 1987, S. 323–325.

Das KZ Bergen-Belsen, in: Friede über Israel, 70. Jg., Hannover 1987, S. 59f.

Zisterzienser-Nonnen im mittelalterlichen Niedersachsen, in: Cîteaux, Commentarii Cistercienses, Achel 1987 (fasc.3/4), S. 193–200.

Erziehung im Alten Israel, in: Karl Heinemeyer (Hg.): Theologische und religionspädagogische Beiträge. Günther Klages zum 65. Geburtstag gewidmet, Hildesheim 1987, S. 176–182.

Kirche und Stift Bassum (= Große Baudenkmäler, Heft 224), zusammen mit Rudolf Fantini, Barbara von Wallenberg-Pachaly und Herbert Köhler, München/Berlin 21987.

Glaube wider den Augenschein, Besprechung von Heinemeyer-Klages »Prophetie im Unterricht«, in: Lutherische Monatshefte, 26. Jg., Hannover 1987, Nr. 8.

In der Heimat des Oliver Plunkett, in: kirchenzeitung, 42. Jg., Hildesheim 1987, Nr. 29, S. 5.
Christliche Bildwerke mit jüdischem Bezug in Niedersachsen, in: Friede über Israel, 70. Jg., Hannover 1987, S. 157f.
Das Stift Möllenbeck an der Weser. Kanonissenstift, Windesheimer Chorherrenstift, Evangelisches Stift, 2. völlig neu bearbeitete Auflage, Hildesheim 1987, 287 Seiten (Besprechungen: Deutsches Archiv für Erforschung des Mittelalters, Bd. 44, 1988, S. 321. – Jahrbuch der Gesellschaft für Niedersächsische Kirchengeschichte, 87. Bd., 1989, S. 266. – Zeitschrift für evangelisches Kirchenrecht, 37. Bd., Tübingen 1992, S. 440f.).

1988

Niedersächsische Münzfunde aus dem Mittelalter, in: Alt-Hannoverscher Volkskalender 116. Jg., Sulingen 1988, S. 62–64.
Evangelische Klöster, in: Lutherische Monatshefte, 27. Jg., Hannover 1988, S. 91f.
Der Tempelbezirk in Jerusalem, in: Bibel und Kirche, 43. Jg., Stuttgart 1988, Bd. I, S. 24–27.
Das Papiergeld Israels, in: money trend, 20. Jg., 1988, Heft 5, S. 90f.
Die evangelischen Christen und Marienrode, in: Wilfried Meyer (Hg.): Marienrode, Gegenwart und Geschichte eines Klosters, Hildesheim 1988, S. 40–42.
500 Jahre Hallenkirche St. Lamberti in der Hildesheimer Neustadt, Hildesheim 1988, 120 Seiten (Besprechung: Alt-Hildesheim, Bd. 59, Hildesheim 1988, S. 140).
Die Münzprägung der alten Benediktinerabtei Hersfeld, in: Erbe und Auftrag, 64. Jg., Beuron 1988, S. 481f.
Die evangelischen Klöster und Stifte in Niedersachsen, in: Quatember, 52. Jg., Heft 3, Hannover 1988, S. 146–148.
Die Bassumer Münzprägung, in: Heimatblätter, Beilage der Kreiszeitung Syke, Nr. 8, 9.4.1988.
Kalamazoo. Kongressbericht, in: Cistercienser-Chronik 1988, Heft 1–2, S. 55–57.
Riddagshausen. Zisterziensermuseum, in: Zisterzienser-Chronik 1988, Heft 1–2, S. 59f.
Das Zisterzienserkloster Walkenried im Lichte der neueren Forschung, in: Heimatblätter für den Süd-Westlichen Harzrand, Heft 44, Osterode 1988, S. 44–47.
Hermann Guthe – ein Pionier der biblischen Archäologie, in: Bernd Jörg Diebner (Hg.): Dielheimer Blätter zum Alten Testament Nr. 25, Dielheim 1988, S. 144–147.

1989

Holocaust und Niedersachsen, in: Friede über Israel, 72. Jg., Heft 1, Hannover 1989, S. 14–16.
Kloster Lamspringe, in: Erbe und Auftrag, 65. Jg., Beuron 1989, S. 240–242.
Aus der Geschichte der evangelischen Kirchenchöre in Hildesheim bis 1945, in: Niedersächsischer Kirchenchorverband 100jähriges Bestehen, 1989, S. 38–41.
Die niedersächsischen Pastoren und die Juden, in: Friede über Israel, 72. Jg., Heft 3, Hannover 1989, S. 123–127.
Überkommene Synagogen und Synagogenreste in Niedersachsen, in: Friede über Israel, 72. Jg., Heft 4, Hannover 1989, S. 174f.
Richardis von Stade, Äbtissin von Bassum, in: Erbe und Auftrag, 65. Jg., Beuron 1989, S. 487–489.
Riddagshausen-Tochterkloster Amelungsborns, in: Berthold Ostermann; Dieter Schrader (Hg.): Beiträge aus dem Kloster Amelungsborn, Bd. 5, Lengerich/Westfalen 1989, S. 95–106.

1990

Bilanz des Lionsclubs Hildesheim, in: Lion, 34. Jg., 1990, S. 196f.
Die Evangelischen Klöster und Stifte in Niedersachsen, in: Lion, 34. Jg., 1990, S. 238f.

Das evangelische Pfarrhaus in Niedersachsen als Beispiel für die Bedeutung des Evangelischen Pfarrhauses, Frankfurt a.M./Bern/New York/Paris 1990, 292 Seiten (Besprechungen: Ortwin Rudloff: Hospitium Ecclesiae, Forschungen zur Bremischen Kirchengeschichte, Bd. 18, 1991, S. 180f. – Eberhard Winkler: Theologische Literaturzeitung 117. Jg., 1992, Nr. 1, S. 63. – Documents, 1991 Nr. 3).

900 Jahre Bernhard von Clairvaux, in: Norbert Orthen (Hg.): St. Mariä Himmelfahrt, Altenberg, Festschrift 1990, S. 60–66.

Die Münzprägung des Deutschen Ordens«, in: Deutsche Ostkunde, 36. Jg., 1990, S. 115–123.

Die Königin der Instrumente. Predigt zur Orgel-Einweihung, in: Homiletische Monatshefte, 66. Jg., 1990/91, Heft 3, S. 138f.

Besuch in Schulpforte, Walkenrieds Tochterkloster, in: Heimatblätter für den Süd-Westlichen Harzrand, Bd. 46, Osterode 1990, S. 44–46.

Riddagshausen. Epochen der Klostergeschichte, in: Braunschweigische Heimat, 74. Jg., Braunschweig 1990, S. 71–76.

1991

Die Heilige Emma, in: Alt-Hannoverscher Volks-Kalender, 119. Jg., 1991, S. 60f.

Lag ba-Omer in Meron, in: Der Landesverband der Israelitischen Kultusgemeinden in Bayern Nr. 47, Mai 1991, S. 5f.

Jüdische Friedhöfe in Niedersachsen, in: Friede über Israel, 74. Jg., 1991, S. 62–64.

Luder (Luther) von Braunschweig, in: Deutsche Ostkunde, 37. Jg., 1991, S. 80f.

Abt Bertold von Loccum, in: Deutsche Ostkunde, 37. Jg., 1991, S. 154f.

Ordnung der Einführung einer Kapitularin im Stift Bassum, in: Konrad Ameln u.a. (Hg.): Jahrbuch für Liturgik und Hymnologie, 1990/91, S. 166f.

Rinteln als Hochschulstadt, in: Friedhelm Hesse (Hg.): Schaumburger Heimat, Heft 17/18, Rinteln 1990/91, S. 57–67.

Kirche und Pfarrhaus in Deckbergen, in: Friedhelm Hesse (Hg.): Schaumburger Heimat, Heft 17/18, Rinteln 1990/91, S. 109–114.

800 Jahre Johanniter in Niedersachsen. Festschrift zum 40. Jubiläum der Johanniter-Hilfsgemeinschaft Hannover, Hannover 1991, 48 Seiten.

Neues Licht auf jüdische Münzen der Zeit des Zweiten Tempels, in: Der Landesverband der Israelitischen Kultusgemeinden in Bayern, Nr. 50, Dez. 1991, S. 12.

Kongress-Bericht Kalamazoo 1991 (Zisterziensersektion), in: Cistercienser Chronik, 98. Jg., 1991, Heft 3–4, S. 161–163.

Der biblische Granatapfel im Lichte des neuen Jahrhundertfundes, in: August Strobel (Hg.): Jahrbuch des Deutschen Evangelischen Instituts für Altertumswissenschaft des Heiligen Landes, 3. Jg., Fürth i.B. 1991, S. 87–90.

1992

Walther Rathenau – ein preußischer Jude, in: Der Landesverband der Israelitischen Kultusgemeinden in Bayern, Nr. 51, Febr./März 1992, S. 27f.

Das Jahr des Herrn im alten Niedersachsen. Festbuch der St. Lamberti-Kirche zu Hildesheim, Hildesheim 1992, 100 Seiten.

Golden Globe für »Hitlerjungen Salomon«, in: Friede über Israel 1, 1992, S. 17f.

Große Bauten des Deutschen Ordens, in: Deutsche Ostkunde, 38. Jg., 1992, S. 3–9.

Qumran, in: lutherische monatshefte, 31. Jg., Hannover 1992, S. 229f.

Das Felsengrab des Hohenpriesters Kaiphas: Neue Funde im Heiligen Land bestätigen die biblische Geschichte, in: lutherische monatshefte, 31. Jg., Hannover 1992, S. 520f.

Artikel »Lebuin«, in: Biographisch-Bibliographisches Kirchenlexikon, Bd. IV, Herzberg 1992, Sp. 1177.

Johannes Bugenhagen. 450 Jahre Reformation in Hildesheim, Beilage der Hildesheimer Allgemeinen Zeitung vom 27.8.1992, S. 2.

Das Jüdische Museum in Braunschweig, in: Friede über Israel, 75. Jg., 1992, S. 112f.

Die Münzgeschichte der Abtei Echternach, in: Institut Monétaire Luxembourgeois Bulletin trimestriel, Sept. 1992, S. 19.

Der Deutsche Orden im Sturm der Reformation, in: Deutsche Ostkunde, 38. Jg. 1992, S. 167–169.

1993

Marienburg, in: Lion, Jg. 1993, S. 26f.

Deutsche Universitäts-Münzensammlungen, in: money trend, 25. Jg., 1993, Heft 2, S. 36.

Niedersächsische Brakteaten, in: Geschichte, 19. Jg., 1993, Nr. 2, S. 44–46.

Das englische Treasure-Trove-Gesetz, in: money trend, 25. Jg., 1993, Heft 4, S. 77.

Zisterziensisches Wirken in Niedersachsen. Hildesheim 1993, 132 Seiten (Besprechungen: Bulletin du C.E.R.C.O.R., Centre Européen de Recherches sur les Congrégations et Ordres Religieux, Saint-Etienne, Juli–Dez. 1993, Nr. 22, S. 52. – Jahrbuch der Gesellschaft für Niedersächsische Kirchengeschichte, 91. Bd., 1993, S. 319. – Niedersachsen 94. Jg., 1994, S. 100. – Erbe und Auftrag, Heft 4, Beuron 1993, S. 353. –Ernst Henze (Abt des Klosters Amelungsborn): Klosterspuren, in: Lutherische Monatshefte 1994, Heft 1, S. 42. – Cistercienser-Chronik, 101. Jg., 1994, Heft 1/2, S. 62).

Die Qumrantexte und das junge Christentum, in: Lutherische Monatshefte, 32. Jg., 1993, Heft 5, S. 39f.

Artikel »Marsilius von Padua«, in: Traugott Bautz (Hg.): Biographisch-Bibliographisches Kirchenlexikon, Bd. V, Herzberg 1993, Sp. 889.

Schüler im Dritten Reich, in: Geschichte im Westen, 8. Jg., Heft 1, Köln 1993, S. 71–76.

Bernward, der Künstlerbischof von Hildesheim, in: Lion, 1993, Heft 7/8, S. 14f.

Schicksale niedersächsischer Juden unterm Hakenkreuz, in: Friede über Israel, 76. Jg., Heft 2, Hannover 1993, S. 88 u. 105f.

Im Heiligen Land schreien die Steine!, in: Lion 1993, Heft 10, S. 22f.

Artikel »Jacques de Molay«, »August Neander«, »Johann Oldecop« und »Otfried von Weißenburg«, in: Traugott Bautz (Hg.): Biographisch-Bibliographisches Kirchenlexikon, Bd. VI, Herzberg 1993, Spalten 35–38, 518–520, 1176f. u. 1334f.

Jugend im Dritten Reich, in: Walter Kempowski (Hg.): Das Echolot, Bd. IV München 1993, S. 164–169.

Eintreten niedersächsischer Pastoren für bedrängte Juden 1933–1935, in: Friede über Israel, 76. Jg., Heft 3, 1993, S. 151f.

Die geistlichen Ritterorden einst und jetzt, in: Nova Militia, Loccum 1993, Heft 3, S. 75–78.

New Light on Jewish Coins of the Second Temple Period, Séminaire de Numismatique Marcel Hoc (Hg.): Proceedings of the XIth International Numismatic Congress, Brussels 1991, Bd. I, Louvain-Le-Neuve 1993, S. 175f.

1994

Wienhäuser Klostermuseum eingeweiht, in: Heimatland Hannover, 1994, S. 126f.

Numismatische Rundschau, jeden Monat in: Numismatik Spezial, Wien 1994–96.

(Historische) Wert-Papiere, in: Nostalgie-Revue, 17. Jg., (Nr.186), Heft 2, 1994, S. 15–18.

Isenhagen 750 Jahre, in: Cistercienser-Chronik, 101. Jg., 1994, S. 51–53.

Treffen der Freunde des Klosters Loccum, in: Cistercienser-Chronik, 101. Jg., 1994, S. 53f.

500 Jahre Äbissin-Würde in Medingen, in: Cistercienser Chronik, 101. Jg., 1994, S. 15–18 (voll zustimmende Besprechung im Archiv für Liturgiewissenschaft, Jg. 33/34, Maria Laach und Freiburg/Schweiz 2001/02, S. 276).
Artikel »Petrus Venerabilis u. Potamiaina«, in: Traugott Bautz (Hg.): Biographisch-Bibliographisches Kirchenlexikon, Bd. VII, Herzberg 1994, Sp. 382f. u. 863f.
Die Filiation der Zisterzienserabtei Altenberg, Festschrift zum 100-jährigen Jubiläum des Altenberger Domvereins, Bergisch Gladbach 1994, S. 23–30.
Das Nonnenkloster Nendorf im Landkreis Nienburg, in: Erbe und Auftrag, 70. Jg., Beuron 1994, S. 231f.
Liechtenstein-Numismatik 1984–1994, in: money trend, 26. Jg., 1994, Nr.7/8, S. 12f.
Münze oder Medaille?, in: Niedersachsen, 94. Jg., 1994, Heft 3, S. 154.
Die Münzen Liechtensteins. Festschrift zur 1. Internationalen Münzenbörse im Fürstentum Liechtenstein, 1994.
Artikel »Reu«, »Reuter«, »Sabas d.Ä.«, »Jacobus Sackmann«, »Caspar Sagittarius II«, in: Traugott Bautz (Hg.): Biographisch-Bibliographisches Kirchen-Lexikon, Bd. VIII, Herzberg 1994, Sp. 74–76, 102f., 1135f., 1163f., 1176f.
100 Jahre Cistercienser Chronik: Kloster Langwaden, in: Cistercienser Chronik 101. Jg., 1994, Heft 3–4, S. 147–149.
Gott wird Mensch, in: Nova Militia, Heft 3, Loccum 1994, S. 1f.
Judentum – Mutter des Christentums, in: Friede über Israel, 77. Jg., Heft 4, 1994, S. 164f.
Die Deutsch-Ordens-Kommende Lucklum, Braunschweigisches Landesmuseum, Informationen und Berichte 1–2, Braunschweig 1994, S. 14–18.

1995
Äbtissin-Einführung in Fischbeck, in: Heimatland 1995, Heft 1, S. 7f.
Unternehmen Bernhard: Das größte Fälschungsunternehmen aller Zeiten, in: Numismatik Spezial, 3. Jg., Heft 1/2, Wien 1995, S. 18f.
Besuch im Kloster Ettal, in: Erbe und Auftrag, 71. Jg., Beuron 1995, S. 161–163
Numismatischer Besuch in Hersfeld, in: Numismatik Spezial, 3. Jg., Heft 4, Wien 1995, S. 22.
Die Münzen der Päpste, in: Münzen-Revue, 27. Jg., Basel 1995, Heft 4, S. 40f. u. Heft 11, S. 26–28.
Die Zisterzienser auf dem Mittelalter-Weltkongress in Kalamazoo 1994, in: Cistercienser Chronik 102. Jg., 1995, Heft 1, S. 53f.
Die Loccumer Grangie Hamelspringe, in: Cistercienser Chronik, 102. Jg., 1995, Heft 2, S. 39–42.
Artikel »Schedel u. Scheibler« in: Traugott Bautz (Hg.): Biographisch-Bibliographisches Kirchen-Lexikon IX, Herzberg 1995, Sp. 26–29 u. 56–65.
Artikel »Ernst Sonnemann« in: Traugott Bautz (Hg.): Biographisch-Bibliograpisches Kirchen-Lexikon X, Herzberg 1995, Sp. 793.
Handschriften Niedersächsischer Klöster, in: Helmut Gehrke u.a. (Hg.): Wandel und Bestand, Festschrift Bernd Jaspert zum 50. Geburtstag, Paderborn 1995, S. 151–155.
Teppichmuseum Kloster Lüne, in: Erbe und Auftrag, 71. Jg., Beuron 1995, S. 423f.
Die Münzen Bayerns – ein romantisches Sammelgebiet, in: Numismatik Spezial, 3. Jg., Nr.10/11, 1995, S. 24f.
Zusammen mit Manfred Oppermann: Festschrift 40 Jahre Lions Club Hildesheim, Hildesheim 1995, 171 Seiten (darin zahlreiche Aufsätze z.B. über Kloster Lamspringe, Kloster Derneburg, Bernward von Hildesheim und Johann Bugenhagen sowie Weihnachtsansprache).

Das Kloster Egestorf/Friedrichsburg, in: Jahrbuch 1995, hg. von Museumsverein Hameln, Hameln 1995, S. 62–66.

St. Martin in Nienburg im Lichte neuer Forschungen, in: Heimatland, Hannover 1995, S. 181–183.

Die Engel wiederentdecken, in: Lion 12, 1995, S. 4f.

August Neander, in: Friede über Israel, 78. Jg., Hannover 1995, S. 185f.

1996

Artikel »Veit Stoß«, »Lulu von Strauß und Torney«, »Sturmius«, »Suger von Saint Denis«, »Symeon der Ältere und Symeon Stylites«, »Thomas von Kempen«, in: Traugott Bautz (Hg.): Biographisch-Bibliographisches Kirchenlexikon XI, Herzberg 1996, Sp. 1–5, 37–39, 149f., 236–239, 353–358 und 1396–98.

Artikel »Cistercienser«, in: Evangelisches Kirchenlexikon, Bd. 4 Göttingen 31996, Sp. 1387–89.

Glaubensgespräche mit Muslimen, in: Nova Militia, Jg. 1996, Heft 2, S. 13f.

Ostern. Fest des Lebens, in: Nova Militia, Jg. 1996, Heft 2, S. 57–59.

Die 750-Jahrfeier des Stiftes Börstel, in: Heimatland 1996, Heft 5, S. 160f.

Zusammen mit Ursula Heutger: Die Lutherin in hauswirtschaftlicher Sicht. Ein Beitrag zum Lutherjahr, Mitteilungen des Reifensteiner Verbandes, 47. Jg., Nr. 406, Nov./Dez. 1996, S. 10f.

Niedersächsische Klöster. Eine Festgabe zum 50. Jubiläum des Landes Niedersachsen. Hannover 1996, 118 Seiten (Besprechungen: Nova Militia 1997, Heft 1, S. 71. – Jahrb. der Gesellschaft für Niedersächsische Kirchengeschichte, Bd. 95, 1997, S. 428f.).

Antiquariat Hieronymus (Hg.): Ludwigsburg. Klöster, Stifte, Kartausen und Geistliche Gemeinschaften. Jubiläumskatalog 1996 zum 65. Geburtstag von Prof. Dr. Dr. Nicolaus Heutger.

Maria. Vom jüdischen Mädchen zur Mutter des Herrn, in: Nova Militia, Jg. 1996, Heft 3, S. 1–3.

Die Regierungserklärung des Herrn Jesus, Generalkapitels-Predigt über Matthäus 5,3–10, in: Nova Militia, Jg. 1996, Heft 3, S. 12f.

Der Segen der Taufe. Ansprache im Kloster Barsinghausen, in: Nova Militia, Jg. 1996, Heft 3, S. 67f.

Macht hoch die Tür, in: Nova Militia, Jg. 1996, Heft 3, S. 86f.

Jahrhundertfund wird sichtbar (i.e. Hildesheimer Silberfund), in: Niedersachsen, 96/97. Jg., Dez. 96/97, S. 283.

Die häufigsten Fälschungen von Reichsgoldmünzen, in: money trend, 1996, Heft 12, S. 62f.

1997

Philipp Melanchthon. Humanist und Reformator, in: Melanchthon auf der Bult, hg. von Melanchthon-Gemeinde Hannover-Bult, Hannover 1997, S. 10–12.

Die Templer in Niedersachsen, in: Danielle Buschinger; Wolfgang Spiewok (Hg.): Die Ritterorden des Mittelalters – Les Ordres Militaires au Moyen Age, Greifswalder Beiträge zum Mittelalter, Bd. 67, Greifswald 1996, S. 97–108.

Jüdische Spuren in Niedersachsen, Münster 1997, 150 Seiten.

Die Gedenkmünzen der Weimarer Republik, in: money trend, 1997, Heft 3, S. 92.

Die niedersächsischen Brakteatenfunde aus dem 13. Jahrhundert, in: money trend, 1997, Heft 5, S. 106.

Verprägungen und kein Ende, in: Numismatik Spezial 1–3, Wien 1997, S. 37f.

Meine Zeit in der Epiphanias-Kirchengemeinde (1959–61), in: Begegnungen. Festschrift 40 Jahre Epiphanias-Kirchengemeinde Hannover, Hannover 1997, S. 24–27.

Wehrmacht und Judenverfolgung, in: Lutherische Monatshefte, 36. Jg., 1997, Heft 6, S. 37, Nachdruck: Der Landesverband der Israelitischen Kultusgemeinden in Bayern, 11. Jg., 1997 (Nr.73), S. 8.
Die Geburt im alten Niedersachsen, in: Heimatland, 1997, Heft 3, S. 83–85.
Artikel »Cistercians«, in: International Encyclopedia of the Church I Grand Rapids Michigan USA 1997.
Das Turiner Grablinnen, in: Lion, Juni 1997, S. 62f.
Jüdischer Widerstand in der Shoa, in: Lutherische Monatshefte, 36. Jg., 1997, Heft 9, S. 36–38, auch Friede über Israel, Heft 2, 1997, S. 64 u. 81–83.
Gerhard Wolter Molanus, Abt zu Loccum, als Münzenkenner, in: XII. Internationaler Numismatischer Kongress, Vortragszusammenfassungen, Berlin 1997, S. 42.
Münzen auf Diana Princess of Wales, in: money trend, 1997, Heft 10, S. 28–32.
Die Geistlichen Ritterorden in Niedersachsen. Zum 40. Jahrestag der Reaktivierung des Templerordens in Niedersachsen, Hannover 1997, 143 Seiten (Besprechung: Erbe und Auftrag, Benediktinische Monatsschrift 74. Jg., Beuron 1998, S. 169f.).
Fehldrucke und Specimen von Banknoten, in: money trend, 1. Jg., Nov./Dez. 1997, S. 9.
Auf den Spuren der spanischen Silberflotten: Münzschätze auf dem Meeresgrund, in: money trend, 1997, Heft 10, S. 28–32.
Joseph, ein Held des Alltags, in: Nova Militia, 1997, Heft 3, S. 2–4.
Die Gottes-Familie, Predigt am 40. Jahrestag der Reaktivierung des Tempelherrenordens in der Stadtkirche in Bückeburg, in: Nova Militia, 1997, Heft 3, S. 13–16.
Die Kommende Lietzen. Ein Monument der Ordensgeschichte, in: Nova Militia, 1997, Heft 3, S. 75–77.
Tiere in der Bibel, in: Nova Militia, 1997, Heft 3, S. 80f.
Äbtissin-Einführung im Kloster Mariensee, in: Nova Militia, 1997, Heft 3, S. 85f.
Kalkriese – Wo Varus seine Legionen verlor… in: Lion, 1997, Nr. 12, S. 66–68.

1998
Die Münzen der deutschen Kaiserzeit, in: money trend, 30. Jg., Wien 1998, Heft 2, S. 142f.
ABC des Papiergeldes, in: money trend, 30. Jg., Wien 1998, Heft 2, S. 164f.
In memoriam Robert Göbl, in: money trend, 30. Jg., Wien 1998, Heft 2, S. 9.
Judentum und Islam, in: Lutherische Monatshefte, 37. Jg., 1998, Heft 2, S. 30f.
Münzrecht für die Stadt Hannover, in: money trend, 30. Jg., Wien 1998, Heft 3, S. 142f.
Frauen auf Papiergeld, in: money trend, 30. Jg., Wien 1998, Heft 3, S. 162f.
Die niedersächsischen Orden und Ehrenzeichen, in: Heimatland, Hannover 1998, S. 43–46.
Rechtfertigung – praktisch!, in: Nova Militia, 1998, Heft 1, S. 74f.
Der Münzfund von Peckatel, in: money trend, 30. Jg., Wien 1998, Heft 5, S. 10.
Die niedersächsischen Schatzfunde des 12. Jahrhunderts, in: money trend, 30. Jg., Wien 1998, Heft 5, S. 61f.
30 Jahre money trend, in: money trend; 30. Jg., Wien 1998, Heft 6, S. 1ff.
Hochzeitsmünzen in Geschichte und Gegenwart, in: money trend; 30. Jg., Wien 1998, Heft 6, S. 66f.
Medicina in nummis, in: money trend; 30. Jg., Wien 1998, Heft 6, S. 78–80.
900 Jahre Zisterzienser: Festvortrag des Priors, Landesbischof D. Hirschler in Loccum, in: Cistercienser-Chronik; 105. Jg., 1998, Heft 2, S. 349–351:
Artikel »Joseph Wilpert«, in: Traugott Bautz (Hg.) Biographisch-Bibliographisches Kirchenlexikon, Bd. XIII, Herzberg 1998, Sp. 1345f.

Zisterziensische Spuren in Niedersachsen (i.e. Codex Gisle, Osterode u. Walkenried), in: Heimatland, Hannover 1998, S. 129f.; auch in: Cistercienser-Chronik 105. Jg., 1998, Heft 2, S. 346f.

Der Euro in numismatischer Sicht, in: money trend, Wien 1998, Heft 9, S. 12f.

Das Großherzogtum Luxemburg und seine Münzen, in: money trend, Wien 1998, Heft 9, S. 70–73.

Die evangelischen Frauenstifte und -klöster in Niedersachsen, Braunschweig 1998, 174 Seiten (Besprechung: Erbe und Auftrag, Benediktinische Monatsschrift 74. Jg., Beuron 1998, S. 531).

Geleitwort zu Lienhard Böhmecke. Thanatos – der Schlüssel zum Leben, Frankfurt 1998, S. 9f.

Artikel »Rasputin«, in: Traugott Bautz (Hg.): Biographisch-Bibliographisches Kirchenlexikon, Bd. XIV, Herzberg 1998, Sp. 1389–93.

Artikel »Rathenau«, in: Traugott Bautz (Hg.): Biographisch-Bibliographisches Kirchenlexikon, Bd. XIV, Sp. 1393–98.

Über alles: Die Liebe, Predigt über 1. Joh. 4,8, in: Melanchthon-Zeitung, Dez. 1998, S. 5–7.

Das Recht der Schatzfunde in Deutschland, in: money trend, Wien 1998, Heft 10, S. 78f.

Als alle Milliardäre waren… Vor 75 Jahren endete die Inflation, in: money trend, Wien 1998, Heft 11, S. 10f.

Bauten auf Münzen, in: money trend, Wien 1998, Heft 12, S. 65–67.

1999

Stiftspropst Frithjof Bestmann zum 100. Geburtstag, in: Alt-Hannoverscher Volks-Kalender, 127. Jg., 1999, S. 74f.

Besprechung von Bernd-Ulrich Hucker: Stift Bassum, in: Alt-Hannoverscher-Volks-Kalender, 127. Jg., 1999, S. 75f.

Auf dem Weg zum Heiligen Jahr 2000. Heilig-Jahr-Prägungen in Geschichte und Gegenwart, in: money trend, 1999, Heft 1, S. 10–12.

Niedersächsische Münzschatzfunde aus dem Dreißigjährigem Krieg, in: Heimatland, Hannover 1999, S. 8–11; auch in:money trend, 1999, Heft 6, S. 64–66.

Zum Goethejahr 1999. Goethe und die Münzen und Medaillen, in: money trend, 1999, Heft 3, S. 79–82.

Klosterkammertag 1999 in Wennigsen, in: Heimatland, Hannover 1999, S. 40–42.

Nachruf Fritz Hasso von der Weth, in: money trend, 1999, Heft 5, S. 20.

Die Eckpfeiler des christlichen Glaubens, Predigt auf dem 42. Generalkapitel des Deutschen Tempelherrenordens in der Kommende-Kirche in Lage, 20.3.1999, in: Nova Militia, Loccum 1999, Heft 1, S. 6f.

Das Kloster Loccum im Rahmen der zisterziensischen Ordensgeschichte. Hannover 1999, 310 Seiten (Besprechung: Erbe und Auftrag, 75. Jg., Beuron 1999, Heft 5, S. 442f.).

Ehrfurcht vor dem Leben, in: Nova Militia, Loccum 1999, Heft 2, S. 18f.

Wikinger-Schatzfunde, in: Nova Militia, Loccum 1999, Heft 2, S. 36f.

Das 2. Symposion der Zisterzienser-Akademie, in: Nova Militia, 1999, Heft 2, S. 47–49.

Neuer Münzschatz im Kloster Bersenbrück, in: money trend, 31. Jg., Wien 1999, Heft 10, S. 8; auch in: Heimatland, 1999, S. 177.

Tagung evangelischer Zisterzienser in Amelungsborn, in: Quatember, 63. Jg., Hannover 1999, S. 162–164.

Numismatischer Besuch im Vatikan, in: money trend, 31. Jg., Wien 1999, Heft 12, S. 14f.

Die Johanniter/Malteser in Geschichte und Gegenwart, in: 900 Jahre Johanniter und Malteser, Katalog, Antiquariat Hieronymus, Ludwigsburg 1999, S. 2f.

Neues aus Kloster Amelungsborn, in: Cistercienser, 2. Jg., Chorin 1999, Heft 8, S. 35–38.

2000

Orden und Ehrenzeichen, in: money trend, 32. Jg., Wien 2000, Heft 4, S. 56f.
Judenchristen in Geschichte und Gegenwart, in: Die Zeichen der Zeit, 3. Jg., 2000, Nr. 4, S. 37f.
Das Stift Bassum in Geschichte und Gegenwart, in: Quatember, 64. Jg., Hannover 2000, Heft 2, S. 105f.
Zum 100. Geburtstag von Joachim Jeremias, in: Die Zeichen der Zeit, 3. Jg., Hannover 2000, Nr. 9, S. 34f.
100. Geburtstag Abt Christhards im Kloster Amelungsborn, in: Erbe und Auftrag, Benediktinische Monatsschrift, 76. Jg., Beuron 2000, S. 430–432.
Abts-Investitur im Expo-Kloster Loccum, in: Deutsches Pfarrerblatt, 100. Jg., Frankfurt a.M. 2000, S. 489f.
Besprechung von Michael Freiherr von Fürstenberg: »Ordinaria Loci« oder »Monstrum Westphaliae?«. Zur kirchlichen Rechtsstellung der Äbtissin von Herford, Paderborn 1995, Nova Militia, Loccum 2000, Heft 2, S. 37.
Gerhard Wolter Molanus, Abt zu Loccum, in: Museumsverein Hameln, Jahrbuch 2000, S. 28–40.
Das Kloster Amelungsborn: Werden – Wachsen – Wirken, Hannover 2000, 266 Seiten (Besprechung: Heimatland, 2001, Heft 2, S. 70).
Besprechung von Gerhard Lindemann: Typisch jüdisch. Die Stellungnahme der evangelisch-lutherischen Landeskirche Hannovers zu Antijudaismus, Judenfeindschaft und Antisemitismus 1919–1949, Berlin 1998, in: Kirchliche Zeitgeschichte, 13. Jg., Heft 1, Göttingen 2000, S. 250f.
Die Geldzeichen des Holocaust. Der Landesverband der Israelitischen Kultusgemeinden in Bayern, 15. Jg., München 2000, Nr. 84, S. 21f.

2001

Christhard Mahrenholz und der Nienburger Raum, in: Alt-Hannoverscher Volks-Kalender, 129. Jg., Sulingen 2001, S. 82f.
Epochen der niedersächsischen Geldgeschichte, in: Alt-Hannoverscher-Volks-Kalender, 129. Jg., Sulingen 2001, S. 65–67.
Die niedersächsischen Orden und Ehrenzeichen, in: money trend, 2001, Heft 1, S. 66–68.
Der umfängliche, historische Teil in Hubertus Müller von Blumencron (Hg.) »Die niedersächsischen Johanniter in Geschichte und Gegenwart«, Hannover 2001.
Humor ist, wenn man trotzdem lacht. 245. Studienkurs des Theologischen Studienseminars der VELKD, in: Deutsches Pfarrerblatt, 101. Jg., 2001, S. 245f.
Studieren zur Ehre Gottes. Bibliotheksbau im Kloster Amelungsborn eingeweiht, in: Deutsches Pfarrerblatt, 101. Jg., 2001, S. 431.
Besprechung von Klaus-Bernward Springer: Die deutschen Dominikaner in Widerstand und Anpassung während der Reformationszeit, Berlin 1999, in: Luther, Zeitschrift der Luther-Gesellschaft, 72. Jg., Heft 1 2001, S. 49f.
Das erneuerte Kloster Bursfelde, Quatember, 65. Jg., Heft 4, 2001, S. 239f.
Besprechung von Martin Brecht und Christian Peters (Hg.): Martin Luther. Annotierungen zu den Werken des Hieronymus, Köln 2000 (Archiv zur Weimarer Ausgabe der Werke Luthers Bd. 8), in: Luther, Zeitschrift der Luther-Gesellschaft, 72. Jg., Heft 2, 2001, S. 103.
Die niedersächsischen Johanniter in Geschichte und Gegenwart, in: Hubertus Müller von Blumencron (Hg.): Die Niedersächsischen Johanniter in Geschichte und Gegenwart, Hannover 2001, S. 19–116 (Besprechung: Jahrbuch der Gesellschaft für niedersächsische Kirchengeschichte 99, 2001, S. 340f.).

Die Fülle an Weisheit und Erkenntnis. Festschrift zum 70. Geburtstag Nicolaus Heutgers, hg. vom Vorstand des Seminars Jüdische Studien der Carl-Ossietzky-Universität Oldenburg, besorgt von Achim Alexander Sahin (= Oldenburgische Beiträge zu jüdischen Studien Band 10), Oldenburg 2001, 198 Seiten (Besprechung: Erbe und Auftrag, Bd. 78, Beuren 2002, Heft 9, S. 256). Darin enthalten:
- Erziehung im alten Israel, S. 21ff.
- Das Deutsche Evangelische Institut für Altertumswissenschaft des Heiligen Landes, S. 31ff.
- Judenchristen in Geschichte und Gegenwart, S. 41ff.
- »Jud' Süß« – Der Münzpächter im Lichte der neueren Forschung, S. 59ff.
- Deutsch-jüdische Publizistik, S. 67ff.
- Der jüdische Beitrag zur neueren Philosophie des deutschen Sprachraumes, S. 83ff.
- Jüdischer Widerstand im Holocaust, S. 109ff.
- Die Geldzeichen des Holocaust, S. 117ff.
- Joachim Jeremias zum 100. Geburtstag, S. 161ff.

2002

Niedersächsische Münzfunde aus altsächsischer Zeit, in: Alt-Hannoverscher Volkskalender, 130. Jg., 2002, S. 84f.

Johanniter in Niedersachsen. Historische Spurensuche, in: Alt-Hannoverscher Volkskalender, 130. Jg., 2002, S. 86–89.

Das Leben ist ein Wunder !, in: Alt-Hannoverscher Volkskalender, 130. Jg., 2002, S. 27.

Das Kloster Wittenburg bei Elze, in: Heimatland Jg., 2002, Heft 2, S. 52–56.

Besprechung von Michael Beyer; Stephan Rhein; Günther Wartenberg (Hg.): Melanchthon deutsch, Bd. 1–2, Leipzig 1997, in: Luther, 73. Jg., Göttingen 2002, Heft 1, S. 59f.

Predigt in der Krypta des Stiftes Fischbeck über Psalm 26,8, in: Nova Militia, Jg. 2002, Heft 1.

Deutsch-jüdische Publizistik, in: Michael Nagel (Hg.): Zwischen Selbstbehauptung und Verfolgung. Deutsch-jüdische Zeitungen und Zeitschriften von der Aufklärung bis zum Nationalsozialismus, in: Haskala, Bd. 25, Hildesheim/Zürich/New York 2002, S. 269–280.

50 Jahre Evangelische Akademie Loccum, in: Deutsches Pfarrerblatt, 102. Jg., 2002, Heft 10, S. 532.

Besprechung von Änne Bäumer-Schleinkofer (Hg.): Hildegard von Bingen in ihrem Umfeld. Mystik und frühe Visionsformen im Mittelalter und früher Neuzeit. Katholizismus und Protestantismus im Dialog, Würzburg 2001, in: Luther, Zeitschrift der Luther-Gesellschaft, 73. Jg., 2002, S. 105.

Mut zum Beten. Ansprache auf dem Generalkapitel der Tempelherren in Fulda, in: Nova Militia, Jg. 2002, Heft 2.

2003

Münzprägung in Hannover, in: Alt-Hannoverscher Volkskalender, 131. Jg., 2003, S. 61–63.

Die niedersächsischen Orden und Ehrenzeichen, in: Heimatland, Jg. 2003, Heft 1, S. 5–8.

Luther-Stätten, in: Lion, Febr. 2003, S. 47–50.

Mut zum Beten, in: Quatember, 67. Jg., Hannover 2003, Heft 1, S. 4–7.

Neue Äbtissin in Mariensee, in: Erbe und Auftrag, 79. Jg., Beuron 2003, S. 154–156.

Corveys Anfänge bei Neuhaus im Solling, in: Heimatland, Jg. 2003, Heft 3, S. 80–82.

Kapiteltag in Amelungsborn: Lebensgestaltung aus Glauben, in: Erbe und Auftrag, 79. Jg., Beuron 2003, S. 340f.

Zisterziensisches Wirken in Estland, in: Cistercienser Chronik, 110. Jg., Bregenz 2003, S. 229–235.
Nendorf. Ein fast unbekanntes Nonnenkloster, in: Stift Fischbeck (Hg.): Mittelalter im Weserraum, Holzminden 2003, S. 29–34.

2004

Kloster Isenhagen, in: Gifhorner Kreiskalender 2004, S. 85–87.
Der Welfe Otto IV. Der wiederentdeckte Kaiser, in: Alt-Hannoverscher Volkskalender, Sulingen 2004, S. 95f. (Rezension des Werkes von Hucker).
Die wiederentdeckte Propstei Asbeke bei Rehburg, in: Alt-Hannoverscher Volkskalender, Sulingen 2004, S. 100.
Freunde des Klosters Loccum, in: Alt-Hannoverscher Volkskalender, Sulingen 2004, S. 101f.
Die vatikanische Münzen- und Medaillen-Sammlung, in: money trend 1, 2004, S. 20.
Die Dominikaner im mittelalterlichen Niedersachsen, in: Heimatland, Jg., 2004, Heft 1, S. 4–9.
Münzfälschungen – die Geißel der Numismatik, in: money trend 3, 2004, S. 188–195.
Die Ritterorden im Heiligen Land, in: Hans-Jürgen Kotzur (Hg.): Kein Krieg ist heilig. Die Kreuzzüge, Mainz 2004, S. 137–153.
Der Verteidiger des Heiligen Grabes: Gottfried von Bouillon, in: Hans-Jürgen Kotzur (Hg.): Kein Krieg ist heilig. Die Kreuzzüge, Mainz 2004, S. 166–169.
Das Papsttum aus numismatischer Sicht, in: money trend 5, 2004, S. 218–227, und money trend 6, 2004, S. 182–194.
Der neue Münzschatz von Bristol und das britische Treasure Trove-Gesetz, in: money trend 5, 2004, S. 13.
Römerlager bei Hedemünden entdeckt, in: money trend 6, 2004, S. 9f.
Heinrich Heine und Niedersachsen, in: Heimatland, Jg., 2004, Heft 5, S. 153–156.
Henry Holze 90 Jahre, in: Deutsches Pfarrerblatt 2004, S. 660.
Evangelische Spiritualität, in: Quatember, 68 Jg., Heft 4, Hannover 2004, S. 223–225.
Die Mark: Geschichte und Kaufkraft einer Währung, in: money trend 7/8, 2004, S. 178–180.
Das Fürstentum Liechtenstein aus numismatischer Sicht, in: money trend 9, 2004, S. 168–177.
Die Vereinigten Staaten von Amerika aus numismatischer Sicht, in: money trend 12, 2004, S. 186–189.
Zisterziensisches Wirken in Niedersachsen (auch niederländisch!), in: Internationales Symposium Die Zisterzienser an Nord- und Ostsee, Aurich 2004, Dokumentation, S. 50–71, dazu Hora, S. 121–125.
Das Stift Steterburg in Geschichte und Kunst, in: Salzgitter-Jahrbuch, Bd. 25/26, Salzgitter 2004, S. 41–48.

2005

Die Taufe im alten Niedersachsen, in: Alt-Hannoverscher Volkskalender 2005, S. 90f.
1050 Jahre Stift Fischbeck, in: Alt-Hannoverscher Volkskalender 2005, S. 56f.
St. Eligius – Schutzpatron der Münzensammler, in: money trend 2, Wien 2005, S. 192–195.
500 Jahre Münzforschung in Niedersachsen. Zum 250. Todestag von Johann David Köhler, in: money trend 3, Wien 2005, S. 18–22.
Ein Jude hat es St. Michaelis in Hildesheim gerettet, in: Lion, Deutsche Ausgabe, März 2005, S. 48f.
Münzen mit christlichen Motiven, in: money trend 5, Wien 2005, S. 24–30.
Die Münzen des Fürstentums Monaco, in: money trend 6, Wien 2005, S. 22f.

Der Münzfund aus der Dionysiuskirche (in Bremerhaven-Wulsdorf), in: money trend 6, Wien 2005, S. 164.
Aus Liebe zum Leben. Johanniter in Niedersachsen, in: Heimatland, Hannover 2005, S. 76–78.
Bismarck – Medaillen, in: money trend 7/8, Wien 2005, S. 164–169.
Sedisvakanz-Münzen, in: expertise 3, Gütersloh 2005, S. 12f.
Evangelische Spiritualität heute, in: Erbe und Auftrag, 81. Jg., Beuron 2005, S. 326.
Jedem das Seine. Ordensmünzen, in: money trend 9, Wien 2005, S. 184–186.
Der Franziskus des 20. Jahrhunderts. Zu Frère Rogers Tod, in: Quatember, 69. Jg., 2005, Heft 4, S. 221f.
Alter aus Gottes Hand (Predigt), in: Deutsches Pfarrerblatt, 2005, Heft 12.
Die Münzen Salzburgs, in: money trend 10, Wien 2005, S. 166–171.

2006
Der sagenumwobene Hohenstein, in: Alt-Hannoverscher Volkskalender, 134. Jg., 2006, S. 79f.
Allein die Liebe zählt, in: Alt-Hannoverscher Volkskalender, 134. Jg., 2006, S. 112f.
Niedersächsische Münzfunde aus altsächsischer Zeit, in: Heimatland, Hannover 2006, S. 8–10.
Die frühe Münzprägung in Niedersachsen, in: money trend 2, Wien 2006, S. 146–151.
Die Musik aus numismatischer Sicht, in: money trend 2, Wien 2006, S. 170–177.
Die Münzen der Stadt Hameln, in: money trend 3, Wien 2006, S. 168f.
Gründonnerstag-Münzen, in: money trend 4, Wien 2006, S. 21.
Städtische Münzprägung in Niedersachsen, in: money trend 4, Wien 2006, S. 148–152.
Die »Kipper und Wipper« in Niedersachsen, in: money trend 5, Wien 2006, S. 140–142.
Münzen im Heiligen Römischen Reich, in: money trend 7/8, Wien 2006, S. 130–133.
Das Geheimnis des Glücks, in: Deutsches Pfarrerblatt 2006, Heft 8, S. 428f.
Germanische Religion und Christianisierung in Niedersachsen, in: Heimatland Hannover 2006, S. 73–78.
Mitarbeit bei Bernhard Prokisch: Die Münzen und Medaillen des Deutschen Ordens in der Neuzeit, Wien 2006, S. 222, 253, 317, 319, 357, 360, 419.
Der neu erschlossene Kirchenschatz in Bad Gandersheim, in: Unser Harz, 2006, S. 134f.
Der Fachbetrieb der Numismatik, in: money trend 10, Wien 2006, S. 20–22.
Wagen und Gewinnen – draußen und drinnen. Aktien und Anleihen. Zeugnisse der Wirtschaftsgeschichte, in: money trend 11, Wien 2006, S. 156–159.
Heilige auf Münzen und Medaillen, in: money trend 12, Wien 2006, S. 130–135.
Rezension von Anja Freckmann: Die Bibliothek des Klosters Bursfelde, in: Erbe und Auftrag, 82. Jg., Beuron 2006, S. 467f.

2007
Erntedankfest, in: Alt-Hannoverscher Volkskalender, 135. Jg., 2007, S. 21.
Die niedersächsischen Löser, in: Alt-Hannoverscher Volkskalender, 135. Jg., 2007, S. 45f.
Die numismatische Nachgeschichte des Deutschen Ordens, in: money trend 2, Wien 2007, S. 126–129.
Numismatischer Besuch auf den niederländischen Antillen, in: money trend 3, Wien 2007, S. 174–179.
Schule im alten Niedersachsen, in: Heimatland, Hannover 2007, S. 5–9.
800 Jahre Elisabeth von Thüringen, in: Quatember, 71. Jg., Göttingen 2007, Heft 1, S. 34–36.

Das Kloster Walkenried (= Studien zur Geschichte, Kunst und Kultur der Zisterzienser, Bd. 27), Berlin 2007, 250 Seiten.

Die Tempelherren einst und heute. Zum 50. Jubiläum der Reaktivierung des Tempelherren-Ordens in Deutschland, Berlin 2007, 225 Seiten.

Schatzsuche auf dem Grund der Weltmeere, in: money trend 6, Wien 2007, S. 142–144.

Das Familienleben im alten Niedersachsen, in: Heimatland, Jg. 2007, Heft 3, S. 84–86.

Die neuzeitliche Münzprägung der deutschen Reichsfrauenstifte, in: money trend 7/8, Wien 2007, S. 180–185.

Schatzkammer der Geschichte: Das Vatikanische Geheimarchiv, in: Deutsches Pfarrerblatt 107. Jg., 2007, Heft 6, S. 325f.

2008

Leser fragen – Prof. Heutger antwortet, in: money trend 2, Wien 2008, S. 8.

Leser fragen – Prof. Heutger antwortet, in: money trend 3, Wien 2008, S. 8.

Der germanische Kult in Niedersachsen, in: Der Niedersachse, Sonntagsbeilage der Böhme-Zeitung, Soltau, Nr. 35/2008, 145. Jg.

Germanische Religion und Christianisierung in Niedersachsen, in: Der Niedersachse, Sonntagsbeilage der Böhme-Zeitung, Soltau, Nr. 39/2008, 145. Jg.

Er prägte viele niedersächsische Klöster: Bernhard von Clairvaux, in: Der Niedersachse, Sonntagsbeilage der Böhme-Zeitung, Soltau, Nr. 44/2008, 145. Jg.

2009

St. Nicolaus, der Kinderfreund, in: Alt-Hannoverscher Volkskalender, 137. Jg., 2009, S. 70.

Ernst Badstübner, Peter Knüvener,
Adam S. Labuda, Dirk Schumann (Hg.)

Die Kunst des Mittelalters in der Mark Brandenburg

Tradition – Transformation – Innovation

2008
Festeinband mit Schutzumschlag, 24 × 30 cm,
516 Seiten, ca. 800 meist farbige Abb., 1 Beilage
€ 60,–
ISBN 978–3–86732–010–8

Die mittelalterliche Kunst der Mark Brandenburg zeichnet sich durch einen großen Reichtum und durch erstaunliche Vielfalt aus. Bisher stand diese einerseits eigenständige, andererseits durch komplexe Bezüge zu anderen Regionen Mitteleuropas geprägte Kunstlandschaft jedoch eher am Rand der Wahrnehmung. Der vorliegende Band schließt diese Lücke, indem er neueste wissenschaftliche Erkenntnisse von Forschern verschiedener Universitäten, Denkmalämter und Museen aus dem In- und Ausland präsentiert. Fast dreißig Aufsätze befassen sich mit den klassischen Gattungen der bildenden Kunst wie Tafel-, Buch- und Wandmalerei, Skulptur in Holz, Stein und Terrakotta, aber auch mit Textil- und Schatzkunst. Unterschiedliche methodische Ansätze versprechen einen stets innovativen Zugriff auf die Themenstellung.

Lukas Verlag
für Kunst- und Geistesgeschichte
Kollwitzstraße 57
D–10405 Berlin

Tel. +49 (30) 44049220
Fax +49 (30) 4428177
Mail lukas.verlag@t-online.de
Internet www.lukasverlag.com

Nicolaus Heutger

Die Tempelherren einst und jetzt

Zum 50. Jubiläum der Reaktivierung
des Tempelherren-Ordens in Deutschland

2007
Festeinband, 15,8 × 23,5 cm,
225 Seiten, 78 Schwarzweißabbildungen
€ 25,–
ISBN 978-3-86732-017-7

Legenden, Mythen und Verschwörungstheorien über den Ritterorden der Tempelherren gibt es zuhauf. Begünstigend mag gewirkt haben, dass das Ordensarchiv schon früh verlorengegangen ist und die wichtigsten Quellen Berichte über den Orden sind. Doch die an verschiedenen Orten erhaltenen Prozessakten von etwa neunhundert Templern vermitteln kein objektives Bild, da die festgehaltenen Geständnisse durch Folter erzwungen wurden und faktisch wertlos sind. Lediglich durch Sachüberreste lassen sich hin und wieder neue Erkenntnisse gewinnen.

Der Kirchenhistoriker und Ordenspropst Nicolaus Heutger unternimmt aus ordensinterner Sicht eine sachliche Gesamtdarstellung der mittelalterlichen Geschichte, der Leistung, der Rezeption und nicht zuletzt des Weiterlebens des Templertums in der Gegenwart. Vehement wendet er sich gegen Mystifizierungen und »Räuberpistolen«.

Lukas Verlag
für Kunst- und Geistesgeschichte
Kollwitzstraße 57
D–10405 Berlin

Tel. +49 (30) 44049220
Fax +49 (30) 4428177
Mail lukas.verlag@t-online.de
Internet www.lukasverlag.com

Nicolaus Heutger

Kloster Walkenried

Geschichte und Gegenwart
(Studien zur Geschichte, Kunst und Kultur
der Zisterzienser, Band 27)

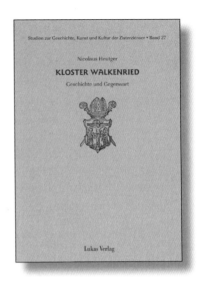

2007
Broschur, 14,8 × 21 cm,
252 Seiten, 70 Schwarzweißabbildungen
€ 25,–
ISBN 978-3-86732-018-4

Als Adelheid, Tochter des Grafen Ludwig I. von Lohra, 1127 das Kloster Walkenried am Südharz stiftete, legte sie den Grundstein für das erste Zisterzienserkloster im gesamten nord- und mitteldeutschen Raum. Bereits zehn Jahre später bestätigte Papst Innozenz II. das junge Kloster und dessen Besitzungen, und seitdem zählte es dank seiner bedeutenden Stellung im zisterziensischen Ordensverband zu den wenigen norddeutschen Klöstern mit regem Romverkehr. Nicolaus Heutger stellt die Ergebnisse seiner langjährigen Beschäftigung mit dem Kloster vor. Er berücksichtigt darin die mittelalterliche Baugeschichte, die historische Entwicklung und das klösterliche Alltagsleben ebenso wie die gegenwärtige Situation Walkenrieds und seine Rezeption in der Kunst.

Lukas Verlag
für Kunst- und Geistesgeschichte
Kollwitzstraße 57
D–10405 Berlin

Tel. +49 (30) 44049220
Fax +49 (30) 4428177
Mail lukas.verlag@t-online.de
Internet www.lukasverlag.com